Samuel Pletscher

Führer durch den Schwarzwald, Odenwald, Kaiserstuhl, Randengebirge, Hegau, Donauthal

Samuel Pletscher

Führer durch den Schwarzwald, Odenwald, Kaiserstuhl, Randengebirge, Hegau, Donauthal

ISBN/EAN: 9783742893147

Hergestellt in Europa, USA, Kanada, Australien, Japan

Cover: Foto ©ninafisch / pixelio.de

Manufactured and distributed by brebook publishing software (www.brebook.com)

Samuel Pletscher

Führer durch den Schwarzwald, Odenwald, Kaiserstuhl, Randengebirge, Hegau, Donauthal

Führer

durch den

Schwarzwald,

Odenwald, Kaiserstuhl, Randengebirge, Hegau, Donauthal

und die

Ufergegenden des Bodensees,

sowie durch die angrenzenden Gebiete der

Nordschweiz und Württembergs.

Reisetaschenbuch

von

Samuel Pletscher.

Mit General- und Specialkarten, Panoramen, Stadtplänen und Illustrationen.

Zürich.
Verlag von Caesar Schmidt.
1883.

Verzeichniss der graphischen und künstlerischen Beigaben.

Vorwort.

Der vorliegende Führer durch den Schwarzwald und dessen Umgebungsgebiet sollte planmässig eigentlich schon auf die Reisesaison 1882 im Buchhandel erscheinen, allein der bedeutend vermehrte Aufwand an Arbeit, den das Werk erheischte, sowie die Fertigstellung der graphischen Beigaben zogen die Vollendung des Buches weiter hinaus, als vorausgesehen war, so dass dasselbe auf die Saison dieses Jahres füglich nicht mehr zur Ausgabe gelangen konnte.

Unser Führer behandelt den Schwarzwald, welcher sich geographisch wie politisch keineswegs als ein plastisch abgeschlossenes, für sich abgegrenztes Bergland darstellt, sondern in beiden Beziehungen mit andern Berg- und Landesgebieten zusammenhängt, in der Weise, dass das eigentliche Ausdehnungsgebiet des Schwarzwald-Berglandes, als Hauptgegenstand der Bearbeitung, eine mehr in's Einzelne gehende Beschreibung erfährt, während dem die ringsum mit ihm zusammenhängenden Gegenden, welche den Touristen ebenfalls anzulocken vermögen oder die Verkehrsverbindung mit andern hochgeschätzten Reisezielen vermitteln, mehr oder weniger summarisch beschrieben werden. Gleichzeitig wurde bei der Anlage, Eintheilung und Gruppirung der ganzen Arbeit darauf gesehen, dass das in Behandlung kommende Landesgebiet nicht etwa einseitig, z. B. von Norden nach Süden (wie es meistens zu geschehen pflegt) oder in umgekehrter Richtung, durchgenommen wird, sondern dass möglichst alle Verkehrsrichtungen nach dem Hauptgebiet, also nach und vom Schwarzwald, mit gleicher Aufmerksamkeit und Sorgfalt berücksichtigt worden sind, so dass der Reisende, sobald er den Umkreis des Behandlungsgebietes betreten hat, komme er nun von welcher Himmelsrichtung, als er wolle, seine Reiseroute schnell und ohne vorherige umständliche Combination oder mühsames Nachblättern auffinden und bequem verfolgen kann.

Um eine leichte Uebersichtlichkeit und ein müheloses Zurechtfinden im Buche zu erzwecken, ist das ganze Behandlungsgebiet geographisch abgetheilt worden und zwar so, dass der Hauptbezirk, der eigentliche Schwarzwald, in den **südlichen und nördlichen Schwarzwald**, die umliegenden Gegenden aber in **fünf Eintrittsgebiete** vertheilt wurden, deren Begrenzung augenfällig und leicht verständlich sein dürfte, da sie den geographischen Grundregeln, der Landesbeschaffenheit und den zutreffenden Verkehrsverbindungen mit dem Hauptgebiet ziemlich entsprechen mag. Ob die Absicht des Verfassers in wirklich nutzbringender Weise verwirklicht worden ist, mag nun derjenige beurtheilen, der sich des Buches zur Bereisung des Schwarzwaldes und der angrenzenden Gegenden bedient. Dass auch der Odenwald, die Ufergegenden des Bodensees, die württembergischen und schweizerischen Grenzbezirke in den Umfang unseres „Führers“ herein gezogen worden sind, dürfte sich schon aus dem bereits Gesagten erklären; ohnehin aber werden manche Schwarzwaldtouristen, die meist auch den Odenwald, Stuttgart und die benachbarte Schweiz mit zu besuchen pflegen, die Berührung dieser Gegenden als keine unwillkommene Zuthat betrachten.

Eine übersichtliche Kenntniss der Geschichte und Kultur eines Landes ist für denjenigen, welcher dasselbe mit Verständniss und Nutzen bereisen will, zur richtigen Würdigung aller ihm vor Augen kommenden Verhältnisse von hohem Werth und eine entschiedene Nothwendigkeit, sobald der Tourist seiner Reise auch den Zweck geistiger Belehrung und Erweiterung seines Wissenskreises unterlegt. Um der

Aufgabe eines Führers auch in dieser Hinsicht möglichst nachzukommen, glaubte der Verfasser nicht bloss bei den einzelnen Routen und Oertlichkeiten im beschreibenden Text die in Betracht fallenden geschichtlichen und kulturhistorischen Notizen anbringen zu sollen, sondern er wollte ohne dies auch eine mehr lückenlose, zusammenhängende Darstellung der Entwicklungsfolge des Landes geben und liess daher im allgemeinen Theil des Buches einen übersichtlichen, kurz gefassten Geschichts-Abriss der behandelten Gegenden mitfolgen. Allerdings ist hierdurch die Einleitung des Werkes etwas umfänglicher geworden, doch dafür ist auch dem Touristen, der sich gern nach dieser Seite umsehen möchte, in dem bezüglichen Abschnitte mehr oder weniger Gelegenheit geboten, sich über die Kultur- und Staatsentwicklung der bereiseten Landesgebiete eine etwas weniger lückenhafte und somit klarere Vorstellung zu verschaffen.

Indessen übergiebt der Verfasser sein Buch ohne weitere und weitgehende Auseinandersetzungen dem Gebrauche des Publikums, in der Meinung, dass alles Nähere aus diesem selbst zu entnehmen sei. Wenn er hierbei den sehnlichen Wunsch und die angenehme Hoffnung hegt, dass seine Arbeit dem aufmerksamen und verständigen Touristen eine handliche, sichere und angenehme Wegleitung und Begleitung werden möge, so thut er dies gleichzeitig mit dem vollen Bewusstsein nebenbei, dass der vorliegende Versuch der milden Beurtheilung der Sachverständigen gar sehr bedarf und dass demselben, im Einzelnen wie im Ganzen, mancherlei Unsicherheiten und Mängel anhaften mögen.

Da er aber aus wohlwollendem und verständigem Tadel mehr Nutzen für sich und sein Werk abzuleiten weiss, als aus oberflächlich gespendeter Anerkennung und gedankenlosem Lob, so lässt er mit unbefangenem Blicke seinen Führer an die Oeffentlichkeit treten. Wenn Sachverständige und Interessenten veranlasst werden, ihm Irrthümer und Fehler zu verdeuten oder Rathschläge und Fingerzeige zu geben, so wird er denselben dankbare Anerkennung zollen und unermüdlich in dem Bestreben verharren, sein Werk nach Möglichkeit zu vervollkommnen.

Der Verfasser fühlt sich gedrungen, an diesem Orte auch allen denjenigen seinen wärmsten Dank auszusprechen, welche ihm bei Ausarbeitung seines Führers ihre freundliche Unterstützung und Förderung angedeihen liessen, namentlich der Hohen Badischen Regierung, dem Grossherzoglich Hessischen Ministerium des Innern, dem Eidgenössischen Departement des Innern, dem Löbl. Stadtrath der Stadt Schaffhausen, sowie dem Löbl. Verschönerungs-Verein zu Stühlingen, endlich auch einer Reihe von Privatpersonen, welche ihm mit gefälliger Bereitwilligkeit Auskunft aller Art ertheilt haben.

Zum Schlusse empfiehlt er seinen Führer dem Wohlwollen und der Unterstützung aller Schwarzwaldfreunde angelegentlichst und wird für gefällige Zuwendung zuverlässiger, aus eigener Anschauung geschöpfter Beiträge und Notizen stets dankbar sein.

Samuel Pletscher.

Inhalts-Verzeichniss.

Südöstliches Eintrittsgebiet.

Südliches Eintrittsgebiet.

Nördliches Eintrittsgebiet

Der Odenwald. 123—138

Seite.

Westliches Eintrittsgebiet.

Oestliches Eintrittsgebiet.

Südlicher Schwarzwald.

Nord - Schwarzwald.

Reiseregeln und Vorbemerkungen.

Die zunehmende Zahl von Reisenden, welche Jahr für Jahr dem Schwarzwald und den angrenzenden Gebieten ihren Besuch zuwendet, findet um und in diesem Wanderbezirk nebst einer Reihe von Eisenbahnlinien fast überall vervollkommnete Verkehrsmittel und so Gelegenheit, auf allen besuchteren Routen Wagen und Pferde zur Weiterbeförderung vorzufinden.

Es ist dies aber nicht die **genussreichste** Art zu reisen. In den flachern Gegenden thut man allerdings wohl, sich der Eisenbahnen und Postwagen oder andrer Fuhrwerke zu bedienen und zeitweilig nur, kürzere Strecken oder besonders anziehende Gegenden und Landschaften zu Fuss zu bereisen. Im gebirgigen Theil unseres Reisegebietes aber ist die **Fusswanderung** zweifelsohne die lohnendste, genussvollste und empfehlenswertheste, um so mehr, als man sie beliebig, je nach Bedürfniss, Beschaffenheit der Gegend und Gelegenheit, mit der Reise zu Wagen vertauschen kann. Der Fusswanderer von gesunder Körper- und Geistesbeschaffenheit, in passender Bekleidung und zweckmässig ausgerüstet, der nicht ängstlich gewisse, abgemessene Strecken und Zeiträume einzuhalten braucht, erscheint als der unabhängigste und glücklichste Reisende, den man finden kann. Natur und Menschen treten ihm unmittelbarer und offener entgegen; der Reisegenuss ist durch eigene Anstrengung errungen, daher um so reicher; der Fussgänger stärkt und erfrischt sich an Leib und Seele bei seiner Wanderschaft, geht einer Menge kleiner Widerwärtigkeiten andrer Reisender müssig, bleibt in allen Fällen sein eigener Herr und, was nicht ganz ausser Betracht fällt, reist auch viel billiger. Will er aber seine Reise beschleunigen, so findet sich öfter passende Gelegenheit, streckenweise Fuhrwerk zu benutzen und, sofern grössere Bequemlichkeit wünschenswerth erscheint, sind Träger und Führer zur Begleitung auch zu bekommen.

Kleidung und Ausrüstung. Der Fusswanderer im Schwarzwaldgebiet und den angrenzenden Gegenden kann allen unnöthigen Kleideraufwand entbehren und darf sich auf den aller **einfachsten** Anzug beschränken. Derselbe muss aber dauerhaft und nicht allzu leicht sein, sondern Bequemlichkeit und Schutz gegen häufigen Wechsel der Witterung bieten. Ein leichter Filz- Zeug- oder Strohhut oder eine zweckmässig verfertigte Tuch- oder Seidentaffet-Mütze mit Sturmband; leichter Tuchrock mit 5—6 zuknöpfbaren Taschen; Weste (bis oben zum Zuknöpfen eingerichtet) von Tuch; schwarzseidene Halsbinde; leichte, wollene, Beinkleider; Hemd von feinem Flanell oder Crêpe de Santé; wollene, gut anschliessende Strümpfe; seidene oder leinene Handschuhe und gute, doppelsohlige, bereits getragene, bequem sitzende und nicht zu schwere Stiefeln oder Schuhe mit niedrigen, breiten Absätzen; Kamaschen und Unterhosen je nach Gewohnheit oder Gutfinden, bilden den **Reiseanzug.** Ein fester, nicht zu kurzer **Stock** mit bequemem Handgriff genügt für die Bergpartien im Schwarzwald; viele finden einen soliden **Reiseschirm** (en-tout-cas) mit starkem Naturstock und zuverlässigem Griff, (der auch angehängt werden kann) für praktischer und vortheilhafter. Der **Rücken-Tornister**, der bequemer zu tragen und zweckdienlicher ist als die **Seitentasche**, (welche indessen mittelst besonderer Vorrichtung oder wenigstens mittelst Durchschlüpfen beider Arme durch den Tragriemen, auch zum Tragen auf dem Rücken eingerichtet werden kann, wodurch die Brust frei und unbelastet bleibt), sollte mit dem Gepäck ein Gewicht von 5—6 Kilo (10—12 Pfund) niemals übersteigen. Ein weiteres Flanellhemd zum Wechseln; ein baumwollenes Hemd nebst einigen Hemdenkragen; Halstuch; ein Paar leichte Unterbeinkleider, zwei Paar feine, wollene Strümpfe oder Socken, Taschentücher, ein Foulard, ein Paar leichtere Schuhe oder Pantoffeln, (wohlgesohlt) werden im Tornister getragen; unter dem Deckel oder, als Bandelier gerollt, über dem Tornister, der Plaid.

Wer länger reisen und sich öfter in Städten aufhalten will, kann seinen Bedarf an weiterer Kleidung, in einem **Handkoffer** oder **Reisesack** verpackt, durch die Eisenbahn oder Post beliebig voraussenden und dort selbst in Empfang nehmen, um der Dienstleistung anderer überhoben zu sein, wobei man wohl daran thut, ihn nicht unnöthig zu beschweren. — Ein wasserdichter, bis über die Kniee hinunterreichender **Regenmantel** (oder zweckmässig verfertigter Ueberzieher) oder ein **Plaid** leisten mitunter gute Dienste und machen unter Umständen den Regenschirm entbehrlich.

Eine genaue **Reisekarte** (s. Kart.) und eine mit Kirschwasser oder Cognac versehene **Feldflasche**, sowie lederner **Trinkbecher**; ein gutes, nicht zu grosses **Fernrohr**; eine gute **Uhr**, an solider, seidener Schnur getragen; ein starkes, mit einem Pfropfenzieher versehenes **Taschenmesser**; Zündholzbüchse mit schwedischen Zündhölzchen; ein Stück Stearinkerze; Handseife; Kamm; Nadel; Zwirn und etwas Bindfaden gehören zum nothwendigen Reiseapparat. Sodann Korrespondenzkarten (Postkarten), Formulare für Telegramme, Frankocouverts und andere Couverts, Postfreimarken für Briefe und Telegramme, Oblaten und Siegellack, sowie die nothwendigen Schreibutensilien mögen im Tornister nicht fehlen. Ein kleiner **Kompass** dient zur Orientirung.

Gegen Kolik und Diarrhöe, sowie gegen Zahnweh 1—2 Drachmen Laudanum (10—15 Tropfen) oder sog. Choleratropfen: Valerianatropfen, Opium und Pfeffermünzöl oder Pfeffermünztropfen, die man sich in jeder Apotheke mischen lassen kann; sodann Natron bicarbonicum gegen Magensäure (Soodbrennen); Hoffmannstropfen oder anisirten Salmiakgeist bei Erschöpfung oder Uebelsein auf Zucker oder in Wasser zu nehmen. Ein Stück Hirschtalg oder Goulardpflaster (nicht Goulardsalbe) in Pergamentpapier eingewickelt gegen Entzündung, Blasen und wunde Füsse überhaupt (ist auch auf die innere Fläche der Strümpfe gestrichen bei empfindlichen Füssen ganz zweckdienlich; ein Riemen gestrichenes Heftpflaster oder ostindisches Pflanzenpapier; Opodeldoc, tüchtig eingerieben, erfrischt ermüdete Glieder; allenfalls noch Brausepulver. Alles ist leicht und ohne besondere Umstände mit zu führen. Man kann sich auch praktisch eingerichtete kleine Tornisterapotheken kaufen, welche in grössern Städten in allen guten Apotheken zu bekommen sind. — Ein vorzügliches Mittel zur Abkühlung des Brandes im Gesicht ist, nach Tschudi, dem bewährten Schweizerführer, ein Gemisch von etwas Ammoniak und Salz in 1/2 Glas Wasser (Eau sédative).

Tagesordnung. Jeder Reisende, am meisten aber der Fussreisende, thut wohl daran, eine gewisse, geregelte Tagesordnung einzuhalten, was ihn wohlgemuth und frisch erhält und ihm vorwärts hilft. Früh aufbrechen und die Landschaften im Morgenlicht begrüssen, darin liegt die wahre Weisheit des Wanderns. Nach ein paar Stunden Marsch eine Stärkung; dann aber (im gleichmässigen Schritt) Fortwanderung bis zur Mittagstation; hier während 2—3 Stunden der grössten Hitze Rast und darauf, ohne weitere Unterbrechung, Vollendung der Tagestour in der Weise, dass man bei guter Zeit in das (öfter schon früh überfüllte) Nachtquartier gelangt und hier bequem alles Nöthige zur Weiterreise am folgenden Morgen früh vorkehren und zeitig zur Ruhe gehen kann.

Des Fusswanderns ungewohnt, mache man anfänglich nicht über 6—7 Wegstunden im Tag (Vormittags je 5—6) und steigere sich auch nachher nicht über 10—12 Std. hinauf. Belästigt das Gepäck, so lasse man es sich streckenweise tragen und plage sich nicht in der Tageshitze mit schwerem Gepäcke. Gleich von Anfang an befleissige man sich, einen **gleichmässigen**, nicht zu raschen Schritt einzuhalten. Durch anfänglich allzu rasches und nachher ungleichmässiges Marschiren ermüdet man sich eben so sehr, wie man durch gleichmässiges und nicht zu schnelles Vorschreiten seine Kräfte erhält und ausgiebig vorwärts kommt. Häufiges und schnelles Niedersitzen und Hinliegen ist ganz verwerflich und erschlafft unglaublich; man mache lieber an interessanten Punkten, wenn man schon länger gegangen ist, Halt und raste etwa eine halbe Stunde, aber in der Weise, dass man nicht auf's mal, sondern allmählich zur Ruhe übergeht. Man beobachte auch die Regel, nach einer Tageswanderung oder bei der Mittagsrast nicht sogleich ruhen zu bleiben, sondern nach einer Pause noch einen kleinen Spaziergang vorzunehmen oder sonst in etwelcher Bewegung zu bleiben. Grosser Ermüdung begegnet man durch ein Fussbad mit Branntwein oder Kleien, durch einen kurzen Schlaf, durch Waschen der Füsse mit Seifenspiritus oder des ganzen Körpers mit frischem Wasser. Warme Bäder erschlaffen den Körper und stärken nicht für die Weiterreise. Bilden sich Blasen an den Füssen, so ziehe man einen Seidenfaden hindurch und lasse ihn darin haften. Die innere Seite des Strumpfes bestreiche man mit Goulardsalbe oder in deren Ermanglung mit Talg. Ebenso reibe man den wunden Fuss ein mit Goulardsalbe oder Talg. — Wiederholte Einreibungen der Füsse, mit Seifenspiritus oder Branntwein und Talg sind zur Marschfähigkeit sowie gegen das Brennen und Wundwerden äusserst empfehlenswerth. Manche geübte Wanderer und Bergsteiger giessen einfach geschmolzenes Unschlitt in das Schuhwerk oder reiben die Strümpfe damit inwendig ein.

Beim **Bergansteigen** hüte man sich, nach Gewohnheit ungeschickter Läufer, im Anfang recht rasch zu gehen; denn dabei erschöpft man sich bald, geräth in Schweiss und zieht sich bei der scharfen Zugluft auf der Höhe leicht Erkältungen zu. Man vergesse auch nie auf Berghöhen den Rock anzuziehen und sorgfältig zuzuknöpfen, ebenso den offenen Hals zu verwahren. Erfahrene Wanderer gehen langsam, gleichmässig andauernd und werden fast nie müde. Schöne Standpunkte suche man vor Sonnenauf- und Untergang zu erreichen, damit man sie in ihrer ganzen Pracht geniessen kann.

Diät. Wesentlich zur Aufrechterhaltung der Wanderfreudigkeit und der Körperkräfte ist die Beobachtung einer verständigen und wohleingehaltenen Diät. Man verlasse die Nachtstation frühe nüchtern und frühstücke erst nach ein Paar Stunden Marscharbeit. Der Appetit wird um so besser sein; man vermeidet den so oft und unangenehm verlängerten Aufenthalt im Nachtquartier, veranlasst durch die umständliche Zurichtung des Frühstücks und die hieraus erwachsende ärgerliche Versäumniss und verdirbt sich die gute Stimmung nicht schon am frühen Morgen. — Das Mittagsessen lasse man einfach aber kräftig sein; guter Wein, vermischt mit Wasser ist empfehlenswerth; manche ziehen auch zum Mittagstisch Bier vor. Zum Fusswandern passt das viele Weintrinken und lange Sitzen an der Table d'hôte keineswegs und wird von erfahrenen Gängern vermieden. Unterwegs hüte man sich vor zu vielem Wassertrinken, welches den Durst vermehrt und den Körper ermattet. Dagegen wird gerathen, Morgens nüchtern vor dem Abgehen ein Glas und nachher von Zeit zu Zeit einen einzigen Schluck Wasser zu trinken. Wer mit geschlossenem Mund, ruhig und gemässigt geht, kommt nicht so leicht in Schweiss und Durst. Kalter Milchkaffe (mit Zucker) ist auch zu rathen. Er vertreibt den Durst und hält munter, indem er angenehm erquickt. Unbekanntes Wasser trinke man auf der Wanderung **nur vermischt** mit einigen Tropfen Cognac oder Kirschwasser aus der Feldflasche. Ein

Grashalm, in den Mund genommen, schützt vor dem Austrocknen desselben. Man trinke nur nach gehöriger Verkühlung und versehe sich mit einigen Stücken Zucker, um sich beim Trinken desselben bedienen zu können. Cognac und Kirschwasser mit Wasser und Zucker sind gute Stärkungsmittel und auch gegen Erkältung und Indigestion zu gebrauchen. Beim Mittags- und Abendmahl lasse man stark gesalzene und geräucherte Speisen bei Seite, weil sie Durst verursachen und halte, wenn thunlich die Abendmahlzeit einige Stunden vor dem Zubettegehen.

Strenges Masshalten in Essen und Trinken ist um so dringender zu rathen, als bei der ungewohnten Körperbewegung auch die leiblichen Bedürfnisse in vermehrtem Maasse sich geltend machen und zu Diätsünden verleiten. Darum wiederholte Warnung vor vielem Wein- und Biergenuss, schwer verdaulichen und fetten Speisen und auch vor sofortigem Marschiren nach eben eingenommener starker Mahlzeit! Man kommt nicht oft dazu, Proviant mitnehmen zu müssen, weil fast auf allen Touren Wirthschaften zu treffen sind. Als Mundvorrath für anstrengende Touren mag ein Stück gebratenes Fleisch (mit Brot und gutem Wein) und halbhart gesottene Eier dem Schinken oder Käse vorzuziehen sein, da man, namentlich im Gebirge, auch ohne gesalzene Speisen bald Durst leiden kann. Auch Sardinen, schwach gesalzene Salami und Chokolade halten auf starken Märschen gut vor. Zur Gesundmachung des Wassers empfiehlt Dr. H. Hager in Berlin: 2 Theile Gerbsäure, 1 Theil Zucker aufgelöst in 5 Theilen Weingeist. Auf ein kleines Glas Wasser 12—15 Tropfen von dieser Mischung.

Bier nehme man in der Regel nur bei der Abendmahlzeit und sonst nur sehr mässig zu sich; (gegen brennenden Durst werden auch getrocknete Pflaumen gerühmt), da vieles Bier den Körper erschlafft und schläfrig macht. Milch, sowohl frische, süsse, wie auch saure oder Dickmilch ist bei Wanderungen kein zu verachtendes Labsal; man hüte sich nur vor zu raschem Genuss und daherrührender Erkältung des Magens.

Jahreszeit. Vom Mai an sind die Thäler und weniger hohen Berggegenden des Schwarzwaldes mit Genuss zu bereisen; die flachern umliegenden Gebiete schon vorher. Mit den Monat Juni sind auch die höhern Lagen und Berggipfel zu besuchen. Die Reisezeit darf daher auf die Monate Mai bis etwa Mitte, manchmal sogar Ende Oktober angesetzt werden. Für die Gebirge ist der Monat September wegen seiner ungehemmten, klaren Fernsichten am genussreichsten; nur sind dann die Tage schon sehr kurz und die Tagmärsche daher beschränkt. Im Juni ist für Fusswanderer die günstigste Zeit: Längeres Tageslicht, grössere Bequemlichkeit in den Wirthshäusern, reichere Flora und Wasserfülle der Flüsse und Bäche. Gewöhnlich, aber mit Unrecht, gelten die Monate Juli und August als die eigentlichen Reisemonate für Bergländer und diese werden daher auch in dieser Periode am meisten besucht, allein für genussvolle Fusswanderungen, welche einzig das wahre Reisevergnügen und den grössten Genuss für Leib und Seele zu bieten vermögen, sind die Monate Juni und September vorzuziehen. Im Hochsommer herrscht in den Thälern oft eine unmässige Hitze, auf den Bergen sind die berühmten Fernsichten oft wochenlang verschleiert und die Gasthäuser manchmal auch so überfüllt, dass der Reisende nur mit Mühe Unterkunft zu finden vermag. Wohl sind im Mai, manchmal auch im Juni noch, auf den höchsten Bergen hin und wieder mit Schnee bedeckte Hänge und Winkel zu finden und die Luft ist manchmal noch recht frisch, allein das erstere ist für Freunde der Bergnatur nichts weniger als ein Schreckbild und das letztere ist eine Unbequemlichkeit, der zu begegnen ist. Der Anblick der grünenden Abhänge und Thäler ist dann um so ergötzlicher. Gärten und Feld, Wiese und Wald zeigen sich im zauberfrischen Frühlingsgewand und die Blüthenpracht der Obstbäume in den Thälern ist herzerhebend. Giessbäche und Wasserfälle rauschen noch in reicher Wasserfülle zu Thal, während man sie im Hochsommer häufig fast völlig versiegt oder doch sehr arm an Wasser trifft. In der Herbstzeit findet man den Tisch auch öfter mit Wildprät besetzt.

Wetter. Andauernd gute Witterung erscheint ziemlich sicher, wenn in den Bergen Abends ein leiser Wind von den Höhen nieder weht in's Thal herab, wenn nach einigen Regentagen die Wolken sich vertheilen und auf dem Feldbergscheitel frischer Schnee liegt. Regen ist zu gewärtigen, wenn die fernen Berge (namentlich die Schneegebirge) dem Auge näher gerückt erscheinen, wenn sie dunkelblau gefärbt sind und sich scharf vom Horizont abheben, ebenso, wenn die Winde bergan ziehen, wenn Staubwirbel von der Strasse aufsteigen und wenn man Glockengeläute und andere laute Töne, besonders von Westen her, bald sehr hell und vernehmlich, bald undeutlich, vernehmen kann. Da indessen aber jeder Thalbezirk seine eigenen bewährten Witterungsregeln hat, so thut man gut, vor dem Antritt weiter und schwieriger Partien und Touren erfahrene Leute um Rath zu fragen.

Reisegesellschaft. Wer nicht, wie der Verfasser, ganz allein reisen will, mag sich einen guten Kameraden, aber nicht mehr, vergönnen. Es reist sich so am bequemsten und billigsten. Mehr als 2 Gefährten aber hemmen vielfach und erschweren die Unterkunft. **Unbekannte** Gesellschafter können sehr lästig fallen und sind mit Vorsicht möglichst fern zu halten. In den höhern einsamen Berggegenden sind Alleinreisende ohne Führer oft allerlei Zufällen und Gefährden ausgesetzt, die in Begleit eines zuverlässigen Kameraden nicht zu fürchten sind.

Gasthäuser und Pensionen.

So ziemlich im ganzen Bereich unseres Reisebezirks und also auch im Schwarzwald findet man genügende Gasthäuser für verschiedenartige Ansprüche; gute Küche, gute Weine und gute Betten, sowie reinliche Zimmer fast überall auch in den geringeren Gasthäusern und ländlichen Wirthschaften grosser Dorfschaften, wobei man in der Regel noch eine freundliche Bedienung im Voraus geniesst.

Die **Preise** der grossen und kleineren Gasthöfe sind nach den verschiedenen Gegenden verschieden, an vielen Orten des Schwarzwaldes aber im Verhältniss zu den schweizerischen Gasthäusern und deren Leistungen zu hoch. In der Schweiz sind die Preise in der neuern Zeit etwas reduzirt worden und mit Ausnahme der grossen Hôtels, bekommt man in der Schweiz dasselbe für so viele Franken, wie es in den meisten Schwarzwaldgasthäusern um eben so viel Mark geliefert wird. Es sollte daher Angesichts dieser Thatsache von gewissen Literaten nicht immer von „Schweizerpreisen" gefaselt werden, womit manche anspruchsvolle Wirthe ihre Ueberforderungen zu decken versuchen. Der Schwarzwald ist nicht die Schweiz und ohnehin eine Umkehr zu bescheideneren Ansprüchen von Seiten mancher Wirthe sehr angezeigt. Man bezahlt, die grossen Häuser ausgenommen, für Zimmer 1—2 Mark; — Frühstück, 0,60—1,20 Mk.; — Mittagessen ohne Wein 1,20 — 3 Mk.; — Bedienung 0,50 — 0,70 Mk.; Abendessen nach der Speisekarte. Trinkgeld dem Hausknecht, für specielle Dienstleistungen.

In der **Schweiz** sind die gewöhnlichen Ansätze in grossen Häusern täglich: Zimmer 2—4 Frk.; Appartements, je nach Lage und Zahl der Zimmer, 10 — 50 Frk. und mehr; Frühstück (reichlich und mit verschiedenen Zugaben) $1^1/_2$ Frk.; Mittagstisch **mit Wein** um $12^1/_2$ oder 1 Uhr 3—4 Frk.; später (engl. Tafel) 4—6 Frk.; Licht 1 Frk.; Bedienung 1 Frk. — in **Gasthöfen 2. Ranges** alles um ein Drittheil oder die Hälfte billiger.

Fussreisende, die natürlich überall in den Gasthöfen I. Ranges nicht am liebenswürdigsten aufgenommen sind, werden in der Regel in kleinern Gasthöfen behaglicher unterkommen, doch hängt die Behandlung ab Seite der Wirthe fast überall auch von dem Auftreten und den Anforderungen der Touristen ab. Es giebt Leute, die in geräuschvollster Weise auftreten, die schönsten Zimmer beanspruchen, das Wirthschaftspersonal in beständiger Aufregung und Bewegung erhalten und alles tadeln, aber ihren Konsum auf die wohlfeilste Portion der Speisekarte und billigstes Getränk beschränken oder sich vollends gar den Thee in's Zimmer bestellen, Brod, Butter und Honig nachfordern und schliesslich, nach all diesem Trubel, über Prellerei lamentiren, wenn die Preise höher als gewöhnlich angesetzt werden.

Im Allgemeinen darf jeder Reisende ruhig in den von uns aufgeführten Gasthäusern einkehren, wenn keine warnende oder rügende Bemerkung beigefügt ist. Er wird unter billiger Berücksichtigung der vorwaltenden Verhältnisse nicht so leicht Anlass zu begründeten Klagen finden. Dagegen sehen wir ab von Verleihung besonderer Ordenssterne (*) für einzelne Etablissemente, um dieselben augenfällig grösserer Hochachtung der Reisewelt zu empfehlen. Solche Sterne verdienen sehr oft kein grosses Vertrauen, namentlich wenn man weiss, wie gewisse Reisebücher zu denselben gelangen, in dem sie mit ihrer angemassten Censur eine eigenthümliche Pression auf die Gastwirthe auszuüben suchen. Dem gegenüber wird dem Reisenden eine solide, auf möglichst genauer Prüfung beruhende Behandlung der Gasthäuser im Schwarzwald und Umgegend nur willkommen sein. Strenge Objektivität und Gewissenhaftigkeit bei völliger Unabhängigkeit von allen Gastwirthen, sowie der Verkehr mit zuverlässigen Korrespondenten und alljährlich wiederholte Wanderungen durch die behandelten Gebiete sollen den Verfasser in den Stand setzen, möglichst genaue und verlässliche Angaben über das Gasthofwesen zu liefern, zu deren Vervollständigung ihm gefällige Mittheilungen von Freunden seines Buches und erfahrenen Reisenden stets sehr willkommen sein sollen.

Wer sich seinen Reisegenuss nicht durch kellnerbeherrschte Hôtelweisheit verkümmern lassen, sondern Land und Leute ausser der gewöhnlich geltenden Schablone und unbeirrt kennen lernen will, der kehre gelegentlich auch in kleinern Orten und Wirthshäusern ein, vertausche die Table d'hôte dann und wann mit einer ländlichen, einfachen Mahlzeit; kommt man aber zur Tafelzeit mit gutem Appetit in einem grossen oder kleinen Hôtel an, so benutze man stets die Table d'hôte. Wirth, Gäste und Bedienstete kommen dabei am Besten weg. Besondere Bediennng kommt immer theuer. Bei längerem Verweilen in grossen Gasthöfen ist das Bezahlen der Rechnung nach je 2—3 Tagen und bei früh am Morgen vorhabender Abreise die Bezahlung der Note am Abend vorher sehr zu empfehlen. Allerlei „Irrthümer,“ die manchmal in den Preisansätzen oder im Zusammenzählen oder im Herausgeben von Münze und selten zum Vortheil des Gastes mit unter laufen, können so eher Berichtigung finden, als wenn eine grosse, oft nicht detaillirt gestellte Rechnung durchzusehen, oder wenn der Gast sofort abreisen muss. In der eigentlichen „Saison“ suche man möglichst zeitig sein Nachtquartier zu sichern, da Unterkunft und Bedienung bei spätem Eintreffen leicht zu wünschen übrig lassen. Wer mit Damen reist, bestelle das Nachtquartier voraus und steige in grössern Gasthäusern ab.

Wäsche, die der Reisende sofort bei seiner Ankunft zum Reinigen abgiebt, kann er in grössern Gasthöfen oder in Städten gewöhnlich den nächsten Tag, manchmal schon am folgenden Morgen wieder gewaschen und gebügelt zurück erhalten.

Pensionen. Für längern Aufenthalt sind in neuerer Zeit an den stark besuchten Orten Pensionen eingerichtet oder Pensionspreise zugesichert, deren Höhe per Tag für Zimmer, Kost und Bedienung (ohne Wein) zwischen 4—6 Mark differiren. Solche Orte sind namentlich für Familien empfehlenswerth und eignen sich auch für Ruhepunkte oder Hauptquartiere zu Ausflügen in die Umgebung.

Trinkgelder oder **Service.** Wo auf der Rechnung „Service“ berechnet ist, hat der Gast an Kellner, Zimmermädchen und andere Bedienstete durchaus kein Trinkgeld zu verabreichen; dagegen ist der Portier oder Hausknecht, wo man seine Dienste in Anspruch nimmt, auf die Erkenntlichkeit des Reisenden angewiesen.

Verkehrsanstalten:

Eisenbahnen. Badische, Würtembergische, Hessische, Reichs-(Elsass) und Schweizerbahnen. Rundreisebillets mit mehrtägiger Gültigkeitsdauer zu ermässigten Preisen werden an den meisten grössern Stationen abgegeben. Alles Nöthige findet man hierüber in den zweckmässig redigirten Kursbüchern, auf welche hier gänzlich verwiesen werden muss. Wir notiren also nur den bei Fr. Müller in Karlsruhe erscheinenden Fahrplan der Grossherzogl. badischen Eisenbahnen, Posten, Dampfschiffe — den bei Kröner in Stuttgart herausgegebenen Fahrplan der Würtembergischen Posten u. Bahnen — und den bei Bürkli in Zürich erscheinenden Reisebegleiter für die Schweiz — welche Cursbücher bei allen Buchhandlungen, Postbureaux und Bahnstationen zum Preise von höchstens 50 Pfennig (50 Ct.) zu bekommen und für den Reisenden unentbehrlich sind. Sie enthalten alle für denselben nothwendigen Anweisungen, wie bereits bemerkt wurde.

Posten und **Postomnibus, Extraposten** und **Separat-Eilwagen.** Reisegepäck etc. (s. Cursbücher). Viele Gasthäuser, die den Namen „zur Post“ führen, haben mit den Bureaux der Postanstalt nichts zu schaffen; sie dienten früher als Postlokal und behielten den Namen bei. Die deutsche Reichspost verlegt ihre Postgeschäftszimmer möglichst in Privathäuser. Bei der deutschen Reichspost beträgt der Preis **für den Kilometer** im **Personen-Verkehr** durchschnittlich 10 Pfg. Wir werden daher nur die Entfernungen in Kilometern möglichst genau angeben, aber davon absehen, die Fahrpreise der Posten anzugeben.

Fahrpläne. Wir finden die Angaben über Abgang und Ankunft der Posten, Eisenbahnen u. Dampfschiffe im Texte eines Reisehandbuches nicht für praktisch, ebenfalls die der Fahrtaxen, welche hie und da Aenderungen erleiden, sodass dann Irreführungen und Verdriesslichkeiten veranlasst werden können. Die Kurse wechseln im Laufe eines Jahres mehrfach, es entstehen und verschwinden Kursrichtungen etc. und der Reisende, der sich auf sein Buch verlässt, ist dann angeführt. Man geht aber vollkommen sicher, wenn man sich eines der angegebenen Kursbücher verschafft, worin je die Landesverkehrsanstalten mit denjenigen der Nachbarländer genau nach ihren offiziellen Fahrplänen aufgeführt sind.

Lohnkutscher und Reitthiere.

Im Schwarzwald selbst ist die **Lohnkutscherei** noch sehr ungeregelt. **Privatfuhrwerk** ist ausserhalb der begangenen Plätze (Bädern und Städten) nicht sehr bequem und elegant, doch meist genügend (sog. Bernerwägelchen), jedoch die Fahrpreise verhältnissmässig theuer. Man sollte sich weigern, mehr zu bezahlen als z. B. für einen bequemen Zweispänner per Tag 18 höchstens 20 Mark und für einen Einspänner 10 — 12 Mark (Beköstigung inbegriffen) nebst dem Trinkgeld an den Kutscher von $1^1/_2$ — 2 Mark! In der angrenzenden Schweiz sind in den Städten die Lohnkutscher-Fahrpreise amtlich fixirt u. verhältnissmässig billiger (Schaffhausen-Rheinfall ein Zweispänner per Tag 18 Frk. u. Trinkgeld). Im Allgemeinen ist zu empfehlen, beim Akkord mit dem Lohnkutscher alles in allem voraus einzubedingen: Chaussee-, Futter- u. Trinkgeld, so dass man sich weiter um keine Nebenausgaben zu kümmern hat. Ebenso stelle man die Zeit der Benutzung des Wagens u. des Aufenthaltes unter Wegs fest. Hat man einen Wagen für mehr als eine Tagereise benutzt, ohne mit ihm nach dem

Ausgangsort zurückzukehren, so tritt für die Rückreise eine billige Vergütung ein.

Reitthiere (Esel) werden nur an einigen Orten in Baden-Baden u. Badenweiler bereit gehalten. Pferde u. Maulthiere sind bis jetzt nicht gebräuchlich. Für Gebirgstouren am Feldberg, Belchen, Kandel u. s. w. wären Reitthiere, besonders für Damen, allerdings empfehlenswerth.

Führer u. Träger. Das Führerwesen mangelt noch sehr der bessern Ausbildung u. Regelung, um den einfachsten u. gerechten Anforderungen entsprechen zu können. Die allermeisten Führer kennen kaum ihre nähere Umgegend genau u. wissen selten über die Gegend bessere Auskunft in den Punkten, welche den Fremden interessiren. Man akkordire nur unter genauer Bezeichnung des ganzen Weges, welchen man zu verfolgen gedenkt, damit man nicht, um einer, dem Führer bequemen, Abkürzung willen, um einen schönen Aussichtspunkt, um eine anziehende Stelle u. s. w. verkürzt wird. Unbequeme, abkürzende, aber steile u. aussichtslose Wege zu wählen, ist eine bemerkenswerthe Vorliebe mancher Führer, die einen harmlos vertrauenden Wanderer um einen grossen Theil des Wandergenusses bringen kann. Ordentliche Führerstationen sind im Buch besonders bemerkt.

Pass. Die Passplackereien sind in unserm Reisegebiete nicht mehr in Gebrauch. Man kann unbehelligt über die Grenzen hin und wieder reisen, ohne diesfalls belästigt zu werden. Doch dürfte der Besitz eines Legitimationspapieres dem Reisenden hie u. da zu Nutze kommen.

Zoll. Die Zoll-Untersuchung beim Eingang in deutsches sowohl, wie in österreichisches Gebiet ist streng u. hie u. da, namentlich wo Eile nothwendig ist, lästig. Das schweizer'sche Zollwesen dagegen beschwert den Reisenden wenig.

Münze. Im deutschen Gebiet ist das Reichsmarks-Münzsystem, im schweizerischen der Franken-Münzfuss, im österreichischen der Guldenmünzfuss (Näheres siehe Münzreduktionstabelle.) eingeführt.

Reisekarten u. Panoramen. Jeder Schwarzwaldreisende sollte mit einer guten Reisekarte versehen sein. Die gewöhnlich den Reisehandbüchern beigegebenen Karten genügen zwar wohl dem Bedürfniss, wo es sich nur um viel begangene Touren handelt, bei denen man auf dem Wege nicht oft die Karte befragen muss. Das Einheften u. Zusammenfalten der Karten in die Reisebücher aber macht den Gebrauch derselben schwierig, indem sie beim Auseinanderfalten leicht zerrissen werden.

Die besten Dienste leisten die *topographischen Karten des badischen Landes, kleinere Ausgabe, Maassstab 1: 200,000*, herausgegeben in 6 Blättern vom (jetzt preussischen) topographischen Bureau (Kartendebit).

Auch die Karten von *Dr. Woerl* (herausgegeben bei Herder in Freiburg i. B.) sind empfehlenswerth für die betreffenden Gegenden: *Karte der Landschaft Freiburg i. B., 6 Stunden im Umkreis. — Die Südthäler des Schwarzwaldes.* — beide im Maassstab 1: 100,000 sehr klar u. übersichtlich. — *Die badischen Bäder*, von Baden (nördl.) bis Oppenau (südl.), Maassstab 1 : 135,000.

Zum genauern Studium des Landes sind die *topographischen Karten des Grossherzogthums Baden in 56 Blättern u. im Maassstab 1 : 50,000* zu empfehlen. Sie sind aber zum Reisen selbst nicht sehr handlich u. auch weniger klar und übersichtlich gezeichnet.

Noch besser u. in Bezug auf Genauigkeit, Deutlichkeit u. schöne graphische Darstellung vorzüglich sind die ganz *neuen topographischen Karten im Maassstab von 1: 25,000 mit Horizontalkurven zur Darstellung der Gebirgsbildung.* Sie sind aber noch nicht vollständig zur Herausgabe gefördert.

Gute Panoramen giebt es in ziemlich grosser Zahl in unserm Reisegebiet. Wir machen folgende namhaft: Pfänderberg bei Bregenz; Gebhardsberg; Hoiersberg bei Lindau; Friedrichshafen; Heiligenberg; Wangen; Konstanz (Münster); Randen (Lohn); Schaffhausen (Seckelamtshäusli); Hôtel Schweizerhof am Rheinfall; Höchenschwand;

Hochstaufen ob dem Schluchsee; Feldberg (vom Höchsten, Friedr.-Louisenthurm); Seebuck (östl. Feldberggipfel); Hochfirst; Belchen; Kniebis; Freudenstadt.

Literatur. Schon Sebastian Münster (Kosmographie 1543), Zeiler, Merian (1593) u. Schöpflin haben den Schwarzwald beschrieben. Fürstabt Martin Gerbert verfasste die Historiae Nigrae Silvae in 3 Bänden (Ulm 1783—88). Es folgten die Schriften von Bührlen (Bilder aus d. Schwarzwald) u. Schwarz (Schwarzwaldreise, Stuttgart 1836). Bemerkenswerth sind namentlich folgende Werke: Heunisch u. Bader: *das Grossherzogthum Baden, Heidelberg 1857.* — *Badische Geschichte* mit Gau- u. Grafschaftskarten von Bader. — sodann die bezüglichen Schriften von Schwab, Bader, Fecht, Schreiber, Heunisch, Schalch, Schönhuth, Marmor, Fickler, Schnars, Seidlitz — historische Arbeiten von Mone, Roth von Schreckenstein, Krieg von Hochfelden, Barack, Riezler. Naturwissenschaftliche Abhandlungen u. Werke lieferten: Leonhardt, Griesselich, Eisenlohr, Platz; über die Sagen schrieben Schnezler u. Mallebrein. Die Schriften von Hebel, Auerbach, Uhland u. J. V. von Scheffel nebst andern bilden angenehme Reisebegleiter, denn ihre Gestalten beleben die Gefilde u. Landschaften des Schwarzwald- u. Umgrenzungsgebietes.

Die Badeliteratur ist schon in's Reichliche angewachsen; auch über Luftkurstationen u. Sommerfrischen sind eine gute Anzahl Abhandlungen vorhanden. In älterer Zeit schrieben die Aerzte Hess (1606), Küffern (1625), Rommler, Bauhinus, Langinus, namentlich über Baden-Baden. Ueber die Bäder zu Baden-Baden u. den Gebrauch derselben vor 200 Jahren gab H. Seefels eine besondere Schrift heraus. Ueber dieselben Bäder schrieben C. Frech, Biermann; über die Bäder des Renchthales Haberer, Feierlin, über Wildbad Hofrath Renz, Fröhlich etc. —

Reisepläne. Die meisten Reisehandbücher geben ihren Lesern eine Reihe detaillirter Reisepläne für Bereisung eines Theiles oder des ganzen Schwarzwald-Gebietes. Die Erfahrung beweist aber, dass solche schematische Routenzusammenstellungen in den meisten Fällen nicht durchführbar od. lückenhaft u. unbrauchbar sind. Sie sind daher gar nicht sehr empfehlenswerth. Der Eintrittspunkt, wo der Reisende das Land betritt, die zur Verwendung kommende Zeit die eintretende Witterung, die Zwecke, Ansprüche u. Kräfte des Reisenden beeinflussen sein Fortkommen so entschieden u. modifiziren die vom Buche gegebene Route so sehr, dass der Reisende doch am Ende dasjenige selbst zu thun genöthigt ist, was er gleich von Anfang an hätte thun sollen, nämlich selbst einen seinen Verhältnissen angemessenen Reiseplan zu machen. Mit Hülfe einer guten Karte und eines zuverlässigen Reiseführers ist dies so unschwer zu bewerkstelligen, dass man diese leichte Arbeit ganz füglich der Intelligenz jedes Reisenden selbst überlassen darf.

Wir werden uns daher auf die angefügten Routen-Umrisse als genügende Fingerzeige beschränken.

Reisekosten. Diese werden abhängen von den Gewohnheiten, Lebensansprüchen, Bildungsgrad u. Intelligenz des Reisenden, ferner von dessen Alter, Geschlecht, Appetit, von der Zahl u. Art seiner Begleiter u. davon, welche Reisestrecken er in der vorgesetzten Zeit zurückzulegen beabsichtigt. Ein bescheiden auftretender Fussreisender, der in den mittlern Gasthäusern einkehrt, wird (Führer nicht gerechnet) den täglichen Verbrauch auf 6—8 Mark ansetzen müssen, wobei die Fahrpreise für Eisenbahnen oder Post nicht in Betracht gezogen sind, jedoch ein anständiges Auftreten möglich ist. In den grössern Gasthöfen kann man den täglichen Aufwand zu 8—10 Mark ansetzen. Mit Führer oder zeitweiliger Benutzung der Fahrgelegenheiten kommt die Tagesausgabe auf 10—15 Mark; wer aber immer Führer benutzt, Fuhrwerk engagirt u. in den Gasthöfen viel auf Essen u. Trinken verwendet, wird täglich unter 15—20 Mark nicht auskommen.

Kurorte und Sommerfrischen.

Der Schwarzwald hat einen grossen Reichthum an Bädern, in denen der Aufenthalt verhältnissmässig nicht zu kostspielig ist; nur die Badeorte am Kniebis u. Badenweiler sind sehr theuer. Zur Uebersicht u. Auswahl folgen die Namen der hauptsächlichsten Bäderorte, sowie die Punkte, welche sich zu Luftkuren u. Sommerfrischen eignen in alphabetischer Ordnung.

a) Bäder:

Antogast im Maisbachthal 483 m, 4 Kilom. v. Eisenbahnst. Oppenau, ländliche Einrichtung, doch gelobt; Wasser + 9—10° C., hauptsächl. kohlensauern Kalk u. kohlensaures Natron; für Blutarmuth u. nervöse Zustände. — Hübsche Thallandschaften.

Baden-Baden, berühmter Luxuskurort für die höchsten Ansprüche. Saison durch das ganze Jahr. Gleichmässig mildes, feucht warmes Klima. Thermen, mehr als 20, weisen 46—68° C. mit viel Chlornatrium (16—17 Gran auf $^1/_2$ Kilo), doppelkohlensauern Kalk (1—$1^1/_2$ Gran), schwefelsauern Kalk (über $1^1/_2$ Gran), Chlorkalium u. Chlorlithium. Anwendung gegen Krankheiten der Haut, der Respirations-Verdauungs-, u. Harnorgane, sowie des Nervensystems, gegen Skrofeln, Gicht, besonders aber gegen rheumatische Leiden u. nach Verwundungen. — Ebenda 3 *Stahlquellen.* — Dampfbad; Konversationshaus; Theater Konzerte; Jagd; Fischerei. — Umgegend reich an interressanten Punkten, daher Ausflüge nach allen Richtungen. — **Lichtenthal** mit einer *Stahlquelle* in der Nähe ($1^1/_2$ Std.); ruhiger Sommeraufenthalt; dem geräuschvollen Baden vorzuziehen.

Badenweiler 427 m, sehr besuchter Kurort, aber theurer als Baden. Post 4 mal tägl. nach (7 Kilom.) Eisenbahnstation Müllheim. Quelle 27° C., indifferente Therme. Anwendung gegen beginnende Lungentuberkulose, Lungenkatarrh, Molkenkur. Pensionen, Privatlogis in grosser Zahl. Spaziergänge u. Ausflüge. Auch Sommerfrische, doch diese im nahen Oberweiler billiger.

Donaueschingen 692 m, Station der bad. Schwarzwaldbahn. *Soolbad.*

Freiersbach 384 m, im Renchthal. Post nach (7 Kilom.) Eisenbahnstat. Oppenau, sehr besucht; freundliche Lage. Vier Quellen (10—11° C.) mit kohlensauerm Kalk, schwefelsauerm Natron u. kohlensauerm Eisenoxydul, sowie mit viel freiem kohlensaurem Gas. Dampf- u. Kiefernadelbäder.

Griesbach 510 m, Post in $1^3/_4$ Std. nach (12 Kilom.) Bahnstat. Oppenau. Höchstgelegenstes aller Renchthalbäder, sehr besucht, besonders von Damen, etwas ruhiger als Petersthal. Acht *Stahlquellen* mit Dampfheizung nach Schwarz'scher Methode. Kiefernadelbäder u. Inhalationen im Bade- u. Kurhaus. — Gegen Blutarmuth, Menstruationsfehler, weissen Fluss, Nervenschwäche, Blutstockungen in den Unterleibsorganen.

Langenbrücken, Station der Eisenbahn von Heidelberg nach Freiburg. Lebhaft besuchtes *Schwefelbad* (Amalienbad) 11—14° C. Mildes u. gesundes Klima. Trinkkur, Bäder, Gasbäder, Douchen, Dampfbäder. — Anwendung gegen chronische Katarrhe, namentlich der Luftwege, Blasenkatarrh, Rheumatismus, Lähmungen.

Liebenzell in Würtemberg, Stat. der Bahn Pforzheim-Kalw; *indifferente Thermen* von 23—25° C. mit *schwachem Kochsalzgehalt.* Zwei Badeetablissemente. Anwendung gegen Krankheiten der weibl. Geschlechtsorgane, Hysterie, Hypochondrie, Hautkrankheiten.

Petersthal 420 m, Post nach (8 Kilom.) Eisenbahnstat. Oppenau; sehr besuchtes Renchthalbad, vor Nord- u. Ostwinden geschüzt, zieml. gleichmässiges Klima. Die Quellen stehen an Gehalt freier Kohlensäure nur denen von Franzensbad u. Pyrmont nach. Trinkkur, Bäder, Gasbäder. Erwärmung des Mineralwassers durch Dampf, Schwar'sche Methode. Milch- u. Molkenkur, Sturz- u. Wellenbäder in der Rench. Starke Versendung des Wassers in Krügen. — Zahlreiche Privatwohnungen. — Anwendung gegen Anämie, Nervenschwäche, weissen Fluss, Hämorhoidalleiden, Leberanschwellung. — Interessante Ausflüge.

Rheinfelden, Station der Eisenbahn Basel-Schaffhausen-Konstanz; sehr mildes Klima. Besuchte *Soolbäder,* 9—10° C. Inhalation, Bäder, Molkenkur. Gegen skrofulöse Affektionen u. Krankheiten der weibl. Genitalien angewendet.

Rippoldsau, Postverbindung nach (23 Kilom.) Wolfach, Stat. der Eisenbahn Hausach - Wolfach in 2½ Std. Grösstes u. besuchtestes, aber auch theuerstes aller Kniebisbäder, in einem von Nadelholzwaldungen umschlossenen (Thal 566 m.) gelegene gegen Ost- u. Nordwinde geschützt. Aechter Schwarzwald-Charakter der Umgebung. Zahlreiche Spazierwege, bis zu 900 m. Meereshöhe. Klima mild mit aromatischer Wald- u. Bergluft. Erwärmung der Bäder durch Dampf. *Drei Trink-* u. *eine Badequelle. Eisenhaltige Glaubersalzwässer* u. *salinische Stahlquellen.* Gegen Blutarmuth, weissen Fluss, Hysterie, Hämorhoiden, Blutanschoppungen in der Leber. — Forellenfischerei, Jagd, reiche Auswahl von Ausflügen.

Rothenfels, 140 m. Eisenbahnstation der Linie Gernsbach-Rastatt. *Elisabethenquelle*, Chlornatriumsäuerling, 20° C. Schöne Spaziergänge. Zahlreich besucht von den Kurgästen in Baden.

Säckingen, 293 m. Stat. der Bahn Basel-Konstanz; Mineral- u. Soolbad mit einer Thermalquelle von 24° C.

Sulzbach, 320 m. Nahe der Bahn von Oppenau nach Appenweiher (14 Kilom. nach Appenw.) *Salzquelle* von 23° C. (kohlensaures Natron, schwefelsaures Natron, kohlensaurer Kalk), einfach u. billig, aber gelobt; daher viel besucht.

Sulzburg, 463 m. ¾ Std. von Städtchen Sulzburg, von da Postverbindung nach Heitersheim (7 Kilom.) Stat. der Bahn Freiburg-Basel. Chlornatrium, salzsaures Natron, kohlensauern Kalk u. Gyps. Idyllische Waldumgebung.

Teinach in Würtemberg, 4 Kilom. von Stat. Teinach der Würtemb. Schwarzwaldbahn, im waldigen Teinachthal. Besuchte Bade-, Brunnen- u. Kaltwasserheilanstalt. Klima mild, für Lungenkranke zuträglich. Kohlensäurehaltige *Stahlquellen* u. alkalisch- erdige *Säuerlinge* von 9—11° C. — Gegen Katarrh der Luftwege, Tuberkulose, Gicht, Blasenkatarrh.

Wiesloch, Station der Bahn Heidelberg - Freiburg, von Heidelberg 14 Kilom. entfernt. *Mineralquelle* (kochsalzneutrales Schwefelwasser).

Wildbad 450 m. in Würtemberg, Endpunkt der Eisenbahn von Karlsruhe-Stuttgart-Pforzheim, in engem, dicht mit Nadelholzwaldung eingeschlossenem, wildromantischen Thal der Enz. Fremdenverkehr im Steigen begriffen. Thermen 34—36° C., Trinkkur, Bäder, Douchen. Anwendung gegen Lähmungen, Gicht, alte Wunden, Geschwüre, Gelenkkrankheiten. Reiche Auswahl von Spaziergängen u. Ausflügen.

Ausser den eben genannten dürfen folgende noch erwähnt werden:

Gernsbach (Pfeiffers Kiefernadelbad), Endstation der Bahnlinie Rastatt - Gernsbach. Einrichtung gelobt. Standquartier für Ausflüge in den nördl. Schwarzwald.

Erlenbad 165 m. im Sassbachthal, ¼ Std. von Sassbach; Eisenbahnstation Achern. Kochsalzhaltige, lauwarme Quelle von 17° R. Molken- u. Traubenkuren. Freundliche Umgebung. Hübscher Stützpunkt für Ausflüge.

Glotterbad im Glotterthal — **Suggenthal**, Station Buchholz der Bahn Langendenzlingen-Waldkirch. — **Weinheim** an der Bergstrasse. — **Mingolsheim** bei Wiesloch. — (Hubbad ist eingegangen). — **Ueberlingen** am Bodensee.

b) Kaltwasserheilanstalten:

Herrenalb, Postverbindung mit Bahnstat. Ettlingen (22 Kilom.); **Michelstadt** an der Odenwaldbahn;

c) Luftkurorte u. Sommerfrischen.

Ausser den meisten unter a. genannten kamen in neuerer Zeit in Aufnahme: *Jugenheim, Weinheim, Tryberg, St. Blasien, Furtwangen, St. Märgen, Höchen-*

schwand, *Bernau-Riggendorf*, *Menzenschwand*, *Schluchsee*, *Sand* unter der Badener Höhe ($^1/_2$ Std. von Herrenwies) *Gausbach* im Murgthal, *Forbach* ebenda; *St. Georgen* u. *Königsfeld* an der bad. Schwarzwaldbahn — *Gütenbach* an der Strasse Furtwangen-Simonswald; — *Waldau*; *Bonndorf*; *Steinabad*; *Birkendorf*; *Uehlingen*; *Bad-Bruckhaus* bei Thiengen; *Berghaus* bei Thiengen; *Rothhaus*; *Todtnau*; *Todtmoos*; *Titisee-Hinterzarten*; *Oberhöllsteig*; *Seebrugg*. Auch im *Feldbergerhof* auf dem Feldberg u. auf dem *Blauen* sind Einrichtungen für längern Aufenthalt getroffen.

Touren-Entwürfe:

I. Vierwöchentliche Tour durch den ganzen Schwarzwald.

(Von Baden-Baden aus.)

(E) *bedeutet Eisenbahn*, (D) *Dampfboot*, (P) *Post od. Omnibus*, (W) *Wagen*, (B) *Boot*, (F) *Fusstour*, (ZT) *Zusatztag*.

1. 2. Zwei Tage für Baden-Baden.

3. Von Baden (E) *nach Rastatt u. Ettlingen; durch das (untere) Albthal aufwärts* (W) *bis Herrenalb.*

4. Von Herrenalb (W) *nach Gernsbach im (untern) Murgthal; Pfeifferaches Bad; hinauf nach* (F) *Schloss Eberstein; Nachmittag* (W) *nach Forbach, Schönmünzach u. Freudenstadt durch das obere Thalgebiet der Murg.*

5. Von Freudenstadt (W) *über Baiersbronn durch's Thal der Rothen Murg aufwärts bis zur Höhe des Ruhsteins,* (F) *hinauf zum Mummelsee u. auf die Hornissgrinde u.* (W) *nach Ottenhöfen hinab.*

6. Von Ottenhöfen (F) *nach dem Edelfrauengrab u. über die Blöcherecke nach der Strasse Ottenhöfen-Allerheiligen, wo der Wagen hinbestellt ist; dann* (W) *nach Allerheiligen u. Griesbach durch das Lierbachthal u. Oppenau.*

7. Von Griesbach über die Holzwalder Höhe (F) *nach Rippoldsau. Von hier* (W) *nach Wolfach thalabwärts.*

8. Von Wolfach (E) *od.* (W) *od.* (F) *nach Hausach; dann* (E) *nach Hornberg.* (F) *zum Schlosse hinauf; mit dem nächsten Zug* (E) *nach Triberg u. Sommerau od. St. Georgen u.* (E) *zurück nach Triberg.*

9. Zum' (F) *Wasserfall. Oberhalb desselben über Schönwald, wo Wagen bestellt,* (W) *nach Furtwangen ins Bregthal. Von hier* (W) *nach Waldkirch. Im* Sternwirthshaus *an der Simonswalderstrasse absteigen u.* (F) *mit Führer an den Zweribachfall; sodann* (F) *zum* Engelwirthshause *in Obersimonswald (wo der Wagen wartet), hierauf* (W) *nach Waldkirch u.* (E) *nach Freiburg.*

10. 1 Tag od. (ZT) *in Freiburg.*

11. Von Freiburg (W) *durch das Höllenthal zum Titisee u.* (F) *auf den Feldberg od.* (W) *durch Höllenthal, Hinterzarten, Erlenbruck u. Bärenthal bis zum Feldbergerhof.*

12. Vom Feldberg hinab (F) *durch das Brandenbergerthal nach Todtnau mit* (W) *nach Zell u.* (E) *bis Basel.*

13. Von Basel auf der Oberrhein- od. Südbahn (E) *bis Brennet; dann* (W) (im Bahnhofshôtel) *nach der Haselhöhle im Wehrathal; hierauf* (W) *von Wehr nach Todtmoos u. St. Blasien.*

14. Von St. Blasien (W) *nach Höchenschwand u. zurück; dann* (W) *durch das Albthal abwärts nach Albbruck u.* (E) *nach Laufenburg.*

15. Von Laufenburg (E) *nach Murg. Mit* (W) *durch das Murgthal aufwärts bis Hottingen u. zurück über Hänner nach Laufenburg, oder über Görwyl u. Tiefenstein nach Albbruck. Abends* (E) *nach Waldshut.*

16. Von Waldshut über Gurtweil (W) *das Schlüchtthal hinauf zur Witznau-Mühle* (**Wirthshaus**); *zum Pavillon* (F) *hinauf auf der Strasse nach Berau, Einblick in's obere (kleine) Schlüchtthal; wieder hinab* (F) *zur Witznau-Mühle u. dann* (W) *bis Uehlingen od. Birkendorf u. durch das Steinachthal nach Oberlauchringen; oder zurück* (W) *nach Thiengen u.* (E) *nach dem Rheinfall u. Schaffhausen, oder* (ZT) *u. von Witznau-Mühle aus Besuch des Schwarzachthales bis Leinegg u. dann nach (Rheinfall) Schaffhausen.*

17. Am Rheinfall u. Schaffhausen Umschau (ZT) *od.; Nachmittags* (E) *nach Singen, hinauf* (F) *zur Ruine des Hohen Twiel u.* (E) *über Radolfzell nach Konstanz od. über Engen* (E) *(mit der bad. Schwarzwaldbahn) hinauf* (F) *auf den Hohen-Höwen.*

18. Von Engen (E) *über Singen, Radolfzell nach Konstanz. Umschau in der Stadt.*

19. Von Konstanz (E) *nach Allensbach u.* (B) *nach Reichenau-Mittelzell u. zurück* (E) *oder* (E) *über Ermatingen (Schweizerufer) oder dahin* (D) *u.* (B) *nach der Insel Reichenau u. zurück. Nachmittag* (W) *nach Mainau.*

20. Fahrt (D) *auf dem Bodensee nach Friedrichshafen, Lindau, Bregenz u.* (E) *über Rheineck, Rorschach, Romanshorn nach Konstanz zurück.*

21. Fahrt (D) *nach Meersburg u.* (W) *nach Schloss Heiligenberg, dann über Pfullendorf* (W) *u. von hier* (E) *über Schwackenreuthe u. Krauchenwies nach Sigmaringen.*

22. Umschau in Sigmaringen, Schloss u. Sammlungen. Fahrt (W) *durch das Donauthal hinauf bis Beuron.*

23. Von Beuron (W) *nach Tuttlingen u.* (E) *über Immendingen nach Donaueschingen. Umschau im Park, Sammlungen, Schloss etc.*

24. Von Donaueschingen (E) *nach Villingen, Rottweil, Horb, Nagold, Bad Teinach od. Calw.*

25. Von Calw (E) *über Liebenzell nach Pforzheim. Von Pforzheim* (E) *über Mühlacker nach Maulbronn, Besichtigung des Klosters und zurück* (E) *nach Pforzheim.*

26. Von Pforzheim (E) *nach Wildbad. Ausflug in's Enzthal.*

27. Rückkehr (W) *über Kaltenbronn, Weissenbach u. Gernsbach nach Baden-Baden oder* (E) *über Pforzheim, Durlach, Karlsruhe u. Rastatt.*

II. Dreiwöchentliche Tour durch den südlichen Schwarzwald (von Offenburg aus).

1. Tag von Offenburg (E) *durch das Kinzigthal aufwärts bis Biberach-Zell. Von hier* (W) *od.* (F) *nach Hohengeroldseck u. Lahr; hierauf* (E) *über Langendenzlingen nach Waldkirch.*

(ZT) *von Lahr* (F) *über Seelbach durch das Schutterthal zum* **Wirthshause zu Streitberg 455** *m., von hier mit Führer* (F) *Besteigung des Hühnersedel 746 m. dann entweder durch das Münsterthal nach Ettenheimmünster u. Ettenheim — oder durch das Bleichthal nach Bleichheim, Herbolzheim u. Kenzingen — oder durch das Brettenthal über Keppenbach nach (rechts) Emmendingen (links) nach Waldkirch.*

2. Von Waldkirch (W) *durch das Simonswalderthal bis zum* **Engelwirthshause**; *hier Führer* (F) *an* *den Zweribachfall u. zurück zum* Sternwirthshaus, *wo der Wagen wartet, dann* (W) *über Gütenbach nach Furtwangen und zurück nach Gütenbach oder Furtwangen bleiben.*

3. Von Gütenbach (F) *in's Wildgutachthal nach dem* Dreistegen-Wirthshaus *(Forellen) u. nach Glashütte. Von hier* (F) *mit Führer bergan entweder — nach Waldau — nach dem Neuhäusle, — od. nach St. Märgen u. sodann von einem dieser Orte über den Thurner, Breitnau u. die Ravenna-Schlucht in's Höllenthal nach dem* Sternwirthshaus *(Post) v. Faller.*

4. Vom Sternwirthshaus (W) *zum Hirschsprung od. zum Himmelreich hin u. zurück; dann über die Steig bis zum Titisee* (Wirthshaus v. Eigler) (W) *u. von hier* (F) *auf den Feldberg u. Uebernachten im* „Feldbergerhof."

5. Vom Feldberg (F) *durch das Brandenbergerthal nach Todtnau, über die Präg durch die Bernau nach St. Blasien. Oder von Feldberg* (F) *über Menzenschwand nach St. Blasien u. Höchenschwand. Oder vom Feldberg mit Führer über Aha (oder über Bärenthal, Altglashütte) nach Schluchsee u.* (W) *nach St. Blasien od. Höchenschwand.*

6. Von St. Blasien od. Höchenschwand (W) *über Häusern nach Schluchsee u. Lenzkirch,* (F) *hinauf nach dem Hochfirst (Aussichtspunkt) u.* (W) *zurück über Seebrugg u. Häusern nach Höchenschwand od. St. Blasien.*

7. Von Höchenschwand durch das Albthal (F) *über Kutterau u. Tiefenstein nach Albbruck.* (E) *nach Waldshut. — Rheinfall. — Schaffhausen.*

8. Schaffhausen u. Rheinfall; Abends (E) *über Singen, Etzweilen, Stein (Nordostbahn) auf dem Schweizer-Ufer des Untersees nach Konstanz oder* (ZT) *von Schaffhausen* (F) *od.* (W) *über Meerishausen auf den Randen (914 m). Aussichtspunkt u. über Schleitheim* (W) *oder über Schleitheim-Stühlingen* (E) *über Oberlauchringen nach Schaffhausen zurück.*

9. Von Schaffhausen (E) *direkt nach Konstanz über Radolfzell. Umschau in Konstanz, Nachmittag* (W) *nach der Insel Mainau.*

10. Von Konstanz (E) *über Radolfzell, Stockach, Schwackenreuthe nach Pfullendorf, dann* (W) *nach Schloss Heiligenberg.*

11. Von Heiligenberg (W) *nach Pfullendorf u.* (E) *über Schwackenreuthe u. Krauchenwies nach Sigmaringen, oder direkt* (W) *nach Krauchenwies u.* (E) *nach Sigmaringen.*

12. Sigmaringen Umschau, (W) *nach Beuron im Donauthal u. zurück.*

13. Von Sigmaringen (E) *bis Stockach od. Nenzingen.* (W) *od.* (F) *über Schloss Langenstein, Aach (Aachquelle) nach Engen. Besteigung* (F) *des Hohen Höwen od. Fahrt* (W) *nach d. Stettener Schlösschen od.* (E) *nach Singen u.* (F) *Besteigung des Hohen Twiel.*

14. Von Engen od. Singen (E) *nach Schaffhausen bis Station Beringen. Hier* (W) *od.* (P. *10 Uhr Vormittags) über Schleitheim (Stühlingen), Besteigung* (F) *der Randenburg u. Aussichtspunkt mit Führer; dann von Stühlingen* (E) *bis Weizen u.* (P) *nach Bonndorf.*

15. Von Bonndorf (F) *hinab nach Bad Boll u. zurück; dann* (W) *über Steinabad, Birkendorf (Aussichtspunkt) nach Uehlingen u.* (W) *durch das Schlüchtthal hinab (Glanzpartie) nach Waldshut od.* (ZT) *u.* (F) *durch das romantische Schlüchtthal bis Witznau-Mühle* (Wirthsh.); *hier hinaufsteigen nach Berau (Einblick in's Schlüchtthal), u. nach Leinegg hinab, Rückkehr nach Witznau durchs Schwarzachthal (grossartige Partie) dann* (W) *od.* (F) *nach Thiengen od. Waldshut.*

16. Von Thiengen od. Waldshut (E) *nach Murg. Besuch des Murg-*

thales (W) *bis Hottingen u. zurück, sodann* (E) *nach Säckingen, Brennet od. Wehr.*

17. Von einem der 3 Orte durch das Wehrathal (W) *nach Todtmoos hin und zurück. Besuch der Haselhöhle. Von Brennet* (E) *nach Basel.*

18. Basel. In's Wiesenthal (E) *bis Schopfheim od. Zell; sodann* (W) *nach Schönau.*

19. Von Schönau (F) *auf den Belchen u. hinab über die Sirnitz nach Badenweiler u. Müllheim. Abends od. am andern Morgen nach Freiburg* (E).

20. Freiburg u. Umgebung.

21. Nach Alt-Breisach (E) *Kaiserstuhlgebirge u. über Riegel* (F) *zurück nach* (E) *Freiburg oder direkt über Riegel* (E) *nach Offenburg.*

III. Eine 14–16 tägige Tour.
(Von Baden-Baden aus.)

1 Tag. Baden-Baden.

2. Nach Schloss Eberstein (W), *Gernsbach, Forbach durch das Murgthal aufwärts u. zurück üb. Elisabethenquelle u. Favorite nach Baden-Baden.*

3. Nach (E) *Achern. Vonda nach* (W) *Ottenhöfen, dann* (F) *zum Edelfrauengrab u. Blöcherek nach Allerheiligen. Nach* (W) *Oppenau u.* (E) *nach Oberkirch u. Appenweier bis Offenburg.*

4. Nach (E) *Hausach', Triberg, St. Georgen u. zurück nach Triberg. Besuch des Wasserfalls; nach* (W) *oder* (F) *Furtwangen.*

5. Bis zum Sternwerthshaus (W) *Simonswalderstrasse. Besuch* (F) *des Zweribachfalls. Vom* Engelwirthshaus (W) *in Obersimonswald nach Waldkirch u.* (E) *nach Freiburg.*

6. Freiburg u. Umgebung.

7. (E) *bis Krotzingen; hier* (W) *im Thale des Neumagen nach Stauffen u. durch's Münsterthal bis zur Wiedereck.* (F) *auf den Belchen u. hinab nach Schönau im Wiesenthal.*

8. (W) *nach Schopfheim u. Wehr. Besuch* (F) *der Haselhöhle.* (W) *nach Todtmoos.*

9. (W) *nach St. Blasien u. Höchenschwand.* (W) *nach Albbruck.* (E) *nach Schaffhaufen (Rheinfall).*

10. Schaffhausen u. Umgebung (Rheinfall). (E) *nach Konstanz.*

11. Umschau in der Stadt. (D) *nach Ueberlingen,* (W) *nach Stockach.* (E) *über Messkirch nach Sigmaringen.*

12. Umschau in Sigmaringen. (W) *durch das Donauthal aufwärts über Beuron nach Tuttlingen u.* (E) *nach Donaueschingen.*

13. Umschau in Donaueschingen. (W) *nach Neustadt.*

14. (W) *nach Lenzkirch u. durch das Höllenthal nach Freiburg.*

15. (E) *nach Baden-Baden zurück.*

IV. Eine 14 tägige Tour.
(Von Offenburg aus.)

1 Tag. Von Offenburg (E) *bis Lahr.* (W) *nach Hohengeroldseck hin u. zurück.* (E) *von Lahr über Langendenslingen nach Waldkirch.*

2. Von Waldkirch (W) *durch das Simonswalderthal nach Gütenbach. Von hier* (F) *hinab in's Wildgutachthal zum Zweribachfall u. zum* Engelwirthshaus, *wo der Wagen zu treffen.* (W) *nach Waldkirch zurück u.* (E) *nach Freiburg.*

3. Freiburg u. Umgebung.

4. Von Freiburg (W) *durch das Höllenthal nach Schluchsee, Häusern u. Höchenschwand.*

5. Von Höchenschwand (W) nach nach St. Blasien u. durch das Albthal hinunter nach Albbruck (E) nach Waldshut.

6. Von Waldshut (oder Thiengen) (W) durch das untere Schlüchtthal zur Witznau-Mühle. (F) hinauf zum Pavillon an der Strasse nach Berau u. zurück. (W) durch das kleine Schlüchtthal hinauf bis Uehlingen; (F) von Uehlingen nach Untermettingen im Steinachthal u. (W) durch das Steinachthal hinab (neue Strasse) nach Station Oberlauchringen; (E) nach Schaffhausen (Rheinfall.)

7. Schaffhausen u. Rheinfall. Abends (E) nach Singen u. über Etzweilen, Stein am Schweizerufer des Untersees aufwärts nach Konstanz. (Schweiz. Nordostbahn) oder aber — direkt über Radolfzell (E) nach Konstanz.

8. Konstanz u. Umgebung. Insel Mainau.

9. Von Konstanz (D) nach Ueberlingen; (W) nach Heiligenberg u. Pfullendorf. (E) nach Sigmaringen, wenn noch möglich.

10. Sonst von Pfullendorf (E) nach Sigmaringen. Umschau daselbst.

11. Von Sigmaringen (W) durch das Donauthal hinauf nach Beuron u. zurück.

12. Von Sigmaringen (E) über Messkirch, Radolfzell nach Singen. Besuch (F) des Hohen Twiel; (E) nach Engen.

13. Von Engen (E) nach Donaueschingen. Umschau. (E) nach Offenburg auf der badischen Schwarzwaldbahn über Villingen, Triberg u. Hausach.

V. Eine 7—9tägige Tour.

(Von Pforzheim aus.)

1. Tag. Von Pforzheim durch's Würmthal (W) über Liebenegg, Steinegg, Neuhausen, Monakam nach Liebenzell, (E) nach Calw od. Teinach oder — direkt (E) oder

1. Von Pforzheim nach (E) Wildbad; Umschau.

2. Von Wildbad (W) nach Calw; (E) von Calw über Horb, Rottweil nach Tuttlingen.

3. Von Tuttlingen (W) durch das Donauthal hinab nach Beuron u. (F) od. (W) nach Sigmaringen.

4. Von Sigmaringen (E) nach Messkirch, Stockach, Radolfzell u. Konstanz.

5. Konstanz; nach (E) Schaffhausen. Rheinfall.

6. Von Schaffhausen (Rheinfall) (E) nach Albbruck oder Thiengen. Von Albbruck (W) nach St. Blasien oder Höchenschwand oder (W) von Thiengen durch das Schlüchtthal nach Schluchsee über Uehlingen, Birkendorf u. Grafenhausen, Rothhaus.

7. Von St. Blasien nach (W) Schluchsee u. (W) über Altglashütte u. Bärenthal nach dem Feldbergerhof auf dem Feldberg.

8. Vom Feldberg (F) zum Titisee u. (P) durch das Höllenthal (oder W) nach Freiburg.

9. Von Freiburg (E) mit Abstecher nach Strassburg od. Baden-Baden nach Pforzheim.

VI. Eine 8—10tägige Tour.

(Von Schaffhausen oder Waldshut aus.)

1. Tag. Von Schaffhausen (E) nach Beringen u. (P) nach Schleitheim sodann (F) nach Stühlingen oder (E) nach Oberlauchringen. Von hier (von Waldshut aus (E) nach Oberlauchringen) mit (E) der Wutach-

thalbahn nach Stühlingen u. Weizen. Von hier (F) *nach Grimmelshofen u. durch die Felsenenge der Wutachflühen nach Aachdorf oder Filetzen. Von Aachdorf das Wutachthal* (F) *hinauf bis Bad Boll oder nach Ewatingen. Noch besser ist es: in Schleitheim Besteigung des Randen u. Uebernachten u. folgenden Tages die anstrengende Tour durch das Wutachthal vornehmen, sodass man dazu 1 Tag verwenden kann.*

2. u. 3. Von Bonndorf od. Ewatingen od. Boll (W) *nach Lenzkirch u.* (F) *über den Hochfirst oder* (W) *über Kappel nach Neustadt.*

4. Von Neustadt durch das Langenordnachthal (F) *nach Waldau u.* (W) *nach St. Märgen u. St. Peter.*

5. Von St. Peter (F) *über den Kandel mit Führer nach Waldkirch u.* (E) *nach Freiburg.*

6. Freiburg u. Umgebung; nach (E) *Alt Breisach, Besuch des Kaiserstuhls* (F) *u. zurück* (E).

7. Von Freiburg (E) *nach Müllheim u. Badenweiler. Besteigung* (F) *des Blauen u. hinab nach Marzell.*

8. Von Marzell (F) *in's Thal der Kleinen-Wiese nach Tegernau u. über Gresgen nach Zell od. nach Schopfheim.*

9. Von Schopfheim (F) *nach Wehr; Besuch der Haselhöhle u. nach Brennet; von hier* (E) *nach Waldshut u. Schaffhausen zurück.*

VII. Eine 10—12tägige Tour.

(Von Offenburg, Bad. Schwarzwaldbahn, Sigmaringen. Donau-Neckarthal.)

1. Tag. Von Offenburg (E) *nach Hausach u. Wolfach. Von hier* (W) *Schapbach u. Rippoldsau.*

2. Von Rippoldsau (W) *nach Freudenstadt; von hier* (W) *über Alpirsbach, Schenkenzell, Schiltach nach Wolfach oder* (F) *von Freudenstadt nach Schenkenzell durch die Reinerzau u.* (F) *od.* (W) *nach Wolfach.*

3. Von Wolfach (E) *über Hausach nach Hornberg. Abstecher nach Schramberg u. in's Berneckthal.*

4. Von Hornberg (E) *nach Triberg. Wasserfall. Ueber* (E) *St. Georgen u. Villingen nach Donaueschingen.*

5. Von Donaueschingen (E) *nach Engen od. Singen. Besteigung* (F) *des Hohen-Höwen od. Hohen-Twiel.*

6. Von Engen od. Singen über Radolfzell (E) *u. Messkirch nach Sigmaringen (oder mit* ZT) *von Singen nach Konstanz u. dann zurück nach Radolfszell u. von hier* (E) *nach Sigmaringen.*

7. Von Sigmaringen durch das Donauthal über Beuron (F) *od.* (W) *oder theilweise* (P) *nach Tuttlingen.*

8. Von Tuttlingen (E) *nach Rottweil, Horb, Nagold, Calw, (Abstecher nach Weil der Stadt) Pforzheim.*

9. Von Pforzheim (E) *nach Wildbad. Von hier* (W) *über Kaltenbronn, Gernsbach, Schloss Eberstein, Lichtenthal nach Baden-Baden.*

10. Von Baden-Baden (F) *über Yburg nach Bühl, auf die Windeck nach Achern u.* (E) *nach Offenburg*

VIII. Eine 8—10tägige Tour.

(Von Freiburg nach Konstanz.)

1. Tag. Von Freiburg (P) *bis zum Stern im Höllenthal u.* (F) *über Hinterzarten, Erlenbruck, Bärenthal auf den Feldberg.*

2. Vom Feldberg über Schluchsee nach St. Blasien (Höchenschwand) u. (W) durchs Albthal nach Albbruck u. (E) nach Waldshut oder von Schluchsee (sehr empfehlenswerth) über Seebrugg (W), Rothhaus, Grafenhausen, Birkendorf u. Uehlingen. Von hier (F) durchs romantische Schlüchtthal nach Thiengen od. Waldshut.

3. Von Waldshut od. Thiengen (E) nach Schaffhausen (Rheinfall) u. Konstanz.

4. Konstanz u. Mainau (Reichenau).

5. Von Konstanz (E), (Bad. Schwarzwaldbahn) über Singen nach Donaueschingen, Villingen u. Triberg.

6. Triberg. Wasserfall u. Abstecher nach (W) Furtwangen u. zurück. Abends von Triberg (E) nach Hornberg.

7. Von Hornberg Ausflug (W) nach Schramberg, in das Bernecktkal u. durch das Reichenbachthal zurück.

8. Von Hornberg (E) über Hausach, Gengenbach u. Offenburg nach Freiburg.

IX. Ein 4—5tägiger Ausflug.

(Von Freiburg aus.)

1. Tag. Von Freiburg (E) nach Waldkirch, von hier (W) nach Elzach, Oberprechthal, Hornberg (auch F); von hier (E) nach Triberg.

2. Von Triberg (F od. W) nach Schönwald u. Furtwangen. Von hier (F) über Neukirch u. Glashütte nach Waldau u. durch das Langordnachthal (F od. W) nach Neustadt.

3. Von Neustadt (F) am Titisee vorüber auf den Feldberg.

4. Vom Feldberg durch das Höllenthal (F) oder über Todtnau u. Muggenbrunn, am Schauinsland (Erzkasten) vorbei, oder durch das Zastlerthal über Oberried zurück nach Freiburg.

X. Ein 3tägiger Ausflug.

(Von Badenweiler aus.)

1. Tag. Von Müllheim od. Badenweiler (F) auf den Belchen. (Gasthaus).

2. Vom Belchen (F) nach Schönau u. Zell. Von Zell (F) über Gresgen u. Tegernau nach Kandern.

3. Von Kandern nach (F) Marzell u. über den Blauen nach Badenweiler zurück.

XI. Ein 2tägiger Ausflug.

(Von Basel aus.)

1. Tag. Von Basel (E) über Lörrach nach Schopfheim. Von hier (F) nach Wehr (Besuch der Haselhöhle) u. (F) nach Todtmoos.

2. Von Todtmoos (F) nach St. Blasien u. (W) durch das Albthal nach Albbruck oder interressanter (W) über Seebrugg, Grafenhausen u. Uehlingen durch das Schlüchtthal nach Thiengen oder Waldshut u. (E) nach Basel zurück.

XII. Ein 2tägiger Ausflug.

(Von Rheinfelden, Säckingen oder Laufenburg aus.)

1. Tag über Wehr (Haselhöhle) (F) nach Todtmoos.

2. Von Todtmoos (F) durch das Murgthal zurück nach Stat. Murg oder über Strittmatt u. Görwyl nach Tiefenstein u. das untere Thal der Alb über Station Albbruck zurück (E).

XIII. Von Waldshut oder Thiengen aus.

a)

1. Tag. Von Waldshut od. Thiengen nach Oberlauchringen (E). *Von hier* (F) *auf den Küssenberg (Burgruine Küssaberg) u. über* (F) *Dangstetten u. Rheinheim nach* (B) *Zurzach. Von hier* (E) *über Koblenz zurück nach Waldshut u. Thiengen oder* — (E) *(Nordostbahn) am Rheinufer (Schweizerseite) aufwärts nach Kaiserstuhl u. Eglisau.*

2. Von Kaiserstuhl (F) *über Hohenthengen u. Stetten nach Griessen. Besuch des Klettgaues u.* (E) *nach Thiengen oder Waldshut oder — von Eglisau* (F) *nach Griessen über Hüntwangen u. Riedern, oder von Eglisau* (F) *über Buchberg, Lotstetten, Jestetten, Altenburg zum Rheinfall u.* (E) *durch den Klettgau zurück nach Thiengen u. Waldshut.*

b)

1. Tag. Von Waldshut od. Thiengen (E) *nach Oberlauchringen. Von hier* (F) *od.* (W) *durch das Steinachthal hinauf über Detzelen u. Untermettingen nach dem Steinabad. Von hier* (W) *od.* (F) *nach Birkendorf u. Uehlingen u.* (W) *od.* (F) *durch das Schlüchtthal hinab nach Thiengen od. Waldshut.* (ZT). *Uebernachten in Steinabad od. Bonndorf od. Birkendorf od. Uehlingen u. folgenden Tages durch das Schlüchtthal (theilweise)* (P).

c) Von Waldshut aus:

1. Tag. Von Waldshut (F) *od.* (W) *über Dorf Waldkirch, Bannholz u. Waldhaus (Bierbr.) nach Höchenschwand u. über Häusern nach Schluchsee.*

2. Von Schluchsee über Seebrugg (F) *wo Führer, über die Schwarzhalde nach Schönenbach, Staufen, Brenden, dann hinab nach Leinegg in's Schwarzachthal u. auf der neuen Strasse abwärts nach Witznau-Mühle u.* (W) *od.* (F) *nach Waldshut.*

d) Von Thiengen od. Stühlingen aus:

1. Tag nach Stühlingen (E) *u. Weizen. Von hier* (F) *nach Grimmelshofen u. durch die Thalschlucht Wutachflühen nach Blumegg u. Achdorf; von hier entweder das Wutachthal hinauf über Boll* (F) *oder über Ewatingen nach Bonndorf.*

2. Von Bonndorf über Steinabad (Schlossruinen Steinegg u. Roggenbach) u. Untermettingen (F *od.* W) *durch das Steinachthal hinunter nach Oberlauchringen. Von hier* (E) *nach Thiengen od. Stühlingen.*

XIV. Ein 3tägiger Ausflug.

(Von Schaffhausen aus.)

1. Tag. Von Schaffhausen (W) *od.* (F) *auf den Randen über Merishausen. (Führer). Aussichtspunkt u. hinab über die Randenburgruine nach Schleitheim. Von hier (Führer) nach* (F) *Grimmelshofen u. Wutachflühen nach Blumegg u. zurück nach Schleitheim.*

2. Ueber Füetzen (W) *od.* (F) *u. Zollhaus durch das Aitrach- od. Kirchenerthal über Leipferdingen nach dem Stettener-Schlösschen (Neu-Höwen) u. hinab nach Engen.*

3. Von Engen (F) *auf den Hohen-Höwen) u. über Watterdingen nach Blumenfeld u. Thengen. Von hier* (F) *über Schlatt a. Randen nach Thayngen. Von hier* (E) *nach Schaffhausen.*

XV. Ein 4tägiger Ausflug.

(Von Singen oder Engen aus.)

1 Tag. Von Singen (F) *auf den Hohen Twiel (Hohenkrähen od. Mägdeberg). Dann* (E) *nach Engen. Von hier* (W) *über Aach (Aach-*

quelle), *Schloss Langenstein u. Stockach (Nellenburg), von Nenzingen aus* (E).

2. Von Stockach (E) *über Schwackenreuthe nach Pfullendorf. Von da* (W) *nach Heiligenberg hin u. zurück. Abends* (E) *nach Sigmaringen.*

3. Durch das Donauthal (W) *bis Beuron hin u. zurück. Umschau in Sigmaringen.*

4. Von Sigmaringen (E) *bis Stockach. Von Stockach* (F) *od.* (W) *nach Ueberlingen über Ludwigshafen u.* (D) *nach Konstanz. Von hier* (E) *nach Singen Engen.*

Münz-Vergleichungs-Tabelle.

Länder.	Münzeinheiten.	Mark	Pf.	Gl.ö.S.	NKr.	Fr.	Cts.	LSt.	Schill.	Pence.	Rub.S.	Kop.	Doll.	Cts.
Deutsches Reich	1 Mark Reichsmünze à 100 Pfennige (*10 Mark = 1 Krone*). (*20 Mark = 1 Doppelkrone*).	1	—	—	50	1	25	—	1	—	—	30 5/8	—	23 1/3
Oesterreich, Lichtenstein	1 Gulden Silber à 100 Neukreuzer (*1 Gulden Papier ca. 3—4 pCt. niedriger im Werth.*)	2	—	1	—	2	50	—	2	—	—	62	—	46 2/3
Luxemburg	1 Franc à 100 Centimes													
Belgien, Schweiz	1 Franc à 100 Centimes													
Frankreich		—	80	—	40	1	—	—	—	9 1/2	—	24 1/2	—	18 2/3
Italien	1 Lira à 100 Centesimi (Goldwährng.) (*1 Lira Papier i. Werth veränderl.*)													
Dänemark	1 Krone à 100 Oere	1	13	—	56	1	41	—	1	1 1/4	—	34 1/2	—	26 2/3
Griechenland	1 Drachme à 100 Lepta	—	72	—	36	—	90	—	—	8 1/2	—	22	—	17
Grossbritannien	1 Liv. Sterl. à 20 Schill. à 12 Pence	20	—	10	—	25	—	1	—	—	6	14	4	66
Niederlande	1 Gulden à 100 Cents	1	70	—	85	2	12	—	1	8 1/2	—	52	—	39 2/3
Nordamerika	1 Dollar à 100 Cents	4	29	2	14	5	35	—	4	3 1/2	1	32	1	—
Norwegen	1 Krone à 100 Oere	1	15	—	57	1	43	—	1	1 3/4	—	35	—	27
	1 Speciesthaler à 5 Ort à 24 Schill.	4	51	2	28	5	68	—	4	6	1	40	1	6
Portugal	1 Milreis à 1000 Reis	4	66	2	33	5	83	—	4	8	1	44	1	9
Russland	1 Silber-Rubel à 100 Kopeken (*1 Papier-Rubel: Werth veränderlich, zur Zeit ca. 2 M. 20 Pf.*)	3	26	1	63	4	7	—	3	3	1	—	—	76
Schweden	1 Krone à 100 Oere	1	15	—	57	1	43	—	1	1 3/4	—	35	—	27
Spanien	1 Peseta à 100 Cents	—	80	—	40	1	—	—	—	9 1/2	—	24 1/2	—	18 2/3
	1 Duro à 20 Reales	4	26	2	13	5	32	—	4	3	1	33	1	—
Türkei	1 Piaster à 40 Para	—	18	—	9	—	22	—	—	2	—	6	—	4

Geographisch-geschichtliche Einleitung.

Der Schwarzwald.

Der heutige Schwarzwald bildete in der ältesten Zeit geschichtlicher Erwähnung einen Theil jener Gebirgs- und Waldgegenden Germaniens, welche sich unter dem Namen des **herzynischen Waldes,** als zusammenhängendes Ganzes betrachtet, durch ganz Deutschland verbreiteten, an den Grenzen der Helvetier, Nemeter und Rauracher ihren Anfang nahmen und sich an der Donau entlang bis zu den Grenzen der Dacier und Arnatier 60 Tagemärsche in die Länge und 9 Tagreisen in die Breite erstreckten (wie uns Cäsar berichtet).

Der eigentliche **Schwarzwald** oder **marcianische Wald** (Silva Marciana) hatte indessen nach der Anschauung der Römer einen nicht viel grössern Umfang als die heut zu Tage mit diesem Namen bezeichnete Berggegend. Auf der theodosianischen Reisekarte ist er zwischen dem Oberrhein und Alemannien eingezeichnet und reicht nach Osten bis zu den Quellen der Donau, wo das **Abnobagebirge** (Mons Abnoba) sich erhob.

Als die Markomannen noch in diesen Gegenden wohnten, hiess der Schwarzwald wahrscheinlich der Markwald.

Im Mittelalter tauchte der Name **Silva Nigra** oder **Schwarzwald** auf.

Der Schwarzwald als Gebirgsland nimmt seinen Anfang im Süden oder Südwesten am Rhein zwischen Eglisau und Basel und erstreckt sich in nordöstlicher Richtung bis Durlach und Pforzheim, indem er gegen Westen, hoch und steil in das Rheinthal (von Basel bis Karlsruhe) abfallend, mit dem ihm gegenüber in gleicher Richtung gelagerten Vogesengebirge die breite und tief eingesenkte Rheinebene einschliesst. Gegen Osten senkt sich dieses Gebirge allmählig und sanft in das weit höher als die Rheinthalebene gelegene Mittelland Würtembergs ab. Im Südosten hängt es zusammen mit der **schwäbischen Alb,** die sich auf dem linken Ufer der Donau wieder von ihm absondert. Seine Lage ist zwischen 25° 20′ und 26° 20′ östlicher Länge von Ferro und zwischen 47½° und 49° 12′ nördlicher Breite.

Die ganze Flächenausdehnung des Schwarzwaldes mag an 120 □ Ml. betragen, wovon etwa 92 □ Ml. (mit ungefähr 380,000 Ew.) auf das Grossherzogthum Baden entfallen und der Rest auf das Königreich Würtemberg kommt.

Seinen Namen führt er von den ihn bedeckenden, oft düster und wild-einsam, Schauer erregend aufstarrenden Tannenforsten. Die Tanne, welche im Sonnenlichte eine dunkelgrüne, bei Regenwetter aber eine nahezu schwarze Färbung zeigt, und die der vorherrschende Baum seiner Wälder ist, hat ihm augenfällig zu diesem Namen verholfen.

Mit dem Namen Schwarzwald verbindet der Fremde, der ihn noch nicht kennen lernte, meist den Begriff des Schauerlichen, Düstern und Wildöden: der Franzose denkt unter seinem Forêt noire eine Wald- u. Bergwildniss voll unwegsamer und menschenleerer Höhen und Einöden, der Engländer hat aus seinem Black-forest-man eine Popanz aufgeputzt, womit er seine Kinder schreckt; er zeigt denselben als einen Halbwilden u. Räuber. Selbst in Deutschland stellt man sich das Schwarzwaldgebirge als eine Gegend vor, die auf den Besucher nur einen düstern und traurigen Eindruck zu machen vermöge.

Allein der Wanderer findet kein ödes, unwirthliches und grauenerregendes Waldgebirge, sondern grösstentheils ein heiteres, vielfach ausgereutetes u. angebautes, von schönen Strassen und guten Wegen durchkreuztes, mit vielen Höfen und zahlreichen, oft recht grossen, meist wohlhabenden u. reinlichen Dörfern belebtes Gebirgsland, in welchem üppige Wiesen die Thalniederungen u. Gründe, herrliche Tannenwaldungen oder offene Haiden u. Triften die Halden u. Hochflächen bedecken, wo unzählige frische, reichlich strömende Quellen sich zu Bächen, zu Seen und Flüssen sammeln und eine Luft voll stählender Frische und balsamischer Harzdüfte weht. Einzelne Strecken freilich findet man auch, wo hundertjähriger Urwald mit undurchdringlichem Gestrüpp, mit vermoderten oder bleichgewaschenen Baumstämmen, mit jäh abstürzenden, wild gestaltetem Felsgehälde oder weitgedehnten Bergrücken, besäet mit Granitblöcken u. bedeckt m. Haidegras, wo finstere Tobel, wilde Schluchten und schweigende Moosgründe ein höchst rauhes, unwirthliches und trauriges Bild gewähren. Aber im Ganzen trägt der Schwarzwald jenen viel freundlichern u. lebendigern Charakter. Einige Gegenden nach den Vorbergen hin, sind sogar durch idyllische u. romantische Schönheiten ausgezeichnet u. auf manchen Höhen eröffnen sich Aussichten, welche den Beschauer mit Entzücken u. Bewunderung erfüllen.

Der Schwarzwald wird eingetheilt in den **obern** oder **südlichen** — zwischen dem südlichen, vom Rhein bespülten

Fusse und dem Kinzigthale, mit 800—900 m. allgemein-mittlerer Erhebung u. einer **grössten Höhe** von 1495 m. auf dem Feldberge u. in den **untern** oder **nördlichen** — vom Kinzigthal nördlich mit allgemein-mittlerer Erhebung von 600 m. u. mit den äussersten Höhenpunkten Merkurius 672 m. u. Dobel 723 m. hoch.

Weiter nördlich löst sich das Gebirge in ein Hochland mit hügelförmigen Schwellungen auf, welches den Namen Schwarzwald nicht mehr trägt, sondern das **Neckargebirge** oder Neckarbergland oder auch das **Kraichgauer - Hügelland** heisst, meist aus Muschelkalk besteht, 160—170 m. Mittelhöhe aufweist u. schon seiner geognostischen Bildung wegen, nicht als eine Fortsetzung des Schwarzwaldes angesehen werden kann (s. unt.). Es ist dieses flachwellige Hügelland das Verbindungsglied zwischen Schwarzwald- undOdenwald-Erhebung.

Wenige Meilen vom Ufer des Querrheines nördlich erhebt sich der Stock des Feldberges. Sein Scheitel ist breit, gedrückt u. kahl. Von seinen bewaldeten Seiten streckt er vier Arme nach vier Seiten aus, welche mit ihren Aesten und Verzweigungen die Gebirgskette des Schwarzwaldgebirges bilden. Der Zug der höchsten Massen (Hauptrücken) streicht vom Blauen über den Belchen u. Feldberg von Südwest nach Nordost, dann nördlich nach dem Doldenbühl beim Hohlen Graben, der Kaiser - Ebene beim Kilben, dem Gschassikopf u. Farrenkopf, wo er vom Kinzigthal durchbrochen wird (Hausach), dann aber sich wieder erhebt zum Hundskopf, Kniebis u., nunmehr gegen die Westseite hinüberlenkend, zwischen Rhein- u. Murgthal über die Hornisgrinde (Hornisgründe) bis zum Merkurius zieht.

Die höchsten Punkte des Schwarzwaldes liegen im Rheingebiet,südwestwärts von der Wasserscheide zwischen Rhein und Donau. Es sind: Der **Feldberg** 1495 m., das **Herzogenhorn** 1417 m., der **Belchen** 1415 m., die **Bärhalde** 1320 m., der **todte Mann** 1315 m., der **Blössling** 1300 m., die **Schnepfhalde** 1295 m., der **Erzkasten** (Schau-in's-Land) 1286 m., der **Hirschkopf** 1266 m., der **Köhlgarten** 1231 m., der **Blauen** 1167 m. u. a. m.

Im **mittlern** Theile des Gebirges erhebt sich der **Kandel** 1244 m. mit den anschliessenden Höhen von St. Märgen.

Im **nördlichen** Theil des Gebirges bilden die **Hornisgrinde** die höchste Erhebung von 1166 m., dann folgen der **Rothe Schliff** 1056 m., der **Rossbühl** 966 m., der **Kniebis** 973 m., die **Letterstätter Höhe** 968 m., mehr nördlich die **Badener Höhe** 1004 m., der **Ochsenkopf** 1056 m., der **Hochkopf** 1041 m., der **Nägeliskopf** 996 m. u. nordöstlich, 3 Stunden von Wildbad, der **Hohlohkopf** 991 m. u. a. mehr.

Ein Reihe von Pässen bis zur Höhe von 1000 m. mit guten Strassen u. wohlgebahnten Wegen verbindet die einzelnen Thäler mit einander über die mannigfaltigen Verzweigungen des Gebirges.

Dieses besteht merkwürdiger Weise mehr aus erhabenen Flächen, Kuppen, Rücken u. Planstrecken (Hochland oder Bergebenen, Hochebenen) als aus abgesonderten Spitzen, woher es rührt, dass viele einzelne Höfe u. bewohnte Orte in einer Höhe von 900 bis 1000 m. gefunden werden (Feldberg-Hotel 1275 m., Todtnauer-Viehhütte 1320 m.). Die höchsten Berge haben häufig eine parabolische Form; ihre Gipfel sind kuppenförmig. Die Pässe sind tief eingeschnitten u. führen zum Theil über die höhern Gebirgsmassen und Hochflächen.

Wie schon oben bemerkt, fällt das Gebirge sehr steil gegen Westen ab, besonders bei Badenweiler, Staufen, Freiburg, Waldkirch u. nördlich von der Kinzig, in der Gegend von Achern. Die Abhänge senken sich hier fast von den höchsten Erhebungen schnell in's Rheinthal ab z. B. Blauen 1167 m., Badenweiler 425 m. — Belchen 1415 m., Staufen 278 m. — Erzkasten 1286 m., Freiburg 279 m. — Kandel 1244 m., Waldkirch 277 m. — Hornisgrinde 1166 m., Achern 147 m. — Weniger steil ist der Abfall des Gebirges gegen Süden, da hier der an den Schwarzwald anlehnende Jura einen allmähligern, abgestuften Abfall bewirkt. Indessen ist die Absenkung von den Höhen um Gersbach, Herrischried und Höchenschwand gegen die Waldstädte hinab noch immer eine beträchtliche. Gegen Norden beobachtet man eine allgemeine, allmählig vor sich gehende Senkung der Gebirgsmassen bis in die Gegend der Höhen oberhalb des Kinzigthales; weiter nördlich aber erheben sie sich wieder an den Quellen der (untern) Murg und der Acher beinahe bis zur Mittelhöhe des südlichen Gebirges; jenseits der Murg fällt der Schwarzwald sanft in das Enzthal ab. Der östl. Abfall ist durchweg sehr sanft. Ganz unmerklich fällt das Gebirge gegen das Thal der Donau u. des Neckars ab, so dass man sich, besonders im südlichen Theile dieser Abdachung, wo der östl. Abfall des Schwarzwaldes mit dem Jura zusammentrifft, wie bei Stühlingen 458 m., Bonndorf 848 m., Donaueschingen 692 m., Rottweil 625 m. an den tiefsten Punkten dieser Abdachung in einer Entfernung von 40—50 Kilom. von den grössten Höhen, durchaus 180—350 m. höher befindet, als an den tiefsten Punkten des westlichen Abfalles, welche von den höchsten Erhebungen nur 5—10 Kilom. entfernt sind.

Einen ausgezeichneten, scharf herausgehobenen Gebirgskamm hat der Schwarzwald nicht. Zwar fallen mehrere d. bedeutendsten Gebirgsjoche, deren Hauptrichtung mit der allgemeinen Gebirgsrichtung übereinkommt, stark und in ununterbrochener Linie gegen Westen ab, wodurch die Höhe des Gebirges, vom Rheinthal aus betrachtet, wie ein scharfer Kamm erscheint; auf der Höhe des Gebirges selbst aber bemerkt man, wie dieselbe von Hochebenen und massigen Erhebungen gebildet wird, welche dadurch entstehen, dass der östliche sehr gelinde Abfall mit der steilen westl. Abdachung unter einem grossen Winkel zusammentrifft.

Der Schwarzwald hat zahlreiche und grosse Querthäler. Sie liegen meist auf der Westseite u. öffnen sich gegen Nordwesten. Alle sind tief eingeschnitten und zeigen eine stark absinkende Sohle; mehrere sind sehr enge, wild gestaltet und von steilen Felswänden eingeschlossen. Die bedeutenderen sind: das Wiesen-, Münster-, Höllen- und Dreisam-, Elz-, Schutter-, Kinzig-, Rench-, Acher-, Murg- (unteres) u. Albthal (unteres). — Auf der Ostseite finden wir nur wenige Thäler; hier liegen das Brigach- u. Brege-Thal, welche sich bei Donaueschingen vereinigen und das Donauthal bilden. Das bedeutendste Querthal auf dieser Seite des Gebirgs ist das Wutachthal. Tief eingesenkte Längenthäler liegen am Süd- u. Nordende des Gebirges; am Südende: das Steinach- (Steinen-), Schlücht-, Alb- (oberes), Murg-(oberes) und Wehra-Thal; am Nordende das Enz-, Nagold- u. Würm-Thal. Mitten im hohen Gebirge, von Süd nach Norden laufend, liegt das romantische Gutachthal, das bei Hornberg mit dem Reichenbachthal zusammenläuft u. mit demselben vereinigt, bei Hausach in's Kinzigthal ausmündet. Das Neckarthal liegt eine bedeutende Strecke zwischen dem Schwarzwald u. der Alb (von Schwenningen bis Horb), entfernt sich dann aber gänzlich von diesem Gebirge.

Die Wasserscheide wird nicht durch die höchsten Gebirgserhebungen gebildet, sondern durch die Höhen bei St. Georgen, Triberg, Furtwangen und Waldau, welchen die Quellen der Donau, Brigach u. Breg angehören; eine Bodenerhebung, von Neustadt nach Südost, in der Richtung nach dem Randengebirge ziehend, bewirkt mit diesem u. den Höhen des Hegau die Scheidung beider Quellengebiete des Rheins u. der Donau. Nördlich läuft die Wasserscheide zwischen dem Rhein- u. Neckargebiet, die höchsten Erhebungen wiederum westlich lassend, über die Sommerau u. Bregau bei Triberg, die Höhe von Sulgau bei Schramberg, den Schöllkopf bei Freudenstadt, den Hohloh u. die Teufelsmühle nach dem Dobel.

Im Schwarzwalde entspringt nur ein grosser Fluss, der sich selbstständig in's Meer ergiesst: die Donau; nach diesem ist der Neckar der grösste. Auf der Süd- und Westseite fliesst eine grosse Zahl von kleinen Flüssen, Gebirgswassern und Waldbächen dem Rheine zu. Die bedeutenderen sind:

Die Wutach mit der Steinach, Schlüchtu. Schwarzach; die Alb; die obere Murg, die Wehra, die Wiese, die Dreisam, die Elz, die Kinzig, die untere Murg, die untere Alb. Auf der Nordseite Enz, Nagold u. Würm, die mit dem Neckar vereinigt, in den Rhein fallen.

Auch mehrere Seen erscheinen auf diesem Gebirge, eigentliche Gebirgsseen, die mitunter von steilen Felswänden umschlossen sind, eine ansehnliche Tiefe haben und in beträchtlicher Höhe liegen. Im südlichen Schwarzwalde liegt der Feldsee 1113 m. unter dem Seebuck, einer Kuppe des Feldberges und der Titisee 849 m., aus welchen beiden Seen die Wutach ihre Wasser empfängt. Der Schluchsee 900 m.; der Nonnenmattweiher 913 m. am Köhlgarten. Im nördlichen Schwarzwald liegen gleichfalls mehrere kleine Gebirgsseen, von welchen der Mummelsee 1002 m. an der Hornisgrinde u. der Wildsee 911 m. am Kniebis die bemerkenswerthesten sind.

Im Schwarzwald unterscheidet man eine untere und eine obere Bergregion sowie eine subalpine Region. Letztere beginnt in einer Höhe von 1300 m. u. bildet die Grenze für den Baumwuchs. Von 1300 m. bis zu 800 m. hinab erstreckt sich die obere Bergregion. Die Berge sind in ihrem Bereich überall mit den für den Schwarzwald so charakteristischen Rothtannen bedeckt. Nur bis zu einer Höhe von 1000 m. kommen Weisstannen u. Zwergfichten vor; unter dem Tannenbestand gedeihen Laubhölzer, Weiden, Ahorn u. Alpenrosen. Weisstannen u. Buchen bezeichnen die untere Bergregion, die mit 800 m. beginnt u. ungefähr bis auf 400 m. herabreicht, wo wieder der Nussbaum, der Weinstock u. s. w. gedeihen.

Die mittlere Jahrestemperatur am südlichen u. westlichen Berg-Fusse stellt sich merklich höher als am nördlichen u. östlichen.

Die Hauptmasse des Schwarzwaldes besteht aus plutonischen Gesteinen (Urgebirge, Primitiv-Formation; Urgesteine). Gneis u. Granit bilden die meisten Berge u. letztere Felsart tritt auch sehr häufig gang- und stockförmig auf. Porphyre treten weniger häufig auf u. Serpentin, Hornfels, Syenit, Diorit, Gabbro etc. in untergeordneten Massen. Die Gipfel der plutonischen Berge des Schwarzwaldes sind, nördlich vom Kinzigthal, fast überall mit buntem Sandstein bedeckt, während die südlich von diesem Thaleinschnitt gelegenen Höhen vom Fuss bis zum Gipfel aus plutonischen Gesteinen bestehen, wenige vereinzelte Sandsteingruppen abgerechnet, die an der Grenze dieses Gebietes gegen Norden liegen, sodann mit Ausnahme der östlichen Abhänge u. der Höhen im südlichsten Theile dieses obern Schwarzwaldes, wo grössere Sandsteinmassen zum Vorschein kommen. — An den südlichsten Theil des Gebirges lagert sich der Alpenkalk an, der bei Villingen beginnt u. sich ununterbrochen bis nach Würzburg hin zieht. Ueber die Baar hin verbreiten sich die Lagerungen von Muschelkalk u. an diese lagert sich der Jurakalk an.

An Metallen ist das Schwarzwaldgebirge nicht arm, der Bergbau indessen zur Zeit unbedeutend. Die Erzgruben, aus denen früher Gold, Silber, Kupfer, Blei etc. gewonnen wurde, sind aufgegeben worden. Die Salinen von Dürheim indessen gewähren reichliche Ausbeute.

Der Schwarzwald ist reich an **Mineralquellen**, welche zu Heilzwecken benutzt werden. Die hauptsächlichsten wurden schon oben aufgeführt. Eine unzählige Menge von Kaltwasserheilanstalten, Fichtennadelbädern, Molken-, Milch- u. Traubenkurorten u. namentlich Luftkurstationen verschiedenster Gattung, hat sich in der neuern Zeit im Schwarzwaldgebiete aufgethan u. auch Soolbäder, zu denen die Soole durch Leitungen u. auf der Achse herbeigeschafft wird, sind mehrfach entstanden.

Die **Uhrmacherei** ist eine diesem Landstrich eigenthümlich angehörende Industrie u. erstreckt sich von den einfachsten u. wohlfeilsten Holz-Uhren bis zu den feinsten Regulatoren u. den kostspieligen u. ingenieusen Musikwerken, (Orchestrions), welche namentlich in Unterkirnach, Vöhrenbach u. Lenzkirch verfertigt werden. Hauptstationen für die Uhrenfabrikation u. den Handel mit Uhren sind Lenzkirch, Neustadt, Triberg, Furtwangen, St. Georgen, Vörenbach.

Auch mit der **Strohfabrikation** sind viele Hände beschäftigt; dieselbe blüht namentlich in Höchenschwand, St. Georgen, Lenzkirch, Neustadt u. s. w. Es sind in verschiedenen Ortschaften z. B. um Görwyl Lehrkurse zur Erlernung der Strohbereitung

u. Strohflechterei abgehalten worden.

Der **Holzhandel** ist noch immer von grosser Bedeutung. Man schätzte den Gesammtwerth der badischen Waldungen allein im Jahr 1857 bei einer Ausdehnung von 1,373,322 Morgen auf 205,998,300 fl., den Jahresertrag auf 10 Millionen Gulden. Heute wird der alljährliche Ertrag wohl zu etwa 20 Millionen Mark angesetzt werden können. Forstrath **Krutina** hat in einer besondern Schrift über die Waldkultur in Baden kürzlich mitgetheilt, dass über $^1/_3$ der Bodenfläche des Landes der **Waldwirthschaft** zugeschieden ist u. dass an diesem Waldreichthum die Privaten mit 32%, die Gemeinden mit 48%, Stiftungen, Kirchen u. Schulen mit 2% u. das Domänenärar mit 18% Theil nehmen. Von der Gesammt-Waldfläche kommt auf den Einwohner 0,35, von der Gemeindewaldfläche auf den Einwohner 0,17 Hektare. Ausgedehnte Waldungen besitzt der Fürst von Fürstenberg, sodann die schon seit dem 13. Jahrh. bestehende Murgschifferschaft, die Städte Baden, Freiburg u. s. w. Interessant im höchsten Grade ist die **Flösserei**, wo sie noch besteht, z. B. im Kinzigthal, wo sie aber durch neue Verordnungen beschränkt (Vakanz vom 1. Juli bis 15. August) ist.

Die **Viehzucht** ist, besonders im eigentlichen Bergland, von grossem Belang u. die Milchwirthschaft u. Käsebereitung, namentlich durch die Bemühung von landwirthschaftlichen Vereinen, im Aufschwung begriffen.

Auch die **Bienenzucht** verdient erwähnt zu werden, im Wutachthal z. B. in Untereggingen u. Eberfingen, bei Engen u. s. w. wird ausgezeichneter Honig produzirt.

Weinkultur. Diese hat in den letzten Jahren durch Frostschaden u. andre Unfälle bedeutende Schläge erlitten; der Weinbau an den Abhängen des Schwarzwaldes u. der umgebenden Gelände ist von grosser Bedeutung u. wird mit Fleiss u. Umsicht betrieben. Namentlich die sog. **Markgräfler-Weine** (zwischen Basel u. Freiburg erzeugt) aus den Lagen bei Sulzburg, Laufen, Müllheim, Auggen, Schliengen, Bellingen, Istein u. s. w., ferner die **Kaiserstuhler-**, Ihringer-, Kirchlinsberger-, Achkarner-, Breisacher-Weine, sodann die Weine der **Ortenau**, aus dem **Kinzigthal, Renchthal**; der um **Baden-Baden** gezogene Wein, die aus dem **Murgthal** stammenden Weine, die von **Emmendingen** u. **Freiburg** sind wegen ihrer Güte u. Feinheit allgemein bekannt. Auch die Weine um **Basel** (Grenzacher) sind beliebt.

(Die **Bodensee-Weine** sind in neuerer Zeit ebenfalls in guten Ruf gekommen. — Die **Klettgauer-** u. **Schaffhauser-Weine** sind längst berühmt u. geschätzt).

Im Gebiete des Schwarzwaldes finden wir auch noch anderweitige Fabrikation ausser der schon erwähnten, z. B. Glas- u. Thonwaarenfabrikation, Baumwollspinnereien, Baumwollwebereien, Uhrbestandtheilfabriken, Holzfaserstoff- u. a. Fabriken. Im Wutachthal verdient die Fabrikation von Cement (aus dolomitischem Wellenkalk) erwähnt zu werden.

Die **Fauna** des Schwarzwaldes bietet nichts Ausserordentliches vor andern Gebirgsländern von ähnlicher Lage u. Beschaffenheit voraus.

Die Jagd auf Rehe, Hasen, Wildschweine, Auerhähne u. s. w. ist noch immer von Erfolg, doch hat der Wildstand neuerdings abgenommen. Hirsche sind längst nicht mehr ausser den Herrschaftlichen Gehegen zu finden. Der Rehstand aber ist fast durchweg noch ein ansehnlicher. Auch Wildschweine finden sich strichweise noch zahlreich vor.

Die Bach-Forelle hat in den Bächen, an vielen Orten, wo sie sonst häufig war, Abschied genommen oder ist wenigstens bedeutend reduzirt worden. Man ist mit dem Fang dieser ausgezeichneten Fische an verschiedenen Orten unvorsichtig u. zu wenig rücksichtsvoll vorgegangen, auch die stark betriebene Holzflösserei u. die Vermehrung der Fischotter, sowie an einigen Orten die Verunreinigung der Gewässer u. sogar die absichtliche Schwängerung der Fischwasser mit giftigen Stoffen, haben dieser Fischgattung grossen Eintrag gethan. Doch haben die Fischzucht-Anstalten auf künstlichem Wege auf Ersatz der Nachzucht Bedacht genommen u. unter dem Schutz der Regierung bereits namhafte Erfolge erzielt. Die Forellen u. Aeschen sind sehr theuer geworden; doch sind die Wirthe noch immer in der Lage, den fremden Liebhabern von Fischen, schmackhafte dunkelfarbige Schwarzwaldforellen u. fasst eben so feine Aeschen vorzusetzen.

Reichhaltiger als die Thierwelt ist die **Pflanzenwelt** des Landes, da sie sich von der Flora der Alpenpflanzen, die um die Kuppen des Feldberges herum vorkommt, bis zu derjenigen der tiefen Rheinebene erstreckt. Die westl. Abhänge der Berge sind fast der ganzen Ausdehnung des Schwarzwaldes nach mit Weingeländen bedeckt, die Thäler zeigen ebenfalls bis zu bedeutender Erhebung ausgedehnte Rebhalden; die Obstkultur erstreckt sich ebenfalls aus der Ebene in die hohen Thäler hinauf u. wird mit grosser Sorgfalt betrieben. Im Renchthal ist die Kultur der Kirschen, in Staufenberg bei Gernsbach die Zucht der Erdbeere von Bedeutung. Der Taback wird am Fusse des Gebirges mit gutem Erfolg kultivirt; Kastanienhaine sind dort auch nichts seltenes u. prachtvolle, starkstämmige, hochgewölbte Nussbäume sind häufige, den Blick erfreuende Erscheinungen. Der Westrand des Gebirges bis zu einer Höhe von 750—800 m. ist mit Laubwald aus Buchen, Eichen, Eschen u. Ahorn bedeckt; darüber ist alles mit Fichten u. Tannen bestanden. Auf den Hochebenen begegnet man hin u. wieder auch der Legföhre z. B. auf dem Kniebis. Der Feldbau reicht noch bis zu 1000 m. Höhe, das Weideland aber erreicht die höchsten Punkte, die den Scheitel der Kuppenberge bilden.

Das Hügelland am Bodensee oder das altgauer Hügelland.

Dasselbe umfasst das Bodenseebecken u. die Gegenden, welche der Molasse-Formation angehören. Es nimmt seinen Anfang nahe bei Schaffhausen u. erstreckt sich über Ebringen, Hilzingen, Singen, Engen, Aach, Stockach, Mühlingen über Messkirch in nordöstlicher Richtung hinaus bis nahe an die Donau u. umschliesst den grössten Theil des Altgaues oder des Linz- u. Hegaues. Dieses hügelige Bergland lehnt im Nordosten an den deutschen Jura an, während das Molassehügelland im Süden sich bis zum Neuenburger See hinausdehnt.

Dieses Gebirgsland steigt nicht über 730 m. (der Heiligenberg, eine seiner höchsten Erhebungen 728 m., Pfullendorf 656 m.). Muschelsandstein oder Kalk- oder Mergelsandstein von grünlich- u. bläulichgrauer Färbung von geringer Festigkeit zeigt sich namentlich am Bodensee in grossen Massen; er ist aber zu Bauzwecken schlecht zu verwenden. Der weltberühmte **Stinkkalk** von Oehningen mit zahllosen Versteinerungen von Pflanzen und Fischen kommt auch in dieser Formation zum Vorschein. Ein grosser Theil der Gegend, namentlich die Halbinsel im Untersee u. die Insel Reichenau, sowie am Rhein entlang, besteht aus Löss, auch treten vulkanische Klingsteingebilde in isolirten Kegelbergen auf, die von 250 m. bis zu 400 m. Höhe ansteigen. Von der **Stockach**, der **Radolfzeller-** u. **Seefelder-Aach** werden fruchtbare Thäler gebildet u. der ganze Landstrich ist reich an Bodenproducten. Feldbau, Viehzucht, Obstbau und Weinbau stehen in gutem Flor u. auch einige Industrie u. Handel fehlen nicht. Klima mild u. gesund; nur in den nördl. Gegenden um Pfullendorf u. Messkirch etwas rauher. — Die Gegenden um den Bodensee gehören zu den anmuthigsten des deutschen Landes.

Der deutsche Jura oder das Bergland des Jura (im Hegau u. Kletgau).

Im weitern Sinn dieser Benennung verstehen die Geologen die ganze Jurakalkbildung vom Rhein bei Schaffhausen bis zu ihrem Ende gegen das Fichtelgebirge. Einige Theile desselben tragen wieder ihre eigenen Namen; davon gehören hieher der **Randen** u. die **Alb.**

a. Der **Randen** erstreckt sich vom südlichen oder Querrhein von Thiengen an bis Schaffhausen u. schliesst sich südwestlich an den Schwarzwald an, so, dass das Thal der Wutach mehrere Stunden lang bis zu der Beugung bei Achdorf u. bis nach Ewatingen hinauf die Grenze bildet, ferner so, dass Hüfingen noch eingeschlossen wird u. die Donau erreicht wird. Dieser Fluss bildet von Donaueschingen bis Geisingen die Nordgrenze u. von da zieht sich die östliche Grenzlinie über Hausen, Stetten, Engen, wo sie mit dem Hügelseelande zusammenstösst, südlich über Hohentwiel u. Ebringen nach Schaffhausen fortläuft und so beinahe den ganzen Kanton Schaffhausen einschliesst.

Der Randen theilt sich in den **hohen, obern** u. **mittlern** u. die höchste Masse zwischen Rhein u. Donau ist im Kanton Schaffhausen u. an der Grenze des badischen Antheils (914 u. 927 m.), sonst finden sich bei fast 600 m. Höhe nur unregelmässige Plateauberge u. Hügel. Um Schaffhausen, bei Lohn u. Schleitheim Höhenpunkte mit ausgezeichneten Fern- und Rundsichten. Viel Bohnerz.

Die **Engener** und **Tuttlinger Höhe** sind als weithin dominirende Punkte bekannt. Das Donauthal, welches quer durchbricht, ist zwischen Donaueschingen u. Möhringen nur von flachen Höhen eingefasst, dann aber beginnt der tiefe Felsen-Einriss, die Thalspalte, die sich bis Sigmaringen fortsetzt.

Eine grosse Anzahl kleiner **Thäler** von geringer Längenentwicklung senden Bäche theils nach dem Rhein, theils nach der Donau. Nahe an der geognostischen Grenze des Jurakalkes, wo sich die tertiären Bildungen (Molasse) des Bodenseebeckens anschliessen, erheben sich einige Basalt- u. Phonolithkegel hoch u. steil über die Umgebung: der Hohen Twiel, Hohenkrähen, Mägdeberg, Hohen Stoffeln u. Hohen Höwen.

Klima gemässigt u. gesund, nur auf den Höhen und im nördl. Theil rauher. Feld-, Wiesen-, Weinbau u. Viehzucht. Einige Lagen wasserarm.

b. **Die Alb oder Alp (rauhe Alb).** Dieselbe schliesst sich auf ihrer südl. Seite dem Randen an. Die Grenze des Hügellandes am See bildet ihre südöstliche Seite, gegen Norden schliesst sie sich an die sog. **schwäbische Alb** an. Ein grosser Theil der badischen Aemter Villingen, Donaueschingen, Engen, Stockach u. Messkirch, mit Stetten am kalten Markt u. Umgebung gehören in das Gebiet der Alb. Die Donau durchströmt diese bergige Landesstrecke ebenfalls, welche sich aber nicht über 800 m. erhebt. Das Klima ist rauh u. kalt, die Gegend leidet oft Wassermangel. Auf der Westseite, wo der Anschluss an den Schwarzwald statt findet, ist die Gebirgsformation Muschelkalk, von Donaueschingen bis Geisingen Keuper, alles übrige, 11/12 des Ganzen, erscheint als Jurakalk. Salzsteinlager finden sich ebenfalls, namentlich zu Dürrheim bei Villingen.

Die vulkanischen Erhebungen u. Bergkegel (im Hegau).

In einer ziemlich späten Periode geologischer Bildungen war der Hegau der Schauplatz mächtiger vulkanischer Vorgänge. Schwerlich findet man auf einem so beschränkten Raume eine verhältnissmässig so bedeutende Zahl vulkanischer Kuppen, wie hier. Kühne, schroffe aber malerische Gestaltung zeichnen die zahlreichen Phonolithkegel aus, deren Gipfel noch mit alten Burgruinen gekrönt sind. Es sind die **Phonolithberge** folgende: Der **Hohen Twiel** 691,5 m. der **Staufen** 595 m. der **Hohen Krähen** 645 m., der **Mägdeberg** 690 m., der **Pieren**, der **Roseneckerberg**, der **Gennersbohl**, der **Hellsberg** 571 m. u. der **Karlsbuck**.

Die **Basaltberge** sind folgende: **die drei Kuppen von Hohenstoffeln** 834 m., der **Hohen Höwen** 870 m., der **Stettener Schlossberg** 843 m., **Höweneck** od. **Höwenegg**, 830 m. u. der entferntere **Wartenberg** 848 m. Auch die **drei Steinröhren** am **Hohen Randen** in der Gegend zwischen Blumberg u. Kommingen sollen hier erwähnt werden.

Das Rheinthal oder die Rheintiefebene.

Die Rheinebene bildete bis zum Anfang der gegenwärtigen Erdperiode einen grossen Binnensee, dessen Arme tief landeinwärts durch die ganze Wetterau, den höchsten Theil des ehem. Seebeckens, über Hanau bis Gelnhausen, weit aufwärts im Mainthal u. aufwärts im Rheinthal bis Basel sich erstreckten. Der See verlief u. die Ebene gestaltete sich erst, als die Gewässer bei Bingen den Durchbruch vollführt hatten. Sie umfasst nun etwa 1 Million Hecktaren u. hat eine Längenausdehnung in der Richtung von Süden nach Norden von 300 Kilom., eine Breiteausdehnung in west-östl. Richtung von 22—45 Kilom. Höhenlage über dem Meere am Südende (Basel) 236 m., in der Mitte (Strassburg) 150 m. u. (Mainz) 80 m., Nordende (Bingen) 75 m.

Der Rhein durchfliesst diese Ebene in vielen Krümmungen auf einem etwa 523 Kilom. langen Wege. Man unterscheidet hiebei das jetzige durch Dämme künstlich gebildete Rheinbett und das Rheinbett im weiteren Sinne, d. h. das Bett des Rheines mit Einschluss seiner tief liegenden, wiesen- u. sumpfreichen Angrenzungen, welche längere oder kürzere Zeitdauer hindurch von dem, früher durch keine Dämme eingeschränkten, Strome überfluthet worden sind.

Die Tiefebene des Rheines wird im Osten durch den Schwarzwald, Odenwald, Spessart, Röhn, Vogelsberg u. Taunus, im Westen durch die Vogesen, Hardt, Hunsrück (Ausläufer des Rochusberges) begrenzt u. durch den Rheinlauf in zwei ziemlich gleiche Theile der Länge nach geschieden. Das badische Rheinthal, das in unsere Reisebezirksgrenzen herein gehört, ist bald mehr, bald minder, doch nirgends über 20 Kilom. breit, sehr schön u. meist sehr fruchtbar. Es beginnt bei Schliengen u. Steinenstadt, wird nur durch den weinreichen Kaiserstuhl unterbrochen u. der Länge nach von der, von Basel nach Frankfurt gehenden, durchaus mit Obstbäumen bepflanzten Heerstrasse u. von der badischen Hauptbahn durchzogen. Auf beiden Uferseiten des Rheines wird die Rheinebene der Länge nach von Eisenbahnen durchschnitten, die links u. rechts, netzartig, viele Seitenstränge aussenden. Das Land ist trefflich angebaut, mit reichen Städten u. wohlgebauten Dorfschaften besetzt u. nährt auf der □Meile mitunter 10—15000 Bewohner. Die Ebene gleicht einem weitausgedehnten Garten, den die Vorberge des Schwarzwaldes im Schmucke ihrer Reben u. Wälder überragen.

In der ersten Zeit seines Bestehens, nach dem Lostrennen von dem Urmeere, war das **Mainzer-Tertiärbecken**, wie diese Tiefebene genannt wird, mit Salzwasser erfüllt, bis sich allmählig der vertiefte Abfluss bei Bingen bis Bonn gebildet hatte. Der Boden besteht aus aufgeschwemmtem Land u. zwar grösstentheils aus einer Art Diluvialsand, dem sog. Rheinkies, welcher die Sohle des Thales bis auf eine noch unerforschte Tiefe ausfüllt u. der durch die ehemals ununterbrochenen Waldungen, welche jetzt noch grosse Strecken der Ebene ausfüllen, sowie durch eine nun schon 2000 Jahre dauernde Kultur mit einer mehr oder minder mächtigen Schichte von Dammerde überdeckt wurde. Nebst dem Rheinkiese u. der Dammerde enthält die Thalfläche in den obern Gegenden mehrere Kalkformationen, aus deren theilweise erfolgten Zertrümmerung eine mächtige Lössdecke hervorging u. sodann, in der Nähe der Gebirge u. der ihnen entströmenden Gewässern viele Bruchstücke u. Gerölle der jene Gebirge zusammensetzenden Gesteinsarten.

Die Schichten, welche sich in dem ehemaligen Binnensee absetzten, weisen eine reiche Meeresthierwelt auf in den mannigfaltigen Ueberresten derselben. Namentlich Schnecken u. Muscheln sind äusserst zahlreich vertreten. Sodann haben sich die Ueberreste eines Krokodils, zweier Schildkröten u. eines pflanzenfressenden Säugethiers (Halinassa Collini) vorgefunden. Eine Menge von Haifischzähnen, bis 7,85 Centim. lang, fanden sich ebenfalls hin u. wieder zerstreut vor. Gegen das Gebirge hin wurden zehen Ablagerungsschichten durchschnitten.

Zu beiden Seiten des Rheines kommt eine grosse Anzahl von fliessenden Gewässern heran, von welchen die auf der rechten Seite des Stromes, demselben meistens in der Richtung von Südost nach

Nordwest, diejenigen auf seiner linken Seite meist in der Richtung von West-Südwest nach Nordost zufliessen; Ausnahmen hievon machen nur die Ill, der Neckar, Main u. die Lahr.

Der Kaiserstuhl.

In der Rheinebene, nahe bei Freiburg im Breisgau, zwischen dem Rhein u. dem Westabhang des Schwarzwaldes, 48° 3' u. 48° 9' nördl. Breite u. zwischen 25° 14' u. 25° 26' östl. Länge von Ferro, liegt ganz isolirt ein Gebirge: der sog. **Kaiserstuhl,** der in seiner grössten Ausdehnung, von Süd-West nach Nord-Ost, eine Länge von 20 Kilom. (4 Stunden) aufweist, währenddem sein kleinster Durchmesser nur 10 Kilom. (2 Stund.) beträgt. Der Umfang desselben bemisst sich auf etwa 10 Stunden. Dieser kleine Gebirgszug bildet bei einer durchschnittlichen Höhe von etwa 350 m. über das Rhein-Niveau drei hohe, kugelförmig gebildete Gipfel: den **Kaiserstuhl** 559 m. — der als der höchste Punkt des Gebirges entweder dessen Namen noch im Besondern erhalten oder aber wahrscheinlicher seinen Namen dem ganzen Gebirge ertheilt hat, sonst aber auch, von einer 9 stämmigen Linde (jetzt nur noch 8), die dermalen seinen Gipfel schmückt, bei den **Neun Linden** genannt wird, und aus porphyrartigem Dolerit besteht — die **Eichelspitze,** 523 m. u. die **St. Katharinenkapelle** 494 m., welche gegen Norden, Osten und Süden schnell terrassenförmig nach der Ebene abfallen, gegen Westen aber von mehreren ähnlich gebildeten Hügeln gruppenweise umgeben sind.

In der Entfernung von je einer halben Stunde vom Hauptgebirge, aber ganz von demselben abgetrennt u. doch geognostisch mit demselben im Zusammenhang, liegen hart am Rhein zwei steil aufsteigende Berge, von denen der eine den südlichsten, der andre den nordwestlichsten Punkt des ganzen Gebirges bildet. Auf der ersten dieser beiden Erhebungen ist die Stadt u. ehemalige Festung **Alt Breisach** erbaut; die letztere ist mit den Ruinen der Limburg geschmückt (Geburtsort Kaiser Rudolphs I. v. Habsburg, 1 Mai 1218).

Das Hauptgebirge hat wenige eigentliche **Thäler**; die bedeutendsten sind kaum $1^1/_2$ Std. lang u. die kleinern verdienen eher die Bezeichnung als Schluchten oder muldenförmige Vertiefungen. **Herrschendes Gestein** ist Dolerit in den mannigfachsten Abänderungen u. Uebergängen in Basalt, Trachyt u. Klingstein; nur in wenig mächtigen Lagerungen finden sich Trachit, doleritische Conglomerate, Kalkgebilde, u. Mergelschiefer. Eine 6—10 m. hohe Lössschichte (Mergelablagerungen) zeigt sich an vielen Stellen; namentlich die nördlichen und östlichen Abhänge des ganzen Gebirges, sowie die einzelnen Hügel u. die Sohle der Thäler zeigen solche Lösslagerungen. Im Löss kommen die sog. **Lösskindlein** oder Duchsteine, eine eigenthümliche Erscheinung des Löss, vor.

Der Dolerit, mit seinen Uebergängen, enthält von den ihn begleitenden Mineralien, häufig Krystalle von Augit, Leuzit, schwarzem Granat, glasigem Feldspath, Bitterkalk Kalkspath, Hornblende, Titaneisen, Glimmer etc.

Manche nehmen an, dass durch die Thätigkeit vulkanischer Kräfte, (der Kaiserstuhl ist ein vulkanisches Gebirge) die glühenden Doleritmassen im weichen u. halbflüssigen Zustande aus dem Innern der Erde empor getrieben wurden, ohne dass hier wirklich feuerspeiende Berge mit Lava- u. Aschenauswurf thätig waren. Dies geschah wahrscheinlich nicht zu einer bestimmten Zeitperiode auf einmal, sondern es fanden wohl aufeinander folgende Emportreibungen statt. Die Emportreibung dieses Gebirges scheint in eine späte geologische Periode zu fallen, nämlich in die des Diluviums u. zwar wohl zwischen die der Geröllablagerungen u. des Löss, denn nicht allein die Glieder

der Juraformation, sondern auch tertiäre Gebilde (die Molasse) zeigen in der Nähe des Kaiserstuhls beträchtliche Aufrichtungen ihrer Schichten u. im Löss kommen Ablagerungen der Geröllе des Dolerits vor. Nach Frommherz ist es am wahrscheinlichsten, dass die Emportreibung der Dolerite vor der Ablagerung des Löss geschah. In der Folge bedeckten oft wiederkehrende Fluthen das ganze Rheinthal, wie die Gebilde der Diluvial- u. Flötzzeit es beweisen; sie veränderten, nebst der fortgesetzten Verwitterung des Dolerits u. der menschlichen Culturarbeit etc. die Gegend.

Der Kaiserstuhl hat viel Aehnlichkeit mit einer sog. „Erhebungsinsel“; der „Erhebungskrater“ ist in der Vertiefung zwischen Rotweil, Oberbergen u. Vogtsburg zu suchen. Das Gebirge ist berühmt wegen seiner schönen Mineralien. (Anleitung zur mineralog. Bereisung des Kaiserstuhls von Schill.)

Der Kaiserstuhl hat Mangel an grossen Bergen, Waldungen, stärkeren Bächen u. Quellen. Bei Oberschaffhausen Mineralquellen ohne Bedeutung. Mildes Klima, gelinder z. B. der Winter als in Freiburg, Karlsruhe u. Mannheim. Grosser Reichthum der Vegetation u. seltene Ueppigkeit derselben. Obst- u. Weinbau bedeutend. Der kleine Landesbezirk nährt über 20,000 Menschen. Vorzügliche Weine bei Ihringen, Bickensohl, Achkarren, Oberrothweil u. s. w. Auch beträchtlicher Gemüsebau.

Der Kaiserstuhl im engern Sinne wird der **Todtenkopf** 559 m. genannt, ein erhabener, runder Platz, auf welchem Kaiser Rudolf von Habsburg, wenn er in Breisach Hoflager hielt, öffentlich Gericht abgehalten haben soll.

Südöstlich vom Kaiserstuhl u. von demselben durch eine ungefähr $^3/_4$ Stunden breite, sumpfige Ebene getrennt, erheben sich, gegen den Schwarzwald zu, mehrere schmale aber ausgedehnte Hügelreihen. Die bedeutenste, westliche Erhebung ist der **Tuniberg**, 277 m., von Süd-Südwest nach Nord-Nordost, von Munzingen bis Gottenheim, 12 Kilometer ($2^1/_2$ Std.) lang u. höchstens 3—4 Kilometer breit, etwa 70—100 m. über die Ebene. — Die übrigen näher am Schwarzwald gelegenen Hügelreihen sind noch kleiner, schmaler u. niedriger, bestehen alle aus theils dichtem, theils in Rogenstein übergehendem Jurakalk, der meist mit einer oft 3 Meter dicken Lössschichte bedeckt ist u. gehören ihrer Natur nach zu den Vorbergen des Schwarzwaldes.

Das Kraich- u. Pfinzgauer Hügel- u. Hochland auch Neckargebirge genannt,

hat, wie der untere Schwarzwald, dessen Fortsetzung es bildet, seine höchsten Massen fortwährend an dem kurzen u. steilen westlichen Abfall gegen das Rheinthal. Mittlere Erhebung etwa 165 m., Thurmberg bei Durlach 221 m., Michelberg bei Grombach 226 m., Kreuzberg bei Elsenz 302 m. u. Steinsberg bei Weiler 335 m. Seine Oberflächenbildung ist durchaus diejenige des wellenförmigen Hügellandes; nur auf würtembergischem Gebiet sind einzelne Bergzüge zu erkennen, die sich von Westen nach Osten gegen den Neckar erstrecken. Die Thäler, im Mittel etwa 70—80 m. eingesenkt, münden in das Rheinthal, nur das der Elsenz wendet sich nördlich gegen den Neckar, wo die sanften Hügelformen in die grössern Bergmassen des Odenwaldes übergehen. In geognostischer Hinsicht besteht der Boden hauptsächlich aus Muschelkalk, der aber zwischen der Krieg u. Elsenz mit Keuper überlagert ist. Aus diesem Gestein erhebt sich bei Sinsheim der Steinsberg, ein isolirter Basaltkegel 335 m. Die Grenze zwischen dem rothen Sandstein u. dem Muschelkalk geht von Durlach über Stupferich, Weiler u. Pforzheim.

Dieses Hügelland besitzt einen sehr fruchtbaren Boden u. die Gegenden in seinem Bereich gehören zu den reichsten des Landes. Der Feld-, Wein- u. Wiesenbau, Viehzucht u. Gewerbe sind in grossem Flor u. das Klima gemässigt und gesund.

Der Odenwald u. das Bauland.

Das Gebirge des Odenwaldes hat im Ganzen eine Richtung gegen Nordwesten, von den Ufern der Tauber bei Mergentheim bis in die Ebene von Darmstadt, welches eine Strecke von nahezu 12 Meilen ist.

Das Gebiet, worauf er sich ausdehnt, wird also von der Tauber, vom Main u. Rhein, vom Neckar und der Jaxt umschlossen. Die Hauptkette des Gebirges sendet ihre verschiedenen Arme meist in ziemlich geraden Linien nach Norden u. Süden aus, wodurch die Thäler der Seckach, Scheflenz u. Elz, der Itter, Lax, Steinach u. Weschnitz an der südlichen u. die Thäler der Erfa, der Morre u. Mudau, der Mümling u. Gersprenz an der nördlichen Abdachung entstehen, welche von ebenso verschiedener Grösse u. Beschaffenheit sind.

Nicht allein die besondre Lage eines jeden Thales bestimmt den Charakter desselben, sondern das ganze Gebirge zeigt zwei von einander ganz verschiedene Haupttheile. Der östliche ist bis an die Elz u. Mudau eine mehr oder weniger abgeflachte **Hochebene** mit wenig Wald u. engen Thaleinschnitten, der westliche dagegen ein eigentliches **Waldgebirge** mit vielfach wechselnden Höhen u. Tiefen. Auch trägt nur dieser im engern Sinn den Namen „**Odenwald**“, während jener das **Odenwälder Bauland** heisst.

Woher der Name Odenwald rührt, ist nicht entschieden. Man schrieb früher **Ottenwald**; in Urkunden von 628 erscheint der Odenwald als **Odunewald** u. wieder als **Odenawald**; manche nannten ihn **Ostenwald** im Gegensatz zum Westerwald. Bald wird der Name von Kaiser Otto dem Grossen u. den Ottonen überhaupt, bald von einer Prinzessin Oda abgeleitet, welche, nach der Sage, mit ihrem Geliebten dem strengen Vater entflohen, in diesem Walde eine Zuflucht fand u. ihm den Namen gab. Andre glauben wieder, der Name komme von **öde** (wüst, unbewohnt). Wahrscheinlicher ist die Ableitung von **Odin**, dem Allvater, dem Zeus der alten Deutschen. Tacitus erzählt uns, dass diese ihre Wälder u. Haine den Göttern geweihet u. nach ihnen benannt hätten.

„Was den Namen des Odenwaldes betrifft, sagt Dr. Bader, so wurde er ihm von den Deutschen gegeben, nachdem sie das mittlere Rheinthal besetzt hatten. Ob es schon die Alemannen oder später die Franken gethan, muss unentschieden bleiben, aber so viel ist gewiss, dass derselbe vom altdeutschen Gotte Odin hergenommen wurde. Eine Stelle des Nibelungenliedes wirft hierauf ein besonderes Licht. In der mittelrheinischen Bearbeitung desselben heisst es am Schlusse der Schilderung von dem Tode des Helden bei der unglücklichen Quelle:

,Und von demselben Brunnen, da
Siegfried ward erschlagen,
Sollt ihr die rechte Mähre nun von
mir hören sagen.
Dort vor dem **Odenwalde** ein Dorf
liegt, **Odenheim**,
Da fliesset noch der Brunnen, es
darf kein Zweifel sein!'

Die alten Franken hatten in ihrer Nibelungen-Sage einen heiligen Wald des Odin u. ein Odinheim.“

Der Odenwald gehört seinem Haupttheil nach in das grossherzogl. hessische Gebiet u. zwar der **nördliche**; der **südliche** dagegen zu Baden bei einer mittlern Erhebung von etwa 430 m. Im Osten fällt ein kleiner Antheil dem Königreich Baiern zu. Das Gebirge erstreckt sich von Süden nach Norden und besteht aus vier Gebirgszügen die von Süden nach Norden streichen. Die Länge von Heidelberg bis Aschaffenburg beträgt 55 Kilom., die Breite von der Rheinebene an der Bergstrasse bis zum Main bei Miltenberg 45 Kilom.; das Gebirge bedeckt daher einen Flächenraum von ca. 2500 Q.-Kilom. (ca 45 Q.-M.)

Der **westlichste Gebirgszug** begrenzt die Rheinebene u. zieht sich an der Bergstrasse hin, wesshalb man seine Höhen vielfältig die Höhen der Bergstrasse nennen hört. Die höchsten Punkte sind:

der Melibokus 520 m., der Felsberg, an dessen Abhang die Riesensäule liegt, 520 m., der

Frankenstein 410 m., der Auerbacher Schlossberg 346 m., der Tannenberg 334 m., die Starkenburg 291 m., die Ludwigshöhe bei Darmstadt. Alle dieseHöhen bilden die Hauptzielpunkte der Touristen.

Der **zweite Gebirgszug** streicht in seinen Hauptzügen parallel mit dem ersten, obschon er in seinem nördlichsten Theile sehr verzweigt ist. Als die beiden Endpunkte dieses Zuges kann man südlich Waldmichelbach, nördl. Reinheim bezeichnen. Er enthält die bedeutendsten Höhen des hessischen Gebirgsantheiles, nämlich:

Den *Hardtberg* bei Siedelsbrunn 581 m., die *Neunkircher Höhe* 577 m. u. die *Tromm* 544 m.

Der **dritte Gebirgszug** zieht von Süden nach Nordost auf dem linken Ufer des Flüsschens Mümling bis nach Obernburg am Main hin u. trifft hier mit dem vierten oder östlichen Gebirgszuge durch die Beerfelder Höhe zusammen. Seine höchsten Kuppen sind:

Der *Morsberg* bei Ober-Kaimsbach 511 m., der *Otzberg* 374 m. u. der *Breuberg* 293 m.

Der **vierte, östliche Gebirgszug** der nördlich hin am rechten Ufer des Flüsschens Mümling fortzieht, südlich am rechten u. linken Ufer des Gammelsbaches, enthält sehr bedeutende Erhebungen z. B.:

die *Sensbacher-Höhe* 519 m., der *Würzberg* 537 m., die *Eulbacher-Höhe* 507 m. u. die *Beerfelder-Höhe* 389 m., welche ihn mit dem dritten Höhenzuge verbindet.

Die höchsten Kuppen des Odenwaldes liegen im Süden, wo der Hauptstock des Odenwaldes — der Krähberg, 565 m. sich erhebt, 2 Meilen vom Neckar zwischen Beerfelden u. Waldbullau. Die höchsten Kuppen auf badischem Gebiete sind:

Der *Katzenbuckel* 628 m., der *Heiligenberg* bei Heidelberg 413 m., der *Oelberg* bei Schriesheim 521 m., der *Kaiserstuhl* (früher Königsstuhl) bei Heidelberg 568 m., dessen Abdachungen sich bis Nussloch hin erstrecken.

Die Thalgegenden weisen einen grossen Reichthum an romantischen Partien auf u. eine Reihe malerischer Ansichten. Die Gestaltung des Gebirges, die üppige Waldung, die Lage der Städte u. Dörfer u. eine grosse Zahl Ruinen alter Schlösser erfreuen ebenso sehr das Auge als sie den Geist beschäftigen.

Die **Oberflächenbildung** ist durchaus wellenförmig; ein **Hauptrücken** oder fortlaufende Bergketten sind im Odenwalde nicht zu erkennen. Besonders der Letzte zu Baden gehörige Arm verliert sich in eine Menge flacher Hügel oder in ein wellenförmiges Hochland von 325 m. Höhe, die man das *Bauland* nennt. Der ganze Umfang desselben wird vom Katzenbuckel beherrscht, der vom Ufer des Neckars bei Eberbach steil u. noch höher als der Krähberg in die Höhe steigt. Das enge u. felsige Thal des Neckars durchbricht den südlichen Theil des Gebirges u. das Bauland wird durch viele kleine 95—100 m. tiefe Thäler in ziemlich parallele Höhenzüge von Nordwest nach Südost abgetheilt. Dieses Bauland, das nur durch die Tauber vom fränkischen Hügelland abgetrennt ist, soll den frühern Wingartweibagau umfassen. Dasselbe wird westlich vom Neckar, südlich von der Jaxt, östlich von der Tauber u. nördlich von Hessen u. Baiern begrenzt.

Das OdenwälderBauland, welches mit der schwarzwäldischen Baar mehrfache Aehnlichkeit besitzt, wird von zahlreichen Wasserläufen durchzogen, die sich, zu ansehnlichen Bächen u. Flüssen vereinigt, in den Neckar, Main u. in die Jaxt ergiessen.

An der südlichen Wasserscheide bilden sich die Elz, Schefflenz u. Seckach, an der nördlichen die Morre, Erfa u. Tauber.

Als **geognostischer** Hauptbestandtheil tritt schon auf der südlichen Seite des Neckarthales der rothe Sandstein auf, an den sich südlich u. östlich — von Mosbach über Buchau u. Walldürn — der Muschelkalk anlagert. Am westlichsten Abfall finden sich Granit, Gneis u. Syenit.

Bei Eberbach am Neckar hat eine durch vulkanische Hebung emporgedrängte Doleritmasse den Sandstein durchbrochen u. bildet die Kuppe des Katzenbuckels.

Auf den Höhen breiten sich Laub- u. Nadelwaldungen aus; über die mässig hohen Hügel wohlbebaute, doch oft all zu magere Ackerfelder; in den Thalgründen findet man lachende Wiesengelände. Im Neckarthale u. im Bauland wird Wein gepflanzt, der hin u. wieder zu vorzüglicher Güte gedeiht.

Gegenden mit besonderen Namen.

1. Der **Taubergrund** umfasst das Tauberthal von Nicklashausen u. Tauberbischofsheim bis Lauda u. Königshofen u. ist sehr weinreich.

2. Der **Schüpfergrund** umschliesst die Orte Ober- u. Unter-Schüpf, Sachsenflur, Lengrieden, Kupprichhausen, Ueffingen, Buch am Ahorn u. den Gräfinger Hof. Ehemals Besitzung des Fürsten von Hatzfeld, dann an Chur-Mainz u. 1803 an den Fürsten von Leiningen.

3. Das **Bauland**. Diese Benennung wird besonders dem südlichen Theile des vormaligen Main- u. Tauberkreises beigelegt; andere nehmen unter dieser Bezeichnung den frühern Wingartweibagau. Er bildet, wie oben gezeigt, einen Theil des Odenwaldes.

4. **Die Bergstrasse.**

Manche dehnen die Bergstrasse von Frankfurt bis Wiesloch aus; andre beschränken sie von Zwingenberg (Hessen) bis nach Schriesheim. A. B. Grimm nimmt die Mitte u. versteht unter der Bezeichnung „Bergstrasse“ diejenige Gegend, welche sich auf der Strecke zwischen Darmstadt u. Heidelberg von den Vorhöhen des Odenwaldes nach der Rheinebene hin ausdehnt. Er fügt dieser Ausscheidung folgende Bemerkung bei:

„Mögen auch manche Gegenden unseres lieben deutschen Vaterlandes ihres grossartigen Charakters wegen gerühmt werden können, mögen ihre wilden Felsmassen, ihre finstern Thalschluchten, ihre schäumenden Wasserfälle einen interessanten Anblick gewähren; länger u. entzückter aber wird doch das Auge des sinnigen Wanderers auf der freundlichen Bergstrasse ruhen u. ein eigenes, wohlthuendes Gefühl wird ihn anheimeln bei dem Anblick der schönen waldbegrenzten Höhen, der lachenden Rebengelände, die sich von dem Saume der Wälder gegen die Ebene herabziehen; der zahlreichen Trümmer alter Burgen u. Warten, die von den Vorhöhen auf ihn niederschauen; der lieblichen Thäler, die ihre Windungen gegen die Ebene ausmünden u. endlich bei dem Anblick der fruchtbaren Ebene selbst, die, mit Obstbäumen übersäet, an vielen Stellen mit der vielgepriesenen Ebene der Lombardei wetteifern kann.“ —

Bergstrasse im weitern Sinn wird dann auch die Strasse genannt, die von Basel bis zur Stadt Frankfurt am Saum des Gebirges entlang zieht u. ohne Zweifel, vor Erbauung der Eisenbahn durch das Rheinthal abwärts, die wichtigste Handels- u. Reisestrasse des deutschen Landes genannt werden konnte.

Die obere Bergstrasse giebt auch der untern, welche nun fast allein mit diesem Namen bezeichnet wird, an Schönheit der Gegend u. Bepflanzung der Gelände theilweise nur wenig nach, ja, sie dürfte der untern im Anbau u. Reichthum vielfach gleich kommen.

5. **Die Pfalz.** Diese gehört zu den segensvollsten Gegenden des badischen Landes. Sie wird zum Unterschied der in Altbayern gelegenen Oberpfalz, auch die **Unterpfalz** oder **Rheinpfalz** genannt. Der Name stammt von den rheinischen Pfalzgrafen, welche das Land beherrschten. Es bestand ehemals aus 19 Oberämtern, wovon 8 auf der linken u. 11 auf der rechten Seite des Rheines lagen. Baden erhielt davon 1803 u. 1806 mehrere Städte (Mannheim u. Heidelberg) u. mehrere Oberämter.

Da lieget ausgebreitet in stets verjüngter Pracht
Ein weiter Gottesgarten, vom Himmelreich bedacht.
Was nur das Herz ergötzet, was nur den Blick erfreut,

Das findest du hier Alles in Fülle ausgestreut.
Rings um die Berge gürtet der Wälder grüner Kranz,
Und drüber schwebt die Sonne in ihrem hellsten Glanz;
Die lust'gen Rebenhügel, der Aehrenfelder Flur,
Sie zeugen von der Liebe der schaffenden Natur.
Wo findet sich auf Erden so heimlich trauter Ort?
Wo klingt so süss zum Herzen das biedre deutsche Wort?
Wo woget auf den Fluren der Segen ohne Zahl?
Wo ist zu Nutz u. Wonne geschmücket Berg u. Thal?
Wo fügt sich alles Schöne zum lieblichsten Verein?
Sag an des Landes Namen! —
Das ist die Pfalz am Rhein!
Weiss.

6. Der **Brurhein** oder **Bruchrain** ist die Benennung des westlichen, im Rheinthale am Bruchsal liegenden Kraichgaues u. bedeutet ein Land voller Sumpfwiesen.

7. Das **Kraichgau** war im Mittelalter ein Gau u. seine Benennung hat sich im Volke durch den Ritterkanton gleichen Namens forterhalten. Es erstreckte sich von Eppingen über Hilsbach u. Düren bis gegen Wiesloch, wo es an den Elsenzgau stiess.

8. Die **Haard.** Unter dieser Benennung versteht man die sandige Gegend im Rheinthale, welche sich von Muggensturm (Rastatt) bis Graben 8—9 Stunden weit erstreckt u. in die obere u. untere Haard eingetheilt wird. Karlsruhe liegt in der Mitte u. trennt beide Theile.

9. Das **Ried** bezeichnet verschiedene Gegenden, besonders sind die Riedorte Plittersdorf, Ottersdorf u. Wintersdorf bei Rastatt so benannt, welche früher auf einer Rheininsel standen.

10. **Die Ortenau**, ein Gau im Mittelalter, später eine Landvogtei u. ein Ritterkanton, umfasste das Land zwischen der Wasserscheide des Schwarzwaldes im Osten, der Bleich im Süden, dem Rheine im Westen und dem Oosbach u. der Murg im Norden. Diese Grenzen verengerten sich jedoch im Laufe der Zeit sehr, die spätere Landvogtei umfasste kaum den dritten Theil der alten Ortenau. Zuletzt war sie in 4 Gerichte eingetheilt: Achern, Ortenberg, Griesheim u. Appenweiher u. in die 3 Reichsstädte: Offenburg, Gengenbach u. Zell am Harmersbach. Die Ortenau ist eine herrliche, fruchtbare Gegend, deren Weine zu den stärksten des Landes gehören.

11. Das **Hanauer Ländchen**, der diesseits des Rheines gelegene Theil der ehemal. Grafschaft Hanau-Lichtenberg. Es liegt zwischen dem Rhein u. den Aemtern Offenburg, Oberkirch u. Bühl. Das Ländchen ist ganz eben, sehr fruchtbar u. wird von der Kinzig, Rench u. einigen andern Bächen durchflossen. Es wächst in reicher Fülle Weizen, Hafer, Gerste, Reps, Welschkorn, besonders aber wird hier vorzüglicher Spinn u. Schleisshanf gepflanzt, welch' letzterer nach Frankreich u. Holland kommt u. zu Schiffstauen u. Segeltüchern verarbeitet wird. Der Weinbau ist bedeutend, Obstzucht ebenfalls u. Reben findet man zur Zierde fast an jedem Hause. Die Dörfer sind Muster von Reinlichkeit u. die Hanauer Volkstracht, namentlich die des weibl. Geschlechts, gehört zu den schönern des badischen Landes.

12. **Der od. das Breisgau**, einer der interessantesten Landestheile des ganzen Grossherzogthums Baden, umfasst die Gegenden vom Feldberg bis zum Rhein u. gegen Norden bis zum Hühnersedel. Der od. das Breisgau hat auf einer 48 Q.-M. grossen Fläche die höchsten Berge, die fruchtbarsten Wein-Gelände u. die schönsten, wohl angebauten Ebenen. Von der Höhe des Feldberges, des Belchen u. des Kandels bis zum tiefliegenden Rheinufer breitet sich die wundervollste Gegend aus, u. umschlingt dunkle Tannenwälder, grüne Rebhügel, Wiesengründe u. reiche Fruchtgefilde. Hier das romantische Wiesenthal, dort Badenweiler mit seinem alten Römerbad, drüben am Rhein der Kaiserstuhl mit seinen grünen rebengeschmückten Berglehnen u. inmitten einer fruchtbaren Ebene, die wie ein Garten sich vor dem Blicke ausbreitet, liegt der Hauptort

des Landes **Freiburg** mit seinem Dome. Ueberall findet man das Erdreich fleissig bebaut, Obst u. Wein in Menge u. die reichsten Getreidefluren; auf den Bergen eine treffliche Viehzucht u. bedeutende Gewerbethätigkeit. Nirgends ist auch eine grössere Mannigfaltigkeit in Sitte, Tracht u. Mundart als in dieser Gegend zu bemerken. — Zum Breisgau gehören auch die **Mark**, das **Ried**, das **Moos** u. der **Sausenhard**.

13. **Das Markgrafenland** erstreckt sich von Grenzach bis über Staufen hinab. Es gehört zu den reizendsten, fruchtbarsten und wohlhabendsten Gegenden des Landes. Das Getreide wächst im Ueberfluss, ebenso jener liebliche Wein, den man den **Markgräfler Wein** nennt u. der als eine Zierde reicher Tafeln geachtet, auch begierig nach dem In- u. Ausland aufgekauft wird. Waldungen und Wiesengründe sind vortrefflich gehalten, Obst reichlich gepflanzt, u. aus dem Gebirge wurde ehemals Silber, Kupfer, Blei u. Eisen gewonnen. All' dieser Reichthum aber ist in einen Zauber von Naturschönheiten gehüllt, der Auge u. Seele entzückt.

14. Die **Baar** war ein grosser Gau des Mittelalters, der an das Breisgau, die Ortenau, den Nagold- u. Süllichgau, an den Hegau u. Albgau grenzte; jetzt bezeichnet man damit die ehem. fürstlich fürstenbergische Landgrafschaft Baar, von welcher Hüfingen, Vöhrenbach, Löffingen u. Blumberg Hauptorte sind. Die Donauquellen gehören dem Bereich der Baar an.

15. Das **Klettgau**, eine Landgrafschaft im Mittelalter, umfasste den Landstrich, welcher südlich vom Rheine, östlich vom Bache Urwerf bei Schaffhausen durch den Bergrücken bis zum Randenburger Eck u. nördlich u. westlich von der Wutach eingeschlossen wird, theils aus einem breiten, wenig bewässerten Thale, theils aus der fruchtbaren Hochebene des **Rafzerfeldes** besteht. Das Land gehört nur zum kleinern Theile zu Baden, der grössere Theil aber zu den Schweizerkantonen Schaffhausen u. Zürich.

16. Das od. der **Hegau** ist gleichfalls ein im Munde des Volkes gebliebener ehemaliger Gau u. Ritterkanton. Es reicht vom Untersee u. Rhein über einen Theil des Randen u. das Aachthal bis zur Tuttlinger Höhe u. umfasst eine wohlbebaute u. fruchtbare Gegend. Im Hegau hausten über 35 adelige Familien u. im Jahre 1584 zählte man noch 46 Bergschlösser, wozu Hohen-Höwen, Hohen-Twiel, Hohen-Krähen, Hohen-Stoffeln, Hohen-Klingen u. s. f. gehörten, die jetzt alle zerfallen sind bis auf Hohen-Klingen, welches noch erhalten ist.

17. Das **Madach**. Unter diesem Namen wird das kleine Hochland zwischen Stockach u. Liptingen od. der nördliche Theil des Hegaues verstanden.

18. Die **Hardt**. Diese Gegend liegt neben dem Heuberge, zwischen der Beera u. der Schmiech. Die ehem. Herrschaften Stetten am kalten Markt u. Werrenwag gehören dazu.

Die ehemaligen Gaulandschaften.

Die verschiedenen alten **Gaue**, welche das Gebiet des Schwarzwaldes u. der angrenzenden Gegenden einnahmen, gehörten zu der Zeit der Gauverfassung **vom Oosbache an aufwärts** zu **Alemannien** (od. Schwaben), u. von da an abwärts zu **Rhein-** u. **Ostfranken**.

Unter diesen Gaulandschaften wird der Breisgau schon im 4. Jahrhundert von den Römern genannt, woraus erhellen dürfte, dass die Gewohnheit der Rheinthalbewohner, ihre Landschaften nach Gaugebieten abzutheilen u. zu benennen, weit älter ist, als die unter den Merovingern entstandene politisch-militärische Einrichtung des **Gauen-Verbandes**.

Das Gauwesen gründete sich vielmehr auf jene uralte, ursprüngliche Länderabtheilung, welche durch die Gebirgszüge u. Wassergebiete der Flüsse natürlich bedingt war. Wir zählen hier die unser Reisegebiet betreffenden Gaue auf, wie solche mit ihren Ortschaften im 7. u. bis in's 12. Jahrhundert **urkundlich** erwähnt sind.

A. Zum Herzogthum **Alemannien** gehörig:

1. Der **Linzgau** (*Linzgawia, Linzgowe*), in welchem das alte Lenzer Volk (*Alemanni Lentienses*) seine Heimath hatte, heute grösstentheils badisch, erstreckte sich vom Gestade des Bodensees u. der Schussen bis auf die Höhe von Pfullendorf (Pfullindorf 1050), von wo sich der **Ertgau** (*Eritgowe*) mit der Goldenshundert (*Goldineshuntar*) sich bis an die Donau ausbreitete.

2. Der **Hegau** (*Hegawe, Hegauge*) mit dem damit verbundenen Untersee-Gau, ebenfalls fast völlig badisches Gebiet, umfasste die Gegenden zwischen dem Bodensee, dem Rheine u. der Wasserscheide gegen die Donau.

3. Der **Klettgau** od. **Kletgau** (*Chletgowe, Cleggowe*), zur kleinern Hälfte badisch, zur grössern schweizerisch, lag zwischen dem Rheine, der Wutach u. dem Randen (bei Schaffhausen).

4. Der **Albgau** (*Alpagavia, Albegowe*) ganz badisch, erstreckte sich vom Feldberge bis an die Murg (obere od. hauensteiner-M.) den Rhein u. die Wutach u. war durch die **Alb** in den **obern** u. **untern** Albgau abgetheilt.

5. Die **Baar** (*Bara, Perahtoldespara*), grossentheils badisch, begriff hauptsächlich die Hochebene zwischen Wutach und dem Heuberge (bei Rottweil) in sich, wo die Quellen der Donau sind.

6. Der **Breisgau** (*Brisachgawe, Prisigowe*), ganz badisch, umfasste die Wassergebiete der Werrach (Wehra), Wiese, des Neumagen, der Dreisam und der Elz.

7. Die **Ortenau** (*Mordunawa, Ortenowe*), völlig badisch, erstreckte sich von der breisgauischen Grenze an der Bleich, zwischen dem Rhein u. den Höhen des Schwarzwaldes, bis an den Oosbach bei Baden.

B. Zum Herzogthum **Rheinfranken** gehörig:

1. Der **Ufgau** (*pagus Auciacensis, Ufgawe*) mit dem untergeordneten Albgau (*Albegowe*), ganz badisch, erstreckte sich vom Rheine, zwischen dem Oosbach u. der Wasserscheide der Alb (untern) bis auf die Herrenwieser Höhe.

2. Der **Pfinzgau** *Phunzinahgowe, Phunzinchgowe*), ebenfalls ganz badisch, umfasste das Wassergebiet der Pfinz u. bildete wahrscheinlich (wie der Albgau) eine Unterabtheilung des Ufgaues.

3. Der **Enzgau** (*Enzingawe, Enzegowe*), theilweise badisch, theilweise würtembergisch, erstreckte sich mit dem Würm- u. Glemsgau vom Pfinz- u. Kraichgau über die Enz hin bis zum Nekar u. an die schwäbische Grenze.

4. Der **Kraichgau** (*Kreichgowe, Kreickowe*), benahe ganz badisch, umfasste das Wassergebiet der Kraich mit dem Salbache bis in die Hardebene, von wo der Anglachgau sich bis an den Rhein erstreckte.

5. Der **Elsenzgau** (*Elisanzgawe, Elsenzgowe*), völlig badisch, begriff das Wassergebiet der Elsenz u. des Schwarzenbaches in sich.

6. Der **Neckargau** (*Neckergowe*) der untere; theilweise badisch, theilweise würtembergisch, umfasste das Neckarthal von Laufen bis gegen Binau.

7. Der **Lobdengau** (*pagus Lobodunensis, Lobodungowe, Lobedengowe*), grösstentheils badisch (theilweise hessisch), erstreckte sich vom Elsenzgau u. der ostfränkischen Grenze bis an den Rhein u. Oberrheingau.

C. Zum Herzogthum **Ostfranken** gehörig:

1. Die **Weingartau** (*Wingarteiba*) grösstentheils badisch, begriff zunächst die Hochebene des Baulandes, dann die Thalgegenden

des Gammels-Itter-, See-, u. Trinzbaches, der Elz, Schefflenz, Seckach, Morre u. Erfa in sich.

2. Der **Taubergau** (*Dubargowe, Tubergowe*), fast ganz badisch, umfasste das Gebiet der Tauber bis nach Gamburg, wo mit dem rechten Ufer des Flusses der **Waldsassengau** anhob.

3. Der **Waldsassengau** (*pagus Waltsaze, Waldsassingowe*) theilweise badisch, theilweise bayerisch, erstreckte sich von der Tauber bei Brombach u. Werthheim zu beiden Seiten des Maines bis gegen Lohr u. hinüber bis gegen Würzburg.

Nach Karls des Grossen Tod wurde durch dessen Sohn Ludwig der Grund zum Verfall des fränkischen Reiches gelegt u. die Macht der deutschen Herzöge u. Grafen allmählig vermehrt. Die Gaubenennung verschwand nach u. nach u. es entstanden aus ihnen Königreiche, Erz- u. Herzogthümer, Pfalz-, Mark- u. Landgrafschaften, Grafschaften u. Fürstenthümer, Herrschaften, Ritterschaften, freie Städte u. Gebiete; zwar vereinigt unter einem Wahlkaiser, aber unter verschiedenen Regenten, in deren Titel u. Wappen ihre Namen u. Wappenzeichen aufgenommen wurden.

Geschichtlicher Ueberblick.

1. Die Gegenden am See, Hegau, Baar u. oberer Albgau.

Es sind dies die Landschaften, welche zur Zeit der Römerherrschaft zu **Rhätien** gezählt wurden, dessen westliche Grenze der Randen war. Nach der Eroberung des Landes durch die Alemannen, kamen sie zum Herzogthum Alemannien u. bildeten recht eigentlich das Herz dieses Gebietes. Es waren der **Linzgau**, die Heimath der Lenzer Alemannen, die Gegend von der Pfullendorfer Hochebene bis an den See zwischen Ueberlingen u. Buchhorn (Friedrichshafen); die **Goldinshundert** (der westliche Theil des Eritgaues) bei Messkirch; der **Hegau**, das Gebiet mit den keckaufstrebenden Basaltbergkegeln von dem Madach bis an den Randen, Rhein u. Untersee; der **obere Albgau**, das Gebirgsland zwischen dem Feldberg, der Schlücht und Wutach, u. die **Baar** (oder Adelhards- u. Albunsbaar), die weite Hochebene der Donauquellen.

In diesen Landschaften, durch welche sich am Bodensee u. an der Donau hin (wenigstens) zwei **Römerstrassen** zogen, fanden sich aus der keltisch-römischen Zeit viele Culturüberreste vor, welche auf das Mittelalter über vererbt wurden. Bei Messkirch lag wahrscheinlich das alte B r a g o d u r u m, in I b u r i n g e n (Ueberlingen) erkennt man das alte E b u r u m, in P o t a m a (Bodman) das alte B o d u n g o, von dem der ganze See später seinen Namen empfing u. T w i e l erinnert an D u e l l u m od. D u i l l u m.

Eine Menge anderer Trümmerstätten u. Namen uralter Niederlassungen, sowie der Umstand, dass die meisten

Ortschaften dieses Landstriches schon in den Urkunden des 8. u. 9. Jahrh. erscheinen, beweisen den frühen und reichen Anbau der besser gelegenen Gegenden.

Nach der alemannischen Besitznahme aber, nachdem durch die **fränkische** Oberherrschaft wieder Ordnung und Stetigkeit in die deutschen Gebiete kam, erschienen namentlich drei Cultur- u. Herrschaftswesen von Bedeutung am Bodensee. Es waren die **Einrichtungen der Kirche** u. die der **Herzogs- u. Dynastenhäuser.**

Schon im 6. Jahrh. (ungefähr 580) wurde der Sitz des Kirchenhauptes für ganz Südalemannien von Windisch nach **Konstanz** verlegt, im siebten (seit 614) übte der heil. **Gallus** seinen Einflus auf die Uferlande des Bodensees u. im folgenden (724) gründete **Pirmin** das Kloster Reichenau, wie im neunten (etwa 860) der heil. **Ratolf** die Zelle am Untersee.

Zu Ueberlingen aber u. auf dem Hohen-Twiel hausten die ältesten **Herzoge** von Schwaben (Alemannien) u. zwei uralte Häuser rhätischen Ursprungs, die **Grafen von Heiligenberg** u. **von Nellenburg,** setzten sich als mächtige Dynasten im Linzgau u. Hegau fest, während neben ihnen die **Grafen von Rohrdorf** in der Goldenshundert als Herren zu Messkirch, die Freiherren **von Höven, Roseneck** u. **Thengen** auf den hegauischen Burgen, die Freiherren **von Krenkingen** im obern Albgau und die Freiherren **von Wartenberg** und **von Lupfen** in der Baar sich ausbreiteten u. eigene Herrschaften gründeten.

In solcher Gestaltung entwickelte sich im Verlaufe der zähringischen u. hohenstaufischen Zeiten, unter den vielen kirchlichen und politischen Kämpfen das öffentliche Leben dieser Gegenden. **Konstanz** wuchs zur bedeutendsten Reichsstadt in denselben heran; es zeigte einen blühenden Gewerbsstand u. besass bedeutende Handelsverbindungen. Die **Bischöfe,** in der Mehrzahl lobenswerthe, mitunter ausgezeichnete Männer (wie Salomon, Gebhard, Conrad) behielten das Kirchenwesen in Ordnung u. bereicherten das Hochstift mit Land u. Leuten. Die kirchlichen Stiftungen vermehrten sich. Die beiden Klöster **St. Georgen,** das eine auf dem Hohen-Twiel (später zu Stein a. Rh.), das andre auf der Höhe der Baar, dann **Petershausen** bei Konstanz, **Allerheiligen** zu Schaffhausen, **Salmannsweil** (Salem) im Linzgau u. andre derartige Gotteshäuser wurden gestiftet u. reichlich mit Gütern versorgt. Ihre Bewohner konnten daher der Andacht, der Gelehrsamkeit u. der Landwirthschaft mit gutem Frfolg obliegen.

Diese friedsamen u. wohlthätigen Entwicklungszeiten aber wurden wiederholt unterbrochen durch Gefahren u. Stürme von Aussen u. von Innen. Die Seegegenden wurden bis zur Schlacht auf dem Lechfelde (955) von Zeit zu Zeit von den Horden der **Hungarn** od. **Hunnen** verwüstet u. nachher begannen die blutigen Parteikämpfe zwischen **Kaiser-** u. **Papstthum** auch hier ihre Opfer zu fordern.

In diesen Zeitläufen wurde alles kriegerisch; es vermehrten sich die Burgen; die Klöster u. Marktflecken umgaben sich mit Mauern u. Graben u. das **Ritterwesen** bildete sich zu einer Macht heran. Die **Bischöfe**, die **Herzoge**, die **Grafen**, **Dynasten** u. **Aebte** vermehrten ihren Kriegerstand durch Verleihung von Benefizien u. Lehengütern an ihre Dienstleute. So entstanden die Familien des **niedern** oder **Ministerial-Adels**, welcher an keinem' Orte so zahlreich vorhanden war, wie auf u. neben den Bergkegeln des Hegaues.

Es hausten hier bei dem altpotamischen Königshofe auf der Höhe am Ueberlinger See die Herren **von Bodman**, ein stiftkonstanzisches Ministerialgeschlecht, welches sich im Laufe der Zeit viele Güter u. grosses Ansehen erwarb; dann in der Nähe die Herren **von Hohenfels, von Langenstein, von Tettingen**, die Edeln. **von Stoffeln, von Randeck, von Twiel, von Schienen, Reischach** u. die Herren **von Krähen**, Vögte zu Friedingen, welche ebenfalls Dienstmannsfamilien benachbarter Fürsten od. Kirchen waren. Beinahe ebenso zahlreich bewohnte der Dienst- u. Lehenadel den Linzgau u. nur in den Gebirgsgegenden der Baar u. des Albgaues war er minder zahlreich.

Diese Edelknechte u. Ritter (der damalige Wehr- u. Soldatenstand) kamen ebenso sehr auf, wie die alten Grafen- u. Freiherrengeschlechter in Abnahme geriethen u. erloschen, so die **Grafen von Stülingen**, welche durch die **Herren von Lupfen**, die **Grafen von Nellenburg**, welche durch die **Herren von Thengen** u. die **Grafen von Heiligenberg**, welche durch die Grafen von Fürstenberg beerbt wurden. Letzteres Geschlecht war als ein Zweig der Grafen von Urach u. Freiburg in die schwarzwäldische Erbschaft der Zähringer getreten und hatte hiebei die Stadt **Villingen** mit deren Umgebungsgebiet erhalten. In der Folge erhielt es auch von König Rudolf I. von Habsburg das Grafenamt in der Baar zu Lehen.

Man zählte daher zu jener Zeit in der Seegegend u. an den Quellen der Donau sowie an der Wutach die vier Reichsgrafschafen **Heiligenberg, Nellenburg, Baar u. Stülingen**, jedes mit seinem freien, kaiserlichen Landgerichte als Appellationsstelle von den Dinghof-, Dorf- u. Stadtgerichten.

Das Herren- u. Adelswesen in seiner engen Verkettung

durch das herrschende Lehensystem, bildete sich dergestalt immer mannigfaltiger aus, wozu dann noch die Romantik des **Ritterthums** mit der Poesie des **Minnegesanges** kam. Wie die adeligen Sänger im benachbarten Thurgau, wetteiferten auch die Edeln im Hegau in der Kunst des Gesanges mit einander. Die sinn- u. schwungreichen Jagdlieder **Burkhards** von Hohenfels, die sanften Liebeslieder **Heinrichs** von Tettingen u. die vielgestaltige Aventüre Meister **Konrads** von Stoffeln gehören zum Bessern u. Besten, was die ritterliche Dichtkunst des schwäbischen Mittelalters hervorgebracht hat.

Dagegen erlahmte in den Klöstern der Seegaue seit den Tagen Walafried Strabo's u. Hermann des Lahmen das Streben für Wissenschaft u. Kunst u. das altberühmte **Reichenau**, das einst mehr als 600 Bewohner gezählt hatte, kam so sehr in Zerfall, dass schon Abt Konrad von Zimmern (seit 1236) in bitterer Wehmuth darauf ein Gedicht verfasste u. Abt Werner von Roseneck (seit 1384) in die armselige Lage gerieth, bei dem benachbarten Priester zu Unterzell oder Niederzell in die Kost gehen zu müssen. Auf dem Bischofsstuhle zu **Konstanz** sass selten mehr ein löblicher Kirchenhirte; am Hochstifte war alles verweltlicht u. die Bischöfe Heinrich von Brandis (seit 1357) und Heinrich von Höwen (seit 1436) stellten sich als abschreckende Beispiele der äussersten Verwilderung u. Ausschweifung geistlicher Herrscher dar. Ebenso wenig erfreulich muthet das Leben u. Treiben der geistlichen Ritterhäuser auf der **Mainau** (Stiftung der Herren von Langenstein) u. zu Ueberlingen an. Entweder wurden die irdischen Güter mit habsüchtiger Gier zusammengerafft oder in Schwelgerei u. leichtsinnigem Haushalt vergeudet u. die Genüsse der Zeitlichkeit zum Hauptziele des Lebens gewählt.

Je mehr aber die Geistlichkeit u. der Herrenstand dem Zerfall u. der Auflösung entgegen gingen, desto gesunder und kräftiger entwickelte sich am See das Leben der **Städte** mit ihrem Bürgerthum. Im Linzgau hatte sich **Ueberlingen** zu einer ansehnlichen, wohlhabenden u. festen Reichsstadt herangebildet, in welcher ein strenges Regiment die Ordnung und Wohlfahrt aufrecht erhielt. Weniger bedeutend war das von Kaiser Friedrich II. zur Reichsunmittelbarkeit erhobene **Pfullendorf**, dessen Charakter, seiner Lage entsprechend, ein vorherrschend landwirthschaftlicher blieb. **Meersburg** u. **Markdorf** standen unter bischöflicher Herrschaft; ersteres fühlte sich als spätere Residenz der Fürstbischöfe höher, als ihm gut kam.

In der ehemaligen Goldinshundert war **Messkirch** mit der umliegenden Herrschaft von dem Rohrdorf'schen Hause an die Herren von Zimmern gelangt (1319) und gewann an bürgerlichem Wesen, wie es auch mit denselben in Zerwürfnisse gerieth.

Im Hegau gediehen **Zell** am Untersee, allmählig neben dem Stifte des heil. Ratolf erwachsen u. seit 1300 österreichisch; das nellenburgische **Stockach**, als Marktplatz wohlgelegen, u. das althöwen'sche **Engen** am Eingang zur Hochebene der Baar, zu einiger Bedeutung, während **Thengen**, **Blumenfeld** u. **Aach** blosse Vorburgen alter Schlösser waren, wie dieses im Baar- u. obern Albgau mit **Blomberg** (Blumberg), **Fürstenberg**, **Hüfingen** u. **Stühlingen** der Fall war. **Bräunlingen**, **Löffingen** u. **Villingen** aber stellten sich als befestigte Landstädte dar, wovon letzteres, durch Gewerbe u. Handel blühend geworden, nach einer verderblichen Fehde mit seiner Herrschaft Fürstenberg (1326) an das Haus **Oesterreich** gerieth, welches sich seit König Albrecht I. auch am See u. auf dem Schwarzwald auszubreiten begann.

Alle diese Stadtwesen überragte bei Weitem das mächtige **Konstanz**, dessen Namen durch den lombardischen Friedensschluss (1183), die grosse Kirchenversammlung (1414) u. die tela di Constanza ein in der ganzen damaligen Welt wohlbekannter geworden war. Durch seine Kämpfe gegen mancherlei Anmassungen der Bischöfe u. des umliegenden Adels klug geworden u. erstarkt, schritt es in der Entwicklung seiner reichsstädtischen Freiheiten rüstig voran, trat an die Spitze des Bodensee-**Städtebundes** u. behauptete nach wiederholten innern Umgestaltungen (1342, 1370 u. 1429) den freieren Geist des öffentlichen Regiments, welchen die **Zunft-Verfassung** (das demokratisch-bürgerliche Element) gegen die Herrschaft der **adeligen Geschlechter** in fast allen Städten des Reiches errungen hatten.

Dieser lange und blutige Kampf zog die ganze Seegegend in Mitleidenschaft u. namentlich im Hegau widerhallte das Land von Fehdelärm u. Gewaltstreichen. Unbesieglicher Hass erfüllte den Adel gegen die Bürgerschaften der Städte u. je glücklicher anfänglich die Bürger ihre Kriege zu führen verstanden, desto ingrimmiger wurden die Herren. Während sie das **Faustrecht** (d. h. das Recht, Gerichtsurtheile im Nothfalle mit eigener Faust zu vollstrecken) in eine scham- u. masslose **Freibeuterei** gegen die Städte u. ihre Angehörigen verkehrten, stunden diese einander getreulich bei u. züchtigten d. Uebermüthigen durch manchen Schlag u. Burgenbrand. Der Hass wurde aber immer unauslöschlicher und glühender als die benachbarte **Eidgenossenschaft der Schweizer** mit eingriff u. dem umwohnenden Adel durch ihr beispielloses Waffenglück bittere Demüthigung u. fast völligen Untergang bereitete.

Trotz seines Missgeschickes reizte der Adel die **Schweizer** immer wieder von Neuem, bis diese endlich herüberbrachen u. auf schonungslosen Rachezügen den verhassten Herren ihre Schlösser und Dörfer zusammenbrannten. Da verband sich der Adel enger gegen den rüstigen Feind u. so entstund aus dem **hegauischen Ritterverband** des St. Georgenschildes der sog. **schwäbische Bund,** der zwar gegen die eidgenössischen Waffen unglücklich focht, später aber in der eigenen Heimath eine schwäbisch-alemannische Eidgenossenschaft im Entstehen zu unterdrücken vermochte.

Das **Landvolk** in Schwaben sowohl als in Franken u. andern Theilen des Reiches verlor nämlich zuletzt seine Geduld, nachdem es von den habsüchtigen, fehdesüchtigen u. unhaushälterischen Herren lange Jahrhunderte durch gegen die alten Satzungen u. Gewohnheiten überlastet worden war und in den Schweizer-(oder Schwaben-)kriegen die Schuld des Adels hatte büssen müssen u. nachdem es in Folge steten Missgeschickes mit S c h u l d e n überladen u. durch Einführung des römischen Rechtes aus seinem eigentlichen Wesen herausgedrängt u. sozusagen r e c h t l o s gemacht worden war. Nach langjähriger, geheimer Gährung, welche verschiedene sog. „Bundschuhe" (Aufstandsbewegungen der Bauern) veranlasste, erhoben die lupfischen Unterthanen des obern **Albgaues** die Fahne der Empörung (1524) u. diese pflanzte sich wie ein Lauffeuer über den Hegau an den Bodensee fort und tief in's Schwabenland hinein. Die Landstädte zeigten sich der Bewegung überall günstig u. die vereinzelten Fürsten und Herren wären diesem Bauernaufstand wohl sicher unterlegen, wenn er nicht durch vereinigte Waffen- und Gesinnungsmacht des schwäbischen Bundes gedämpft und völlig unterdrückt worden wäre.

Die **Kirchentrennung** hatte für diese Gegenden weniger tiefgreifende Folgen als dieser Bauernkrieg, da Städte und Landschaften d. alten Glauben überall treu blieben mit Ausnahme der im Thurgau gelegenen Stadt **Konstanz,** welche sich im Kampfe für ihre Glaubensneuerung zwar heldenmüthig hervorthat, aber d. kaiserlichen Uebermacht erlag u. ihre Mannhaftigkeit mit dem Verluste d. Reichsfreiheit u. ihrer Blüthe büssen musste, indem sie als österreichische Landstadt unter strenge Obhut genommen wurde u. sofort

u. immer mehr in Abnahme gerieth. Dennoch war sie ein Jahrhundert später, als die Schweden u. Franzosen das Reich durchzogen, und der neuen Glaubenslehre die Gewalt der Waffen nicht fehlte, eine derjenigen Städte, welche mit muthiger Standhaftigkeit beim Kaiser u. Reich getreulich verharrten oder neben **Villingen** u. **Ueberlingen** die erste!

Während des 30jährigen Krieges war die Gegend um den Bodensee u. die obere Donau ein wahrer Schauplatz der Kriegsbewegungen, Einlagerungen, Gewaltstreiche, Waffenthaten u. Brutalitäten feindlicher und freundlicher Soldateska. Auf der (seit 1538 würtembergischen) Bergveste Hohentwiel hauste der berühmte u. berüchtigte Oberst **Wiederhold** als Kommandant u. drangsalirte von diesem sichern Felsenneste aus die ganze weite Umgegend 14 Jahre lang. Was die von aller nachhaltigen Hülfe verlassenen **Städte** u. **Dörfer** zu jener Zeit des 30jährigen Krieges gelitten, das übersteigt alle Vorstellung u. als endlich das Jahr 1648 den Frieden brachte, zeigte es sich, dass die Folgen des Krieges noch entsetzlicher gewirkt hatten als der Krieg selbst. Es ging ein volles Menschenalter lang, bis sich das Volk wieder einigermassen erholt hatte. Die Erholung schien aber nur dazu vergönnt gewesen zu sein, um während der **Franzosenkriege** von 1672 bis 1714 wieder ebenso grosse Drangsale, Nöthen und Einbussen leiden zu müssen. Von jetzt an aber bis 1796 erfreuten sich diese Gegenden einer segensreichen, mehr durch blosses Kriegsgeschrei als wirkliche Störungen beirrte Friedenszeit, die aber freilich durch den Einfall der Moreau'schen Armee u. die darauf folgenden Feldzüge des **neuern** Franzosenkrieges ein um so schlimmeres Ende nahm.

Seit dem Beginne des 16. Jahrhunderts hatten sich während dieses Wechsels von Krieg u. Frieden in der Baar, im Albgau, Linz- u. Hegau die **Gebietsverhältnisse** sehr verändert u. auch hier die Ausbildung der **fürstlichen Landesherrlichkeit** den Landesbezirken ein stetigeres Gepräge gegeben. Zwei alte Fürstenhäuser, das **fürstenbergische** u. das **österreichische** waren es, welche die frühere Menge der kleinen Graf- u. Herrschaften grösstentheils unter ihre Hoheit vereinigten, wodurch viel Gutes hätte gewirkt werden können, wenn es nicht durch fahrlässige od. beschränkte od. willkürliche **Verwaltungen** vereitelt worden wäre.

Das Haus Fürstenberg besass damals im Bereiche dieser Landesgegenden neben den Grafschaften **Baar, Stühlingen** [die Landesherrlichkeit des obern Albgaues war nach dem Erlöschen deren von Lupfen (1582) an die Grafen von Pappenheim gekommen, von denen der östliche Theil (Bonndorf und Blumenegg, sowie die westlich liegenden Aemter Bettmaringen und Gutenburg) an St. Blasien, der südliche Theil (Stühlingen) an Fürstenberg gelangte] u. **Heiligenberg,** die Herrschaften **Messkirch** (seit dem Aussterben der Grafen von Zimmern), **Hohenhöwen, Wartenberg** und **Lenzkirch.**

Das Haus Oesterreich aber besass in diesem Bereiche die Grafschaft **Nellenburg** im Hegau, dessen westlicher Theil (am Randen) durch Kauf schaffhauserisch geworden war u. in der Baar die Städte **Villingen** u. **Bräunlingen.** Neben dem fürstenbergischen u. österreichischen Gebiet lagen sodann die Landesgebiete des Fürstbischofs von **Konstanz,** des Fürsten **v. Auersberg** (Thengen), des Fürstabts **von St. Blasien** (Bonndorf und die Aemter Blumenegg, Bettmaringen u. Gutenburg), der Reichsstifte **Salem** u. **Petershausen,** der Reichsstädte **Ueberlingen** u. **Pfullendorf,** d. Ritterkommende **Mainau** u. der hegauischen **Reichsritterschaft,** zu welcher vornehmlich die Herren von Bodman, von Hornstein, von Reischach, von Ulm, von Schellenberg, von Schreckenstein gehörten. In diesen Verhältnissen stunden die Landschaften am See, im Hegau, in der Baar u. im obern Theil des Albgaues, als die Zeit der Säkularisation und Mediatisation der verschiedenen geistlichen u. weltlichen Herren u. die Auflösung des deutschen Reichsverbandes im alten Styl hereinbrach, worauf diese Gebiete zu ihrem Heil an die grossen süddeutschen souverainen Staaten Würtemberg u. Baden fielen.

2. Die Gegenden am Ober- oder Querrhein, von Schaffhausen bis Basel u. der Breisgau mit dem obern Schwarzwald.

Wie die Gaue am See zum Theile die Heimath der **Lentienses** od. Lenzer-Alemannen bildeten, so war das Hauptgebiet des südlichen od. obern Schwarzwaldes das Heimathland der **Brisigavi** od. Breisgauer. Dieser Alemannenstamm kämpfte, wie jenes Brudervolk lange Zeit mit wechselndem Glücke gegen die Römer, welche seit dem Frieden mit dem Fürsten **Vadomar** (354 n. Chr.) immer mehr u. mehr Landesgebiet am Oberrheine verloren, bis endlich mit dem Beginne des 5. Jahrh. die römische Herrschaft dort völlig unterging. Dieselbe hatte in dem rheinischen Grenzlande, wovon der Breisgau die südwestliche Spitze war, ungefähr 400 Jahre gedauert u. die besser gelegenen Gegenden in eine völlige **Römerkolonie** verwandelt mit Strassenzügen, Stationsplätzen, Kastellen, Städten, Dörfern, Bädern, Ziegelbrennereien u. dgl., deren Trümmer u. Spuren noch zahlreich vorhanden sind.

Für den Breisgau waren die Hauptorte wohl der **Mons Brisiacus,** das heutige Alt-Breisach und die **Aquae** bei Badenweiler; aber auch in Lörrach (Laureacum), Riegel (Rigola), Ebringen (Eburum) u. Zarten(Tarodunum) erkennt man keltisch-römische Ansiedlungen, der vielen **Kastellberge** (castellum) von der Wiese bis zur Kinzig nicht zu erwähnen. In der breisgauischen Ebene aber mögen die römischen Einrichtungen gerade am meisten von dem Wesen der Alemannen überfluthet und ausgelöscht worden sein, welche sich hier am massenhaftesten niederliessen; wie denn auch weit aus die zahlreichsten **alten Orte** daselbst rein alemannische Namen tragen, deren Wortlaut den ersten Besitzer u. den Begriff eines erblichen **Hofgutes** bezeichnen.

Als die **Gaueinrichtung** unter der fränkischen Monarchie in kirchlicher, politischer und militärischer Beziehung ihr bleibendes Gepräge empfing, zählte man im Bereiche dieser Gegenden den **Kletgau** vom Randen u. Rheine bis an die Wutach, den unt e r n **Albgau** von der Schlücht bis zur Werrach (Wehra), den **Breisgau** vom Höhenzuge des Feldberges bis an den Rhein u. bis hinunter an die Bleich u. dasjenige Stück der grossen **Baar,** welches von der Gutach bewässert ist. Unter diesen Landschaften spielte, wie der Hegau am See, die **breisgauische** eine hervorragende Rolle.

An der Grenze lag, wie dort Konstanz, hier die uralte Bischofsstadt **Basel** u. trat mit dem noch ältern **Breisach** lange Zeit in den Vordergrund. Wie dort Reichenau als eines der bedeutendsten Klöster in Schwaben, so erschien hier das Stift **Säckingen,** die Gründung u. Ruhestätte des heil. **Fridolin** († um 540), als das älteste in ganz Deutschland; u. wie dort die Grafen **von Nellenburg** die Laufbahn eines politisch bedeutenden Hauses betraten, so hier die Herzoge **von Zähringen** (seit 1060) in noch höherm Sinne.

Es entstunden aber sehr frühe, neben Säckingen, welches aus einem Kloster für beide Geschlechter bald vorherrschend zu einem (adeligen) Damenstifte, wie später Waldkirch (920) u. Sulzburg (993) sich gestaltete, noch andre Gotteshäuser von wichtigerm Einflusse auf ihre Umgebungen. So aus den Zellen der frommen Märtyrer **Trutbert** u. **Landolin** (bald nach 600) die Klöster **St. Trutbert** und **Ettenheim-Münster,** aus der Albzelle (850) das Stift **St. Blasien,** an den Grenzen des Kletgaues die Abtei **Rheinau** (778), eine Gründung der Welfen, und

Allerheiligen (1052) zu Schaffhausen, eine Stiftung der Grafen von Nellenburg; später sodann als Grabstätte der Zähringer die Abtei **St. Peter** (1090) u. zunächst neben ihr **St. Märgen** (1120) durch die Grafen von Hohenberg, wie **Thennenbach** (1161), ebenfalls durch das zähringische Herzogshaus gestiftet.

St. Blasien erlangte, von diesen Klöstern allen, schon in den ältesten Zeiten ausgezeichnet durch fromme u. gelehrte Männer, nachmals die grösste Bedeutung für den Schwarzwald u. das benachbarte Breisgau. In den nöthlichen Zeiten der Kämpfe zwischen Kaiser- u. Papstthum, wo die herrschende Parteiung die Bevölkerungen des offenen Landes in zwei feindliche Lager schied, flüchteten sich eine Menge kirchlich Gesinnter aus dem Adel u. vom Volke in die abgelegenen Klöster des Gebirges, hauptsächlich aber nach St. Blasien, wo auch Bischof Gebhard von Zähringen in den Zeiten seiner Verfolgung ein Asyl fand. Mehrere altadelige Familien, wie die von **Kaltenbach** u. **Waldeck** u. a., durch die Siege der kaiserlichen Partei in Gram u. Hoffnungslosigkeit versenkt, gaben ihre Familienfortpflanzung auf u. vermachten das Erbe ihrer Väter an die Kirche.

Auf solche Weise reichten von den zahlreichen Dynasten dieser Gaue nur die **von Küssaberg** u. **Krenkingen** im Kletgau, die **von Tiefenstein** im untern Albgau, die **von Röteln** (mit der Nebenlinie von Rothenberg) im Wiesenthale, die **von Usenberg** im obern und niedern Breisgau u. die **von Schwarzenberg** im Elzthale auf das 13. Jahrhundert u. spätere Zeiten. Von diesen aber erschien das usenbergische Geschlecht am mächtigsten neben dem Hause Zähringen u. dessen Nebenlinie, den Markgrafen **von Hachberg** (Baden), welche die Herrschaft dieses Namens mit den grafschaftlichen Rechten im Breisgau zugetheilt erhalten hatten u. ihren zähringischen Verwandten in gedeihlichem Wirken nachahmten.

Die **Herzoge von Zähringen**, deren Stammburg in ihren malerischen Trümmern heute noch einen Hügel im Herzen des Breisgaues krönt, hatten als Grafen dieser Gaulandschaft u. durch ihre Verbindung mit dem begünstigten nellenburgischen Hause die Anwartschaft des Herzogthums Schwaben erlangt, mussten aber den Besitz mit den aufstrebenden **Hohenstaufen** in der Weise theilen, dass man ihnen die herzogliche Gewalt über ihre Stammgrafschaften im **Breisgau** u. in der **Ortenau** nebst der Reichsvogtei über das einst von den Nellenburgern verwaltete Zürich überliess u. sofort auch das Rectorat über Ostburgund zuwies. In diesem weiten

Landesbezirk wirkten sie immer für die Sache des Friedens, für Sicherheit u. Ordnung u. gründeten oder förderten zur Aufnahme von Gewerbe u. Handel die Städte **Villingen, Breisach, Freiburg** im Breisgau, **Neuenburg, Offenburg** u. **Haslach,** Freiburg im Uechtland, Burgdorf, Minden und Bern.

Allein schon sehr frühe (1218) erlosch ihr Stamm u. neben ihre Erben von Kyburg (jenseits) u. **von Urach** (diesseits des Rheins), welch' letztere sich als Grafen **von Freiburg** u. **von Fürstenberg** in 2 Aeste theilten, drängte sich bald ein neues gewaltig aufstrebendes Haus, das **habsburgische**. Es war freilich kein fremdes, denn es gehörte durch den Besitz der Grafschaften im Kletgau und untern Albgau (wie auch durch die Geburt König Rudolfs I. auf der Veste zu Limburg im gleichen Jahre u. Monate, wo Herzog Berchtold V. als der letzte Zähringer verstarb) schon längst diesen Gegenden an. Rudolf war Graf zu **Hauenstein** u. gründete mit seinem Bruder Albrecht die Stadt **Waldshut** (1249), erwarb die Herrschaft **Werrach** (Wehr), nahm die Städte Säckingen u. Breisach ein u. suchte sich zum Oberherrn des ganzen Rheinwinkels zu machen, welcher zwischen seinen elsässischen u. aargauischen Stammlanden lag. Während er aber mit dem Bischof von **Basel** in einer Fehde lag, deren Ziel mit diesem Plane zusammenhing, wurde er zum König der Deutschen gewählt u. richtete nun seinen Blick auf grössere Dinge.

Er bezwang die schlimmen Gewalten des langen Zwischenreiches, welches auch im Breisgau seine Opfer gefordert hatte. Während der 18jährigen Verwaltung des Reiches durch Rudolf I. blühten Städte u. Märkte heran u. ein neuer Geist durchwehte ihre Bevölkerungen, der Geist des **Städtewesens** u. des **Bürgerthums,** der in dem wohlhabenden Breisgau reiche Nahrung fand, weil man das gedeihliche Aufblühen von Basel, Colmar u. Strassburg zunächst vor Augen hatte. **Neuenburg** u. **Breisach** am Rhein u. **Freiburg** standen seit 1300 in ihrer schönsten Entfaltung; **Endingen** u. **Kenzingen** erhielten durch ihre Herren von Usenberg und **Waldkirch** durch seine Vögte von Schwarzenberg städtische Rechte.

Bald aber waren der Eifersucht des Adels gegenüber verschiedene Bündnisse nothwendig, welche im Kampfe des **Bürgerthums** mit dem **Herrenthum** die Kraft des ersteren erhöhten u. in der Folge eine Grundlage der **landständischen Verfassung** bildeten. Die **breisgauischen Städte** vereinigten sich, mit **Freiburg** an der Spitze, zu einem Städtebündniss, welches bei den benachbarten Reichsstädten bereitwillige Theilnahme u. Hilfe fand.

Während dieser politischen u. gesellschaftlichen Entwicklungen setzten König Albrecht I. u. seine Nachkommen den Plan ihres Ahnherrn Rudolf, das Elsass durch Landerwerbungen im Breisgau, Kletgau u. Hegau mit den thur- u. aargauischen Erblanden zu vereinigen, mit klug berechneter Praktik in's Werk u. wie sie Villingen, durch schlaue Benützung des Zwistes der Grafen von Fürstenberg gegen die Stadt, an sich zu bringen wussten, so wurde Freiburg gewonnen, nachdem Jahre lang ein erbitterter Kampf der Bürger gegen ihre verschuldeten Grafen das Land geschädigt hatte. Dieser Erwerb verschaffte ihnen auch die **Grafschaftsrechte** im niedern Breisgau, während jene im obern Theile des Gaues unter den Grafen von Hachberg sich zur Landgrafschaft **Sausenberg** gestalteten. Die Grossen des Landes ergaben sich nach einander dem Hause **Oesterreich**; der Abt von St. Blasien überliess demselben seine Klostervogtei, wie die Herren von Usenberg, von Schwarzenberg u. andre dem Hause Oesterreich ihre Burgen u. Herrschaften zu Lehen auftrugen oder sonst veräusserten.

So stand am Schlusse des 14. Jahrh. alles breisgauische Land theils unter **österreichischer**, theils unter **hachbergischer** Hoheit. Zu Oesterreich gehörten, neben den Gebieten der breisgauischen Klöster, die Herrschaften **Wehr, Staufen, Freiburg, Usenberg** u. **Kürnberg, Castelberg** u. **Schwarzenberg**; zu Hachberg die Landgrafschaft **Sausenberg** mit den Herrschaften **Röteln, Badenweiler** u. **Hachberg**. Das Haus Oesterreich verstand es, alle reichsfreien Gebiete innerhalb seines breisgauischen Landes unter seine Schutz- u. Landesherrlichkeit zu bringen, so die Herrschaft Rheinweiler u. selbst das Johanniterhaus **Heitersheim**, welches seit 1297 durch eine hachbergische Stiftung in's Leben getreten u. an Ansehen immer gewachsen war, bis es der Sitz des gefürsteten **Grosspriors** für Deutschland wurde.

Dadurch aber gelangte auch die ständische Verfassung des Breisgauerlandes in Verbindung mit dem Sundgau u. Oberelsass zu ihrer Ausbildung. Die **Prälaten**, der **Adel** u. die **Städte** mit den **Landschaften** bildeten eine ständische Körperschaft, welche dem Fürsten die Steuern u. Mannschaften bewilligte u. sich solcher Privilegien erfreute, dass Kaiser Ferdinand I. von dem Breisgau sagte, es sei „das freieste Land der Christenheit.“ –

Innerhalb dieses Verfassungskörpers fand sich aber noch ein kleinerer vor von höchst merkwürdigem Charakter — die **hauensteinische Einung**. Die Gemeinden der unteralbgauischen Grafschaft Hauenstein hatten sich in den gefahrvollen Zeiten der Kämpfe um den deutschen Thron zur Handhabung äusserer u. innerer Sicherheit zusammengethan in **acht** besondre Einungen (woher die Vorsteher oder Meister derselben die **„Achtmannen“** hiessen), welche zu einer gesellschaftlichen u. politischenGemeinschaft verbunden waren (deren Vorsteher oder Präsident **„Redmann“** hiess), welche besonders dadurch an Bedeutung sehr gewann, dass sich von jeher zahlreiche **freie** Familien des Landes vorfanden, welche allmählig auch die **leibeigene** Bevölkerung zu sich heranzogen u. endlich deren Freikauf bewirkten. Dies geschah 1728 nach langen Kämpfen mit dem Stifte **St. Blasien,** unter dessen Grundherrlichkeit jene Bevölkerung gehörte.

Die Grafschaft im benachbarten **Kletgau,** welche der laufenburgischen Nebenlinie des Hauses Habsburg-Oesterreich gehörte, war nach deren Erlöschen (1408) gleichwohl nicht an dieses, sondern durch eine Erbtochter an das Grafengeschlecht **von Sulz** gelangt, welches die eine Hälfte des Landes, wo der Bischof von Konstanz die Herrschaft Neunkirch besass, als Reichsafterlehen an die Stadt **Schaffhausen** überliess u. das Uebrige (die Aemter, Jestetten und Thiengen) bei seinem Erlöschen (1687) als „Landgrafschaft Kletgau“ mit dem „freien kaiserlichen Landgerichte“ an das Haus **Schwarzenberg** vererbte, dessen Einfluss aber auf das kleine Land ohne Bedeutung blieb, da es dessen Verwaltung leider völlig seinen Amtleuten überliess.

Im Breisgau waren **Breisach** u. **Neuenburg** als Reichspfandschaften an Oesterreich gekommen. Breisach namentlich, welches nebst der Grafschaft Hauenstein u. dem Elsass an Herzog **Karl** von Burgund, der Kühne genannt, verpfändet wurde (1469), litt unter der tyrannischen Herrschaft des Landvogtes **von Hagenbach** ausserordentlich u. kam von da an mehr u. mehr zurück. gerade wie Freiburg, das, trotz dem Vorhandensein seiner **Hochschule** (seit 1457) sein früheres reges Leben u. seinen Wohlstand nicht mehr besass. Die österreichische Herrschaft liess ihre trefflichen Kräfte nicht mehr zur rechten Entfaltung kommen. Ging auch die Gefahr des **Bauernkrieges** noch glücklich an ihr vorüber, so musste sie den Ruf ihrer Unterthanentreue während der Zeit der Kirchentrennung doch theuer genug erkaufen.

Das **österreichische** Breisgau blieb, allerdings unter gewaltsamer Beschränkung u. Unterdrückung theilweisen Abfalles der katholischen Kirche völlig erhalten, während in dem andern Theile des Landes, welcher beim Erlöschen der beiden Linien des Hauses **Hachberg** (1418 u. 1503) an das Haus Baden-Durlach gefallen war, die **Reformation** mit um so grösserem Eifer eingeführt wurde (1556). Diese schönen, fruchtbaren Landschaften, welche man das „Markgräfler Land“ oder „Markgräfer Land“ zu nennen pflegte, gewannen dadurch etwas Eigenthümliches, was ihrer Bevölkerung in Gesinnung, Tracht u. Sitte ein von dem altbreisgauischen Charakter ganz verschiedenes Gepräge verlieh.

Im 30jährigen Kriege war kaum eine Gegend von Deutschland so sehr der Tummelplatz der feindlichen u. freundlichen Völker, wie das Breisgau u. kaum haben andre Städte je so sehr die Demüthigung des deutschen Namens an sich erfahren müssen, wie **Breisach** u. **Freiburg**. Die „Schlüssel“ des Reiches, u. die „Dämme“ gegen den Reichsfeind wurden schon im Schwedenkriege die Opfer desselben u. später die wohlbefestigten Stützpunkte desselben, während die Trümmer d. damals gefallenen badischen Landesvesten **Badenweiler** u. **Hachberg** noch heute die Schmach jener Tage verkünden. Von 1648—1697 stand Breisach u. von 1677 bis 1697 Freiburg ununterbrochen unter **französischer** Herrschaft u. auch in den Kriegszeiten nach dem Ryswiker Frieden geriethen beide Städte wiederholt in die Hände des Feindes, bis sie Anfangs der 1740ger Jahre ihre Festungswerke für immer verloren.

Das Haus **Oesterreich** hatte durch den westphälischen Friedensschluss seine elsässischen Lande an Frankreich eingebüsst u. in Folge dessen war die Regierung der Vorlande von Ensisheim nach **Freiburg** verlegt u. der vorderösterreichische Ständekörper auf das Breisgau beschränkt worden. Es zerfiel politisch u. cameralisch in 4 Theile: in das Villinger, Waldshuter, Freiburger u. Kenzinger **Viertel**, rücksichtlich der Miliz u. Landesvertheidigung aber in **acht Landfahnen**. Die Abänderung des altgewohnten **Steuerfusses** (1764) im Sinne einer gleichmässigeren Belastung brachte grosse Aufregung in das Land u. auch die Beschränkung der **Stände** auf einen bleibenden landständischen Ausschuss zu Freiburg, sowie die immer gesteigerten Anforderungen an den Beutel derselben, erregten das Blut der Bevölkerung sehr. Die Reformen Kaiser Joseph II. endlich trennten die Bewohner des Landes in zwei Parteien, welche sich dafür u. dawider heftig bekämpften.

Nach solchen innern Vorgängen, wobei die Landeswohlfahrt im österreichischen Breisgau nicht so in's Gedeihen kommen wollte, wie sie im **badischen** Theile durch die väterliche Regierung **Carl Friedrichs** gefördert ward, brachen die Stürme der französischen Revolution über das rechte Rheinufer herein, deren niederschmetternde Gewalt schon das Bombardement von **Breisach** (1793) angekündigt hatte. Zwar wurde im grossen Style ein **Landsturm** organisirt, aber das Jahr 1796 machte alle Anstrengungen zu Schanden. Die Zeit des Unterganges der altehrwürdigen Institutionen des deutschen Reiches war gekommen u. es erlagen mit ihr auch die **hauensteinische Einung** u. die **breisgauischen Stände**. Das so lange unter zwei Fürstenhäusern getrennte Volk sollte sich, wieder vereinigt, unter der Regierung der Enkel seiner einstigen Herren **von Zähringen** zusammenfinden u. der Wohlthaten eines grössern Landes mit volksthümlicher Verfassung theilhaftig werden.

3. Die Gegenden der jetzt badischen Kreise Offenburg, Baden u. Karlsruhe.

Hieher gehören mehrere Gaugebiete, nämlich die grosse **Ortenau** von der Bleich bis zum Oosbache, nebst demjenigen Theile der nördlichen **Baar**, den die Schapbach bewässert; der **Uf- u. Pfinzgau** (mit der Unterabtheilung des Albgaues), welche ungefähr die Wassergebiete der Murg, Alb u. Pfinz umfassten; der südliche **Enzgau** mit einem Stücke des Würmgaues oder die Gegend des **Hagenschiess** u. von Pforzheim bis auf die Wasserscheide des Gebirges; u. endlich der **Kraichgau** (mit der Unterabtheilung des Anglachgaues) von Eppingen bis an den Rhein oder die Wassergebiete des Salbaches, der Kraich u. Anglach. Im Bereiche dieser Gaue entwickelte sich ein sehr bunt gestaltetes **Territorialwesen**, dessen Geschichte auf das Mannigfaltigste aus einander läuft.

Die Gaue dieses Landesbezirkes haben die gleiche Vorgeschichte wie die schon behandelten ehemaligen **römischen Vorlande** am Oberrhein. Hier waren die Orte M o r o d u n u m (Ortenberg), A t h i n i a c u m (Ettlingen), B i b i u m (Iffezheim), D u r i a c u m (Durlach) u. zumal die A q u a e A u r e l i a e (Baden-Baden) wohl römische Niederlassungen u. die letztere c i v i t a s u. r e s p u b l i c a bildete als die bedeutendste römische Colonie zwischen A r g e n t o r a t u m u. der s i l v a M a r t i a n a einen Mittelpunkt für die ganze Umgegend, welcher sich auch später, nach der Einnahme des Vorlandes durch die Deutschen u. wieder im Mittelalter geltend machte.

Die ortenauischen, uf- u.

kraichgauischen Landschaften waren aber wegen ihrer ausgedehnten **Harde** u. vielen **Bruch-**, **Moor-** oder **Rietländer** von jeher nicht so stark bevölkert, wie die Gegenden des Unterlandes u. der obern Gegenden. Der Zug der ältern Ansiedelungen lief am Hochgestade des Rheins u. an den Vorhügeln des Gebirges hin. Auch hier fiel schon sehr frühe ein beträchtlicher Theil des Landes an die **Kirche**, welche seit dem 7. Jahrh. in den Hochstiften Strassburg u. Speier, in den Abteien Weissenburg, Selz, **Schwarzach**, **Hohenau**, **Offonszell** u. **Gengenbach** für diese Gegenden bedeutende Pflanzschulen christlichen Lebens u. kirchlicher Ordnung gegründet hatte. Den **Dynasten** des Landes fiel es daher schwer, sich in ihren Besitzungen zu erhalten oder zu erweitern. So kamen auch nur wenige auf, in der Ortenau die **Zähringer** u. **Geroldsecker**, im Ufgau u. Pfinzgau die **Ebersteiner** mit ihren Nebenlinien von Hohenberg, von Grezingen u. Staufenberg, wie im Kraich- u. Enzgau die Grafen **von Laufen** u. **Vaisingen**.

Die letztern alle aber waren nur Zweige des erlauchten Grafenhauses **von Kalw**, welches in den Zeiten, als nach der Schlacht von Zülpich die **fränkische** Landesgrenze bis an die Murg u. den Oosbach herauf gerückt worden, die wichtige Grafengewalt über die Grenzgaue erhalten hatte und fortan auch in diesen Theilen des Reiches eine hervorragende Rolle spielte. Diese **fränkischen** Kalwer lassen sich mit den **schwäbischen** Zähringern und **rhätischen** Nellenburgern im Breisgau u. Hegau vergleichen u. ihre Stammesfarbe **Roth** auf Silber hat sich in der ebersteinschen Rose noch ebenso erhalten, wie das zähringische Roth auf **Gold** im badischen Schrägbalken und das altnellenburgische **Schwarz** auf Silber in dem ramssteinischen Widder u. wohl auch in dem heiligenbergischen Sparren.

Aus einer Eheverbindung der **Zähringer** u. **Kalwer**, welche die zwei herrschenden Häuser in diesen Gauen waren, ging nun dasjenige Geschlecht hervor, unter dessen Dynastie sich diese Lande zu einem **Fürstenthume** herangebildet haben. Der jüngere Sohn des Herzogs Berchtold I. vermählte sich mit der Erbtochter Graf Albrechts von Kalw u. der Spross dieser Ehe war **Hermann** II., Graf im Breisgau, Herr zu **Baden** u. **Markgraf** zu Verona (zwischen 1074 u. 1130), von welchem das erlauchte Fürstenhaus von Baden in ununterbrochener Reihenfolge abstammt. Es dauerte aber über zwei Jahrhunderte, bis all dasjenige, was die Nachkommen Hermanns I. durch Erbschaft, Ankauf, Tausch, Vogtei- u. Lehenherrlichkeit nach u. nach an sich brachten, als ein zusammenhängendes

Gebiet unter den Namen einer **Markgrafschaft** (marchionatus Badensis) erschien.

Die Herrschaft **Baden** bildete den Kern dieses Herrschaftsgebietes; sie war das mütterliche Erbe Hermanns II., welche dessen Nachkommen seinem väterlichen Erbgut so weit voranstellten, dass sie auf der Veste **Hohen-Baden** ihren gewöhnlichen Sitz nahmen u. in Folge dessen die aus den Trümmern der römischen Aurelia allmählig aufgeblühte Stadt **Baden** zum Hauptorte d. Landes machten. An diesen Kern setzten sich fortan die übrigen Theile der alten Markgrafschaft an; zuerst die Städte **Pforzheim, Durlach** u. **Ettlingen,** deren Erwerb das Haus dem Markgrafen Hermann V. (zwischen 1190 u. 1243) verdankt; sodann aber hauptsächlich die Grafschaft **Alt-Eberstein** u. die Herrschaft **Grezingen,** welche dessen Sohn Markgraf **Rudolf** I. erwarb, wodurch der eigentliche Grund d. nachmaligen Fürstenthums gelegt wurde.

Die Grafschaftsrechte des alten Uf- u. Pfinzgaues waren nämlich auf die Veste **Eberstein** übergegangen u. die Grafen zu Eberstein besassen das Erbe des Kalw'schen Hauses in der ganzen Umgegend, wo die Nebenlinien von Staufenberg, Grezingen u. Hohenberg eine Zeit lang geblüht u. das Kloster **Gottesau** (seit 1110) gestiftet u. mit Gütern ausgestattet hatten. Die Ebersteiner erfreuten sich eines Reichthums u. eines Ansehens, welche am Rheine sprichtwörtlich geworden waren; aber durch ihre Freigebigkeit gegen die Kirche (wie schon 1138 durch die Stiftung von Frauenalb und Herrenalb), grossen Aufwand, Misswirthschaft, Familienzwiste u. Fehden geriethen sie in schnellen Zerfall, den die Markgrafen von Baden zur Erweiterung ihres Gebietes nachbarlich benutzen. Alt-Eberstein mit dem Städtlein Kuppenheim war schon seit 1283 markgräflich; die Grafschaft **Neu-Eberstein** mit der Stadt Gernsbach fiel endlich (1660) ebenfalls an das Haus Baden.

Die Gebietsverhältnisse in der benachbarten **Ortenau** entwickelten sich während dessen in ganz anderer Weise. Es schied sich hier nicht allein ein **Reichsgebiet** aus von dem Bezirk des übrigen Gaues, sondern dieser zerfiel in nicht weniger als sieben oder acht **Herren-** u. **Klostergebiete.** In der merovingischen u. karolingischen Periode waren daselbst die Stifte **Ettenheim** (St. Landolin oder Mönchszell) u. **Schuttern** (Offonszell um 650), **Schwarzach** (734) u. **Gengenbach** (746), wie später **Allerheiligen** (1192) gegründet worden; es hatten sich um den Thurm von Morodunum die Reichsburg **Ortenberg** u. neben der alten Gau-Malstätte Kinzigdorf die Stadt **Offenburg** gebildet. Daneben besassen die Herzoge **von Zähringen** u. die Dynasten **von Lichtenberg** (aus dem Elsass), **von Malberg, von Geroldseck** u. **Schauenburg** ihre Herrschaften.

Die Herrschaft **Ulmburg** (Oberkirch) aber kam nach dem Erlöschen des zähringischen Hauses an dessen Erben von Freiburg (Fürstenberg); Offenburg dagegen mit dem Steine (Burg) zu Ortenberg, das beim Kloster Gengenbach angewachsene Städtlein Gengenbach u. die dahinter gelegenen Thalgemeinden von Zell u. Harmersbach fielen an das Reich zurück u. erschienen fortan als kaiserliche oder Reichslandvogtei **Ortenau.** Die alten Schauenburger erloschen u. ihr Lehenadel (von Schauenburg u. Windeck) ging an das Haus Baden über, welches auch die Herrschaft Iberg mit dem Markte **Steinbach,** wie mit der Schwarzachischen Schirmvogtei das Städtlein **Stollhofen** erlangte. Die Freiherren von Malberg erloschen gleichfalls u. vergrösserten durch den Anfall ihres Gebietes die mächtigen Dynasten auf **Hohen-Geroldseck,** denen die Stadt **Lahr** ihren Ursprung verdankt.

Diese Familie spielte als Besitzerin mehrerer Herrschaften, als Schirmherrschaft der Stifte Ettenheim-Münster u. Schuttern, besonders aber als Inhaberin reicher **Bergwerke** im Ortenauischen Gebirge, die vorherrschende Rolle zwischen den Grafen von Freiburg u. den Markgrafen von Baden, aber in einer Weise, dass ihr Name ebenso verabscheut als gefürchtet war. Die Trennung des Geschlechtes in die **Lahrische** u. **Veldenzer** Linie (1277) schwächte seine Macht zuerst u. ein schneller, meist selbst verschuldeter Zerfall ging auch hier dem völligen Erlöschen voraus. Die Erbschaft der Lahrer Linie fiel 1426 an die Grafen **von Mörs** u. von diesen je zur Hälfte an die Häuser **Baden** u. **Nassau,** während diejenige der andern, nach dem Tode des **letzten** Geroldseckers (1634), einen langen Rechtsstreit zwischen Oesterreich u. Baden-Durlach verursachte u. endlich theilweise an die Grafen **von der Leyen** überging.

Die erste eigenthümliche Entwicklung der politischen u. Gebietsverhältnisse in diesen Gegenden seit dem Untergang der alten **Gauverfassung** stellt uns ein verkleinertes Bild der ältern **Schweiz** vor Augen. Wie dort zwischen dem österreichischen Vorarlberg und Burgund in den flachen Gegenden, gegen den Rhein hin die Landherren von Toggenburg, Kyburg u. Lenzburg (später das Haus Oesterreich) aufkamen, dann zwischen denselben u. dem Gebirge die Reichsstädte Zürich u. Bern, im Gebirge selbst aber die Reichsthäler Uri, Schwyz u. Unterwalden, so in der **Ortenau,** zwischen den Häusern Baden u. Freiburg die Landherrschaften Oberkirch, Hanau-Lichtenberg u. Geroldseck, die reichsfreien Städte Offenburg u. Gengenbach u. im Gebirge das Reichsthal **Harmersbach** mit d. Städtlein Zell. Wie ähnlich sich jedoch diese Verhältnisse waren, ebenso verschiedenartig gestalteten sie sich in der Folgezeit, wo in Helvetien eine grossartige freie **Eidgenossenschaft** empor wuchs, welche alles Fürsten- u. Adelswesen verdrängte, während in der kleinen Ortenau, wenn auch nicht, wie im benachbarten Breisgau, die fürstliche **Landesherrlichkeit** den völligen Sieg errang, indem eine ortenauische **Reichsritterschaft** bestand u. die Reichslandvogtei dem Namen nach fortdauerte, obwohl sie dem Landesherrn schutz- u. pfandschaftlich unterworfen ward.

Wiederholt u. auf traurige Weise mussten sich die Städte Offenburg, Gengenbach u. Zell als Pfandstücke für d. Schulden des Reichsoberhauptes hingeben lassen: so 1334 an den Markgrafen von Baden, 1351 an die Bischöfe von Strassburg, 1404 an die Pfalzgrafen bei Rhein, 1504 an die Grafen von Fürstenberg u. endlich 1550 an die Erzherzoge von Oesterreich, wobei sie in ihren alten verbrieften Rechten gekränkt, geschädigt u. gedrückt wurden, so dass ihnen nichts davon blieb als die schönen Worte in den kaiserlichen Pergamenten. Ein geringer Rest der alten Verfassung blieb stehen, nämlich das **Geschwornengericht** der Harmersbacher, welches sich bis auf die neuere Zeit erhalten hat.

So ging die Ortenau aus den Wirren, Kämpfen, u. Leiden des Bauernkrieges, der Kirchentrennung u. des Schwedenkrieges in ihrer Bedeutung beschränkt in die neuere Zeit über, wo ihr aber nur grössere Drangsale warteten. Doch die zähe Lebenskraft des **Landvolkes** hielt auch diesen Stürmen Stand u. bildete die Bedingung zu neuem Aufblühen des Landes.

Günstiger gestalteten sich die Verhältnisse in der Markgrafschaft **Baden** während längerer Zeit. Zwar traten auch hier nach den Gründern Herrmann V. u. Rudolf I. durch Landestheilungen u. Misswirthschaft grosse Gefahren für das Bestehen des fürstlichen Hauses ein u. Markgraf **Bernhards I.** (zwischen 1372 u. 1431) Kriegslust bereitete seinen Unterthanen kein Glück, doch vereinigte er die badischen Lande wieder in **einer** Hand u. überlieferte sie mit dem Eindrucke seines gefürchteten Namens einem Nachkommen, der zu den hervorragendsten Fürsten des 15. Jahrh. gehörte.

Jakob I., Markgraf von Baden (bis 1453) suchte nämlich vor allem aus seinem Lande öffentliche Sicherheit u. Ordnung zu verschaffen u. seine Söhne im Geiste der neuen, durch die Wiedergeburt der Wissenschaften, veredelten Zeit zu erziehen, was ihm auch gelang. Markgraf **Karl I.** regierte seines Vaters würdig, wenn auch nicht so glücklich u. hinterliess in seinem Sohn u. Nachweser einen Regenten, dessen väterlichem Wirken das Land einen merkwürdigen Aufschwung verdankte. Dem Markgrafen **Christoph I.** (zwischen 1475 u. 1518) gelang es, die neuen Ideen des damaligen Geistesstrebens mit dem Alten fruchtbar zu verbinden u. er unterzog die **Verfassungen** seiner Lande einer zu diesem Zweck vorgenommenen Durchsicht u. Verbesserung, erweiterte sein Gebiet auch durch Ankäufe, glückliche Erbschaften u. kaiserliche Vergünstigungen.

Anstatt aber zur Erstarkung seines Hauses u. Landes das Erstgeburtsrecht u. die Untheilbarkeit festzustellen, **theilte** er die Markgrafschaft unter seine Söhne, wodurch die beiden Linien von Baden-**Baden** u. Baden-**Durlach** entstanden. Diese Trennung des Hauses wurde um so unheilvoller, als nicht bloss auf lange Zeit eine Trennung blieb, sondern dazu noch die eine Linie sich für bleibend der neuen Glaubenslehre zuwandte, während die andre bald wieder zur alten Kirche zurückkehrte u. dabei verblieb.

In Folge der kirchlichen u. politischen Reformation in der **niedern** Markgrafschaft (Baden-Durlach) erlangte die fürstliche **Landesherrlichkeit** ihren völligen Ausbau u. wirkte durch eine einheitlichere u. sparsamere Verwaltung theilweise wohlthäthig auf das Volk, während die **obere** (Baden-Baden) die Elemente einer **landständischen Verfassung** behielt u. weiter ausbildete. Doch verblieb diesen Ständen nur ein beschränkter Wirkungskreis u. als sie gar der Forderung des übelberüchtigten **Eduard Fortunat**, eine Summe von 600,000 Gulden auf sich zu nehmen (zwischen 1575—1600) nicht entsprechen wollten, erwiederte ihnen der Markgraf: „Aus Unverstand seht ihr euere eigene Krankheit u. das Unheil des Landes nicht ein; ich werde daher suchen, mir sonst zu helfen."

Der **Schwedenkrieg** mit seinen Folgen, welcher die beiden Linien des Markgräflichen Hauses selbst zum Unglück des Landes in einen feindlichen Kampf auf Leben u. Tod mit einander verwickelte, führte in der obern Markgrafschaft den Untergang der Stände herbei u. an ihrer Statt eine selbstherrliche Landesregierung, wie sie im „heiligen, römischen Reiche" deutscher Nation seit damals im Styl Ludwigs XIV. Mode ward.

Fast noch tiefere Wunden aber erlitten beide Markgrafschaften nach dem 30jährigen Kriege im darauf folgenden **Orleans**'schen Krieg, wo auf

Befehl des sog. „grossen Königs“ im Jahre 1689 die Städte u. Schlösser Ettlingen, Kuppenheim, **Baden**, Rastatt, Steinbach u. Bühl, Pforzheim **Durlach**, Mühlberg, Berghausen, Remchingen, Staffort u. Graben von den französischen Mordbrenner-Banden geplündert u. schonungslos niedergebrannt wurden. Das deutsche Reich war in Folge der Kirchentrennung u. der ausgebildeten fürstlichen Landesherrlichkeit kraftlos geworden u. ging seinem Untergang entgegen. Napoleon I. vollendete, was Ludwig der XIV. begonnen hatte u. aus den Trümmern des aufgelösten Reichskörpers ging neben den übrigen Staaten des neuen deutschen Reiches auch das **Grossherzogthum Baden** hervor, nachdem beide Markgrafschaften (1771) nach dritthalbhundertjähriger Trennung wieder in der Hand des trefflichen Regenten **Carl Friedrichs** vereinigt worden waren.

Im **Kraichgau**, wo besonders die freundlichen Thäler der Kraich u. des Salbaches schon im 8. Jahrh. zahlreiche Dörfer, Weiler u. Höfe aufwiesen, hatten sich während des Mittelalters die Orte Bruchsal, Philippsburg, Heidelsheim, Bretheim, Eppingen u. Odenheim am meisten bemerklich gemacht. **Bruchsal**, ursprüngl. ein königliches Kammergut, war mit dem benachbarten Forste Lusshard 1056 an das Hochstift Speier gelangt; in der Folge der Hauptort für die diesrheinischen Besitzungen desselben u. seit 1277 ein Aufenthalt der Bischöfe geworden, wodurch es allmählig zur Stadt erwuchs, während **Philippsburg** erst 1338 aus einem Dorfe (Udenheim) zur Stadt erhoben wurde, wo die Bischöfe das Schloss zur Veste erweiterten, welche später als **Reichsfestung** ganz die traurige Rolle spielte, wie Kehl u. Breisach. **Bretten**, aus einem Sitze der Grafen von Laufen entstanden u. an deren ebersteinische Verwandschaft vererbt, war 1350 **pfälzisch** u. seitdem zur blühenden Stadt geworden, wie das benachbarte **Heidelsheim** und **Eppingen**, welche aus alten Reichsflecken entstanden u. von den Kaisern mehrfach verpfändet wurden, bis sie während des 15. Jahrh. für bleibend zur Pfalz kamen. **Odenheim** endlich hatte seinen Ursprung als Benediktiner-Abtei dem Laufen'schen Grafenhause zu verdanken (1122) u. erlitt unter Kaiser Max I. seine Verwandlung in ein reichsfreies **Ritterstift** u. bald darauf dessen Verlegung nach Bruchsal.

Während nun Bruchsal zur **Residenz** eines fürstbischöflichen Hofes u. Philippsburg zur Reichsfestung erwachsen waren, bildeten sich Bretten, Heidelsheim und Eppingen durch ihre Lage zu Städten von vorherrschend **landwirthschaftlichem** Charakter heran.

Neben ihnen zerstreut, lagen die Herrschaften u. Gebiete der Kraichgauischen **Ritterschaft**, welche mit dem pfälzischen Fürstenhause lange Zeit um ihr Bestehen im Kampfe lag, da dieselbe von diesem **landsässig** gemacht werden wollte, was dem Hause Oesterreich mit dem breisgauischen Adel gelungen war. Die Reichsritterschaft des Kraichgaues gehörte noch zum schwäbischen Ritterkreise u. zählte namentlich die Familien **von Gemmingen, Helmstätt, Sickingen, Venningen** u. **Göler, von Menzingen, Neipberg, Degenfeld** u. **Massenbach** zu ihren Mitgliedern.

Neben der Markgrafschaft Baden u. dem Fürstenthum Bruchsal aber bestunden die **übrigen** Theile dieser Gegenden in folgenden Verhältnissen. Die Abtei **Ettenheim-Münster** war mit dem Hochstifte Strassburg, welches die Schirm- und Kastenvogtei derselben besass, wegen der Landeshoheit über ihr Gebiet in lange Irrungen verwickelt gewesen u. musste zusehen, wie während der französichen Revolution der Fürstbischof **von Rohan** seinen Sitz zu Ettenheim nahm u. das Städtlein zum Mittelpunkte der Emigranten u. ihrer Umtriebe machte. Von den Gebieten der Nachbarschaft stand das hintere **Kinzigthal** mit Haslach, Hausach und Wolfach seit dem Ausgange der Zähringer unter dem Hause **von Fürstenberg**, welches seit damals auch das Renchthal od. die Herrschaft **Oberkirch** (Ulmburg) mit der gleichnamigen Stadt, mit Oppenau u. dem Kapplerthale besessen, aber 1303 an das Bisthum **Strassburg** veräussert hatte, dessen Rechte darauf, nach verschiedenen Wechselfällen, 1697 wieder hergestellt wurden. Die Grafschaft **Hohen-Geroldseck** aber verblieb nach einem langen Prozesse mit Baden-Durlach der Familie **von der Leyen**, während die Grafschaft **Lahr** u. **Malberg** seit dem Ausgang der Grafen von Mörs gemeinschaftlich u. seit 1629 getrennt — jene, wo seit 1558 die Reformation eingeführt blieb, vom Hause **Nassau**, diese, wo die alte Kirche seit 1690 wieder hergestellt wurde, vom Hause Baden-**Baden** beherrscht wurden.

Die Aemter **Lichtenau** u. **Willstätt** im Nordwesten der Ortenau hatten von Altem her dem elsässischen Dynastenhause **von Lichtenberg** gehört, in dessen Erbe die Grafen **von Hanau** (seit 1480) getreten waren, wodurch die Dynastie von **Hanau-Lichtenberg** entstand, welche 1545 die neue Glaubenslehre einführte, aber 1736 erlosch und ihr Land dem Hause **Hessen**-Darmstadt hinterliess. Zwischen dem „Hanauer-Ländlein“, den fürstenbergischen Herrschaften u. den Grafschaften Geroldseck u. Malberg lagen nun die ortenauischen **Reichsgebiete**, die

Reichsstädte Offenburg, Gengenbach (mit dem dortigen Reichsstifte) und Zell, das Reichsthal Harmersbach u. die Reichslandvogtei Ortenau mit ihren 4 Haupt- u. 4 Aftergerichten; zerstreut aber, besonders im südwestlichen Theile des Gaues, die Besitzungen der ortenauischen **Reichsritterschaft,** zu welcher namentlich die Famlien **von Schauenburg, Neuenstein, Röder, Böcklin, Türkheim, Bergheim** u. **Berstett,** von Neveu, Gailing, Wurmser, Bulach, Bodeck, Schleiss u. Waldner gehörten.

In diesen herrschaftlichen u. Besitzverhältnissen befanden sich die **ortenauischen** Landschaften, als die Zeit kam, wo die ganze Gegend mit Ausnahme der Grafschaft Hohen-Geroldseck unter badische Hoheit kommen sollte, nachdem dieReichs-Landvogtei mit dem österreichischen Breisgau etliche Jahre **modenesisch** gewesen war. Die Grafschaft Hohen-Geroldseck aber, seit 1806 ein souveraines Fürstenthum des Hauses **von der Leyen,** seit 1815 unter österreichischerStaatshoheit,wurde 1819 ebenfalls (als eine Standesherrschaft) an Baden abgetreten.

4 Die Gegenden des Odenwaldes u. des badischen Unterlandes am Rhein u. Neckar.

(Die badischen Kreise Mannheim, Heidelberg u. Mosbach.)

Einer der bewohntesten Theile des römischen **Vorlandes,** welches jenseits des Neckars durch den sog. **Pfahlhag** (limes transrhenanus) begrenzt wurde, waren die Gegenden, wo der Neckarfluss dem Rheine zueilt. Der Pfalhag zog sich vom Main (bei Miltenberg) in gerader Linie über das Odenwäldische Bauland nach der Jaxt und dem Kocher, sodann bis an die Rems (bei Lorch) u. schied das **römische** Gebiet vom Lande der **Hermunduren.** Die aufgefundenen Spuren u. Ueberreste von römischen Strassen, Lagerorten, Kastellen, Tempeln, Denksteinen u. dgl. deuten darauf hin, dass sich damals eine nicht geringe Kultur über das Neckar- u. Elsenzthal u. die benachbarte Rheinebene verbreitet hatte, wie daselbst später auch in den merovingischen u. karolingischen Zeiten schon die meisten der jetzigen Orte als Höfe oder Weiler od. Dörfer vorhanden waren.

Nach Vertreibung der Römer aus ihrem rheinischen Vorlande herrschten hier zuerst die **Alemannen;** sie wurden aber von den **Franken** rheinaufwärts gedrängt bis an die Murg, wodurch die Gegenden zwischen diesem Flusse, dem Rhein u. der Tauber sich in völlig fränkisches Gebiet verwandelten. Im Bereiche dieser Gegenden lagen damals der **Lobdengau,** welcher seinen Namen (wie der Breisgau u. die Ortenau die ihrigen von Brisiacum und Morodunum) vom keltisch-römischen Lupodunum erhielt, die herrliche Landschaft von Wiesloch bis Weinheim u. ins Birkenauer Thal hinein; der **Elsenzgau,** dessen Grenzen gerade das Wassergebiet der Elsenz u. des Schwarzbaches mit den uralten Orten Waibstatt u. Sinsheim umschlossen; die grosse **Weingartau** od. die Wassergebiete der Jaxt, Seckach, Elz u. Mudau mit dem Odenwäldischen Bauland um das alte Buchheim und Düren; endlich der **Tauber-** u. ein Stück des **Waldsassengaues** mit Wertheim, Bischofsheim u. Königshofen.

Auch in diesen Gauen kam ein grosser Theil des Grundbesitzes schon sehr frühe der **Kirche** zu. Wie am Bodensee, im Kletgau, Albgau u. Breisgau das Hochstift Konstanz, die Stifte St. Gallen, Reichenau u. Rheinau, in der Ortenau das Hochstift Strassburg, im Uf- und Pfinzgau das Stift Weissenburg u. im Kraichgau das Hochstift Speier während des 8. u. folgenden Jahrh. reiche Besitzungen erhielten (da die freien Grundbesitzer sich lieber dem **Krummstab** als den gewaltthätigen Grafen ergaben), so gewannen auch hier das Stift **Lorsch** u. die Hochstifte **Worms, Mainz** und **Würzburg** in jener frühen Zeit das meiste Besitzthum.

Die Grafschaften des **Lobdengaues** u. der **Weingartaue** gelangten, abgesehen von den vielen einzelnen Gütern, welche nach u. nach in todte Hand geriethen, 1011 durch kaiserliche Schenkung an das Domstift zu Worms, nach dem die Stadt Ladenburg schon von König Dagobert an dasselbe vergabt worden war, während der grösste Theil der Weingartau später an das Erzstift Mainz gedieh u. vieles im **Tauber-** und **Waldsassengaue** an das Domstift zu Würzburg. Hiedurch kam es, dass die Dynasten dieser Gaue sich nicht so ausdehnen konnten, wie an andern Orten. Nur zwei Häuser erhielten Bedeutung: das der Grafen **von Wertheim** im **niedern Taubergau** u. das der Grafen **von Dilsberg** im **Elsenzgau.**

Neben der Kirche machte sich noch ein gewaltiger Fürst geltend — der **Pfalzgraf** b. Rhein, welcher hier die meisten Hoheitsrechte vereinigte u. sich zum mächtigsten Landesherrn in diesen Neckar- u. Rheinlanden aufwarf. Er hatte die Stellung eines Herzogs der **Rheinfranken** eingenommen, während die herzoglichen Rechte über **Ostfranken,** zu welchen die Weingartau und der Taubergau gehörten, an den Bischof von Würzburg gelangt waren.

Im rheinfränkischen, wie im ostfränkischen Theile dieser Gegenden waren inzwischen verschiedene **Klöster** gestiftet worden u. mehrere **Städte** entstanden. An der Tauber hatte die irische Glaubensbotin **Lioba** schon 725, auf Veranlassung des heil. Bonifazius, zu **Bischofsheim** ein Frauenkloster zur Verbreitung u. Befestigung des Evangeliums in jenen Gegenden gestiftet, welches aber während des Mittelalters in ein Spital verwandelt wurde. Später sodann geschah die Gründung der Abteien **Mosbach** (976), **Sinsheim** (1099), **Neuenburg** (1135), **Schönau** (1142), **Brombach** (1151), **Lobenfeld** (1152) u. **Seligenthal** (1236). Diese Klöster aber leisteten nicht, was die im Schwarzwalde, waren vielen Veränderungen unterworfen u. bedurften, wegen eingerissener Leichtfertigkeit wiederholter Reformationen. Sie gingen auch alle, bis auf Brombach durch die Kirchentrennung wieder unter u. hinterliessen der Nachwelt nebst den Folgen ihres geistigen u. landwirthschaftlichen Wirkens die Städte **Sinsheim, Schönau, Mosbach** u. **Bischofsheim,** die sich neben den Klostergebäulichkeiten während des Mittelalters allmählig gebildet hatten. Auf ähnliche Weise entstanden die Städte **Adelsheim, Krautheim, Boxberg, Lauda** u. **Walldüren** neben den alten Adelssitzen, während Städte wie **Weinheim, Heidelberg, Gemünd, Eberbach, Buchen** u. **Wertheim** ihre Entstehung oder Aufnahme eher der günstigen Lage verdanken, welche sie einnahmen. Neben dem uralten Ladenburg blühte das spätere **Heidelberg** am Ausgange des Neckarthales schnell empor u. **Buchen** im Herzen des Baulandes zu seiner bescheidenen Bedeutung.

Die alten Dynastenfamilien bei deren Sitzen jene Städtlein als Vorburgen ihre Anfänge fanden, starben sehr frühe aus u. hinterliessen ihre Stammgüter entweder der Kirche, oder den grossen Landesherrn, theils aber auch einem **niedern** Adel, der auch hier eine Plage des Bürgers u. Landmannes war. So erloschen die Herren **von Zimmern** u. **Lauda** (gemeinsamen Standes) u. wurden durch die Grafen **von Rineck** beerbt; so die Edlen **von Boxberg** u. **Krautheim** (gemeinsamer Abkunft u. mit dem benachbarten Hause von Hohenlohe verwandt), deren Erbe theils an Mainz, theils in die Hände der Rosenberger gedieh; so das Geschlecht **von Düren,** dessen gleichnamige Dienstleute sich später von Adelsheim schrieben; so endlich die Herren **von Steinach** am Neckar, während jene **von Hirsch-** u. **Strahlenberg** an der Bergstrasse (wohl mit denen von Schauenburg verwandt) der einige Dynasten-Adel war, welcher in diesen

Gegenden das Mittelalter überlebte.

Noch vor dem 17. Jahrh. gingen auch sämmtliche Grafenhäuser, welche hier gewaltet hatten, ab, namentlich war der **Laufen**'sche Zweig des Hauses von Kalw, welcher im Elsenzgaue auf dem hohen Dilsberge sass, schon um die Mitte des 13. Jahrh. erloschen u. von den Dynasten **von Düren** beerbt worden, deren Elsenzgauische Grafenrechte an die Pfalz gelangten u. das **Wertheim**sche Grafengeschlecht im Taubergaue endigte im Jahr 1556. Dasselbe stand in verwandtschaftlicher Beziehung zu dem mächtigen Hause von Hennenberg im Norden von Ostfranken, schrieb sich auch öfter von Schwanberg, theilte sich in 2 Aeste (1370) und hinterliess den Kern seiner Lande, die Grafschaft **Wertheim**, durch eine Erbtochter dem Hause von Stolberg, wie dieses 1567 den Nachkommen **Ludwigs von Löwenstein**, eines Sohnes aus der Ehe Kurfürst Friedrichs des Siegreichen mit Clara von Dutten.

So verschwanden in diesen Gebieten die alteinheimischen **Herrengeschlechter**, deren Lebwesen noch ein grosses, freies u. edles Gepräge trug. Von dem **spätern Adel** aber, der so zahlreich im Rhein- u. Neckarthale, am Odenwald, im Baulande, Taubergrund u. Jaxtthale seine Burgen bewohnte, machten sich namentlich die Herren **von Rosenberg** seit ihrem Erwerb von Boxberg (1381) am meisten berüchtigt, indem kein anderes Geschlecht, weit u. breit, bis in die Zeiten des allgemeinen Landfriedens hinein (1560), so schamlos u. frech gegen Jedermann auftrat.

Um so begreiflicher war nun aber auch das Streben der Pfalzgrafen (seit 1214), neben der reichen **Geistlichkeit** auch den unruhigen **Adel** unter ihre Landeshoheit zu beugen, was ihnen auch gelang, namentlich seit der Zeit des „bösen Fritz“ u. zwar so völlig, dass auch alle Keime zu einer **ständischen Verfassung** mit untergingen. Die alten Herrschaften wurden durch eine neue Aemtereintheilung verwischt, die Verwaltung geschah unter fürstlicher Aufsicht unter dem Kanzler, Hof- und Kammermeister, durch adelige u. bürgerliche Beamte u. es bestand ein **Hofgericht** u. ein Lehenhof. Im **Kriegswesen** betrat schon **Friedrich I.** den Weg der Neuzeit; bei den wichtigsten Hauses- und Landesfragen versammelte er die **Notabeln** der Pfalzgrafschaft (aus Geistlichkeit, Adel u. Städten ernannt) um sich, welche eine Zeit lang die Stände ersetzten, aber bald wieder ausser Gebrauch kamen.

Für die Pfalzgrafschaft war Friedrich I. ein grosser Förderer u. Schöpfer des Gedeihens. **Heidelberg** besonders, welches 1140 die ersten Stadtmauern erhalten hatte, begann durch die Anwesenheit der fürstlichen Hofhaltung und durch seine Hochschule (1386, somit 70 Jahre vor der freiburgischen gestiftet) zu steigender Bedeutung zu gelangen u. sein **Schloss**, einer der stolzesten Fürstensitze in Deutschland, verkündete recht sichtbarlich den ächt hochadeligen Geist des pfälzischen Hauses.

Die herrliche Pfalz mit ihren Rhein-, Main- u. Neckarufern, ihrem Odenwalde und ihrer Bergstrasse, war im Begriff das blühendste Land des Reiches zu werden, allein der **Bauernkrieg** tobte hier, wo sich die Haufen aus dem Pfälzischen, Mainzischen u. Würzburgischen unter **Jörg Mezler** von Ballenberg, wie „Bienenschwärme“ sammelten, noch fanatischer als am See u. im Hegau; die **Glaubenswirren** waren hier noch heftiger als in den obern Landen u. die Pfälzer erlitten nicht weniger als 11 Glaubenswechsel, wobei **Sylvoni** als ein Märtyrer der freien Glaubensrichtung 1572 am Neckar den Tod durch das Henkerschwert erlitt.

Hundert Jahre nach der Unterdrückung des Bauernaufstandes u. einige Jahrzehnte, nachdem das protestantische Glaubensbekenntniss im Kurfürstenthum endlich ruhigen Bestand gewonnen, veranlasste der pfälzische „Winterkönig“ einen Krieg, welcher sein Haus, sein Land u. das ganze Reich zu vernichten drohte u. ein volles Menschenalter lang alle erdenklichen Greuel über die deutschen Lande herein führte (1618—1648).

Ein zweiter, wieder ihretwegen angefachter Krieg, sollte die Pfalz fast völlig vernichten. Mit Feuer u. Blut ist das Jahr 1689 in die deutsche Geschichte eingezeichnet u. die Verwüstung der Pfalz durch die Mordbrennerschaaren eines **Duras** u. **Melac**, ist ein ewiger Schandfleck für Frankreichs Kriegsruhm.

Unter Kurfürst **Philipp Wilhelm**, mit welchem nach dem Erlöschen der protestantischen Linie des Hauses (1685) die **katholische** den pfälzischen Kurhut erlangt hatte, geschah diese Verheerung des Landes. Sein zweiter Sohn u. Nachfolger verlegte wegen Zwistigkeiten mit Heidelberg seine Residenz u. Regierung (1720) nach **Mannheim**, welches 1603 zur Stadt erhoben worden war. Man unternahm es, dem Volke wieder eine neue Glaubensänderung aufzudrängen. Während das Heidelberger Schloss in seinen Trümmern liegen blieb u. die Hochschule in Zerfall gerieth, erhielt Mannheim einen neuen stolzen Schlossbau, eine Akademie der Wissenschaften, eine Gemäldegallerie, eine Bibliothek u. ein **Nationaltheater**, welches bald für das beste in ganz Deutschland galt. All der Glanz aber wanderte 1777 mit **Karl Theodor** nach München u. das verlassene Mannheim trat in die bescheidenere Stelle einer rheinischen Handelsstadt.

Nicht gering waren wieder die Leiden, welche das Land in den französischen Revolutionskriegen zu erdulden hatte, in Folge welcher 1803 die grossen Territorial-Veränderungen vorgenommen wurden. Mit den hiesigen Gebieten wurden drei fürstliche Häuser für ihre Verluste jenseits des Rheines entschädigt, nämlich das **badische** mit den Aemtern Heidelberg, Ladenburg und Bretten, das **Leiningen**'sche, mit den würzburgischen u. mainzischen Aemtern Bischofsheim, Hardheim, Lauda u. Neipberg, wie mit dem pfälzischen Mosbach, Buchen, Walldürn u. Boxberg u. das **Salm**'sche mit den würzburg-mainzischen Aemtern Krautheim u. Grünsfeld.

Zwischen der badischen Pfalz u. den fürstlich werthheimischen, leiningen'schen u. salm'schen Gebieten zerstreut lagen aber noch verschiedene Besitzungen der Odenwälder **Reichsritterschaft**, aus welcher die Namen **von Adelsheim, Berlichingen, Bettendorf, Degenfeld, Gemmingen, Göler**, Rüdt, Racknitz, Stetten, Zobel u. Zyllenhard zu nennen sind; sodann das **Deutschordens** Amt Balbach an der Tauber, die gräflich **leiningenschen** Belligheim u. Neudenau und die Herrschaft **Zwingenberg**, welche ursprünglich ihren gleichnamigen Adel unter pfälzischer Lehenherrlichkeit besass, später in verschiedenen Theilen an unterschiedliche Familien gedieh, lange Zeit ein Zankapfel zwischen denselben war u. endlich (1779) eine Besitzung des Fürsten von Brezenheim ward, worauf sie 1808 an die Grafen von Hachberg (später Markgrafen von Baden) käuflich überging.

Bevölkerungen u. Landschaften des Schwarzwaldgebietes.

Die **Bewohner** dieses Reisebezirkes gehören ihrer Herkunft nach zuvörderst einer ursprünglichen Bevölkerung an, welche man die **keltische** heisst, sodann aber einem gemischten Schlage **römischer** Kolonisten und endlich vorherrschend den **zwei deutschen Stämmen** der **Alemannen** und **Franken** an. Dieser Unterschied der Abstammung macht sich noch gegenwärtig, sowohl in der **körperlichen** als **geistigen Natur** des Volkes bemerklich. Neben der wesentlichen Verschiedenheit des keltisch-römischen vom deutschen Wesen, welche zäher nachgewirkt hat, als man gewöhnlich anzunehmen scheint, bestand auch ein sehr merklicher Unterschied zwischen dem alemannischen u. fränkischen Geblüte.

Aus der Mischung u. Kreuzung dieser Elemente entwickelte sich, unter der Mitwirkung der örtlichen, politischen u. kirchlichen Verhältnisse u. Lagen die Eigenschaften des **Volkscharakters**, dessen bedeutendste Eigenthümlichkeit in seiner allgemeinen Empfänglichkeit für die Fortschritte der Kultur auf dem materiellen u. intellektuellen Wege sein dürfte.

In den höher gelegenen Waldgebieten findet man einen Menschenschlag mit dunklem Haar u. dunkelbraunen Augen mit einem nachdenklichen, sinnenden Wesen, welcher besondere Vorliebe u. Begabung für technische Arbeiten zeigt und auch mit einem starken Wandertrieb erfüllt ist, während dem das hellhaarige oder blonde Volk der Nachbarschaft mehr Sinn u. Vorliebe für den heimathlichen Boden u. dessen Bauernleben an den Tag legt. In jenen Bewohnern des höhern Gebirges will man die Abkömmlinge der Kelten oder gallischen Ureinwohner erkennen, welche nach dem Untergang der Römerherrschaft von den siegreichen Alemannen in das wilde Waldgebiet der Berge hinaufgedrängt wurden, wo sie bei geringer Ackerwirthschaft mit Viehzucht, Holzhauen, Kohlenbrennen, Harzen, Flösserarbeit u. mit Verfertigung von Holzgeräthen ihr Leben fristeten. Die althergebrachte Liebhaberei für Verfertigung von allerlei Holzwaaren in Verbindung mit der herkömmlichen Uebergabe der Hofgüter an die jüngsten Söhne, wobei die übrigen Söhne zu andern Beschäftigungen greifen mussten, führte dem Schneidstuhl immer mehr Leute zu. Das Scheefler-, Dreher- u. Küblerhandwerk, fand immer mehr Vervollkommnung u. guten Verdienst u. ihre Ausübung daher auch allgemeine Werthschätzung. Später verband man damit noch andre technische Arbeiten, zu denen das Material in der Nähe lag, z. B. Bürstenmacherei, Glasbläserei, Schmieden von Blechlöffeln u. sodann, gegen Ende des 17. Jahrhunderts, die Uhrmacherei, die gegenwärtig eine so schwunghafte Ausdehnung u. Verfeinerung gewonnen hat.

Das Wiesenthal gilt als ein Hauptsitz **alemannischen** Wesens, was man nicht allein aus historischen Anzeigen, sondern auch aus der Mundart u. den Trachten darlegen zu können glaubt, während dem im Hauensteiner Ländchen aus den gleichen Gründen das Vorhandensein eines aus Alemannen u. **Burgunden** gemischten Stammes abgeleitet wird. In der Baar, im Hegau u. am See findet man d. alemannisch-**schwäbische** Wesen recht sichtbar vorwaltend, wie auch der westlich von der Schlucht

Wohnende die Landschaften östlich dieses Flusses schon seit alter Zeit „im Schwaben“ zu nennen pflegt. Im Kletgau findet man hingegen wieder ein Gemische von keltischem, alemannischem u. burgundischem Gepräge. Jenseits der Tauber aber gegen Würzburg hin finden sich noch Spuren von ursprünglich sächsischer (thüringischer) Bevölkerung.

Auch Gestalt u. Material der Häuser u. Wohnungen folgen vielfach diesen Eigenthümlichkeiten der Abstammungsverhältnisse der Bewohner neben den übrigen für die Bauart massgebenden Verumständungen, so dass man **fränkische, schwäbische** u. **burgundische** Bauernhäuser unterscheiden kann. Im fränkischen und burgundischen Theile der oberrheinischen Gegenden wohnt der Bauer in der Regel neben dem Stalle. Der Franke setzt Haus, Stall u. Scheuer in der Weise auf die Hälfte eines Vierecks, dass der Hofplatz neben denselben liegt; der Burgunder errichtet Wohnung, Stall, Scheuer u. Schopf in einer fortlaufenden Flucht, so dass der Hof hinter das Haus zu liegen kommt; der Schwabe setzt aber seine Wohnung über den Stall auf u. daneben, in gleicher Höhe die Scheuer, welche auch zum Schopf dient. — Die Holzwände, die Stroh- u. Schindeldächer beginnen zwischen der Schlücht u. Wiese u. begegnen uns nordwärts durch den ganzen Bereich des schwarzwäldischen **Gneis-** u. **Granitgebirges.** Diese **Wälderhäuser,** deren eigenthümliche Bauart aus der holzreichen Umgebung u. der winterlichen Heimatheigenthümlichkeit hervorging, bestehen völlig aus Holz, bis auf ein Steinfundament, welches etwa 1 m. oder weniger über den Boden reicht u. bilden mit Stube, Kammern, Küche, Stallung, Scheuer u. Schopf ein Viereck unter einem Dache, von Stroh oder Schindelwerk. Hierin liegt ihre wesentliche Zweckmässigkeit, da der Bauer auf diese Weise nicht nur Alles bequem bei einander hat und überall im Innern trockenen Fusses hingelangt, wenn er völlig eingeschneit ist, sondern auch warm wohnt u. das Baumaterial ohne grosse Kosten gewinnen kann. — In den übrigen Gegenden ist der Stein-, Riegel- u. Wickelbau, je nach den örtlichen Verhältnissen, in Anwendung.

Die **Mundarten** sind nach dem oben Gesagten natürlich auch sehr verschieden. Von der Schlucht aufwärts in **nördlicher Richtung** scheidet sich östlich mehr das **schwäbische Element** ab, während dem westlich das **alemannische Element** hervortritt.

Auch die **Volkstrachten** zeigen eine merkwürdige Verschiedenartigkeit, sowie auch die **Sitten** u. **Gebräuche.** Doch hat die nivellirende Richtung der neuern Zeit diese Eigenthümlichkeiten bereits merklich verwischt u. die Gelegenheiten, wo solche noch unverkümmert zum Vorschein kommen, sind selten geworden. Uebrigens hat das Verschwinden der alten, farbenbunten, malerischen, aber nicht immer geschmackvollen Kleidertrachten seinen Grund auch in der grössern Billigkeit der einfachen modernen Kleidungsart; indessen findet man immer noch an Jahrmärkten, Hochzeiten, Landes- und Kirchenfesten einzln. Freunde u. pietätsvolle Träger der alten Tracht u. Volksbräuche.

Im grossen Ganzen ist die Bevölkerung des Schwarzwaldgebietes eine aufgeweckte u. lebensfrische mit offenem Sinn für die Verhältnisse u. Vorgänge der Zeit. Verbesserung der Schulen u. Lehranstalten findet bei ihr Anklang u. Verständniss; Bigotterie u. religiöser Fanatismus sind ihr im Allgemeinen fremd u. ein ausgesprochener Arbeitstrieb überall wahrzunehmen. Bei dem besonnenen Wesen der Schwarzwälder hat auch der in neuerer Zeit eingeführte fabrikmässige Betrieb der Industrie keine besonders nachtheiligen socialen Folgen gezeigt u. auch die starke Auswanderung nach fremden Ländern zur Betreibung des Uhrhandels etc., wobei die Erwerbung von Vermögen, die Kenntniss fremder Sitten, Luxus u. Lebensgenuss die natürliche Folge sind, hat in den Lebensgewohnheiten der Zurückgekehrten keine auffälligen Abweichungen von der Landessitte nach sich zu ziehen vermocht. Im Gegentheil, d. Reisen vieler Schwarzwälder in's Ausland, ihre Wissbegierde, die immer mehr um sich greifende Industrie, das Einkehren zahlreicher Touristen, haben namentlich in den Thälern der südlichen u. westlichen Abfälle des Gebirges Gesittung u. gutes Benehmen merklich gehoben.

Die **Landschaften** d. Schwarzwaldes gewähren natürlich, bei dem in den vorstehenden Blättern kennen gelernten Bau seiner Gebirge, keine grossartig gestalteten Bilder von hoch, gewaltig u. wild aufgethürmten Alpengipfeln, Gletschern u. Firnfeldern, von grossen, mit jäh abstürzenden, mächtigen Bergen umschlossenen Seespiegeln u. von bergehoch abgleitenden Wasserfällen u. s. w. Dafür aber bietet sich dem Auge die in ihrer Art nicht wenig imponirende, rund geschwungene, meistentheils mit grünem Wald oder Rasen bedeckte Kuppenform der Berge, die im reichsten Wechsel d. Linien sich durch- u. hintereinander erheben u. eine lebhafte Bewegung der Horizontlinie gef währen.

Herrliche **Fernsichten** auf die Alpenketten von Oberbayern, Vorarlberg, Tyrol u.

der Schweiz, die nicht bloss den höchsten Gipfeln des Schwarzwaldes eigenthümlich sind, sondern auch von niedrigern Hochflächen u. Vorbergen aus genossen werden können, geben diesem Gebirge noch einen ganz besondern, frohgemuthen, erhebenden Charakter. Im Frühling u. Herbst sind diese Fernsichten am schönsten; im Sommer dagegen sind sie meist von Dunstschleiern verhüllt, oder aber, wenn sie recht klar u. scharf erscheinen, die Vorboten von schlechtem Wetter.

Prachtvolle Laub- u. Nadelholzwälder, die hie u. da Urwaldgestaltung zeigen, hochgelegene, frischgrüne Bergwiesen und üppige, saftige Mattengelände der Thäler, enge, wildeingerissene Thalschluchten mit pittoresk gestalteten Felsgruppen u. Steinwänden, helle, sprühende Giessbäche mit malerischen kleinen Wasserfällen rücken im interessantesten Wechsel der Erscheinungsformen am Auge des Wanderers vorüber. Auch grössere Wasserfälle mit romantischer Umgebung mangeln diesen Landschaften nicht, die Wasserfälle von Triberg, Allerheiligen, des Zweribaches u. s. w. sind ja längst bekannt u. berühmt. Auch die kleinen Gebirgsseen: Feldsee, Tittisee, Schluchsee, Mummelsee, Wildsee u. s. w., wenn sie auch nicht mit dem Anblick der Schweizerseen zu vergleichen sind, vermögen doch immerhin durch die Eigenartigkeit u. Schönheit ihrer Umgebung eine Menge Besucher anzulocken.

Zu diesen Eigenthümlichkeiten des höhern Gebirges kommt die Nähe u. Lieblichkeit der Gegenden in den Thälern u. an den Vorbergen, wo in ein u. demselben halben Tage der rauhe Charakter der Berghöhen mit dem lieblichen fruchtbaren u. üppigen Charakter der Tiefebene zur Erscheinung gelangt.

Der Schwarzwald ist unstreitig eines derjenigen deutschen Gebiete, wo der Fremde mit Vorliebe wandern und weilen mag u. seine Gegenden werden von dem sinnigen Wanderer noch immer gerne durchzogen werden, selbst dann noch, wenn die, auch im Reisen waltende Mode, sich wieder andern Zielen u. Gegenden zugewendet haben sollte.

Südöstliches Eintrittsgebiet.

Nr. 1. Der Bodensee.

Der *Bodensee* (**Lacus Brigantinus**; **Lacus Venetus** Ober-, **Lacus Acronius** Unter-See der Römer [auch Lacus Rheni], später um 890 **Lacus Potamicus**, dann **Bodam-See** und **Bodmen-See**) seit Jahrhunderten auch mitunter **„Schwäbisches Meer"** genannt, liegt zwischen 26° 42′ 42″ und 27° 24′ 56″ östl. Länge (von Ferro) und zwischen 47° 28′ 32″ und 47° 48′ 45″ nördl. Breite, bildet ein gewaltiges Wasserbecken von 539 □Kilometer, 9 □Meil., Flächenausdehnung und wird im NW. durch eine breite Landzunge in zwei ungleich gestaltete Arme, den sog. *Ueberlinger-See* und den *Unter-See* mit dem *Zeller-See* getheilt. Höhe des von SO. nach NW. ausgestreckten Wasserspiegels über dem Meer 396 Meter, Tiefe bei Meersburg 149 Meter, zwischen Friedrichshafen und Romanshorn 260 Meter, Länge zwischen Bregenz und Bodman 63 Kilom., Breite zwischen Friedrichshafen und Romanshorn 19 Kilom. Hauptbecken der sog. *Obersee.* Umfang des ganzen Seespiegels beinahe 30 Stunden, 26½ Meile.

(Man rechnet gewöhnl. grösste Länge von Bregenz bis Ludwigshafen ca. 14 Std., von Bregenz bis Stein ca. 15 Std.; grösste Breite von Langenargen bis Arbon ca. 3½ Std. — Entfernung von Rorschach nach Lindau 4¼ Std., nach Langenargen 4¾ Std., nach Friedrichshafen 5¹/₁₀ Std.; von Romanshorn nach Friedrichshafen 3¹/₁₀ Std., nach Lindau 6 Std.; von Constanz nach Friedrichshafen 6¼ Std., nach Lindau 11 Std.) — Der **Rhein** staut den Seespiegel zur Zeit der Schneeschmelze und bei lang anhaltendem Regenwetter um 2—3 M. auf. — Temperatur-Differenz des Wassers: an der Oberfläche z. B. 18°,1 Cels., bei 100 M. Tiefe nur noch 4°,5 Cels.

Der grössere Theil des Seegebietes gehört zu Deutschland (362 □Kilom.)

Im Obersee liegt die **Inselstadt Lindau**, im Ueberlinger-See die **Insel Mainau**, im Untersee die grosse **Insel Reichenau.**

Der See besitzt eine reiche **Fauna**, neben etwa 20 Arten von Schaalthieren 27 Arten von **Fischen**, unter welchen sich durch Grösse die Welse, durch massenhaftes Vorkommen die Blaufelchen (Coregonus Wartmanni) und durch ihr schmackhaftes Fleisch die Grundforellen oder Rheinlanken (Salmo lacustris), die Seeforellen (Salmo trutta), die Trischen oder Quappen (Losa vulgaris), Hechte und Aale hervorthun. Nicht weniger reich ist die **Vögelwelt** am See zu Hause.

Lachmöven, Enten, Taucher, Wasserhühner und alle Arten von Sumpfvögeln nisten an seinen Ufern. Im Herbst und Winter langen aus dem Norden Wasser- und Sumpfvögel massenhaft an, besonders eine Menge Entenarten, Säger, Taucher und Wasserhühner. Bei grosser Kälte bedecken sie in Haufen die offenen Stellen des Untersees und werden so zu Hunderten gefangen und geschossen.

Der Bodensee wird der Länge nach vom Rhein durchflossen. Ausser ihm münden noch etwa 50 kleinere Flüsse und Bäche in denselben.

In der Urzeit gehörte der See zum Gebiet des Rhein-Gletschers; seine Ausdehnung muss auch einst eine viel grössere gewesen und das Rheinthal bis in die Gegend von Bendern mit Wasser erfüllt gewesen sein, bis es allmählig vom Geschiebe des Rheins aufgefüllt wurde. Im Lauf der Zeit muss er ziemlich zahlreich von Pfahlbauer-Dörfern umgeben gewesen sein. Zur Zeit der römischen Herrschaft war er mit Kastellen, Städten und Heerstrassen umkränzt und von Schiffen belebt. Im Herbst 355 schlug der röm. Feldherr Arbetio die Lentienser-Alemannen in einer grossen Schlacht an den Ufern des Bodensees (Ammianus Marcellinus Buch XV. Cap. 4). Im 30jähr. Kriege kreuzte eine Kriegsflotte auf dem See, das erste Dampfschiff befuhr ihn 1825.

Der **Verkehr** auf dem Bodensee ist ausserordentlich lebhaft und in solchem Maassstabe auf keinem Binnengewässer des ganzen europäischen Continents zu treffen, sowohl in Passagiren als Frachtgut, wie Getreide, Wein, Holz und Kaufmanns-Waaren. Er wird von 5 Dampfschiff-Gesellschaften mit über 30 Dampfschiffen, riesigen Trajektdampfern (von 150—200 Pferdekraft) und hunderten von Frachtkähnen und Lastschiffen vermittelt. Meist sehr elegante Cajüten und gute Restaurationen zu billigen, festen Preisen an Bord. — Von den Dampfschiffen gehören sechs **Bayern** (darunter Salonboot „Ludwig“ und seit 1879 Salondampfer „Wittelsbach“, grösstes, schönstes und schnellstes Schiff auf dem See), acht **Württemberg** (darunter seit 1878 der Salondampfer „Christoph“), sieben **Baden** (darunter die Salonboote „Kaiser Wilhelm“ und „Greif“), sechs der **schweizerischen Nordostbahn** (darunter Schnellschiff „Zürich“) und vier der **Schaffhauser Gesellschaft für Dampfschifffahrt auf dem Untersee und Rhein.**

Die Fahrten stehen mit den ankommenden und abgehenden Eisenbahnzügen der Uferstationen in passender Verbindung.

Seit dem Gebrauch der Dampfschiffe sind auf dem Bodensee nur 3 Boote, in der Nacht des 10. März 1861 der

„Ludwig“, im Februar 1865 der „Jura“ und am 20. Dezember 1869 der „Rheinfall“ verunglückt.

Innerhalb der letzten 4 Jahrhunderte fror der See nur 5 mal gänzlich zu, das letzte Mal 1880; das erste mal in diesem Jahrhundert 1830. **Winde**: Der „Föhn“, der von Süden her als gefährlichster Landwind, in den See niederfährt, bewirkt darauf heftige Aufregung, die den Schiffen sehr verhängnissvoll werden kann. Die Schiffer heissen dies das **„Grundgewelle“**. Solchen Stürmen geht indessen eine warnende Erscheinung voraus: ein weisser Nebel, gefolgt von einer schweren, schwarzen Wolke, welche „Brähme“ genannt wird. Empfindliche Naturen können bei solchen Anlässen in eine Art von Seekrankheit verfallen, die jedoch auf dem festen Boden wieder, ohne weitere Belästigung, verschwindet.

Der Bodensee trennt (mit dem Rhein) Süddeutschland von der Schweiz. Er bespült **Oesterreich** (Bregenz), die **Schweiz** (Rorschach, Romanshorn, Arbon), **Bayern** (Lindau), **Würtemberg** (Langenargen, Friedrichshafen) u. **Baden** (Meersburg, Ueberlingen, Ludwigshafen, Konstanz, Radolfzell etc.). Da das Seegebiet neutrales Gebiet ist, wird das Gepäck an allen Uferstationen der Verzollung unterzogen.

Die **Uferlandschaft** des Bodensees, dessen imposanter Wasserspiegel auf den Besucher einen überwältigenden Eindruck macht, ist allerdings nicht von der malerischen Grossartigkeit mancher Schweizerseen. Indessen sind die gelind ansteigenden, milden und fruchtbaren, mit Korn, Obst u. Wein gesegneten und mannigfach mit Städten, Dörfern und Wohnsitzen aller Art belebten Gestade, hinter welchen sich waldbekränzte Höhen hinziehen, gleichwohl von froh anmuthender Schönheit, namentlich vom deutschen Ufer aus, wo die herrlich gen Himmel steigenden Schneegebirge von Appenzell und Vorarlberg dem Blicke entgegenleuchten.

Prachtvolle Färbungen und Lichteffekte sind auf diesem See nicht selten; wahrhaft zauberisch schön aber die **Abendbeleuchtung**, die man oft an dem östl. Ufer, namentlich bei Bregenz geniesst. Die wunderbare Pracht dieses Schauspiels ist unbeschreiblich und übertrifft bei Weitem alles, was die übrigen deutschen oder schweizerischen Seen in dieser Art darbieten; nur an der Küste des Meeres ist der Anblick von solchem ergreifenden, übermächtigen Charakter.

Des milden Klimas und der Seebäder wegen, ist der Bodensee schon längst von vielen Sommerfrische-Suchenden und Touristen zu längerm Aufenthalts- und Rast-Gebiet gewählt worden.

A. Seefahrt von Bregenz über Lindau und Friedrichshafen nach Konstanz.

Die Dampfer fahren nur ausnahmsweise der ganzen Länge des Sees nach, am einen oder andern Ufer hin, sondern kreuzen vielmehr zur Verbindung der Bahnzüge von Lindau od. Friedrichshafen nach Rorschach oder Romanshorn und Constanz und umgekehrt. Man siehe über die **Fahrten** die Cursbücher zu Rathe. **Fahrbillete** für Hin- und Zurück bedeutend billiger; auch **Sonntagsfahrten** mit verminderten Taxen.

Bregenz (Oesterr. Hof am Hafen; in der Stadt: *Goldener Adler*, (Post); *Krone; Kreuz; Löwe; Lamm; Schwarzer Adler* (am Hafen); Restauration: *Fessler; Kinz; Café d'Austria* u. a.; Bier: *Hirsch; Löwen; Forster; Gmeinder; Hörberger; Bahnhofrestaurant*; bei allen auch gutes Logement; Seebad), 401 m., 3600 Ew. — Das **Brigantia** der Römer, schon zur Zeit der Geburt Christi genannt, jetzt Kreishauptstadt von Vorarlberg, terrassenartig am Fusse des Gebhardsberges (Vorberg des Pfänders) und an der schönsten Uferstelle des Bodensees ansteigend, mit ansehnlichem, neuem **Seehafen. Promenade** auf dem Hafendamm. **Kornhalle** und **Infanteriekaserne** am See. **Bade-Anstalt. Protestantische Kirche.** Die unansehnliche **Altstadt** oder **Oberstadt**, das ehem. röm. Castrum mit der Frohn-Veste und dem Stadtspital, liegt schön auf einer Anhöhe, in einem unregelmässigen Viereck aufgebaut. Vorarlbergisches **Landes-Museum** mit Alterthümern und Urkunden. **St. Galluskirche,** in modernem Styl restaur. mit altem Thurm, Gemälden, Bildhauerwerken und Chorstühlen, liegt auf einem Hügel. Am Thurm Denkmal Dr. Schneiders, des Freiheitskämpfers für Vorarlberg gegen die Franzosen. Denkmal des Generals Hotze. — **Seekapelle.** — **Villa Gülich** mit röm. Alterthümern und andere beachtenswerthe Villen und Landsitze.

Ursprünglich keltische Ansiedlung, dann römische Stadt Brigantium, von welcher der See den römischen Namen empfing. Das Castrum (Oberstadt) schützte die Strassen nach Arbor felix (Arbon) und Campodunum (Kempten). In späterer Zeit Sitz und Hauptplatz der mächtigen Grafen von Montfort. Im 16. Jahrh. ging Schloss und Stadt durch Kauf an Oesterreich über; im 30jährigen Kriege 1647 wurde der Platz vom schwedischen General Wrangel erobert. Sage von der „Ergutta", die in den Appenzellerkriegen die Stadt gerettet haben soll. — *Eisenbahnverbindung mit Lindau, Rheinthal, Feldkirch-Bludenz und Rorschach.*

Bregenzerklause, $^1/_4$ Std., in romantischer Lage; eine Felsenhöhe mit Thurm, Terrasse, Balkon und Denkmal in Form eines Tempels.

Mehrerau, Kloster, 20 Min. am Seeufer, mit stattl. byzantinischer Kirche. Priesterbildungsanstalt. Der die Prälatur umgebende Ort heisst **Vorkloster** (*Whs.*) —

Riedenburg, 1/4 Std., ehemaliges Schlösschen im italienischen Styl erbaut, jetzt Erziehungsanstalt für kathol. Fräulein. Neue gothische Kirche. —

Gebhardsberg oder **Schlossberg,** 595 M. 1/2 Std. Fahrstrasse; auch lohnender Fusssteig zur Felsenhöhe. Wallfahrtskirchlein. Schöne Aussicht. *Whs.* viel besucht. —

Bildstein, 2 Std. lohnende Partie. —

Pfänderberg, 1060 M. 2 Std. Sehr dankbare Excursion; Führer unnöthig; hübscher Weg durch Waldung und Bergwiesen zu den Häusern von **Hintermoos** und zum *Gasthaus*, 5 Min. unter dem Gipfel. Weniger mühsam, aber weiter (2 1/2 Std.) die Fahrstrasse über den Weiler **Fluhe.** — Aussicht prächtig. — Zurück nach **Lochau** (2 Std.) (*Adler*) und Lindau (s. unten).

Die **Eisenbahnlinie nach (2 Std.) Lindau** ist gegen die Klause hin dem Bergabhang abgewonnen worden und zieht sich sodann, links von der Landstrasse, am See entlang. Die **Landstrasse** lässt **Lochau** rechts und macht bis Lindau grosse, ermüdende Bogen.

Mit dem Dampfboot von Bregenz nach der (ursprünglich 3) Insel und Stadt

Lindau 5670 Ew. (*Bayerischer Hof* I. Ranges, am Hafen u. Bahnhof; Hotel *Reutemann; Deutsches Haus; Helvetia; Germania;* Badhotel Hechelmann; in der Stadt: *Krone; Sonne; Lamm;* Restaur. u. Bier: *Bahnhofrestaurant; Schützengarten; Schlechter; Stift; Seehof; Gärtchen auf d. Mauer* u. a.) Das *„schwäbische Venedig"*, seit 1806 bayerisches Landgericht, Rent- u. Haupt-Zollamt. **Stifts-** oder **Marienkirche** (9. Jahrh.) mit sehensw. Altären u. Deckengemälden. Daneben **Damenstifts**gebäude, jetzt Gerichtslokalität. **Peterskirche,** sehr alt, jetzt Fruchthalle; ehem. **Barfüsserkirche,** jetzt Spritzenlokal, Reitschule, enthält auch den sog. Kirchen- u. Konzertsaal u. die **Stadtbibliothek** mit einigen interessanten Schriftwerken. Alterthüm. **Rathhaus** mit Fresken. **Gredhaus. Sünfzenhaus** mit herrschaftl. Wappen. **Diebsthurm,** ehemal. Beguinenkloster. **Heidenmauer,** Reste eines röm. Wartthurms. Schöner **Hafen** mit koloss. Löwen in Stein und Leuchtthurm, Hafendamm, Bahnhof, Standbild des Königs Max II. Schwimmbad. Badanstalten.

Sehr angenehme Umgebung mit schönen Aussichtspunkten.

Zahlreiche prächtig gelegene Villen: **Gruber, Leuchtenberg, Amsee, Vonwiller, Buttler, Schloss Moos, Griot, Lotzbeck, Giebelbach, Tressler, Lingg** etc.

Spaziergänge: Ueber den Damm der Eisenbahn, sodann rechts und über die hölzerne Brücke zurück in die Stadt 1/2 Std. — **Aeschach** 1/2 Std. — **Köchlin,** (*Wirthschaft*) 1/2 Std. — **Schönbühl** 3/4 Std. — **Bad**

Schachen, besonders aber Landsitz **Lindenhof** u. **Schloss Allwinden,** der erstere mit herrlichen Garten-Anlagen, seltenen Bäumen und Pflanzen, das letztere mit wundervoller Aussicht. — Nördlich v. L. (4 Kilom. 1/2 Std.) der **Hoirenberg** od. **Hoyrerberg** (456 m.), der **Weissenberg,** der Rebhügel **Taubenberg,** daneben der **Rengoldsberg** u. **Entenberg,** sämmtliche mit prächtigen Rundsichten.

Wasserburg (1 Std.), angenehmer Spaziergang über **Schachen** od. aber Fahrt per Kahn. (*Hotel Hornstein; Krone; Traube*). Kirche sehensw.; Grab des Componisten Lindpaintners; Schlossgebäude. — **Mittel** (1/2) und **Nonnenhorn** (*Gasthaus.*) Seebäder, Aufenthaltsort für Sommerfrischler.

Eisenbahn nach Kempten und nach Bregenz (Bodenseegürtelbahn).

An **Wasserburg** u. **Nonnenhorn** (s. ob.) vorüber nach **Langenargen** (*Schiff; Löwe; Krone; Engel*), 1200 Ew.; auf der Stelle der ehem. umfangreichen Burg **Montfort** sehr malerisch gelegen. Die schlossartige, in modern. Styl erbaute **Villa Montfort** Eigenthum und Sommersitz der Prinzessin Luise von Preussen. Seebäder. In der Kirche Altargemälde von Brugger.

Ausflug über **Tuniswald** (Jagdschloss) nach dem Städtchen **Tettnang** (*Post; Bär; Kreuz*) (2 Std.) sehr lohnend; belebte freundliche Umgebung.

An dem in grünen Obstgärten lieblich prangenden **Eriskirch** vorüber nach

Friedrichshafen (*Hotel d'Allemagne* od. *deutsches Haus* (Post), prächtig am See gelegen mit Garten, beim Hauptbahnhof; *Krone* mit Garten; *H. Bellevue; König von Würtemberg,* hinter dem Schloss; *Sonne; Hot. u. Restaur. Rauch; Seehof.* — **Türk. Bad; Seebäder** mit Gartenwirthschaften) 3000 Ew., ehem. Reichsstädtchen **Buchhorn,** von König Friedrich I. mit einem Hafen versehen und vergrössert. Mit Kloster **Hofen** vereinigt nunmehr Friedrichshafen genannt. Beliebter Sommeraufenthalt und Kurort (Luft- und Molkenkur); Töchterpensionat. Hübscher, neuer Kursaal und Kurgarten. – Das in einfachem Styl erbaute **Schloss,** ehem. Benediktinerkloster **Hofen** mit sehensw. Kirche (Gemälde und Glasmalereien). Schöner **Schlossgarten;** Eintritt frei; bei Anwesenheit der königl Familie tägl. einige Stunden geschlossen. Herrliche Ausblicke auf Bodensee und Alpenkette von den Hafendämmen, von Pavillons und den schönen Wald-Anlagen **Riedle** aus. Panorama von A. Steudel in dem Schriftchen „Alpenschau". Bayerische und Vorarlberger Berge; dann Rhätikongruppe, dann Appenzeller- und Toggenburger-Gipfel und, rechts fortrückend, Glarner-, Schwyzer- und Unterwaldner-Alpen.

Manzell. 3/4 Std. Königl. Meyerei mit trefflichem Viehstand;

Berg und **Theuringerthal.** Ueber das Dorf **Berg** mit schöner Aussicht (1 Std.) mit guter *Wirthschaft,* Fussweg durch schönen Wald nach dem liebl. **Theuringerthal.** — **Lochbrücke,** beliebter Vergnügungsort.

Ober-Raderach, 1 1/2 Std. Sehr lohnende Partie. Herrliche Aussichten. (*Krone* mit Pavillon).

Von Friedrichsh. **direkt** in $1^1/_2$ St. nach Konstanz. Vorbei an **Imenstaad**, unansehnl. Dorf, in seiner Nähe Schloss **Herrschberg** in Weinbergen, Schloss **Kirchberg** am Walde und Schlösschen **Helmsdorf**; vorüber an **Hagenau**, Meersburg (s. unten.), Ueberlinger-Seearm und der Landzunge, welche ihn von der Konstanzer Bucht trennt, alle zur Rechten lassend, nach (Zollbehandlung des Reisegepäckes oft ungemüthlich) **Constanz** oder **Konstanz** (offizielle Schreibart).

Gasthöfe. Vor der Stadt, jenseits der Brücke in prächtiger Lage mit Anlagen und Gärten, Hotel und Pension, *Konstanzer Hof* I. Ranges, mit luxuriösen Bädern; *Insel-Hôtel*, auf der Dominikaner-Insel, beide modern mit comfortabelster Einrichtung und tüchtiger Leitung; dem Bahnhof gegenüber *H. Halm*; in der Stadt: *Adler* mit schatt. Hof; *Hecht*; *Krone*; alle nahe am Bahnhof und Hafen; *Badischer Hof* in der obern Stadt; *Falken* in der Kreuzlinger Vorstadt; *Schiff*; *Bodan*; *Lamm* etc.

Cafés und **Restaurationen**: *Dietrich*; *Barbarossa*; *Frank*; *Schedler*; *Leo*; *Gold. Löwe*; *Rosgarten*; *Walser*; *Hussengarten*; *Baumgartner etc.*

Bier: *Biergarten*; *Kees*; *Schellle*; *Steinbock*; *Sonne*; *Zimmermann*; *Schweizerhaus*; *Frank* etc.

Bäder und **Schwimmschule** (städtisch; gut eingerichtet) beim Hafen; Bad 30 Pfg., Wäsche inbegriffen. Warme Bäder im **Lörlinbad**.

Droschken $^1/_4$ Std. 60 Pfg., 1 Std. 2 Mk.

Dienstmänner nach Tarif billig.

Konstanz od. **Constanz** (Constantia) 423 m., im Mittelalter Costenz (Costnitz), eine blühende, freie Reichsstadt (gegründet vor Christi Geburt), öfter Wohnsitz deutscher Kaiser, Versammlungsort von Reichstagen, Kirchen-Versammlung. Zur Zeit der Reformation mit den eidgenöss. Ständen Zürich und Bern in Bündniss, wurde die Stadt 1548 österreichisch und zur Rückkehr zum kathol. Glauben gezwungen, worauf sie allmählich in Verfall und Verödung gerieth, so dass ihre Einwohnerzahl nur 2000 Seelen ausmachte. Seit 1805 badische Kreishauptstadt (Sitz des Landeskommissärs, des Kreis- und Hofgerichts, Amtsgerichts, Bezirksamtes, Post-Eisenbahn- und Telegraphenamtes, einer Reichsoberpost-Direktion, der Zollbehörden, Dampfschifffahrts-Verwaltung, Filiale der Rheinischen Creditbank, Bezirksforstei, Garnison eines badischen Regimentes), hob sich ihre Gewerbsthätigkeit wieder, sodass man gegenwärtig mit der Garnison 13,354 Ew. zählt. In jüngster Zeit ist namentlich viel für die Verschönerung der jetzt hübschen und ansprechenden Stadt gethan worden, die bei ihrer herrlichen Lage am See und Rhein und in so schöner Umgebung zu den angenehmsten und einladendsten Bodenseeplätzen gehört und ein schätzenswerther Stationspunkt für eine Reihe der reizendsten Ausflüge geworden ist.

Die Stadt besitzt ein Gymnasium, eine höhere Bürger-

und Töchterschule, Waisenhaus, Rettungshaus, Feuerwehr, Kunstverein, Turnverein und Gesangvereine, mehrere Buch- und Kunsthandlungen, Indienne-Fabriken, Mineralwasser-Fabrik, Fabrikation von Tapeten, Glocken, Spitzen, Baumwollwaren, Cigarren, Mützen, Essig, Chemikalien, Ziegelwaaren etc.

Eisenbahnverbindung nach Romanshorn, Rorschach Nr. 1 C. (Bodenseegürtelbahn); nach Etzweilen-Zürich-Singen Nr. 2 C.; Nr. 3; nach Radolfzell-Singen-Schaffhausen (Rheinfall) (Basel) Nr. 2 B.; Offenburg, Stuttgart Nr. 7.

Dampfschiffverbindung auf dem Rhein mit Schaffhausen Nr. 2 A.; auf dem Bodensee nach den meisten Hafenorten Nr. 1. A.

Der Ursprung der Stadt ist unbekannt, doch scheint hier eine uralte menschliche Ansiedelung gewesen zu sein. Pflahlbaureste, Römische Niederlassung. Im Zeitraum von 560—580 der Bischofsitz von Windisch (d. alten Vindonissa) hierher verlegt. Münster mit Kloster; durch den Handel mit Italien seit den Kreuzzügen kam die Stadt empor; öfters Versammlungsort für Fürstentage. Von 1414—1418 Sitz des allgemeinen Conciliums, während dem 70—80,000 Fremde in der Stadt den Wohnsitz hatten. Vergl. Marmors Schriften und Fickler, Führer durch die Stadt Konstanz. 1415 wurde *Joh. Huss*, 1416 s. Schüler und Freund *Hieronymus von Prag* vom Concil verbrannt. Dann Sinken des Wohlstandes, 1526 Einführung der Reformation und gewaltsame Unterdrückung (1548) derselben. Freie Reichsstadt von 1192 bis 1548, worauf die Stadt an Oesterreich fiel und immer mehr an Bedeutung verlor. 1802 ging das Bisthum seiner Besitzthümer verlustig, 1806 kam Konstanz an Baden und 1827 wurde das Bisthum nach Freiburg i. B. verlegt. Seit ihrem Uebergang an Baden hat die Stadt allmählich wieder an Wohlstand und Regsamkeit gewonnen und blüht nun, wenn auch unter Kämpfen und Opfern mancher Art, wieder freudig auf.

Grosse gothische **Domkirche** aus dem 11. Jahrhundert, **Münster** genannt; Messner im Haus No. 125.

Romanisch-gothischer Bau mit neuer (gothischer) Thurmspitze; am Hauptportal treffliche Holzsculpturen von *Nicol. Lerch* v. 1470; Gruftkirche; Chor mit 72 kunstvoll geschnitzten Domherrenstühlen (aus dem 15. Jahrh.); Säulen im Mittelschiff Monolithe; Hochaltar (silberne Standbilder); kunstvolle steinerne Wendeltreppe und Steingruppe (Relief) „Mariä End“ im nördl. Seitenchor; mehrere bemerkenswerthe Kapellen (die Welser'sche mit Steinsculpturen, Sylvesterkapelle mit bemalten Gewölben); Grabdenkmäler (*Leil. Conrad*; Erzbischof von Salisbury, *Robert Hallum*; *Wessenberg* etc.) Glasgemälde; ausgezeichnet schöner, restaur. Kreuzgang; Nachbildung des heil. Grabes; Marmorinschrift aus der Römerzeit (296 n. Chr.) in der Mauritziuskapelle. In der Schatzkammer Missale mit Miniaturen von 1426. In der Kirche die Steinplatte, auf der Huss verurtheilt worden sein soll (am 6. Juli 1415, an seinem 43. Geburtstage). Vom Thurm majestätische Aussicht. (Fernrohr; dem Messner 70 Pf.)

Stephanskirche (an Stelle einer schon im 9. Jahrh. bestandenen Kapelle des heil. Nikolaus erbaut), gothisch, mit Reliefsculpturen und Sakramentshäuschen von *Hans Morink*; Altarbildern; Glasgemälden und Chorstühlen. **Spitalkirche** (Augustinerkirche) mit guten Bildern. **Protestantische Kirche,** neu im roman. Styl von 1873. — Rathhaus mit hübschen alten Portalverzierungen. — Kreis- u. Hofgerichtsgebäude, ehem. bischöfl. Pfalz. — Gegenüber der Domkirche Wessenberghaus mit Büste Wessenbergs von *H. Bauer*; im Hause selbst Bibliothek und Gemäldegallerie Ws., erstere der Stadt, letztere dem Grossherzog vermacht. — Vinzent'sche Kunst-Antiquitäten- und Naturaliensammlung, schöner, gothischer Saal, sehr sehenswerth. — Städtische chorographische Sammlung (von *Ludw. Leiner* gegründet) im Rosgarten-Museum (40 Pfg.; Augustinergasse). — Stadtkanzlei im Florentinischen Renaissancestyl mit interess. Manuscripten (z. B. Rychenthal'sche Chronik aus der Zeit des Concils.) und hübschen Fresken an der Façade. — Am obern Markt „Café u. Gasthaus zum Barbarossa", wo Kaiser Friedrich I. 1183 mit dem lombardischen Städtebund Frieden schloss. — In der Paulsstrasse das „Pfisterhaus", wo Huss wohnte, mit einem Reliefbilde. — Alte Häuser „zur Katz" und „hohes Haus" mit *Wirthschaft*. — In der Fischmarktgasse das Haus des Bildhauers Hans Morink mit Relieftafel.—Am Hafen mit Damm u. Leuchtthurm, das Kaufhaus mit dem angebl. Conciliums-Saal; es enthält noch den Kaiserthron, Alterthümer, Curiositäten und im grossen Saal kulturhistorische Fresken von *Friedr. Pecht* u. *Fritz Schwörer*.—Neues Zollgebäude u. stattlicher **Bahnhof.** — Auf der Marktstätte **Siegesdenkmal** (1870—71), eine Nike Apteros von *H. Bauer*, Guss von *Lenz*. — Das **Dominikanerkloster** jetzt Inselhotel. Ehem. Kirche, jetzt Conversat.-Saal und Kreuzgang mit alten Fresken. — Prächtige **Eisenbahnbrücke** mit Fahrstrasse und Trottoirs; steinerne Kolossalstandbilder von *Xaver Reich* und *H. Bauer*.

— Auf dem Brühl bezeichnet ein umgitterter kolossaler Felsblock mit Inschrift, als Brand- und Schandmal, die Stelle, wo Huss und Hieronymus verbrannt wurden. — Die mächtige ehem. Reichs-Abtei Petershausen am andern (rechten) Rheinufer jetzt Kaserne; stattlicher Neubau nebenan. — Neuer Spital und neuer Gottesacker. Angenehme Spaziergänge. □ Constantia zur Zuversicht.

Spaziergänge und **Aussichtspunkte**: Nördlich und nordöstl. **Seegarten** (1/4 Std.); **Jacob** (1/2 Std.); **Lorettokapelle** (3/4 Std.); **Allmannsdorf** (1 Std.) und Höhe mit **Aussichtsthurm**, wo prächtige Aussicht (*Gold. Adler*); **Büren** bei **Litzelstetten** (1 1/2 Std.); **Mainau** oder Meinau s. unt. — Westlich und nordwestlich **Rheingarten** (1/4 Std.); **Fürstenberg** (1/2 Std.) und **Tabor**. — **Birwinken** (2 1/2 Std.) mit treffl. Wirthschaft *Rosengarten*.

Mainau oder Meinau (1 1/2 Std.) per Wagen oder Boot. Die 28 m. über dem Seespiegel aufragende Insel (1 1/2 Std. im Umfang) war ehemals Sitz eines Deutsch-Orden-Commenthurs, gegenwärtig Privat-Eigenthum des Grossherzogs v. Baden. Schönes renovirtes **Schloss** mit berühmter Fernsicht, mehrere Säle, etwa 70 Zimmer etc.); Ordenskirche. Gärten und Parkanlagen. Prächtige 100jährige Cypressen im Freien, Marmorgruppe von Steinhäuser: „Segnender Engel mit den Kindern des Grossherzogs." Kleiner Hafen. Im Oekonomie-Gebäude Erfrischungen.

Ueber die Geschichte der Insel verweise auf: **Roth v. Schreckenstein**, Karlsr. 1873 und die Schriften v. **Leich** etc.

Insel Reichenau. Per Eisenbahn nach Stat. **Reichenau** und über den Dammweg oder nach Stat. **Allensbach** und per Boot (40 Pfg.) nach **Mittelzell**, oder per Dampfboot oder Eisenbahn nach **Ermatingen** und per Kahn (50 Ct.) auf die 1 1/4 Std. lange und 1/2 Std. breite Insel mit 3 Dörfern und 1600 Einw. — Weinbau ergiebig (Schleitheimer). — Von **Oberzell** (uralte, interessante Kirche mit Crypta; Ruine Schopfeln) lieblicher Weg am Seeufer nach **Mittelzell** oder **Münster** (*Büren; Mohren; Krone*), 405 m., einst Sitz der berühmten, reichen und mächtigen Benediktiner Abtei. Blüthezeit 800—1250, dann Zerfall und gänzliche Verarmung. Säkularisirung 1799, nachdem das Kloster 1541 dem Bisthum Konstanz einverleibt worden war. In der Klosterkirche Denkmäler, Altar- und Glasgemälde. In der Sakristei Reliquienschreine, uraltes, aus Elfenbein geschnitztes Ciborium und andre Merkwürdigkeiten. Auf der **Friedrichshöhe** (ehemals Hochwacht) 440 m., schöne Rundsicht. — **Niederzell** (alt ehrwürdige Kirche, unverständig übertüncht). Ueber die Geschichte Rch's. siehe die Schriften von Schönhut, Schwab und Schnars: „Bodensee etc."

B. Von Konstanz über Meersburg, Ueberlingen nach Ludwigshafen.

Mit dem Dampfboot (3/4 Std.) nach **Meersburg** (*Schiff; Wilder Mann* und *Hecht* in der Unterstadt; *Bär* und *Löwe* am Marktplatz; überall auch Bier) 402 m. mit aussichtsreicher, alter stolzer Felsenburg, wo Fürst Primas von Dalberg residirte und der verdiente Germanist Freiherr von Lassberg († 1855) und die Dichterin Annette von Droste-Hülshof († 1848) wohnten. Gegenwärtig ist im alten Schlosse eine bedeutende Alterthums- Kunst- und Raritätensammlung aufgestellt (1 Mk.), welche dem Schlossbesitzer, Baron von

Maienfeldt gehört. — Das stattl. neue Schloss (Barock-Ausstattung), jetzt Taubstummenanstalt, ist Domänenbesitz. Seminar für kathol. Schullehrer. Seebäder. Weinbau („Meersburger Seewein" findet gegenwärtig guten Absatz.)

Ausflug nach Heiligenberg 3 Std. Postomnibus. — Fusspfade kürzer. — Ueber **Salem** (Salmannsweiler) (*Post*), ehem. reiches Cisterzienserkloster. Münsterkirche aus d. 14. Jahrh., gothisch mit Rococco-Altären, nach Dorf **Heiligenberg** (Post oder Pension *Heiligenberg*; Gasthof von *Winter*) 728 M. **Schloss Heiligenberg**, dem Fürsten von Fürstenberg gehörig; neu restaurirt, hochberühmter **Rittersaal** im Renaissancestyl mit reichster Deckenverzierung und Glasmalereien. Interessante Kapelle. Historische Curiositäten. **Prachtvolle Aussicht.** Sommerfrische-Station. Beschreibung und Geschichte von H. von Fickler beim Schlossverwalter (3 Mk.); Panorama v. H. Keller; Gartenanlagen, Terrasse, Ruheplätze, „Freundschaftshöhle", „Alt-Heiligenberg", Ruinen der frühesten Grafenburg. —

Das Dampfboot fährt an **Unter-Uhldingen** und **Nussdorf** vorbei nach

Ueberlingen (*Löwe* am See; *Krone; Wilder Mann; Adler; Schiff; Anker; Mohr;* (*Schwan* s. unten). Cafés: *Rose; Beck; Müller* (ehem. Zunfthaus). Bier: *bei Birkenmaier* (altes Herrenhaus der Reichlin-Meldegg); *Teufel; Baier* etc.) 477 M. 3700 Ew., eine der ältesten Niederlassungen am Bodensee. **Münsterkirche** mit schönem Schnitzwerk am Hauptaltar. **Rathhaus**, mit altem berühmten Saal in gothischem Styl, neu restaurirt, mit herrlichem Schnitzwerk und Costümfiguren, Wappen u. s. w., ein wahres Juwel mittelalterlichen Styls (durch Hofmaler *A. v. Bayer* 1866 restaurirt). Alte Stadtkanzlei mit schöner Façade. Im ehem. Zeughause ansehnliche Bibliothek; Gewerbehalle; Spital, der reichste des Landes. Am westlichen Ende der Stadt das wohl gehaltene und sehr hübsch gelegene uralte **Mineralbad** (Bad und Gasthof *zum Schwanen* mit hübschen Anlagen). Der ehem. Stadtgraben, jetzt hübsche Promenade, Gallerthurm; — Kurort und Sommerfrischestation, namentlich gern aus der Schweiz besucht.

Als Iberingiä in frühester Zeit (Ende des 7. Jahrh.) bekannt; später freie Reichsstadt, litt es sehr im 30jährigen Kriege und kam 1803 an Baden.

Spaziergänge nach dem Dörfchen **Aufkirch** mit reicher Aussicht; — durch eine Schlucht nach dem Schlösschen **Spezgard**; — nach dem Weiler **Goldbach** und den merkwürdigen, doch theilweise zerstörten **Heidenhöhlen** oder **Heidenlöchern**; in den Sandsteinfelsen eingehauene Wohnungen mit Kammern, Nischen, Treppen und Fensterlöchern nach dem See, deren Ursprung nicht bekannt ist. Einige vermuthen darin römische Grabstätten aus dem 4. Jahrh. und spätere Benutzung als Zufluchtsstätten, andere setzen ihre Entstehung in's 7.—10. Jahrh. und halten sie für Asyle für bedrängte Christen. Ein bedeutender Theil dieser Höhlen-Wohnungen ist beim Bau der Seestrasse vernichtet worden.

Am nordwestlichen Ende des Ueberlinger Seearmes **Ludwigshafen** 410 M., früher **Sernatingen** *(Adler)* kleiner Speditionsort; Hafen von Grossherzog Ludwig erbaut. — Gegenüber, am jenseitigen Seeufer der Flecken **Bodman** *(Linde)* im 8. Jahrh. Potamo, 800 Ew., Seebäder, mit neuem Schloss der Freiherren von Bodman. Schlossruinen **Frauenberg** und **Alt-Bodman** mit schönen Aussichten und alten Sagen (Schwabs Bodensee). Von der Ruine Alt-Bodman zum „Belvedere" mit prächtiger Aussicht $^3/_4$ Std.; zur Ruine Kargeck südöstlich $1^1/_4$ Std. Liebessage vom Fräulein von Kargeck und dem Ritter von Hohenfels, der, ein zweiter Leander, über den See schwamm, um seine Geliebte heimlich bei Nacht zu besuchen.

Von Bodman nach Konstanz lohnender Weg über **Belvedere, Wallhausen, Dingelsdorf** und **Litzelstetten.**

C. Von Konstanz nach Rorschach.

(Schweizerufer.)

Eisenbahn (N.-O.-B.) 35 Kilom. Meistentheils dicht am Seeufer entlang. Prächtige Ausblicke auf die Säntiskette, Vorarlberger- und Algäuerberge und den See. Plätze auf der Seeseite nehmen!

Unmittelbar vor Konstanz, mit demselben fast zusammenhängend, das helle, saubere **Kreuzlingen** *(Helvetia; Löwe; Schweizerhof; Krone)* 423 M. 2506 Ew., ehemalige grosse Augustiner-Chorherren-Abtei, gegenwärtig thurgauisches Schullehrer-Seminar, Musterschule und landwirthschaftliche Schule. Kirche mit alten Holzsculpturen, die Leidensgeschichte darstellend (2000 Figuren). — Kurzenrickenbach. — **Bottikhofen** mit Schlösschen (reizende Aussicht am See). — **Münsterlingen** (*Pension Schelling*), ehemaliges Benediktiner-Kloster, gegenwärtig thurgauischer Kantonsspital und Irrenanstalt. — Rechts **Scherzingen,** 1480 Ew., und **Altnau,** beide anmuthig auf einer Anhöhe. — Landschlacht, ein Fischerdörfchen, passirend, zur Station Altnau bei der Häusergruppe Ruderbaum. Hierauf Station **Güttingen,** rechts (*Lamm; Adler; Ungarische Halle*) mit Schloss (reiche Aussicht); ehemals 3 Schlösser in der Umgebung. Links die **Moosburg.** Dann rechts **Kesswil** (*Bär; Pension Seethal*) 550 Ew. und **Uttwil** (*Bär*), 600 Ew., saubere Ortschaften. An der Tobelmühle und mehreren Weilern vorüber nach

Romanshorn (*Hotel Bodan* und *Römerhorn*, vereinigt, mit Gärten; *Schiff; Post; Brauerei Schweizerhaus;*

Bahnhofsrestauration) 410 M. 3100 Ew., auf einer Landzunge mit schönem, geräumigen Hafen, Lagerhaus, Seebadanstalt und grossem Verkehr. Auf der äussersten Landspitze das Schloss mit prächtiger Aussicht auf den See. — Töchtererziehungsanstalt. — Starker Fischfang. Luftkurstation und Sommeraufenthalt für Fremde.

Kürzeste Route von Bayern oder Würtemberg nach der Central- oder West-Schweiz. Eisenbahnknotenpunkt. *Bahnverbindung mit Constanz, Zürich, St. Gallen, Bregenz, Lindau und Bludenz* (später durch die Arlbergbahn mit Innsbruck und Wien).

Hafenort mit **Trajektdienst** über den Bodensee *(die Eisenbahnwaggons gehen beladen von einem Ufer zum andern)* und **Dampfschiffverkehr** nach allen Seiten.

An rechts Salmsach, 421 Ew. und am hübsch links am See liegenden Schlösschen Luxburg vorüber zur Station Egnach (Landstrasse nach St. Gallen), 2653 Ew.; hierauf Frassnacht und Steinenloh passirend (links Arbon) zur Station von

Arbon (Arbor Felix der Römer) (*Hotel Bär* am Bahnhof mit Bädern; *Kreuz; Engel;* alle mit Gartenwirthschaften; *Roth; Krone; Bierbrauerei Frohsinn*) 409 M. 1900 Ew.; freundlich ansprechendes Städtchen auf einem Ufervorsprung mit merowingischen Kieselthürmen, aus einem römischen, im 5. Jahrh. zerstörten Kastell entstanden. Conradin von Schwaben, der letzte und unglückliche Hohenstaufe wohnte hier 1265. Schöne renovirte Kirche mit guten Glasgemälden. Mechanische Werkstätte. Im Schlosse Seidenbandfabrik. Herrliche Aussicht auf den Seespiegel und auf die Gebirgswelt.

Darauf links Dorf und Kirche **Steinach** und hernach grosse Ziegelfabrik.

Station **Horn** (*Bad,* mit guter Einrichtung; *Sonne; Stern* u. a.) 403 M. 400 Ew. mit Schloss der Landgräfin von Hessen-Philippsthal. An der reizenden Villa Seefeld (s. unten), hübschen Landhäusern und den Badanstalten vorüber nach Rorschach.

Wagenwechsel nach Ragatz, Chur und St. Gallen, Heiden. Von Rorschach nach allen diesen Plätzen sind die Linien Eigenthum der **„Vereinigten Schweizerbahnen". Zahnradbahn nach Heiden,** Kanton Appenzell.

Rorschach (Kanton St. Gallen).

Bahnhöfe. Der **Hauptbahnhof** befindet sich **am Hafen, im Flecken** selbst, der **äussere** in der Nähe der Bahnabzweigungen nach Chur und St. Gallen. Alle Züge führen nach beiden Bahnhöfen. Der **Wagenwechsel** wird stets genau in den Waggons durch lauten Ausruf kund gegeben. **Aufmerken! — Bahnhofrestauration** mit geräumiger Terrasse.

Gasthöfe: *Seehof, Hirsch; Anker; Ilge;* alle zunächst dem Bahnhofe und Hafen; *Badhof* am Westende mit Schattenplatz — alle mit schöner Seeaussicht; *Krone; Grüner Baum; Toggenburg; Bodan; Schiff; Schäfli; Rössli;* in den meisten auch Pension und Restauration.

Restaurationen und Bier: *Bahnhof; Knöpfler; Freihof; am See; Helvetia; Löwe; Stierlin; Signal; Schäfli etc.*

Gartenwirthschaften: *Seehof; Schäfli* (Kegelbahn); *Badhof; Bäumlistorkel; Grüner Baum; Krone; Signal.*

Seebäder und **röm. irische Bäder:** an der Strasse nach Horn, gut eingerichtet und billig.

Städtisch gebauter Marktflecken, 4500 Ew., schon im 7. Jahrh. in Urkunden als Rorshahun genannt. Stattliche, steingemauerte Häuser erinnern an den ehem. Reichthum und Verkehr in dem einst blühenden Leinwandhandel. Zierliche Erker mit guter Steinhauerarbeit. Schöne kathol. Kirche mit sehenswerthen Gemälden und alten Grabmälern. Neue reformirte Kirche. Stattliches, von Architekt Bagnato um die Mitte des 18. Jahrh. erbautes Kornhaus. Neues Kauf-, Zoll- und Lagerhaus, schöner Bahnhof, alle an demselben Platz gruppirt. **Grösster Getreidemarkt der Schweiz und Süddeutschlands.** Mächtige Sandsteinbrüche in der Nähe.

Oberhalb Rorschach **Mariaberg**, ehemaliges Kloster und Statthalterei, jetzt Seminar mit Kirche und sehenswerthem Kreuzgang, Refectorium und schönen Steinsculpturen. Schönes neues Schulhaus. — Villa Schönberg, Erziehungsanstalt. — Reizende Umgebung; milde Luft, hübsche Landsitze.

Bad-, Molken- und Luftkurstation und Sommeraufenthalt von grosser Beliebtheit.

Villa Seefeld der † Königin Pauline v. Würtemberg, reizende Lage — *Langmoos*, Wirthschaft ob **R.—St. Annaschloss**, früher **Schloss Rorschach** (1/2), einst ein gewaltiger Bau aus Findlingssteinen, romant. auf einem Felsen und zwischen 2 Waldbächen gelegen. — **Möttelis-Schloss**, früher **Schloss Sulzberg** (3/4.), herrliche Aussicht. Hinweg durch das Wytholz. Reiche Waldes-Vegetation. Fahrstrasse über Goldach zurück. — **Steinacherburg** oder **Steinenburg** (1 1/4 Std.) malerische Trümmer. — **Wartensee** (Wart am See) (3/4 Std.), hochgelegenes Doppelschloss; eleganter Neubau, prächtige Aussicht. — **Warteck**, Besitzthum des Herzogs v. Parma. — Der **Rorschacherberg** mit schönen Landhäusern, Gehöften, reizendsten Spaziergängen und Schattenwegen. Herrlicher Obstwald. — Ueber **Heiden** und **St. Antonikapelle** in 3 Std. nach **Altstätten**, sehr lohnende Partie.

Routen nach Ragatz und Chur Nr. 1. D. — über St. Gallen nach Winterthur und Zürich (s. unt.); nach Heiden No. 1. C. b. —

a. Rorschach-St. Gallen (Zürich.) Eisenbahn „Vereinigte Schweizerbahnen" 17 Kilom. (Zürich 102 Kilom.)

Vom Hafen und Hauptbahnhof zum äussern Bahnhof, dann Wendung und hinter Rorschach (links St.

Annaschloss) mit prächtigen Ausblicken bergan, beim Dorfe Goldach über die kühngebaute Goldachbrücke (links Möttelis-Schloss) zur Station **Mörschwyl.** Unter starker Steigung ($2^1/_2$%) durch das **Steinachtobel** hinan nach Station **St. Fiden,** dann durch einen tiefen Einschnitt nach **St. Gallen** 669 m. 20,000 Ew., (*Hotel zum Hecht; Hirsch; Stieger; Schiff;* Caffés und Restaur.: im *Hecht;* bei *Stieger; Weisshaar; Café National, Börse;* Gartenwirthschaften: bei *Trischli; Löchlibad; Falkenburg*). Industrielle Hauptstadt des Kantons St. Gallen. Berühmte Leinwand-, Weisswaaren- und Stickereien-Fabrikation und Handel nach allen Welttheilen. Um 700, an Stelle der Einsiedelei des heil. Gallus, wurde das Benediktinerkloster gegründet, welches mächtig aufblüthe und als reichsfreies Stift eine bedeutende Stellung in Alemannien einnahm. Die Stadt erwuchs im Schutz des Klosters, suchte sich aber im 15. Jahrhundert von der Oberherrlichkeit des Abtes los zu machen und verband sich, nach mancherlei Kämpfen um ihre Selbständigkeit, mit den Eidgenossen. Im Anfang des 19. Jahrh. erst wurde der Kanton St. Gallen mit der Hauptstadt gl. Ns. zur vollen Selbstständigkeit als gleichberechtigter Kanton erhoben.

Sehenswürdigkeiten: Stiftskirche; Laurentiuskirche; Stiftsbibliothek berühmt; Kantonsschule; Museum; Gewerbemuseum; Synagoge; Theater; Literar. Museum (Fremde haben 14 Tage Zutritt, zahlreiche Zeitungen aufgelegt); Marktplatz. Brühl mit Promenaden und Springbrunnen etc. ☐ Concordia.

Nach Zürich über Wyl und Winterthur.

b. Rorschach-Heiden (Bergbahn, Zahnradsystem mit 9% Steigung.) Wunderschöne Fahrt mit stets wechselnden Bildern. Am Fusse des Bergabhanges, wo die Zahnstangenanlage beginnt, wird die Lokomotive gewechselt.

Ansteigend durch prächtig grünende, obstreiche Matten und Rebgelände, mit herrlicher Aussicht auf den Bodensee und seine Uferlandschaften, zwisch. rechts Schloss Wartensee und links unten Schloss Warteck, durch 2 Einschnitte und Wald zur Station Wienacht (Sandsteinbrüche), wo in der Höhe die Kurorte Walsenhausen (ganz links), Wolfhalden (in der Mitte) und Heiden (rechts, mit hohem Kirchthurm) sichtbar werden. An einem jäh abfallenden Tobel vorbei mit reizendem Niederblick auf die Thaltiefe, auf Bregenz und die Vorarlbergkette zur Station Schwendi, dann über das Galgentobel im Krähenwald, durch einen tiefen Einschnitt und dann über einen hohen Damm nach Heiden in $^3/_4$ Std. Fahrzeit.

Poststrasse $3^1/_8$ Std. (Fahrzeit $2^1/_4$ Std.) Unterhaltende, an Abwechslung reiche Fahrt.

Heiden [Kanton Appenzell] (*Freihof; Schweizerhof; Kuranstalt Sonnenhügel,* jetzt Hotel und Pension Moser; *Löwe; Linde; Krone; Pens. Weiss; Rebstock*) 806 m. 3000 Ew., wunderschön auf einer sammtgrünen Bergstufe über dem Bodensee gelegen, 1838 fast gänzlich von einer Feuersbrunst zerstört, stadtähnlich neu gebaut, sehr industriell und durch wohlthätige Vergabungen im Besitz namhafter Stiftungen. **Berühmter Luft- und Molkenkurort.** Neue schöne Kurhalle. Auf dem Kirchthurm ein bequemes Gemach mit gutem Fernrohr und eine Gallerie. Zauberisch schöne Rundschau. Ebenso bei der Waisenanstalt Bischofsberg; auf dem Hasenbühel; Bellevue; Benzenrüti; auf dem Steinli mit Pavillon. — Ausgezeichnete Spaziergänge nach verschiedenen Richtungen, namentlich in den Krähenwald, auf den ($1^1/_4$) Kaien; nach ($1^1/_2$) St. Antonikapelle und über die aussichtsreiche Höhe zum Ruppen und auf den (2) Gäbris.

D. Von Rorschach nach Bregenz.

(Ragatz, Chur, Bludenz, Lindau.)

Eisenbahn, bis St. Margarethen „Ver. Schweiz. Bahn"; von dort an Bodenseegürtelbahn österreichisch. —

Durch den äussern Bahnhof v. R. hinaus am See entlang. Der hübsche Landsitz Greifenstein und, höher, aber nur einen Augenblick sichtbar, zeigt sich Heiden rechts oben. Ueber schilfbewachsenes Rietland und dann durch einen herrlichen Obstwald kommt man an Schloss Weinburg (zur Rechten) vorbei, das dem Fürsten von Hohenzollern-Sigmaringen zur Sommerresidenz dient. Am aussichtsfrohen Felskopf Steinerner Tisch vorüber nach **Rheineck** (*Hecht mit Gartenwirthschaft; Post; Ochs;*) 410 m. 1500 Ew. helles, sauberes Städtchen in lachender Umgebung mit hochgelegener Kirche und schönen Anlagen an der Stelle, wo eine von den Appenzellern 1445 gebrochene Burg stand, die Rheineck hiess. Thurmruine einer zweiten Burg Rheineck, „Burgistein" genannt, auf waldiger Höhe.

Die Bahn lenkt nun in das schöne, weingesegnete und maisbepflanzte Rheinthal ein, welches 1868 und 1871 durch entsetzliche Ueberschwemmungen des Rheines schwer heimgesucht worden ist.

Links liegt **Geissau** mit seiner neuen Kirche; rechts passirt man an dem lieblich gelegenen Landsitz **Vorburg** mit 2 Thürmen vorbei; höher erblickt man den epheuumsponnenen

Thurm des Bergschlosses **Grimmenstein**, dann links Dorf **St. Johann-Höchst** und erreicht die Station des in einem wahren Obstwald liegenden **St. Margarethen** (*Sonne; Baum; Bahnrestauration)*, 404 m. 1482 Ew.; grosse Sandsteinbrüche. Rheinbrücke. Rechts zurück erblickt man in luftiger Höhe die Kirche von Walzenhausen. Der Maisbau nimmt hier seinen Anfang. Lieblich gelegene Landsitze an den Bergabhängen. Gegenüber die Vorarlberger Berge in prächtiger Entwicklung bis zur Hohen Kugel.

An der Berghalde rechts oben Schlösschen Bergsteig mit rundem Thurm 512 m; rechts davon **Apfelberg** 470 m, ehemal. Schloss; höher oben links der Rittersitz, jetzt Bauernhaus und Wirthschaft **Schäflisberg**.

. Hier Abzweigung der Bahn nach Bregenz, Bludenz, Lindau. Fortsetzung der Rheinthallinie nach Sargans, Ragatz, Chur etc.

Für die Weiterreise in die Schweiz kaufe man sich J. Tschudi's trefflichen Schweizerführer „Ostschweiz."

Die Bahn überschreitet in grosser Bogenlinie auf einer Brücke den oft trüblich gefärbten jungen Rhein, der hier dem Bodensee zuströmt, betritt österreichisches Gebiet (Zoll-Visitation streng) und geht in nördlicher Richtung über die Thalebene hin der Station **Hard** zu. Rückwärts prächtiger Blick auf die im Halbkreis ansteigenden Gebirge. Mittelst steinerner Brücke überschreitet die Bahn die Dornbirner Aach, welche bis zur Mündung in den See einen Kanal bildet. Hier durch soll in Zukunft der Rhein mittelst Durchstichs nach dem See geleitet werden, um seinen Abfluss in das Seebecken mehr sichern und reguliren zu können. Links **Fussach** *(Krone)* an der Mündung der Dornbirner Aach. Station **Hard** (*Löwe; Schiffli*), stattliche Häuser, industrielle Etablissements. Jetzt in östlicher Richtung, obstreiches Wiesengelände, an Schloss Mittel-Weierburg (links), jetzt Fabrik, vorüber zur Station **Lauterach** *(Löwe; Bahnhof)*, freundlich gelegen in obstreichem Gefilde. **Anschlusspunkt der Bahnlinie Bludenz, Feldkirch-Bregenz.**

Rechts in der Höhe die Kapelle am Gebhardsberg; darüber der Pfänderberg. Brücke über die Bregenzer Aach, dann links **Mehrerau** Nr. 1, **Riedenburg** Nr. 1 A., bei **Vorkloster** Nr. 1 A., östlich nach **Bregenz** Nr. 1 A. — Bis Lindau Nr. 1. A.

Nr. 2. Der Rhein von Konstanz bis Schaffhausen (Rheinfall).

A. Rheinfahrt per Dampfboot.

Fahrzeit 3 Stunden. Sehr lohnende Partie; mit Unrecht vernachlässigt, seit die Bahnlinie, in etwas kürzerer Zeit zwar, eben dahin führt.

Reizende Punkte in Menge. Auf den Dampfschiffen gute und billige Restaurationen.

Links **Gottlieben** (*Krone*), 256 Ew.; mit dem 2thürmigen, alten Schloss (im westlichen Thurm das martervoll enge Gefängniss von Huss und das von Felix Hemmerlin) passirend, den **Untersee** niederwärts, nach **Ermatingen** (*Adler; Krone; Pensionat Jaquet*), 417 m. 1389 Ew. Fischerei. — Rechts Insel **Reichenau** Nr. 1. Konstanz.

In der Nähe, halb im Wipfelwerk versteckt, Schloss **Hard** mit Treibhaus-Anlagen; höher am Hügel aufwärts Schloss **Wolfsberg,** besuchte Kuranstalt mit reizender Aussicht. — Beim Dörfchen Wäldi, auf dem Hohenrain, südlich davon, eine ausgezeichnet grossartige Aus- und Rundsicht.

Links Landsitz **Lilienberg** oder **Villa Zappi,** sodann in grünumlaubter Beschaulichkeit **Villa Arenenberg,** 458 m., wo die Herzogin von St. Leu (Königin Hortense von Holland) mit ihrem Sohne Napoleon III. ihren Lebensabend verbrachte. Weiter oben, kühn aufstrebend auf hohem Felshügel, das thurmartig gebaute Schlösschen **Salenstein,** geschmackvoll restaurirt, seit 1870 Eigenthum eines Enkels des deutschen Dichters Herder. Am Reben- und Obstbaum-Abhang liegt das Dorf **Salenstein,** wo Napoleon III. Gemeinderath und Schulrath war. — Unten am Seeufer Dorf **Mannenbach.** Auf einer Höhe über dem Dorfe Schloss **Eugensberg** und auf einem Hügel das abgebrannte (uralte) Schloss **Sandegg.** — Links **Berlingen** (*Krone*); gegenüber, am vortretenden Nordufer des Untersees, das kleine Schloss **Hornstaad** und höher, hinter demselben, **Horn** (badisch) mit hoch gelegener Kirche. Dann links **Steckborn** (*Sonne; Löwe; Krone*), Städtchen mit 1839 Ew., 405 m. (Steckbüren). Die Burg am Seeufer ist jetzt Armenasyl. — Rechts **Gaienhofen,** Dorf und Schloss am See und weiterhin, auf einer kleinen Anhöhe die ehemalige Burg **Marbach,** jetzt Wasserheilanstalt. Links ehemaliges Frauenkloster **Feldbach,** nun Eisengiesserei, dann der anmuthige Landsitz **Glarisegg** und am waldbekleideten Abhang die malerische Ruine **Neuburg.** Gegenüber, am deutschen Ufer, rechts, **Wangen** mit Synagoge. Links **Mammern** (*Hecht; Schiff*) [Mambüron]. In den Schlossgebäulichkeiten die allbekannte, vielfrequentirte, trefflich geleitete Naturheilanstalt und Pension, comfortabel und angenehm eingerichtet mit römisch-irischen und andern Bädern aller Art, Milch-, Molken- und Obstkuren, Gärten und Schattenanlagen. Rühmliche Verpflegung.

Rechts, am flachen Nordufer die Burg **Kattenhorn**, einst berüchtigtes Raubnest. Dann, ebenfalls rechts, Schloss **Oberstaad**, jetzt Färberei. Weiter rechts, auf der Höhe, **Oehningen** mit stattlichem Klostergebäude (ehem. Augustiner-Chorherrenstift) und berühmten Stinkschieferbrüchen mit massenhaft vorkommenden, sonst seltenen Versteinerungen. — Links **Eschenz** (*Adler*) [das alte Taxcætium] 397 m., 951 Ew. Fundort röm. und germ. Alterthümer; der See verengert sich zum gewöhnlichen Stromlauf. Auf der Höhe Schloss **Liebenfels** mit unterirdischen Gewölben, lange Wohnsitz des aus Deutschland verbannten Dichters Follen. Weiter westlich, in stiller Einsamkeit die Probstei **Klingenzell** und am Bergabhang Schloss **Freudenfels**. — An der lieblichen kleinen Rheininsel **im Wörd** mit der St. Othmarskapelle vorbei und an links **Burg** (*Schwan*), Vorstadt von dem Schaffhausischen Städtchen **Stein**, vorüber, unter der Brücke hinweg zum Landungsplatz von

Stein a. Rh., 396 m.

(*Rabe; Sonne; Adler; Rheinfels; Bierbrauerei Wasserfels.*)
uralte, kleine Stadt, 1364 Ew. mit alterthümlichem Gepräge, in lieblichster Umgebung. Alter Mauerthurm, Thorthurm, alte massive Häuser mit Staffelgiebeln, Erkern und in Stein gehauenen Wappenbildern. Façaden mit alten Fresken (Haus zum Ochsen 15. Jahrh., unverständig restaurirt; Haus zum weissen Adler). Saal des Amthauses im alten St. Georgskloster (1516). Glasgemälde im Rathhaus (ehemals im Zunfthaus zum Klee und im Schützenhaus). Rüstkammer. Kirche mit stattlichem Thurm und schlankem Helm. Rheinbrücke; jenseits **Burg** (wahrscheinlich das Gaunodurum der Römer) mit hochgelegener alter Kirche (im Chor Fresken aus dem 15. Jahrh.), Mauerresten eines Castells; Fundort zahlreicher Antikaglien. — Schulhaus. — Die Stadt macht Anstrengungen, um die Uhren-Industrie im Orte einzubürgern und in Blüthe zu bringen.

Rechts in der Höhe, auf einem steilen, wald- und weinbewachsenen Hügelvorsprung, Schloss **Hohenklingen** mit herrlichem Panorama. Beliebter Sommeraufenthalt beim Pächter (Wirthschaft). Ausflug nach dem (3/4 Std.) nordwestlich auf einem Bergvorsprung gelegenen Pavillon **Wolkenstein**, an Stelle eines verschwundenen Schlosses. Prächtiger Waldweg. Reizende Aussicht. —

Schienerberg (1½ Std.) 690 m., lohnende Partie; auf der Höhe ausgezeichnete Rundsicht auf Rhein, Bodensee, Alpen, Schwarzwald und Hegau. **Schrotzburg** 663 m.

Oehningen 452 m. und zu den Stinkschieferbrüchen (1¾ Std.) interessante Wanderung.

Eisenbahnverbindung (N.-O.-B. ehem. Nationalbahn) über **Etzweilen nach Winterthur-Singen und nach Konstanz** Nr. 2. C.; Nr. 3.

An (links) der ehemaligen Probstei **Wagenhausen** vorbei und unter der hochgesprengten, graziös gebauten eisernen **Rheinbrücke** (26 m. hoch), der Eisenbahn **Stein-Winterthur-Etzweilen-Singen** hinweg, rechts an **Hemmishofen** vorüber, den Rhein abwärts. Der herrliche, klare Strom hat eine blaugrüne Färbung und eine Reinheit und Durchsichtigkeit, wie man sie an so grossen Strömen nie sonst zu sehen bekommt. Links **Rheinklingen** mit alter Schlossruine am Rheinufer (wenig sichtbar). Uebergang der Franzosen 1798 über den Rhein. Rechts in der Thaltiefe des Biberthales der **Hohentwiel** sichtbar. Hof und Mühle **Bibern** am rechten Ufer; Einmündung des Biberbaches. Stille Wald- und Wiesenufer des Stromes. An (rechts) **Obergailingen** vorüber (Basadingen links nicht sichtbar) nach dem freundlich hellen

Diessenhofen (*Adler; Hirsch; Löwe; Bierkeller am Landungsplatz*), 405 m. 1406 Ew. thurgauische kleine Stadt am linken Rheinufer, wohlhabend. Rheinbrücke. Gegenüber, auf einer Terrasse des rechten Ufers hoch gelegen, **Gailingen**, zum grössten Theil von Juden bewohnt. — Links das ehemalige Nonnenkloster **St. Katharinenthal**, nun Greisenasyl und Irrenanstalt. Rechts, auf dem rebenbepflanzten hohen Uferabhang **Villa Rauschenberg**; darauf, dem **Schaarenwald** (Russischer Brückenkopf von 1799) und **Schaarenwiese** zur Linken, rechts **Büsingen** (badisch. Enklave), mit abseits auf einem kleinen Hügel malerisch gelegener Bergkirche, vorüber zum nahe am linken Ufer liegenden Kloster **Paradies** (Clarissinen-), und Dörfchen **Langwiesen**, — die **Schiffswerfte** passirend, zwischen sanften, grünen Rebhöhen dahin, nach dem malerisch vor dem Blicke auftauchenden (jenseits der Brücke Feuerthalen), am rechten Rheinufer emporsteigenden

Schaffhausen. ☞ **Wer Gepäck mit sich führt oder Nachmittags ankommt,** thut unter **allen Umständen gut, in Schaffhausen Rast zu machen, den Rheinfall zu Fuss** (3 Kilom.) **oder per Droschke, oder Bahn zu besuchen und der Besichtigung von Schaffhausen und Umgebung selbst nach Möglichkeit Zeit zu widmen. Sehr lohnender Aufenthalt!**

Schaffhausen.

Gasthöfe. Am Bahnhof: *Hôtel und Pension Müller,* neu mit Restauration u. Bierhalle, comfortabel und gut; in der Stadt: *Hôtel und Pension Krone,* mit Neubau, Restauration und Bierhalle, altbewährtes, grosses, gutes und stark besuchtes Haus; *Hôtel Schwanen; Post; Riesen am Bahnhof; Rheinischer Hof* mit Restauration; *Löwen; Schiff; Adler; Kreuz* in der Mühlenvorstadt; *Schaffhauser Hof* (Thiergarten); *Unterer Rüden; Schwert; Tanne; Bären* u. s. w.

Ansicht von

Schaffhausen.

Restaurationen, Cafés und **Weinhäuser**: *Bahnhofrestauration; Hôtel Müller; Kronenhalle; Rebmann; Müller-Mossmann; Blume; Tanne; Frieden; Silberberg* am Landungsplatze der Dampfboote; *Thiergarten; unterer* und *oberer Rüden; Grütli; Glocke* (Mühlenvorstadt); *Dammhirschen; Dettinger; Steinegg; Brüggli; Schäfli; Freiberg; Kerse.*

Bierhäuser: *Bierhalle von Hôtel Müller; Kronenhalle; Falken; Rheinischer Hof; Rebmann; Müller-Mossmann; Burg; Straussfeder; Thiergarten; Rheinbad; Rehm; Mühlenthal* (Bierbrauerei); *Freiberg; Steinegg; Rheinlust von Thorwart.*

Gartenwirthschaften: *Kasino; Mühlenthal; Emmersberg; Rehm; Rheinbad; Künstlergütli; Felsenthal; Rheinlust von Thorwart; Felsenkeller.*

Bahnhof, hübsches Gebäude am Nordende der obern Stadt. Gegenüber Hôtel Müller und die ganze Reihe von Gasthöfen, Restaurationen und Wirthschafen aller Art. Wenige Schritte in die Stadt. Gleich rechts (Bahnhofstrasse) Postgebäude und Telegraphen-Bureaux.

Landungsplatz der Dampfschiffe (und Gondeln) am sog. „Freien Platz" oberhalb der Rheinbrücke in der Unterstadt, gegenüber Feuerthalen; täglich 3 mal Fahrt den Rhein aufwärts bis Konstanz (4 Std.) und zurück nach Schaffhausen (Thalfahrt 3 Std.)

Omnibus der Gasthöfe in der Stadt und am Rheinfall, ebenso Droschken und Dienstmänner am Bahnhofe und an der Landungsstelle der Dampfboote.

Droschken: Fahrt durch die Stadt, die einzelne Person 60 Ct.; 1/4 Std. 1—2 Personen 80 Ct.; 3—4 Personen 1 Frk. 20 Ct.; 1/2 Std. 1—2 Personen 1 Frk. 20 Ct.; 3—4 Personen 1 Frk. 80 Ct.; 1 Std. 1—2 Personen 2 Frk.; 3—4 Personen 3 Frk.

1 Tag d. h. über 6 Std. 1—2 Personen 12 Frk.; 3—4 Personen 18 Frk. (für Zweispänner gilt Rubrik 3—4 Personen).

Einfache Fahrt nach Dorf Neuhausen oder umgekehrt 1 Person 1 Frk.; bei mehr Personen für jede 70 Ct.; nach Schlösschen Wörth am Rheinfall oder nach den Gasthöfen Schweizerhof und Bellevue oder umgekehrt 1 Person 1 Frk. 50 Ct. bei mehr Personen für jede 1 Frk.

Einfache Fahrt nach Schloss Laufen oder Station Dachsen ohne Aufenthalt: 1—2 Personen 4 Frk.; 3 Personen 6 Frk.; 4 Personen 8 Frk. 5 oder mehr Personen 10 Frk.

Einfache Fahrt über Schloss Laufen nach Station Dachsen mit 1 Stunde Aufenthalt im Schloss Laufen 1—2 Personen 5 Frk., 3 Personen 7 Frk., 4 Personen 9 Frk., 5 oder mehr Personen 11 Frk.

Hin- und Rückfahrt nach sämmtlichen obenangeführten Stationen mit Inbegriff je 1 Stunde Wartezeit wird für die Rückfahrt 1 Frk. Zuschlag berechnet.

Längerer Aufenthalt am Ziel als 1 Stunde ist per weitere Stunde mit 1 Frk. per Fuhrwerk zu vergüten. — Handgepäck, wie Nachtsäcke, Hutschachteln, Reisetaschen etc. taxfrei; Koffern und grössere Kisten nach den genannten Plätzen per Stück 40 Ct.; Kinder unter 10 Jahren halbe Taxe.

Special-Tarif und Droschken-Ordnung muss gedruckt in jedem Fuhrwerk vorfindlich sein (kein Trinkgeld zu fordern). Gedruckter „Wegweiser" durch die Stadt mit Stadtplan vom Kutscher erhältlich.

Dienstmänner: Gang im Innern der Stadt (inbegriffen 15 Kilo Gepäck) 25 Ct.; Gang im Innern der Stadt mit 15—50 Kilo Gepäck, per Handwagen oder Karren 50 Ct.; Gang an den Rheinfall und Umgebung (15 Kilo Gepäck) 1 Frk.; Gang an den Rheinfall und Umgebung (15—50 Kilo Gepäck) 1 Frk. 50 Ct. Führer in die Stadt und Umgebung per Stunde 50 Ct. Führer in der Stadt und Umgebung per Tag 4 Frk.

Dienstmänner-Ordnung und Spezialtarif gedruckt vorzuweisen. („Wegweiser," gedruckt mit Stadtplan.)

Schwimm- und Bade-Anstalt, städtische im Rhein, **ausgezeichnet**, (auch Sturzbad), eine **herrliche Badegelegenheit** fast in der Mitte der strömenden, klaren Rheinfluth, einzig in ihrer Art! — von Morgens 6 Uhr bis Abends 9 Uhr (geschlossen Mittags 1—2 Uhr). **Abonnement** für ganze Saison mit Ankleidezelle 3 Frk. sonst 20 Ct. für Zelle oder während der Abonnements-Stunden; für Badewäsche 5—15 Ct.; — täglich während 5½ Stunden, unentgeltlich. (Bade-Ordnung und Tarif angeschlagen).

Warme und kalte Bäder bei Krüger, Mühlenstrasse; Schmid zum Rheinbad und im Rheinhof, Fischerhäusern.

Gondelfahrten auf dem Rhein oberhalb dem Landungsplatz bis nach Kloster Paradies; spiegelglatter Strom, lachende Ufer.

Eisenbahn Verbindung: Schweizerische Nordostbahn über **Dachsen-Winterthur** nach **Zürich** 56 Kilom.

Grossherzoglich badische Süd- oder **Oberrheinthalbahn**,

1. über **Singen-Radolfzell** nach **Konstanz** 50 Kilom. Nr. 2. B.
   a. per N.-O.-B. über **Singen-Etzweilen** nach **Konstanz** Nr. 2 C.
2. über **Singen** nach **Stuttgart** und **Offenburg** Nr. 7.
3. über **Radolfzell** nach **Sigmaringen, Ulm** etc. Nr. 5.
4. über **Waldshut** nach **Basel** 94 Kilom.

Rundfahrtbillete nach Süddeutschland und in die Schweiz.

Dampfboot-Verbindung. Dampfschifffahrts-Gesellschaft auf dem Untersee und Rhein (s. oben). Empfehlenswerth: Dampfboot bis Konstanz, Rückfahrt per badische Bahn. (Rundfahrtbillete.) oder Dampfboot bis Stein, dann Eisenbahn (N.-O.-B.) bis Konstanz und retour Boot oder Bahn. Prächtige Abwechslung.

Post-Verbindung: über Merishausen, Zollhaus nach Donaueschingen; über Rafz nach Eglisau; über Langwiesen nach Diessenhofen.

(s. Cursbücher; Schweizerreisenden „Tschudis Schweizerführer" oder „In 30 Tagen durch die Schweiz" von Koch von Berneck empfohlen. Weiteres siehe Einleitung.)

Schaffhausen, 400 m. 12,000 Ew., meist protest. Confession, (ca. 2000 Katholiken) am Ausfluss der Durach in den Rhein und am Vereinigungspunkt mehrerer Randenthäler, Hauptstadt des gleichnamigen Schweizerkantons, dessen Gebiet fast durchaus auf der rechten Uferseite des Rheines liegt; in deutsch-reichsstädtischem Charakter, hell und stattlich gebaut, mit vielen Treppengiebel- und Erkerhäusern, breiten, ansehnlichen Strassen, geräumigen öffentlichen Plätzen und schönen, alterthümlichen, mit Bildsäulen verzierten steinernen Brunnen.

(Der Kant. Schaffhausen umfasst ein Gebiet von 300 □Kilm. und zählt 39,000 Einw.

Die Stadt bildet eines der belebtesten Eingangsthore zwischen der Schweiz und Deutschland, enthält eine rührige, aufgeklärte Bevölkerung und besitzt, ausser der Nähe des Rheinfalles, eine sehr schöne, abwechslungsreiche, gesunde, fruchtbare und angenehme Umgebung, welche zu längerm Aufenthalt einladet und der Stadt sicher auch mit jedem Jahr mehr Besucher zuführen wird. **Station für eine ganze Reihe schöner Spaziergänge und Ausflüge in Nähe und Ferne. Als Sommeraufenthaltsort für Fremde sehr empfehlenswerth.**

Lage am prächtigen Rheinstrom, geschützt von Rebhügeln und grünen, waldbekränzten Höhen mit wundervollen

Fernsichten nach den Schneegebirgen, sehr mildes und gesundes Klima, herrliche Rheinbäder, treffliches, frisches Trinkwasser, rege industrielle Thätigkeit, gemeinnützige und wohlthätige Anstalten und gesellige und unterhaltende Einrichtungen verschiedener Art, gute Schulen (auch Musikschule), wohlschmeckende und gesunde einheimische Weine und billige Preise für Unterkunft und Lebensmittel geben Schaffhausen Vorzüge, welche bisher zu wenig gewürdigt worden sind. Intellektueller und geselliger Aufschwung.

Gothische Hauptkirche St. Johann von 1120, mit herrlichem neuem Orgelwerk von Kuhn in Männedorf (1880) 64 Register, eines der besten der Schweiz (die Bälge werden von einer Gaskraftmaschine getrieben); Orgelkonzerte (während der Saison nicht selten; man erkundige sich bei den Wirthen.) Alte Fresken seit der Restauration von 1880; im südlichen Seitenschiffe Säulenornamente im Styl der Renaissance. Neue Glasgemälde u. neue, schöne Kanzel (v. Bernath).

Münsterkirche in Basilikaform, einfacher, reiner Rundbogenstyl (1090—1104); ehemal. Klosterkirche des S. Salvator- oder Allerheiligenstiftes, zur Zeit der Bilderstürmerei ihres Schönheitsschmuckes beraubt, später geschmacklos restaurirt, jetzt protestantische Kirche. Die Säulen des Schiffes (12) mächtige Monolithe. Vorhalle und Kreuzgang mit Grabdenkmälern aus dem 16. und 17. Jahrhundert. Im stattlichen Thurm mit schlankem Spitzhelm, Glocke mit der Inschrift: „Vivos voco, mortuos plango; fulgura frango," welche Schiller zum Motto für seine herrliche Dichtung „Die Glocke" gewählt hat. — In dem Klosterhof bei der Turnhalle Säulenstellung mit alten romanischen Steinornamenten.

Stadtbibliothek und Museumgebäude am sogen. Herrenacker; an der Façade die Colossal-Büsten des Chronisten Rüger und des Gelehrten J. G. Müller, in Sandstein (von Oechslin). Die Bibliothek enthält den reichen Manuscriptenschatz des berühmten Historikers Joh. v. Müller, Incunabeln, Glasmalereien und die Globen des Mathematikers Iezeller. Im obern Stock Naturalienkabinet, im untern Antiquarische Sammlung. Die **Ministerialbibliothek** enthält eine Sammlung alter Handschriften und Messbücher mit feingemalten Initialen. — Im Kantons-Archiv der berühmte Onyx (ein antiker Onyx von 9,5 cm Länge und 7,8 cm Breite aus der Beute Karls des Kühnen mit der Figur einer Pax und prachtvoller, mit Edelsteinen besetzter, goldener Einfassung aus dem 13. Jahrhundert.) — **Rathhaus** mit alter Rennaissance-Laube, Rathsaal mit prachtvollem Nussbaumgetäfel im gleichen Styl (1624—25). — **Alte Kaserne**, Renaissancebau (1617). **Gemüsehalle** (altes Kornhaus). **Waisenhaus. Gymnasium** am Rhein. — **Imthurneum**, Stiftung des † Londoner Banquiers (Schaffhauser Bürger), Im-Thurn, mit Theater, Musikschule und Kunstsaal, in welchem Gemälde-Sammlung (Bilder von Weckesser, Stephan, Stäbli, Veillon u. a.); Kunstausstellungen und Konzerte. — **Zunfthaus zum Rüden**, nun Handelsbank; **Bahnhofgebäude; Krankenhaus; Post- und Bankgebäude; Frohnwaagthurm** und **Herrenstube** beim 4röhrigen Brunnen (schöne Statue); **Stadthaus** mit Stuckornamenten und Deckengemälden von Schnetzler; sehr interessante Häuser zum Ritter (Freskengiebel von Tob. Stimmer 1570, die Thaten und Tugenden der echten Ritterlichkeit darstellend); Sittich, Schmiedstube, goldener Ochse und goldener Käfig u. a. — Nahe beim **Schwabenthorthurm** die **neue Mädchenschule**, eine der schönsten Schulhausbauten der Schweiz und Süddeutschlands. — **Industriegebäude** und Uhrfabrik im industriellen Quartier. — **Rheinbrücke** (die berühmte Grubenmann'sche gedeckte Brücke aus einem einzigen Bogen, wurde 1799 von den Franzosen abgebrannt) und fahrbarer Rheinsteg unterhalb der Stadt. — **Neuer Gottesacker** auf dem Emmersberg. —

Im Rheinbett, oberhalb der malerischen Stromschnelle „Lächen" grossartige **hydraulische Werke** (Wehrdamm, Turbinenhaus mit Turbinen und Drathseil-Transmission von 700 Pferdekräften zum Betrieb verschiedenartiger, weitläufiger industrieller Etablissemente. — Damm 182,5 m. Länge), die sogen. **Wasserwerke**, welche von dem (1874 †) bekannten H. Moser auf Charlottenfels (Bronzebüste auf dem neuen Gottesacker) in Verbindung mit der Stadt und einer Aktiengesellschaft unter horrenten Schwierigkeiten ausgeführt wurden; Besuch des Turbinenhauses interessant.

Die Festung **Munoth** oder **Unnoth** auf dem malerischen Rebhügel ob der Stadt (431 m) mit rundem Thurm, von 1564 — 1590 auf der Stelle einer ältern Befestigung erbaut; uralter, viereckiger Thurm am östlichen Mauergang. Das kreisrunde Bollwerk hat einen Durchmesser von 47 m., bombenfeste Kasematten mit ungeheuren (6 m.) Mauern und riesigen Pfeilern. Im Thurm eine merkwürdig schneckenförmig gewundene, 3 mal übereinander gewölbte Auffahrt. Der Munothverein veranstaltet allsommerlich auf der schönen Munoth-Zinne berühmte Feste mit Musik und Tanz. Diese Nachtfeste auf der aussichtsreichen, asphaltirten Zinne sind eigenartig schön und können eigentliche Volksfeste genannt werden. — Sage von dem „Neuneglöcklein." — Freundliches Kasino im Fäsenstaub oberhalb der Stadt; schöne Promenade mit dem Denkmal des Historikers Joh. v. Müller von Bildhauer Oechslin und lieblicher Aussicht. □ Rheinfall.

Geschichtliches: Ursprung und Benennung der Stadt von einer Rheinfähre (Scapha, Kahn, Fahrzeug, Fahre [heute noch Schifferausdruck „Schaff" für Kahn]) und einer im 8. und 9. Jahrhundert hier entstandenen Schiffer- und Fischeransiedelung. Im Jahre 1052 Stiftung und Erbauung der Abtei Allerheiligen oder S. Salvator durch Graf Eberhard III. von Nellenburg und Vergrösserung des Ortes. Schon im 13. Jahrhundert eine mit Mauern und Thürmen bewehrte Stadt, erhielt sie von Kaiser Rudolf I. von Habsburg die Reichsunmittelbarkeit, kam aber gleichwohl durch Ludwig den Bayern, 1330 unter österr. Pfandschaft bis 1415, da Friederich von Oesterreich mit der leeren Tasche bei Kaiser Sigismund in Ungnade und Reichsacht fiel. Nach der Wiederbegnadigung Friedrichs bedrängt, wollte sie nicht mehr unter österr. Herrschaft zurückkehren und erlegte daher den Pfandschilling, indem sie die Bürger mit starken Umlagen belegte. Um mit Oesterreich und dessen Adel nicht ewigen Rechtshändeln und Fehden ausgesetzt zu sein, schloss die Stadt 1445 mit den Eidgenossen ein Bündniss ab. Ein feindlicher Ueberfall Bilgerins von Heudorf wurde rechtzeitig vereitelt. Im Jahre 1501 wurde sie als Mitstand oder Kanton förmlich in den Schweizerbund aufgenommen. Sie nahm 1529 die Reformation an und erwarb ihr Landesgebiet theils durch Säkularisation des aufgelösten Klosters Allerheiligen (1524), theils durch Kauf (1650. 1651). Von 1611 — 1634 grosse Pest (allein 1630 starben 4000 Menschen). Von 1689—1798 zünftig aristokratische Verfassung, 1798 Invasion der Franzosen. 1803 Mediationsverfassung. 1815 Restauration der alten Vorrechte der Stadt; 1831—34 Revision der Verfassung in demokratischer Richtung, Gleichstellung der Landgemeinden mit der Stadt, völlige Trennung der Stadt- und Staatsgüter; seitdem Hauptstadt des Kantons ohne besondre Vorrechte. —

Gegenwärtig Sitz des Grossen Rathes, der Regierung, des Kantons- (Kriminal- und Ehe-) Gerichts, des Obergerichts, eines Bezirksgerichts, des 2. schweizerischen Zollkreises und eines badischen Zollamtes u. s. w. hat Schaffhausen einen Gewerbe-, einen antiquarischen, einen rück (1 Std.); nach **Büsingen** (1 Std.); | aufführen.

Näheres in „**Schaffhausen** und **Umgebung**,“ Monographi
strationen, von S. Pletscher bei Cäsar Schmidt 1882. —

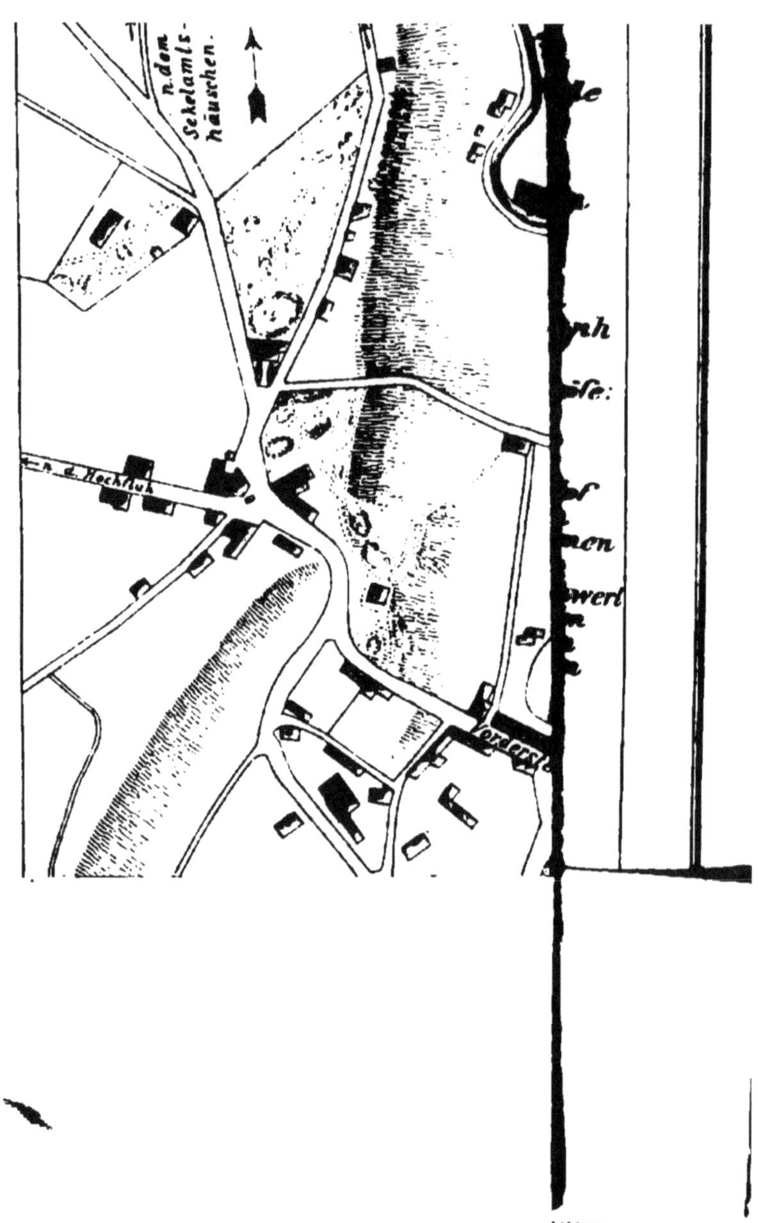

es und eines badischen Zollamtes u. s. w. hat
usen einen Gewerbe-, einen antiquarischen, einen

Kunst- und naturhistorischen Verein, mehrere Gesangvereine, Musikkollegium, Stadtmusik, Turn-, Schützenvereine und gesellige Zusammenkünfte aller Art, Gymnasium, Realschulen, Elementarschulen u. s. w.

Zu erwähnen sind noch: Uhrfabrik (Taschenuhren); Mechanische Maschinenwerkstätte von Rauschenbach; Internationale Verbandstoff-, Thonwaaren-, Bindfaden-, Gussstahlfabrik; Wollspinnereien; physikalische Instrumentenfabrik; Teppich-, Tricot-, Watte- und Tabackfabriken; Kammgarnspinnerei, Schmierfettfabrik; Fabriken für Farbwaaren, Oefen, Drahtseile, Schiffstaue, Schläuche, Bleiröhren etc. Verschiedene Maschinenwerkstätten, Holz- und Fournirsägen, Essigfabriken u. s. w. Am Rheinufer und durch die nächsten Strassen hin in der Stadt haben sich förmliche Industriequartiere gebildet.

Villen: Moser'ches Landgut Charlottenfels mit werthvollen Gemälden und Bildwerken schweiz. Künstler, wie Koller: Auf der Alp; Stückelberger: Lager im Walde; van Muyden: Pifferari; Weckesser: Lady Glocester; Landerer: Morgengrauen von Marignano; Bosshart: die Schleinserin; S. Corrodi: Dogenpalast; Müller: Acropolis; Imhof: Rebecka; Schlöth: Winkelried; Oechslin: Belisar u. a. — Schweizerpavillon mit Fresken von Hans Bendel † und japanesischer Pavillon. — Löwenstein; Sonnenburggut; Belair; Stockarberg; Spitalhof; Emmersberg u. s. w.

Spaziergänge: Promenade Fäsenstaub; zur Uferterrasse beim Brüggli, Mühlenstr. gegenüber dem Felsvorsprung „Stein" (10 Min.); zum Schützenhaus (1/4 Std.) (Lindenplatz, hübsche Aussicht; Wirthschaft); **Hohlenbaum** (1/2 Std.); **Mühlenthal** (1/2 Std.); **Felsenthäli** (3/4 Std.) malerisches Engthal; **Seckelamtshüsli**, herrliches Panorama der Alpenkette. Farbenlithographie, Zeichnung von Xaver Imfeldt, bei Buchhändler Schoch. — Hohe Fluh (1/2 Std.), waldumschatteter, erhabener Felsvorsprung westlich von der Stadt mit grossartiger, ergreifend schöner Aussicht auf die Stadt, den Rhein, Hegau, Thurgau, Irchel und die Schneegebirge. — **Griesbach** 601 m. Meierhof (1 Std.) mit schöner Aussicht; **Hauenthal** (1/2 Std.) und **Hemmenthal** (1 Std.); **Gaisbergwald** und **Gaishof** (1/2 Std.); zur **Sommerau** (1/2 Std.) in den Reinhard-Wald, nach **Buchthalen** u. über d. Emmersberg zurück (1 Std.); nach **Büsingen** (1 Std.); **Gennersbrunn** (1 Std.); **Langwiesen** am Rhein aufwärts (1 Std.); **Kohlfirst** (574 m. herrliche Waldpartie mit Alpenaussicht); zum Steinhölzli und nach **Flurlingen** (1 Std.) auf die Buchhalde oberhalb des Rheinfalles und an den **Rheinfall** selbst (s. unten).

Ausflüge: nach **Herblingen**, **Stetten** und **Lohn** (2 1/2 Std.) Alpenpanorama. **Rheinau** (2 Std.) ehem. Benediktiner-Abtei; **Uhwiesen** (*Hirsch*), **Benken**, **Wildensbuch**, **Trüllikon** (3 Std.); nach **Paradies**, **Diessenhofen**, **Gailingen** (2 1/2 Std.), nach dem Klettgau; **Thayngen**, **Gottmadingen** (3 Std.) und endlich auf den Randen (914 m.) über **Merishausen** (3 1/2 Std.), grossartige Rundsicht und über **Schleitheim** zurück.

Neben einer weitern grossen Zahl von Wanderzielen sind Ausflüge in's Wutach-Steinach- u. Schlüchtthal, auf den Hohentwiel, Stein, Eglisau, Bodensee, Waldshut, Zürich u. s. w. anzuführen.

Näheres in „**Schaffhausen und Umgebung**," Monographie mit Illustrationen, von S. Pletscher bei Cäsar Schmidt 1882. —

B. Eisenbahnfahrt von Konstanz über Radolfzell und Singen nach Schaffhausen (Rheinfall).

50 Kilm. **Badische Süd-** oder **Oberrheinthalbahn.** (Plätze links nehmen.

Ueber die Rheinbrücke am Inselhotel vorbei durch **Petershausen** (Kaserne; rechts *Hotel Konstanzerhof*); Station **Reichenau** (Weg über den Damm nach Reichenau, Oberzell), rechts **Wollmatingen** (Pfahlbaufunde 1882); an rechts **Schloss Hegne** (Restauration im Styl der Renaissance) vorbei; Station **Allensbach** am Ufer des Untersees (Keltengräber) ehem. Städtchen; Kahnfahrt nach Reichenau, Mittelzell; Station **Markelfingen** dann (von rechts her Einmündung der Bahnlinie Messkirch-Stockach-Radolfzell) Station **Radolfzell,** 416 m. 1800 Ew. Städtchen am Zeller-See mit Schiffländе (am Bahnhof: *Schiff;* im Orte: *Sonne; Krone* (Post); *Lamm; Bahnhofrestaurant; Restauration Germania* und *Kloster*).

Stiftskirche mit berühmten Reliquien, Reliquienschrein der „Hausherren." Grab des heil. Ratolf. Crypta. Reicher alter Spital. Rathhaus und ansehnl. alte Gebäude aus dem 17. Jahrhundert. Neues Bezirksgefängniss im Burgstyl. — Im 9. Jahrhundert um die Zelle des heil. Ratolf entstanden, war R. im 13. Jahrhundert schon eine Stadt, welche Rudolph v. Habsburg mit der Reichsvogtei an sich brachte. 1576 während der Pest 6 Monate lang Sitz der Freiburger Universität. — Die Mettnau (Augia Metae), eine lange Landzunge in den Untersee, soll ehemals mit der Reichenau in Zusammenhang gestanden haben. Villa Seehalde des Dichters J. V. von Scheffel. Ornithologische Sammlung von Hrn. Linden. — Heil- und Bade-Anstalt. Fischzuchtanstalt. —

Auf den **Schienerberg**, sehr lohnender Ausflug ($2^1/_2$ Std.). Ueber **Itznang, Bankholzen, Schrotzburg,** (Ruine) und **Schienen,** Wallfahrtsort. Auf dem **Schienerberg** herrliche Aussicht. **Rückweg** über **Horn, Grundholzen, Weiler** und **Itznang,** aussichtsreiche und abwechslungsvolle Partie oder aber nach **Stein a. R.** und **Hemmishofen** (2 Std.) und per Eisenbahn über Hemmishofen und Singen nach R. zurück.

Eisenbahn-Verbindung über **Stockach** und **Krauchenwies** nach (links) **Sigmaringen** und (rechts) über **Mengen** nach **Ulm** (57 Kilom.) und **Pfullendorf** etc. Nr. 5.

Postverbindung: nach Oehningen in 3 Std. 10 Min.

Nun den See im Rücken lassend, an Schlossgut **Rickelshausen** (Station) vorbei nach

Singen 432 m., (am Bahnhof: *Hegauer Hof;* im Ort: *Krone; Kreuz; Restauration Müller am Bahnhof; Restauration im Bahnhof;* Bierbrauereien), grosser wohlhabender Marktflecken an der Aach mit Schloss und Spinnerei, nahe am Fusse des **Hohen Twiels,** 1600 Ew. **Knotenpunkt** der **Schwarzwald-** und **Südbahn.**

Hohen Twiel ($^{3}/_{4}$ Std.) 691,5 m., nordwestlich von der Stat., auf einem kegelförmigen Phonolith-(Klingstein)felsen mit schönen Nathrolithen, die im 30jährigen Kriege von Commandant Wiederhold heldenmüthig vertheidigte würtembergische Bergfestung, mit entzückender Rundsicht. Gewaltige Burgtrümmer. Orientirungsscheibe auf dem Thurm. In der Meierei (Wirthshaus) auf halber Höhe Eintrittskarten zum Thurm und Belvedere (35 Pfg.; dem Führer Trinkgeld). Untere Festung auf einem Ausläufer des Berges.

Hohen Twiel soll schon den Römern als fester Platz gedient haben; dann alemannische Burg der Kammerboten Erchanger und Berthold, hernach alemannisches Herzogsgut und Sitz der Herzöge, besondes aber bekannt als Wohnsitz der Gemahlin des Herzogs Burkhard II., der geistreichen und gelehrten Hadwig von Baiern, die sich von dem St. Galler Mönch Ekkehard im Lateinischen unterrichten liess. (Scheffel's allbekannter histor. Roman *„Ekkehard"*.) Sie gründete das Bergkloster St. Georg, welches später nach Stein a. R. verlegt wurde. 1080 war Hohen Twiel im Besitz des Gegenkönigs Rudolf von Schwaben, dessen Gemahlin Adelheid hier starb; später Besitz der Hohenstaufen und der Herren von Klingenberg, endlich 1538 und zur Stunde noch Besitzthum des Hauses Würtemberg. Im 30jährigen Krieg öfter und hart belagert, blieb die von Commandant Wiederhold (geb. 1598 in Ziegenhain) wohl bewahrte und verstärkte Festung uneingenommen und konnte 1650 im besten Zustande an den Herzog Eberhard von Würtemberg übergeben werden. Später würtemb. Staats-Gefängniss: Joh. Jakob Moser, Oberst Rieger, von Knobelsdorf schmachteten hier viele Jahre lang. — Im Jahre 1800 wurde die Veste auf unverantwortliche Weise dem franz. General Vandamme überliefert, der sie 1800—1801 sprengen und schleifen liess. Seitdem Ruine. — (s. Schriften von O. Schönhuth, Gustav Schwab u. a.)

In der Nähe Ruine der kleinen Burg **Staufen.** Die Ruinen der auf den Hegauer-Phonolithkegeln gelegenen Bergschlösser Hohenkrähen, Mägdeberg, Hohen-Hewen und Hohenstoffeln. Nr 7.

Eisenbahnverbindung per **Schwarzwaldbahn**:

a. über **Engen, Donaueschingen, Villingen** und **Triberg** nach **Offenburg** (149 Kilom.) Nr. 7,
b. über **Villingen** nach **Rottweil-Stuttgart,**
c. über **Immendingen-Tuttlingen, Rottweil-Stuttgart**

per **schweizerische Nordostbahn** (ehem. Nationalbahn) über **Etzweilen**:

a. links nach **Konstanz** Nr. 2 C,
b. direkt nach **Winterthur-Zürich** Nr. 3.

Postverbindung: (s. Gottmadingen.)

Ueber **Gottmadingen** (Station) (*Stern*, *Sonne*) 442 m. 780 Ew., sauberes Dorf mit Schloss, rechts auf der Waldhöhe Ruine der Burg **Heilsperg,** weiter nordöstlich Ruine **Gebsenstein** (nach dem Marktflecken **Hilzingen** 1 Std.), Postverbindung: a. nach Hilzingen u. Binningen, b. nach Randegg u. Gailingen. Die Schweizergrenze überschreitend, nach **Thayngen** (Freihof; Sonnenhof) 452 m. 1282 Ew.; schöner weinreicher Marktflecken des Kantons Schaffhausen. **Zollvisitation** (sehr human). Strasse nach **Hilzingen-Engen.**

In der, nahe der Bahnlinie gelegenen Felsgrotte, „Kesslerloch" (10 Min.), wurden 1874 im Untergrund eine Menge Knochen und Zähne längst verschwundener Thiere nebst Werkzeugen aus Feuerstein gefunden. Sehr interessante Thierfiguren auf Rennthiergeweih, wohl mit Feuersteinsplittern eingravirt. Die Fundstücke in den Sammlungen zu Konstanz, Schaffhausen und in Privatbesitz.

Durch ein grünes Waldthal nach Station **Herblingen** mit altem Schloss (hübsche Aussicht), Strasse nach **Lohn** (Alpenpanorama) und an hübschen Landhäusern vorbei, durch ein Wiesenthal, nach **Schaffhausen.** Nr. 2 A.

Auf hohem Damm mit schönem Blick auf den Rhein und die Mühlenvorstadt von Schaffhausen, — unter Charlottenfels, Nr. 2 A., durch einen Tunnel; hierauf überraschender Blick auf Neuhausen und das Zürcher Gelände auf dem linken Rheinufer, — nach Station **Neuhausen** (*H. Rheinfall; Rheinhof* mit Bädern; *Rheinfels*) 414 m. 1862 Ew.

☞ **Aussteigen zum Besuch des Rheinfalles.**

Man sei nicht karg mit der Zeit bei Besichtigung des Rheinfalles, denn um ein richtiges Bild desselben in die Erinnerung aufnehmen zu können, genügt die Betrachtung aus der Entfernung nicht; man muss ihn von verschiedenen Seiten und in der Nähe und Ferne besehen.

Rheinfall.

Gasthöfe: Am rechten Ufer, zunächst der Station Neuhausen in erhabener, freier aber gleichwohl geschützter Lage, mit prachtvoller Aussicht auf den Rheinfall und die Schneegebirge (Glärnisch bis Berner Alpen) *Hôtel und Pension Schweizerhof* I. Ranges, comfortabel und vortrefflich geführt, mässige Preise; *Hôtel und Pension Bellevue*, ebenfalls im Angesicht des Rheinfalls mit reizender Aussicht auf denselben und die Alpenkette; beide Gasthöfe haben Omnibus am Bahnhof und nach Schaffhausen.

Am linken Ufer: *Hôtel und Pension Schloss Laufen* (Omnibus an der Bahnstation in Dachsen); an der **Station Dachsen:** *Hôtel und Pension Witzig*, einfach, aber sehr beliebt, freundliches Haus. Alpenaussicht.

Im **Dorf Neuhausen:** *Hôtel Rheinfall*, in neuerer Zeit gelobt; Omnibus an der Station Neuhausen und Schaffhausen.

Der Rheinfall ist 3 Kilom. (3/4 Std.) von der Stadt Schaffhausen entfernt. Wer von **Zürich** und **Winterthur** kommt, steige in **Dachsen** aus, gehe zum **Schloss Laufen,** durch den Hof (und Kunsthandlung) hindurch (Eintritt 1 Fr.) nach den Anlagen am Laufenfelsen, zum **Pavillon, eisernen Rondel, Känzeli** und **Fischenz** und von da, den Rhein mittelst Kahn übersetzend, nach **Schlösschen Wörth.**

Reisende der **badischen Bahn,** kommen sie von **Basel, Konstanz** oder **Schaffhausen** und **Besucher von andrer Seite her** gehen dem Schlösschen Wörth zu. Vom Bahnhof Neuhausen durch die Anlagen des *Hotel Bellevue* hinab auf die Landstrasse und zum **Schlösschen Wörth** (Rheinfähre); Uebersetzen und Betrachtung des Falles auf den Aussichtspunkten des Schlosses Laufen, indem man zuerst ausserhalb der Schlossanlagen zum Thorthurm emporsteigt und durch's

Schloss die Anlagen (Eintritt 1 Fr.) mit Pavillon, Rondell, Känzeli und Fischenz besucht.

Entweder direct über den Rhein zum Schlösschen Wörth zurück, oder über die Eisenbahn-Rheinfallbrücke und herrlichen Fusspfad auf dem hohen Ufer zum Eisenwerk im Laufen und, am Bassin entlang, zum Schlösschen Wörth zurück.

Rundgang: Man geht am Bassin entlang gegen die Eisenwerke im Laufen, diese hinauf zur Uferterrasse bei den Turbinen und Schleussen, unmittelbar über dem Absturz, wo der Fall von der Seite und von oben her gesehen wird, sodann einen Fusssteig hinauf gegen die Fabrikgebäude der Schweizer Industriegesellschaft (Waggon- und Gewehrfabrik) und, unterhalb derselben, über die Haupttriebwelle hinweg, auf dem herrlichen, hohen, schattigen Weg, (über die Uferwand zur rechten Seite des Stromes) dahin, diesem entgegen, zur steinernen **Eisenbahnbrücke** (193 m. lang), auf dem seitwärts angebrachten Steg für Fussgänger über den Fluss und, am Tunnel vorbei, zum Schloss Laufen hinauf. Nun, wie oben angegeben, zum Pavillon, Rondell, Känzeli und **Fischenz** und hierauf über den Strom zum **Schlösschen Wörth,** wo auf schöner Terrasse und mehreren Gallerien die Betrachtung des Schauspiels mit aller Ruhe und Beschaulichkeit fortgesetzt werden kann. Fahrt zu dem **„mittlern Felsen“**, Glanzpunkt des Fallbildes.

An der **Fischenz** (Gerüste dicht am Fusse des Falles an der Felsenwand des linken Ufers) ist der Eindruck am ergreifendsten. Die Scene wirkt nervenerschütternd. Das prasselnde Getöse und Donnern der abstürzenden Massen ist so stark, dass jedes andre Geräusch davor verstummt. Wie ein lebendiger, schaffender Wasserdom umringt die aufgelöste Strömung den Beschauer; die tiefen, starken Strömungen sind grünlich weiss, die Schaumwirbel milchweiss oder im Sonnenschein golden und purpurn angehaucht. Wie ein krystallener, hell leuchtender Staubwirbel steigt der Gischt in die Lüfte; bei Sonnenschein steht mitten in dem webenden und wallenden Dunst, glänzend, wie eine himmlische Lichtgestalt, eine prachtvolle Regenbogensäule. Der Fall bietet den herrlichsten Anblick, wenn ihn die Sonne Nachmittags, etwa von 5 Uhr an, schief bescheint.

Die vollständigste Ansicht des Rheinfalles und seiner Umgebung hat man aus der von Säulen getragenen **Loggia** oder von der **Terrasse des Schweizerhofes und vom Garten und der Terrasse des Hotels Bellevue.** Hier entfaltet sich das ganze Strombild unbeschränkt vor den Blicken des Beschauers.

Der Rheinfall, Europa's grossartigster und pittoreskester Wassersturz, wird durch eine *170 Meter breite* unregelmässiggeformte, schräge Kalkfelsenbarre gebildet, welche nahe am Absturz *20 Meter Höhe* hat, in ihrer ganzen Abstufung ab● *24 Meter Gefäll* zeigt. Spiegel des Rheinfallbeckens über dem Meer 360 m.; *grösste Tiefe des Beckens 15 Meter.* — Krafteffekt des Wasserdruckes 133,000 Pferdekräfte. Vier Felsblöcke theilen den Catarakt in 5 Strömungen. Der höchste und imposanteste **„mittlere Felsen"** kann bestiegen werden. (Kahnfahrt mit amtlich fixirter Taxe: 1—2 Personen hin u. zurück 3 Fr., 3 oder mehr Personen je 1 Fr. mehr; Fahrt z. mittl. Felsen mit Rückkehr an das jenseitige Ufer 50 Ct. Zuschlag; einfache Ueberfahrt von einem Ufer zum andern 50 Ct. Hin u. Zurück 80 Ct. die Person.).

Alter Name des R. **Laufen, grosser** oder **Schaffhauser Laufen,** „Cataractae Rheni", „Cataractus major" — Entstehungsursache wahrscheinlich die Bildung einer Thalspalte im Juragebirg bei Kaiserstuhl und Vertiefung des Rheinbettes bis zum Laufenfels. — Bei Mondschein zaubervoller Anblick. — Künstliche Beleuchtung mittelst bengalischer Flammen. — Sage von einem verwegenen Laufenschiffer von J. V. von Scheffel im „Juniperus" dichterisch ausgebaut.

Im **Schlösschen Wörth** und **Schloss Laufen** Camera obscura. Schlösschen Wörth beherbergt nun auch Fremde in seinem restaurirten Innern.

Näheres siehe: *S. Pletscher „Der Rheinfall und dessen Umgebung,* beschrieben und im Spiegel der Dichtung betrachtet" 1878. 1 Fr. (bei den Wirthen zu beziehen); *„Der Rheinfall bei Schaffhausen"* von *S. Pletscher* 1882, illustrirt, 50 Ct. bei Cäsar Schmidt, Zürich (und sämmtlichen Wirthen).

Spaziergänge: Fischerhölzli, herrlicher Waldpark, westlich v. Rh. mit schönen Wegen, Ruheplätzen und Aussichtsstellen auf den Fall; **Ruine Neuenburg** od. **Neuburg** (10 Min.) auf einem waldigen Vorsprung gegen Nohl. **Dörfchen Nohl** (10 Min.) gegenüber Station Dachsen. Mit Kahn übersetzen (10 Ct.) und 10 Min. zur Station Dachsen zu gehen. **Azheimerhof** (½ Std.) Erfrischungen;

Altenburg und alter **Lagerwall** (allemanisch) am sogen. **Schwaben** (Swabowa) ½ Std. — Hübsche Kahnfahrt nach der stattlichen (1 Std.) stromabwärts auf einer Insel liegenden ehem. **Abtei Rheinau,** jetzt Asyl für alte Arme und Geistesschwache. Schöne Kirche. Nr. 8.

Uhwiesen ½ Std. (*Hirsch.*); **Kohlfirst** 1¼ Std. schöne Aussicht; **Marthalen** (1 Std.) römische Gräber und Antikagtien. Nr. 4.

An der **Brücke zum Schlösschen Wörth** und im **Dorf Neuhausen** findet man **Droschken** nach **Schaffhausen,** eben dorthin führen die Züge der schweiz. Nordostbahn von **Dachsen** und der **badischen Bahn** von **Neuhausen.**

C. Von Schaffhausen (Rheinfall) über Singen, Etzweilen nach Konstanz. (N.-O.-B.)

Die Strecke der badischen Bahn bis Singen in Nr. 2 B. behandelt.

Von Singen über Etzweilen nach Konstanz, schweiz. Nordostbahn (ehemalige Nationalbahn), 44 Kilom.

Durch ebenes Gelände (rechts Ruine **Rosenegg** auf malerischem Hügel kaum noch kenntlich) nach **Rielasingen** (grosse Baumwollspinnerei und Weberei), dann an (links) **Arlen** vorüber nach **Ramsen** (schaffh. Dorf) und im Biberthal abwärts nach Station **Hemmishofen.** Rechts (am Rhein) Dörfchen **Hemmishofen** an der Landstrasse von Singen nach Stein. Hohe eiserne Brücke der Eisenbahn über den Rhein Nr. 2. A. — Ueber die Brücke und einen Damm nach **Etzweilen, Knotenpunkt der Bahnlinien Singen-Winterthur** und **Konstanz-Etzweilen.** Einsam gelegene Station. Nr. 3. Hier meist Aufenthalt, daher rathsam in Hemishofen auszusteigen und auf der schönen Landstrasse direkt nach der kleinen Stadt **Stein a. Rh.** (1 Std.) Nr. 2. A. zu wandern, um sich daselbst bis zum Abgang des nächstfolgenden Zuges von der Station Stein, umzusehen.

Von Etzweilen nach Stein hübscher Blick auf die waldige Höhe des Klingenberges (Wolkenstein links -- rechts Höhe von Oehningen) mit Schloss **Hohenklingen** und die malerische Umgebung des Städtchens. Bahnhof auf dem terrassenartig abgestuften Plateau der linken Rheinseite (15 Min.). —

Im Weiterfahren stets herrlicher Ausblick auf den zur Linken immer weiter ausgebreiteten Untersee und seine belebten, malerisch abwechselnden Ufer. Inselchen Wörth mit seiner alten Othmarskapelle und die Rheinsäge links unten im Rhein, wo er den Untersee verlässt. Station **Eschenz**; das langgezogene, von Obstgärten umgebene Dorf Fundort vieler römischer Alterthümer, Ueberreste von Bädern etc. (Taxcaetium), vieler goldener und silberner Münzen (Rosgarten-Museum in Konstanz). — Station **Mammern** (Mambüron). Viele interessante Schlösser, Schloss- und Klosterruinen, herrliche Fernsichten auf die Ortschaften **Stiegen, Oehningen, Kattenhorn, Wangen** (Pfahlbautenfunde), **Hemmenhofen, Gaienhofen** und die weithin sichtbare Kirche des Dorfes **Horn** auf dem rechten, jenseitigen Ufer und ihre Gelände Nr. 2. A. Dann Station **Steckborn** Nr. 2. A. Gegenüber, bei Hemmenhofen erblickt man Schloss **Marbach,** 1369 von den Konstanzern zerstört, nachdem der konstanzische Probst Mangold 5 Fischern dieser Stadt eigenhändig die Augen ausgedrückt hatte

Immer nahe am Seeufer dahin wundervolle Rundschau: Der Z e l l e r s e e kommt in Sicht, links davon die Felsenkegel des H e g a u s mit ihren Burgruinen, hinter ihnen und links die dunkeln Höhenlinien des R a n d e n s; rechts R e i c h e n a u, langhingestreckt mit ihren 3 Kirchen und dem düstern Burgstumpf S c h o p f e l n. Weit dahinter in der Höhe Schloss H e i l i g e n b e r g Nr. 1. B.

Vorüber an (rechts) den Trümmern der S a n d e g g (724 angeblich Sitz des fränkischen Landvogtes Sintlas, der die Reichenau an Pirminius schenkte), über Station **Berlingen, Mannenbach, Ermatingen** und an ihren Schlössern Nr. 2 A. vorbei, durch prangendes Gelände und zwischen **Gottlieben** und **Tägerwylen** durch (Station Tägerweilen), vom Seeufer ablenkend, nach Station **Emmishofen** und von da, in 25 Min. nach Konstanz oder per Bahn nach (links) **Bahnhof Konstanz** und (rechts) **Kreuzlingen-Romanshorn** etc. Konstanz Nr. 1. A.

Nr. 3. Von (Singen) Etzweilen nach Winterthur, Zürich.

Bis **Etzweilen** Nr. 2. C. Von Etzweilen in grossem Bogen zwischen den bewaldeten Berghöhen von **Rheinklingen** und **Stammheim** und durch Rebberge, rechts Schloss **Gyrsberg** (berühmter Wein) nach **Stammheim** (Ober- und Unterstammheim $^1/_4$ Std. von einander *[Schwefelbad]*); rechts Schloss **Schwandegg.** Grosser Durchstich der Höhe G i e s e n h a r d ($1^1/_4$ Kilom.) dann Station **Ossingen** in Weinbergen. Schönes Dorf. Hierauf grosse Curve; rechts Schloss **Wyden** und Dörfchen **Hausen,** über die T h u r mittelst stolzer, 333 m. langer, eiserner F a c h w e r k b r ü c k e. Rechts Andelfingen und die hohe Gitterbrücke der Eisenbahnlinie Schaffhausen-Winterthur sichtbar. Wieder Curven und Station **Thalheim-Altikon.** Es folgen Station **Dynhard** und **Seuzach,** viel Weinbau, Hügelgegend mit reichen Fluren. **Oberwinterthur** Station und hübsches Dorf, links Schloss **Mörsburg**; dann nähert sich die Bahnlinie **Romanshorn-Winterthur**. Das Vitodurum der Römer war bei Oberwinterthur; viele Antikaglien aus röm. Zeit, Inschriften etc. In der Kirche Wandgemälde aus dem Anfang des 14. Jahrh. blosgelegt. Links erscheinen die Schneehäupter der Glarner-Alpen. Station **Winterthur** 442 m. 13,000 Ew. (*Löwe; Adler; Sonne; Krone u. a.;*

Restauration Ritter; Casino; Rheinfels; Schlangenmühle; Bahnhofrestauration vortrefflich und billig). — Von den Römern angelegter Platz; vom 9. Jahrh. an Vitodurum genannt; blühende, industrielle und wohlgebaute Stadt mit bedeutendem Handel. Knotenpunkt einer ganzen Reihe von Bahnlinien. Neues Stadthaus von Semper. Stadtkirche; neue kath. Kirche; 2 stattl. Schulhäuser; Technikum, Prachtbau; Gewerbemuseum; **Post-, Bank-, Lloyd-, Hypothekarbankgebäude; Casino**; Bad- und Waschanstalt in orientalischem Styl; Reitschule; Krankenhaus. — Freundliche Promenaden, schöne Landhäuser. Geographische Anstalt von Wurster und Cie. von grossem Ruf; Sulzer'sche Giesserei, Rieter'sche Etablissements u. a. Viel Weinberge. ☐ Akazia.

Am (rechts) industriellen **Töss** (*Hirsch*) 3050 Ew. mit ehemal. Dominikaner-Nonnenkloster, in welchem Königin Agnes von Ungarn eine Zeit lang Wohnsitz nahm (jetzt Fabriklokal) vorüber; links im Thaleinschnitt erscheint auf einen Augenblick, auf hohem Berggipfel sichtbar Schloss **Kyburg**; vorher zur Rechten auf malerischer Waldhöhe Schlossruine **Hoch-Wülflingen.** Eiserne Gitterbrücke über die Töss. Station **Kemptthal** im schmalen Thale der Kempt. Station **Effretikon** 515 m., höchste Erhebung der Bahn. **Zweigbahn nach Wetzikon und Hinweil.** Es folgt Station **Dietlikon-Bassersdorf**, herrlicher Blick links auf die Alpen. Torfwiesen und flache Gegend. Station **Wallisellen** (*Linde*), **Bahnabzweigung nach Uster, Rapperswyl, Glarus.**

Ueber eine Eisengitterbrücke der **Glatt** nach **Oerlikon** (*Löwe*). Einmündung der Bahnlinie **Waldshut-Coblenz-Eglisau-Bülach** und **Winterthur-Bülach-Zürich.** Endlich durch den 940 m. langen Tunnel (1½ Min. Durchfahrt) und über die hohe eiserne **Gitterbrücke der Limmat** und, auf einem Damm im Bogen das Sihlfeld und den **Sihlfluss** passirend, nach dem prächtig am See und Zürichberg liegenden, vom Uetliberg, Albis und den Alpenhäuptern überragten **Zürich** 459 m., 25,000 Ew. (siehe Tschudi „Schweizerführer" und „In 30 Tagen durch die Schweiz" von Koch von Berneck).

Nr. 4. Von Zürich über Winterthur nach Schaffhausen (Rheinfall). 56 Kilom.

Bis Winterthur Nr. 3.

An dem rechts anmuthig daliegenden **Veltheim** und dem fabrikthätigen **Wülflingen** (links) mit Schloss, an ausgedehnten Weinbergen vorüber nach Station von (rechts) **Hettlingen.** Dann folgt links **Henggart** in Obstwiesen versteckt. Die Bahn zieht sich durch hochliegendes, offenes Gelände, prächtiger Blick nach den Höhen des Randen und den schaffhausischen Reyathdörfern; rechts Hohen-Höwen. Station **Andelfingen** (*Löwe*) 395 m., 2043 Ew., stattlicher Marktflecken, mit Schloss und Brücke über die Thur.

In einer grossen Curve über Dämme, durch Einschnitte und über die hohe **Thurgitterbrücke,** durch prächtigen Wald (rechts Oerlingen und die hochgelegenen Häuser von **Trüllikon** zwischen Rebbergen) nach Station **Marthalen** 413 m. Belebte Gegend; durch schönen Wald; rechts, von Weinbergen überragt, **Benken**; links im tiefen Rinnsal d. **Rhein,** gegenüber die Halbinsel Schwaben. Am Rheinufer hoch dahin, Rebgelände rechtshin, nach **Dachsen** (*Hotel Witzig*). **Aussteigen zum Rheinfall.** Am hohen Rheinufer, auf künstlich angelegtem Damm. (Blick auf den Fall von der Seite) zum Tunnel durch den Felsen des Schlosses Laufen und über die **Rheinfallbrücke** hinter dem Fall durch an (links) **Neuhausen,** rechts, jenseits des Rheins, dem lieblich gelegenen **Flurlingen** vorüber, in starker Curve, unter **Charlottenfels** und **Löwenstein** und unter der Promenade **Fäsenstaub** vorüber zum Bahnhof **Schaffhausen** Nr. 2. A.

5. Von Radolfzell nach Stockach, Schwakenreuthe (Pfullendorf), Messkirch, Krauchenwies (Mengen), Sigmaringen. 58 Kilom.

Badische Staatseisenbahn. Fahrzeit, 3 Std., 20 Min.

Hinter einem Einschnitt, wo auf beiden Seiten hübsche Landhäuser, Abzweigung von der Hauptlinie und Wendung in nördl. Richtung. Durch Wiesen- und Ackerland und den Brandbühltunnel in's Stahringer Thal und Stat. **Stahringen.** Ueber dem Dorf St. 496 m., 500 Ew. (*Sonne*) **Ruine Homburg** links auf malerischer Waldhöhe mit reizender, grossartiger Fernsicht. Fundort röm. Antikaglien; wahrscheinlich röm. Warte. Reichenauisches Lehen und Sitz eines eigenen Geschlechtes; im 30jähr. Krieg von Kommand. Wiederhold verbrannt. — Beim D. St. 1846 röm. Gebäudereste.

Ausflug über Güttingen nach **Möggingen** (1 Std.), Burgruine und Sitz der Freiherrn von Bodman; ehemal. Nonnenkloster, jetzt Brauerei. In der Nähe der kleine **Möggingen-** oder **Mindelsee,** nach der Sage unergründlich tief. In demselben stattliche Welse bis zu 50 Kilo Gewicht. —

Im Weiterfahren zur Rechten Tiefgeländ und Aussicht auf waldgrüne Umgebung von Bodman, die Burgruinen, Ueberlinger-See, Ludwigshafen und Sipplinger Uferwände. Station **Wahlwies** 453 m., 550 Ew. *(Adler)* Pfarrdorf; 915 Schlachfeld zwischen den Kammerboten Erchanger und Berthold und dem Heerhaufen ihres Schwagers König Konrad I.; Erchanger siegte und erwarb sich auf kurze Zeit die alemann. Herzogswürde, bis er gefangen und hingerichtet wurde. — Rechts in der Niederung **Espasingen.** An der Stockach, (welche in den Ueberlinger See mündet und das sumpfige Thal in vielen Krümmungen durchfliesst) zieht sich die Bahn, jene rechts lassend, aufwärts, überschreitet die Landstrasse und erreicht Station **Nenzingen** 460 m., 700 Ew. (*Adler*).

Ausflug nach **Schloss Langenstein** (2 Std.) westl., auf der Strasse nach Aach; 1/4 Std. herwärts Eigeltingen quer über das Thal und Bach zum malerisch auf seiner Höhe thronenden Schloss 468 m. (*Wirthshaus*). Geschmackvoll restaurirt, lehnt sich das Gebäude an einen alten Thurm (11. Jahrh.) und ist von schönen Parkanlagen umgeben. Sitz eines Geschlechts von L. (Ritter Hug von L., Minnesänger), nachher in vielen Händen, jetzt Grundherrschaft L., von Grossherz. Ludwig gebildet. — Ueber Orsingen (1/2 Std.) an einem Seitenbache der Stockach und der Landstrasse Singen-Stockach (römische Strasse und Niederlassung; zahlreiche Antikaglien) zurück nach (1/2 Std.) Nenzingen. —

Im Bogen thalauf und östlich, rechts ehem. fürstl. fürstenb. Eisenwerk Ristdorf, jetzt Fabrik; an der Ruine der (links) **Nellenburg** vorüber, nach Station **Stockach,** 10 Min. von der kl. Stadt **Stockach** 493 m., 2095 Ew. (*Krone; Adler* (Post), freundlich hochgelegen; nördlichster Punkt des Weinbaues in dieser Gegend; Knotenpunkt einer Anzahl von Landstrassen nach allen Richtungen; Fabriken, Kunstmühlen, Bierbrauereien. (Post nach Ludwigshafen 7 Kilom.; nach Ueberlingen 17 Kilom.)

Im 11. Jahrh. Reichenau zehentpflichtig, ging St. mit der Grafschaft Nellenburg-Thengen 1465 an Oesterreich über. Herzog Leopold's lustiger Rath, Kuoni oder Henzi v. St., nach der Sage Stifter des bis in neueste Zeit daselbst gehaltenen „Narrengerichts." Bekannt ist die Erzählung, wie, 1386 vor der Schlacht bei Sempach, Kuoni im Kriegsrath des Herzogs um seine Meinung befragt, die Aeusserung that: „Die Herren sprechen alle, wie man hinein, keiner aber, wie man wieder heraus kommen will." Im Jahre 1499 wurde St. von den Schweizern, im Jahre 1525 von den aufständischen Bauern berannt, aber nicht eingenommen; es litt im 30jährigen Kriege sehr; Plünderung durch die Franzosen 1730 im spanischen Erbfolgekrieg und musste in den Revolutionskriegen von 1796—1799 und bis 1815 einer Million Soldaten Quartier geben.

Am 25. März 1799 blutige Schlacht auf den Höhen um St.; Erzherzog Karl besiegte die Franzosen unter Jourdan. Denksteine der gefallenen Fürsten Karl Aloys von Fürstenberg und von Anhalt-Bernburg auf dem Gottesacker.

Ehemals ziemlich besuchtes Bad.

Spaziergang auf die **Nellenburg** (1/2 Std.) auf breitem Bergscheitel mit weiter Aussicht. In der Nähe Pachthof mit Musterwirthschaft

(Langensteinischer Besitz). Im 18. Jahrhundert von der österreichischen Regierung abgebrochen, liegt die Burg in Trümmern.

Einst Sitz eines mächtigen Grafengeschlechtes, Stammvater Graf Eberhard (um 889), um 1056 genannt. Um 1100 starb das Geschlecht aus, die Herrschaft gedieh an Verwandte von Mörsburg, nach deren Abgang an zwei auf einander folgende Zweige der Grafen von Veringen, deren Wappen — ein Hirschhorn — auch Wappen der Grafschaft wurde. Um 1400 kam Herrschaft und Burg durch eine Erbtochter an die Herren von Thengen, 1465 durch Kauf an Oesterreich bis 1806.

Ausflug an der Lorettokapelle vorüber nach **Ludwigshafen**, Ueberlingen u. s. w. Lohnende Partie. Man kann den Ueberlingersee mit grossem Genuss umwandern und über Ueberlingen, Meersburg, u. s. w. nach Konstanz und per Bahn über Radolfzell zurückkehren.

Von Station Stockach an Steigung d. Bahn bis auf die Hochebene; schwierige Bahnbaute, die Süsswasser-Molasse der Gegend mit ihrem wassergesättigten Baugrund erforderte kostspielige Arbeiten, Einschnitte, Wasserableitungen u. s. w. und eine Dammanschüttung am Berenberg brach in einer Ausdehnung von 150—160 Meter wiederholt zusammen. Durch Wiesengrund zur Station **Zizenhausen**, ehem. fürstl. fürstenberg. Eisenwerk, jetzt Fabriken. **Schloss** der Freiherrn von Buol-Berenberg. Rechts das freundlich gelegene **Hoppetenzell**. Im Tannenwald sichtbar, an heller Felswand, (weiches Molassegestein) die Oeffnungen der sog. *„Heidenlöcher,“* Höhlungen und Gemächer im weichen Gestein mit Fensteröffnungen versehen, wahrscheinlich Zufluchtsorte und Wohnungen für die Urbewohner, wie bei Sipplingen und Goldach am Ueberlingersee. Station und Dorf Mühlingen links zur Seite. Hübsches Schloss der vom Dorfe genannten Linie der Freiherrn von Buol. Anmuthige Gegend. Durch waldumsäumtes Thal auf die Hochebene von Schwakenreuthe. Einförmige Gegend.

Schwakenreuthe, 619 m. Abzweigung der Bahnlinie nach Pfullendorf.

Projektirte Linie Schwakenreuthe-Hattingen als Verbindungsbahn nach Donaueschingen-Offenburg und Immendingen-Tuttlingen-Horb-Rottenburg etc. (Restauration im Bahnhof.)

Weiter durch die Ebene der **Ablach** über Station **Sauldorf** nach Station **Messkirch,** früher **Mösskirch,** 618 m., 2007 Ew. (*Adler; Sonne; Bierbrauerei Haas; Bierbrauerei Stärk;*) kleine ansehnliche Stadt mit stattlichem fürstl. fürstenbergischem Schloss (Bezirksamt, Beamtenwohnungen). Lebhafter Vieh-, Getreide- und Holzhandel. Hübsch gelegene protestant. Kirche. Rechts am Bahnhofe die sogen. Frauenkirche mit unschönem Thurm. In der Pfarrkirche grosses Altargemälde von *Hans Schäufelin* und 2 Grabmonumente der Grafen von Zimmern (1551 und 1555), schöner deutscher Erzguss (Ulm). Denkmal *Konradin Kreuzers.* Auch der in

Kreenheinstetten geborne *Ulrich Megerle,* Abraham a Santa Clara, soll hier ein Denkmal erhalten. 1800 Schlacht, in welcher General Kray von Moreau geschlagen.

Postverbindung mit **Pfullendorf** über **Kloster-Wald,** mit **Tuttlingen** und **Stetten am kalten Markt.**

Nach dem Aussterben der Grafen von Rohrdorf, kam M. das schon im 13. Jahrhundert mit eigenem Maass und Gewicht erscheint, durch die Familie von Neuffen an die Truchsesse von Waldburg, von denen ein Zweig sich nun von Rohrdorf schrieb, später gedieh es erbweise an die Freiherrn von Zimmern, welche in der hiesigen Martinskirche ihre Familiengruft hatten, und das Schloss erbauten. Nach ihrem Erlöschen kam die Herrschaft an die Grafen von Helfenstein und 1636 an die Linie von Fürstenberg-Blumberg (durch eine Erbtochter), welche sich dann bis zu ihrem Aussterben 1744 von Mösskirch nannte.

Ausflüge nach westl. **Heudorf** (³/₄ Std.), Eisengruben und in **Altstadt** bedeut. röm. Niederlassungen; — nach **Rohrdorf** (1 Std.) nordwestl. mit Burgruine, ehemal. Sitz des gleichnamigen Grafengeschlechtes; letzter Sprössling Manegold baute, wahrscheinlich als kaiserl. Vogt zu Konstanz um 1200 die dortige Rheinbrücke; von da gleiche Geschichte mit seinem Pfarrort Messkirch. — nach **Krumbach** (2 Std.) südwestl.; als Theil der bis in den Eritgau reichenden Goldineshuntar unter Graf Marquard (Angehöriger des Bregenzer Hauses?) von Kaiser Otto III. 993 an Petershausen vergabt; Rückweg über Sauldorf (1 Std.) und Bahn.

Weiter durch monotone Gegend über Station **Menningen** und **Göggingen** im Ablachthal nach **Krauchenwies** 570 m., etwa 2000 Ew. (*Gold. Adler; Schwarz. Adler; Restaur.* hinter dem Bahnhof). Stattliches Schloss des Fürsten von Hohenzollern mit schönem Park; in demselben neues Schloss. Hochgelegene Kirche. Daneben Kriegerdenkmal der Gefallenen von 1866, 1870 und 71 mit dem Namen des jungen Fürsten, der 1866 in Böhmen fiel. **Kreuzungspunkt für die Landstrassen** nach **Sigmaringen, Mengen, Ostrach, Pfullendorf** und **Messkirch.** (Vom Bahnhof zur Stadt 5 Min. Weg am Park vorüber.)

Eisenbahnverbindung mit **Abzweigung** (rechts) über Zielfingen nach **Mengen** (Ulm, München, Wien) 6 Kilom.,

links über **Sigmaringen** und die obere **Neckarthalbahn** (Würt.) nach **Stuttgart.**

Durch den einige tausend Morgen grossen **Wildpark** mit Schlösschen **Josephslust** und Hofgarten in's Donauthal. Rechts Blick auf **Sigmaringendorf** und **Schloss Scheer,** 2 mal über die Donau nach dem **Bahnhof von Sigmaringen** mit Restauration und fürstl. Wartsalon.

In 5 Min. zur reizend gelegenen Stadt

Sigmaringen 566 m., 4000 Ew. (*Deutsches Haus; Sonne; Ochs*). Heitere, ansprechende kleine Stadt und Regierungssitz mit neuen Strassen und stattlichen Gebäuden. Aussichtsreiches fürstliches **Schloss** des Fürsten von Hohenzollern-Sigmaringen mit Römerthurm, geschmackvoll renovirt und reich eingerichtet. Ritter-Waffen- und luxur. Tanzsaal. Prachtvolle Terrassen. Trink- und Kunsthalle. Kostbare Sammlungen von Antiquitäten, Gemälden, Kleinodien, Waffen, Email- und Schnitzwerken, Metall- und Thonarbeiten, Gläsern, Textilgegenständen, Handschriften etc. Elegant. Marstall. Prinzenbau mit werthvollen Kunstgegenständen. Stadtpfarrkirche mit Glasgemälden. Hübsche protestant. Kirche. Regierungsgebäude. Posthaus. Landesspital. Schlossgarten mit Museumswirthschaft. Fürst. Hoftheater; Ständehaus; davor Denkmal des Fürsten Karl Anton (Bronzebüste). Waisenanstalt „Haus Nazareth" auf einer Höhe; auf dem Brenzkofer-Berg, weit um sichtbar, Germania-Victoria auf hohem Piedestal zum Andenken an die Gefallenen von 1870 und 71 mit Anlagen und weiter Fernsicht bis zu den Schweizeralpen. — Kleines Kiefernadelbad Donauthal.

Hübsche Landhäuser und lohnende Spaziergänge.

Postverbindung nach Gamertingen und **Veringenstadt**, sowie nach **Beuron**.

Eisenbahnverbindung über **Ebingen, Balingen, Hechingen, Tübingen** nach **Stuttgart**; über **Mengen** nach **Ulm, München, Wien**, über **Mengen, Herbertingen, Saulgau nach Aulendorf** (Friedrichshafen-Ulm nach Isny), über **Messkirch, Stockach** nach **Radolfzell**.

Geschichtliches: Entstehung des Ortes dunkel; Graf Sigmar von Pfullendorf soll zu Anfang des 9. Jahrh. auf römische Grundmauern die Burg S. erbaut haben; daher ihr Name. Letzter Graf von S. Rudolf, dessen Tochter die Herrschaft 1127 als Heirathsgut der gräfl. Montfort'schen Familie zubrachte. 1228 kaufte Kaiser Albrecht Burg und Herrschaft; sie gingen dann durch verschiedene Hände bis 1534 Oesterreich sie als heimgefallenes Lehen an sich zog und den Brüdern Friedrich und Felix von Hohenzollern 1535 zu Lehen gab. 1576 gab Graf Karl I. von Hohenzollern die Herrschaft an seinen Sohn Karl, während dem andern, Georg, die Stammburg und Hechingen zufiel. So Karl, der Sohn, Stammvater der Linie Hohenzollern-S. — Im 30jähr. Krieg litt die Stadt viel, erholte sich aber unter der Herrschaft der nun zu Fürsten erhobenen Hohenzollern allmählich wieder. 1850 ging das Fürstenthum an die Krone Preussen über.

Seit 6. April 1850 **Hauptstadt** der **preuss. Provinz Hohenzollern-Sigmaringen.**

Spaziergänge und Ausflüge: nach **Hedingen** (1/4 Std.) ehem. Kloster, jetzt Gymnasium am rechten Donauufer. Die Dominikaner-Nonnen im 16. Jahrh. wegen ihres wüsten Lebens berüchtigt. Kirche von 1680 mit Gemälden von Mucke (Düsseldorf), das Leben des heil. Meinrad. Fürstliche Gruft. — **Gorheim** (1/4 Std.) im Donauthal, ehemal. Jesuitenrektorat. — **Mühlberg** mit schönen Anlagen am linken Donauufer; — **Josephsberg** östlich mit achteckiger Kapelle. — **Sigmaringendorf** (1 1/4 Std.) Fabriken; — **Inzigkofen** (1 Std.) Schloss und romant. Park des Erbprinzen und Nickhof. — **Bittelschiesser Thal**, reizend, mit Grotten, Kapellen, Pavillons u. s. w. geschmückt. — **Ruine Hornstein** (1 1/2 Std.); **Bingen** (1 1/2 Std.) im Lauchertthal (*Lamm*), mit schön gelegener Kirche und altdeutschen Altarbildern. — Ueber **Lauchenthal** nach **Scheer** (2 Std.) nach **Ennentach** (1 Std.) und **Mengen** (1/4 Std.) u. zurück auf der Eisenbahn über Sigmaringendorf. Gothische Kirche zu Ennentach mit schönem Sakramenthäuschen, Chorstühlen und andern Holzsculpturen aus der Werkstätte von *Jörg Syrlin* (1506). — nach **Josephslust** (mit Bahn), fürstliches Jagdschlösschen mit grossem Hirschpark und schönen Waldpartien. — In's interessante **Lauchertthal**, nach **Veringendorf**, **Veringenstadt**, **Gammertingen**; nach **Krauchenwies**; ins romantische **Schmeiethal** (Eisenbahn nach Ebingen); nach **Klosterwald** (*Gasthof zur Post*) etc.

Nr. 6. Donauthal.

A. Von Sigmaringen abwärts nach Scheer, Mengen, Herbertingen (Saulgau), Ehingen, Blaubeuren, Ulm. (Würtembergische Donaubahn.)

Mit der Bahn direkt nach **Scheer**, von der Donau umkreist, 565 m., etwa 1000 Ew. (*Post, Bierbrauerei und Gartenwirthschaft*), Städtchen von hohem Alter, vom Schloss (1486) und der Lorettokapelle hübsche Aussicht, ehem. Hauptort der Grafschaft Friedberg, dann 1806 würtemberg.; im Donauthal n. **Mengen** 560 m., nahe an 2000 Ew. (*Bahnhofrestauration; Restaur. zum Rosengarten; Post;*), fast zusammenhängend mit **Ennentach** (römische Alterthumsfunde) — Burgtrümmer von Bartelstein. M., 5 Min. von der Donau an der Ablach, ehedem mit Mauern und Graben umgeben, eine der 5 österr. Donaustädte. Im flachen Thalgelände der Donau; von rechts her kommt die **Ostrach** und der **Mühlbach**; nach **Herbertingen**, rechts Abzweigung **einer Bahnlinie über Saulgau und Altshausen** (wo Verbindung mit Pfullendorf) **nach Aulendorf**, von wo einer Seits die **Allgäubahn** über **Waldsee**, **Wolfegg**, **Leutkirch** nach **Isny** abzweigt, ander Seits der Anschluss an die Hauptlinie **Friedrichshafen-Ravensburg-Ulm** stattfindet.

Saulgau 590 m., über 3000 Einw. (*Post; Rebstock*). Alte Stadtpfarrkirche mit Vorhalle, Glasmalereien, Gemälden. Rathhaus mit Kornhalle, 1820 erbaut. Auf dem Gottesacker alte Kreuzkapelle. Lebhafte Landwirthschaft.

Von Herbertingen auf der Donaubahn im Donauthal abwärts nach Station Riedlingen, 1/4 Std. von Stadt **Riedlingen** 551 m., üb. 2000 Ew. (*Post; Fuchs; Rosengarten; Hirsch* mit Brauerei), sehr alter Ort (nach Einigen von Valentinian 345—375 erbaut als Taradunum). Als Stadt erscheint R. 1255, war eine der 5 österr. Donaustädte, 1806 an Würtemberg. Bedeutender Fruchtmarkt. Alte Pfarrkirche.

Ausflüge nach **Grüningen** (1/2 Std.) mit Schloss; nach **Pflummern** (1 1/4 Std.), altwürtemb. protest. Dorf mitten in kathol. Umgebung, beide an der Landstrasse nach Gammertingen. — **Heiligkreuzthal** (3/4 Std.) westl., ehemal. Cisterzienser-Kloster mit Grabsteinen zahlreicher Adelspersonen. — Oestlich der Schwabenberg **Bussen** (1 3/4 Std.), Mons Bussenius 758 m. in schöner Gestalt. Auf demselben soll Graf Gerold, Schwager Karls des Grossen, seinen Wohnsitz gehabt haben. Lohnende Partie. Am bequemsten von Station **Uttlingen** aus.

Am Fusse des Berges führte eine röm. Heerstrasse vorbei. Auf dem Gipfel Kirche (von Offingen am südl. Bergfusse) und Ruinen von 2 Schlössern, in röm. Zeit Kastell. Stammburg des weit verbreiteten Geschlechts der Gaugrafen der Folkolts- und Bertholdsbaar. 805 Kirche St. Gallisches Besitzthum. Hintere Burg 1633 von den Schweden und Würtembergern zerstört. (*Buck*, der Bussen.) Wallfahrten zur Kirche. Christusbild von Kopf.

Belvedere auf dem Wartthurm. Ausgedehnte Rundsicht.

Auf Dämmen und Brücken und durch Einschnitte am Fluss abwärts über **Zell** nach **Zwiefaltendorf** 546 m., 1000 Ew. (*Rössle*, *Bräuhaus*), an der Mündung der Aach in die Donau. Schloss der Herren von Speth. Burgruine Hassenburg oder Hassenmur, 1647 vom schwed. General Wrangel zerstört.

Im Aachthal nordwestl. (1 1/2 Std.) ehem. Kloster **Zwiefalten** mit grosser, schöner Kirche, jetzt berühmte Irrenanstalt (*Post*). Stationspunkt für lohnende Ausflüge in der romant. Umgegend.

Stiftung des Klosters 1089 von den Brüdern Cuno und Luithold, Grafen von Achalm; wiederholt zerstört und wieder hergestellt, 1803 an Würtemberg. Jährlicher Einnahme-Ueberschuss 100,000 fl. bei der Säkularisation.

Ausflüge: nach **Hayingen** (1/2 Std.) und **Indelhausen** (2 1/2 Std.) ins Lauterthal.

Im **Lauterthal** abwärts bis **Lauterach** (Wasserfall) und **Untermarchthal** zur Bahn. —

Im **Aachthal** gegen Hayingen Burg Alt-Ehrenfels; Friedrichshöhle bei Wimsheim-Mühle, aus welcher ein Nebenbach der Aach heraustritt. Die Höhle, 527 m. hoch, 3—3 1/2 m. breit, mit Wasser bedeckt, da 11 m. tief sein soll, wird 180 m. weit mit kleinen Kähnen befahren. **Schloss Ehrenfels.** —

Im **Lauterthal**, über **Anhausen**, das hoch auf einem Felsen hängende Raubnest Schildsburg, gegenüber die Maisenburg, thalabwärts Wartstein, Mönsberg, thalaufwärts Schloss Derneck (in der Nähe Bettelmannshöhle) und bei den Orten **Gundelfingen**, **Bichishausen** und **Hundersingen** Burgruinen. Von **Buttenhausen** (*Adler*) Postgelegenheit (von Münsingen) zurück nach Z.

Von Zwiefaltendorf durch Felseinschnitt von 21 m. Tiefe mit Inschrifttafel nach Station **Rechtenstein** mit Ruine Rechtenstein auf Felshöhe mit höhlenreichen Felswänden. Sehr malerische, romantische Scenerie; einer der Glanzpunkte an der obern Donau. Rechts, 20 Min. jenseits der Donau **Obermarchthal** (*Wirthshaus zum Bräumeister*) ehemal. reiches Kloster, 1803 an den Fürsten Turn und Taxis vergeben. Als **Marchetala** eines der ältesten Klöster Schwabens, 776 an St. Gallen verschenkt von Graf Agilolf, stand es unter der Schirmvogtei der Pfalzgrafen von Tübingen, Anfangs auch mit einem Frauenkloster verbunden, das aber im 13. Jahrhundert aufgelöst werden musste. Mit Würtemberg in wiederholter Fehde, wurde der Abt 1482 gefangen und gegen 1000 fl. ranzionirt; Plünderung durch die Schweden 1632. Im vorigen Jahrhundert sehr reich; Prachtbauten aus jener Zeit: Kirche Kapitelsaal; vergoldete Statuen und Bilder; Gartenanlagen. Bewirthung der Erzherzogin Maria Antoinette im Mai 1770 mit 500 Personen, bei der Brautfahrt nach Paris. — Jetzt Turn- und Taxis'scher Besitz. —

Mittelst Gitterbrücke über die **Lauter-Mündung**, bei Neuburg interess. Felspartien. Station **Untermarchtahl** 532 m. Der angebrochene Fels des Jurakalkes bildet hier kühne Klippen; er wurde zum Bau des Bahndammes verwendet. —

Ausflüge nach dem Wasserfall von **Lauterach**, nach **Mochenthal** ($^1/_2$ Std.) einst Sommeraufenthalt der Aebte und Mönche von Zwiefalten (der sog. Prälatenweg führt in $2^1/_2$ Std. nach Zwiefalten); ferner nach **Kirchen** oder **Kirchheim** ($1^1/_4$ Std.) und durch das Kirchheimer Thal nach **Ehingen** ($2^1/_2$ Std.)

In enger Passage windet sich die Bahn zwischen Fluss und den Felswänden der Jura-Gebirgsformation durch und erreicht das alte, ehemal. vorderösterr. Städtchen **Munderkingen**, 526 m., etwa 2000 Ew. Im Mittelalter wohlbefestigter Ort, auf einem von der Donau umflossenen Jurakalkfelsen, der wie eine Insel erscheint, zu welcher die Brücke überführt. Letzter Jura-Gesteinfelsen, den die Donau bespült bis Weltenburg und Kehlheim (Bayern), wo wieder der Jura erreicht ist. Im vorigen Jahrhundert wurde der schwäb. Dichter *Weizmann* hier in contumaciam ersäuft, weil er M., seine Vaterstadt, bespöttelt hatte. — **Dionysiuskirche** nnd am Frauenberg (Kapelle mit der Wundergeschichte einer Wasserschlange) Quelle vortrefflichen Wassers.

Unterhalb M. Erweiterung des Donauthales und freundlich von Ortschaften belebtes Thalschaftsbild. Durch weichen Molassen-Sandsteingrund nach Station **Rottenacker**, 522 m. Zwischen hier und Ehingen, wo die südlichen Bergvorsprünge des Schmiechenthalgebietes wiederholt angeschnitten worden sind, bemerkt man im Gestein (tertiärer Kalk) Erdöl-Durchtränkungen und die porösen Gesteine mit einer schwarzen Kruste belegt.

Bei Station **Oettingen** Austritt der Bahn aus dem Thal der Donau.

Diese schlängelt sich von Ehingen in nordöstl. Richtung, an einer Reihe von Ortschaften vorüber dahin, wird bei **Erbach** von der langen Gitterbrücke der Bahnlinie Friedrichshafen-Ulm überschritten und erreicht bald die Stadt Ulm.

Gleich hinter Dettingen ist Ehingen erreicht.

Ehingen, 531 m., 3500 Ew. würtemb. Oberamtsstadt (*Würtemberg. Hof* am Bahnhof; *Kreuz; Kronprinz; Traube; Linde;* [Bier]), 10 Min. von der Donau, unweit der Einmündung der **Schmiechen** in dieselbe. Urkundlich schon 961 unter König Otto I. genannt, kam E. 1345 an Oesterreich, 1806 an Würtemberg. St. Blasiuskirche auf felsigem Rand gegen die Schmiechen; **Marien-** oder **Spitalkirche** (ehem. Franziskanerkirche mit starkbesuchter Wallfahrt); Collegiumskirche (früher Gymnasiumskirche); Oberamtsgericht; ehemaliges Ständehaus; Oberamtsgebäude; ehem. Ritterhaus; Rathhaus, Conviktgebäude (kath. niederes Convikt). Früher Mittelpunkt der Herrschaft Ehingen und Regierungssitz der 5 Donaustädte **Munderkingen, Riedlingen, Mengen, Saulgau** und **Waldsee** in Vorderösterreich.

Die Bahn von Ehingen nach Ulm zieht sich durch das Schmiechenthal über **Allmendingen** nach **Schelklingen** rechts und darauf durch **das Thal der Blau.** Interessante Fahrstrecke. Romantische Umgegend von **Schelklingen** (Schmiechensee; Schmiecherthal, Urspring) und Umgebung von **Blaubeuren.** Bei **Schelklingen** (*Sonne;* mehrere Brauereien) der **Singenstein,** eine imposante Felsmasse und demselben gegenüber der **Hohlefelsen** (20 Min. von Sch.), Höhle von 60 m. Länge; Ocker von der reinsten gelben Farbe gegraben; eine Menge urweltlicher Thierknochen, von denen viele von den Urmenschen bearbeitet erscheinen, (Reste von Rhinoceros, Mammuth, Höhlenbär etc.) nebst Ueberresten einer tropischen Pflanzenwelt. — Wilde, phantastische Felsennatur vereinigt sich hier mit seltsamer Gestaltung des Bodens: Höhlen, Schluchten, Quellen in Masse. Ruinen von **Hohenschelklingen.** Kloster **Urspring,** jetzt Fabrik, an der Quelle der **Aach** mit bläulicher Färbung des Wassers, wie bei der Blau im sog. Blautopf (Quelle der Blau) bei Blaubeuren. Das Benediktiner-Kloster, gegründet 1127 von 3 Brüdern von Schelklingen, wurde 1806 aufgehoben. — Im Thalkessel zwisch. Urspring und Schelklingen der isolirte **Litzelberg.**

Station **Blaubeuren** 514 m., etwa 2300 Ew. (*Post; Waldhaus; Löwe; Ochs* mit Brauerei) würtemb. Oberamtsstadt, sehr gewerbsam und im Aufschwung begriffen. Romantische Umgebung. Der **Blautopf,** 21 m. tief, Quelle der Blau, von der Form des Beckens und der Wasserfarbe so genannt.

Benediktinerkloster, jetzt Seminar, 1085 gestiftet. Klosterkirche, im german. Styl 1467—1496 erbaut, mit interress. Grabdenkmälern, vortrefflich geschnitzten Chorstühlen von *J. Sürlin* aus Ulm und berühmtem, kostbarem Hochaltar mit Malereien von mehreren Meistern aus der Schule von Zeitblom und herrlichem Schnitzwerk. Evangelische Stadtkirche mit Gemälde von *Zeitblom.*

Stadt Blaubeuren sammt den Burgen Ruck, Gerhausen und Blauenstein und der Schirmvogtei über das Kloster von dem Grafen von Helfenstein 1442 an Würtemberg verkauft. Ueberreste von den 2 ersten noch auf Felshöhen vorhanden. In Blaubeuren 1475 das erste Buch in Alt-Würtemberg von Konrad Manz gedruckt.

Ausflüge: auf die malerischen Ruinen der Burg Hohen-Gerhausen 666 m., über **Sonderbuch** und **Asch**; im Lauterthal nach **Herrlingen** (und mit der Eisenbahn zurück nach Blaubeuren oder Ulm); in's **Schmiechenthal** u. s. f.

Auf der Weiterfahrt nach **Ulm** rechts und links hübsche Scenerien der Felsufer und Waldhöhen, der Blaufluss, in unzähligen Windungen durchs enge Thal niederwärts gleitend. Schöne Umgebung von **Herrlingen** an der Mündung der Lauter in die Blau. Oberherrlingen, Schloss, in freundlicher Höhe. Jm Lauterthal aufwärts Lautern mit der Ruine **Lauterstein.** Kirchlein von Lautern, sehr alt (9. Jahrhund.) mit kunstvollem Hochaltar und alter Glocke (Jahrzahl 1020). Ueber Station **Söflingen** in dem Festungsrayon von Ulm. Länge der Linie **Mengen-Ulm** 12 Meilen oder 82 Kilm.; Fahrzeit circa 4—5 Std.

a. Abstecher nach Pfullendorf.

Entweder per Bahn von Sigmaringen über **Schwackenreuthe**, oder per Bahn nach **Krauchenwies** und über **Hausen** und **Schwäblishausen** (2½ Std.) auf der Landstrasse oder endlich per Bahn über **Herbertingen**, **Saulgau** Nr. 6., **Altshausen**, **Ostrach** nach **Pfullendorf**.

Station **Pfullendorf** 656 m., 2484 Ew. [*Schwan; Grüner Baum; Alte Post oder Rother Ochs; Restauration zum Platz* (und Café); mehrere Bierbrauereien (*Grüneburg*)], früher freie Reichsstadt an der äussersten Grenze des badisch. Seekreises mit landwirthschaftl. Bevölkerung und einiger Gewerbsthätigkeit.

Gründung der Stadt nach der Sage Julius Cäsar zugeschrieben; in der Nähe manche Spuren römischer Ansiedlung ausgegraben (z. B. ein Cohortenzeichen). Wahrscheinlich Stammsitz der Grafen von Pfullendorf, ein Zweig der Grafen von Bregenz, starben im 12. Jahrh. aus; ihre Güter kamen durch eine Erbtochter an die Habsburger, die sie an solche der Hohenstaufen vertauschten. 1220 vom Feuer heimgesucht, wurde die Stadt bald hernach von Friedrich II. reichsunmittelbar erklärt und kam in Blüthe durch Gewerbe, namentlich Weberei und musterhafte Stadtordnung. Gegen kaiserliche Zusicherung fiel sie in Pfandschaftsverhältniss bis 1415, wo sie wieder ausgelöst wurde. Im Bauernkriege unterstellte sie sich auf dem Tage zu Stockach den Aufständischen, im 30jährigen Kriege mitgenommen und 1798 (21. März) vor und nach der Schlacht bei Ostrach empfindlich geschädigt. 1802 an Baden.

Stadt im Aufschwung begriffen. Neue Wasserleitung. Bahnhof einige Minuten vor dem höher gelegenen Städtchen. **Pfarrkirche** mit neuem gothischen Thurm von schönen Verhältnissen. Altes **Spital** mit sehenswerth. Kapelle (Altar, Schnitzwerke, Gemälde, Glasmalereien) und kolossalem Vermögen. Rathhaus, mit stattlichem Rathhaussaal und schönen Glasfenstern. Schulhaus. Städtischer Park mit Springbrunnen und Standbildern. Badanstalt mit warmen und kalten Bädern; Schwimmbad; Turnhalle. Alte Wallfahrtskirche Maria-Schrei vor dem Ostracher Thor mit allerlei Ortslegenden und bezügl. Bildern. Dabei weite Fernsicht. Am Thor alte Schilderei (Reichsadler mit 2 Wappenhaltern etc.)

Ausflüge: nach **Linz** (1¼ Std.), in 10 Min. mit der Eisenbahn Pfullendorf-Schwackenreuthe (Station Aach-Linz), Pfarrdorf mit Schlossgut, in dessen Namen der karge Ueberrest des Andenkens an die Lenzer Alemannen (Lentienses), welche im Kampfe mit Kaiser Julian die Vernichtungsschlacht bei Strassburg erlitten und des von ihnen genannten Linzgaues des Mittelalters, vom Randengebirge bis an die Berge des Bregenzerwaldes, der endlich zur Grafschaft Pfullendorf zusammenschmolz. — nach **Heiligenberg** (2½—3 Std.); — nach **Salem** (4½ Std.; **Ueberlingen** (5 Std.); **Meersburg** (6½ Std.); **Ober-Homberg** (Aussichtsthurm auf dem Höchsten 840 m) (5 Std.); **Illmensee** (3 Std.); **Königseggwald** (4 Std.); **Ostrach** (2½ Std.), Eisenbahn Pfullendorf-Altshausen; **Mengen** (4 Std.); **Krauchenwies** (2½ Std.); **Sigmaringen** (4½ Std.); mit Eisenbahn über Schwackenreuthe; **Messkirch** (3½ Std.) in gleicher Weise.

Ueber die Stationen **Aach-Linz** und **Sentenhart** (vorzügliche Aussicht auf die Vorarlberger- und Schweizeralpen) nach Schwakenreuthe und Sigmaringen zurück.

B. Aufwärts von Sigmaringen nach Tuttlingen.

(Zu Wagen oder zu Fuss.)

Sehr dankbare Partie, zu Fuss in 2 Tagen, mit Wagen oder mit Benutzung der Post in 1 Tage zu bewerkstelligen. Post von **Sigmaringen** nach **Beuron** und von **Beuron** nach **Tuttlingen** (siehe Cursbuch).

Von Beuron ab ist der Fussweg an der Donau über **Bronnen**, **Kallenberg**, und über den Welschenberg nach **Mühlheim** dem Postweg vorzuziehen. Lohnendste Strecke für den Fussgänger von **Thiergarten** bis **Mühlheim**. Bequeme Landstrasse auf dem linken Ufer der Donau aufwärts, bald am Wasser entlang, bald mehr abseits; wiederholt durch Felsgallerien und Tunnels.

Von Sigmaringen nach **Laiz** (25 Min.) (*Wirthshaus* mit Brauerei und Garten). Am Kirchthurm „der grosse Stoffel von Laiz", eine koloss. heil. Christophfigur. Ehem. Dominikaner-Nonnenkloster, von Kaiser Joseph aufgehoben, nun Privathaus. — Beliebter Spaziergang der Sigmaringer.

Inzigkofen (1/2 St.) Nr. 5. (*Kreuz; Erbprinz*) Dorf, Schloss und Kloster. Reizende Anlagen und Sommerresidenzschloss des Erbprinzen von Hohenzollern. Kloster 1803 aufgehoben; Kirche sehenswerth.

Von jetzt an thalaufwärts Scenerien fesselnder. Uferhöhen nehmen wechselnden, grossartigen Charakter an. Aus dem dunkeln Grün der Thalwände recken sich helle Kalkfelsen empor, vielfach von den Mauertrümmern der alten Ritterburgen auf schwindelnder Höhe überragt. Höhlungen und Grotten, manchmal von bedeutender Ausdehnung geben sich hin und wieder an den Felswänden kund und die Donau mit ihrem bräunlichen Wasser schlängelt sich in unzähligen malerischen Krümmungen durch das schöne, von Dörfern, Weilern, Mühlen und Schlössern in romantischem Wechsel belebte Engthal. Je mehr man thalauf vordringt, desto wildschöner, pittoresker gestaltet sich die Scenerie und jede Thalwendung hat ein neues überraschendes Bild bereit. Die grössern und kleinern Tunnels, durch welche die Strasse geführt ist, tragen nicht wenig zur Erhöhung des romantischen Charakters der Thalschaft bei.

Unterhalb Inzigkofen verlässt die Donau dieses Engthal und durchströmt dann ein Thalbecken, das (vielleicht in der Urzeit ein See) nur noch an einigen Stellen von Felsbildungen eingeengt wird.

Hinter Nickhof, hübsches Domänengut (1/4 Std.) erscheint auf einem Felskegel, hoch über dem linken Ufer Ruine **Alt** oder **Gebrochen Gutenstein.** Brücke über die von Norden her einfallende Schmeie. Ruine **Dietfurt** (10 Min.) mit hohem Thurm auf dem rechten Ufer. Dietrich von Nusplingen im Bärenthal soll der Erbauer sein (Dietrichsfurt); altes Geschlecht; starb aus 1132; Burg und Herrschaft durch verschiedene Hände, endlich an Haus Zollern. Zeitpunkt der Zerstörung unbekannt. — In der Nähe Bauernhöfe und Mühle. —

Bald Austritt aus preussischem Gebiet. Badisches Dorf **Gutenstein** (*Sonne*) (35 Min.) auf dem rechten Ufer. Neue Poststrasse und Brücke nach Messkirch. Kleines Schloss **Gutenstein** auf niedrigem, vom Fluss umströmtem Felsen 582 m. Gegenüber, auf jetzt durchbohrtem Felsen (Burgbühl) die alte Burg **Burgfelden** 673 m. Allerlei Sagen und Spuk in der Umgebung. — An hohen, nackten, Felszacken und Wänden vorüber: **Heidenfelsen, Rabenfelsen** mit Grotte **Heiden-** oder **Teufelsloch** und Resten von altem Mauerwerk. Jenseits der Donau die sog. Höfe mit uralten Gebäuderesten, zu Thiergarten gehörig. — **Thiergarten** (20 Min.) 630 m. (*Hammerwirthshaus*), ehem. fürstl. fürstenberg. Eisenwerk, nun verödet. Name von dem durch *Wilhelm von Zimmern* hier angelegten Thiergarten. Kalksteinbruch mit vielen Versteinerungen. (Von hier nach Hausen im Donauthal 2 St.; nach Sigmaringen 3 St.) **Strassenverbindung** durch das Stetterthal nach **Stetten am kalten Markt** und über **Langenhart** und **Rohrdorf** Nr. 5. nach **Messkirch** Nr. 5. Bis nahe hierher (von Sigmaringen) neu angelegte Strasse (1846) mit 8 Tunnels, von der preussischen Regierung gebaut.

Im engen, vielfach gewundenen Thal ohne Fernsichten aufwärts, an **Falkenstein**, Ruine, vorüber nach **Neidingen** (2 St.). Bald vorwärts Thiergarten preussische Enklave. **Falkenstein**, 747 m. rechts (auf der linken Thalseite), auf hohem unzugänglichem Felsenscheitel, mit 6—9 m. hohen Mauerüberresten eines Wartthurmes. Aelteste Besitzer, die von Magenbuch, deren Stammburg nordöstlich von Pfullendorf gegen Ostrach gelegen, dann Besitzthum der Freiherrn von Zimmern, der Familie von Helfenstein und 1627 derer von Fürstenberg; im Bauern- oder im 30jähr. Krieg (vielleicht wiederholt) zerstört.

Schmales Engthal, stellenweise kaum für Strasse Raum nebst dem Fluss. Drohende Felswände. **Schaufelsen,** 151 m. hoch, jähe Felsmasse, worauf nach der Sage ein Schloss gestanden. Auf dem Kamm des **Ramsbergs** soll das **Heidenschlössle,** auf der höchsten Spitze des rechten Ufergesenkes **Langenfels** gestanden haben.

Im erweiterten Thal, an einer Mühle mit krystallheller Quelle vorüber, nach Dörfchen **Neidingen** 606 m. Nach der Sage jenseits desselben, auf dem rechten Ufer, ehemals Städtchen Neidingen. In 20 Min. **Hausen** 601 m. (*Wirthshaus zum Steinhaus*) auch **Hausen im Thal** genannt, Forellenzucht. Hübsche kleine Kirche mit Glasgemälden und Grabstätten der Ritter von H. Steinerne Brücke über die Donau und Weg nach **Kreenheinstetten** Nr. 5. (*Geburtsort Abraham's a Santa Clara, Ulrich Megerle*); rechts (nördlich) Fahrweg von H. durch das romantische **Hausenerthal** nach dem Dorfe Schwenningen hinauf. — Gegenüber Hausen, hochgewölbte Felsgrotte **Höhlenloch** mit Sage von schatzhütender Jungfrau und schwarzem Hunde. Auf dem Gipfel dieses Felsens (Schlossfelsen) schwache Ueberreste der ehem. bedeutenden **Wagenburg.** In der Umgegend mehrere andere Höhlen. — Ueber dem linken Donauufer, auf hohem, kahl und senkrecht abfallendem Felsgipfel Burg **Hausen.** Nahe dabei, hinten auf dem Berge ebenfalls weitläufige Burgtrümmer. Im Jahre

1813 abgebrochen. Geschlecht der Herren von Hausen sehr alt. Die sehr interressanten Burgtrümmer, jetzt Besitzthum der Gräfl. Familie von Langenstein.

Unmittelbar vorwärts Hausen, erscheint auf einem vorstehenden Felsen im erweiterten Thaleinschnitt Schloss **Werenwag**, noch wohl erhalten, 775 m. Guter Fahrweg und kürzerer Fussweg führen hinauf. Besuch sehr zu empfehlen; reizende Aussicht in's Donauthal vom Pavillon. *Wirthshaus* (von Anger) mit 4 Bildern der Konstanzer Malerin *Maria Ellenrinder* in schwarzer Kreide. Felsgrotte „Felsenschmiede". Nordöstlich Quaderthurm, soll röm. Ursprungs sein. Schloss und Oekonomiegebäude verpachtet. (Beim Pumpwerk Weg zur Höhe (1 St.) Fussweg 35 Min.; Rückweg $^1/_2$ St.)

Im 11. Jahrh. Besitz der Kapitäne zu Fürst (wahrscheinl. Fürstenberg, eine Zollern'sche Seitenlinie); dann vertauscht an St. Georgen und unter gleichnamigem Lehenadel. 1626 österr. Lehen der Brüder Egon und Jakob Ludwig von Fürstenberg, später in andre Hände, jetzt wieder fürstenbergischer Besitz.

Bei **Langenbrunn** wieder auf die Landstrasse. Von Hausen bis L. 35 Min. Rechts Weg durch das (nördliche) felsige **Finsterthal**, linksseitiges Nebenthal. Ueber die Donaubrücke und in mehreren Windungen waldauf, an einer grossen Höhle vorüber, Weg nach **Lengenfeld** und dem unfern südöstlich gelegenen **Kreenheinstetten** (s. ob.) Gegenüber Langenbrunn auf einem Felsvorsprung Ruinenreste der Burg **Lengenfeld**.

Nahe vor den Blick tritt nun das schon mehrmals aus der Ferne gesehene, kühn aufsteigende Gemäuer der Bergfestung **Wildenstein**, hoch auf einem von Felszähnen umgebenen Kalksteingipfel des rechten Ufers. Von allen Seiten her ein imposantes Bild darstellend, bildet die wohlerhaltene alte Veste nebst **Beuron**, **Bronnen** und **Werenwag** den Glanzpunkt des Donauthales.

Wer nicht von Beuron aus den **Wildenstein** zum Gegenstand eines besondern Ausfluges machen will, besucht ihn von Langenbrunn aus.

Wildenstein, 790 m., eines der merkwürdigsten, besterhaltenen, mittelalterl. Schlösser auf einem 26 m. hohen, isolirten, steilen Felsen an der Donau und durch Zugbrücke mit dem Uferlande verbunden. Ursprüngl. Stammsitz der Dynasten von Wildenstein, im 14. Jahrhundert Besitz der Pfalzgrafen bei Rhein, dann der Herren von Zimmern; schliesslich der Fürsten von Fürstenberg. Im geräumigen Burghof befand sich ein grosses Mehlmagazin, eine Tretmühle; das Dach konnte abgenommen werden; Gewölbe unter demselben machten den Platz kugelsicher. Bemaltes Gemach des Grafen *Gottfried von Zimmern* (1550), in dem er dichtete und Leim sott, wobei er die Pergamente seines Archivs leider als Brennstoff verwendete. Kostbare Gemälde von *Hans Schäufelin* kamen nach Donaueschingen und Sigmaringen. Försterfamilie im Schloss zeigt alles (*Restauration*). Sagen fehlen auch nicht.

Nahezu gegenüber der Felsenveste W., am linken Ufer der Donau, liegt, an der Landstrasse, die **St. Mauruskapelle** (1868—71), von der verwittweten Fürstin Katharina von Hohenzollern, geb. Prinzessin von Hohenlohe-Waldenburg erbaut. Auf massivem Unterbau, mit der Landstrasse durch einen Treppenbau verbunden, aussen mit Gemälden aus dem Leben des heil. Maurus geschmückt, in der Portalhalle prachtvolles Bild des Himmelskönigin, im Innern Altarbild mit dem Opfertod Christi, zur Seite Heilige und Engel. Altar aus Marmor, auf der Rückseite der sterbende St. Maurus. — jenseits der Strasse **Meierei St. Maurus im Feld**, mit freundlichen, Bilder und Inschriften weisenden Gebäuden. (Schlüssel zur Kapelle hier erbeten). — Von der Mauruskapelle anmuthiger, schattiger Fussweg, welcher bedeutend kürzt, nach **Beuron.**

Der Strasse folgend (1 St.) über die bedeckte Donaubrücke, nach **Beuron** 630 m., 150 Ew. (*Gasthof zum Pelikan* v. P. Mayer, Kuranstalt und Brauerei), preussische Enklave, stattliche Klostergebäulichkeiten in der schönsten Gegend des ganzen Donauthales auf einer sanft abfallenden Terrasse, vom Flusse in weitem Bogen umspannt; bedeckte Brücke (s. ob.) Mittelpunkt für zahlreiche interessante Ausflüge.

Schöne Kirche mit neuem, 21 m. hohem Thurm (1869); restaurirter Kapitelsaal. In der Kirche ältere und neuere Gemälde von *Schraudolf* und Mönchen des Klosters, welche nun in Monte Casino in Italien Wohnsitz genommen haben. Die Klostergeistlichen entwickelten grosse Thätigkeit in Malerei und Musik; (Gregorianischer Kirchengesang zu Beuron war berühmt) seit 1868 *Dr. Maurus Wolter* Abt; Räumung des Klosters 1876. — Fürstin Katharina von Hohenzollern, in Beuron wohnend, that viel für Kirche und Kloster. —

(P. Wolf von Beuron 1871; A. Schlude, Donauthal; Staiger Donauthal und „Beuron im Donauthal“ v. F. B. 1843).

Ausflüge: nach Mauruskapelle; Schloss Bronnen; Burg Wildenstein.

Spaziergänge: zur Petershöhle, zum Petersfelsen mit 6 m. hohem Kreuz (1868 zur Feier des päpstl. Jubeljahres 1867); zur Karls- oder Paulshöhle, zum Benedictusfelsen mit thurmähnlicher Gestaltung und an seinem Fuss Fürstenstein mit Phönixfigur in Metallguss. Hier nach der Sage ein römisches Kastell Bragodunum. — Zur Louisenruhe, auf den sogen. Franzosenweg nach **Steighof** 804 m, in's Bera- (Bären-) thal, durch das Finsterthal nach Schwenningen und durch das Hausenerthal nach dem Hauptthal; über **Bronnen** (Jägerhaus an der Donau) nach **Kallenberg**, **Friedingen** und von hier über den Welschberg nach **Mühlheim** sind alles lohnende Wanderungen.

[Untersuchungen der zahlreichen Höhlen der Gegend auf vorgeschichtliche menschliche Culturwahrzeichen und Thierreste haben nirgends stattgefunden. Durch den Strassenbau von Thiergarten bis Sigmaringen sind wohl manche Höhlungen verschüttet worden; doch sind immer noch solche zum Erforschen vorhanden.]

Leider fehlt nun thalauf nach Friedingen oder Mühlheim eine bequeme Fahrstrasse; die Strasse, welche sich in Serpentinen an **Irrendorf** vorüber, nach **Friedingen** zieht, bietet, ausgenommen die Fernsichten, wenig Interressantes.

Am rechten Donauufer oder über die sog. Weinsteige, wo zur Linken die den Felsen abgewonnene Strasse nach **Steighof** und **Buchheim** 795 m. führt, zum Försterhaus, wo Schlüssel und Führer zum Schloss **Bronnen.**

Buchheim, Pfarrdorf; im sog Gau Ratoldesbuoch, Untergau des alten Baar- und Scheeragaues im 11. Jahrhundert von seinen Buchenwaldungen so geheissen. Gemarkung von einer Römerstrasse durchzogen mit vielen alten Grabhügeln und zerstreut gefundenen Anticaglien.

Thalabwärtsreisende können von Schloss Bronnen nach Beuron den Weg mittelst Kahnfahrt auf der Donau zurücklegen.

Jagdschlösschen **Bronnen** 790 m., (Besitz der Familie von Enzberg) in luftiger Höhe mit entzückender Aussicht und nahebei grosse Höhle. Lage einige Verwandtschaft mit Schlösschen Lichtenstein bei Pfullingen. Inneres weniger Interesse.

In's Donauthal hinab; Fluss gleitet glatt und still wie ein Weiher dahin; vorbei an Mühle und hübsch gelegenem Scheuerlehof. Blick auf den links auf hohem Fels liegenden Ruinenrest der Burg **Kallenberg** (741 m.) mit hohem viereckigem Thurm und schöner Aussicht. In der Nähe der Oberhof.

Im engen höhlenreichen, felsumschränkten Thal mit dem hin und wieder gewundenen Fluss aufwärts. Bei der sog. **Heilandskapelle** Stelle, von wo direckte Fahrwege nach **Friedingen** und nach **Mühlheim** führen, Bergsteig, von dem durch das **Neuhauser Thal** ein interessanter Weg nach **Neuhausen ob Eck** (süd.) führt. Rechts nach **Friedingen**, links nach **Mühlheim.**

Friedingen an der Donau, die bei der St. Annakapelle überschritten wird, unbedeutendes Städtchen, 1000 Ew. (*Sonne*) mit spärlichen Ruinen der Burg **Neu-Hohenberg** (von Graf Heinrich von Hohenberg 1300 erbaut), 2 St. von Tuttlingen. 1 St. von Mühlheim.

Ueber den Welschenberg nach Mühlheim sehr schöne Rückblicke bei den offenen Waldblössen: Donau- und Beerathal, welch' letzteres den Hauptstock des Heuberges von der sog. Haardt scheidet.

Interessanter Ausflug in das Beerathal bis zum Pfarrdorf **Bärenthal** oder bis zum Marktflecken **Nusplingen.** Ruinen Pfannenstiel und Kreidenstein am romant. Thaleingang. Treffliche Tuffsteinbrüche; zahlreiche, grosse Höhlen, z. B. Mondmilchloch und Scheuerle. Interessante Felsbildungen.

Auf dem Wege über den Welschenberg nach Mühlheim Ruinen der Kirche oder **Kapelle Maria-Hilf,** noch jetzt Wallfahrtsziel. Fusspfad zur Thaltiefe, aus welcher man zu dem alterthümlich, an röm. Bauart erinnernden Thore des Städtchens **Mühlheim,** das mit seinen Mauern, seiner Kirche und weitläufigen Schlossgebäuden (im Besitz der Familie von Enzberg) vom Thal aus einen malerischen Anblick darbietet, emporsteigt. Würtembergisches Gebiet von Friedingen an. — Von Mühlheim (*Sonne*) bis Tuttlingen rathsam, Post zu nehmen.

Am *„Gasthaus zum Schützen"* in Tiefenthal vorbei, über **Stetten** und **Nendingen,** einst von statt. Burgen überragt, die nun fast verschwunden sind, dann über **Ludwigsthal,** in dessen Umgebung sich bereits Gewerbs- und Fabrikthätigkeit vorfindet, die Donau noch einmal kreuzend, erreicht man die Stadt **Tuttlingen.** Ueber Ludwigsthal, auf dem Leutenberg Trümmer der alten **Wasserburg.** Hohe Stege bei Ludwigsthal deuten hin auf das häufige Austreten der Donau, die hier viele Windungen beschreibt.

Tuttlingen und Umgebung, die Bahnstrecken Tuttlingen-Spaichingen-Rottweil, sowie Tuttlingen-Möhringen-Immendingen etc. und die Anschlüsse an die obere Neckarthalbahn und Schwarzwaldbahn Nr. 31.

Nr. 7. Von Singen über Engen (Hegau) nach Donaueschingen (oberere Schwarzwaldbahn) 49 Kilom. (nach Offenburg 149 Kilom.)

Von **Singen** Nr. 2 B. in grossem Bogen über die **Aach** und, an den Fabrikgebäuden vorüber in nördl. Richtung; links Hohen Twiel; an dessen Fuss dahin im Aachtal aufwärts. Zur Rechten hinter Singen sumpfige, flache Niederung; Blick auf den Schlossberg mit den Trümmern der Burg **Friedingen** 540 m. über dem gleichnamigen Dorfe, (schöne Aussicht.) Zur Linken Höhenzug, der den Hohen Twiel mit dem Hohen Krähen verbindet. Station **Hohenkrähen,** hart am Fusse des steilaufragenden Phonolithkegels 645 m. gleichen Namens, dessen zaubervolle Rundsicht am farbenprächtigsten in Scheffels „Ekkehard" geschildert ist. Rechts im weiten

Nebenthal der Aach, liegt das Dörfchen Schlatt unter Krähen mit Schlossgebäude der Herren von Reischach.

Auf den **Hohen-Krähen** (3/4 Std.) steilster, fast senkrecht aufsteigender Hegauerbergkegel von Phonolith (Klingstein) (durchsetzt von Natrolith wie am Hohen-Twiel), am Meierhof zur Linken vorüber, auf den Höhenrücken, der sich zum Twiel hinüberzieht und von da (beim hölz. Kreuz in der Nähe deutliches Echo) auf den Berg. Erbauung der Veste unbekannt; im 13. Jahrhundert im Besitz gleichnamiger Edeln, dann wechselndes Eigenthum der Herren von Friedingen, Homburg u. a. Wegen Räubereien der Besitzer auf Befehl des Kaisers durch Georg v. Frundsberg 1470 belagert und zerstört. Wieder aufgebaut, zerstörte sie Komandant Wiederhold für immer 1635. Im Jahre 1442 war H. der Wohnsitz der „Böcke von Zürich," die, aus der Eidgenossenschaft verbannt, durch Gefangennahme des Landammanns Fries von Uri, sich die Aufnahme in den Frieden und Rückkehr zu verschaffen wussten. — Seit 1758 Besitzthum der Familie von Reischach. — Gespenstersagen vom „Poppele von H." (Joh. Popolius Mayer, Burgvogt einer Freiin von H.: dessen Grabstätte in der Kirche zu Mühlhausen.) — Auf der Nordwest- und Nordseite unterirdische Felsenkammern.

Nach **Volkartshausen** über Schlatt (1 Std.) Spinnerei und Weberei von Ten Brink; — nach **Aach** (1 1/4 Std.)

Im Bogen um den Fuss des H. herum und nordwestl. nach (3 Kil.) **Mühlhausen** 475 m. (*Adler* mit Brauerei;) Postverbindung nach Weiterdingen. Alte Kirche, in welcher ehedem das Grabmal des Vogtes Joh. Popolius Mayer. (s. ob.) Kapelle nahe an Station mit Oelgemälde aus dem Leben der heil. Ursula und ihrer 10,000 Jungfrauen oder Mägde (ehem. Altarblatt im Kloster auf dem Mägdeberg. Werthvoller Kupferstich von bedeutender Grösse als Wandbild.

Ausflüge: auf den südlich, 690 m. hoch ansteigenden Mägdeberg (1 Std.) Alt-Reichenauischer Besitz. Dieses Kloster stiftete auf dem Berge die Kapelle der heil. Ursula mit den 10,000 oder 11,000 Jungfrauen (wallfahrenden Mägden); daher Name. Kloster und Wallfahrtsort. — Durch doppelten Thoreingang in die Ruinen und zum Gipfel. Oben sehr schöne Rundsicht.

Die Burg, deren Ruinen nächst Hohen Twiel die bedeutendsten des burgenbesetzten Hegaues sind, kam als verfallenes Pfand 1347 an die Herren von Friedingen, von diesen als lediges Eigen 1366 an die Grafen von Würtemberg. Im Städtekrieg 1378 zerstört, erhielt sie nach dem Wiederaufbaue durch den Grafen Eberhard 1479 den Namen Neu-Würtemberg. Durch Meuterei der Besatzung fiel sie in die Gewalt des Erzherzogs Sigmund von Oesterreich und kam, nach wechselndem Pfand- und Kaufbesitz an die Grafen von Enzenberg und endlich von diesen an die gräfl. Langenstein'sche Familie. In Ruinen liegt Mägdeberg seit 1634, da sie von Wiederhold geschleift wurde. —

Zur Ruine Staufen über Duchtlingen (1 1/2 Std.) auf niedrigem Phonolithkegel, im Jahre 1420 Besitzthum der Schultheissen von Randenburg zu Schaffhausen und der Herren von Homburg. 1640 von Wiederhold zerstört.

Ueber **Weiterdingen** (1 Std.) mit ansehnlichem Schloss der Herren von Hornstein, zur Ruine Homboll, dem Hohen-Stoffeln gegenüber (1 1/2 Std.), auf den Hohenstoffeln (1 1/2 Std.) (siehe unten); nach **Aach** (1 1/4 Std.).

Im grünen Mühlhauserthal aufwärts, nordwestl. (3 Kil.) nach Station **Welschingen**; rechts in Obstbäumen und Wiesen **Ehingen.** Altes Dorf **Welschingen** einige Minuten südwestlich der Haltstelle, am Fusse des **Hohen-Hewen** oder **Höwen**, schon im 8. Jahrh. an St. Gallen vergabt; am Kirchthurm interess. alte Bildwerke, angeblich auf ägyptischen Isisdienst bezüglich. — Weg zum Gipfel des **Hohen-Höwen** (s. unt.). Am Abhang des Berges Versteinerungen (Schildkröten) in der Sammlung zu Donaueschingen).

An rechts **Neuhausen** vorüber nach

Engen 528 m. 1530 Ew. (*Stern*, mit Bädern; *Krone; Felsen* mit Garten; *Sonne; 3 Kronen.*), Amtsstädtchen, auf einer Anhöhe gelegen, mit dem in der Niederung beim Bahnhof gelegenen **Altdorf** zusammengehörig. Alter Ort, dessen Adel im 11. Jahrhundert urkundlich vorkommt. — Abgebrochene Martinskirche zu Altdorf vor dem 10. Jahrhundert erbaut; darin enthaltene Wandgemälde und Grabmäler der Herren von Hewen und Lupfen unverantwortlich zertrümmert und vernichtet. Pfarrkirche mit byzantinischen Portal (12. Jahrh.) von einem bürgerlichen Baumeister, enthält Grabmäler der Herren von Lupfen und Pappenheim. — 1499 von den Schweizern erfolglos berannt, 1640 von den Schweden und Franzosen, 1796 von Moreau's Armee und 1800 von den Franzosen geplündert und theilweise abgebrannt. — Auf der Felsenhöhe am südl. Ende des Ortes Schloss **Neu-Krenkingen**, jetzt mit aussichtsreichem *Garten und Bierwirthschaft.* — Frauenkloster jetzt Amt- und Schulhaus; Kapuzinerkloster nun Spital. Fruchthallen. — Hauptpunkt des ganzen Hegaues, ehedem Hauptort der Herrschaft Engen und Höwen, durch Pappenheim'sche Erbschaft in Besitz der Fürsten von Fürstenberg gediehen. Aeusserste nördliche Position der Weinrebe in dieser Gegend.

Engen, **Vorzüglicher Stützpunkt zu einer Reihe von interessanten Spaziergängen und Ausflügen und zur Durchwanderung des alten Hegau. Postverbindung mit Nenzingen, Welschingen, Binningen und Thengen.** Der Hegau zeigt einen eigenthümlich reizvoll anmuthenden Charakter, der den Freund der Geschichte und des Alterthums, wie den Verehrer der reichen und grossartigen Erscheinung der Natur fesselt und begeistert. Die zahlreichen Haltestellen der Eisenbahn und gute Strassen und Wegverbindungen befördern den Besuch der herrlichen Burgruinen.

Schon in der zweiten Hälfte des 8. Jahrh. erscheint der Hegau als Pagus Hegauensis, dann als Hegowa, Hegow u. s. w. in der Geschichte. (Die Schreibart Höhgau oder Höhengau wird von den einzeln stehenden Höhen abzuleiten versucht.) Der Gau schloss den ganzen Landstrich am Nordufer des Untersees in sich, dann den sog. „Rück“ zwischen Unter- u. Ueberlingersee u. erstreckte sich über Burg Hohenfels bis zum Goldbach bei Ueberlingen, wo der Linzgau begann. Gegen Norden reichte er über Engen bis auf die Höhen von Tuttlingen, wo die Baar

(Bertholdsbaar) angrenzte; er umfasste somit ungefähr d. Landstrich d. spätern Grafschaft Nellenburg. Vierzig Burgen mit den Hauptsitzen Nellenburg u. Stoffeln der Gaugrafen erhoben sich auf seinen Höhen.

O. Schönhuth: Ueber die Ritter-Burgen des Hegau's.

Ueber Zeit, Art und Weise der Erhebung der vulkanischen Berge des Hegaues, ob gleichzeitig mit derjenigen des Kaiserstuhls od. früher, über die Beschaffenheit d. Gegend in d. sog. Eis- und Gletscherzeit, über d. frühern Lauf des Rheins u. s. w. herrschen verschiedene Meinungen, deren Darlegung hier nicht versucht werden soll. Die Formation der Bergkegel ist bei den meisten die nämliche, doch enthalten die von Hohen-Stoffeln vorzugsweise Basaltgebilde; die Berge gegen den See hin auch Konglomerate. Hauptgebirgsart der sog. Klingstein (Phonolith) mit Adern und Gängen von Nathrolith, schneeweissem, haar- und nadelförmigem Mesotyp u. glasigen Feldspathkrystallen, sowie in Phonolithkonglomeraten schöne Drusen v. Bergkrystall, Amethyst, Calcedon u. Quarz, auch hin u. wieder Titanitkrystalle; fossile Ueberreste untergegangener Thiergeschlechter an verschiedenen Orten. Auch Botaniker finden reiche Ausbeute. Höfle's Flora d. Bodenseegegend. C. G. Gmelin, Analysen d. vulkan. Felsarten des Hegaues, in d. naturwissenschaftl. Abhandl., Stuttgart u. Tübing. Bd. II. p. 140.

Ausflüge: Auf den Basaltkegel des Hohen-Höwen, 870 m. (1½ Std.) Fahrweg durch **Anselfingen** nach d. Höwerhof; Fussweg von Anselfingen durch Wald, links zu den Trassbrüchen an der Kuppe des Berges u. sodann, auf neu angelegtem Fussweg (überraschende Aussicht) auf d. Gipfel zur Burgruine. Wer nicht nach Engen zurück will, nimmt d. Abstieg Welschingen zu. Aussicht von d. Ruinen, die bessere Aufsicht und Erhaltung bedürfen, grossartig. Das Hochgeländ zwisch. d. Bergkegeln gleicht einem kolossalen verschanzten Lager, das ringsum von den höhern Bergschlössern geschützt wird. 1873, 30 m. unter d. Spitze, Auffindung einer kelt. Niederlassung (Samml. im Donaueschingen). Im Süsswassergyps der Gegend Versteinerungen v. Schildkröten u. verschiedenen Säugethieren (s. ob.)

Burg seit d. 12. Jahrh. Sitz d. Geschlechtes d. Freiherren von Hewen, das d. Domstift Konstanz 2 Bischöfe gab und gegen Ende des 15. Jahrh. ausstarb. Ende des 14. Jahrh. Herrschaft sammt Engen an Oesterreich verpfändet u. wieder von demselben zu Lehen empfangen. Während der Reichsacht Friedr. mit d. leeren Tasche nahm Graf Hans v. Lupfen dieselbe in Besitz und erhielt sie seinem Geschlecht trotz erhobener Widersprüche. Vererbt an Fürstenberg von d. Herren v. Pappenheim, blieb sie, nicht ohne Anstände und Widerstreit, im Besitz dieses Hauses. Im 30 jähr. Kriege von dem jungen Grafen von Pappenheim Streifzüge in das Gebiet kathol. Stände, daher Belagerung u. Eroberung d. Burg durch die Bayern 1639, wobei zerstört.

Zu den Ruinen des 3gipfligen Bergkegels Hohen-Stoffeln, 846 und 834 m. (Stofel, Stoffel, Dimunitiv v. Stufe, Stauf = Berg) (2 Std.) über **Weiterdingen** (*Krone*). Von hier schattige Fusswege zur Höhe. Ruinen entbehren einer sorgfältigen Erhaltung u. Aufsicht; Baumwuchs hemmt hin u. wieder die Aussicht. Rundblick herrlich. Besuch des Hohen-Stoffeln sehr empfehlenswerth. Am östl. Fuss der bedeutensten aller drei Ruinen Gruppe von fast 1 m. starken, grauschwarzen Basaltsäulen.

Burgen auf dem H.-St. Sitze eines gleichn. Adelsgeschlechts, aus welchem der Dichter des „Gabriel von Motherel“ (Montavel), Konrad von St. stammt. Durch Erbtöchter an d. Herren von Reischach u. von Hornstein, welch letztere 1629 d. ganze Herrschaft zu Lehen empfingen. Von Wiederhold erfolglos belagert 1632, musste sich der Platz 1633 an Herzog Bernhard v. Weimar ergeben, worauf geschleift. Im westphäl. Frieden wieder Rückerstattung an Familie von Hornstein.

Kleine Burg Homboll in d. Nähe mit schwachen Trümmern (s. oben).

Stettener Schlössle, Neu-Höwen, 843 m. (1½ Std.), auf einem Basaltdom mit wunderschöner Aussicht zwischen Engen und Geisingen. Thurm (Fürstenberg) neu restaurirt und bequem zugänglich. Schlüssel im *Stern*, Engen u. *Post* Geisingen. Weg über **Altdorf, Zimmerholz** u. **Stetten** *(Kreuz)*. Auf d. Plattform prachtvoller Ausblick auf die hohen Kuppen des Schwarzwaldes, den Wartenberg, Lupfen, Dreifaltigkeitsberg, die Baar, Sunthäuser Burgruine, Höwenegg, Heiligenberg u. die weitgezogene Alpenkette. In d. Nähe die Basalt- u. Dioritkegel des Hegaues und hinter ihnen die Spiegelflächen d. Bodensees. — Steinbruch mit Versteinerungen.

Burg Neu-Höwen, gewöhnl. Stettener Schlössle genannt, mit der Vorburg Sitz einer klein. Herrschaft mit d. Dörfern Stetten u. Zimmerholz, die von den Herren von Hewen an die Grafen von Hohenberg kam, von welchen sie um 1296 an Oesterreich gelangte. Die Herren von Reischach empfingen sie zu Lehen. Sie kam sodann, wahrscheinl. während der Acht Friedrich's mit d. leer. Tasche an die Lupfen u. an die Pappenheim, sodann an die Fürstenberg mit dem Pappenheim'schen Erbe. Im 30jähr. Kriege Sitz des jüngern Max von Pappenheim, wurde sie von d. Bayern während d. Belagerung v. Hohen Höwen gleich diesem zerstört. — Nach **Geisingen** über **Sunthausen** und **Hausen** (2 Std.) oder über **Aulfingen** (3 Std.) — Ausfl. nach der Thalmühle (Brauerei) nördl. (1½ Std.) mit der Bahn.

Durch das Kriegerthal (ehem. Eisenschmelze) üb. **Emmingen** ab **Egg** nach **Liptingen** (Schlachtfeld von 1799 u. Denkstein des Fürsten Karl Aloys von Fürstenberg, der hier fiel). (3½ Std.)

In das felsenreiche Wasserburgerthal mit Ruine u. Hof **Wasserburg** 621 m; in der Nähe **Honstetten** u. **Eckartsbrunn.** Auf dem Schönenberg, 771 m. prächtige Fernsicht. Wasserburgerthal, 1799 Rückzugsweg d. Franzosen. Wallfahrtskirche Schenkenberg (½ Std.) von Ruine Wasserburg, 648 m. in wilder Umgebung mit alten Votivbildern. Tudöburg (¼ Std.) von Eckartsbrunn, 561 m, auf röm. Grundmauern. Von hier über **Eigeltingen, Langenstein** u. **Aach** nach **Engen** (1—1½ Tage) zurück.

Langenstein Nr. 5. **Aach** (1½ Std.), auf der Landstrasse östlich über die Höhen und durch Waldung. **Stadt** (546 m.) und **Dorf** (493 m.) (*Löwe* mit Brauerei; *Sonne; Krone*) nahe an der merkwürdigen **Aachquelle,** soll röm. Ursprung haben, 1158 als Eigenthum eines eigenen Adels an das Bisthum Konstanz vergabt. — In einer kesselförmigen, etwa 100 m. im Umfang messenden Vertiefung unter überhängenden Felsen: Quelle des **Aachflüsschens,** in einer Stärke und Wasserfülle, dass es schon nach wenigen Schritten Wasserwerke zu treiben vermag (Hammerwerke und Papierfabriken). Eigenthümliche Färbung des Wassers, so dass es nicht ganz durchsichtig erscheint; Spalten und Risse auf dem Grunde. Es ist nachgewiesen worden, dass die Quelle der Aach ein Wiederausbruch von Wassermassen ist, welche im Bette der Donau zwischen Immendingen und Möhringen, wahrnehmbar versinken. — In der Nähe Torflager. Ehemal. Burg an der Landstrasse nach Stockach 1368 abgebrannt. Der Bischof von Konstanz hatte hier ein Jagdschloss. — Brühlmeyer'sche Papierfabrik mit Parkanlagen. —

Ansteigend durch tiefe Einschnitte, zwischen Kalkhalden und Wald, auf Dämmen das Engenerthal aufwärts und nach **Thalmühle,** Haltstelle mit Sägmühle (*Wirthshaus* und *Brauerei*); dann, beständig steigend (Gebirgsbahncharakter), um den Jura zwischen Immendingen und Engen zu überwinden und den 900 m. langen Hattinger Tunnel durchpassirend, (östl. Wasserscheide zwischen Rhein und Donau) nach Stat. **Hattingen**, 773 m. Gleichnamiges Dorf 10 Min. östl. (rechts).

Projekt einer Bahnlinie von Hattingen über Biesendorf, Emmingen ab Egg, Liptingen, Gallmannsweil nach Schwakenreuthe (Sigmaringen, Mengen, Ulm, Pfullendorf, Aulendorf, Algau etc.)

Bei Hattigen Hügelgräber mit Thongefässen aufgefunden. Höhlenreiches, klüftiges Kalkgestein.

Durch den kleinen Möhringer Tunnel, (180 m.) mit langem und tiefem (20 m.) Voreinschnitt und Curve von 360 m. Radius und in einer grossen Curve, in's Donauthal. Umblick überraschend. Im Thalgrund der Donaufluss mit leiser kaum wahrnehmbarer Strömung; Stelle, wo das Wasser in den Boden versinkt und 1$^1/_2$ Meilen südöstl. beim Städtchen Aach — als Aachquelle wieder zum Vorschein kommt. Jenseits der Donau die würtembergische Bahn (Oberneckarbahn) Tuttlingen-Immendingen, eine grosse Bogenlinie beschreibend; nähert sich auf dem linken Flussufer fast parallel mit der badischen Bahn der Vereinigungsstation Immendingen. Ueber die schiefgestellte Donaubrücke (201 m. lang), Fischbauchsystem mit 3 Oeffnungen, nach **Immendingen** 663 m. *Bahnhofhotel Falke, Ochs, Restauration und Brauerei*, dem Bahnhof gegenüber) **Anschluss der würtembergischen Oberneckarthalbahn** (Stuttgart, Rottweil, Spaichingen, Tuttlingen, Immendingen) Nr. 31.

An der Donau fürstl. fürstenberg. Maschinenfabrik. Ehemals 2 Schlösser. Spuren altgerman. Niederlassungen nahe an der Möhringerstrasse. In einem Seitenthal ($^3/_4$) St.) das ehemalige fürstl. fürstenbergische Eisenwerk **Bachzimmern**.

Besucher des Donauthals hier aussteigen u. mit würtemb. Bahn nach **Tuttlingen**, wo mit Post od. Wagen od. zu Fuss (Nr. 6. B.) thalab nach Beuron etc.

Ausflug nach d. Burgruine Höwenegg (1$^1/_4$ Std.), u. **Mauenheim** (1$^1/_4$ Std.), Pfarrdorf, (Mowinhaim), keltische u. altgerman. Niederlassung, Hügel u. Reihengräber. Höwenegg von d. Herren v. Höwen erbaut; im 15. Jahrh. Besitz d. Herren v. Reischach. Hübsche Rundsicht. —

Zwischen der Landstrasse und dem vielfach gekrümmten Fluss im Donauthal aufwärts. An den nördlichen Thalhängen entlang, Haltstelle **Hintschingen**; rechts im Seitenthal ehem. Kloster **Amtenhausen** ($^3/_4$ St.) Filialkloster von St. Georgen (12. Jahrh. gegründet). Donauverlegung von 480 m. Länge beim Bahnbau. Links, jenseits des Flusses **Hausen** und Einmündung der Aitrach (in der Urzeit auch Mündungsstelle der Wutach.) Gute Fahrstrasse über Kirchen und

Aulfingen nach Zollhaus und Blumberg. Station **Geisingen** 675 m. (*Post*). etwa 1500 Ew. urkundlich Gisinga; alt. St. Gallischer Besitz und Stammburg eines gleichnamigen Lehenadels mit dem halben Zähringer Adler im Wappen. Von diesem an die Herren von Wartenberg und von diesen an Fürstenberg, welches darauf eine Linie abzweigte, die 1483 ausstarb. Grabmäler der Fürstenberger dieser Linie in der Friedhofkirche neben dem ehem. f. f. Landeshospital. Nahe bei der gedeckten Brücke ehem. eine Bohnerzwäsche. Nördl. von G. (½) Ruinen der **Eltrenburg.**

Mittelst einer Brücke die Donau kreuzend (Fachwerkträger 56,7 m. Länge; Lichtweite 48 m.; schiefe Weite 54 m.) und auf dem rechten Ufer thalauf. Träge Strömung im schilfigen Flussbett und sumpfige Wiesen. Rechts auf dem 848 m. hohen Basaltdom **Wartenberg** Ruine und Schloss gleichen Namens. (*Wirthschaft*). Um das f. f. Lustschloss Gartenanlagen.

Ehemals Sitz eines mächtigen Dynastenhauses von W.; ein Zweig desselben mit dem Hofrichteramt zu Rottweil betraut, bis durch Missheirath Verlust des Adels erfolgte. Im 14. Jahrh. fiel die Herrschaft durch Vererbung an Fürstenberg. Im 30jähr. Kriege Einnahme durch die Schweden.

Station **Gutmadingen,** gegenüber dem Wartenberg am rechten Ufer der Donau. Zwischen G. und der nächsten Station an 3 Stellen Verlegung des Flussbettes beim Bahnbau (1050 m. Länge).

Station **Neidingen** (Neudingen), 678 m. (*Sonne*). Pfarrkirche mit altem bycantinisch. Portal. Ehemals kaiserl. Pfalz, in welcher Karl der Dicke gestorben; zeitweiliger Sitz des Baargauer Grafenamts. Auf der Stelle später (13. Jahrh.) Errichtung eines Dominikaner-(nachher Cisterzienser-)Klosters für adelige Nonnen, Maria auf dem Hof (Mariahof) und Grabstätte für die Grafen von Fürstenberg. (Anniversarienbuch, von Fickler herausgeg.) Nach Aufhebung des Klosters Taubstummenanstalt und Rettungshaus für verwahrloste Kinder; abgebrannt 1850. Auf der näml. Stätte Erbauung der Gruftkirche der Fürsten von Fürstenberg. Architektonisch bedeutend mit schöner innerer Ausstattung, Kuppel weithin sichtbar. Figuren und Wappen an der Façade. Inwendig Freskobilder von *Schabet* in München nach eigenen und Cartons von *Heinemann* in Hüfingen; Dekoration von *Schwarzmann* nach Zeichnung von *Diebold*. Altargemälde von *Reich*. Marmorstatuen von *X. Reich* und *Benzoni*.

Links (südl.) erscheint der Fürstenberg, 823 m. im Rückblick (mit weithin reichender Rundsicht), von Neidingen aus besucht (1½ Std.)

Im 11. Jahrh. Besitzthum d. Grafen von Zollern; im 12. Jahrh. der Grafen von Urach u. für einen Zweig derselben Namen verleihender Sitz. Im Bauernkrieg 1525 überrumpelt; im 30jähr. Krieg zerstört. Das Städtchen **Fürstenberg**, Vorburg der Herrenburg, auf dem Berggipfel, 1841 von einer Feuersbrunst vernichtet. Dorf F. an der Einsattelung des Berges aufgebaut, heisst nun beim Volk „Neu Fürstenberg" (*Rössle*), da das Städtchen wegen Mangel an Trinkwasser auf dem Berge nicht mehr aus der Asche erstanden.

Durch flache, sumpfige Niederung (Donauverlegung), das sog. **Ried**. Rechts (östl.), etwas abseits von der Bahn Dorf **Pfohren** (*Ochs*) 683 m.; Station Pfohren.

An der Donau altes Schloss, von Kaiser Max, der hier bei Graf Wolfgang von Fürstenberg einige Tage, der Jagd oblag, scherzweise „Entenburg" genannt. Nach der Sage soll Kaiser Karl der Dicke in dessen Nähe auf der Entenjagd umgekommen sein (888). In Folge seiner Absetzung ward dieser Kaiser Gegenstand d. Sage des mitleidigen Volkes. Er starb im Januar, der Ort ist unbekannt wo, s. Grab auf d. Reichenau Nr. 1. A.

Die Sumpfstrecken des Rieds und die Ausdünstungen des Altwassers der trägen, vielgekrümmten Donau hat man durch künstliche Correktionen und Ableitungen zu beseitigen gesucht. Gänzliche Trockenlegung des Donaueschinger Rieds, beim Bahnbau ins Auge gefasst, scheiterte am vorurtheilsvollen Eigensinn der Einwohner von Pfohren. Diese Gegend heisst auch Donaubecken und bildete wohl vor Zeiten einen See.

Ueber die Bregbrücke (1050 m. Länge, 25,8 m. Lichtweite;) Fischbauchsystem); rechts die Anlagen des fürstlichen Parkes, nach

Donaueschingen, 692 m. (*Hotel Buri zum Schützen* mit neuem Anbau, *Hotel zum Falken* (Post); *Lamm; Hotel Brunner* am Bahnhof; *Bahnhofrestauration;* fürstl. Brauerei) 3366 Ew.; sehr alter Ort; Residenzstadt des Fürsten von Fürstenberg (seit 1750) und Sitz mehrerer badischer und fürstl. fürstenberg. Behörden; helle und freundliche Strassen; [am Bahnhof Kirsner Denkmal (Kammerpräsident Kirsner † 1876] viele Kurgäste; (Soolbad) und Fremdenbesuch machen den Ort lebendig.

Postverbindung über Hüfingen nach Blumberg (Schaffhausen und Weizen); über Hüfingen nach Bräunlingen; nach Hammereisenbach; nach Sundhausen; nach Neustadt-Freiburg.

Eisenbahn nach Villingen, Singen, Tuttlingen etc.

Früher Eschingas, durch Schenkung König Arnulfs 889 Besitzung Reichenau's (Oberzell), mit eigenem Lehenadel, dessen Wappenzeichen ein Rad (nun auch der Stadt) war. Nach s. Absterben kam D. von den Herren von Habsberg 1488 an die Grafen von Fürstenberg, von welchen ein Zweig der Heiligenberger Linie hier seine Residenz nahm (1647—1676) u. den Namen des Ortes führte. Um 1750 wurde D. Residenz des vereinigten Fürstenthums; Bau des jetzigen Schlosses u. des Archives ebenso Gründung einer lateinischen Schule (nun Gymnasium), Bau des Bräuhauses, der hochgelegenen Pfarrkirche u. der Domänenkammer. Geschichte von D., herausgegeb. von Dr. S. Riezler im II. Heft der Schriften für Geschichte u. Naturgeschichte d. Baar u. der angrenz. Landestheile 1872.

Zu Folge seiner hohen, freien Lage (günstig im Sommer wegen gemässigter Hitze) als Kurort besucht; *Soolbad* 1871 eröffnet; Soole von Dürrheim zugeführt. Museumsgesellschaft auch Fremden zugänglich.

Fürstliches Residenzschloss mit Gemälden von E. und B. Adam und Winterhalter; geschmackvoller Konzert- und Ballsaal. Geräumiger Marstall; elegant dekorirte Reitbahn; im Schlossgarten Fontaine; Gewächshäuser mit den seltesten Pflanzen (200 jährige Esche neben dem grossen Glashause). Sennhof mit schönem Viehstande; neuer Geflügelhof.

Fürstlicher Park, Zutritt frei; beim Schloss die berühmte sog. **Donauquelle** in neuer, geschmackvoll gebauter Einfassung, deren klares reichlich aufsprudelndes Wasser in den Brigkanal geleitet ist. Andere Quellen an der rechten Seite des Brigkanals. Unterhalb D. Vereinigung der Brigach und Breg.

Nach dem Volksmund bringen Brig u. Breg d'Donau z'weg. Doch scheinen die Römer die Donauquelle in dieser Gegend angenommen zu haben, da nach Strabo die Donauquelle vom Bodensee aus in einem Tagemarsch von Tiberius erreicht werden konnte. Die Quellen der Donau mögen sich auch natürlicher in den zahlreichen Quellen bei Donaueschingen u. Almendshofen u. in dem grossen Weiher daselbst dargeboten haben, als in den zwei Bächen, welche sich in den grossen Wasserpfuhl ergossen, der das Ried bildete. Vielleicht fand sich damals in der Gegend ein See vor.

Zum Briglirain oder Hirzwald bei St. Georgen konnten die Römer nicht leicht in einem Tagmarsche gelangen. Diejenigen, welche die Donauquelle in einem Seitenthälchen zwischen St. Georgen u. Peterzell suchen, berufen sich auf die Stelle des Tacitus (German. I. 4.): Danubios molli et clementer edito montis Abnobae jugo effusas (die Donau, aus dem weich u. sanft erhöhten Joch des Berges Abnoba hervorgeflossen), welche allerdings auf den Hirzwald (981 m.) vollkommen, aber auf Donaueschingen nicht passt. Hingegen berufen sich die Freunde der Donaueschinger Quelle auf eine andre Stelle in Plinius: hist. nat. XXI. 2. 29, wo von den schwarzen Fischen die Rede ist u. die Worte vorkommen: fons alveo oppositus, die auf die Donaueschinger Quelle passen.

Fickler: die Donauquellen u. das Abnoba-Gebirg der Alten. Karlsruhe 1840. — Die Bäche Brig u. Breg trugen auch von Alters her eigene (keltische) Namen u. wahrscheinlich führte der grosse Reichthum an Quellen bei Donaueschingen u. der daraus erfolgte grössere Wasserzufluss oder gar das Dasein eines Sees dazu, dass man hier die Quelle annahm.

Auch auf dem Grunde des Teiches im Park sprudelt eine starke Quelle neben der andern, ebenso bei Allmendshofen grosse Quellengruppe.

Im Schlossgarten u. Park interessante Denkmäler, Statuen u. Gruppen: kolossale Sandsteingruppe der Baar mit Brig u. Breg von X. Reich in Hüfingen auf einer erhöhten Insel im grossen Teich. Denkstein

Lessings; Denksäule der gold. Hochzeit des Fürsten † Karl Egon mit 25 Eichen ringsum', gepflanzt von 25 an dem Tage vom Fürsten ausgestatteten Ehepaaren; Bronzebüste des † Dr. W. Rehmann; Bronzeengel von *Reich* zur Erinnerung an die † Fürstin Elisabeth (7. Mai 1861) u. andre Monumente. Teiche mit seltenen Wasservögeln; Forellenteiche und Fischzucht. Badeanstalt, auch öffentlich.

Berühmte Sammlungen: Archivgebäude, massiver, 5stöckiger Bau mit über einander ruhenden Gewölben, enthält das reiche Archiv u. Siegelabgüsse (900 Nrn.). Vorstand Dr. S. Riezler, ehem. Freiherr Roth v. Schreckenstein); Bibliothekgebäude, 80,000 Bde. 1000 Bde. Handschriften, viele (ehem. *Lassberg. Sammlung*) altdeutsche (Nibelungenlied) 400 Bde. Inkunabeln; Kupferstich- u. Münz-Sammlung (70,000 Kupferstiche, Lithogr. Photogr. Handzeichg. u. Aquarellen; 40,000 Münzen u. Medaillen, chronolog. geordnet); Karlsbau (1868) mit geognostischer u. geologischer Sammlung; oryktognostischer u. antropologischer, zoologischer u. Pflanzen-Sammlung, endlich Gemäldesammlung (altdeustche, namentl. süddeutsche, schwäbische Schule) u. Sammlung von Gypsabgüssen. Waffensammlung.

Spaziergänge u. Ausflüge: Angenehmster Spaziergang im fürstl. Park, der vergrössert werden soll; nach **Allmendshofen** (Almishofen) 681 m. (1/4 Std.) einst Sitz eines angesehenen, begüterten Lehenadels, schon in Urkunden des 13. Jahrh. genannt. Legende von der Ruchtrud von Allmenshofen, der ein Hirsch mit einer Leuchte zwischen dem Geweih (wie bei Felix u. Regula u. Idda von Toggenburg) zur Kirche vorzündete; ihre Votivtafel in der Kirche zu Mistelbrunn. — Ebenfalls Quellenbassin; dessen Fassung der Herstellung bedürftig. — nach **Grüningen** (1 Std.) über d. Buchberg, durch den Wald, an d. Saatschule vorüber. Im 14. Jahrh. hier noch Weinbau. Nach **Hüfingen,** 686 m. (*Löwe; Krone; Sonne*) 1500 Einw., Städtchen u. Sitz eines gleichnam. Lehenadels im Mittelalter; dann den Herren von Blumberg, später denen von Schellenberg gehörig, im 18. Jahrh. an Fürstenberg. Spuren einer ausgedehnt. röm. Niederlassung auf d. Mühlöschle mit Resten d. alten Militärstrasse u. beim sog. Römerbade (Stationsgebäude der 11. Legion); letzteres durch Ueberdachung vor völliger Vernichtung geschützt, (die Antikaglien zu Donaueschingen). **Schloss,** sehr geräumig, jetzt Spital. Früher hier 2 Schlösser der Familien Schellenberg-Landstrost und Schellenberg-Oeffingen. 1632 Ueberfall u. Plünderung des Städtchens durch die Württemberger; Niedermetzlung von 200 zur Vertheidigung anwesender Bauern. Die Thonornamente des Karlsruher Hoftheaters aus der Ziegelei des Oberlehrers Reich. Atelier des Bildhauers Xaver *Reich* († 1881); Heimath seines Bruders, *Luzian,* Maler u. Schriftsteller, sodann des Musikers *Schelble* u. des Malers *Seele,* von welchem das Hauptaltarbild der Pfarrkirche, Christus am Kreuz. Pfarrkirche mit d. Grabmälern der Herren von Schellenberg.

Nach dem Städtchen **Bräunlingen,** von H. 3/4 St. angenehm. Weges. **Bräunlingen,** 694 m., 1500 Ew. (*Ochs*) im Bregthal, sehr alter Ort, theilt mit Hüfingen bei den Forschern die Ehre, das Brigobannae der Peutingerschen Tafel zu sein. Auch vermuthet man in ihm das Priari der St. Galler Urkunde von 790. — Bedeutende Ueberreste von röm. Bauten. Gottesackerkirche, sehr alt, mit einigen Kunstalterthümern, wohlerhaltenem Thurm aus d. 12. Jahrh. (byzantin.); in Chor und Langhaus Grabsteine, (die des Stähelin v. Stockberg in ganz. Figur). In der Pfarrkirche (auf d. Speicher) altdeutsche Gemälde. — Im Bauernkrieg hielt Br. mit d. Aufständischen. Hexenprozesse. — Ueber **Wolterdingen** u. **Aufen** zurück (2 St.).

Durch's **Bregthal** aufwärts über **Wolterdingen** (Kreuz), 719 m., mit Glashütte nach **Vöhrenbach** (5 Std.). Von Wolterdingen Abstecher rechts nach **Thannheim** (1 Std.), 772 m., im 9. Jahrh. Besitz des Klosters St. Gallen, dann eines Lehensadels, der nach Villingen zog und dort die höchsten

Aemter bekleidete. **Der Wald Scharta ist der Anfang des Schwarzwaldes.** Ehemal. Paulinerkloster. In der Kirche die Ueberreste eines sel. Kuno des *„Schweigers“*, daher früher besuchte Wallfahrtsstätte. Porzellanerde-Gruben. — Von Wolterdingen Landstrasse durch's **Bregthal** aufwärts nach **Hammereisenbach** (2$^1/_2$ Std.). Rechts auf dem Wege ($^3/_4$ Std.) die Burg **Zindelstein, Sindelstein** od. Sindoldstein, 755 m., mit schöner Aussicht bei einer alten Eiche. In den Urkunden von 1220 erscheint Sindoldstein als eine der ältesten Allodialbesitzungen der Zähringer u. später als Sitz der Grafen von Urach-Freiburg; im Bauernkriege niedergebrannt. — Im freundl. Wiesenthale der Breg das sog. *Schwarzbuben-Wirthshaus* und bald darauf links schwache Trümmer der ehem. Burg **Alt-Fürstenberg,** 882 m. — Beim *Wirthshaus zum Fischer* (Fischerhof) Abzweigung rechts nach **Herzogenweiler,** 892 m., *(Wirthsch.)* in ächter Schwarzwald-Umgebung. Auerhahnjagd des Fürsten v. Fürstenberg. Ortsname von den Zähringern herrührend; früher bedeutende Ortschaft mit Mutterkirche der ganzen Umgegend. Ehemals Glashütte in bedeut. Betrieb. — Kurz nach dem *Fischerhof* Strassenverzweigung nach **Vöhrenbach** u. nach **Neustadt** u. bald Thalvereinigung der Breg, der Urach u. des Eisenbaches. Vorher erscheint die stattl. Ruine **Neu-Fürstenberg,** 1525 von den Bauernhaufen zerstört; der fürstenberg. Schlossvogt wurde durch die Spiesse gejagt. — Das hier ausmündende **Urachthal,** 2$^3/_4$ Std. lang, 1$^1/_2$ Std. bis zur Kirche, 921 m., läuft beim *Wirthshaus z. Krone* (sog. Kaltenherberge) an der Wegscheide nach Furtwangen (rechts) und nach Waldau (links) aus.

In der Nähe das ausser Betrieb gesetzte f. f. Eisenwerk **Hammereisenbach,** 792 m. *(Hammerwirthshaus)*, jetzt mit Uhrfabrikation u. bezügl. Gewerben. In der Umgebung Stollen auf Brauneisenstein. Seit dem 14. Jahrh. einige Gewerbsthätigkeit, seitdem Villingen die Heerstrasse über die Urach u. Wisnegg nach Freiburg erbaut hatte („di da gat von Villingen durch den Wald in di Ura über Bregenbruck u. di Wagensteige in das tal bi Wisuegg u. für sich abhin gen Friburg“). In der Kapelle, nach d. Sage, die Glocken des pestverödeten **Mistelbrunn** aufgehoben.

H. ist **Knotenpunkt der Landstrassen** zwischen **Donaueschingen, Villingen, Vöhrenbach** und **Neustadt.** Im Bregthal aufwärts (1$^3/_4$ Std.) **Vöhrenbach,** das später behandelt wird.

Aufwärts im Eisenbachthal (1 Std.) links Abzweigung nach **Bubenbach** (25 Min.), 932 m., *(Adler)* mit Glasfabrik. Von **Bubenbach** über **Mistelbrunn, Hubertshofen** (820 m.), **Wolterdingen** direkter Weg nach **Donaueschingen** (4 Std.) mit reichen Fernsichten. Bei Hubertshofen **Badmühle** mit ausgegrabenen Backsteinfundamenten aus röm. Zeit.

Im Eisenbachthal, an der Einmündung der Schollach vorüber, ($^3/_4$ Std.) Häusergruppe **Eisenbach** u. das eisenhalt. **Mineralbad Eisenbach** (*Kreuz*), **Eisenbädle** gen., (*Badwirthsch. zum Stern*), einfach aber gut. Stillländl. Aufenthalt. Auf dem sog. **Höchsten,** 1018 m., bei **Obereisenbach,** auf der Strasse nach Neustadt grossartiges Alpenpanorama. —

Ausflug in's Aitrachthal über Hüfingen, Behla, Riedböhringen (*Hirsch*), Tiefelamühle. Beim **Zollhaus** Verzweigung der Strassen nach Schaffhausen, Weizen, Blumberg, Donaueschingen und Geisingen.

Die projektirte **Bahnverbindung durch das Wutachthal** nach **Weizen** (Wutachthalbahn), wegen grosser Terrainhindernisse, zur Stunde in Frage gestellt, sollte über Hüfingen, Hausen vor Wald, Opferdingen, Achdorf u. Grimmelshofen hergestellt werden. Es ist inzwischen die Führung der Bahnlinie von Weizen über Füetzen nach Immendingen durch das Aitrach- oder Kirchener-Thal, sodann auch die Fortsetzung über Bonndorf nach Neustadt vorgeschlagen worden, allein die Sache liegt im Ganzen wegen finanzieller Hemmnisse etwas in der Ferne. Trotz der ungünstigen Bodenbeschaffenheit bei Achdorf und Eschach, sowie in den

Felsklammen der „Flühen“ bei Grimmelshofen erscheint immerhin die Linie Weizen-Donaueschingen als die naturgemässere gegenüber dem Anschluss in Immendingen.

Die Eisenbahnprojekte **Donaueschingen - Neustadt - Freiburg** und **Donaueschingen - Vöhrenbach - Furtwangen** scheinen ebenfalls für die nächste Zeit auf sich beruhen bleiben zu sollen. (Doch ist die Linie **Freiburg - Neustadt** [Höllenthalbahn] laut neuesten Berichten gesichert u. wird bald in Angriff genommen.)

Ihre dereinstige Ausführung aber wird einen regen Verkehr in D. hervorrufen u. die Ausflüge von diesem Platz aus in's Unendliche vermehren.

Nr. 8. Von Schaffhausen (Rheinfall) nach Waldshut (Klettgauer-Thal).

Badische Süd- od. Oberrheinthal-Bahn, 38 Kil. durch das **Klettgauer-Thal** über Oberlauchringen, Thiengen.

Nach Stat. **Neuhausen** (s. Nr. 2. B.) u. **Rheinfall** (ebendaselbst).

Postverbindung mit Rafz u. Eglisau (Kanton Zürich).

a. Abstecher über das Rafzerfeld nach Eglisau.

Bahnverbindung von Schaffhausen nach Eglisau projektirt.

Von Stat. Neuhausen zieht sich die **Landstrasse Schaffhausen-Zürich** bald links südwestlich durch schöne Obstgärten (links Hotel Schweizerhof) zum **Durstgraben**, Häusergruppe, wo bad. Grenze sofort erreicht wird, in (1 Std.) (4½ Kil.) nach **Jestetten**, 453 m., 850 Ew., grosses badisches Dorf, früher Amtssitz; gegenwärtig im ehemal. Schloss und Amthaus Kreispflegeanstalt des Kreises Waldshut (*Löwen, Salmen, Bierbrauerei*).

Guter Weinbau u. etwas Fruchthandel nach Schaffhausen. Schon im Jahr 870 bekannt, wo Kaiser Ludwig der Deutsche seine Güter daselbst dem Kloster Rheinau schenkte, welches Kloster im J. 876 den Zehenden allda von Graf Gotzbert eintauschte. Der alten Benennung nach „Heidenstadt“ (1039) u. „Heidenthurm“ zu schliessen, stand hier ein röm. Kastell. Im **Schloss** (ehemals 3 Schlösser) zeitweise Wohnsitz der Grafen von Sulz, Landgrafen des Klettgaues. Bis 1812 (nebst Thiengen) Amtssitz der klettgauischen Landgrafschaft unter den Fürsten von Schwarzenberg; von da an (durch Kauf) zu Baden gehörig u. bis in die neueste Zeit Amtsort.

Hübscher Ausflug nach (3 Kil.) **Rheinau,** 360 m., 1280 Ew., züricherischer Marktflecken u. ehem. Benediktiner-Abtei, nun Greisenasyl u. Irrenanstalt, vom Rhein in merkwürdiger Weise umflossen (*Salmen, Löwen*).

Zwei grosse **Halbinseln** oder **Landzungen,** eine schweizerisch (mit ehem. Städtchen, nun Marktflecken Rheinau) u. eine badisch (der *Schwaben*) greifen hier so zu sagen in einander ein u., zwischen inne, im Rhein, der eine vollständig rückläufige Richtung einschlägt u. so einen sog. Mäander beschreibt, liegt die **Insel Rheinau** mit der stattl. zweithürmigen Kirche u. den weitläufigen ehem. Klostergebäuden. — In d. **Kirche** (Rococobau) Grabmäler des heil. Fintan und Hardtmanns, des bei Rh. ertrunkenen Sohnes v. Kaiser Rudolf I. In d. Sakristey kostbare alte Gefässe und Kirchengeräthe. Kapelle im Garten. Oben im Orte, auf aussichtsreicher Höhe, **St. Nikolaus-Pfarrkirche** mit 3 Absiden.

Rheinau, Fundort röm. Antikaglien, wahrscheinl. auf röm. Ruinen gegründet; Kämpfe der Römer mit den Alemannen unter Kaiser Julian wohl zweifelsohne bei Rheinau stattgefunden (Ammianus Marzellinus XVI, 11.), worauf alte Verschanzungen u. andre Spuren in der Umgegend hinweisen. Stiftung des Klosters um 778 durch Wolfhart (dessen Grabmal noch in d. Kirche zu sehen), einem alem. Fürsten; im 9. Jahrh. der heil. Fintan, ein Irländer, hier Mönch. Im J. 925 Zerstörung des Gotteshauses durch die Hunnen (Ungarn). Mehrere gelehrte Mönche und der Pater Moriz van der Meer von Hohenbaum († 1795). Im Jahr 1777 das 1000jährige Jubiläum seiner Gründung; 1862 Aufhebung des Klosters, nachdem es 1803 an den schweiz. Kanton Zürich gelangt war. — Bibliothek u. Kunstsammlung von Ruf, nun in Zürich. —

Von Rh. nach (2 Kil.) **Altenburg**, uralter Ort, jetzt badisch. 400 m., 350 Ew. mit Wein- u. Obstbau. Manche halten dieses Altenburg für den Ort, wo die alten Habsburger ihren Grafenstuhl hatten, dessen Existenz auch mit dem gleichnamigen Ort bei Windisch im schweiz. Aargau verknüpft ist. Auch den Römern bekannt und von ihnen befestigt. Fundort röm. Antikaglien. Alter, 800 m. langer Lagerwall am Eingang zur Halbinsel **Schwaben** (Swabowa), wo auch andre Spuren alter Befestigungen u. Grabstätten. Wahrscheinl. festes Lager der Alemannen. Gegenüber, jenseits des Rheines, um Uhwiesen, Dachsen, Marthalen und Ellikon römische Alterthümer.

Von Jestetten nach (3 Kil.) **Balm** am Rhein auf dem gleichen Wege wie nach Rheinau, durch das **Volkenbachthal** mit einer alten Römerbrücke, dann rechts am Rheinufer entlang u. zur Höhe hinauf. Sehr altes Dörfchen auf dem hohen rechten Rheinufer (badisch), schon 870 genannt. Ehem. Burg eines gleichnam. Adels, dann der Freiherren von Regensberg, hierauf der Grafen von Habsburg und schliesslich der Grafen von Sulz, wurde wegen Gewaltstreichen der Besitzer 1449 von Abt Eberhard von Rheinau und den Schaffhausern eingenommen und zerstört.

Von Jestetten zweigt rechts die Landstrasse über **Dettighofen** u. **Riedern** nach (16 Kil.) **Griessen** im Klettgauthal (Eisenbahnstation) ab.

Links, in starker Steigung auf eine aussichtsreiche Höhe u. jenseits, in ebenso starkem Gefäll, hinunter nach (4 Kil.) **Lotstetten**, 417 m., 550 Ew., ansehnliches Pfarrdorf mit lebhafter Landwirthschaft. Im 9. Jahrhundert Besitzthum des Stiftes Rheinau dann des Klosters Oehningen u. durch dasselbe des Bisthums Konstanz.

Durch hochgelegenes Gelände u., bald wieder Schweizer Boden betretend, nach (4 Kil.) **Rafz** 420 m., 1570 Ew. (*Kreuz*) in fruchtbarem, ebenem Gelände, zum Kanton Zürich gehörig. Nach diesem wohlhabenden Orte nennt sich das sog. **Rafzerfeld**, eine fruchtbare Hochebene von 2 Stunden Länge u. 1 Stunde Breite, welche zur Schweiz gehört u. eine ihrer grössten ebenen Flächen bildet.

Durch Ackerfeld und Fichtenwald nach (5 Kil.) **Eglisau**, 338 m., 1489 Ew. (Kuranstalt v. *Sutter*; *Löwe*; *Hirsch*; *Rössli* etc.), zürcher Städtchen am rechten Rheinufer, in grünem Weingelände, malerisch ansteigend, erbaut. Ehemaliges Schloss an der bedeckten Rheinbrücke abgetragen. In der protest. Kirche steinernes Denkmal des Freiherrn Bernhard Gradner (in der Rüstung lebensgross dargestellt). Schiffmühle. Häufige Erdbeben (namentlich im 18. Jahrh. 63 mal). Salzbohrversuche; Mineralquelle. Neue **Kuranstalt u. Mineralbad**, hart am Rheinufer mit comfortabler Einrichtung. Die Mineralquelle soll hauptsächlich Chlornatrium, (unter 10,000 Theilen 15,6707), schwefelsaures Natron (4,3198), kohlensaures Natron (1,9414), schwefelsaures Kali (0,3141) etc. enthalten. Mit der Trink- u. Badekur ist eine diätetische Kur für Magenkranke verbunden.

Hübsche Umgebung. Jenseits des Rheins **Seglingen** u. (1/4 Std.) Eisenbahnstat. **Eglisau**. N. 9.

Von Station Neuhausen durch einen belangreichen Erdeinschnitt, durch die sog. **„Enge"**, eine schmale, waldige u. felsbesetzte Engthalpartie, wo die starke Steigung von Schaffhausen ihr Ende erreicht u. die Vorspann-Lokomotive abgekuppelt u. zurück geführt wird, lenkt der Zug in's helle, breite Thal des **obern Klettgau** (malerische Tracht der Klettgauer Mädchen) ein u. führt an Obst- u. Rebhalden vorüber nach (4 Kil.) **Stat.** u. **Dorf Beringen.** *Postverbindung nach Schleitheim über Löhningen u. Siblingen.*

Beringen 468 m., 1357 Ew. bedeutend. schaffh. Dorf an der Landstrasse von Schaffhausen nach Freiburg. (Die Landstrasse von Schaffhausen nach Basel zweigt vorher, nahe bei der Enge links ab.) Viele Kirschbäume u. starker Weinbau. Real- u. Elementarschulen. (*Adler* a. Bahnhof; *Sonne; Haumesser* etc.). In der Nähe Höhle Teufelsküche.

Route über Schleitheim nach Stühlingen, Bonndorf, Lenzkirch u. durch's Höllenthal nach Freiburg. Postwagen nach Scheitheim Vormittags etwa um 10 Uhr im Anschluss an die Züge u. Abends etwa um 6 Uhr in $1^1/_2$ Std. (nach Schleitheim 10 Kil.).

In 20 Minuten nach **Löhningen** 750 Ew. (*Hirschen, Rössli, Engel, Neues Haus*). Bedeutender Weinbau, der weisse *„Abendshälder"* bekannt u. beliebt;

Durch Obstgelände u. Weinberge, auf aussichtsreicher Strasse mit herrlichem Blick ins breite, prangende Klettgauerthal mit vielen Ortschaften u. einem Kranz von schönen Weingeländen, dem mit Lauholz bekleideten Randengebirge entlang, nach (25 Min.) **Siblingen** 511 m., 766 Ew. (*Krone, Mühle, Anker, Trauben*), ansehnliches, gewerbthätiges Dorf mit bedeut. Weinbau u. Schweinehandel. Der *„Eisenhäldler"*, ein weisser Wein, der dem Lacôte nichts nachgiebt, sehr geschätzt. Fundort bedeutender röm. Gebäudereste u. Antikaglien am Fusse des Randens. Die uralte, in Ruinen liegende Burg **Hartenkirch** auf dem langgestrekten Rücken eines Randenvorberges wahrscheinlich. röm. Kastel. Durchgang der röm. Heerstrasse von Windisch nach Rottenburg (über Zurzach u. Schleitheim). Aussichtsthurm auf dem Randen (Schlossberg) 793 m., prächtiges Panorama.

Von Siblingen (in $1^1/_4$ Std.) über eine bedeutende Anhöhe u. durch ein kleines Nebenthal, an den Häusergruppen **Hohbrugg** u. **Salzbrunnen** vorüber (röm. Ruinen beim Salzbrunnen, z'unterst Wiler u. hinter Muren) nach **Schleitheim**. N. 10 a. —

Von Stat. Beringen durch die Klettgauer Thalsohle, links **Guntmadingen,** rechts auf rebenumpflanzter Terrasse **Löhningen,** nach (6 Kil.) Stat. **Neunkirch** 425 m., 1470 Ew. (*Sonne; Hirschen; Restauration beim Bahnhof; Bierbrauereien* u. *Restaurationen*), Städtchen, schaffh. Bezirkshauptort des Oberklettgaues mit 2 Kirchen u. mittelalterlichem Schloss, sog. Landvogthof, schon 875 genannt. Fruchtbares Gefilde mit beträchtlichem Wein- u. Obstbau.

Nach **Gächlingen**, 950 Ew. (*Wegeisen; Gemeindhaus; Hepp*), 25 Minuten, nach **Oberhallau** $^3/_4$ Std. 657 Ew., hübsche Partien quer durch das wohlgebaute Thal in nördl. Richtung.

Von Neunkirch ab stets prächtiger Umblick im Thalgebiet, auf reizend gelegene Ortschaften (Unterhallau, Oberhallau etc.) rechts u. vorwärts u. den malerischen Südwestabfall des Randengebirges. Stat. **Wilchingen-Hallau** in hübscher Häusergruppe von Wirthschaften. Links ($^1/_2$ Std.) nach dem ansehnlichen Dorfe **Wilchingen**, 1220 Ew. (*Sonne; Böhm*) mit hochgelegener Kirche; vorher, links, ehemaliges **Schloss Hasslach**, nun Armenanstalt. Starker Weinbau; beliebter Rothwein.

Von Wilchingen ($^3/_4$ Std.) nach **Osterfingen** 503 Ew., in einem tief eingesenkten Thale. Sehr guter Rothwein **Bad Osterfingen** 15 Min. vom Orte, mit ordentlicher Einrichtung, aus der Umgegend besucht. Erdige Quelle. — In Osterfingen früher viele Bohnerzgruben die gute Ausbeute gewährten. — Strasse durch das **Wangenthal** nach **Jestetten** u. **Schaffhausen**.

Von der Bahnstation **Wilchingen-Hallau** (Postwagen in 10 Min.) Fahrstrasse nach (25 Min.) **Unterhallau** 436 m., 2270 Ew., städtisch gebauter, stattlicher Marktflecken, der mit seiner Orts- u. hochgelegenen Bergkirche (St. Moritz) schon längst sichtbar war. In einem schoossähnlichen Weingelände gelegen, hat sich der Ort mit seiner Umgebung schon von langer Zeit her, durch seinen vorzüglichen Rothwein berühmt gemacht. Hauptort des schaffh. Bezirks Unterklettgau. Real- u. Elementarschulen. Sehr gewerbthätige, aufgeweckte Bevölkerung. Neues Gemeinde- u. Gerichtshaus; Schulhaus; renommirte Saamenhandlung von Schweizer. Lokalblatt: Klettgauer Zeitung. Politisch-rührige Gemeinde, wohlhabend u. intelligent. (*Gasthof von Auer, neu; Hirschen; Krone; Tonhalle; Krug; Haumesser; Trauben*).

Lohnende Partien nach **Wunderklingen** (1 Std.); **Eberfingen** (1 Std.) über die **Hausener Höhe** (*Wirthshaus*) u. nach **Stühlingen** (1 Std.), alle im Wutachthal u. nach **Schleitheim** ($1^1/_4$ Std.).

An rechts **Trasadingen** vorbei u. das Schweizergebiet verlassend, nach (6 Kil.) Stat. **Erzingen**; *Zollvisitation* für das in deutsches Reichsgebiet eingeführte Gepäck; (*Bahnhofrestauration*). Der ($^1/_4$ Std.) von der Stat. thalabwärts gelegene Marktflecken **Erzingen** 414 m., 800 Ew. in fruchtbarem Gefilde mit Weinbau u. reichem Feldbau. Starke Bienenzucht. Schon im 9. Jahrh. wird E. als Besitz von Rheinau genannt, das hier einen Lehenadel hatte.

Am Orte u. seinen Obstgärten vorüber thalab. Die Rebenhänge hören auf; nach (5 Kil.) Stat. **Griessen**. Das stattliche **Dorf Griessen** liegt ($^1/_4$ Std.) seitab in südl. Richtung jenseits eines Höhenzuges, der es dem Blicke völlig verdeckt, 406 m., 1200 Ew. an der Landstrasse von Waldshut über Riedern (am Sand), Dettighofen, Jestetten nach Schaffhausen. (*Wirthschaft beim Bahnhof*, im Ort: *Hirsch; Linde; Bierbrauereien.*)

Postverbindung nach Hohenthengen in 2 Std. über die Bergscheuer (640 m.) u. Dorf *Stetten.*

Alter Ort mit ehem. Schloss u. eigenem Adel, der bedeut. Ansehen genoss; später den Herren v. Erzingen u. 1472 Besitz der Grafen von Sulz. Im Bauernkriege (14. November 1525) Niederlage der Klettgauer Bauern auf dem befestigten Kirchhofe durch Graf Rudolf von Sulz; 200 getödtet. — Weinbau; Steinbrüche; ehemals Bohnerzgruben.

Ausflug auf den (2 Std.) **Küssachberg** mit der weitläufig. Ruine der Burg **Küssachberg** od. **Küssenberg** (über **Geisslingen**) mit schönem Alpenpanorama.

Abstecher über **Hohenthengen** (2 Std) (aber mit kürzenden Fusswegen); auf der Höhe der Bergscheuer prächtige Aussicht ins Rheinthal, Zürichergebiet u. auf die Alpen; nach ($2^1/_2$ Std.) **Kaiserstuhl** am jenseitigen Rheinufer Nr. 9.

Hohenthengen 380 m., 450 Ew. (*Löwe; Lamm*); belebter Marktflecken nahe am rechten Rheinufer mit schöner, alter Kirche. Grabmäler von Äbtissinnen u. Conventfrauen des Klosters zu Berau.

Ausflug nach ($2^1/_2$ Std.) **Eglisau** am Rhein. Links im Seitenthal (des Schwarzbaches) **Weisswell** mit dem noch näher liegenden Burgstallhof, wo sich die Trümmer der Burg *Kränkingen-Weissenburg* befinden, die als Sitz einer Linie des gleichnamigen freiherrlichen Geschlechtes 1282 von Kaiser Rudolf von Habsburg belagert u. von s. Sohne erobert u. zerstört wurde. **Unter-** u. **Ober-Riedern** (am Sand), ehem. bedeutender Verkehr zwischen Basel u. Schaffhausen hier durch. Bei **Bühl** (rechts) wo die Strasse gabelt (links nach Jestetten) gerade aus, die Grenze überschreitend, nach (1 Std.) **Hüntwangen,** schweiz. Dorf, 640 Ew., 510 m., (*Linde*), Strohmanufactur in der Gegend bedeutend; in einer benachbarten Kiesgrube Fund eines Mamuthszahnes. Nördlich von H., auf dem hohen, mit 3 mächtigen Föhren gekrönten, weitum sichtbaren Bergkopf Trümmerstelle der alten, längst verschwundenen *Schnitzod. Schnetzburg.* Nordöstlich ($^1/_2$ Std.) das hochgelegene, gewerbthätige Pfarrdorf **Wyl,** 520 m. mit neuer weithin schauender, stattlicher Kirche u. schönem Geläute u. 825 Ew., Strohmanufactur. Prächtige Aussicht. Weinbau. Von Hüntwangen aussichtsreicher schöner Weg nach (1 Std.) **Eglisau** Nr. 9.

Rückweg über **Rafz** u. über **Berwangen** u. **Dettighofen** auf die Landstrasse nach Griessen.

Von Griessen, am Klingengraben, dem gesammelten Abfluss der meist im Boden versinkenden sämmtlichen Klettgauerbäche, entlang abwärts, dann denselben überschreitend u. eine niedrige Höhe durchschneidend, links oben **Ruine Küssachberg,** [**Geisslingen,** Dorf in einem Seitenthal mit dem **Heideggerhof** od. Heidenschlösschen, einer im Anfang dieses Jahrh. entdeckten Station der 11. röm. Legion; Römische Heerstrasse von Zurzach üb. Erzingen nach Schleitheim (Juliomagus), bleibt links unsichtbar; der Heideggerhof taucht rechts oben hinter Baumwipfeln auf] lenkt die Bahn plötzlich in's untere **Wutachthal** ein; Blick das Thal hinauf; u. die kanalisirte Wutach überschreitend, (eiserne, stattliche Brücke) zur waldumgebenen, an der nördlichen Berglehne gelegenen (6 Kil.) Station **Oberlauchringen,** wo auch die **Wutachthalbahn Weizen-Oberlauchringen** einmündet. Nr. 10. Am Bahnhof beliebte *Restauration v. J. Albiez.* Prächtiger Laubwald.

Einmündung der Landstrassen: *Stühlingen-Horheim durch das Wutachthal herab* u. der neuen *Landstrasse durch das Steinachthal hinauf* nach *Unter-Mettingen, Steinabad* und *Bonndorf.*

Dorf Oberlauchringen 10 Min. von der Station an der Wutach, 365 m., 650 Ew. (*Adler; Bierbrauerei; Restaur.*) sehr alt, schon im 9. Jahrh. genannt; im Saale zum Adler (Wappen am Hause mit Jahrzahl 1578) ehem. Klettgauisches Landgericht u. werthvolle Alterthümer, jetzt aber wenig mehr zu sehen. Etwas Weinbau; Fischzuchtanstalt.

Besuch der Ruine Küssachberg od. **Küssenberg** über **Bechtersbohl** ($1^1/_2$ Std.), sehr empfehlenswerthe Partie. In $^3/_4$ Std., auf angenehmem Wege mit freier Aussicht, nach **Bechtersbohl** (Bertholdsbohl) 457 m. (*Hirsch*) auf einem Absatz des giebelähnlich geformten Berges, der auf der Süd- u. Südwestseite hoch hinauf mit Reben, auf den andern Seiten aber u. bis zum Gipfel mit Wald bekleidet ist. In $^3/_4$ Std. an einem Hofe vorbei zu der imposanten Ruine von ungeahnter, gewaltiger Ausdehnung, 630 m.

Das ehemal. Hochschloss mit Vorburg: *Küssenberg, Küssaberg, Küssachburg,* in der röm. Zeit ein röm. Wartthurm, war im 11. Jahrh. Sitz eines mächtigen Dynastengeschlechts, das mit den Freiherren von Regensburg verwandt war. Im 12. Jahrh. kam den Freiherren von Küssenberg auch die Landgrafschaft Stühlingen durch Erbschaft zu Handen u. der letzte des Geschlechts war verschwägert mit dem Grafen Rudolf von Habsburg u. dem Freiherrn von Lupfen. Vor seinem Tode verkaufte Graf Heinrich II. die Herrschaften im Klettgau mit Küssenberg u. die Herrschaft Stühlingen an das Bisthum Konstanz. In dem hierüber entstandenen Rechtsstreit erfolgte indess eine gütliche Verständigung, worin die Grafschaft Stühlingen an den Herrn von Lupfen abgetreten wurde, die Herrschaft mit der Burg Küssenberg aber bei Konstanz blieb. Unter bischöflicher Botmässigkeit erhielt das Schloss eine **Vorburg** od. kleine **„Stadt"**, welche mit Freiheiten ausgestattet u. wie das Schloss selbst stark ummauert wurde. — Aus mannigfachem Pfandbesitz kam das Schloss u. die Herrschaft 1497 an die Grafen von Sulz, Landgrafen im Klettgau u. wurde 2 Jahre darauf von den Schweizern erobert (Sage vom Romeias in Villingen). Im Bauernkriege hielt sich in dem neu befestigten Platz Graf Wolf Herrmann von Sulz, bis Entsatz kam, gegen die Bauern des Klettgauer Haufens. Die Burg wurde dann von Graf Rudolf von Sulz noch stärker befestigt (1527) aber im 30jährigen Kriege bei dem Herankommen des schwed. Feldmarschalls Horn von der Besatzung verlassen, gesprengt u. verbrannt. Seit dem (1634) liegt die Veste in Ruinen.

Die Ruinen machen den Eindruck des Grandiosen: die noch ziemlich erhaltenen Vorwerke mit Mauern von 3 m. Dicke u. einem riesigen vorspringenden Halbrundthurm ragen in mächtiger Front, zwar dachlos, aber sonst scheinbar unbeschädigt, in die Luft; dahinter erheben sich die riesigen Mauern des ehemal. innern Schlosses u. weiter zurück erblickt man die Trümmer der innern Ringmauern mit hohen Thurmresten, die aber von der Kraft des Pulvers zerrissen erscheinen. Das ganze weitläufige Trümmerwerk ist noch von einer ziemlich wohlerhaltenen hohen Aussenmauer in einem kolossalen Fünfeck umzogen. Es bildet eine der grossartigsten u. imposantesten Burgruinen des ganzen Süddeutschlands, ist aber noch immer zu wenig bekannt u. besucht.

Herrliche Aussicht mit Alpenpanorama.

Ueber **Dorf Küssnach** am Südfuss des Berges, in prächtigem Weingelände (guter Rothwein) 439 m. (*Hirsch*) (1/2 Std.) zurück.

Prächtige, lohnende **Ausflüge**:

a) von **Küssnach** über den Bergrücken südöstlich nach **Kaiserstuhl** mit herrlicher Aussicht auf das Rheinthal u. die schweizerischen Landesgegenden mit den Alpengipfeln u. Juragebirgsketten.

b) von **Küssnach** über **Dangstetten** u. **Rheinheim** nach **Zurzach** durch angenehmes Wein- u. Ackergelände u. mit Fähre üb. d. Rhein. Nr 9.

Von **Oberlauchringen** löhnende Tagestour durch das **Steinathal** (6 St.) aufwärts nach Steinabad u. Bonndorf u. zurück über Grafenhausen, Birkendorf u. Uelingen ins Schlüchtthal nach Thiengen (2 Tage).

An (links) **Unterlauchringen** u. **Laufenmühle** vorüber, die **Steinach** auf stattlicher Brücke übersetzend, nach (4 Kil.) **Thiengen** 347 m., 2247 Ew. (*Krone; Ochs; Hirsch; Bierbrauerei Eble u. a.*) freundlich gelegenes Städtchen, nahe an der Wutach, welche zwischen hier u. dem schweiz. Dorfe Coblenz, nach der Aufnahme der Schlücht, in den Rhein mündet. Schloss u. Kirche mit dem nördl. Stadttheil lehnen sich an den *Hohen Brand* und *Glockenberg*, zwischen denen die Strasse von Bonndorf über Uehlingen u. Neuhaus herabkommt; jenseits der Wutachniederung die Höhen des *Burgerwaldes* u. *Homberges*. **Schloss**, stattlich, auf dem höchsten Punkt des Ortes (mit der Kirche nebenan), einst Sitz der Landgrafen des Klettgaues. Am Eingang Wappen der Grafen von Sulz u. ihrer Nachfolger, der Fürsten von Schwarzenberg (Jahreszahlen 1619 u. 1660). In der Kirche (neu gebaut 1749) Gräber mehrerer Grafen von Sulz u. eine werthvolle Monstranz, Schenkung derselben. Nothkirche der Römisch-Katholischen; Kapelle am Ostende des Ortes. Baumwollweberei u. Spinnerei. **Laufenmühle** am **Wutachwasserfall.** Holzhandel. Badanstalt. Zahlreiche Judenschaft. Heimath des verdienten Historikers *J. Bader.*

Thiengen wird von Einigen für das Tenedone der Römer gehalten. Vielfache Spuren röm. Niederlassungen. Urkundlich schon 855 genannt. (Landgericht zu Töingen), kam es im 13. Jahrh. von den Bischöfen von Konstanz an die Freiherren von Kränkingen, welche es 1420 wieder an den Bischof Otto III. verkauften. Dieser verpfändete es an die Herren von Blumenegg; 1471 kam es an Bilgeri von Heudorf; 1482 an die Grafen von Sulz u. 1687 an die Fürsten von Schwarzenberg, bis 1812 die ganze Land-Grafschaft Klettgau an Baden überging. Bis dorthin war Th. Sitz der Klettgauischen Regierung u. eines Oberamtes.

Im Jahr 1499 zur Zeit des Schweizer- od. Schwabenkrieges wurde Th. von den Schweizern erobert u. verbrannt, von Graf Rudolf von Sulz aber wieder hergestellt u. neu befestigt. Schon im 9. Jahrh. befand sich hier eine Münzstätte, im 15. Jahrh. eine jüdische Buchdruckerei.

Postverbindung nach Bonndorf u. Schluchsee über Berghaus (Neuhaus), Uehlingen u. Birkendorf: a) nach Birkendorf in 3 Std.; b) nach Bonndorf in 5 Std.; c) nach Schluchsee in 5 Std.

Spaziergänge: zum Wutachfall bei der Laufenmühle ($^1/_4$ Std.) *Wirthshaus* bei der Fabrik — nach dem hübschen Rebgut **Homburg** ($^3/_4$) — auf den **Vitibuck** mit Pavillon u. hübschen Anlagen ($^1/_2$ Std.); schöne Aussicht; früher Einsiedelei des heil. Veit. (Roman „Vitibuck“ von Katsch) — zum **Langenstein** (Nagelfluh) ($^1/_4$ Std.) am Burgerwald, alte Malstätte des albgauischen, später klettgauischen Landgerichtes; — zum **Eisenbahnübergang über die Steinach** (Spitzbogen-Gewölbe.) ($^1/_2$ Std.)

Ausflüge: über den **Glockenberg** (434 m.) nach dem **Bad Brückhaus** an der Schlüchtbrücke (hübsche *Gartenwirthschaft* mit Anlagen von Vonderaach) ($1^1/_4$ St.) — nach dem **Berghaus** (Neuhaus) auf dem Berge gegen Uehlingen 684 m. ($1^3/_4$ Std.) Luftkurstation — über **Bad Brückhaus** nach den **Haselbachwasserfällen** u. der Burgruine **Gutenburg** (2 Std.) — über die **Laufenmühle** nach **Kadelburg** u. **Zurzach** (2 Std.) u. über Klingnau u. Koblenz nach Waldshut u. Thiengen zurück — ins **Steinachthal** und ins **Schlücht- u. Schwarzachthal** (Glanzpartie).

Von Thiengen durchschneidet die Bahn (quer durch) das **Schlüchtthal**, überschreitet den wilden, in Hochgestade eingebetteten Fluss auf einer Brücke (schöner Blick in's belebte Schlüchthal), gewährt links die Aussicht auf den heranfluthenden Rhein u. die Bahnlinie *Zurzach-Koblenz* der Schweiz. Nordostbahn u. durcheilt den **Aarbergtunnel**; nachher prächtiger Blick links auf das Mündungsgebiet der **Aare** in den **Rhein**, die Eisenbahn-Rheinbrücke bei Koblenz u. die schönen Ortschaften im aargauischen, malerisch geöffneten Aarthal sowie das Rheinthal hinab; dann nach (5 Kil.) **Waldshut.** Nr. 11.

Bei Coblenz mündet der bedeutendste Fluss der Schweiz in den Rhein, so dass sich an dieser von Sandbänken u. Wasserarmen durchkreuzten Stelle die meisten Gewässer der schweizerischen Hochgebirge u. des Jura zusammenfinden. Ihre Wassermasse richtete in dieser Gegend wiederholt u. zuletzt 1876, durch Ueberschwemmung bedeutende Schädigung an.

*Eisenbahnverbindung von Waldshut über den Rhein nach der schweizerischen Station **Koblenz** u. von da*

1. über Turgi u. Baden nach Zürich; 2. über Turgi nach Aarau, Solothurn, Bern u. die Westschweiz; 3. über Zurzach-Eglisau-Bülach nach Zürich; 4. über Zurzach-Eglisau-Bülach nach Winterthur.

*Postverbindung nach a) **Rheinheim** in $1^1/_2$ Std.; b) **St. Blasien** über Höchenschwand in $5^1/_2$ Std.*

Nr. 9. Von Winterthur über Bülach u. Koblenz nach Waldshut.

Schweizerische Nordostbahn: Untere Tössthalbahn von Winterthur nach Bülach (17 Kil.); **Linksufrige Rheinthalbahn** von Bülach nach Koblenz (31 Kil.) die ganze Strecke Winterthur-Waldshut 51 Kil. (Fahrzeit ungefähr 2 Std.)

Von Winterthur nach (2 Kil.) **Töss** (*Hirsch*) 3050 Ew. Auf waldig. Felskegel Ruine Hoch-Wülflingen, 598 m. Stattlicher Ort mit bedeut. Fabrikation; dann am hohen Ufer der **Töss** entlang, mit schönem Einblick in's belebte, jenseits mit Weingeländen u. waldbekränzten Bergen eingefasste Thal u. die hübschen grossen Ortschaften Wülflingen, Neftenbach u. s. w. (der Tössfluss richtet oft durch Ueberschwemmung grossen Schaden an) nach (3 Kil.) Stat. **Wülflingen,** 2420 Ew., Schloss, Fabriken, wohlhabende, gewerbsthätige Gegend. Weinbau. Dann, immer mit schönem Umblick im reizenden Tössthal, nach (3 Kil.) **Pfungen-Neftenbach.** Die Station befindet sich nahe an der Stelle des ehem. alten Schlosses, welches beim Bahnbau abgetragen wurde. Aufenthaltsort des Herzogs Gottfried von Alemannien, seiner Söhne u. des heil. Pirmin im 8. Jahrh. (Pirminsbrunnen). **Neftenbach,** jenseits der Töss (½ Std.) in schönem Weingelände, 1432 Ew. Berühmter Wein *„Neftenbacher"* (*Löwe*); viele röm. Antikaglien u. Gebäudereste. Oberhalb N. das schlossartige **Wartgut** u. auf der Höhe d. Trümmer der gebrochenen u. zerstörten **Wartburg.** (Rudolf u. Gertrud von Wart, Blutrache 1308.)

Die Töss macht malerische Windungen durch glattgewaschenes Felsgestein; es folgt (5 Kil.) Stat. **Embrach-Rorbas** in malerischer Umgebung d. Tössthales. Links (2 Kil.) **Embrach** (Unter-) 1511 Ew. (*Wilder Mann*), schönes, grosses Dorf mit ansehnl. Kirche in fruchtbarem Thalgrund. Fundort röm. Alterthümer. — Rechts im Tössthal, in romantischer Lage, **Rorbas,** 1392 Ew., an der Landstrasse von Bülach nach Andelfingen. Kirche u. Pfarrhaus reizend gelegen. (Wasserfall; interess. Tropfsteingrotte oberhalb der Lochmühle.) Schöne Tössbrücke nach dem jenseits auf d. rechten Ufer gelegenen **Freienstein,** 1229 Ew., Burgruine gl. N. u. Rettungsanstalt.

Ausflug über den **Irchelberg,** 756 m., (berühmter Wein) nach **Buch,** 518 Ew., u. **Dorf,** 358 Ew., mit Schloss **Goldenberg** u. nach **Andelfingen** Nr. 4. oder aber von Rorbas, an Schloss **Teufen** vorüber, nach **Teufen** u. **Flaach,** 996 Ew., und von da nach **Andelfingen.**

Gleich hinter Stat. **Embrach-Rorbas** durchfährt die Bahn den im Bogen geschwungenen, 1800 m. langen **Dettenbergtunnel** u. erreicht, das Tössthal verlassend, (7 Kil.) Stat. **Bülach** (*Kopf; Kreuz; Storch; Restaurationen beim Bahnhof*), 542 m., 1876 Ew., Städtchen, Zürcherischer Bezirkshauptort, ehem. mit Mauern u. Graben umgeben, mehrmals abgebrannt. Stattlicher Kirchthurm. In der Nähe gegen Hochfelden prachtvoller Eichwald.

Eisenbahnknotenpunkt. Vereinigungspunkt der Bahnlinien von **Baden, Zürich, Winterthur** u. **Waldshut** her (von **Schaffhausen** über Eglisau her noch im Projekt).

Von Zürich her (21 Kil.) biegt die Bahn bei Oerlikon von der Hauptlinie der Nordostbahn (Nr. 4) ab u. über die Stationen Glattbrugg, Rümlang, Oberglatt und Niederglatt nach Bülach.

Durch den **Bülacher Haard** (ehem. berühmter Eichwald) nach (3 Kil.) Stat. **Glattfelden**, hoch über dem rechten Ufer der stark gewundenen Glatt, mit schönem Einblick in's interessante Glattthal. **Dorf Glattfelden** (25 Min.), 1751 Ew. mit Fabriken. (*Löwe.*) Weinbau. Verheerungen der Glatt. Auf dem **Laubberg** (nordwestl.) herrliches Panorama; dann auf hohem, aussichtsreichem Gelände hin, am Fusse des *Hiltenberges* herum, nach (3 Kil.) Stat. **Eglisau** (*Projektirte Abzweigung nach Schaffhausen*) auf der hohen, ausgedehnten Terrasse des südlichen (linken) Rheinufers, 1/4 Std. vom jenseits des Rheines gelegenen Städtchen Eglisau, Nr. 8. Rechts Seglingen. **Postverbindung nach Rafz** (u. Schaffhausen).

Jetzt beginnt die eigentliche **linksufrige Rheinbahn.** Die Bahn zieht sich fast immer dicht am Uferrand des tiefeingebetteten Stromes dahin, daher prächtige Ausblicke auf den Rheinlauf, auf die jenseitigen Ortschaften u. malerisch gebildeten Höhenzüge. — Viele Einschnitte u. Dämme.

Von Stat. Eglisau dicht am Rhein dahin; schöner Blick auf die Mündungsstelle der Glatt mit künstlich durch einen Felsen gebohrtem Wassertunnel, dessen obere Hälfte eingestürzt ist bei **Rheinsfelden**; über (4 Kil.) Stat. **Zweidlen** (einsame Hochufer des Rheins) nach (3 Kil.) Stat. **Weiach-Kaiserstuhl.** Wirthschaft am Bahnhof. Prächtiger Rundblick. — **Weiach,** letztes Zürcherdorf dieser Route, 389 m., 740 Ew. (*Stern; Bierbrauerei*) in interessanter Umgebung. — **Kaiserstuhl** (10 Min.) 378 m., 366 Ew. aargauisches Städtchen von hohem Alterthum (Forum Tiberii) in malerischer Lage, aber steil am linken Uferabfall des Rheines gebaut. Alter, mächtiger Thurm beim Eingang zum Orte. (*Linde; Krone;*

Bierbrauerei im ehem. St. Blasianischen Amthause). St. Blasien u. das Bisthum Konstanz hatten hier grosse Besitzungen. (Wappen an einigen Gebäuden.) Der Ort ist sehr herabgekommen. In der Nähe ehem. Bad **Fisibach.** Jenseits des Rheins, vor der theilweise gedeckten Brücke (1878 vom hohen Rhein zerstört), auf bad. Ufer, das alte Schloss **Röteln** od. **Roth-Wasserstelz,** jetzt Besitz der Familie von Wyttenbach. — nach **Hohentbengen** N. 8 (1/4 Std.). — nach **Lienheim** (*Strauss*) (1 Std.), **Reckingen** (2 Std.), **Rheinheim** (3 Std.), auf dem rechten Ufer d. Rheins, interessante Wanderung.

Unterhalb Kaiserstuhl (20 Min.) stund das interessante, 8eckige, mit hohem Quaderthurm gekrönte **schwarze Schloss** od. **Schwarz-Wasserstelz** auf einer Felsinsel im Rhein, eine Zierde der umgebenden Landschaft, Besitzthum der Familie von Tschudi u. mit deren Wappen geschmückt. Es wurde 1875 abgetragen u. die mächtigen Quader aus Tuffstein zu Bahndämmen verbaut. Jetzt bildet der niedrige Mauerstumpf eine traurige Ruine. — Gegenüber, am bad. Ufer, auf hohem Felsvorsprung die Ruine **Weiss-Wasserstelz.** — Dem Rhein entlang, durch aussichtsreiche, belebte Gegend, an (6 Kil.) **Rümikon** u. (3 Kil.) **Reckingen** vorüber, nach (3 Kil.) **Zurzach** 344 m., 968 Ew. (*Schwert; Waage; Stern*), aargauisches Städtchen, Bezirkshauptort (einst berühmte Messen), jetzt herabgekommen. Uralter Ort. Römische Niederlassung; im Rhein werden bei niederm Wasserstand Pfähle einer Römerbrücke sichtbar. Altes Collegiatstift am Grabe der heil. Verena, jetzt Chorherren mit grossem Vermögen. „*Wirthschaft zum Schlösschen*“ (Mandach) (1/4 Std.) an dem Orte, die „Burg“ genannt, gegenüber dem Pfarrhause zu Rheinheim, wo das alte römische Castell stund, mit schönen Anlagen u. herrlicher Aussicht, namentl. auf den kegelförmig u. kühn aufragenden Küssenberg.

Ausflüge: mit der Rheinfähre nach *Rheinheim* u. von da nach **Kadelburg** (1 1/4 Std.) auf dem bad. Ufer. — nach *Dangstetten* u. auf den von hier aus imposant erscheinenden **Küssenberg** (1 1/2 Std.)— nach **Döttingen** u. **Klingnau** im Aarthal (2 Std.) zur Eisenbahn *Turgi-Waldshut.* —

Den Rhein verlassend, an Gypsbrüchen vorüber u. **Rietheim** passirend, nach **Koblenz** u. jenseits desselben, unter dem Viaduct der Linie Koblenz-Waldshut durch, nach (7 Kil.) der **Bahnstation Koblenz.**

Vereinigungspunkt mit der Hauptbahn Zürich-Turgi-Waldshut. Dorf Koblenz (Confluentes) (*Blume; Bahnhof*) zur Zeit der Römer bedeutende Niederlassung am Einfluss der Aare in den Rhein. — In starker Curve durch einen Tunnel an den Rhein u. auf schöner, eiserner Gitterbrücke beim Fahrhause, denselben übersetzend, nach **Waldshut** Nr. 11.

Nr. 10. Von Oberlauchringen nach Stühlingen und Weizen mit der Wutachthalbahn und Fusstour über den Randen nach Engen, Immendingen u. Donaueschingen.

Die Wutachthalbahn, von Oberlauchringen durch das untere Wutachthal bis Weizen (21 Kil.) *ausgeführt,* soll gemäss Projekt bis **Donaueschingen** (od. Immendingen) zum Anschluss an die Bad. Schwarzwaldbahn fortgeführt werden. Grosse Terrainschwierigkeiten bei **Achdorf** am Knie der Wutach u. finanzielle Bedenken stellen die Ausführung in Frage.

Die projektirte Bahnlinie von **Stühlingen** über **Schleitheim** nach **Beringen** zum Anschluss an die Klettgauer und Züricher Linien ist ebenfalls auf den Warte-Etat versetzt.

Oberlauchringen-Weizen, tägl. 4 Züge, Sekundärbetrieb. Wagen nach dem bequemern amerikanischen System der Durchgänge in der Mitte.

Von **Station Oberlauchringen,** an schönem Laubholzwald zur Linken vorüber, durch das grüne, flache aber nicht sehr breite Thal der Wutach, (mehrere alte Hochufer derselben sichtbar) nach (4 Kil.) **Horheim** 380 m. (*Hirsch*). Rechts jenseits d. Wutach (1/4 Std.) Pfarrdorf **Schwerzen** mit stattl. Kirche (*Adler*) u. hochgelegenem, ummauertem Kirchhof. Einiger Weinbau. Noch um 1135 Sitz eines eigenen Adels. In dem nahen (1/4 Std.) **Wilmendingen,** Schlösschen der Familie von Beck, nun Domänenbesitz u. Pachtgut (17. Jahrh.), mit merkwürdig bemaltem Gerichtssaal u. Kapelle.

Ausflug nach dem **Heidoggerhofe** oder **Heidenschlösschen** über die Höhe u. durch schönen Wald (1 Std.). Wahrscheinlich ging eine röm. Seitenstrasse vom Heidenschlösschen über die Höhe, Wilmendingen u. Schwerzen nach Oftringen u. von da der Wutach entlang aufwärts u. eine Abzweigung durch das **Erthal** nach Untermettingen im Steinathal u. nordwärts nach Löffingen u. Döggingen.

Im Weiterfahren erscheinen rechts auf der jenseitigen Uferhöhe, in hübscher Lage, zuerst **Wutöschingen,** dann **Degernau** mit hochgelegener, weitumschauender Kirche, dann in hübscher Umgebung (4 Kil.), links an den Thalabhang gelehnt, **Oftringen** u. gegenüber, jenseits der Wutach, die stattliche u. schön gelegene Mühle **Reuenthal** (*Wirthschaft*). Das malerisch in der Höhe gelegene **Schlösschen** Oftringen (keineswegs in Beziehung zum Minnesänger Heinrich von Ofterdingen), einst Sitz eines gleichnamigen Dienstadels, wurde an Rheinau vergabt u. eine beliebte Statthalterei dieses Stiftes. Die Rechtsansprüche der Grafen von Stühlingen (Lupfen-Pappenheim-Fürstenberg) wurden nach langen Streitigkeiten gütlich verglichen. Sehr alter Ort; im nahen **Erthal** röm. Baureste.

Nach kurzer Weiterfahrt erreicht man (2 Kil.) **Unter-Eggingen** 433 m., am Ausgang des Thales von **Mauchen** und

Obereggingen in's Wutachthal (*Drei Könige; Bierbrauerei v. Schmutz; Restauration v. Müller*). Starke Bienenzucht. Zwirnerei (Fabrik) an der Wutach von Zollikofer. — In der Umgegend viele Versteinerungen. Gräberfunde.

In 20 Minuten erreicht man das tiefer in dem Seitenthal gelegene **Obereggingen** mit schöner neuer Kirche (Altargemälde, gute Glasmalereien, Stiftungen der fürstl. fürstenberg. Familie u. von Privaten der Nachbarschaft); alter stattlicher Meyerhof der Fürsten v. Fürstenberg. Gyps- u. Cementfabrikation (*Wilder Mann*).

Sehr interessante Ausflüge nach **Unter-Mettingen** im **Steinachthal** (1 Std.) u. nach **Mauchen** im obern Theile des Egginger Thales ($1^1/_4$ Std.).

Von Untereggingen thalaufwärts bemerkt man in der Thalbildung nicht viel Abwechslung, doch ist die Gegend keineswegs monoton, sondern in der Zusammenstimmung von Fluss, Thal u. Höhen mit Waldes- u. Wiesengrün angenehm. Rechts, vorüber an der Mühle **Wunderklingen**, jenseits der Wutach, uraltes Mühlegehöft (schweizerisch); dann folgt an der Ausmündung eines kleinen Seitenthales **Eberfingen**, ebenfalls sehr alt, mit neuer Kirche (*Hirschen; Restauration*) u. ehemal. Eisenwerk (nun völlig verschwunden). Alemannische Gräberfunde. Bienenzucht.

Gute Strasse über den **Hof Hausen** nach **Unterhallau** u. in's **Klettgau** mit hübschen Aussichtspunkten.

Von Eberfingen, fast durchaus dicht an der Wutach entlang, mit schönem Vorblick auf das malerisch am Bergabhang heruntersteigende Stühlingen; nahe am Ort bereitete schwieriges Terrain dem Bahnbau bedeutende Kosten; man fährt dicht unter dem hochgelegenen Städtchen u. hart am Dorf Stühlingen vorüber nach (4 Kil.) **Stat. Stühlingen**, 10 Min. vom Orte, nahe an der Brücke des Landstrassen-Ueberganges nach *Schleitheim*. Die projektirte Bahnabzweigung *Stühlingen-Schleitheim-Beringen* ist bei der Anlage des Stühlinger Bahnhofes in Berücksichtigung gezogen worden.

Stühlingen, Dorf (im Thal) u. Stadt (auf der Bergterrasse der Stühlinger Alp), 487 m., etwa 1400 Ew., (*Hirschen* [Post]; *Krone; Adler*, am Eingang zur Stadt; *Restauration v. Würth; Gambrinus; Jehle; Bierbrauereien von Grünniger u. von Nägele; Wirthschaft zum Rebstock; Deutscher Hof*, an der Wutachbrücke bei der Station). Prächtige, malerische Lage des Ortes: im Thalschooss am Ausgang des Weilerthales die Dorfschaft mit der Pfarrkirche; am Stadtweg hinauf u. auf der Bergstufe die kleine Stadt, mehrere Häusergruppen u. das ehemal. Kapuzinerkloster Loreto, endlich auf der hervortretenden Ecke der Alp das umfangreiche, stattliche **Schloss Stühlingen** (nicht Hohenlupfen, wie einige noch immer irrthümlich schreiben). Landwirthschaftl. Bevölkerung, doch auch einige Industrie: Grosse Zwirnerei (2000 Spindeln) von Egli; Emaille-Glasurfabrik von Würth u. Cie.; Mehl- u. Gypsmühlen von Wanner u. Cie. u. von Fechtig etc.

Fundort röm. Gebäudereste (Mosaikboden 1848) u. Antikaglien; alemann. Grabstätten.

Sehr interessante Umgebung; hübsche Spaziergänge u. lohnende Ausflüge. Als Sommerfrischestation u. Hauptquartier für eine Anzahl empfehlenswerther Touren wohl geeignet.

Schloss Stühlingen, wohlerhaltene Landgrafenburg, mit gewaltigem hohem Geviertthurm u. stolzer Kuppel; der nordwestliche Flügel mit vorspringendem, weitem Halbthurm (runde Bastion) ist abgetragen worden. Aus dem Innern der Gebäude wurde alles Interessebietende ausgeräumt. Der Sodbrunnen im Schlosshofe soll, nach der Sage, mit dem Titisee in Verbindung stehen. Ueber dem Thoreingang Wappen der Grafen von Pappenheim mit der Jahrzahl 1620. Die Burg wurde von Graf Maximilan von Pappenheim (1619—23) umgebaut. — **Herrliches Panorama** vom Schlosse aus u. von den nähern Umgebungen.

Spaziergänge: auf der Landstrasse nach Eberfingen (1 Std.), schöne Rückblicke auf St. u. Umgebung. — auf den **Kalvarienberg** (1 Std.) mit Meierhof u. Kapelle, prächtige Rundsicht. — nach **Schleitheim** (½ Std.) — nach **Unterhallau** (1¼ Std.) über den Hof **Hausen** (*Wirthschaft*) mit schöner Aussicht unterwegs. — in's **Weilerthal** (½ Std.).

Ausflüge: In die **Flühen der Wutach** zwischen Grimmelshofen, Blumegg u. Füetzen (2½ Std.). — auf die **Randenburg** (Ruine) u. zum **Thalisbänkli** (2 Std.), **herrliche Fernsicht u. wundervolle Alpenschau auf dem Randen.** — in's **obere Wutachthal** von der Wutachmühle (bei Ewatingen) bis Neustadt. — in's **Steinach-** u. in's **Schlüchtthal.**

Postverbindung über **Weizen** (Bahn) nach **Blumberg-Donaueschingen** u. nach **Bonndorf-Lenzkirch.**

Schon unter d. Römern muss Stühlingen eine ansehnliche Niederlassung gewesen sein (ausgegrabener Mosaikboden [1849], im Oberdorf am Eingang in's Weilerthal [1848] aufgefunden); einige suchen die keltisch-römische Colonie Juliomagus hier u. vermuthen, dass die Burg Stühlingen auf d. Grundmauern eines röm. Castells erbaut worden sei. Manche geben den Tulingern (Tulinges), welche mit d. Helvetiern gegen Cäsar kämpften, hier ihren Wohnsitz. Der Name des Ortes mag von dem Grafenstuhl herzuleiten sein, der hier an der Grenze des obern Albgaues aufgerichtet war. Um 1083 erste urkundliche Erwähnung der **Grafen von Stühlingen.** Als ihren Erben begegnen wir 90 Jahre später den Herren **von Küssachberg** oder **Küssenberg,** welche einen grossen Theil ihres Erbes an das Hochstift Konstanz verkauften. Dieses verglich sich mit Heinrich **von Lupfen,** dem Schwager des letzten Küssenbergers, um dessen Erbansprache durch Abtretung von Stühlingen, dessen Grafschaft fortan bei seinem Hause blieb, dann aber (1605) an die Grafen **von Pappenheim** vergeben wurde, endlich aber sich an **Fürstenberg** vererbte. Schloss u. Stadt wurde von der Mitte des 17. Jahrhunderts an Residenz der später Reichsfürstlichen Linie Fürstenberg, welche 1805 ausstarb. — Anfang des Bauernkrieges 1524 zu St., da die Gräfin Clementia von Montfort das frohnweise Einsammeln von Schneckenhäuschen zum Garnwickeln während der Ernte begehrte. — In frühern Jahrhunderten hier viele Juden. —

a. Seitentour in's Schleitheimer Thal u. auf den Randen.

Jenseits der Wutachbrücke, wo das Schweizergebiet beginnt, passirt man **Oberwiesen** (industrielles Quartier von Schleitheim, seit 1872 erbaut) mit verschiedenen gewerblichen Etablissementen: Mechanische Leinenspinnerei- und Weberei Schleitheim-Stühlingen; Gypsfabrikation von Stamm u. Wanner; Sägerei u. Holzhandel von Frauenfelder; Bauwerkstätte von Bachmann u. Sohn; Möbelfabrikation von Federle u. s. w., welche Geschäfte von der Wasserwerkgesellschaft Stamm u. Wanner mit der nöthigen Triebkraft versehen werden. (*Restauration von Grundner.*) Malerische Umgebung. (*Wirthshaus zum Anker,* am Eingang in's Schleitheimer Thal.) *Gypsbrüche* (7.) in der Nähe, deren Besuch interessant (unterirdische Stollen). Unter Weinbergen u. an Mühlen (Mechanische Werkstätte von S. Meier) vorüber (1/2 Std.) nach

Schleitheim, 487 m., 2373 Ew. (*Post; Hirschen; Löwen; Gemeindehaus; Krone; Bierbrauerei; uud viele Wein- u. Bierwirthschaften*), grosser Schaffhausischer Marktflecken, 1/4 Std. lang. Landwirthschaft, verschiedene Gewerbe und viel Gypsfabrikation. Sandsteinbruch, dessen Gestein von Bildhauern für plastische Bildwerke gesucht ist. An vielen Stellen Ueberreste röm. Gebäude. Antikaglien u. Münzen. Grosses alemannisches Leichenfeld (1866 entdeckt).

Postverbindung nach Beringen täglich 2 mal.

Auf alte Ansiedelungen im fruchtbaren Schleitheimer Thal deuten die Trümmerreste grosser Gebäulichkeiten oben u. unten im Thal (namentl. im Vorholz; z'unterst Wyler, im Salzbrunnen u. hinter Muren), sowie ein ausgedehntes Leichenfeld (im Hebsack), in welchem Ringe von Bronze, Schnallen, eiserne Schwerter, Messer u. verschiedene Geräthe, Schmucksachen u. auch Münzen gefunden wurden (in der Sammlung des antiquar. Vereins zu Schaffhausen). Die Fundorte sind noch wenig ausgebeutet. Einige verlegen das keltisch-römische *Juliomagus* hierher u. halten es für den Standort der 21. röm. Legion. — Im Jahr 973 wurde Sch. nebst Beggingen, Grimmelshofen u. a. Orten von dem Schwabenherzog Burkhard II. an das Kloster Reichenau vergabt, später wurden daselbst auch von den Grafen von Lupfen u. den Herren von Randenburg Herrschaftsrechte ausgeübt. Ein Reichenauischer Lehenadel, die **Keller von Schleitheim,** später Freiherren, verwaltete die Reichenauischen Grund- u. Zehentrechte. Im 16. Jahrh. gelangte der Ort durch Säkularisation des Klosters Allerheiligen u. durch Tausch vollständig in den Besitz der Stadt Schaffhausen. Einige Hoheitsrechte der Landgrafen von Stühlingen wurden 1839 erst vollständig abgelöst.

Näheres siehe in **S. Pletscher's Randenführer,** Schleitheim 1879. Der *Schleitheimer* weisse Wein von guten Jahrgängen ist ein sehr gutes u. gesuchtes Gewächs. Aeusserste Grenze des Weinbaues in dieser Gegend.

Vorzüglichster **Stationspunkt** zur **Durchwanderung des Randengebietes** und zur Besteigung der Hauptgipfel oder Rücken. Vom Thal erscheint das Gebirge wie ein scharf markirtes, mit einem fortlaufenden Kamm versehenes Gebirge, allein auf der Höhe bemerkt man, das dasselbe aus Hochflächen u. Rücken besteht, denen schmale Gräthe od. Schneiden gänzlich mangeln. Von Schleitheim aus führt eine schöne, bequeme Strasse auf die Höhe des Berges. Das auf dem **Langen Randen** vor 10 Jahren zum Genuss der Aussicht errichtete (12 M. hohe) hölzerne Thurmgerüste ist leider verwahrlost u. endlich abgebrochen worden, doch bietet die Gegend beim **Thalisbänkli** noch immer ein wunderbar schönes Rundbild u. grossartiges Alpenpanorama. An der „Aussichtstanne" auf dem „Mittelbuck", 879 m., ebenfalls Aussicht, doch mehr beschränkt. Auf der **Ruine der Randenburg,** 901 m., auf dem **Lueginsland ob Siblingen,** 793 m., auf dem **Hohen Randen** beim Signal, 914 m., u. auf der **höchsten Stelle des Gebirges,** ob dem Schlatterhof bei Beggingen, 927 m., sodann auf dem **Buchberg,** 878 m., bei Füetzen und auf dem **Eichberg** od. **Stutzer** bei Blumberg, 914 m., sind besuchenswerthe Aussichtspunkte. — In Schleitheim Führer nehmen. — „**Randenführer**" von **Pletscher.**

Die interessantesten Touren sind: Von Schleitheim (über Randenburg, Aussichtstanne auf d. Mittelbuck u. Thalisbänkli) nach **Merlshausen** (2½ Std.) (am Langen Randen „Heidenlöcher", Sage vom Schimmelreuter). — Von Schleitheim über **Siblingen** (Lueginsland, Randenburg, Thalisbänkli) nach **Beggingen** und zurück. — Von Schleitheim über **Beggingen** auf den Hochranden zum Signal u. über den Klausenranden u. **Füetzen** zurück. — Von Schleitheim über **Füetzen** u. **Blumberg** auf den Buchberg u. Eichberg mit Einblick oder Besuch des Wutachthales. — Alles Tagestouren.

Andre Ausflüge: über den Silsteigberg nach **Ober-** u. **Unterhallau** (1½ Std.) — über den *Hohenstaufenberg* u. durch Wald nach **Grimmelshofen** u. in die *Wutachflühen* nach **Blumegg** (2 Std.) u. über **Füetzen** zurück. —

Im obern schoossartigen Theil des Thales (¾ Std.) liegt **Beggingen,** 563 m., 1096 Ew., grosses Dorf mit guter Strasse auf den Randen, etwas Weinbau u. einiger Gewerbsthätigkeit (*Rössli, Stern, Neuhaus* u. a.). Mehrere Alterthumsfunde in d. Gegend.

Von Stühlingen mit der Bahn durch das grüne Wutachthal hinauf nach (3 Kil.) Station **Weizen;** derzeitiger Endpunkt der Bahn. Die Ausführung der ganzen Linie ist nach neueren Berichten zwar nicht gänzlich in Frage gestellt, aber doch in weite Ferne gerückt, was sehr zu bedauern ist.

Am Strassenknotenpunkt, 3 Min. vom Bahnhof, am Eingang in's Ehrenbachthal liegt das *Gasthaus zur Sonne,* u. Postamt (sog. Weizemerhäusle). **Postverbindung 2 mal täglich nach Bonndorf** u. **1 mal täglich nach Grimmelshofen, Füetzen**

u. Blumberg. In der Nähe Cementgruben (dolomitischer Wellenkalk).

Zum **Dorf Weizen,** 20 Min., tiefer im Ehrenbachthal, an der Wendung desselben nach Westen, u. an der Poststrasse nach Bonndorf gelegen. Sehr alter Ort, schon 778 urkundlich genannt. Hochgelegene Kirche. Cementfabrikation von Gäng. (*Stern; Kreuz; Kranz.*)

Von Station Weizen od. *Gasthaus zur Sonne* wandert man zu Fuss (od. Post od. Privatfuhrwerk) (in 1 Std.) thalauf nach **Grimmelshofen.** Auf der hoch u. frei gelegenen Strasse hübsche Rückblicke thalab. Am jenseitigen Ufer der Wutach hohe Felsgruppen mit der *Seldenhöhle;* im Flussbett gewaltige Platten von dolomitischen Wellenkalk (Cement) **Grimmelshofen,** 495 m. (*Restauration; Kranz, Hirschen*), malerisch zu beiden Seiten der Wutach, sehr alter Ort (973). Neue eiserne Brücke über den Fluss. Eine frühere bedeckte Brücke von Holz wurde am 12. Oktober 1796 beim Rückzug der Franzosen von diesen u. eine spätere (1849) von den badischen Freischaaren abgebrannt; ebenso wurde die Brücke hier wiederholt von der hoch angeschwollenen, wilden Wutach weggerissen. — Gypsgruben, Cementgruben u. Cementfabrikation.

Die Landstrasse windet sich hinter dem Dorfe, in mühsamer Steigung, am Abhang eines Seitenthales der Wutach zu hohem Gelände empor u. erreicht (1 Std.) das frei u. hell in einer wannenartigen Thalweitung des Randengebirges gelegene, ansehnliche **Füetzen,** 547 m., in dem das Wutachthal wegen seiner Felsenenge ob Grimmelshofen umgangen werden musste.

Der Weg von Grimmelshofen nach Achdorf durch das Thal der Wutach, durch **die Flühen,** wie diese Strecke genannt wird, mit Abzweigung beim Wutachsteg nach (links) Blumegg, führt durch das sog. **Pfaffenholz,** bietet aber, wegen des hohen Holzes, nur wenige Ausblicke. — Interessanter, aber nur mit Führer rathsam ist der 1872 erstellte **Fussweg** der projektirten **Wutachthalbahn,** der über 30—40 m. hohe Felswände in das Gestein eingesprengt wurde u. die zerklüfteten Kalkfelswände u. das tief u. schmal eingerissene Thal des Wutachflusses in der ganzen imposanten Entwicklung vor Augen treten lässt. Der isolirte, thurmartige, riesig emporsteigende **Pletscherfelsen** auf der linken Seite der Wutach. Auf der rechten Seite der ebenfalls ganz isolirte **Burgfelsen von Blumegg** u. noch 2 freistehende Felsblöcke von mächtigen Dimensionen. — Man thut gut, wenn man über den Wutachsteg auf die rechte Thalseite geht u. nach **Blumegg,** 667 m., hinaufsteigt (*Hirsch, Kranz*), wo vom Rand der Hochfläche ein wundervoller

Einblick in das Felsenengthal u. eine prächtige Alpenaussicht gewährt wird. Bei der Oertlichkeit „Vorburg" Spuren römischer Baufundamente.

Bei Blumegg schöner Ueberblick der Gegend, sowie der merkwürdigen Bildung des Wutachthales: Von den beiderseitigen, gleich hohen Hochflächen, rings vom imposant ansteigenden Randengebirge überragt, bricht das Terrain plötzlich senkrecht ab u. fällt in hohen, vielfach zerklüfteten u. verwitterten Kalksteinwänden, die von Spalten u. Höhlungen durchsetzt sind, zur Flusstiefe ab, wo die Wellen des Flusses über Alabaster- u. Marmorgefels hinrauschen. Am Fusse der Felswände bilden ungeheure Steintrümmer, die von der Höhe niederstürzten, eine steile, mit Tannen u. Laubholz bekleidete Böschung. In Folge Verwitterung der mittlern Schichten des Kalkgesteins haben sich in der ganzen Gegend Absenkungen u. Zerklüftungen gebildet, welche weitere Nachstürze aufgelöster Felsmassen nach sich ziehen werden.

Auch der Grundfelsen der ehemal. Burg **Blumenegg** od. **Blumeneck** (nunmehr wenig sichtbare Trümmerreste vorhanden; vor etwa 50 Jahren noch eine hohe, starke Mauer). zeigt eine starke Senkung thalwärts. Er scheint ursprünglich in gleicher Ebene mit der Hochfläche gelegen zu haben, dann aber durch Abweichen des unterliegenden Gesteins in's Rutschen gekommen zu sein, wobei er mehr vom Berge ab und in die Tiefe gerieth. Auch mögen von seinem frühern Umfang mächtige Stücke losgebrochen u. in die Tiefe gestürzt sein, doch ist noch immer ein Stück Mauer des südlichen Umzuges sichtbar, ein Beweis, dass vom eigentlichen Untergrund der Veste noch keine Verminderung durch Abstürzen erfolgt ist.

Diese Veste war der Stammsitz eines der ältesten u. mächtigsten Adelsgeschlechter des ganzen Albgaues, das später zwar diese Gegend verliess, aber im Breisgau u. Kinzigthal in mehreren Linien fortblühte u. erst 1577 gänzlich erlosch. Manche vermuthen, dass hier ein röm. Wartthurm gestanden u. Anlass zur Erbaunng einer alemannischen Dynastenburg gegeben haben möge. J. V. von Scheffel's „Juniperus" spielt hier.

Aussichtsreiche Wege nach Achdorf u. Ewatingen.

In **Füetzen** 547 m., ansehnl. Dorf (*Wilder Mann; Hirschen*) (ehem. Vitusheim, Vitsheim) das seinen Namen nicht von ad fauces, sondern von dem Ortsheiligen St. Vitus her zu leiten scheint, Alterthumsfunde aus röm. u. germanischer Zeit (Reste eines röm. Bades, Münzen etc.; Mauergräber mit Waffen). Die röm. Heerstrasse von Juliomagus (Schleitheim) führte hier durch auf die Randenhochebene u. nach Brigobanne.

Ausserhalb Füetzen, bei der Abzweigung der Strasse nach **Epfenhofen** ist die Wegtheilung für die Wanderung nach

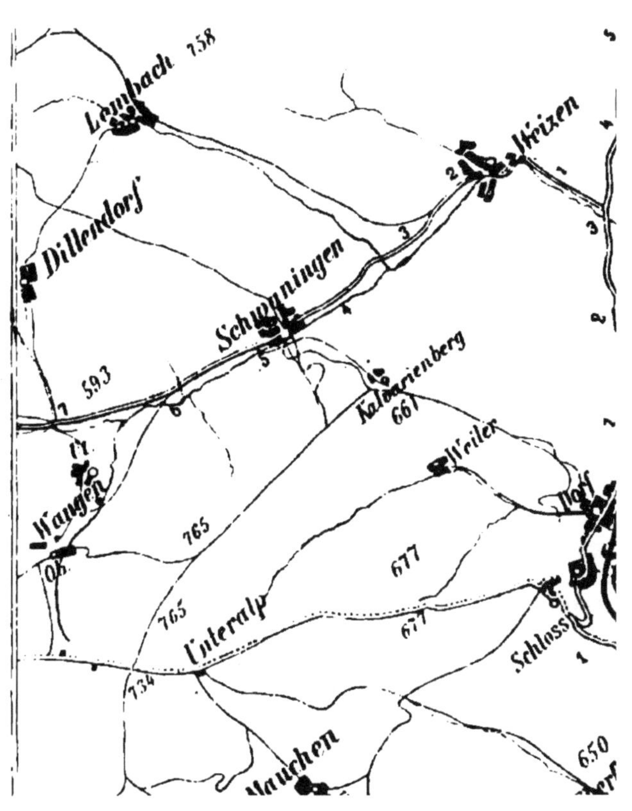

758
Dillendorf
593
661
Weiler
Wangen
765
765
677
677
Unteralp
734
Schloss
650

Thengen, Blumenfeld u. Engen u. für diejenige durch das *Aitrachthal* oder nach *Donaueschingen*. Wer nach **Engen** will, hat sich hier (rechts) nach **Epfenhofen** zu wenden. Wer nach **Donaueschingen,** od. **durch's Aitrachthal** hinab, nach **Immendingen** zu wandern vor hat, geht (links) auf der Landstrasse fort, die nach dem „**Zollhaus**" führt u. stark bergan steigt.

1. Wanderung über Thengen, Blumenfeld nach Engen. ($5^1/_2$ Std.)

Von Füetzen nach (1 Std.) **Epfenhofen,** kleines Dorf, in einem Thalwinkel, dicht am Fuss des Randens, wo derselbe eine sattelartige Einsenkung zeigt. Eine neue Strasse soll hier durch den Verkehr aus dem Wutachthal nach dem Hegau u. Donaueschingen vermitteln, um die starke Steigung der jetzigen Landstrasse aus dem Füetzenerthal nach dem Zollhaus zu umgehen. — In einer halbstündigen Steigung ist die Höhe der Randenerhebung gewonnen u. es entwickelt sich im Rückblick auf die eben durchwanderte Gegend ein überraschendes Bild weit eröffneter Aussicht.

Links seitwärts, etwa 10 Minuten entfernt, auf der offenen Bergfläche, Dörfchen **Randen,** 732 m. mit herrlicher Aussicht.

Die Poststrasse *Schaffhausen-Donaueschingen* kreuzend, führt eine Vizinalstrasse direkt in $^1/_2$ Stunde nach **Kommingen.** Will man sich aber in der Richtung gegen das *Aitrachthal* wenden, so geht man beim Kreuzungspunkt der Strassen auf der grossen Landstrasse Schaffhausen-Donaueschingen, bis man in gleicher Höhe mit dem Dörfchen Randen angelangt ist, hier zweigt ein Weg nach **Riedöschingen** (rechts) ab, den man einschlägt u. Riedöschingen (1 Std.) u. die Strasse durchs Aitrachthal ($^1/_2$ Std.) in angenehmer Wanderung erreicht.

In der Nähe von **Kommingen** zahlreiche Basaltröhren mitten in der Jurakalkgegend, welche treffliches Strassenmaterial liefern. Man hat nun immer, fast unausgesetzt, eine herrliche Rundschau vor Augen; namentlich die Phonolith- u. Basaltkegel des Hegaues zeigen sich in imposanter Gruppirung. Gegen Südost u. Süden u. auch gegen Westen ist die Aussicht ab u. zu prächtig, namentlich die Alpen u. die Gegenden um den Bodensee erscheinen in schönem Anblick. Kommingen litt sehr beim Rückzug der Franzosen 1799. — In 1 Std. nach **Thengen Dorf,** u. nach wenigen Minuten nach **Thengen Stadt** u. **Hinterburg,** 610 m. (*Adler*), 1050 Ew., mit gänzl. landwirthschaftlicher Bevölkerung, am Fuss einer kahlen, abgerundeten Höhe von 702 m. Erhebung. Der Ort ist Stammsitz einer seit dem 12. Jahrh. vorkommenden Dynastenfamilie **von Thengen,** welche (1422) die von ihren kinderlos verstorbenen Vettern, Conrad u. Eberhard von Nellenburg, ererbte Grafschaft Nellenburg im Jahr 1461 an Oesterreich verkauften. Der Burghügel mit einem noch wohl erhaltenen Thurm der Stammburg befindet sich hinter dem Städtchen (südl.); der Ort heisst Hinterburg.

In der Nähe das alte **Thalheim**, schon im 9. Jahrh. in St. Gallen'schen Urkunden genannt.

Ausflüge: über **Uttenhofen** nach **Bargen** (Schaffh.) ($1^1/_2$ Std.), **Merishausen** ($2^1/_2$ Std.) u. Schaffhausen ($4^3/_4$ Std.) — über **Büsslingen** (uralt, schon als Busluingas 830 genannt) (1 Std.), **Schlatt am Randen** (um 920 durch Herzog Burkhart von Schwaben an Reichenau vergabt) ($1^3/_4$ Std.) nach **Thayngen** (2 Std.). Nr. 2 B — nach **Leipferdingen** ($1^1/_2$ Std.). —

Nach dem Städtchen Blumenfeld führt der Weg in Windungen rechts ab, während eine Strasse direkt nach Watterdingen u. Engen führt. Direkt nach Watterdingen 1 Std.; über Blumenfeld ($1^1/_2$ Std.).

Blumenfeld, 540 m., 300 Ew., kleines, Landwirthschaft treibendes Städtchen mit altem Schlosse, wahrscheinl. altbambergisches Besitzthum, das dem Kloster in Stein zukam u. den Klosterschirmherrn von Klingen u. deren Abkömmlingen von Klingenberg als Lehen verliehen wurde. Von den schwäbischen Städten 1441 eingenommen, kam es in Pfandbesitz der Herren von Bodman-Jungingen, dann kaufweise zu Handen des Deutschen Ordens, nach dessen Aufhebung es an Baden gelangte.

Ausflug über **Beuren** a. Ried (im Biberthal) ($^1/_2$ Std.); prächtiger Anblick des **Hohen Stoffeln**, jenseits desselben der kleine **Binninger See**; — sodann über **Binningen** ($1^1/_2$ Std.) mit Herrschaftssitz eines Zweiges der Herren von Hornstein, am Westfusse des Hohen Stoffeln, auf schöner Strasse über den **Hof Storzeln** od aber auf einer nähern Strasse, über **Hofwiesen**, nach ($^3/_4$ Std.) **Riedheim** ($2^1/_4$ Std.), in angenehmer Lage, mitten zwischen den Bergkegeln des Hegaues. Altbambergischer Besitz, zum Kloster Stein gehörig, wurde mit demselben österreichisch, kam durch Kauf an die Herren von Randegg, im 16. Jahrh. mit dieser Herrschaft an den gelehrten Herrn Hans von Schellenberg, später an die Abtei Petershausen u. mit dieser an Baden. — Von Riedheim bis **Hilzingen**, Angesichts des **Hohen Twiel** ($^1/_2$ Std.).

Hilzingen, 450 m. 1200 Ew. stattlicher Marktflecken mit erheblichem Weinbau. (*Adler*.) Im Jahr 1050 als Hiltisingen genannt, war der Ort ebenfalls altbambergischer Besitz des Klosters zu Stein u. hatte gleiche Geschichte mit Riedheim.

Nach **Gottmadingen** zur Eisenbahn angenehme Wanderung (in $^3/_4$ Std.

Ueber **Weiterdingen** u. **Welschingen** nach **Engen** 3 Std. —

Die Strasse von Blumenfeld nach **Watterdingen** (1 Std.) geht durch das Quellthal der **Biber** hinauf zur Höhe des aus Kalk gebildeten Hochgeländes westlich vom Hohen Höwen.

Watterdingen, 560 m., 700 Ew., ist sehr alt, auch schon 965 als Eigenthum des Stiftes Oehningen genannt. Von Watterdingen angenehme Wanderung über **Anselfingen** nach ($1^1/_2$ Std.) **Engen**. Nr. 7.

2. Wanderung durch das Aitrach- od. Kirchenerthal nach Immendingen ($6^1/_2$ Std.).

Abwechslungsreicher in der Richtung über **Epfenhofen, Randen, Riedöschingen**; bequemer, aber einförmiger über das **Zollhaus** u. der **Thalstrasse** folgend.

Im flachen Thale (in der Urzeit Rinnsal der Wutach) vom **Zollhaus** (*Gasthaus zur Post*) nach **Leipferdingen**, in einem rechten Seitenthal der Aitrach ($2^1/_2$ Std.), Wallfahrtskirche mit altem Marienbild. Ehemals Eigenthum des Klosters Allerheiligen zu Schaffhausen, kam d. Ort später an die Familie von Klingenberg, dann an den Deutschen Orden u. mit dessen Gütern an Baden. — Nach **Aulfingen** ($^1/_2$ Std.); nach **Kirchen** (50 Min.) sehr alt, der Sage nach die älteste Ortschaft der ganzen Umgegend. Gräberfunde; im Jahr 806 an St. Gallen vergabt. — Nach **Hausen** ($^1/_4$ Std.) u. im Donauthal nach **Geisingen** (35 Min.), oder zur Bahnstation **Hintschingen** ($^1/_2$ Std.), oder aber direkt zu Fuss an (rechts) **Hintschingen** vorüber nach ($1^3/_4$ Std.) **Immendingen** durch das Donauthal abwärts.

Interessanter ist der Weg von Leipferdingen über **Stetten** ($1^1/_4$ Std.) (Stettener Schlössle Nr. 7), **Mauenheim** ($1^1/_4$ Std.) keltische u. altgerm. Niederlassungen; Hügel- u. Reihengräber. (Höwenegg, Burgruine Nr. 7.) nach **Immendingen** ($1^1/_4$ Std.). Nr. 7.

3. Wanderung nach Donaueschingen ($4^1/_2$ Std.).

Bis zum **Zollhaus** (*Post*) auf der Füetzenerstrasse. Hier **Postverbindung** mit **Schaffhausen, Weizen** u. **Donaueschingen.** Nach **Riedböhringen** auf der Landstrasse ($4^1/_2$ Kil.) (*Hirsch; Bierhaus*); nach **Behla** ($3^1/_2$ Kil.) schon 889 mit dem nahen Hausen von König Arnulf an den Vasallen Egino geschenkt (in d. Urkunde „Pelahusun“ zusammengeschrieben), von diesem an St. Gallen vergabt, von dem die Herren von Blumberg es zu Lehen trugen, später die von Schellenberg, welche es 1619 an Fürstenberg verkauften. In der Nähe Spuren einer Römerstrasse. Schöne Aussicht über den ganzen Baargau bis Hohenberg u. Zollern. Projektirte Station der Wutachthalbahn. — Unterwegs Abzweigung der Strasse nach **Fürstenberg.** Nr. 7. — nach **Hüfingen** (4 Kil.). Nr. 7. u. nach **Donaueschingen** (4 Kil.) Nr. 7.

Südliches Eintrittsgebiet.

Nr. 11. Von (Zürich) Baden, Brugg nach Waldshut. Waldshut und Umgebung.

Schweiz. N.-O.-B. 45 Kilom. Anziehende landschaftl. Scenerien.

Durch das flache **Sihlfeld**, mit neuer Vorstadt von Zürich, nach Stat. **Altstetten.** *Abzweigung der Bahnlinie nach Zug u. Luzern (Gotthardbahn).* Vorher, am rechten Ufer der Limmat, **Höngg** mit hübschen Landhäusern. Oben am Abhang das prächtig gelegene Kurhaus **Wayd.** Links der **Uetliberg** mit d. Gasthof.

Im Weiterfahren nach Stat. **Schlieren,** rechts drüben **Unter-** u. **Ober-Engstringen** u. Weiningen, dann Kloster **Fahr** (*Wirthshs.*).

Dietikon (*Löwe*), 1683 Ew., bekannt durch Massena's Uebergang über d. Limmat 1799 u. Besetzung des Käferberges, wodurch die Russen von Zürich vertrieben wurden. Altgerman. Gräberfunde.

Zur Linken die Ortschaften **Spreitenbach, Killwangen** u. **Neuenhof** (Killwangen mit Stat.). Zur Rechten, 10 Min. abseits Dorf **Wettingen** 1938 Ew. — Dicht über dem diesseitigen Limmatufer das stattl. aufgehobene Cisterzienserkloster **Wettingen** (Meerstern gen.), jetzt **aargauisches Schullehrerseminar.** In der Kirche habsburgische Denkwürdigkeiten u. geschnitzte Chorstühle. An d. Kirchthurmmauer römischer Denkstein mit Inschrift (Isistempel). Glasmalereien im Kreuzgang. — Römische Alterthümer. — Grosse Fabrik-Etablissemente. *Abzweigung der Bahnlinie nach Lenzburg u. Zofingen, sowie der Linie Wettingen-Oerlikon-Zürich.*

Die malerische Umgebung von Baden entfaltet sich vor d. Blick. Durch einen Tunnel nach

Baden (im Aargau) 383 m., 3692 Ew., schon den Römern durch seine Heilquellen (Aquae Verbigenae) bekannt. (*Waage; Hotel Bahnhof; Linde; Schwert; Telegraph; Restauration Belvedere; Hirschli u. a.*)

Bäder von Baden. Gasthöfe. Grosse Bäder: *Kuranstalten Baden* (*Staadhof; Hinterhof* u. d. grossartige Neubau)

unter tüchtiger Leitung vereinigt; *Schiff*, gelobt; *Freihof; Limmathof; Schweizerhof; Ochs; Bären; Blume; Verenahof; Sonne; 3 Eidgenossen; Sense; Stern*, alle gut.

Kleine Bäder: *Ochsen* mit Café; *Schwanen; Adler; Engel; Stern; Hirsch; Traube; Café Brunner.* Gartenwirthschaft u. Brauerei *z. Sonnenberg.*

Kurhaus, grossartiger, stattl. Bau mit Kuppel, schönen Vorhallen u. Sälen, eleganter, guter Restauration u. neu angelegtem Park. Orchester.

Quellen: Die Bäder v. Baden im Aargau mit **19 heissen Quellen** (Temperatur 38° R. — 40° R.) liegen einige Minuten von der Stadt entfernt abwärts, auf beiden Seiten der Limmat. Besonders wirksam gegen gichtische, rheumat. u. scrophulose Krankheiten. Die kleinen Bäder jenseits d. Limmat mehr für die untern Klassen. **Armenbäder.**

In der Stadt Versammlungsort der schweiz. Tagsatzungen von 1428 bis 1711. Schöne **kathol.** u. eine **reform.** neue **Kirche**, reiches **Spital, Schulhaus, Bank, Post, Synagoge, Limmatbrücke.** Platanen-Allee am Limmatufer entlang. — In **Ennetbaden** grosse Baumwollspinnereien. Freundliche Umgebung. Römische Alterthümer. An der Brücke neueres Schloss: Wohnsitz der alten Landvögte.

Abzweigung der Bahnlinie Baden-Bülach über Wettingen.

Schlossberg. Hoch ob der Stadt die Ruinen des berühmten **Steins von Baden**, im Mittelalter eine feste Burg u. öfter Wohnsitz der habsburgischen Fürsten, von den Eidgenossen 1415 gebrochen. *St. Nickolauskapelle.* Belvedere mit Wirthschaft. — *Promenade.* — *Matte.* — **Martinsberg**, *Stoffelberg* u. die **Baldegg** (1 Std.) 572 m., mit Wirthschaft u. prächtiger Aussicht. **Kreuzberg** (1¼ Std.). — **Birmensdorf** (1 Std.) südwestl. mit Bitterwasser, welches das Pillnauer- u. Saidschützerwasser weit überbieten soll.

Im Weiterfahren erblickt man am jenseitigen Flussufer Nussbaumen, Kirchdorf, Ober- u. Unter-Siggenthal. Hierauf Stat. **Turgi** (*Krone; Restauration im Bahnhof*), wo links die **Hauptlinie** nach **Brugg** u. **Aarau** weiter führt. Spinnereien. Weites, offenes, freundliches Gelände.

☞ **Wagenwechsel nach Waldshut.**

Die Hauptlinie der N.-O.-B. setzt über die **Reuss**, welche sich hier mit der **Aare** vereinigt. Weiter unten rechts strömt ihnen die **Limmat** zu.

Vorüber an **Gebensdorf**, 2444 Ew., links erblickt man **Windisch** u. Irrenanstalt Königsfelden, nach

Brugg 365 m., 1435 Ew. (*Rothes Haus; Rössli; Bahnhof*) altes Städtchen. Geburtsort vieler bedeutend. Männer, daher „Propheten-Städtlein“ genannt. Der „Schwarze Thurm“ an der Aare röm. Ursprungs (mit dem sog. „Hunnenkopf“).

Westlich die alte *Habsburg;* südöstl. Schloss *Brunegg* (Sitz der Gessler (Wilhelm Tell).

Historisch merkwürdig sind:

Königsfelden, 1/4 Std. südöstl. von Brugg, im ehemal. Umfang der alten Stadt Vindonissa. Auf der Stelle, wo am 1. Mai 1308 Kaiser Albrecht I. von Oesterreich von seinem Neffen Herzog Johann u. den Edelherren von Balm u. Eschenbach ermordet wurde, gründeten 1313 die Wittwe, Kaiserin Elisabeth u. ihre Tochter, Agnes von Ungarn, ein Clarisserinnenkloster, zu welchem späterhin ein Minoriten-Mannskloster kam. Die Leiche des Kaisers kam zuerst nach Wettingen, dann nach Speyer. 1528 Aufhebung des Klosters u. Verwandlung in ein Spital, gegenwärtig damit eine grossartige Irrenanstalt u. Hebammenschule verbunden, 1870 Kirche abgebrochen, Agnesenkapelle versetzt u. mehrere Gebäude beseitigt.

Windisch 366 m., 2067 Ew. (*Bären*), 20 Min. von Brugg auf einem kleinen Theil der Bodenfläche des klassischen Vindonissa, auf welcher heute die Ortschaften Königsfelden, Altenburg, Brugg, Oberburg bis gegen Gebensdorf zu finden sind. Sie war eine der bedeutendsten helvetisch-römischen Städte, deren Blüthe in die ersten Jahrhunderte n. Chr. fällt u. einer der grössten Waffenplätze der Römer gegen die german. Völker. Später Sitz der ersten Bischöfe. Im ganzen ehemal. Stadtumfang grossartige Ausbeute von Antikaglien u. Bauresten. In der *Bärlisgrube* noch das alte **Amphitheater** (oval, von gewaltiger Ausdehnung) zu erkennen. Die alte, stundenlange **Wasserleitung** heute noch diensttüchtig.

Bad Schinznach, warme Schwefelquelle (25° R.) in der Nähe. Bahnstation. Sehr besucht.

Von Turgi nach Waldshut setzt die Bahn über die **Limmat**, geht in gerader Richtung an (rechts) **Ober-** u. **Unter-Siggenthal** u. an (links) den Aaruferorten **Lauffohr** u. **Rein** (jenseits des Flusses mit hochgelegener Kirche u. hohem Thurm), sodann an der Fähre **Stilli** u. der Schlossruine **Freudenau** (in der Aartiefe nicht sichtbar) nach Stat. **Siggenthal** (*Postverbindung* nach Lengnau). Am linken Aarufer erblickt man **Villigen** mit den Schlosstrümmern von *Besserstein.* Sage. — Anmuthige Umgegend. Im Bogen nach **Döttingen**, dann durch einen Einschnitt u. schönen Naturpark zum (links) wenig ansprechenden Städtchen **Klingnau**, 1137 Ew., mit grosser Probstei, jetzt Fabrik. Am linken Ufer der Aare, in der Tiefe, **Leuggern**, 1059 Ew., mit hochgelegener ehemal. Johanniter-Commende, jetzt Privateigenthum. In starkem Bogen (nachher Tunnel) zur Station **Koblenz** (Confluentes) (*Blume; Bahnhof*) 529 Ew., am Einfluss der Aare in den Rhein (Einmündung der Bahnlinie [Zürich, Winterthur] Bülach-Zurzach-Koblenz Nr. 9) und über die schöne, eiserne Gitterbrücke über den Rhein nach

Waldshut 343 m. (am Rheinpegel 314 m.), 2468 Ew. (*Hotel Blume; Rebstock; Schätzle; Rheinischer Hof; Krone; Schwan; Lamm; Bahnhof-Restauration; Restaurant Vogt,* gegenüber dem Bahnhof; *Dietsche* [Garten u. Bäder]; *Kilian;* u. a.)

Rheinbadanstalt (Bad 20—30 Pfg.).

Alterthümliche, kleine gewerbthätige u. wohlhabende Stadt; Kreishauptort u. Amtssitz mit Land- u. Amtsgericht, in angenehmer, freundlicher Umgebung u. gesunder Lage, hoch auf dem rechten Rheinufer, wohlgeeigneter Stützpunkt für Ausflüge in den südlichen Schwarzwald u. in die nahen Fremdenorte der Schweiz, ebenso für längern Aufenthalt u. Ferienstation passend. — Stattliche Kirche (erbaut 1804); hinter dem Bahnhof Kapelle mit schöner plastischer Gruppe: Christus am Oelberge (von Walliser). Alte Mauern, Gräben u. Thore. Im Schützenhaus inter. Sammlungen des Herrn Bürgermeisters Maier.

Mechanische Werkstätten, Baumwollspinnerei u. Weberei u. a. industrielle Etablissemente. Mühlsteingruben u. Mühlsteinfabrikation.

Verschönerungsverein u. verschiedene andere gesellige u. gemeinnützige Vereine. In der Nähe Alpenaussicht; hübsche Spaziergänge.

Eine der österreichischen 4 Waldstädte, der Sage nach aus einem Habsburgischen Jagdschlosse entstanden, von Rudolf von Habsburg zur Stadt erhoben (Hut am Walde) 1294, wurde Waldshut bald ein blühendes Gemeinwesen durch den Verkehr mit dem Rheinthal u. Schwarzwald. 1468 Belagerung durch die Schweizer 7 Wochen lang, (16,000 Mann) ohne bezwungen zu werden; 1492 fast gänzlich abgebrannt; 1524 u. 1525 durch Balthasar Hubmeier reformirt, im Bauernkrieg mitgenommen u. von Oesterreich abfällig gemacht, aber bald wieder von demselben in Besitz u. Gehorsam genommen. Später die Hauenstein'schen Unruhen u. Salpetererkriege seiner Entwicklung nachtheilig. 1744 von den Franzosen besetzt. 1801 an Modena vergeben, 1806 an Baden. Im Jahre 1815 die letzten Salpetererunruhen.

Spaziergänge: am Rhein entlang, beim Rheinbad vorüber — auf den **Haspel** ($^1/_2$ Std.), nordwestl. von der Stadt, 513 m. mit herrlicher Alpenansicht; beim **Kreuz** gegen **Eschbach** ($^1/_2$ Std.) weiter westl. noch schöner, 541 m. — auf den **Calvarienberg** nordöstl. vom Bahnhof, 413 m. mit prächtiger Aussicht — zum **Fahrhaus** gegenüber Koblenz, 320 m. — über den Rhein zu den der Stadt gegenüber liegenden **Fahrhäusern** (Fähre) (*Wirthshaus zur Jüppe*). —

Ausflüge: auf den **Hungerberg** zum sog. Zähnkäppele, nach **Indlekofen** u. **Aispel** ($1^3/_4$ Std.) (*grosser, od. oberer Haselbachwasserfall; Führer* nehmen im *Wirthsh.* zu Aispel. Der Bach stürzt sich in einem zusammenhängenden Strahl, 12 m. tief in ein von Felsen umschlossenes Bassin) — nach **Gurtweil** durch den Wald Grosseichholz ($^3/_4$ Std.); nach **Bad Bruckhaus, Haselbach-Fall** (unterer) u. **Gutenburg**, hin u. zurück $2^1/_2$ Std. — nach **Nöggenschwiel, Fohrenbachmühle, Thiengen.** nach **Waldkirch**, durch das **Schmitzinger Thal** (*Löwe*), **Schmitzingen**, 540 m.); — nach **Remetschwiel, Niedermühl** u. durch das **Albthal** nach **Albbruk** sind abwechslungsreiche u. lohnende Wanderziehle für längern Aufenthalt.

Grössere Ausflüge: Ins **Schlüchtthal** u. ins **Schwarzachthal** bis Leinegg — nach **Höchenschwand, St. Blasien, Schluchsee u. Albthal** — nach **Klingnau, Leuggern u. Zurzach** — nach **Full, Leibstadt, Rosenthal** u. s. w. — nach **Schaffhausen** (Rheinfall, Küssenberg.), in's **Hegau** (Hohentwiel) — nach **Stühlingen** u. **Wutachflühen** bei **Blumegg**. — ins

Murgthal bis **Hettingen** — nach **Schinznach** u. (Habsburg) **Brugg** — nach **Baden** im Aargau u. **Zürich**. — ins **Wehrathal** u. a. mehr.

Eisenbahnverbindung nach Basel, Aarau, Luzern (Gotthardbahn), Bern, Zürich, Schaffhausen, Winterthur, Stühlingen, Konstanz etc. Postverbindung nach Rheinheim u. nach St. Blasien.

Nr. 12. Von Brugg mit der Bötzbergbahn nach Basel; Basel u. Umgebung.

57 Kilom. Schweiz. N.-O.-B. Kürzeste Linie von Zürich nach Basel.

Von **Brugg** auf einer grossartigen Brücke von 5 Bogen über die Aare, dann ansteigend in westlicher Richtung mittelst grosser Bogenlinie. Prächtiger Niederblick in's Aarethal auf die Ruine der Habsburg, Schlösser Wildegg u. Lenzkirch u. Ansicht der St. Galler, Glarner und Schwyzer Schneegypfel. An (rechts) **Umiken** vorbei (Tunnel) und (links) **Vilnachern** in der Tiefe lassend, nach Stat. **Bözenegg.** Dann durch den 2400 m. langen **Bötzberg-Tunnel** zur Stat. **Effingen.** Links **Nieder-Zeihen.** Dann Station **Hornussen,** hoch über dem rechts im Thale liegenden Dorfe gl. Ns. Darauf grosse Curve und riesenhafter Bahndamm. Das anmuthig gelegene **Frick,** 341 M., 944 Ew., (*Adler, Engel*) bedeutend. Marktflecken mit reizend gelegener Kirche, Spital u. berühmtem Kirchhofe, wird im Halbkreis umfahren. Weinbau. Im Seitenthale **Gipf** u. **Ober-Frick.** Strasse nach Laufenburg. **Postverbindung mit Aarau.**

Angenehme Fahrt an (rechts) **Oeschingen,** links **Eicken** (Stat.) vorüber, nach der Stat. des rechts in der Niederung liegenden **Stein** (*Löwe, Adler*), 493 Ew., 303 m., (1/4 Std.) zur nennenswerthen Rheinbrücke nach **Säckingen** (Nr. 13). Hier Abzweigung der projektirten Bahnlinie Stein-Koblenz, Stück der linksufrigen Rheinbahn. —

Nun dem Rhein entlang auf erhöhter Uferterrasse zur hochgelegenen Station des freundlich hin gepflanzten **Nieder-Mumpf** (*Sonne* mit Soolbädern u. *Soolbad*), 447 Ew., mit Ruine einer alten Burg. Tiefer Einschnitt u. mächtiger Bahndamm. **Möhlin,** 332 m., 1962 Ew. (*Krone; Löwe*). Rechts **Ryburg** (*Schiff*) mit Saline. Hübscher Laubwald. **Rheinfelden,** 262 m., 2249 Ew. (*Rheinsoolbad,* 5 Min. oberhalb Rh.; *Krone,* mit Depend, Terrassen, Sennerei, Jagd- u. Forellenfischerei; *Schützen; Schiff; Engel,* mit Armensoolbad; alle mit Soolbädern; *Bierbrauerei zum Salmen*), aus den Trümmern der röm. Augusta Rauracorum erwachsen, mit den Ruinen des von den Eidgenossen nach der Schlacht von St. Jakob gebrochenen, fast in der Mitte des Rheinstromes auf einem Felsen erbauten Schlosses **Stein** (1445). Rheinstrudel „Höllenhacken“ u. „Gewild“. Sehr mildes Klima u. angenehme Lage. Nr. 15.

Durch Wald und Einschnitte, immer am Rhein entlang, über (rechts) **Kaiser-Augst** u. **Basel-Augst** u. die grosse **Ergolzbrücke** nach **Pratteln**, 1880 Ew., basellandschaftl. Dorf; **Einmündung der Bahnlinie Olten-Liestal-Basel.** Durch den grossen Basler Hardt-Wald nach **Muttenz**, 297 m., 2060 Ew., (*Schlüssel*) mit hübschen Landhäusern u. reizender Umschau. Auf dem Wartenberg 3 Burgruinen. Südwestl. von M. **Mönchenstein**, 278 m., 1257 Ew., u. der berühmte Park von Schloss Birseck bei **Arlesheim.** Nr. 14.

Rechts **Dorf** u. **Kirche Birsfelden**; jenseits des Rheins die Vorberge des Schwarzwaldes mit der weit umblickenden **Crischonakirche.** Dann über die korrigirte **Birs** (Umblick immer anregend), an (links) **St. Jakob** (Denkmal s. unten), **Bruderholz** u. **Kirchlein St. Margarethen** vorüber, (Einblick in's Birsthal) nach dem **Centralbahnhof** (Schweizerbahnen u. elsass-lothringische Reichsbahn; Verbindungsbahn) von

Basel, Haupteintrittsthor nach dem Schwarzwaldgebiet.

Basel u. Umgebung.

Bahnhöfe. *Centralbahnhof* für die schw. Centralbahn u. die Reichsbahn gemeinschaftlich an der Südseite der Stadt (siehe Plan). *Badischer Bahnhof* in Klein-Basel, ¼ Std. von dem Ufer des Rheins (geradeaus) abliegend. **Die bad. Uhr geht der Basler Zeit um 4 Min. vor.** Gute **Restaurationen** in beiden Bahnhöfen. — **Omnibus** aller bedeutenderen Gasthöfe u. **Droschken** bei Ankunft der Züge in grosser Zahl vorhanden. **Verbindungsbahn** zwischen beiden Bahnhöfen. Neuer **Omnibuskurs** zwischen den Bahnhöfen (20 Cts.). — Grosser **Rangirbahnhof** im Südosten der Stadt.

Gasthöfe: An den Bahnhöfen. *Centralbahnhof*: *Schweizerhof; Hôtel Euler; Goldener Falke; Hôtel de France; Hôtel Hofer u. a.* — *Badischer Bahnhof: H. Schrieder zum deutschen Hof; H. Michel.*

In der Stadt: *Drei Könige I. Rang* prächtig am Rhein; *Storchen*; am Fischmarktplatz; *Wilder Mann*; Schiff im Centrum der Stadt; *Kopf; Krone*, am Rhein; *H. de la Poste; H. Stark; Blume; Engel*, israel. Gasthof am Spalenthor.

In Klein-Basel: *H. Kraft; Schwarzer Bären; Weisses Kreuz* am Rhein.

Restaurationen u. Cafés: *Café des Trois Rois; C. Spitz od. National* an der (alten) Rheinbrücke; *C. Girard* beim Casino; *Kunsthalle; C. du Marché. C. du Commerce* am Markt (*Restaurationen* in beiden Bahnhöfen); *Restaur. Jundt; R. Jägge; Safran-Zunft; Schützenmatte; Zoolog. Garten; etc.*

Weinhäuser: *Schiff*, Barfüsserplatz; *Helm; Waldeck; Veltlinerhalle* bei der Post; *Spanische Halle.* — In *Kleinbasel: Rother Löwe*, reiner Markgräfler; *Schaffhauser Halle.*

Bierhäuser u. Biergärten: *F. Merian.* Steinenvorstadt; *Glock*, Aeschenvorstadt; *Thoma* bei der grossen Fontaine; *Cardinal* im Centrum; *Fäsch*, Schützengraben, etc., einheimische u. fremde Biere. In **Klein-Basel:** *Burgvogtei* mit Concertsaal; *Zeller; Wohnlich; Warteck* beim bad. Bahnhof etc.

Gartenwirthschaften: *Sommer-Casino,* Fremden Zutritt gestattet, öfter Concerte; *Holée,* Schlosswirthschaft (20 Min.) mit hübscher Aussicht; *Zoolog. Garten,* Concerte, sehr angenehm.

Conditoreien (bei allen sog. Baslerleckerli): *Soulsener* an der (alten) Rheinbrücke; *Burkhardt,* Freiestrasse; *Brüderlin,* beim Stadthaus; *Steiger's Erben,* Schneidergasse.

Bäder: Bad- u. Schwimmanstalt im Rhein beim Münster; *Warme Bäder:* St Elisabethenbad, elegant; Dr. Siegmund Sohn, St. Leonhardsstrasse, comfort.; *Zum Brunnen,* am Fischmarkt u. *Dickemann,* Klein-Basel.

Droschken: Vor den 3 Königen; beim Kornhaus; am St. Alban-Graben; am Markt; an den Bahnhöfen u. bei der Clarakirche (Kl.-B.). Taxen für einzelne Fahrten u. nach der Zeit. Von den Bahnhöfen in die Stadt 1 Fr. 20 Ct. Von einem Bahnhof zum andern 1 Fr. 50 Ct. Stunde 2 Fr.

Lohnkutscher: Zweispänner ½ Tag 15 Fr., ganzer Tag 25 Fr.

Dienstmänner: Conzessionirte (schwarze Mützen mit Blechschild): Gang (mit 20 Kilo) innerhalb der Stadt 30 Ct., mit grösserm Gepäckgewicht 50 Ct., 1 Std. 60 Ct., 2 Std. 1 Fr. 20 Ct., ½ Tag 3, ganzer Tag (10 St.) 5 Fr. —

Reisehandbücher in allen Buchhandlungen u. Depots an beiden Bahnhöfen.

Kunsthandlungen v. R. Lang u. Georg, beide an der Freien Strasse.

Reiseartikel bei Marfort (Tornister); Christ. de Christ. Burkhardt, Freie Strasse.

Eisenbahnverbindungen, Posten etc. siehe Cursbücher.

Spaziergang durch die Stadt: Vom Centralbahnplatz durch die St. Elisabethenstrasse, links St. *Elisabethenkirche,* hinab bei der Handelsbank, links *Kunsthalle u. Theater,* rechts *Musiksaal;* dann zum *Münster* (links Freie Strasse, rechts Münsterberg), zur *Pfalz,* Aussicht auf d. Rhein u. Klein-Basel, *Lesegesellschaft* u. *Museum;* sodann den Schlüsselberg hinab zur *Post,* zum Marktplatz mit dem *Rathhaus,* durch die Eisengasse zur *alten Rheinbrücke* (rechts St. Martinskirche u. Universität), längs am Eingang zur Brücke *Gewerbehalle.* Jenseits rechts Gesellschaftshaus (Café Spitz od. National), links *Kaserne* am Rhein, dann links zur *untern neuen Brücke,* zum Petersgraben (früher Todtentanz) *Predigerkirche, Spital,* links *St. Peterskirche,* rechts St. Petersplatz, *Zeughaus,* Kornhaus. Zum *Spalenthor* u. zurück zum Holbeinplatz; zur *grossen Fontaine;* über die *obere neue* (schräge) *Brücke* nach dem badischen Bahnhof. Man kann diesen Spaziergang erweitern zum *St. Jakobsdenkmal* u. sodann zum *zoologischen Garten* u. zum Park *Langen Erlen.* (Dienstmann od. Drotksche nehmen.)

Historisches: Die Stadt erscheint schon 874 unter dem Namen Basilea. Sie scheint nach dem Rückzug der Römer, aus dem Zehntlande an die Rheinlinie, gegründet worden zu sein, nachdem schon 27 vor Christi Geburt in der Nähe (11 Kilom.) von L. Munatius Plancus (Statue im Hofe des Rathhauses) die Colonia Augusta Rauracorum (Colonia Raurica) gegründet worden sein mochte (das heutige Basel-Augst). Erste Erwähnung im 4. Jahrh. Wiederholte Zerstörungen im 5., 7. u. 9. Jahrh. durch Alemannen, Franken u. Hunnen (Ungarn). Um 870 Bischofssitz. In der Pfalz öfter Residenz der Deutschen Kaiser u. Könige. Am 18. Oktober 1356 grosses Erdbeben, 1430—1449 Konzilium, 1440 Pest, 1444 Schlacht bei St. Jakob, 1460 Gründung der *Universität* durch Papst Pius II., 1501 Eintritt in den Bund der Eidgenossen. Reformation durch Oekolampadius (Statue beim Münster). Kämpfe zwischen einer demokratischen Partei u. den herrschenden Gewalthabern im 16. u. 17. Jahrh. Im 30-jährigen Kriege 1633 von den Kaiserlichen, 1638 von den Schweden geschädigt. 1678 Verwüstung ihres Gebietes durch die Franzosen, 1709 durch die Oesterreicher. 1795 Frieden von Basel zwischen Preussen,

Spanien u. Frankreich. 1798 Mediationsverfassung durch Napoleon I. u. Aufhebung aller Standes- u. politischen Vorrechte. 1814 Durchzug der Allirten nach Frankreich. 1831 u. 33 Krieg zwischen Stadt u. Landschaft. 1833 Trennung in 2 Halbkantone (Baselstadt u. Baselland). Der erstere umfasst $^{7}/_{10}$ geogr. Meilen mit 4 Dörfern u. zusammen 65,101 Ew.

Basel, 265 m., 61,399 Ew., Hauptstadt des Halbkantons Basel-Stadt, an der Grenze dreier Landesgebiete u. gegen Deutschland, am Wendepunkt des Rheinlaufes nach Norden, nördliches Haupteingangsthor in die Schweiz u. Haupteintrittspunkt in's Gebiet des Schwarzwaldes, schon von Altem her die *„goldene Pforte“* genannt, ist nicht bloss in ökonomischer Hinsicht die reichste Schweizerstadt, sondern hat auf allen Gebieten des Kultur-, Staats- u. Volkslebens, in Wissenschaft u. Kunst ein reichhaltiges Verzeichniss bedeutender Namen aufzuweisen, die häufig zu den ersten ihres Faches gehören. Namentlich an das 15.—17. Jahrh. knüpft sich eine ganze Reihe von Namen europäischen Rufes.

Die auf beiden Ufern des Rheines (links *Gross-*, rechts *Klein-Basel*) gelegene u. durch drei Brücken (ohne die Verbindungs-Eisenbahnbrücke), wovon zwei in Eisenkonstruktion prächtig u. neu gebaut worden sind, verbundene Stadt, hat ein ziemlich alterthümliches Aussehen, ist aber durch geschmackvolle Neubauten u. Eweiterungen ausserordentlich verschönert worden u. hat durchaus ein behäbiges, solides Aussehen. In Folge ihrer äusserst günstigen Lage ist die Bevölkerung in rascher Zunahme begriffen. Unter der reformirten Mehrzahl der Einwohnerschaft befinden sich etwa 12,000 Katholiken. Sprichwörtliche Frömmigkeit der Baseler mit Hinneigung zum Pietismus. Grossartige u. unerschöpfliche Wohlthätigkeit, daneben ernstes, stilles, wohlanständiges Wesen u. gute bürgerliche Ordnung. Wissenschaft u. Künste gepflegt u. geschätzt. Auch für Musik wird viel gethan. Das angeborne Genie der Baseler für das Trommeln ist bekannt.

Seit alter Zeit her ist die **Handelsthätigkeit** u. spekulative Rührigkeit der Stadt Basel berühmt. Seine glückliche Lage am Knotenpunkt der bedeutendsten Handelsstrassen hat ihr einen ausgebreiteten Verkehr zugewiesen, der sich in Bankgeschäften, Wechsel- u. Werthpapieren wie im Waarengeschäfte geltend macht. Die Hauptindustrie des Platzes ist die seit mehr als 200 Jahren eingeführte **Seidenbandfabrikation** mit 7—8000 Stühlen u. einem Gesammtwerth der fabrizirten Bänder von jährl. 50 Millionen Fr. Basel besitzt die grösste Bandfabrik der Welt mit 1000 Stühlen — aber auch eine Menge anderer Fabrikgeschäfte.

Sehenswürdigkeiten. Der zweithürmige, aus weissem u. rothem Sandstein gebaute **Münster,** bis 1529 die Domkirche des Bisthums Basel, gegenwärtig in Restauration begriffen (Münsterbauverein). Vielleicht im Umfang eines römischen Castells, wurde sie 1010—1019 von Kaiser Heinrich II. neu aufgebaut; die jetzigen ältern Bestandtheile dagegen scheinen erst einem Neubau von 1185 anzugehören, mit Ausnahme des etwas ältern Nordportals, der reich mit Steinbildwerken geschmückten, sog. *St. Gallenporte.* Die schönen Thürme mit durchbrochenen Helmen u. alle gothischen Theile sind erst seit dem Erdbeben von 1356 hinzugekommen. In neuerer Zeit ist eine glückliche Restauration mit diesem Bauwerk vorgenommen worden; werthvolle Glasgemälde u. ein grossartiges Orgelwerk zieren das Innere desselben. Merkwürdig von den gothischen Zierwerken des Mittelalters sind: die *Kanzel,* der *Taufstein* u. die *Chorstühle* (gegenwärtig im Querschiff aufgestellt). Unter dem hohen Chor u. dessen Umgang wohlerhaltener Theil der *Crypta.* Die feierlichen Sitzungen der Kirchenversammlung wurden im Chor abgehalten; für die Sitzungen einer Conzilkommission diente der sog. *Conziliumssaal* (in einem Anbau u. jetzt, sammt den anstossenden Lokalitäten einer reichhaltigen *„mittelalterlichen Sammlung"* eingeräumt). Der *Kreuzgang,* einer der schönsten, welche erhalten geblieben sind (12.—15. Jahrh.), enthält die *Grabdenkmäler* der Reformatoren *Oecolampad, Grynäus* u. *J. Meyer;* die des *Erasmus von Rotterdam,* der *Kaiserin Anna von Habsburg,* einer Reihe von *Bischöfen* u. *Rittern,* unter welchen sich die *Minnesänger von Klingen* befinden, sind im Innern der Kirche aufgestellt. — Die *Terrasse* hinter dem Münster, gegen den Rhein, die *Pfalz* genannt, erhebt sich hoch über dem Strom u. bildet eine schöne, schattige Promenade mit herrlicher Aussicht. — An der Südseite der Kirche, auf einem kleinen Platz die *Bildsäule von Oecolampad* von Prof. Kaiser in Zürich. — Gegenüber dem Münster, im ehemal. bischöfl. Offizialate, das Lokal der **Lesegesellschaft** mit Lese- u. Conversat.-Sälen, mit Lektüre u. Zeitungen bestens ausgestattet. — Am Stromufer die gut gehaltenen **Bad-** u. **Schwimmanstalten** für Damen u. Herren, für Jedermann geöffnet. Bad 30—50 Ct., Wäsche 20 Ct. —

St. Elisabethenkirche, in gothischem Style; von Christoph Merian († 1858) gestiftet. — Neue **Synagoge** in oriental. Style.

Das grossartige **Museum** (stattlicher Bau), (Sonntags 10—12, Mittwoch 2—4 [Kupferstichsammlung je Donnerstags 2—5] öffentlich, sonst 1 Fr.), enthält die seit früherer Zeit durch die Freigebigkeit der Bürger angesammelten Schätze, nämlich die *Bibliothek,* die *naturhistor. Sammlungen,* die *Gemäldesammlung,* die *antiquar.* u. *ethnographische Sammlung,* die mit den Portraits vieler basler. Gelehrten geschmückte *Aula;* die *Universität,* sowie die Sammlungen u. Lokale für die Vorlesungen über Physik u. Chemie befinden sich neben an. Die ***öffentl. Bibliothek,*** mit nahezu 100,000 Druckschriften u. 1500 Bänden Manuscripten, ist besonders reich vertreten in Incunabeln, in den Schriftwerken der Humanisten des 16. Jahrh. u. im Fache der Naturwissenschaften, vor allem in Geologie u. Paläontologie aus der neueren Zeit. Unter den handschriftl. Schätzen sind zu nennen: reiche Briefsammlungen von Luther, Melanchthon, Bugenhagen, Bucer, Beza u. andern Reformatoren, Briefe von A. Dürer, Erasmus, Joh. Bernoulli, Euler etc., 11 Bände Conziliums-Akten, eine Handschrift der Evangelien aus dem 8. Jahrh., die Reden des heil. Gregor von Nazianz mit Commentar des Erzbischofs Elias v. Creta (Unicum mit eigenart. byzantin. Bildern geschmückt), der *Murbacher Codex* des Vellejus Paterculus (Abschrift von Bonifazius Amerbach 1516, Unicum). Aus neuerer Zeit eine Anzahl seltener Decker'scher Prachtdrucke, der Tischendorf'sche Codex sinaiticus der Bibel (1862) u. s. f. — Es bestehen sodann noch eine Anzahl ansehnlicher Bibliotheken von Stiftungen od. Privatgesellschaften, worunter auch diejenige der Lesegesellschaft etc.

Die **naturhistor. Sammlungen** sind besonders reich im Gebiet der Geologie u. Paläontologie, hauptsächl. für fossile Crinoiden u. Echiniden. Einige Unica von fossilen Reptilien aus dem Jura, in der Triasformation der Umgebung von Basel, sowie im Gebiet der Ornithologie (südamerik. Vögel) u. für Wirbelthiere aller Klassen von der afrik. Goldküste.

Kunst- u. Gemäldesammlung. Im untern Treppenhaus Fresken von Böcklin, im obern Cartons von Cornelius u. Schnorr; Statue des Jason von Schlöth. — **Gemäldegallerie:**

Vorsaal: unter vielem andern die einfarbigen, ehem. Flügel der Münsterorgel v. Holbein d. J. — **Saal der Handzeichnungen:** Reich ausgestattet, besonders mit Werken von *Nic. Manuel, Hans Baldung, Dürer* (heil. Familie, kostbar; grosses Blatt der Kreuzigung etc.) u. *Holbein,* Vater u. Sohn; von letzterm eine Reihenfolge Studien zum Dresdener u. Darmstädter Madonnenbilde, Entwürfe zu Fresken u. Façaden, Vorlagen für Glasmaler, Portraits, u. a. sein eigenes etc.; in den Glasschränken: Miniaturen, Erasmus Lob der Narrheit mit Holbeins Randzeichnungen etc. — **Innere Säle**; nördl. Schlussraum: 3 antike Köpfe, wovon einer dem Apoll von Belvedere, einer dem Farnesichen Herkules entspricht. *Overbeck:* Tod St. Joseph's; *Koch:* Mackbeth u. die Hexen; *Hieron. Hess:* Schlacht bei St. Jakob.

A. Holbein-Saal: *Holbein*, Vater: Tod der Maria; *Holbein*, Sohn: Passion in 8 Bildern, der todte Christus im Grab; Abendmahl; Aushängeschilder für Schulen; Venus u. Amor; Lais; Fragmente von Fresken; Portraits: seine Frau mit zwei Kindern, Erasmus, Amerbach, Georg Schweizer, Jakob Meyer u. Gemahlin (sammt einer alten Copie), Froben, ein Londoner Kaufmann u. a.; einige grössere Passionsbilder aus H's. Werkstatt; mehreres von seinem Bruder *Ambrosius H.* — *Nic. Manuel:* Enthauptung Johannes d. T. — *Joh. Fries:* Leben der Maria u. Legende Joh. d. T. u. Joh. d. Evang. — *Hans Baldung:* 2 Portraits. — *Grünenwald:* Auferstehehung. — *Imhof:* Statue der Rebecca.

B. Altdeutscher Saal: *Tob. Stimmer*: 2 Portraits; — *Baldung:* Christus am Kreuz; — *Nic. Manuel:* St. Anna mit Donatoren; — *Cranach:* Jagd, Lucretia; — *Cranach d. J.:* St. Ursula; — *Baldung:* Frauen mit Skeletten; *Martin Schön:* 4 heilige Frauen; *dessen Schule:* eine Reihe von Bildern; — *Meckenen:* Rosenkranzbild.

C. Schweizersaal: Landschaften von *Frey, Burkhardt, Böcklin, Steffan, Zünd, Calame, Jenny;* — *Landerer:* Einzug der eidg. Gesandten zum Bundesschwur in Basel; — *van Muyden:* Strasse in Albano u. Mutter mit Kind; — *Vautier:* Der Gutsverkauf; — *Böcklin:* Viola u. Magdalena bei der Leiche Christi; — *Aurel Robert:* S. Marco in Venedig; — *Koller:* Pferdestück; Kuhheerde u. Kühe am See; — *Girardet:* Kartenschlägerinnen; — *Steffan:* Gebirgslandschaft; — *Leop. Robert:* Verwundeter Bandit; — *Buchser:* 5 Kapuziner, etc.

D. Saal mit verschiedenen Bildern: *Stückelberger:* Marientag im Sabinergebirge u. Marionettenspieler; — *Gleire:* Pentheus u. die Mänaden; — *Miville:* Landschaft im Sabinergebirge; — *Aldegreyer:* Portrait des David Jovis; — *Teniers:* Kühe, Zitherspieler; — *Honthorst:* Musikanten, Flohjagd; — *Jomssens*: 2 Kirchenväter; — *Rigaud:* Portrait; — *J. Vernet:* Marine; *Pietro da Cortona:* Hagar, u. s. w.

E. Saal mit der Birmann'schen Sammlung: *Mabuse:* Anbetung der drei Könige; — Landschaften aus d. Schule d. Gasp. Poussin etc.; *Nic. Poussin:* Bachus u. sein Gefolge; — *Ann. Caracci:* Geburt Christi; *Asselin:* Abendl. Flusslandschaft; — *Svanevelt:* Joseph u. s. Brüder; — Schule des Rembrandt: weibl. Kopf; — *Teniers:* Der Raucher; *Diday*: Brienzersee; — *Koller:* Thierstück; — *Schlöth:* Statue der Psyche.

F. Saal der neudeutschen Schule: (links vom Holbeinsaal) *Koch:* Macbeth u. die Hexen, Landschaft; — *W. Ahlhorn:* Landschaft; — *Overbeck:* Tod des heil. Joseph; — *Schnorr:* Domine quod vadis? — *Steinle:* Lucas; — *Neher:* Besuch der Engel, u. a.

G. Saal der neuern Handzeichnungen: Sammlung einzig in ihrer Art von Handzeichnungen erster Meister der Münchner Schule: *von Cornelius, Schnorr, H. Hess, Steinle, Schraudolph, Eberhard, Eberle, Overbeck, Führich, Schwind, Jos. Koch, Genelli, Rottmann u. a.*

In einem andern Flügel dieses Stockwerkes: *Sammlung von Gypsabgüssen* u. *antiquar. sowie ethnograph. Sammlung* (Alterthümer, kelt., german., röm., u. griech. Ursprungs; vieles darunter aus Augst, Pfahlbautenfundstücke aus Biel, die Reste des ehem. Kirchenschatzes, werthvolle Götzenbilder aus China u. Ostindien, sowie eine grosse Sammlung mexikan. Gegenstände aller Art). —

2 röm. Marmorbüsten (Apollo u. Herkules) am Eingang des nördl Saales.

Kunsthalle, permanente Kunstausstellung mit Werken neuerer Meister, am Steinenberg. — R. Langs

Kunstausstellung, Freiestrasse. Privatsammlungen von *Bachofen*, *Vischer*, *His*, mit werthvollen Gemälden u. Kunstgegenständen, jedoch nur zugänglich für Fachleute od. für besonders empfohlene Personen. — Schöne Statue (Ballschläger) von *Schlöth*, im Besitz des Herrn Burkhardt-Preiswerk. — Hübsches **Theater** am Steinenberg, demselben gegenüber der Musiksaal u. das Stadtkasino. — Am Petersplatz **Zeughaus** mit alten Waffen (Panzerhemd Karls d. Kühnen u. Waffenstücke vom Schlachtfeld von St. Jakob). — Rathhaus am Rathhausplatz (Gemüse- u. Obstmarkt) 1508—27 im sog. burgund. Styl erbaut, mit alten Fresken, schönem Schnitzwerk u. Glasmalereien. — Neues Gerichtsgebäude; grosser Spital mit dem zum Pfrundhaus eingerichteten ehem. markgräfl. badischen Palast, mit grossen Gartenanlagen, dem Merian'schen Flügel u. der Armen-Herberge. — Kinderspital. — Viele Gebäude mit historischen Beziehungen. — Neues, prächtiges Postgebäude an der Freienstrasse u. Gerbergasse. — Neues Bankgebäude; neues Schulhaus am Wettsteinplatz; Mädchenschulgebäude mit Turnhalle beim Theater; — Bernouillanum auf dem hohen Wall beim Spalenthor, Sternwarte u. Unterrichtslokal für Chemie, Physik u. Mathematik. — Neue Augenheilanstalt, Musterbau; Strafanstalt. — Neue Synagoge mit Kuppelbedachung (s. oben); — Grosse Klingenthalkaserne mit Reitbahn im ehemal. Kloster Klingenthal. Neues Schlachthaus vor dem St. Johannthor. — In der Hebelstrasse (Nr. 3 gegenüber dem Spital), Elternhaus des alemann. Dichters *Hebel* (geb. 10. Mai 1760 zu Hausen bei Schopfheim, † 22. Sept. 1826). — Fischmarktbrunnen aus dem 15. Jahrh.; Spalenbrunnen (hübsch restaurirt), nach Zeichnungen von *A. Dürer*; — Spalenthor (erbaut 1473). — Centralbahnhof. — Im Schützenhaus schöne Glasgemälde aus dem 16. Jahrh. — Blaues Haus (nahe an der alten Rheinbrücke) mit Comptoir des Seidengeschäftes H. F. Sarasin (grösste Seidenfabrik der Welt mit 1000 Stühlen). — Prachtvolle Neubauten rings in den neu angelegten Vorstädten. Grosse Fontaine vor dem Aeschenthor.

Monumente: St. Jakob-Denkmal (10 Min. vor der Stadt, vor dem Aeschenthor u. der grossen Fontaine) von *Schlöth*, den am 26. August 1444 bei St. Jakob, im Kampfe gegen das 60,000 Mann starke franz. Heer gefallenen 1600 Schweizern (1872) errichtet. Eine hohe Helvetia, Ruhmeskränze austheilend. Auf den 4 ausspringenden Sockelpostamenten (der Idee des Künstlers zuwider ausgeführt) 4, der Hauptfigur nur allzu nahe angebrachte Prachtfiguren sinkender Kämpfer. Marmorgruppe. Nahe hinter dem Monument, dessen Effekt beeinträchtigend, das Sommerkasino. — Statue des Reformators Oecolampadius (von *Kaiser*) auf dem Münsterhof, 1862 errichtet. — Statue des Munatius Plancus (Gründers der Stadt) im Hof des Rathhauses (s. oben).

Rheinbrücken: Die alte Rheinbrücke mit hölzernen Jochen (von 1220—30) mit kleiner Kapelle, wo ehemals die der Hexerei Angeklagten in den Rhein hinabgestürzt wurden; (ehemals der berühmte Basler Lallenkönig am verschwundenen Brückenthor) — Eisenbahnbrücke, oberhalb der Stadt für den Uebergang der Verbindungsbahn über den Rhein. — Die neue, obere od. Harzgrabenbrücke (375 m. lang), 2 Steinpfeiler mit 3 gewaltigen eisernen Bogen von je 63 m. Spannweite. Fahrbahn nicht horizontal, sondern schräg ansteigend (gegen Gross-Basel) mit 5 m. Steigung. — Neue untere Rheinbrücke, zwischen der St. Johann-Vorstadt u. dem Bläsiquartier, ebenfalls von Eisen, in der Vollendung begriffen.

Anstalten: Die berühmte, im Jahr 1460 durch Bulle von Papst Pius II. gestiftete Universität. Ihre Glanzperiode im 15. u. Anfangs des 16. Jahrh., wo viele der bedeutendsten Gelehrten der damaligen Zeit an ihr wirkten. Im 18. Jahrh. eine der berühmtesten Schulen für höhere Mathematik.

Mit der Universität in Verbindung (Univers. Gebäude das sog. untere Collegium am Rheinsprung) ausser den schon erwähnten im Museum u. Conziliumsaal aufgestellten Sammlungen für Literatur, Kunst u. Naturkunde, die *anatomischen Sammlungen* im Anatomiegebäude am Rheinsprung, die botanische Anstalt mit botanischem Garten vor dem Aeschenthor (mit den Herbarien von *Casp. Bruhin, Lachenal, F. Hagenbach*); das physikalisch-chemische Institut „Bernouillanum“ am Petersplatz; die Kliniken in dem grossartigen städtischen Spital am Petersgraben, in dem trefflich ausgestatteten Kinderspital in Klein-Basel, in der Augenheilanstalt vor dem Spalenthor, sowie verschiedene, z. Theil sehr reichlich begabte Studentenpensionate (Bursen) u. Seminarien, namentl. für Theologen u. Philologen etc. — Die übrigen Schulanstalten der Stadt sind vorzüglich geleitet. — Die Missions-Anstalten, deren Sendlinge nach allen Welttheilen gehen, ebenfalls reich dotirt u. vortrefflich geführt. Im Missionshaus interessante ethnographische Sammlung, namentlich aus den Ländern des westlichen Afrika u. aus Hindostan.

In Riehen, auf der Crischona u. zu Beuggen bestehen durch Geldbeiträge von Basel ebenfalls Anstalten, welche d. Missionshaus ähnlich sind. — Gesellschaft zur Beförderung des Guten u. Gemeinnützigen (gestiftet 1777 durch Iselin), eine Zierde der Stadt. Diese grossartige Gesellschaft leitet u. unterstützt Anstalten u. Schulen verschiedener Art u. hat in Pflege von Armen u. Kranken, Blinden u. Taubstummen, in Erziehung u. Versorgung der Jugend u. s. w. reichen Segen gestiftet. Basel ist überhaupt reich an wohlthätigen, gemeinnützigen u. wissenschaftlichen Vereinen und Anstalten. Richter-Linder'sche, humane Anstalt (vom verstorb. Fabrikanten Richter-Linder) für Heranbildung von der Schule entwachsener Töchter zu gesitteten u. tüchtigen Arbeiterinnen, Dienstboten u. Hausfrauen. — Strafanstalt auf der Stelle des ehem. französischen Bahnhofes. — Grossartige Wasserleitung mit einem Röhrennetz von über 100,000 m. Länge. — Zoologischer Garten (s. unten).

☐ Freundschaft u. Beständigkeit.

Schöne Standpunkte in der Stadt u. Ziele in der Umgebung: Die *Pfalz* hinter dem Münster, — die verschiedenen *Rheinbrücken*, — die *Terrasse* vor dem *Weissen* u. *Blauen Haus*. — Das **St Jacobdenkmal** vor dem Aeschenthor (s. oben); in der Nähe das **Schlachtfeld von St. Jakob**. Jährliches Volksfest der Stadt Basel am Gedächtnisstage. — *St. Margreten*, 310 m. (1/2 Std.) südwestlich von der Stadt; Hügel mit Kirche am rechten Ufer des Birsig; schönes Panorama über Stadt, Umgebung, Vogesen, Schwarzwald und Jura. — *Schanze* im Bruderholz, 20 Min. südl. von St. Margrethen, schöne Rundsicht. — Das **Holee** am linken Birsigufer, Biergarten mit reizender Aussicht. —

Auf der Seite von Klein-Basel, 20 Min. vor der Stadt, die **Langen Erlen**, ein prächtiger, von angenehmen Fahr- u. Spazierwegen durchschnittener Laubwald mit Weiher, Thiergarten u. guter Restauration **Erlenpark**. Abends öfter Concert. — **Zoologischer Garten** im Birsigwäldchen, 1/4 Std. vor dem Steinenthor, trefflich gehalten u. sehr besuchenswerth, mit guter **Restauration**. Concerte.

Grössere Spaziergänge u. Ausflüge:

Grenzacherhorn, 465 m., mit hübscher Aussicht; im Horn Wirthschaft. — Die höher gelegene **S. Crischonakirche**, 525 m., mit ausgezeichneter Rundsicht. **Pilgerbildungsanstalt** im Nebengebäude. Hinweg über Grenzacherhorn, Rückweg über Riehen. Von da bis Basel Eisenbahn. — **Kleinhüningen**, Schiffbrücke, alte Festung Hüningen; 1 Std. entfernt, bei Neudorf künstl. Fischzucht-Anstalt. Rückweg am Rhein entlang bis Basel. —

Lörrach, (1 1/2 Std.); Eisenbahnfahrt durch das Wiesenthal; bis *Schopfheim* u. *Zell* (E.); von *Schopfheim* Strasse nach *Hasel* zur Tropfsteinhöhle; über **Wehr** zur Stat. **Brennet** u. per Eisenbahn zurück. — **Arlesheim** u. Park Birseck, ausgezeichnete Partie per Eisenbahn od. Wagen (s. unten); Rückweg über *Mönchenstein* (Rössli, treffl. Wein). — **Schartenfluh**, 762 m., östl. von Dorneck. Hin u. zurück 5 Std. Ueber *Mönchenstein*, das *Gruth* u. die *Stollenhöfe* hin; Rückweg über Schloss *Schauenburg*, *Engenthal* u. *Muttenz*. — **Wartenberg**. Eisenbahn bis Muttenz (s. unt.), drei Ruinen der römischen Colonie Robur; angenehme Aussicht. — **Schauenburg**, 1 1/2 Std. Eisenbahn bis Stat. **Pratteln** (s. unt.); Weg über *Neu-Schauen-*

burg bis auf das Schloss. Herrliches Panorama. Südlich hinab nach dem *Bad Schauenburg,* wo gute Unterkunft. Rückweg durch das *Banat* nach Stat. Pratteln. — **Liestal** (s. unt.). — **Basel-Augst** (s. oben). — **Soolbad Schweizerhalle.** Eisenbahn bis Muttenz $^1/_2$ Std.; Rückweg zu Fuss durch den schönen Hardtwald, dem Rhein entlang. — **Soolbäder Rheinfelden,** bad. Bahn od. Bötzbergbahn, $^1/_2$ Std., Besuch der Saline $^1/_4$ Std., schöne Anlage, freundliche Aussicht. — **Frohburg** N. 13. — **Belchen** (Baselland); per Eisenbahn nach Läufelfingen N. 13. Schöne Fusspartie über den *Kallenberg.* — **Belchenfluh,** schönstes Rundpanorama von Baselland. Abwärts über Mattenabstufungen nach dem *Eptinger Bad* N. 13. Rückweg über Stat. *Läufelfingen* oder das Thal hinab nach Stat. *Sissach.* — **Badenweiler** — **Belchen** (bei Badenweiler). — **Mühlhausen.** — Auf den **Passwang,** 1005 m., u. zurück über Reygoldswyl u. Liestal. (s. B.)

Basels Lage am Vereinigungspunkte der schweizerischen u. deutschen Bahnlinien u. einer Reihe vorzüglicher Poststrassen bietet die reichste Gelegenheit zu kleinern u. grössern Ausflügen nach allen Richtungen.

Die **Reichsbahn** u. **franz. Bahnen** befördern Reisende in ungefähr 12 Stunden nach Paris; Tag- u. Nachtkurse.

Bad. Bahn direkte Tag- u. Nachtkurse nach Berlin in 23 Std.; Verbindung mit dem Bodensee etc.

Schweiz. Central-, Bötzberg- u. **Jurabahn,** nach allen Punkten der Schweiz Verbindung.

Postverbindung mit Allschwyl, Burg, Flühen, Kleinhüningen, sowie mit Therwyl.

A. Von Basel Abstecher nach Flühen. Poststrasse $2^1/_2$ Std. Fahrzeit $1^1/_4$ Std. Im Birsigthal über *Bottmingen* mit Schloss, das freundlich daliegende *Therwyl, Ettingen* u. das obstgesegnete *Witterswyl* nach dem kleinen Oertchen *Flühen,* 559 m., mit Badeanstalt u. prächtigen Aussichtsstellen. Im Nordwesten die imposanten Ruinen der ehem. Bergfestung *Landskron,* 535 m., in der Umgegend mehrere andre Burgruinen. — Auf den **Blauenberg** (Solothurner Blauen) sehr hübsche Partie. Nahe, in freundlichem Thälchen gelegen, der Wallfahrtsort **Mariastein,** 514, ehem. reiches Benediktinerkloster *(Engel)* wird jährl. von etwa 60,000 Pilgern besucht. Felskapelle mit Marienbild.

B. Von Basel Abstecher über den Passwang nach Solothurn. Theils Post-, theils Fahrstrasse, $13^1/_2$ Std., streckenweise sehr ansprechend. Bis *Zwingen* ($4^3/_4$ Std.), Nr. 14. — Von da über ($^1/_2$) *Brislach,* ($^1/_4$) *Breitenbach* u. ($^1/_4$) *Büsserach* (Trümmer der Burg Thierstein), (20 Min.) *Erschwyl* (franz. Erginsvelier), $^1/_4$ Std. vorwärts desselben enge Kluft; dann *Beinwyl,* 587 m. — Südlich davon, auf der *Hohen Winde,* 1207 m., sehr interessanter Einblick in die Bergverzweigungen des Jura. Aufstieg nach ($^3/_4$) *Neuhäusli* (*Wirthshaus*) 654 m., u. zur Passhöhe des **Passwang** od. *Passwand,* 1005 m., mit hübscher Aussicht. Dann hinab nach dem (1.) wohlbabenden **Mümliswyl** *(Ochs)* 1712 Ew. u. nach **Balsthal** an der Landstrasse *Ober-Hauenstein* bis **Oensingen** u. per Bahn nach Solothurn.

Nr. 13. Von Basel nach Olten.

Schweiz. Centralbahn 39 Kilom. Fahrzeit $1^3/_4$ — 2 St. 5 Min.; täglich 8—9 Züge.

Nach dem Austritt aus dem Bahnhof rechts Einblick in das Birsthal, Blick auf das Kirchlein *St. Margarethen* u. das *Bruderholz* mit *Gundoldingen.* An Dorf *St. Jakob* (Denkmal Nr. 12) vorüber u. über die corrigirte *Birs.*

Kartogr. Anst. v. H. Keil, Gotha

19. Spalenthor D. 4
20. Missions-Anstalt B. 4
21. Straf-Anstalt B 3
22. Gr. Fontaine FF. 5
23. Kunsthalle E 5
24. Handelsbank E. 5
25. Kinder-Spital F. 3
26. Drei Könige C. 3
27. Hôtel Euler E. 6
28. Schweizerhof E. 6
29. Deutscher Hof E. 2
30. H. Krafft D. 3
31. Schiff D. 4
32. Bellevue C. 3
33. H. Michel D. 2
34. Storch C. 4
35. H. Hofer E 6
36. Burgvogtei D. 3
37. Café National D. 3
38. St. Jacobs-Denkmal C. 6
39 Theater D. 5
40. Schulhaus Theaterstr. D. 5
41 Musiksaal D. 5
42. Bernoullianum (Observ.) B. 4
43. Casino D. 5
44. Predigerkirche C. 3.
45. Polizei D 5
Holbeins Brunnen C. 4
Straf Anstalt B. 3
46. Hôtel Central D. 4
47. " National E. 6
48. Sommer Casino G. 6

(12 Kil.) Stat. **Herthen** u. Dorf *Warmbach*. Die Bahn nähert sich dem tief eingebetteten Rhein.

(15 Kil.) **Rheinfelden.** (Bei der Stat. *Gasthaus und Soolbad; Hotel Bahnhof.*) Am Bahnhof Omnibus nach **Stadt Rheinfelden**; bedeckte Brücke. Nr. 12. —

Hierauf, dicht am Rhein entlang, mit Ausblick auf das aargauische Ufer, nach (19 Kil.) Stat. **Beuggen,** 277 m. (*Anker*), zur Rechten am Rheinufer, die ehemal. stattliche *Deutschordens-Commende* gl. Ns. mit Thoren u. Thurm, jetzt von Basel unterhaltene Kinderrettungs-Anstalt u. Schullehrer-Seminar. In der Nähe von Beuggen die schwer zugängliche Tropfsteinhöhle *Tschamberloch*, die nach der Sage mit der Haselhöhle, Nr. 36, in unterirdischer Verbindung stehen soll. Die mehrfältig am Rheinufer vorkommenden Holzgerüste mit Hütten u. Stangenwerk sind sog. Fischwagen od. Vorrichtungen zum Lachsfang.

Links (24 Kil.) **Nieder-Schwörstadt** u. **Ober-Schwörstadt,** 328 m. (*Schwan*), und (27 Kil.) Stat. **Brennet,** 279 m. (*Gasthaus zum Wehrathal am Bahnhof; Kreuz,* beide gut), an der Ausmündung des Wehrathales, Nr. 36, links kurzer Einblick in die anmuthige Thalöffnung.

Dann (32 Kil.) Stat. **Säckingen,** 293 m., 3501 Ew. (*Schütze*; *Löwe* oder Bad, gleichzeitig Mineral- u. Soolbad [Thermalquelle von 26° C.]; *Knopf; Adler; schwarzer Wallfisch zu Askalon*), Badanstalt am Rhein. Sehr altes badisches Amtsstädtchen mit bedeutenden Seidenbandfabriken, mechanischer Weberei u. andern industriellen Etablissementen, stattlichem neuem Schulhaus u. bedeckter Brücke über den Rhein. Doppelthürmige Stiftskirche mit dem kostbaren Reliquienschrein des heil. Fridolin (Gründers des ehemal. mächtigen hiesigen Damenstiftes) u. andern Schaustücken. Scheffel's prächtige Dichtung: „Der Trompeter von Säckingen". Schloss *Schönau* am Rhein, im Thurm Fresken zum „Trompeter".

Ausflug zum lieblich gelegenen *Bergsee* (Säckinger-, Schwarz- od. Scheffel-See) (1/2 Std.) mit *Wirthshaus* u. Gondeln, im „Trompeter" besungen, mit Inschrift an einem Felsen, vom sog. Heidenwuhr gespiesen. — **Routen** über Stein in's Frickthal u. nach Brugg Nr. 12.

Nahe an der Bahn links **Ober-Säckingen** mit hübscher, neuer Kirche u. Spuren röm. Niederlassungen (*Goldener Bär*); schöner Rückblick auf Säckingen; rechts über dem Rhein **Sisslen** u. der Eingang in's schweizerische Frickthal.

(38 Kil.) **Murg,** 313 m. (*Adler; Hirsch; Restaur. zum Deutschen Rhein; Höfler's Bierbrauerei*). Milde Lage

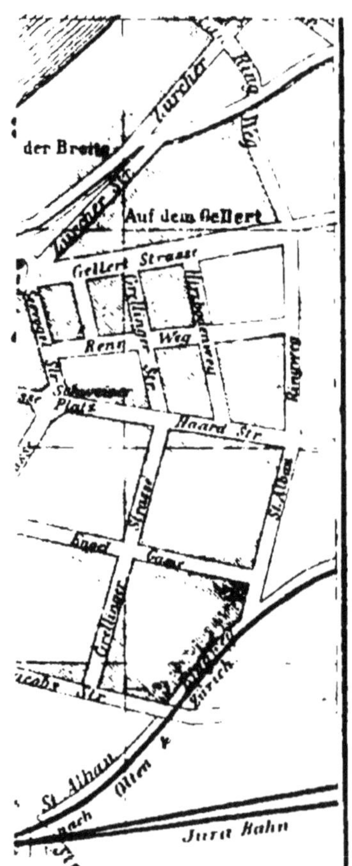

Kartogr. Anst. v. H. Keil, Gotha

19. Spalenthor D. 4
20. Missions-Anstalt B. 4
21. Straf-Anstalt B. 3
22. Gr. Fontaine F. 5
23. Kunsthalle E. 5
24. Handelsbank E. 5
25. Kinder-Spital F. 3
26. Drei Könige C. 3
27. Hôtel Euler E. 6
28. Schweizerhof E. 6
29. Deutscher Hof E. 2
30. H. Krafft D. 3
31. Schiff D. 4
32. Bellevue C. 3
33. H. Michel D. 2
34. Storch C. 4
35. H. Hofer E. 6
36. Burgvogtei D. 3
37. Café National D. 3
38. St. Jacobs-Denkmal C. 6
39. Theater D. 5
40. Schulhaus Theaterstr. D. 5
41. Musiksaal D. 5
42. Bernoullianum (Observ.) B. 4
43. Casino D. 5.
44. Predigerkirche C. 3.
45. Polizei D. 5.
Holbeins Brunnen C. 4
Straf-Anstalt B. 3
46. Hôtel Central D. 4
47. " National E.
48. Sommer Casino

ch
at

Links Kirche von *Birsfelden*, in der Höhe *Crischonakirche* u. die Vorhöhen des Schwarzwaldes. **Muttenz,** 297 m., 2060 Ew. (*Schlüssel*), hübsche Landhäuser, 3 Burgruinen auf dem Wartenberg, schöner Umblick. Durch den südlichen Theil des *Hardtwaldes* nach **Pratteln,** 1880 Ew. — **Abzweigung der Bötzbergbahnlinie.**

Rechts Ruinen der Burg *Schauenburg*, 601 m., mit Belvedere u. weiter Fernsicht. Stat. **Nieder-Schönthal,** 298 m. *Frenkendorf (Wilder Mann; Löwe)*, 341 m., 1061 Ew., 5 Min. von der Station, hübsches Pfarrdorf auf einem Hügel; *Luft- u. Molkenkurort.*

An der neuen Strafanstalt u. dem Spital vorüber nach dem in einem angenehmen, offenen Thal gelegenen **Liestal,** 315 m., 4679 Ew., (*Falken* mit Soolbädern, Garten, beliebt; *Schlüssel; Engel; Sonne)*, Hauptstadt von Baselland; Pfarrkirche, Regierungsgebäude; Schulhaus; Kaserne. Auf dem Gemeindehause die 1477 erbeutete Trinkschaale Karls des Kühnen. Ketterer-Denkmal. ☐ Zur Brudertreue. — Reizende Umgebung u. angenehme Ausflüge.

Bienenberg (1/2), schön gelegene, neue u. comfortable Kuranstalt.

Ueber die eiserne Gitterbrücke der *Frenke* nach Stat. **Lausen,** 336 m., hierauf an den Ruinen des Schlosses *Bischofstein* u. an (rechts) Schlösschen *Ebenrein* vorbei nach **Sissach,** 375 m., 2026 Ew. (*Löwe*), grosser, wohlhabender Marktflecken in einer hübschen Thalausweitung, wo sich das Gelterkinder-, Homburger- u. Diegterthal vereinigen.

Durch das romantische, enge Homburgerthal zur Stat. **Sommerau.** *Rümligerbrücke* mit 7 Bogen; rechts unten Dörfchen *Rümligen*. Durch die Tunnels von (rechts) Bukten, 300 m. u. Läufelfingen (links oben am waldigen Wiesenberg die malerischen Ruinen von Schloss *Neu-Homburg*) zur Stat. **Läufelfingen,** 726 Ew. (*Restaurat. am Bahnhof*). *Aussteigen zur Frohburgpartie.* *Frohburg*, (Monte Gaudium) eine der ältesten Hochburgen der Schweiz, Prachtvolles Alpenpanorama. Ueber Dorf *Hauenstein*, Sennhof *Reisen* u. *Erlimoos* (Kuranstalt) 3/4 Std. zu den Burgtrümmern.

Die Bahn tritt nun sofort in den 2700 m. langen *Hauenstein-Tunnel* ein (5 Min. Durchfahrt), bei dessen Herstellung am 28. Mai 1857, durch den Einsturz eines Schachtes, 52 Arbeiter u. bei den Rettungsarbeiten abermals 11 Personen ihr Leben einbüssten. Sämmtliche wurden auf dem Friedhofe von Trimbach zur Erde bestattet, wo ihnen ein gemeinsames Denkmal errichtet ist. Beim Austritt aus dem Tunnel überraschender Blick auf die Alpenhäupter. Man erblickt die Berner Hochgipfel vom Wetterhorn bis zum Doldenhorn. — Zur Rechten Dorf *Trimbach.* Im Vordergrund des schönen Landschaftsbildes, auf einem Bergkegel Schloss *Neu-Wartburg* od. *Sälischlössli.* In grosser Bogenlinie nach **Olten,** 402 m., 3979 Ew. (Allbekannte (*Bahnhofrestauration; Hotel Wyss; Schweizerhof; Halbmond; Krone; Thurm; Kreuz*), das alte Ultinum, gewerbsfleissiges, rühriges Städtchen. Schöne Kirche mit Altarblatt von Disteli (Weltgericht). Kapuzinerkloster. Bahnwerkstätten. Lagerhäuser. Hübsche Umgebung des Aarthales. —

Nr. 14. Von Basel nach Delsberg (Biel, Pruntrut, Belfort [Paris], Chaux-de-Fonds, Neuenburg, Bern, Genf etc.).

Jura-Bernbahn bis Delsberg 39 Kilom. Täglich 5 Züge, Fahrzeit 1 Std. 20—30 Min. Schöne Fahrt mit interessanten Scenerien. Bis Grellingen grosse industrielle Etablissemente.

An (links) dem St. Jakobsdenkmal vorüber, Nr. 12., durch flaches Gelände, über die Birs zur Stat. von (links) **Mönchenstein** mit belebter malerischer Umgebung, dann Stat. **Arlesheim** (*Ochs; Rössli; Adler; Krone*). Grosse Floretspinnerei.

Links von der Stat. (1/4 Std.), auf schönem Hügel **Schloss Birseck** mit Einsiedelei, Grotten, neu restaurirten Wasserkünsten, Promenaden u. s. w. in dem hochromantischen, ehedem weitum berühmten **Park.** Besuch sehr empfehlenswerth. Zum Besuch des Rittersaales u. der beleuchteten Grotten Anmeldung beim Gärtner am Fusse des Schlosshügels. — Nördlich in der Nähe Schloss *Reichenstein*, südlich Schloss *Dorneck*, östlich Schloss *Schauenburg.* In einiger Entfernung mehrere andre Burgruinen u. Schlösser.

Rechts drüben *Reinach.* Links **Dornach** od. **Dorneck** mit dem Grabe des Mathematikers Maupertuis in der Kirche. Sieg von 6000 Eidgenossen (1499) über 15,000 Mann eines schwäbischen Heeres unter dem Grafen von Fürstenberg. Hierauf (rechts) **Aesch** (*Ochsen*) u. Tunnel unter dem noch bewohnten Schloss *Angenstein* durch. Bald (rechts) die 1867 theilweise zusammengestürzte Ruine des Schlosses *Pfeffingen.* Ruine *Bärenfels* (Bernergrenze). Weiter vorüber an (rechts) **Grellingen** (*Bären*) mit grosser Spinnerei u. Papierfabrik (Wasserfall der Birs); in der Nähe oberhalb Gr. Fassung der Grellinger Quellen für die Wasserleitung der Stadt Basel; an **Zwingen,** mit altem, breitthürmigem Wasserschloss an der Birs gl. Ns. (links Strasse nach Liestal u. Strasse über den Passwang [s. oben]), vorbei nach **Laufen,** franz. Lauffon (*Sonne; Rössli*), 532 m., 1264 Ew., unansehnliches Städtchen mit hübschem Birsfall. Weiter durch hochromantische Gegend; aus einer Thalschlucht zur Rechten hervor fällt der *Lützelbach* in die Birs; malerische Felspartien u. waldbekleidete Berghalden. *Glashütte,* chem. Glasfabrik in schmalem Engthal der Birs am Eingang in's Thal von *Bärschwyl* (Station Bärschwyl). Dann Station des rechts oben, in der Höhe liegenden *Liesberg* und vorüber an malerischen u. grossartigen Scenerien der Thalbildung nach (rechts) dem alten, wohlhabenden **Soyhière,** deutsch **Saugern,** 407 m., 348 Ew. (*Krone*); Sprachgrenze. Hoch oben auf einer Felswand Kapelle u. weiter links die Trümmer des alten *Grafenschlosses Soyhière.* Dann am ehemaligen Bad u. Gasthof Bellerive (Pré de Voëte), jetzt Holzfaserstofffabrik, vorbei; in der Höhe rechts die malerische Ruine des Schlosses *Vorburg* u. *Wallfahrtskapelle* gl. Ns. nach **Delsberg** oder **Delémont,** 436 m., 3007 Ew. (*Falke; Bär; Sonne*), hübsches Städtchen (Bern) mit ehemal. fürstbischöflichem Schloss (Bischof von Basel), Ueberresten röm. Bäder u. neuer protestant. Kirche in hübscher Umgebung. — Vergnügungsort *Mexique,* hoch am Berg (½ Std.), hübsche Aussicht.

Bahnlinie Delsberg-St. Ursanne-Porrentrui (Pruntrut) 29 Kilom. über Courtetelle, Courfaivre, Bassecourt, Glovlier, St. Ursanne u. Courgenay.

Bahnlinie Delsberg-Sonceboz-Biel, 51 Kilom., Verbindung über Sonceboz nach Chaux-de-Fonds u Locle.

Nr. 15. Von Basel nach Waldshut.

Rechtsufrige Badische Oberrheinthal- od. Südbahn, 61 Kilom. Täglich 5 Züge. Fahrzeit 1¾ Std. Plätze rechts nehmen.

Vom Bahnhof in Klein-Basel ab; rechts Abzweigung der *Verbindungsbahn* mit dem Schweizerbahnhof in Gross-Basel; links Abzweigung der *Wiesenthalbahn* (badisch), Nr. 37; beim Grenzacher Horn schweizerisch-badische Grenze, nach (5 Kil.) **Grenzach,** 281 m. (*Ziel; Löwe; Krone; Rheinlust am Bahnhof*), gute Weine, Mineralbad.

Ausflug zur *Crischonakirche,* Nr. 12., lohnende Aussicht.

(8 Kil.) Stat. **Wyhlen,** 274 m. (*Ochs; Löwe*), mit hübscher Aussicht rechts auf die Ruinen *Wartenberg, Schauenburg* etc., links auf die Schwarzwaldberge. In der Nähe grosse Gypsbrüche. Zur Rechten *Basel-Augst* u. *Kaiser-Augst* auf den Trümmern der röm. Kolonie Augusta Rauracorum.

(12 Kil.) Stat. **Herthen** u. Dorf *Warmbach*. Die Bahn nähert sich dem tief eingebetteten Rhein.

(15 Kil.) **Rheinfelden.** (Bei der Stat. *Gasthaus und Soolbad; Hotel Bahnhof.*) Am Bahnhof Omnibus nach **Stadt Rheinfelden**; bedeckte Brücke. Nr. 12. —

Hierauf, dicht am Rhein entlang, mit Ausblick auf das aargauische Ufer, nach (19 Kil.) Stat. **Beuggen,** 277 m. (*Anker*), zur Rechten am Rheinufer, die ehemal. stattliche *Deutschordens-Commende* gl. Ns. mit Thoren u. Thurm, jetzt von Basel unterhaltene Kinderrettungs-Anstalt u. Schullehrer-Seminar. In der Nähe von Beuggen die schwer zugängliche Tropfsteinhöhle *Tschamberloch*, die nach der Sage mit der Haselhöhle, Nr. 36, in unterirdischer Verbindung stehen soll. Die mehrfältig am Rheinufer vorkommenden Holzgerüste mit Hütten u. Stangenwerk sind sog. Fischwagen od. Vorrichtungen zum Lachsfang.

Links (24 Kil.) **Nieder-Schwörstadt** u. **Ober-Schwörstadt,** 328 m. (*Schwan*), und (27 Kil.) Stat. **Brennet,** 279 m. (*Gasthaus zum Wehrathal am Bahnhof; Kreuz,* beide gut), an der Ausmündung des Wehrathales, Nr. 36, links kurzer Einblick in die anmuthige Thalöffnung.

Dann (32 Kil.) Stat. **Säckingen,** 293 m., 3501 Ew. (*Schütze*; *Löwe* oder Bad, gleichzeitig Mineral- u. Soolbad [Thermalquelle von 26° C.]; *Knopf; Adler; schwarzer Wallfisch zu Askalon*), Badanstalt am Rhein. Sehr altes badisches Amtsstädtchen mit bedeutenden Seidenbandfabriken, mechanischer Weberei u. andern industriellen Etablissementen, stattlichem neuem Schulhaus u. bedeckter Brücke über den Rhein. Doppelthürmige Stiftskirche mit dem kostbaren Reliquienschrein des heil. Fridolin (Gründers des ehemal. mächtigen hiesigen Damenstiftes) u. andern Schaustücken. Scheffel's prächtige Dichtung: „Der Trompeter von Säckingen". Schloss *Schönau* am Rhein, im Thurm Fresken zum „Trompeter".

Ausflug zum lieblich gelegenen *Bergsee* (Säckinger-, Schwarz- od. Scheffel-See) (½ Std.) mit *Wirthshaus* u. Gondeln, im „Trompeter" besungen, mit Inschrift an einem Felsen, vom sog. Heidenwuhr gespiesen. — **Routen** über Stein in's Frickthal u. nach Brugg Nr. 12.

Nahe an der Bahn links **Ober-Säckingen** mit hübscher, neuer Kirche u. Spuren röm. Niederlassungen (*Goldener Bär*); schöner Rückblick auf Säckingen; rechts über dem Rhein **Sisslen** u. der Eingang in's schweizerische Frickthal.

(38 Kil.) **Murg,** 313 m. (*Adler; Hirsch; Restaur. zum Deutschen Rhein; Höfler's Bierbrauerei*). Milde Lage

u. gesundes Klima, als Sommeraufenthalt sehr empfehlenswerth. Obstbaumpflanzungen machen seine Umgebung sehr freundlich. Station für reizende Ausflüge. Angelfischerei in der Murg u. im Rhein. Einmündung der **obern** oder **Hauensteiner Murg** in den Rhein.

Ausflüge in's **Murgthal** u. in das **Hauensteiner Land**, Nr. 36 sehr lohnend. In dem an romantischen, wildschönen Partien reichen, aber noch wenig besuchten **Murgthal**, durch welches für das **Hauensteinerland** eine neue Strasse gebaut worden ist, sind folgende Hauptpunkte zu erwähnen: die wildromantisch gelegene Ruine des *Harpolinger (Wieladinger) Schlosses* (1 Std. von Murg); der *Strahlbrusch* u. *Hottingen*. — Es ist rathsam, von Murg bis **Hottingen** *(Sonne)* zu fahren.

Die Bahn folgt dem rechten Ufer des Rheins; rechts, jenseits des Rheins im Hintergrund die Höhe der *Staffelegg* im Aargau; auf Viadukten u. durch Einschnitte nach (41 Kil.) Stat. **Laufenburg** oder **Klein-Laufenburg**, 298 m., dem malerisch schönsten Punkt der ganzen Bahnstrecke. (*Post; Stern; Krone* mit Gartenwirthschaft; *zum Bückle* über dem Bahnhof.) Rechts Felspyramide mit Belvedere u. schöner Ansicht der Stromschnelle des Laufen, beim Bahnhof. Villa Laroche. Der Ort *Klein-Laufenburg*, 600 Ew., besteht eigentlich nur aus einer schmalen Strasse. Jenseits der bedeckten, kurzen u. der steinernen, längern Brückenabtheilung, auf dem linken Rheinufer, das schweizerische **Gross-Laufenburg** (Aargau), 296 m., 858 Ew. Die ganze Brücke ist 92 m. lang. (*Badhotel*, ehemal. Bär mit Soolbad und Rheinbädern; *Post* od. Adler; *Meerfräulein; Pfau; Schütze; Biergarten.*) Geburtsort des berühmten religiösen Dichters *Heinrich von Laufenburg*. Alte Kirche mit sehr alten Grabmälern. Stadtmauern u. Thürme.

Hier bildet der Rhein starke Stromschnellen, die mit Kähnen nicht zu passiren sind. Mitten im eng zusammengedrängten, tobenden Stromschuss der *Laufenstein*, mit den eingegrabenen Jahreszahlen der niedrigsten Wasserstände seit einigen Jahrhunderten (1672—1882). Die *Tiefe* dieser Stromschnellen wechselt von 10—30 m. Gneis- u. Granitfelsen schliessen das Strombett so eng ein, dass die Rheinfluthen in tosende Aufregung gerathen, deren Getöse bei Nacht bis auf 1 Stunde Weges vernehmbar ist. Der malerische Stromschuss heisst der **Laufen** (*Lauffen*) oder der *Rheinfall bei Laufenburg*. Einigen Waghälsen gelang es, bei niedrigem Wasserstand den Laufen hinabzufahren; ein Lord Montague aber büsste bei dem Versuch, mit seinem Schiffe hinabzukommen, das Leben ein u. zwar an demselben Tage, an welchem in der Heimath (England) das Schloss seiner Familie niederbrannte.

Man sieht von den Waggonfenstern bequem auf den brausenden u. strudelnden Strom hinab. Das malerisch auf den klippenreichen, dunkelgrauen Uferfelsen erbaute Städtchen Gross-Laufenburg bildet dazu mit seiner Burgruine u. Brücke eine äusserst wirksame Staffage. Der hoch aufragende, aber nicht zugängliche Thurm der ehemal. Burg *Laufenberg* od. *Laufenburg* (auch *Storchennest* genannt) auf dem grünumbuschten Hügel hinter dem Städtchen, beherrscht die ganze Scenerie. Auf seiner Zinne erhebt sich eine stattliche Kiefer in die Lüfte. Im Hintergrund der waldbekleidete *Ebeneberg*. Am Ufer selbst, dicht am Wogenprall, Vorrichtungen zum Lachsfang. Grosser *Lachsfang*. Indessen schwingen sich die Fische die Strömung hinauf u. schwimmen in die obern Wassergebiete. Im Monat Juni ist die Menge der flussaufwärts drängenden Fische oft so bedeutend, dass man sie vom Ufer aus leicht sehen kann. Es sind die sog. *Nasen* (Ciprinus naso), eine Art grosser Weissfische, welche in schwerer Menge gefangen werden. Holzflösserei, Rheinverkehr u. Fischfang beschäftigen viele der Umwohner. Hier werden die Holzflösse gelöst u. unterhalb der Stromschnelle wieder zusammengesetzt, um sie bis Holland zu führen. Doch hat die Eisenbahn auch den Transport des Langholzes zum grössten Theil an sich gerissen.

Gross- u. Klein-Laufenburg, bis 1803 eine u. dieselbe Herrschaft bildend, waren ein Stift Säckingisches Lehen, das von den Grafen von Lenzburg-Baden zu Ende des 12 Jahrh. an die Grafen von Habsburg vererbt wurde, worauf es Namen gebender Wohnsitz der ältern Linie u. eine eigene Herrschaft od. Grafschaft wurde. Diese wurde 1386 mit ihren Zubehörden von Graf Johann von Habsburg-Laufenburg, gen. der „Schuldenmacher", der herzoglichen Linie seines Hauses verkauft, 1415 auf kurze Zeit reichsfrei, nach Aufhebung der Reichsacht über Herzog Friedrich aber wieder österreichisch. 1443 Belagerung durch Basler u. Berner. Im 30jährigen Krieg Drangsal; 1634 durch die Franzosen u. Schweden eingenommen u. behauptet bis 1648. Nach der Schlacht bei Rheinfelden (1638) wurde General Savelli hier von den Schweden gefangen gehalten u., als ihm die Flucht gelang, der Dechant Wunderlin u. sein Caplan Zeller als Mitschuldige gefoltert u. hingerichtet.

Ausflüge nach (1) **Hochsal** mit uralter Kirche; nach ($1^1/_2$) **Niederhof**; nach **Luttingen** (1) u. nach **Hottingen.**

Durch einen Tunnnel (390 m. lang), der den mächtigen Gneisfelsen *Friedrichsstein* durchbohrt, zum Güterbahnhof L., der an der Haltestelle keinen Platz fand. Auf diesem Felsen erhob sich früher Schloss *Oftringen*, in dessen Thurm 1444 die in der Mordnacht von Brugg gefangenen Bürger von Brugg eingekerkert wurden (von dem berüchtigten Thomas von Falkenstein). Einer liess sich am Felsen herab, schwamm über den Rhein u. kam glücklich nach der Heimath, worauf die Frauen ihre Männer durch Geld auslösen konnten.

An *Luttingen* vorüber, rechts *Stadenhausen*, der Rhein macht einen grossen Bogen, jenseits die Aargauer Berge, nach (44 Kil.) Stat. **Albert-Hauenstein.** Die Bahn zieht sich am Fuss des Bergscheitels mit den Ruinen der alten Bergveste u. Zollstätte Hauenstein hin, welche sich dem Blicke vom Schweizerufer aus am besten darstellt. — Rechts von der Bahn, in der Tiefe, am Rheinufer, desshalb gar nicht sichtbar, das alte, aus einer einzigen kurzen Strasse bestehende Städtchen **Hauenstein,** 329 m. (*Adler*), ehemals Hauptort der *Graf- u. Herrschaft Hauenstein.* Kleine Felsenkapelle zum h. Joseph. Drahtfähre über den Rhein. Schöne Gitterbrücke (Viadukt von Albert) über den *Mühlbach,* der hier in den Rhein fällt. Hübsche Thalausmündung.

Ort u. Burg Hauenstein, einst Sitz eines eigenen Adels, der Gaugrafen des untern Albgaues, im Jahr 1304 u. noch 1392 in Urkunden genannt.

Grafschaft Hauenstein, (Hauensteiner- od. **Hozenland)** deren Bewohner durch *Tracht* u. Sitte, Einfachheit der Lebensweise ausgezeichnet (auch durch ihre Sprache sich von den Nachbarn unterscheiden) bildete 8 Innungen (od. Einungen), 4 ober, 4 unter der Alb, bestund aus Zinsbauern des Stifts St. Blasien u. von Säckingen u. aus Angehörigen des einheimischen Adels, auch aus einigen Freien. Die St. Blasischen Zinsleute standen sodann unter der Schirmvogtei des Erzhauses Oesterreich (als Schirmherrschaft jenes Klosters), welches Haus in der Erinnerung des Volkes eine grosse Rolle spielt. Misstrauen gegen die Regierungsmassregeln (Anfangs namentlich der „böse Pfennig“) veranlassten wiederholte Auflehnungen gegen die Herrschaft. Politische Sekte der *„Salpeterer“*. Geschichtliche Behandlung in den Schriften von *Fecht, J. Bader* u. *L. Reich.* — (siehe geschichtl. Einleitg. u. Nr. 36). **Hozenwäldertracht** (aus dem 16. Jahrhundert), an die Zeit der Reformation erinnernd: Kröshemd od. Mutschenhemd, mit umgelegter Halskrause und Quastenschnüren zum Zubinden, scharlachrothes Leibchen od. Wamms, mit schwarzem Sammt eingefasst, wie ein Heroldsrock über den Bauch herabreichend, unter den Armen, seitwärts, zum Zuknöpfen gerichtet, schwarzleinene oder sammtne, gefältelte Pumphosen bis an die Knie (Häs, Hozen genannt, daher *Hozenland, Hozenwälder*), lange schwarze Sammtjacke, weisse Zwickelstrümpfe, Schuhe mit rothen Bändern od. lange Stiefel, breitrandiger, niedriger Filzhut oder Pelzkappe mit grünem Sammt. Die Haare tragen die Männer über der Stirn kurz u. gerade abgeschnitten, an der Seite und am Hinterkopf lang. Ein starker Bart gehörte ehemals zu dieser Tracht.

Die Frauen (man begegnet mitunter kräftigen, schönen Gestalten) tragen im Ganzen alle Kleidungsstücke bis auf die rothen Strümpfe in Schwarz, die ledigen Mädchen dagegen alles sehr bunt: rothe Leibchen mit schwarzen Sammtbändern eingefasst, gestickten Brustlatz mit farbigen Brisnesteln, bunte Göller, rothe od. grüne Schobben, dunkle Schürzen, weisse Strümpfe, rothe Laschenschuhe, schwarze Plunderkappen mit goldgesticktem Boden od. weisse Schnotzhüte; breite seidene Zopfbänder u. silberne od. messingene Gürtel um den Leib.

Es ist dies die eigenartigste Tracht im ganzen Schwarzwaldgebiet, verschwindet aber mehr u. mehr u. ist veilleicht in nicht ferner Zeit nur noch auf Abbildungen zu sehen.

Hauptvergnügen der Jugend: Gesang u. Tanz (Walzer u. Hopper). Lieder von altem Gepräge. Hauenstein'sche Mundart, eine der interessantesten der alemann. Sprechweisen; alte Formen: Gung (König), alder (oder), Chilche (Kirche), Mengligs (Jedermann) etc. (s. Nr. 36).

Ab Hauenstein führt die Eisenbahn über den Viadukt von Albert u. auf offenem Geländ über die kühngebaute Albbrücke — kurzer Einblick links in's schmale Albthal — zur (48 Kil.) Station von **Albbruck**, 310 m. (*Gasthaus zum Albthal*).

Aussteigen für die Partie in's Albthal, St. Blasien, Schluchsee u. Feldberg. **Postverbindung** nach St. Blasien täglich 2 mal in etwa 3 Stund. 1 mal tägl. nach Schluchsee u. Lenzkirch, Neustadt; nach St. Blasien 26 Kil.; nach Schluchsee 30 Kil. nach Lenzkirch 53 Kil. nach Neustadt 86 Kil.

Durch Wiesengelände nach (51 Kil.) Stat. **Dogern**, 318 m. (*Hirsch*), in einem Walde von Obstbäumen. Alter Ort, schon 1128 mit eigenem Adel u. Hauptort einer hauensteinischen Innung. Der burgundische Landvogt von Gilgenberg wurde 1475 vom Landvolk hier ergriffen u. erschlagen. Blick auf das schweiz. Ufer mit der Ruine Bernau bei Leibstadt. Rheinfähre.

An Weinbergen vorüber nach (56 Kil.) **Waldshut**, Nr. 11.

Nördliches Eintrittsgebiet.

Nr. 16. Von Frankfurt am Main (oder von Mainz) über Darmstadt nach Heidelberg.

Die Bergstrasse.

Main-Neckar-Eisenbahn, 87,5 Kilom., täglich 11 Züge (5 Schnellzüge, darunter 3, welche III. Kl. führen, in $1^3/_4$—2 Std. Fahrzeit); für Postzüge Fahrzeit 3 Std.

Auf der ganzen Linie von Heidelberg bis Basel kein Wagenwechsel. Retourbillette 2 Tage gültig; mit 20—25 Prozent Ermässigung. Handgepäck, 10 Kilogramm, frei. Bei Unterbrechung der Reise, auf der betreffenden Station, nachdem ausgestiegen, **sofort** Billet zur Abstemplung vorweisen.

Von **Frankfurt**, *Main-Neckar-Bahnhof*, über die steinerne Mainbrücke (9 Bogen) auf das linke Ufer; links ab Bahnlinie nach Offenbach u. Hanau mainaufwärts; rechts Linie nach Mainz (Linksmainische Bahn); durch einförmige Gegend, sandig, aussichtsarm u. vielfach mit Kiefernwald besetzt, vorüber an den Stationen *Louisa, Ysenburg, Sprendlingen, Langen, Egelsbach* u. *Arheiligen*. Von rechts her nähern sich die Bahnlinien von Mainz u. Worms; von links schliesst sich die Linie von Aschaffenburg sowie diejenige von Erbach-Reinheim her an, nach (27 Kilom.) Stat. **Darmstadt.**

Von Mainz nach Darmstadt, hessische Ludwigsbahn, 32 Kilom., 10 Züge tägl. in 38—55 Min.; wenig anziehende Gegend, landschaftlich ohne Bedeutung.

Von Mainz über die Gitterbrücke u. vorüber an den Stationen Bischofsheim, Nauheim, Gross-Gerau (1869 wiederholte Erderschütterungen), Weiterstadt nach **Darmstadt.**

Darmstadt, 146 m., 41,199 Ew., Hauptstadt des Grossherzogthums Hessen.

Gasthöfe: *Traube,* Luisenplatz; *Darmstädter Hof,* Rheinstrasse; *Bahnhof-Hotel* am Rhein-Main-Bahnhof; *Prinz Karl,* Schulstrasse; *Hotel Köhler,* nahe am Bahnhof, Rheinstrasse; *Post;* **Restaurants:** *Stengel, am Bahnhof; Danz,* Luisenstrasse; *Formhals,* Grafenstrasse etc.

Rundgang für kurzen Aufenthalt: Auf dem Bahnhofsplatz **Denkmal Justus von Liebigs** (12. Mai 1877), Bronzebüste von Bersch in München auf steinernem Sockel (Syenit). Durch die imposante

Rheinstrasse in die Stadt; am Ende dieser Strasse das zu Ehren Ludwig I. (1790—1830) errichtete gewaltige Monument, die 43 M. hohe **Ludwigssäule** mit dem 7 M. hohen Standbild des Grossherzogs, nach Schwanthalers Modell in Erz gegossen. Besteigung des Monumentes (172 Stufen), auf dessen Gallerie schöne Rundsicht über die Stadt, Rheinebene, Taunus u. Odenwald. Dem Invaliden am Fuss des Aufganges 50 Pfg. — Zum **Residenzschloss,** grosser, aus dem 16. u. 17. Jahrh. stammender Palastbau. Der älteste, nordöstl. Theil unter Landgraf Georg I., dem Gründer der Darmstädter Linie des hessischen Hauses (1568) erbaut; der östliche Theil oder Glockenbau im Zopfstyl, begonnen 1664; auf dem durchbrochenen Thurm Glockenspiel; der dritte Hauptbau, dessen grossartige Façade gegen den Markt gerichtet ist (Hauptfront 138 M. lang), im 2. Jahrzehent des vorigen Jahrh. aufgeführt, enthält ausser der bedeutenden Hofbibibliothek (300,000 Bde. u. 3000 Manuscripte) kostbare Sammlungen.

Die **Gemäldegallerie.** Unentgeltlich. geöffnet: Sonntags 10—1 Uhr Dienst. bis Freitag tägl. 11—1 Uhr; Samstags geschlossen. Ausser diesen Zeiten dem Kustos 1,50 M. — 8 Säle. Gemälde u. Werke von *Lukas Cranach, H. Holbein d. J., A. van Dyck, P. Brueghel d. A., Rubens, de Keyser, van der Neer, Ruisdael, Eeckhout u. Rembrandt etc.*

Das **Alte Museum. I. Saal:** Herrlicher *Mosaikboden,* 1849 in den Trümmern einer röm. Villa bei Vilbel ausgegraben, 8,5 m. lang 6 m. breit, prächtige Darstellung aus dem Reiche Neptuns. — **II. Saal:** *Schmuckgegenstände,* Majolikagefässe, japanische u. chinesische Porzellangefässe, prachtvolle Emailarbeiten; Nachbildungen röm. Bauwerke in Korkholz. — **III. Saal:** *Waffen u. Rüstungen.* — **IV. Saal:** *Ethnographische Sammlung.* — **V. Saal:** Kupferstichsammlung, mit den Originalkartons für die in den Arkaden des Münchner Hofgartens in Fresko gemalten italienischen Landschaften von Rottmann. — **VI. Saal:** *Mineraliensammlung* u. *Fossiliensammlung,* reichhaltig u. wohlgeordnet; Skelett eines Mastodon giganteum (aus Amerika); Riesenhafte Amethyst-Druse von 0,5 m. Durchmesser. Gypsabgüsse antediluvianischer Thiere.

Von den *Privat-Kunstsammlungen* erwähnenswerth die Gemälde-Gallerie von *Hofrath Dr. Schäfer* (Ludwigsplatz 4).

Vom Schloss in nördl. Richtung zum Neubau des 1873 abgebrannten grossen **Hoftheaters,** dabei die Standbilder Georgs I. u. seines Vaters Philipp des Grossmüthigen. Rechts davon das **Exerzierhaus** (erbaut 1771), jetzt **Zeughaus.** Nach dem **Herrengarten,** mit prächtigen Baumgruppen, vor 200 Jahren im engl. Geschmack angelegt, herrlicher **Park.** Nahe am Haupteingang Grabmal der Landgräfin Henriette Christine († 1774) mit der Inschrift, von Friedrich dem Grossen errichtet: „Femina sexu, ingenio vir. Posuit Rex Friedr. II.“ — Vom Schloss zuerst westl. in die Rheinstrasse auf den Luisenplatz, hierauf südl. in die Wilhelminenstrasse zum Wilhelminenplatz mit der **katholischen Kirche** mit gewaltigem Kuppelbau, erbaut 1822—27 von Moller in Rotundenform, nach dem Muster des Pantheon zu Rom (Höhe im

Mit der Eisenbahn nach (73 Kil.) Stat. **Ladenburg,** 3115 Ew. (*Adler; Rose*), in fruchtbarer Ebene am Neckar (das Lupodunum der Römer) mit stattlicher äusserer Erscheinung. Gothische *Galluskirche* mit Grabmälern der Familien Metternich, von Sickingen etc. u. schöner Thurmspitze. Alter *Martinsthurm. Bischofshof*, alte Adelshäuser. Römerstrasse in der Umgebung (Strassenheimerhof) nachgewiesen. — In der Umgegend Taback- u. Krappbau. Am 15. Juni 1849 heftiges Gefecht zwischen den bad. Revolutionstruppen u. den Hessen u. Mecklenburgern unter Oberst Witzleben. Am Stationsgebäude eingemauerte Kugeln. Neckarbrücke.

(77 Kil.) Stat. **Friedrichsfeld,** Gabelpunkt der Main-Neckar-Bahn, **(links)** nach **Heidelberg, (rechts)** nach **Mannheim,** gegründet 1682 von französischen Calvinisten als Colonie in der Gegend, wo 1482 in der entscheidenden Schlacht bei Seckenheim Pfalzgraf Friedrich I. den Markgrafen Karl I. gefangen nahm.

(87,5 Kil.) nach kurzem Blick auf das Schloss zur Stat. *Heidelberg*. Nr. 17.

Nr. 17. Heidelberg und Umgebung.

Gasthöfe I. Ranges: *Hôtel de l'Europe*, nahe am Bahnhof in schönen Anlagen, comfortabel, nam. für Familien, Bäder; *Prinz Karl*, am Kornmarkt, nahe unter der Schlossruine, Bäder; *Alberts Schlosshotel* oberhalb des Schlosses prachtvoll gelegen; *Grand Hôtel*, dem Bahnhof gegenüber; *Hôtel Schrieder* dicht am Bahnhof; *Adler; Hôtel Victoria* od. *„Müllers Privathôtel"*; *Hôtel* u. *Pension de Russie; Badischer Hof; Holländer Hof* nahe an der alten Brücke. —

II. Ranges: *Darmstädter Hof; Ritter*, altes architektonisch interess. Haus am Marktplatz; *Bayerischer Hof* am Bahnhof; *Lang's Privathôtel* am Bahnhof; *Prinz Max; Wiener Hof; Goldnes Herz; Pfälzer Hof; Silberner Hirsch;* — ausser der Stadt *Molkenkurhaus* im Schweizerstyl oberhalb des Schlosses, prachtvolle Aussicht.

Restaurants u. Cafés: *Gross; Leers; Wachter; Pohl* (zum Falken); *zum rothen Ochsen*.

Weinwirthschaften: *Weidner; Engelmann* (zur Sonne); *Werle* (zum weissen Ross); *Dilg* (zum Karpfen); *Schildecker; Arnold* (silberner Hirsch).

Bier: *Diemer*, Schlossberg. — *Mainzer-Bierhalle; Brauerei Kleinlein; Weisser Schwan; Ditteney; Siegel; Stadt Düsseldorf, Bayerischer Hof.*

Konditoreien: *Schwehr*, Hauptstr.; *Häberlin*, gegenüber d. Friedrichsbau; *Helwerth* am Markt.

Eisenbahn: *Zwei Bahnhöfe*, d. h. *zwei Billetausgabestellen* u. *zwei Einsteighallen:* Wenn man aus der Stadt kommt, **rechts** der *Main-Neckar-Bahnhof* für *Mainz, Frankfurt, Rheinlande* u. *Norddeutschland*, **links** der *Badische Bahnhof* für *Süddeutschland* u. die *Schweiz*.

Omnibus. Die grössern u. dem Bahnhof ferner gelegenen Gasthöfe haben sämmtlich Omnibus an den Bahnhofausgängen.

Centrum 46 M., Durchmesser 60 M.) mit 28 korinthischen Säulen im Innenraum und mit dem Grabmal der Grossherzogin Mathilde von Widemann in München. — Palais des Prinzen Karl in der Nähe, in demselben die Madonna Hans Holbeins d. J. (Familie des Bürgermeisters Meier von Basel), seit der Vergleichung (1871) mit dem Bilde in Dresden als Original erkannt. — Neues Palais im ital. Styl. — Stadtkirche mit der Fürstengruft. — Realschule. — Schöne Spaziergänge in den nahen Wäldern. — Garnison des Hess. Leibregiments Nr. 115, 5 Schwadronen Hess. Dragoner Nr. 23 u. 24, Stabsquartier der 25. Division, 49. u. 50. Infant.-Brigade.

Bahnabzweigungen: *1 Hessische Ludwigsbahn* von **Darmstadt** über *Messel, Dieburg, Babenhausen* u. *Stockstadt* nach **Aschaffenburg** 42 Kilom., tägl. 7 Züge im Anschluss an die *Bayerische Staatsbahn* nach Würzburg in $^3/_4$—$1^1/_4$ Std.

2. Hessische Ludwigsbahn von **Darmstadt** über *Griesheim, Stockstadt a. Rh., Biebesheim, Gernsheim, Gr. Rohrheim, Biblis, Hofheim, Rosengart,* auf dem Dampfboot über d. Rhein nach **Worms**, $44^3/_4$ Kilom. *(Riedbahn)*, tägl. 4 Züge in $1^1/_2$ Std.

3. Bahn nach Heidelberg, 61 Kilom. Fahrzeit $1^1/_4$—2 Std.

Von Darmstadt, die Bahnfahrt nach Heidelberg fortsetzend, nach (33 Kil.) Stat. **Eberstadt.** Zur Linken beginnen die Bergzüge des Odenwaldes. Auf den Vorhöhen die Ruinen der Burg *Frankenstein.* Rechts vorwärts *Pfungstadt.* — (40 Kil.) Stat. **Bickenbach.** Aussteigen für Dorf u. Bad Jugenheim ($^1/_2$ Std.) sowie für Touren (Fusspartien) in den **Odenwald** u. für die **Bergstrasse. Post** von Bickenbach tägl. 5 mal in 20 Min. nach (3 Kil.) Jugenheim (40 Pfg.).

Jugenheim, gute Gasthöfe *(Krone; Post)*; viele Landhäuser; klimatischer Kurort. Spaziergänge auf d. Heiligenberg, Ruinen Tannenberg (Raubritter), auf das Alsbacher Schloss, den Felsberg (Forsthaus) mit d. Riesensäule etc.

Es beginnt hier die für den Touristen so interessante, schon den Römern bekannte (unter Kaiser Probus angelegte [?] Platea montana) **Bergstrasse** mit ihrem Reichthum an schönen Landschaftsbildern. Es gedeihen hier in Folge des milden Klimas sehr gute Weine, edles Obst u. sogar Mandeln; eine üppige Vegetation (herrliche Nussbäume und Edel-Kastanien) schmückt die an den Fuss der Odenwald-Vorberge geschmiegten Gelände. — Auf waldbekleideter Höhe (links) das *Alsbacher Schloss*, oder *Ruine Bickenbach*, darüber, noch höher, der *Melibokus.*

Hierauf (44 Kil.) Stat. **Zwingenberg,** 1526 Ew., malerisch am Fuss des Melibokus (520 m.) gelegenes Städtchen. **Aussteigen für die Partie auf den Melibokus.** Spaziergang nach dem *Fehlheimer Wald* (*Löwen*).

Auf den Melibokus **Führer unnöthig** (1¼ Std.). In der bessern Jahreszeit ist der Thurmwächter zum Melibokus-Thurm (25 m. hoch) fast immer oben. Anfragen beim Förster! Muss Jemand extra mitgehen: für Einzelne oder eine Gesellschaft etwa 1 M. 50 Pf. — Mit Wagen hinauf, 9 M. — Ueber den Melibokus nach Felsberg 12 M. Meist wird mehr gefordert.

Im Weiterfahren links oben das *Auerbacher Schloss;* hierauf (46 Kil.) Stat. **Auerbach,** 1674 Ew. (*Krone,* mit Bädern u. Pensionspreisen; *Restaur. Hess; Mohr*); beliebte Sommerfrische-Station. Der feurige, gesuchte „Rottwein" gedeiht hier. Das gleichnamige **Schloss,** die besuchteste, wohlerhaltenste u. schönste Ruine an der Bergstrasse.

(48 Kil.) **Bensheim,** 5966 Ew. — *Aussteigen* zum **Auerbacher Schloss** u. zum Sommer-Schloss des Grossherzogs von Hessen **Fürstenlager,** mit dessen hochinteress. Punkten: Champignon, Grotte, Neun Aussichten, Altarberg etc. — **Post,** 2 mal nach (8 Kil.) **Reichenbach** in 1 Std.; nach **Lindenfels** (18 Kil.) in 3 Std.; Route in den Odenwald durch das reizende Schönberger-Thal. (*Traube; Reuter's Hotel* am Bahnhof; *Deutsches Haus*). Angenehmes hessisches Kreisstädtchen, dessen Wein der beste u. feurigste der ganzen Bergstrasse genannt wird. In der neuen **Pfarrkirche** (1830) **St. Georg** Altarbilder: Madonna von *Schraudolph* u. St. Georg von *Veit.* Katholisches Schullehrer-Seminar. Taubstummen-Anstalt. — Vom *Kirchberghäuschen* schöne Aussicht. Alter, schon im 8. Jahrh. genannter Ort.

Eisenbahnverbindung von Bensheim über Lorsch, Bürstadt, Hofheim u. Rosengarten nach (24 Kil.) Worms, tägl. 5 Züge in etwa 1 Std. — **Ausflug nach Lorsch**: (5 Kil.) mit der Bahn; Lorsch, alter Marktflecken mit 3831 Ew., flach in der breiten Rheinebene gelegen. Hochinteressante Ueberreste der 767—774 erbauten, in der Folgezeit sehr mächtigen fürstlichen Reichsabtei Lorsch oder Lauresham, ein Anziehungspunkt für Freunde der Kunst- u. Kulturgeschichte. Marienkapelle (urkundlich die bunte Kirche genannt) mit den Grabstätten des ersten Königs von Deutschland, Ludwigs des Deutschen, seines Sohnes Ludwigs III., der Königin Kunigunde (Gemahlin Konrads I.) und angeblich auch des verbannten Bayernherzogs Tassilo — kleines, aber für die Geschichte der Architektur äusserst merkwürdiges Bauwerk. Diese Grabkapelle wurde von Papst Leo IX. selbst persönlich eingeweiht u. obgleich Kloster u. Kirche schon 1090 von einer Feuersbrunst verzehrt wurden, blieben sie doch im Gedächtniss des Volkes so treu u. aufrecht, dass Sage u. Dichtung sie in ihre Obhut nahmen u. die Gründung des Klosters der Nibelungen-Königin Ute zuschrieben. Auch Chrimhilde, die treue Gemahlin Siegfrieds, zog mit der Leiche des Helden nach Kloster Lorsch.

Ausflug nach *Schönberg* (½ Std.) — zum *Felsenmeer* u. der *Riesensäule* (1¾ Std.)

Im Weiterfahren links oben die pittoresken Ruinen der *Starkenburg*.

(53 Kil.) Stat. **Heppenheim**, 5091 Ew. (*Halbmond*), hessisches Kreisstädtchen mit alterthümlichen Stadtmauern und Thürmen. *Peterskirche*, soll, nach einem vorhandenen Denkstein von 805, durch Karl d. Grossen erbaut worden sein. Rathhaus.

Post von Heppenheim nach (14 Kil.) **Fürth** (in 2 Std.) im **Weschnitzthal.**

Ausflug auf die **Starkenburg** (20 Min.) bequeme Wanderung. Erbauung der Veste (die einer hessischen Provinz den Namen gab) 1066 auf Befehl des Abtes Ulrich von Lorsch; sie wurde 1267—1296 von eigenen Burggrafen zu Lehen besessen. Im 30jährigen Kriege wurde sie wiederholt von Spaniern, Pfälzern, Bayern u. Schweden eingenommen, 1645 von Turenne u. 1674 von Mélac vergeblich belagert. 1766 liess Kurfürst Emmerich Joseph von Mainz den Platz als Festung aufheben u. die Veste bis auf den noch stehenden viereckigen Thurm abbrechen. — Schöne Fernsicht auf die Rheinebene, Wormser Dom, Mannheim u. die Berge der untern Hardt.

Hessisch-badische Grenze.

Das **Grossherzogthum Baden** ist 278 geogr. □Meil. gross, hat nach der Zählung vom 1. Dezember 1880 eine Gesammtbevölkerung von 1,570,000 Ew. Von der Gesammtbodenfläche kommen 37 % auf Ackerland, 34 % auf Waldboden, 11½ % auf Wiesland u. 1⅓ % auf Rebberge. Die volkreichsten Städte des Grossherzogthums sind nach der neuesten Zählung: Mannheim mit 53,454; Karlsruhe mit 49,434; Freiburg mit 36,380; Heidelberg mit 24,406; Pforzheim mit 24,037; Konstanz mit 13,354; Rastatt mit 12,356; Baden-Baden mit 11,927 u. Bruchsal mit 11,370 Ew.

Ueber (56 Kil.) **Laudenbach** (links) an der Bergstrasse gelegen, wo gute Weine gezogen werden, nach (59 Kil.) Stat. **Hemsbach.** — Im Vorblick links Ruine *Windeck* über der nun folgenden (63 Kil.) Stat. **Weinheim,** 7161 Ew. — Schönster Punkt der Bergstrasse. *Stahlbad.* **Aussteigen** *für Partien in's Birkenauer- od. Weschnitzthal.*

(*Pfälzerhof; zum Weinberg; Ochs; Goldener Adler; Vier Jahreszeiten; Goldener Löwe; Kaltwasserheilanstalt. — Restaurationen: Kraus; zur Burg Windeck* am Eingang ins Gorxheimer Thal:)

Post: Nach Fürth über (10 Kil.) Mörlenbach, (17 Kil.), in 2¼ St. u. nach Viernheim in 50 Min.

Badische Bezirksamtsstadt, freundlich an der Ausmündung des *Weschnitz-* od. *Birkenauerthales* u. des *Gorxheimerthales* gelegen, sehr alt (genannt schon um 755), später Besitzthum des Klosters Lorsch, von den Spaniern 1621 unter Corduba u. von den Franzosen 1689 verwüstet.

Amthaus, ehem. *Deutschordenshaus;* Rathhaus (gothisch) aus älterer Zeit. Bedeutender Wein- u. Obstbau; vortreffl. Wein. Lederindustrie; verschiedene Erziehungs-Anstalten. Mauern u. Thürme u. schöne Kirche. (Die Korps der deutschen polytechnischen Schulen halten hier ihre Senioren-Convente ab.)

Ausgezeichnete Ausflüge; von Heidelberg aus viel besucht. Auf dem Vorhügel des *Wachenbergs* Ruine der Windeck.

Ausflug zur ($^1/_4$ Std.) Ruine **Windeck,** 226 m., auf isolirtem Vorhügel des *Wachen-* od. *Wagenberges,* von hohem Alter, 1130 wieder von Neuem erbaut, einst ebenfalls dem Kloster Lorsch zugehörig. Hübsche Aussicht. — *Ueber den Wachenberg in's Birkenauer Thal* (1 Std.). — *Durch das Gorxheimer Thal nach Neckarsteinach* (6 Std.). Zur *Gorxheimer-Mühle,* dann auf das rechte Ufer des Baches, thalauf über *Unterflockenbach* u. über den Berg nach *Steinklingen* u. *Hilsenhain;* durch Waldung u. wieder über einen Berg hinab in's *Steinachthal,* an der Ruine *Waldeck* vorüber nach (3 Std.) *Heiligkreuz-Steinach.* Durch schönes Wiesenthal u. das ausgedehnte *Altneudorf* nach (5 Std.) **Schönau** 182 m., 2000 Ew., *(Löwe)* mit Tuchmanufacturen, ehem. Benediktinerkloster — hierauf vollends nach Neckarsteinach.

Im Weiterfahren zur Linken *Lützel-* u. *Hohensachsen.* Bei (69 Kil.) Stat. **Gross-Sachsen,** lenkt die Bahnrichtung von der Bergstrasse südwestl. ab, während diese am Fuss der Odenwaldvorhügel hinzieht, jene aber in die Rheinebene hinaus läuft. Von der Bahn aus zeigt sich zur Linken stets fort die ganze malerische Schönheit der Gegend an der obern Bergstrasse.

Die Fusswanderung auf der Bergstrasse von Weinheim nach Heidelberg ist für den, der die Eisenbahn nicht durchaus vorzieht, eine der genussvollsten, die es geben kann. Die Bergstrasse führt an dem (links) Dorf Leutershausen, dem Marktflecken **Schriesheim,** 2840 Ew., (*Pfalz; Bierhaus*) am Fusse des Oelberges vorüber. Viele Papier- u. Mahlmühlen. Auf der Höhe Schlossruine Strahlenburg (Aussicht in's Schriesheimer-Thal). Links oben, auf den Vorhöhen des Oelberges Ruinen der Schauenburg; etwas weiter vorwärts Dorf Dossenheim, berühmt durch den sog. Holzapfeltanz, der alljährl. am Mariä-Himmelfahrtstag stattfindet u. ein vielbesuchtes Volksfest geworden ist. — Hierauf nach Handschuchsheim, 2725 Ew. (*Rother Ochs*), wohlhabendstes Dorf der ganzen Umgebung (von Heidelberger Studenten gern besucht). 1795 Kampf zwischen Oesterreichern u. Franzosen. Ueberraschender Blick bei Neuenheim (links auf dem Heiligenberg aussichtsreiche Ruinen des Klosters St. Michael) auf das bald erreichte Heidelberg. Im Ganzen eine Wanderung von nur etwa 4 Stunden.

Mit der Eisenbahn nach (73 Kil.) Stat. **Ladenburg,** 3115 Ew. (*Adler; Rose*), in fruchtbarer Ebene am Neckar (das Lupodunum der Römer) mit stattlicher äusserer Erscheinung. Gothische *Galluskirche* mit Grabmälern der Familien Metternich, von Sickingen etc. u. schöner Thurmspitze. Alter *Martinsthurm. Bischofshof*, alte Adelshäuser. Römerstrasse in der Umgebung (Strassenheimerhof) nachgewiesen. — In der Umgegend Taback- u. Krappbau. Am 15. Juni 1849 heftiges Gefecht zwischen den bad. Revolutionstruppen u. den Hessen u. Mecklenburgern unter Oberst Witzleben. Am Stationsgebäude eingemauerte Kugeln. Neckarbrücke.

(77 Kil.) Stat. **Friedrichsfeld,** Gabelpunkt der Main-Neckar-Bahn, **(links)** nach **Heidelberg, (rechts)** nach **Mannheim,** gegründet 1682 von französischen Calvinisten als Colonie in der Gegend, wo 1482 in der entscheidenden Schlacht bei Seckenheim Pfalzgraf Friedrich I. den Markgrafen Karl I. gefangen nahm.

(87,5 Kil.) nach kurzem Blick auf das Schloss zur Stat. *Heidelberg.* Nr. 17.

Nr. 17. Heidelberg und Umgebung.

Gasthöfe I. Ranges: *Hôtel de l'Europe*, nahe am Bahnhof in schönen Anlagen, comfortabel, nam. für Familien, Bäder; *Prinz Karl*, am Kornmarkt, nahe unter der Schlossruine, Bäder; *Alberts Schlosshotel* oberhalb des Schlosses prachtvoll gelegen; *Grand Hôtel*, dem Bahnhof gegenüber; *Hôtel Schrieder* dicht am Bahnhof; *Adler; Hôtel Victoria* od. *„Müllers Privathôtel"; Hôtel* u. *Pension de Russie; Badischer Hof; Holländer Hof* nahe an der alten Brücke. —

II. Ranges: *Darmstädter Hof; Ritter*, altes architektonisch interess. Haus am Marktplatz; *Bayerischer Hof* am Bahnhof; *Lang's Privathôtel* am Bahnhof; *Prinz Max; Wiener Hof; Goldnes Herz; Pfälzer Hof; Silberner Hirsch;* — ausser der Stadt *Molkenkurhaus* im Schweizerstyl oberhalb des Schlosses, prachtvolle Aussicht.

Restaurants u. Cafés: *Gross; Leers; Wachter; Pohl* (zum Falken); *zum rothen Ochsen.*

Weinwirthschaften: *Weidner; Engelmann* (zur Sonne); *Werle* (zum weissen Ross); *Dilg* (zum Karpfen); *Schildecker; Arnold* (silberner Hirsch).

Bier: *Diemer*, Schlossberg. — *Mainzer-Bierhalle; Brauerei Klein-lein; Weisser Schwan; Ditteney; Siegel; Stadt Düsseldorf, Bayerischer Hof.*

Konditoreien: *Schwehr*, Hauptstr.; *Häberlin*, gegenüber d. Friedrichsbau; *Helwerth* am Markt.

Eisenbahn: *Zwei Bahnhöfe*, d. h. *zwei Billetausgabestellen* u. *zwei Einsteighallen:* Wenn man aus der Stadt kommt, **rechts** der *Main-Neckar-Bahnhof* für *Mainz, Frankfurt, Rheinlande* u. *Norddeutschland,* **links** der *Badische Bahnhof* für *Süddeutschland* u. die *Schweiz.*

Omnibus. Die grössern u. dem Bahnhof ferner gelegenen Gasthöfe haben sämmtlich Omnibus an den Bahnhofausgängen.

Dienstmänner (inclusive 5 — respective 25 Kilogr. Gepäck: auf das Schloss 0,70 resp. 1 Mark; auf die Molkenkur u. Wolfsbrunnen 1 M. resp. 1,40 M.; auf den Königsstuhl (Kaiserstuhl) 2,40 M. resp. 3 M.

Esel. Standort am Klingenthor: auf das Schloss 70 Pfg., zurück 30 Pfg. — über das Schloss auf die Molkenkur u. zurück 2 M. — Wolfsbrunnen 1,40 M. hin u. zurück 2 M. — Königssthul u. über den Wolfsbrunnen zurück 6 M. — jede Stunde Warten 1 M.

Droschken. Standorte: am Ludwigsplatz, neben der Universität, Kornmarkt u. am Bahnhof. Von den Bahnhöfen in die Stadt. od. umgekehrt, sowie für Fahrten innerhalb der Stadt u. nach dem Hausacker: 1 Pers. 50 Pfg., 2 Pers. 90 Pf., 3 Pers. 1,05 M., 4 Pers. 1,20 M.; Kisten od. Koffer à 20 Pfg. — Bei Ankunft der Nachtzüge von 11—5 Uhr das Doppelte. Ueber die Brücke nach *Neuenheim*, einschliesslich, andrerseits bis *Heydweilers Haus*, mit einem Zuschlag von 50 Pfg.; auf die *Schlossbergstrasse* über die *Diemer'sche Brauerei* hinaus, 3 M. ohne Rücksicht auf die Zahl der Personen.

Tarif für Droschkenfahrten:

	M.	Pfg.
Schloss	3	50
Alberts Hotel	4	—
Hausacker u. Wolfsbrunnen	3	50
Wolfsbrunnen u. Schloss	5	50
Molkenkur über Schloss u. zurück	6	—
Hausacker, Wolfsbrunnen, Molkenkur u. Schloss zurück	8	—
Schloss, Molkenkur u. Speyrer Hof	9	—
Hausacker, Wolfsbrunnen, Molkenkur, Königsstuhl, Schloss u. zurück	16	50
Königsstuhl	12	—
Speyrer Hof u. zurück	6	—
Philosophenweg u. zurück	5	25
Ziegelhausen	3	80
Schlierbach	3	—
Schwetzingen, ein ganzer Tag	12	—
" " halber "	6	—
" wenn die Droschke sofort wieder zurückkehrt	5	50
Hausacker u. Neckargemünd, ein ganzer Tag	12	—
" " " " halber "	8	—
" " " wenn d. Droschke sofort wieder zurückkehrt	6	—

Diese Taxen gelten für *Hin-* u. *Rückfahrt* mit Aufenthalt von ½ Std. an den genannten Orten. Für die *Hinfahrt* allein bestehen niedrigere Ansätze. Spezieller Tarif gedruckt in jeder Droschke aufgehängt.

Zeitungen: im *Museum* (Ludwigsplatz, gegenüber der Universität), geschlossene Gesellschaft; ausserordentlich reich belegte Lesetische für politische, unterhaltende u. wissenschaftl. Zeitschriften. Einführung durch ein Mitglied. — Im *Café Wachter* u. *Café Leers* die gelesensten Zeitungen.

Theater. Für das *Mannheimer Theater* sind Billete bei *Löwenthal*, westl. Hauptstr. 96 zu beziehen; die Abendzüge für die Rückfahrt sind auf dem daselbst aushängenden Theaterzettel vorgemerkt.

Bäder im Neckar. Schwimmschulen am Zimmerplatz zwischen den beiden Brücken u. am Karlsthor. — *Wellenbäder* nahe bei der obern Neckarbrücke.

Bei ganz kurzem Aufenthalt Besuch des Schlosses (*Restauration*); wer etwa ½ Tag zur Verfügung hat, besuche nebst dem noch die Molkenkur, den Königsstuhl und den Wolfsbrunnen, — in der Stadt die Neckarbrücken.

Heidelberg, 185 m., 24,406 Ew. (²/₃ Katholiken), alte, wohlhabende u. sehr lebhafte, am Fuss des Königsstuhles (auch Kaiserstuhl genannt) u. Gaisberges u. am linken Neckarufer gelegene, lang ausgedehnte badische Kreis-, Amts- u. Universitätsstadt, lockt durch die grosse Schönheit ihrer Lage u. durch die froh anmuthende Mildigkeit ihres Klima's wie durch ihre bedeutende Geschichte u. kulturhistorische Stellung stets eine Anzahl von Fremden an, die nicht hier vorüber nach der Schweiz oder andern Zielen reisen mögen, ohne diesem Juwel der Pfalz einen Besuch zu machen.

Geschichtliches: Römische Befestigungen auf dem Heiligenberg u. auf d. Kleinen Gaisberg (Molkenkuranstalt) die ersten Anfänge menschl. Ansiedelungen. Auf den Trümmern des röm. Kastels auf dem Königstuhl entstund im 8. Jahrh. eine deutsche Burg, Lehen des Hochstiftes Worms, die von Konrad von Hohenstaufen als Herzog von Rheinfranken u. Pfalzgraf bei Rhein 1148 bewohnt wurde. Dieser gründete am Fuss des Burgberges die Stadt, deren Schicksale die wechselvollsten u. leidensvollsten genannt werden können, die man sich nur denken kann. Seine Nachfolger machten sie zur Residenz der Pfalzgrafschaft. Um 1219 findet man schon ein völlig städtisch verwaltetes Gemeinwesen; doch Pest, Erdbeben (1225—1227), Hungersnoth (1248), Ueberschwemmungen des Neckars (1278 u. 1313), Feuersbrünste (1288) u. Kriegsschaden machten ihr Fortbestehen wiederholt zweifelhaft. — In Folge *Gründung der Universität* fand 1386 die erste Erweiterung ihrer Stadtmauern statt u. die Stadt blühte kräftig auf, namentlich, nachdem Friedrich der Siegreiche 1461 sich gegen Kaiser Friedrich III. erklärt, auf dem Gaisberge die Veste „Trutzkaiser" erbaut u. ungeachtet Bann u. Acht, in der Schlacht bei Seckenheim auf dem Friedrichsfeld gesiegt u. des Kaisers befreundete Fürsten gefangen genommen hatte. Diese wurden nach Heidelberg geführt u. gegen schweres Lösegeld aus der Haft entlassen. — Jn der *Reformationsperiode* sehen wir Heidelberg stets im Vordergrunde. Luther hielt daselbst die berühmte Disputation vom Jahre 1513; die daselbst lehrenden Theologen halfen an dem Reformationswerke wacker arbeiten u. der daselbst (1562) eingeführte *Heidelberger Katechismus* wurde in der Folge der berühmte Canon des protestantischen Glaubensbekenntnisses. — Allein diese hervorragende Stellung bei der Entwicklung der Reformation brachte ihr schwere Prüfungen, denn während der Religionskriege u. Glaubenskämpfe, in denen bald die reformirte, bald die lutherische, bald die katholische Partei die Oberhand gewann u. die andern mit Gewalt zu unterdrücken suchte, hatte die Stadt grosse Drangsale zu erleiden (1621—41). Tilly belagerte sie ein volles Jahr lang, nahm sie, totz ihrer heldenmüthigen Vertheidigung (1622) ein, brannte sie nieder, schleppte die berühmte *Bibliothek* hinweg u. schickte sie nach dem Vatikan in Rom. Die Protestanten wurden vertrieben. — Die Stadt war von den Katholiken kaum wieder aufgebaut, so fiel sie den Schweden unter Oberst Mola zur Beute, der die Katholiken vertrieb. Ein Jahr darauf eroberte sie Gallas mit seinen Kaiserlichen, plünderte, mordete u. sengte, wurde zwar bald wieder daraus verjagt, zog aber zum zweiten Mal als Sieger in Stadt u. Schloss ein 1635. Das Elend in der verheerten Stadt war unbeschreiblich. — Mit dem Ende des 30jährigen Krieges begann Heidelberg allmählich wieder aufzuleben. Allein die Horden des französischen Königs Ludwig XIV, den Schmeichler den „Grossen" nannten, fielen 1674 in die Pfalz ein u. liessen unter ihrem Anführer Turenne 2 Städte u. 25 Dörfer vollständig in Flammen aufgehen. Kurfürst Karl Ludwig, über diese Brutalität empört, forderte den französischen Marschall vor die Klinge, allein dieser verweigerte diese Genugthuung. Ueberdies sandte Ludwig den Mordbrenner Mélac in die Pfalz, der im Oktober 1688 das Land in der scheusslichsten Weise verheerte u. erst 1689, nachdem die Stadt Heidelberg völlig ausgeplündert u. fast ganz vernichtet war, abzog (Bild von Dietz in der Kunsthalle zu Karlsruhe). — Die Stadt hatte sich noch nicht von diesem Elend erholen können, da kamen 1693 die Franzosen abermals u. mit ihnen Heidelbergs unglückseligste Heimsuchung: Es wurde alles zerstört, verwüstet, gemordet, die Leichen sogar aus den Gräbern gerissen, das herrliche Schloss in die Luft gesprengt u. in eine Ruine verwandelt. Ludwig XIV liess auf dies hin ein Te Deum anstimmen u. eine Denkmünze prägen. — Nachdem Heidelberg 1803 mit der Rheinpfalz an Baden gelangte, ist für sie eine ruhige u. segensvolle Zeit schönen Gedeihen's erschienen.

Schon beim Eintritt in die neuen Anlagen vom Bahnhofe aus, bemerkt man, dass der malerisch landschaftliche Vorzug Hs. zumeist durch die unmittelbar hinter u. zur Seite der Stadt in imposanter Gestaltung aufsteigenden Berghöhen bewerkstelligt wird, welche den aus der Rheinebene herangekommenen Besucher mächtig überraschen u. anziehen. Links *Hôtel de l'Europe* in reizenden Anlagen; demselben gegenüber *Hôtel Victoria.* — Weiter zur Linken der *Wredeplatz* mit dem (1860) von König Ludwig I. von Bayern errichteten *Wrededenkmal* (bayerischer Feldmarschall, geb. 1767 dahier, † 1838 in Ellingen) u. das *Chemische Laboratorium.*

Beim Klingenthor, am Ende der Anlage, **Peterskirche,** gothisch, aus rothem Sandstein vor 1392 erbaut, 1870 schön restaurirt, mit altem *Kirchhofe* u. schönen Anlagen. Grabstätten vieler Gelehrten; Hieronymus von Prag vertheidigte hier seine an die Kirchthüre angeschlagenen Lehrsätze. Im Chor *Glasgemälde* von *Beiler,* nach *Koopmann: Christus, dem Petrus u. Johannes den Abendmahlsbecher reichend.* Grabsteine von Universitätslehrern im Schiff.

Links durch die *Grabengasse* auf den *Ludwigsplatz,* wo (rechts) das *Museum* (Gesellschaftshaus, Lesesäle, Zeitschriften) (s. oben); das **Universitätsgebäude.** Die **Universität Heidelberg** (etwa 900 Studirende) wurde 1386 von Pfalzgraf Ruprecht I. gestiftet („Ruperto-Carolina"), ist somit die drittälteste in den Ländern deutscher Zunge, (70 Jahre älter als die von Freiburg). Ihre Schicksale gingen mit denen der Stadt u. des pfälzischen Landes Hand in Hand. Kurfürst Philipp der Aufrichtige förderte sie durch Berufung ausgezeichneter Gelehrter wie Reuchlin, Johann Wessel, Spangel u. a. u. durch Errichtung (1489) eines neuen Juristen-Collegiums. Neuen Aufschwung erlangte die U. durch die Berufung des Kosmographen Seb. Münster u. des Sim. Grynäus u. einige Dezennien später durch die Lehrthätigkeit des Cylander u. des Melissus, die Religionsgespräche von 1560 u. 1561, sowie durch die beiden Theologen Ursinus u. Olevanus, welche 1562 den Heidelberger Katechismus abfassten. — Im 30jährigen Kriege u. bei der Besitzergreifung der Stadt durch die Kaiserlichen (unter Tilly wurden alle protestantischen Lehrer weggewiesen u. durch fanatische Katholiken ersetzt. — 1802 war die Universität nahe daran, aufgelöst zu werden. Kurfürst Karl Friedrich von Baden aber regenerirte sie als Ruperto-Carolina u. liess ihr reiche Dotationen zukommen. Im gegenwärtigen Jahrhundert sind folgende Universitätslehrer von Bedeutung zu nennen: die Theologen *Paulus, Umbreit, Ullmann, Rothe, Schenkel, Hitzig u. Holtzmann;* die Juristen *Thiebaud, Zachariä, Mittermaier, Vangerov, Bluntschli, Renaud, Windscheid u. Zöpfl;* die Kliniker *Puchelt u. Friedreich;* die Chirurgen *Chelius, Weber u. Simon;* die Geburtshelfer *Nägele u. Lange;* der Pharmazeut *Geiger;* die Chemiker *Gmelin u. Bunsen;* der Physiker *Kirchhof;* die Archäologen u. Philologen *Creuzer* (Begründer der Heidelberger Jahrbücher), *Köchly* u. *K. F. Bartsch;* die Mineralogen *Leonhard* u. *Blum;* der Physiolog *Helmholtz;* der Paläontolog *Bronn;* der Philosoph *Kuno Fischer;* der Nationalökonom *Rau;* die Historiker *Schlosser, Gervinus, Heusser, Treitschke u. a.* — Die Anzahl der Professoren u. Docenten beträgt zur Zeit 96. Rektor ist der Grossherzog.

Nahe bei der Universität, in der Augustinergasse, im ehemal. Jesuitenseminar die **Universitätsbibliothek** mit etwa 300,000 Bänden gedruckter Werke, etwa 80,000 Dissertationen, etwa 1300 Handschriften, Codices u. ca. 1800 Urkunden. Oberbibliothekar: Prof. Dr. Zangemeister, Bibliothekar: Dr. *Bender*. Geöffnet Mittwoch u. Samstag 2—4 Uhr, an den übrigen Wochentagen 10—12 Uhr.

Kurfürst Ludwig III. gründete die Bibliothek, in dem er 1421 durch Vermächtniss 152 handschriftliche Werke stiftete. Otto Heinrich vermehrte die Bibliothek, in dem er derselben seine aus dem Morgenlande mitgebrachten griechischen Werke (Manuscripte) u. arabischen Handschriften zuwies. Ein Fugger machte ebenfalls namhafte Geschenke, später kamen dazu die Bibliotheken aufgehobener Klöster. Nach der Einnahme Hs. durch Tilly wurde der werthvollste Theil dieser Sammlung namentlich der Handschriften nach Rom verschleppt u. im Vatikan als Bibliotheca Palatina aufgestellt (darunter Luthers eigenhändige Manuscripte). Durch Vermittlung der österreichischen u. preussischen Regierungen wurde der grösste Theil dieser Werke 1815 zurückgegeben. — Von den werthvollsten Manuscripten mögen erwähnt werden: Nr. 23. Antologia Graeca (Unicum), XI. Saec., (edirt v. Jacobs) — 88. Lysias, XIII. S. — Mehrere Plutarche, XII. S. (153. sehr schöne Handschrift, 168. 283 u. 398). — Aeliani var. hist., XV. S., äusserst klare Handschrift. — 252. Marcellin u. Thukydides, XI. S. — 864. Gregorii Turonens. hist. de reb. Franc., X. S. — 894 Florus, XI. S. — 1546 Seneca, XII. S. — 1616. Plautus, XI. S. — 164. Ein sächsisches Lehensrecht, XIII. S. (Unicum) durch seine bemerkenswerthen vielen Bilder in margine). — 52. Otfrieds Evangelienharmonie, IX. S. (die Handschrift beginnt mit V. 151.; (Schluss fehlt). — 40. Eine Predigt, v. Luthers Hand geschrieben: „Dass man die Kinder zur Schule halten solle.“ — 423. Original-Entwurf der Schmalkaldischen Artikel von Luthers eigener Hand, vielfach von ihm selbst korrigirt. — 731 u. 732. Luthers eigenhändige Uebersetzung des Propheten Jesaias (bis Anfang des 23. Kapitels) u. Buch der Weisheit „teutsch vertiret.“ — 517, Originalausarbeitung des Heidelberger Katechismus. — Eine sehr grosse Sammlung von Handschriften mittelalterlicher Poesie, Minnesangdichtungen u. Volksbücher (über 300 Bde.); — 112. Chunrads Gedicht von Karl d. Gr., XII. S. — 141. Titurel (unvollständig), XIV. S. — 147. Lancelot vom See, kolossaler Band XV. S., mit schönen Uncialen. — Ein prächtiges Missale aus dem Kloster Salem mit kostbaren Miniaturen, die zu den schönsten überhaupt gehören. — Urkunde Kaiser Otto's III. von 992 mit vortrefflich erhaltenem Siegel. — Eine Sammlung der Stiftungsurkunden der Universität von 1385—89 u. s. w

Zur **Jesuitenkirche** (durch die Schulgasse) in dem bekannten eigenthüml. Styl 1712--1751 erbaut; jetzt **kathol. Kirche,** 1870 im Innern gelungen restaur.; Ornamentik der Kirche (sammt Orgel) von O. von Mayrhauser, Fresken von A. Müller in München u. Keller in Karlsruhe, Marmorkanzel von O. von Mayrhauser mit Skulpturen von Steinhäuser. In der östl. Hauptstrasse Haus **Zum Ritter,** interessantes, 1592 im Renaissancestyl erbautes Haus (*Wirthschaft*). **Heiliggeistkirche,** am Markt, erbaut 1400—1414, seit 1534 (zum ersten Mal protest. Gottesdienst) Zankapfel der Reformirten, Lutheraner u. Katholiken, — durch eine gemauerte Scheidewand zur Simultankirche (Schiff evangelisch, Chor altkatholisch) gemacht. Im Innern Reliefbilder Kaiser Ruprechts (1400—1410), ihres Erbauers u. seiner Gemahlin Elisabeth von Hohenzollern (im Chor.) —

Durch die Steingasse hinter d. Kirche zur *alten* **Neckarbrücke,** 210 m. lang, 9 m. breit, 1786—88 erbaut, mit den Standbildern des Kurfürsten Karl Theodor (umgeben von der Theologie, Jurisprudenz, Ceres u. Merkur). Von der Brücke schöne Aussicht. — In der Hauptstrasse der *Friedrichsbau* mit den naturwissenschaftl. Sammlungen u. s. w.

Mineralog. Sammlung (geöffnet frei Mittw. u. Samstags, 2—5 Uhr; sonst für Fremde tägl. Morgens 8 bis Abends 6 Uhr gegen Trinkgeld; (Direktor Prof. Dr. Rosenbusch); **Zoologische** u. **Paläontologische Sammlung** in der **Anatomie** hinter dem Friedrichsbau (Samstags, 2—4 Uhr frei).

Neue Neckarbrücke, 1875—77 von Ingenieur Bär erbaut, 243 m. lang, 10 m. breit, 9 Steinpfeiler mit 5 eisernen Bögen (35 m. Spannweite) u. 3 Steingewölben zu 6 m. — Treffliche *neue Wasserleitung* (Wasser vom Wolfsbrunnen) seit 1873. — **Akademisches Krankenhaus,** neu u. grossartig, mit 350 Betten; auf einem Areal von 38,000 Q.-Met. vereinigt: die *Augenklinik*, die *chirurgische* u. *medizinische Klinik*, das *pathologische Institut*, das Verwaltungsgebäude etc., im Ganzen 18 Gebäude, durch bedeckte Gänge unter sich in Verbindung gesetzt. Eines der best- u. schönst eingerichteten Spitäler von ganz Deutschland. — **Irrenanstalt,** neu erbaut, westl. nebenan. **Botanischer Garten,** ebenfalls anschliessend.

Im äussersten westl. Theil der Gartenanlagen am Hospital 1877 Auffindung eines *röm. Ziegelofens* u. zahreicher Reste einer röm. Niederlassung. Im Flussbett Pfeilerreste einer Brücke; wahrscheinl. *röm. Brückenbau* zur Verbindung zwischen Augusta Nemetum (Speyer) u. Lupodunum (Ladenburg).

Hauptziel aller Fremden das seit 1764 grösstentheils in Ruinen versetzte ehemal. kurfürstl.

Heidelberger Schloss, 205 m., (100 m. ü. d. Neckar), am nordöstl. Ende der Stadt. Die Mauern dieses, während drei Jahrhunderten (1295—1610) errichteten Prachtschlosses aus rothem Sandstein, erheben sich malerisch auf üppig umgrünter Granitvorhöhe des bewaldeten Gaisberges.

Wege zum Schloss (Führer unnöthig). Der kürzeste Weg vom Bahnhof her der alte Fahrweg; durch die neue Anlage v. Bahnhof bis Peterskirche; hier rechts über die Schienen der Neckarbahn u. dann bergan, die Schlossstrasse hinauf zum äussern Burgthor, geradeaus, dann (links) durch das Brückenhaus in den Schlosshof. — Der neue Fahrweg vom Bremeneck (*Gartenwirthschaft*) in sanfter Steigung zum äussern Burgthor u. wie vorhin in den Schlosshof. — Ein Fussweg (von der obern Stadt her) vom Markt den Burgweg hinauf u. links den Schlossweg (schattig, an eingemauerten Steinplatten mit Inschriften, betr. Wiederherstellung des Schlosses vorüber) durch Thor u. Kasemattengänge (von Kurfürst Karl 1683 erbaut) auf den grossen Altan.

An der Stelle des jetzigen Gartens *zum Bremeneck* befand sich einst das Wohngebäude der schönen *Clara von Detten,* einer Augsburger Patriziertochter, welche Kurfürst Friedr. I. der Siegreiche mit sich vom Reichstage zu Augsburg heimbrachte. Deren Sohn, Ludwig, von Kaiser Maximilian I. um 1494 in den Reichsgrafenstand erhoben, wurde der Stammvater des jetzt noch in 2 Linien in Baden u. Bayern blühenden Fürstengeschlechtes der *Löwenstein.*

Taxe: Dem Schlosskassirer, wenn man alle unter Verschluss gehaltenen Räumlichkeiten, einschliesslich des Kellers mit dem grossen Fass, besichtigen will, die einzelne Person 1 M., zwei Personen 1.50 M., drei Personen u. mehr je 50 Pfg. — Schlosshof u. ein Theil der Ruinen sind offen zu freiem Eintritt. — **Restauration,** viel besucht, bei der grossen Terrasse (Nachmittags u. Abends häufig Konzert).

Durch das äussere Burgthor, die Anlagen, das Brückenhaus u. den viereckigen Wartthurm in den *Schlosshof* gelangt, findet man *links* die *ältesten Bauten* (aus d. 13.—15. Jahrh.) gerade *vorwärts* u. *rechts* die *neuern* aus dem 16. u. 17. Jahrh. Der zunächst (links)) stehende ist der **Ruprechtsbau** (der drittälteste des Schlosses von Ruprecht III. (1400 bis 1410 deutscher Kaiser) erbaut.

Ueber d. Pfälzer Wappen d. deutsche Reichsadler, Zeichen der Kaiserwürde; ein Rosenkranz, von Engeln gehalten, ein Engel setzt den halbgeöffneten Zirkel in einer Rose an. Die Bedeutung dieser Skulptur noch nicht erklärt.

In einer *Halle* (Kastellan schliesst auf) Fenster mit Glasmalereien u. *kleine Sammlung v. Alterthümern;* oben Reste des alten *Rittersaales,* in welchem 1462 nach der Schlacht von Seckenheim die gefangenen Fürsten von Friedrich dem

Siegreichen bewirthet wurden. — Daneben, mehr zurückstehend, völlig Ruine, der sog. **Alte Bau** (auch Rudolfsbau), der älteste Theil des Schlosses, mit gothischem Erker, wahrscheinlich 1295 erbaut. Kurfürst Ludwig III. hielt hier den vom Konzil zu Konstanz entsetzten Papst Johann XXIII. um 1415 gefangen.

Unmittelbar anstossend, in den Schlosshof vortretend, die **Alte Kapelle** od. **das Bandhaus**, noch ziemlich im Bau erhalten (1346—86 unter Ruprecht I. erbaut, 1634 von den Schweden zerstört, dem heil. Ulrich von Augsburg geweiht; 1551 hier zuerst das heil. Abendmahl in beiden Gestalten ausgetheilt, 1535 u. 1671 Trauung 2 dänischer Königstöchter unter grosser Pracht; jetzt Banketsaal, grosse Studentenkommerse). — Daran (im Winkel) angrenzend der besterhaltene Theil des Schlosses, der 1601 begonnene, 1697 vollendete u. nach seinem Erbauer (Kurfürst Friedrich IV.) genannte **Friedrichsbau.** Er schliesst sich in seinen architektonischen Motiven (Renaissance) dem Otto-Heinrichsbau an, ist aber von schwereren, ernstern u. barockeren Formen.

Standbilder an der Hoffaçade (von links nach rechts) oberste Reihe: Carolus Magnus; Otto von Wittelsbach; Ludovicus 1213; Rudolphus, 1319 — nächstobere Reihe: Ludovicus Imper., 1347; Rupertus, rex Rom., 1410; Otto, rex Hungariae, 1512; Christoph, rex Daniae 1539. — zweitunterste Reihe: Rupertus sen., 1390; Friedericus Victoriosus, 1476; Friedericus II. 1556; Otto Henricus 1559. — unterste Reihe: Fridericus tertius 1576; Ludovicus 1583; Joann Casimir 1592; Friedericus IV. 1607.

Im untern Theil desselben die *Neue Kapelle* (1804 aufgehoben); in den beiden obern Stockwerken die *Alterthumssammlung des Herrn v. Graimberg* (Eintritt 1—5 Personen je 50 Pfg.; 6 Personen je 30 Pfg.); circa 2000 Gemälde, dann Handzeichnungen, Kupferstiche (ca. 2000), Münzen, Skulpturen, alte Hausgeräthe, Waffen, Urkunden (ca. 1200) etc., meist Sachen, die auf das Schloss u. die Pfälzer Kurfürsten Bezug haben. (Kotzebue's Todtenmaske u. Portrait Sand's, der ihn in Mannheim ermordete).

Vor dem Friedrichsbau Eingang zum Keller mit dem berühmten **Heidelberger Fass.** Taxe: 1 Pers. 20 Pfg., 2 Pers. 30 Pfg., 3 u. mehr Pers. jede 10 Pfg.

Von jeher war der Ruhm, das grösste Fass im Reiche zu besitzen, den pfälzischen Fürsten vorbehalten. Das gegenwärtige ist von Küfermeister *Jakob Engler* 1751 auf Bestellung des Kurfürsten Karl Theodor mit einem Kostenaufwand von 80,000 fl. erbaut worden. Es fasst 236 Fuder, (zu 1000 Trinkflaschen gerechnet), misst in seiner ganzen Länge 9 m., im Bauchdurchmesser 6,90 m. u. seine Dauben haben eine Dicke von 26 cm. An der Stirnseite Höhe des ganzen Werkes (vom Boden auf) 8 m. — Die beiden frühern Fässer waren weniger gross u. nicht so solid gearbeitet. — Das Handwerkszeug, mit dem es gefertigt wurde, ist auch noch vorhanden: Zirkel 2,50 m., Hobel 2,10 m. lang. — Nebenan das hölzerne Standbild des Zwerges u. Hofnarren *Clemens Perkeo,* der unter Karl Philipp (um 1720) seinem täglichen Durst mit 15 Flaschen kostbaren Weines zu begegnen pflegte.

Durch einen Gang des Friedrichsbaues auf den *Grossen Altan,* von welchem prachtvolle Aussicht in's Neckarthal, auf Stadt u. Rheinebene.

An den Friedrichsbau stösst der *Neue Hof Friedrichs II.,* mit drei Arkaden über einander, 1549 auf dem Platze erbaut, wo einst ein röm. Kastel u. später, im Mittelalter die *Schlierburg* gestanden haben sollen.

Bei der Erbauung des neuen Hofes wurde ein uraltes Gebäude abgebrochen, das der Wahrsagerin *Jetta* (Jütta) zur Wohnung gedient u. als heidnisches Heiligthum verehrt worden sein soll. Der Schlosshügel heisst hiernach der *Jettenbühl.*

Hinter dem neuen Hof, der **achteckige Thurm,** der als *Glockenthurm* diente, 1764 vom Blitz entzündet, dass fast das ganze Schloss ausbrannte.

Architektonisch der *Hauptbau des Schlosses,* ist der selbst in seinen Ruinen noch prachtvolle u. schöne **Otto-Heinrichsbau** (von 1556—59), ein Muster edler, phantasievoller Frührenaissance, von Epheu malerisch überwuchert.

Der Reichthum der bildnerischen Ausstattung, die graziösen, zwei theiligen Fenster, deren Pfosten sogar mit Skulpturen bedeckt sind, u. manche andre Motive geben einen Anklang an die lombardische Bauweise, wie man sie an der Certosa di Pavia findet. (Lübke.)

Die Entwürfe zu diesem Palast sollen von Michelangelo gefertigt worden sein. Von hoher Schönheit die Karyatiden, die das Portalgebälke tragen. Verfertiger dieser u. der meisten übrigen Statuen Alexander Colins von Mecheln.

Die Nischenfiguren der untern Reihe: Josua, Simson, Herkules, David; der mittlern Etage: Stärke, Glauben, Liebe, Hoffnung, Gerechtigkeit; obere Reihe: Saturn, Mars, Venus, Merkur u. Diana; die obersten Figuren: Apollo (Sol) u. Jupiter.

Zum Theil erhalten ist der anstossende **Ludwigsbau** (1508 bis 1524), daher bewohnt u. benutzt; nebst den Wohnungsräumen enthielt er einst die Küchen, Schlachthaus u. sonstige Oekonomie-Räumlichkeiten. Vor demselben, in den Hof vortretend, unter offener Halle der *Schlossbrunnen* mit 4 Granitsäulen, die vom Palast Karls d. Gr. zu Ingelheim herrühren.

Um die *Aussentheile des Schlosses* kennen zu lernen geht man durch einen Gewölbegang des Otto-Heinrichbaues, unter dem sog. *Rittersaal* hindurch auf die *Schlossmauer* (bequemer Spazierweg), um den sog. *Bibliothekthurm* (erbaut

1555) herum zum *gesprengten Thurm,* erbaut von Kurfürst Friedr. d. Siegreichen 1455.

Er hat 29 m. im Durchmesser, 6,5 m. dicke Mauern aus behauenen Quadern. Bei der Verwüstung des Schlosses durch Mélac wurde dieser Thurm mit Pulver gesprengt; es riss aber nur an der östl. Seite ein Theil des Gebäudes los u. legte sich unzertrümmert, als ein zusammenhängendes Ganzes, neben den Thurm hin; der Weg führt dicht daran vorüber. Besuchenswerth vom Schlosshof aus das kasemattirte Innere dieses gewaltigen, äusserst festen Bauwerkes.

Im Schlossgraben die **Elisabethenquelle** u. über Stufen, Aufgang zum Brückenhaus, hinauf. Durch das schöne *Elisabethenthor* in den *Stückgarten* u. zum gleichfalls zur Hälfte gesprengten, sog. *dicken Thurm* (Durchmesser 29 m.), in welchem sich seit 1681 ein Theater befand, auf dem der vergnügungssüchtige Kurfürst Karl mit seinem Hof Schauspiele aufführte. In den Nischen gegen den Stückgarten zu das Standbild Ludwigs V., der das Thurmdach heben liess, um das obere Stockwerk aufzusetzen.

Dem gesprengten Thurm gegenüber, im ehemaligen **Schlossgarten,** (seit der Verwüstung 1693 verwildert, unter Grossherzog Karl Friedrich 1804 wieder neu angelegt, nun Bestandtheil des botanischen Gartens der Universität), die *Schlosswirthschaft,* besuchtes Restaurant, im Sommer wöchentl. mehrmals Konzerte. — Schöner Aussenpunkt die **Grosse Terrasse,** 1613 von *Salomon de Caus* (Erfinder d. Dampfmaschine) erbaut. Der Garten ruht auf künstlich aufgemauerten, 30 m. hohen Gewölben u. war einst mit Statuen, Grotten u. sogar mit einem Pomeranzenhain (dessen 430 Stämme direkt in der Erde wurzelten u. im Winter überdacht wurden) geschmückt. Aussicht auf Schloss, Stadt, Neckar u. Umgebung.

Hinter der Terrasse das neue, comfortable *Schlosshôtel,* dessen moderner Bau hinter dem etwas tiefer liegenden Schloss nicht sehr harmonisch wirkt.

Von hier Wege (steil aber schattig) durch das *Karmeliterwäldchen* zur *Eisenbahnstation Karlsthor* am östl. Ende d. Stadt.

Umgebung der Stadt.

Spaziergänge. Vom Hotel de l'Europe od. Bahnhof, über den Tunnel der Neckarbahn (am Hotel Victoria vorbei) nach der **Wolfsschlucht** u. auf das **Sensenried.** Hier, entweder die Fahrstrasse (links) nach der **Kanzel** (ausgezeichneter Aussichtspunkt auf einer Felswand mit Brustwehr), u. darunter zum **Riesenstein** (kolossale Felsenscherbe, von einem kleinen Block unterstützt), dann wieder auf die Fahrstrasse u. durch das Klingenthor in die Stadt — oder weiter hinauf zum Pavillon, dann rechts zum **Speyrer Hof** oder **Neuhof** (1854 von der Stadtgemeinde angelegtes Wirthschaftsgut, 113 Morgen Land, umgeben von herrlicher Waldung) mit einfachem aber gutem Restaurant (1 Std.). — Vom Speyrer Hof, — entweder noch 20 Min. weiter zum **Bierhälder Hof** u. durch das von Mühlen belebte Thal nach Dorf Rohrbach — od. über die sog. Sprunghöhe (Aussicht weithin über Rheinebene, Neckarthal u. Stadt) zur

Molkenkur, 293 m.; vom Klingenthor direkt dahin (1/2 Std.) schöner, schattiger Weg durch Kastanienwald. Erbaut 1853, (6 Zimmer, Gartenwirthschaft) ist diese Anstalt (auch Pension) sehr besucht; auf einer vorspringenden Felsenecke des Berges erstellt, hat man hier eine schönere, umfassendere Aussicht als vom Schlosse aus u. übersieht dieses selbst. Der Sage nach befand sich hier ehemals ein Römerkastell u. seit der Karolingischen Zeit die Burg der fränkischen Grafen über den Lobdengau. Noch später erhob sich hier die grössere Burg, die von Konrad von Schwaben (Bruder Friedrich's Barbarossa) 1147 als erstem Pfalzgrafen bewohnt wurde. König Heinrich (VII.), der sich gegen seinen Vater, Kaiser Friedrich II., aufgelehnt hatte, sass hier gefangen. Diese alte Burg bestand noch 1537, nachdem die Pfalzgrafenburg tiefer unten schon längst erbaut war, in welchem Jahre sie durch Blitzschlag u. Pulverexplosion (23. April) völlig zerstört wurde. (Fahrtaxe für Droschke s. oben.)

Von hier a) hinab zum Schloss (1/4 Std.), entweder an der **Jettenhöhle** (in rothem Sandstein) oder am **Teufelsloch** vorüber, prächtige Wege durch schattigen Wald; — b) Fahrweg (1 Std.) oder Fussweg (1/2 Std.) durch Wald, zum **Königstuhl** (568 m.; 276 m. über d. Molkenkurhaus), Restauration, 3 Min. vom Thurm, auch **Kaiserstuhl** genannt, (weil 1815 die beiden Monarchen Alexander I. von Russland u. Franz von Oesterreich den aussichtsreichen Punkt besuchten!). Der 1833 erbaute, 29 m. hohe Thurm gewährt eine grossartige Rundschau über Rhein- und Neckarthal, Odenwald, einen Theil der Pfalz mit den Hardtbergen. Partien vom Schwarzwald u. s. f. — Fussgänger gehen über das **Felsenmeer** in 1/2 Std. zum Wolfsbrunnen hinab.

Wolfsbrunnen, Fahrweg dahin 1 Std.; man macht auch den Weg dahin folgendermassen: Eisenbahn bis Stat. Schlierbach, dann Weg am Berg hinauf, Richtung gegen Heidelberg; nach 1/4 Std. Aussicht in's Neckarthal; links Abzweigung zum Felsenmeer; dann in grossem Bogen (Wald) um eine Schlucht herum u. rechts hinab zum Wolfsbrunnen. Der Platz bietet nichts Aussergewöhnliches als trauliche Stille, Waldeinsamkeit u. Kühle im hohen Sommer. Ländliches Wirthshaus (Forellen). In seiner Erzählung Clara du Plessis verlegt Lafontaine die Wiedersehensscene an diesen Ort. Ehedem stand hier ein kurfürstliches Jagdschloss; den Namen aber soll der Teich daher führen, weil die Wahrsagerin Jetta an dieser Stelle von einem Wolf zerrissen wurde. (Diese Sage steht wohl in Zusammenhang mit mythologischen Erinnerungen, die sich an diesen Ort, die Heidenhöhle u. den Jettenbühl knüpfen).

Spaziergänge am rechten Neckarufer: Mit Eisenbahn nach Schlierbach; hier mit Fähre über den Fluss nach Dorf **Ziegelhausen** mit Gartenwirthschaft *zum Adler*. Lieblingsausflug der Heidelberger. Rückweg durch die Weinberge oberhalb des sog. Haarlass, dann durch Wald, an der **Engelwiese** (an halber Berghöhe) vorbei in die **Hirschgasse**, (wo die Studentenpaukereien) u. entweder — über die alte Neckarbrücke nach der Stadt — oder auf dem **Philosophenweg** noch weiter vor u. hinunter nach Neuenheim; über die neue Brücke zurück. Abendliche Rückfahrt von Ziegelhausen auf dem Neckar mit Kahn (ca. 2 M.) besonders schön.

Ausflug nach Schwetzingen. Eisenbahn über Eppelheim u. Plankstadt tägl. 4 mal in 20 Min. nach (9 Kil.) **Schwetzingen**, 4639 Ew., (*Erbprinz; Hirsch; Adler,* zunächst dem Schlosseingang; *Hotel Hassler* am Bahnhof) wohlhabendes bad. Amtsstädtchen mit Garnison (2 Schwadronen Badischen Dragoner-Regiments Nr. 20), auf dessen Kirchhof Grab des alemann. Dichters Hebel († 1826). Starker Hopfen-, (jährl. 4000 Ctr.), Spargel- u. Tabakbau, ehem. Sommerresidenz der Kurfürsten von der Pfalz, berühmt wegen des **Schlossgartens** u. deswegen von Touristen viel besucht.

Anlage des Schlossgartens durch Kurfürst Karl Theodor (reg. 1743—1799) im Geschmack des Versailler Gartens. Es wurden auf die Wasserkünste und andere Zierwerke jährl. 66,000 fl. verwendet. Die Wasserwerke (täglich von Mitte April bis Mitte Oktober in Thätigkeit) noch immer sehenswerth. Das ganze Grundstück umfasst 186 Morgen Land u. enthält in den innern Anlagen Gartenkünste in altfranzösischem Geschmack, in den äussern Partien freie, schöne Parkanlagen in englischem Styl.

Aus dem Schloss (nichts an Sehenswürdigem bietend) zum Grossen Zirkel, dessen vorderer Halbkreis links von den Speise- u. Spielsälen, rechts von einem Orangeriehaus flankirt wird.

Weg durch den Garten (Zeit: 1½ Std., um alles zu sehen). Geradeaus, rechts und links 2 kleine Fontainen (Kinder auf wasserspeienden Thieren) zur Grossen Fontaine im Mittelpunkt des Zirkels. Wasserstrahl 13 cm. dick, 15 m. hoch steigend (Arion auf dem Rücken eines Delphins). Sämmtliche Statuen sind aus der Verlassenschaft des 1761 zu Lüneville verstorbenen Polenkönigs Stanislaus Lesczynski u. bestehen aus Blei. Vier Urnen aus carrarischem Marmor umstehen das Bassin. — Im rechten Winkel (rechts) durch die grosse Lindenallee hinaus an den Rand des Zirkels, dann (links) zur Bildsäule der Galathea (die Baumschulen bleiben rechts), welche von einem Triton bewundert, dem Bad entsteigt (Carrarischer Marmor, Bildhauer Grupello in Düsseldorf. In der Nähe Kindergruppen auf wasserspeienden Drachen u. daneben Bacchos (Marmorbild von Andrea Vacca). Nahe dabei, zwischen hohen Tannen u. Birken, auf wassergebenden Felsen, der Hirtengott Pan. — Hinaus auf einen Querweg mit Orangerie-Gebäuden; rechts auf demselben fort, eine Allee kreuzend, durch französische Anlagen zum Tempel des Apollon (Statue von Verschaffelt, Marmor). — In der breiten Allee weiter zum Badhaus (für Aufschliessen Extra-Trinkgeld) mit Marmorbecken, Deckengemälde (Aurora) von Guibal, Landschaften von Kobell, chinesische Malereien auf Baumbast u. dergl.; daneben (rechts) Bassin: Kinder, mit Ziegen spielend. In der Nähe Gruppe wasserspeiender Vögel um eine Nachteule u. die Perspektive, ein 120 m. langer, schmaler Gang, an dessen Ende eine gemalte Landschaft. — Ueber eine Kanalbrücke (immer in nördl. Richtung) zum Tempel der Botanik (wieder Extralöhnung für das Aufschliessen) u. weiter zu den nachgebildeten Ruinen einer röm. Wasserleitung. — Nördliches Ende des Gartens. —

Wieder zurück bis zu der Brücke, durch engl. Parkanlagen zu dem See. — Längs dem See (er bleibt rechts) zu den kolossalen Steinbildern der Donau u. des Rheins. — Links Durchblick durch die mittlere Allee nach der Grossen Fontaine u. dem Schloss, rechts nach den Pfälzer Bergen. Zu beiden Seiten der Mittelallee Partien in französischem Geschmack. Zurück zum See, demselben entlang, so dass er rechts liegt; dann halb rechts durch Parkanlagen, welche die schönsten des ganzen Gartens genannt werden können, über eine Brücke zum Tempel des Merkur, (künstl. Ruine in Tuffstein). — Um den kleinen See (immer links), über 2 Brücken zur Moschee (von Pigage mit einem Kostenaufwand von 300,000 fl. erbaut), von den Minarets (126 Stufen) (Trinkgeld für das Aufschliessen) schöne Rundsicht. — Durch die umgebenden Anlagen, immer Richtung links, zu den Statuen der sterbenden Agrippina (v. Andrea Vacca), der Minerva u. des Merkur (Marmorbilder von Grupello) zum Tempel der Minerva. — Hinaus in den Weg, der den Zirkel umfasst, zu der kolossalen Hirschgruppe, welche die Standbilder der vier Elemente umgeben u. durch die Mittelallee zum Schloss zurück.

Der Odenwald.

Der **Odenwald** (siehe Einleitung) ist ein liebliches Wald-Bergland, das politisch grösstentheils zum Grossherzogthum

Hessen u. nur an seinen östlichen u. südlichen Abhängen zu Bayern u. Baden gehört. Es besitzt nicht die Reize des Hochgebirges, ist aber doch reich an den herrlichsten Waldungen u. bietet Partien, die wahrhaft anmuthige genannt werden dürfen u. auch den Verwöhnten befriedigen können, wobei für Wanderbequemlichkeit u. gute Unterkunft nicht schlecht gesorgt ist.

Der Brennpunkt seiner landschaftlichen Schönheit liegt in der westl. Hälfte des Berglandes, da, wo das Urgebirge, Granit, Gneis u. Syenit die Erhebungsmasse bildet u. die Höhen energisch u. kräftig aus der Ebene zu selbstständigen, meist abgerundeten Bergformen aufsteigen, hauptsächlich also längs der Bergstrasse. Die bekanntesten u. besuchtesten Gipfel dieser Gegend sind der *Melibokus* od. *Malchen*, 520 m. u. der *Felsberg*, 520 m. — Der östliche, klimatisch rauhere Theil, dem bunten Sandsteingebiet (fast vorherrschend) angehörig, ist weniger abwechslungsreich gebildet. Lang hingestreckte, meist bewaldete Höhenrücken, in der Richtung des Meridians streichend, sind durch wasserreiche, gerade verlaufende Thäler getrennt. Der Katzenbuckel ist die bedeutendste Erhebung mit 620 m. im ganzen Gebirgssystem.

Die **Volksmundart** der Bewohner, die dem fränkischen Stamm angehören, zeigt keine hervorstechende Eigenthümlichkeit, sondern lässt die Elemente der benachbarten Dialekte erkennen, enthält sogar alemannische Wortbildungen.

Eine **Nationaltracht** ist nicht mehr vorhanden. Reste einer ehem. Volkstracht finden sich noch vereinzelt in dem langen blauen Rock u. dreieckigen Hut der Männer u. in dem kleinen, schwarzen Häubchen der Weiber, das nur den Hinterkopf mit dem Haarzopf bedeckt. Eigenthümliche Sitten u. Gebräuche haben sich im Odenwalde auch weniger erhalten als im Schwarzwald.

Gasthauspreise, wenig variabel im ganzen Odenwaldgebiet; Zimmer mit Frühstück 1,50—2 M. — Mittagessen 1—1,50 M. — Nachtessen 0,80—1 M., Zimmer mit Essen pro Tag 4—4,50 M.

Wagen: Einspänner pro Stunde 3 M.; für den halben Tag 6—8 M.; für den ganzen Tag 10—12 M. — Zweispänner für den halben Tag 8—12 M.; für den ganzen Tag 18—20 M. — **Fahr-** od. **Extrapost** ist, wo sie zu haben sind, vorzuziehen.

Spezialkarten: *Sektion Zwingenberg*, 1:25,000 der *topogr. Karte; Karte von Reymann u. Karte von Welzbacher.* —

Reiserouten durch den Odenwald.

1. **Fusstour, 1 Tag.** Von Eisenbahnstat. *Bickenbach* mit Post nach *Jugenheim*. (F.) auf den *Felsberg* u. zum *Felsenmeer*. — Auf den *Melibokus;* durch Wald zum *Auerbacher Schloss* (Mittag: Proviant mitnehmen). — *Fürstenlager, Schönberg, Bensheim* (im Ganzen 7 Std.); mit Eisenbahn nach Heidelberg od. Darmstadt.

2. **Fusstour, 2 Tage.** 1. Tag. Von Stat. *Weinheim* über d. Wachen- od. Wagenberg (od. durch das Thal) nach *Birkenau*. Im *Weschnitzthal*

aufwärts nach *Lindenfels* (Mittag). Ueber *Gadernheim* (oder durch das *Schlierbacher Thal* über *Breitenwiesen*) nach dem *Hohenstein* u. *Reichenbach* bis *Schönberg* (7 Std.). — 2 Tag. Ueber das Schloss hinauf zum *Fürstenlager, Auerbacher Schloss, Melibokus, Alsbacher Schloss, Jugenheim* u. Stat. *Bickenbach.*

3. **Fusstour, 3 Tage.** 1 Tag: Von Stat. *Bickenbach* über *Jugenheim* auf den *Felsberg.* Ueber das *Felsenmeer* nach *Reichenbach* hinab (guter, neu gebahnter Weg). Das Thal hinauf; rechts ab nach *Hohenstein;* über *Gadernheim* od. *Breitenwiesen, Schlierbach* nach *Lindenfels* (7 Std.) — 2 Tag: Von *Lindenfels* über *Dromm* nach *Waldmichelbach;* über *Ober-* u. *Unter-Schön-Mattenwag* nach *Hirschhorn* (7 *Std.*) — 3. Tag: Nach *Neckarsteinach* u. *Neckargemünd* (3 Std.); Eisenbahn nach *Heidelberg* (Mittag).

Oder:

1. Tag: Wie oben die erste Tagesroute; nach *Schönberg.* — 2. Tag: Im Thal hinauf nach *Hohenstein, Gadernheim, Lindenfels* (Mittag); mit Führer über *Ersbach* u. *Mossau* nach *Erbach.* — 3. Tag: Mit Post früh nach *Beerfelden,* zu Fuss nach *Hirschhorn* u. *Neckarsteinach* (Mittag). Dann *Neckargemünd* u. Eisenbahn nach *Heidelberg.*

4. **Fusstour, 4 Tage.** 1—3. Tag wie vorige Tour; 3. Tag noch nach *Waldmichelbach.* — 4. Tag: Ueber die *Tromm* (*Dromm*) nach *Fürth* u. das *Weschnitzthal* hinab, über den *Wachenberg* u. *Ruine Windeck* nach *Weinheim.*

Nr. 18. Von Bickenbach über Jugenheim nach Schönberg u. Bensheim.
(Felsberg-Melibokus-Auerbacher Schloss.)

Besuchteste Fusstour des ganzen Odenwaldes (7 Std.). — Von Frankfurt od. Mainz, Nachmittags 4 u. 5 Uhr mit Schnellzug, oder von Heidelberg mit Personenzug (od. Mannheim) nach 3 Uhr abgereist, gelangt man Abends 6—6½ Uhr nach Bickenbach, mit Post nach Jugenheim u. bleibt da über Nacht. Wer aus der Richtung von Frankfurt u. Darmstadt her nur das Auerbacher Schloss besuchen will, steige nicht in Bensheim aus sondern vorher in Auerbach.

Wenn man den Sonnenaufgang auf dem Melibokus nicht geniessen will — in welchem Fall man schon um 2½ Uhr früh Morgens von Jugenheim aufbrechen müsste. — kann man auch mit dem Personenzug um 6,40 Uhr von Heidelberg od. Mannheim u. von Frankfurt od. Mainz mit dem 8,15, bezw. 8,5 Uhr Zug nach Bickenbach fahren. Entweder auf dem Felsberg od. Auerbacher Schloss Mittag machen. In Jugenheim nach dem Schlüssel zum Melibokusthurm fragen!

Wer nicht die ganze Tour vollführen will, kann von Jugenheim nach dem Felsberg, Reichenbach, Schönberg, Fürstenlager nach Auerbach od. Stat. Bensheim gehen — oder aber Jugenheim, Melibokus, Auerbacher Schloss, Fürstenlager, Schönberg, Bensheim besuchen.

Von Stat. *Bickenbach-Jugenheim,* Nr. 16., in 8 Minuten nach **Dorf Bickenbach** (*Löwe*). Dasselbe durchpassiren (8 Min.); beim Ausgang in der Höhe Thurm auf dem Melibokus, darunter *Dorf* u. *Schlossruine Alsbach.* (Wegwsr.). Nach **Jugenheim** (½ Std.), etwa 110 m., 1003 Ew., freundliches Dorf mit vielen schönen Landhäusern. (*Krone* mit Bädern, altbewährtes Haus; *Zur Post.*)

Privatwohnungen: *Villa Gütlich, Scriba, Sturm, Schmidt, Heil, Horn Lenhard, Heymann, Daum.* **Bäder**: *Alexanderbad* zur Krone, warme Bäder. — *Badeanstalt Brandt,* alle Arten Bäder, auch Wellenbäder u. Douche.

Post: 5 mal tägl. nach (3 Kil.) *Bickenbach* (Stat.) in 20 Min.

Der Ort schmiegt sich anmuthig an den Fuss des *Heiligenberges,* welcher das *Stettbacher Thal* vom *Balkhäuser Thal* trennt. In den herrlichen Buchenwäldern der umliegenden Berge zahlreiche, wohl unterhaltene Wege, so dass die ganze Gegend einem grossen natürlichen Park gleich kommt. Sehr beliebter Sommerfrische-Ort wegen seiner prachtvollen Umgebung u. vor rauhen Winden geschützten Lage; alle Annehmlichkeiten eines Sommeraufenthaltsortes vorhanden. Kaiser Alexander II. von Russland und die Kaiserin waren öfter hier anwesend. Der Verschönerungs-Verein, in dessen Verlag eine Kurliste erscheint, weist den Fremden unentgeltlich Wohnungen an. Jagd. Fischerei. Saison von Mai bis Oktober; im Herbst Traubenkur.

Ausflüge: Zum *Tempel* auf der *Alexanderhöhe;* — zum *Marienplatz;* — *Ruine Tannenberg* u. *Mathildenhöhe* (immer Wald); — *Drei Schwesternlinde;* — *Ludwigshöhe* u. hinab nach *Dorf Senheim.*

Ruine **Tannenberg**, nordöstl. vom Heiligenberg, jenseits des Stettbacher Thales, ehem. Sitz der Herren von Tannenberg, Seitenlinie der Herren von Bickenbach. Durch Heirath u. Schenkung wurde das Schloss „Ganerbenhaus" (gemeinschaftl. Erbe u. Miteigenthum verschiedener Familien), woran die Schenken von Erbach den grössten Theil besassen u. bald auch ein verrufenes Raubnest, das 1399 vom Kurfürsten von Mainz u. dem Pfalzgrafen bei Rhein, nebst den Städten Frankfurt, Friedberg, Gelnhausen, Wetzlar, Mainz, Speyer u. Worms erobert u. zerstört wurde. Seither Ruine.

Klosterruine auf dem Heiligenberg, der unmittelbar über dem Dorf ansteigt, anziehender Aussichtspunkt. Man biegt hinter der Kirche rechts vom Fahrweg ab. Nicht zu verfehlen. — Wahrscheinlich 1263 gegründetes *Benediktiner-Nonnenkloster,* das dem Kloster *Lorsch* untergeben war.

Von d. Klosterruine 5 Min. weiter auf d. Höhe fort freier Weg (rechts u. links Niederblicke in die beiden oben genannten Thäler) zum **Schloss Heiligenberg**, dem Prinzen Alexander von Hessen gehörig, am Fuss waldbekleideter Berghöhen gelegen mit Park- u. Gartenanlagen (Eintritt gestattet); von der *Schlossterrasse* reizende Aussicht auf Rheinthal, Taunus, Niederwald, Hardt mit dem Donnersberg. — Von hier weitere Parkwege zum *Marienberg,* in den *Thalhof* u. durch das Balkhauser Thal zurück. — Ueber den *Kapellenberg, Daxberg* (ehedem *Dagesberg* gen.) u. über Burgruine *Jossa,* auch *Daxberg* genannt, zurück.

Burg **Daxberg** od. *Jossa,* erbaut von den Brüdern Giso u. Gerhard von Jossa (deren Mutter eine Tochter Konrads von Tannenberg). Durch Erbschaft 1313 an die Schenken von Erbach, 1714 an Hessen; seit dem, weil unbewohnt, im Verfall.

Direkt von Jugenheim Weg (nicht zu fehlen, Wegw.) durch Wald in $1^1/_2$ Std. auf den *Melibokus.* Rückweg über das **Alsbacher Schloss** (Ruine *Bickenbach,* Stammburg der Dynastenfamilie von Bickenbach, zuerst 1130 urkundl. genannt). 1463 Zerstörung durch die Frankfurter; wieder aufgebaut, kam die Burg 1510 in hessischen Besitz u. beherbergte unter Philipp dem Grossmüthigen den flüchtigen Herzog Ulrich von Würtemberg; später Amtssitz, kam sie nach u. nach in Zerfall.

Frequentester Touristenweg von Jugenheim auf den *Felsberg* (1½ Std.) über *Schloss Heiligenberg* (20 Min.) durch die Anlagen desselben bergan zu einem zweiarmigen Wegweiser, (rechts d. *Ludwigsweg*) dann links den *Wilhelminenweg*, oder am Marstallgebäude vorüber den neu angelegten *Kaiser-Alexanderweg.*

Weg nach dem Felsberg (1½ Std.): ¼ Std. dreiarmiger Wegweiser, der Weg senkt sich ab; wieder dreiarmiger Ww.; an der *Kaiserbuche* vorüber, (immer rechts halten.) nochmals 3armig. Ww., (links ins Stettbacher-Thal), aber gerade aus; bei einem Stück Ackerland nicht etwa rechts in den Wald, sondern gerade fort, den schmalen Weg, der bald wieder breiter wird. — Links Waldwiese mit beschränktem Umblick. — Der Weg, anfänglich am Waldesrand dahin, geht nun über Ackerfeld; rechts oben erscheint das Felsberger *Wirthshaus.* — Vierarmiger Ww.; man wählt d. Weg nach *Beedenkirchen;* nach etwa 100 Schritt rechts dem Walde zu. Rechts wird d. *Melibokus* mit Thurm sichtbar. — Nach (¼ Std.)

(2 Std.) **Felsberg,** 520 m., *Forsthaus,* zugleich *Wirthschaft* mit mehreren Zimmern u. einfacher aber guter Verpflegung. Das Haus hat beschränkte Aussicht, doch frequentes Bergwirthshaus wegen des ganz in seiner Nähe befindlichen sog. *Felsenmeeres.*

Nach dem Felsenmeer (10 Min.): Vom Hofthor, rechts 100 Schritte bis zum Waldrand; hier links, dann sogleich rechts in den laubenähnlichen, walddunkeln Weg zwischen jungen Buchen, 420 Schritt abwärts nun Hochbuchenwald (lichter) u. abwärts zum Ziel, nicht zu fehlen.

Im Wald überall zertrümmerte Felsscherben von Syenit, theils mit Moos umgeben, theils rollsteinähnlich geglättet. Links vom Weg der sog. *Altarstein,* ein beinahe würfelförmiger, über Manns hoher Steinblock, der die Spuren menschlicher Bearbeitung zeigt. Es wird vermuthet, dass dieser Block der weiter unten im Wald liegenden 8 m. langen **Riesensäule** (am einen Ende 1,12 m., am andern 1 m. Durchmesser) zum Fussgestell bestimmt gewesen sein möge. Beide Steinexemplare mögen der Kindheitszeit deutscher Kultur entstammen u. verdienen daher das bedeutende Interesse, welches ihnen geschenkt wird. Es ist unzweifelhaft, dass diese Säule, sowie noch eine zweite, aber geborstene, ursprünglich noch fast 2 m. längere Säule, welche weiter abwärts im Walde liegt, an Ort u. Stelle bearbeitet worden sind, dann aber, wohl ihres kolossalen Gewichtes halber (das man auf 614 Centner berechnet), mittelst der in frühern Zeiten zu Gebote stehenden Transportmittel nicht fortgeschafft werden konnten. Einige Archäologen vermuthen in ihnen Römerarbeit u. zwar aus den Zeiten des Commodus (180—192), andere sehen sie für ein deutsches Werk an u. meinen, sie möchten für den Palast Karls d. Gr. zu Ingelheim bestimmt gewesen sein. — Etwas tiefer, im Hochwald, das etwa 300 m. lange u. 120 m. breite **Felsenmeer**, ein chaotisches Trümmergebiet von Syenitfindlingen.

Der ganze Bezirk des Felsberges ist ein fast ununterbrochenes Felstrümmerfeld der Syenitformation. Auch in östl. Richtung gleiche Bildung, doch immer auch noch Humus genug, um schöne Buchen zu ernähren, welche das Felsenmeer umgeben. Dieses mag weniger das Ergebniss von Felsenstürzen sein als das Produkt langsamer Verwitterung. Die in die Augen fallende schaalige Struktur des Gesteins, die am granitischen Gebirge oft beobachtet werden kann, rührt von seiner Ellipsoidenform her. Man findet solches Trümmer- u. Haufenwerk, das mit dem Namen *Teufelsmühlen* belegt worden ist, am Brocken im Harzgebirge, am Riesengebirge, an der Luisenburg im Fichtelgebirge u. a. Orten.

Auf dem Wege nach *Reichenbach* hinab, das im Thale sichtbar ist, kommt man an einem zweiten solchen Felsenmeer vorüber. Beim Begehen desselben Vorsicht! Der Blick auf- u. rückwärts auf das Felsenmeer grossartig, ergreifend. Das Bild gleicht einem im gewaltigsten Sturm niedertosenden Wellengewoge, das jählings zu Stein erstarrte.

Seitentour: Von der Riesensäule abwärts guter neuer Fahrweg nach **Reichenbach**, 1313 Ew., (*Zur Trraube; Zur Riesensäule*) hinab, 25 Min. Von da ($^1/_4$ Std.) auf einem waldentblössten Felsrücken der *Grosse* u. *Kleine Borstein*, kahle Felsklippen des mächtigen, das Reichenbacher Thal bis Hohenstein durchsetzenden Quarzganges. Thalabwärts über *Elmshausen, Wilmshausen* u. *Schönberg* nach Stat. *Bensheim*, $1^1/_2$ Std. —

Von **Reichenbach** nach (13 Kil.) **Lindenfels**. Thalaufwärts Landstrasse nach *Gadernheim* (5 Kil.) u. (7 Kil.) nach *Kolmbach*, ärmliches Dorf. Noch etwa $^1/_4$ Std. auf der Landstrasse, dann links ein durch Ruhebänke kenntlich gemachter *Aussichtspunkt*, von wo aus namentlich gegen Süden schöner Blick auf Lindenfels u. seine Ruine, das Weschnitzthal, im Hintergrund vom Königsstuhl bei Heidelberg geschlossen. — Man kann aber auch, wenn man kürzen will, $^1/_4$ Std. hinter Reichenbach schon einen nähern Weg rechts einschlagen, am *Hohenstein* vorbei. Dieser ist eine Quarzfelsklippe von etwa 15 m. Höhe, die erstiegen worden kann u. eine hübsche Aussicht bietet. Von hier in $^1/_2$ Std. nach *Unter-Reidelbach* u. ($^1/_4$ Std.) auf die Landstrasse bei Gaderheim, wie oben.

Vom Felsenmeer wieder hinauf zum *Fortsthaus Felsberg*, von wo in $1^1/_2$ Std. nach dem Melibokus. Führer unnöthig; viele Wegw. Es führen 3 Wege hin. Vorzuziehen ist folgender: Vom Forsthaus die Stufen hinab, an dem kleinen Häuschen vorbei, in den Wald. Bald spaltet sich der Weg nach 3 Richtungen, der mittlere, neue ist der richtige. Wo er, nach etwa 10 Min. einen Bogen rechts abwärts macht, bleibe man oben auf dem alten (links); auch dieser theilt sich wieder, es führen aber beide Richtungen an's Ziel, nämlich zu ($^1/_2$ Std.) einem dreiarmigen Wegweiser. Gleich nachher verlässt man den Wald u. erblickt den Melibokus. Rechts unten im Thal *Balkhausen;* 10 Min. hinab auf einen Kreuzweg; vierarmiger Wegw.; gerade aus u. durch Ackerland bergan. — Nach $^1/_4$ Std. lenkt d. Weg direkt nach dem Wald; am Waldrand entlang, dann (3 Min.) dreiarmiger Wegw. — Der breite Weg links hinab führt nach dem Auerbacher Schloss (1 Std.), der schmale Pfad rechts, (der aber bald breiter u. neuer Fahrweg wird), leitet auf den Melibokus. Nach 10 Min. Wegwendung, immer im Wald; bald darauf geht links ein breiter Fahrweg in's Thal hinab; man bleibt aber auf der ansteigenden neuen Strasse. Nach 7 Min. 2 Wege rechts aus dem Wald herunter, (der eine hohlwegartige führt auch zum Thurm;) links geht ein Waldweg hinab (den man im Rückweg zum Auerbacher Schloss einschlägt). Gerade aus u. in 12 Minuten, nach Ueberschreitung eines Querweges, durch lichten Wald zum Gipfel.

($3^1/_2$ Std.) Der **Melibokus**, 520 m., irrthümlich so geheissen, da richtiger (auch im Volksmund) **Malchen** (1012 urkundl. Mons Malcus), besteht aus granitischem u. syenitischem Gestein u. ist bis zum Scheitel mit kräftigem Buchenwald bewachsen. Seinen Gipfel überragt ein 25 m hoher, steinerner, viereckiger *Thurm* (108 Holzstufen), den Landgraf Ludwig IX. von Hessen († 1790) hier erbauen u. über dem Thürgestell folgende gereimte Inschrift anbringen liess:

Dis Denkmal Catten-Berg dv Vrsprung aller tapfern Hessen,
Hast dv der Gegenwart des nevnten Ludwigs beizvmessen,
Der wie dein erstes Volk gedacht vnd denken wird,
Dass Heldenmuth vnd Rvhm der Fvrsten grösste Zierd'.
17. Jvly 1772.

Auf der Zinne findet sich ein Rundgang. In den Sommermonaten ist der Thurmwächter aus Zwingenberg mit einem Telescop zur Stelle u. giebt über alles Bescheid. (Trinkgeld etwa 30 Pfg. die Person.) *Aussicht* bedeutend.

Gegen N. W. zunächst der runde Thurm des Alsbacher Schlosses, Dorf Alsbach, Bickenbach u. Pfungstadt, Wiesbaden u. Taunusgebirge; — gegen N. Darmstadt, rechts davon, weiter ab Frankfurt a. M. u. der Vogelsberg; — gegen N. O. die Berge des Odenwalds, in der Tiefe der Spessart; — gegen O. der Felsberg u. die Odenwälder Höhen gegen das Mümlingthal, Lindenfels u. Erbach; gegen S. O. der Katzenbuckel, höchster Odenwaldgipfel, ferner die Neckarberge; gegen S. das Auerbacher Schloss, im Mittelgrund Ruine Starkenburg, dahinter Schwarzwaldberge u. ganz fern, rechts, die Vogesen. Gegen S. W. u. W. das am reichsten entwickelte Bild der Rundschau, die Bergstrasse mit den Dörfern u. Bensheim, Auerbach u. Zwingenberg, darüber hinaus die Rheinebene u. Speier, Mannheim, Worms u. Oppenheim, die Rheinpfalz mit dem Donnersberg u. dem Hunsrück.

Zum Melibokus führen noch andre Wege, nämlich: 1. Von *Bickenbach* über *Alsbach* auf das *Alsbacher Schloss* u. dann auf etwas steilem *Fussweg* zum Ziel. — 2. Von *Zwingenberg* (nachfragen wegen des Thurmschlüssels) *Fahrweg* bis zum Gipfel, daher nicht zu fehlen; man kann abkürzen auf näherm Weg durch das Tannenwäldchen am *Luziberg* hinauf. —

Vom Melibokus nach dem Auerbacher Schloss (³/₄ Std.). Vom Thurm hinab, bis wo sich die Wege kreuzen (s. ob.); hier den Waldweg hinab (20 Min.) dreiarmiger Wegw., da geradeaus (3 Min.), nochmals dreiarmiger Wegw. u. wieder gerade fort; freier Umblick; — sogleich vierarmiger Wegw., dann (8 Min.) dreiarmiger, (4 Min.) vierarmiger Wegw.; alles geradeaus u. wenige Minuten zum (4¹/₄ Std.) **Auerbacher Schloss,** 346 m. Umfangreichste, schönste u. besuchteste der Odenwald-Ruinen.

Ursprung des Schlosses unbekannt; der Zeit Karls d. Gr. zugeschrieben, später Besitz des ostfränkischen Könige, dann des Klosters Lorsch, darauf an Kur-Mainz u. von diesem an die Grafen von Katzenellenbogen. 1674 von Marschall Turenne belagert u. genommen (durch Verrath) wobei es verbrannt wurde; seitdem Ruine.

Aus Geldbeiträgen des Grossherzogs von Hessen ist eine Restauration der Thürme, Treppen u. Zinnen ermöglicht worden, daher bestiegen u. Genuss einer herrlichen Aussicht; besonders schön der 160 m. höhere Melibokus. 1840 Erinnerungsfeier der Veteranen von 1792—1815 (unter Prinz Emil von Hessen) u. bezügl. Gedächtnisstafel. Bild über der Eingangsthür stammt von dem hier 1852 abgehaltenen Künstlerfest (Schutzgeist der Burg, der die Musensöhne empfängt, im Hintergrund Gambrinus). Ausserhalb der Mauern (südl.) *Restauration* (nur bei günstiger Witterung offen). — Nach Dorf **Auerbach** Fahrweg (³/₄ Std.) u. mehrere Fusswege (¹/₂ Std.). Vom Dorf, jenseits des Thalbaches am *Altarberg* (¹/₄ Std.) hinauf (Aussicht auf Rheinebene, Bensheim u. Starkenburg); einige hundert Schritte höher der *Altarstein* „à la vrai amitié. 1783“.

Auf halbem Wege vom Altarberg auf der Höhe zum Fürstenlager, vor dem Wald, herrliches *Panorama*. Im Vordergrund Rheinebene, auf den Seiten Melibokus, Auerbacher Schloss, Starkenburg, rückwärts Schönberg u. als Rahmen die Gebirge vom Melibokus über Felsberg bis zur Starkenburg.

Vom Fürstenlager nach Schönberg schlage man den Weg ein, vom Palais längs der Anlage hinauf bis zum Pavillon u. noch etwas höher zur Waldanlage hinaus auf den Weg, dann auf den Pfad längs des letzten Weinberges, darauf hinab auf den Schönberger Weg.

Vom Altarstein hinab auf schönem Weg zum (5¹/₂ Std.) **Fürstenlager,** 1780 erbautes Sommerschloss in schönen Waldparkanlagen, einst langjähriger Aufenthalt des Grossherzogs Ludwigs I. von Hessen (als Erbprinz), sowie seiner Gemahlin Luise, den Wissenschaften u. Kunstübungen lebend. Im Sommer sehr besuchter Vergnügungsort der vornehmen Welt. Auf schönen Spazierwegen über *Champignon* (Platz mit steinernen Tischen) aufwärts zu den *Neun Aussichten* (runder Platz im Wald mit 9 durchgehauenen Aussichtslinien), die überraschende Ausblicke nach der Rheinebene Auerbacher Schloss, Melibokusthurm, Felsberg, Kapellenblick, Schönberger Kirche, Schönberger Schloss, Ruine Starkenburg u. Worms gewähren. — Von hier Parkwege nach der *Einsiedelei, Königsplatz, Ludwigshöhe, Amalienhöhe* od. hinab in's *Hochstätter Thal* zum *Gesundbrunnen.*

Fahrweg vom Fürstenlager an den Felsberg, meist durch Wald $1^1/_4$ Std.

Vom Fürstenlager über die Schönberger Höhe, interessante Aussicht, breite Fahrstrasse, durch den Lustgarten zum *Schloss des Grafen von Erbach-Schönberg.* Sehr schöner Niederblick von der Schlosshof-Terrasse. Beim Hinabsteigen vom Schloss in's Dorf *Schönberg* ausgezeichnetes Landschaftsbild, besonders im Blick auf die hochliegende Kirche. Bei derselben lohnender *Aussichtspunkt.*

(6 Std.) **Schönberg,** 536 Ew. (*Gasthof Rettig*), schön gepflastertes, helles u. freundliches Dorf in engem, romantischem Thal u. malerischem Aufblick zum Schloss. — Durch das Thal hinaus, auf breiter Landstrasse (rechts an einem Haus grosse, schöne Trauerweide) nach ($6^1/_2$ Std.) **Bensheim,** Bahnstation, Nr. 16. —

Nr. 19. Von Darmstadt durch den Odenwald nach Weinheim.

(Das Gersprenz- u. Weschnitzthal.)

Odenwaldbahn: tägl. 5 Züge, *Reinheim,* in $^3/_4$ Std.; weiter zu Fuss od. mit **Post** nach (18 Kil.) *Reichelsheim*; — von hier (keine Post) nach (7 Kil.) *Lindenfels* u. (12 Kil.) *Fürth;* — von hier **Post** durch das *Weschnitzthal* hinaus nach (17 Kil.) Stat. *Weinheim.*

Von Darmstadt, Nr. 16., per Bahn über die Stationen *Rosenhöhe, Nieder-Ramstadt-Traisa, Ober-Ramstadt* u. *Zeilhardt* nach

(20 Kil.) Stat. **Reinheim** (*Gasthof von Schmidt*), Städtchen mit 1663 lutherischen Ew., in fruchtbarer Gegend.

Post: nach (8 Kil.) *Brensbach,* 2 mal, in 1 Std. 20 Min. u. (18 Kil.) *Reichelsheim* in $2^1/_4$ Std.

Links, 1 Std. seitwärts der **Otzberg** mit Ruinen gl. Ns., 367 m., u. einem hohen Thurm, „Weisse Rübe" genannt (4 m. dicke Mauern), ehem. der Abtei Fulda Besitzthum.

Von Reinheim zu Fuss od. mit Post (Wagen selten) durch das **Gersprenzthal** über **Gross-Bieberau,** die *Gersprenz* überschreitend nach (8 Kil.) *Brensbach,* Poststation. — Nach (3 Kil.) rechts **Fränkisch-Krumbach,** den Freiherren von Gemmingen gehörig, mit 1751 luth. Ew., schöner Kirche mit Grabmälern, auch eines Hans von Rodenstein, der zu (1526) Rom starb, von sonderbarem Aussehen. — Es folgen *Unter-* u. *Ober-Gersprenz* (13 Kil.), *Beerfurt, Bockenrod* u. *Frohnhofen*.

(18 Kil.) **Reichelsheim**, 1804 Ew. (luth.) (*Engel*), Marktflecken in reizender Lage, darüber, auf steiler, rebenumpflanzter Höhe, Schloss *Reichenberg* (restaurirt), Geburtsort des Naturforschers Nees von Esenbeck. Post u. Telegraph.

Ausflug zum (3/4 Std.) versteckt liegenden **Rodenstein**, Burgruine; der Ursprung der Burg dunkel; 1265 urkundliche Erwähnung eines Marscalus de Rodinstein. Die Familie erlosch 1671.

Die *Volkssage*, in der deutschen Idee von Kaiser u. Reich erwachsen, berichtet: Um die Mitte des 14. Jahrh. hatte einer derer von Rodenstein seine Schlösser in Folge schwerer Verschuldung verpfändet. Der Kaiser machte diese, nachdem der Rodensteiner eine verwegene Kriegsthat für ihn vollbracht, welche vielen Vortheil nach sich zog, schuld- u. pfandfrei, um diesen für seine tapfre That zu lohnen. Da schwur der Ritter, tief von der kaiserlichen Gnade erschüttert, bis auf den jüngsten Tag auszuziehen u. zu wachen für Kaiser u. Reich, wenn solche bedroht würden. Auf dem Heimweg, 1½ Std. östl. vom Rodenstein, stürzte er vom Ross, starb u. wurde in der Burg Schnellerts beigesetzt. Seinen Schwur aber hat er gleichwohl, auch im Tode gehalten, denn so oft Deutschland ein Krieg bevorsteht, hört man auf Schnellerts ein wüthendes Toben. In der Nacht darauf aber zieht der Rodensteiner mit seinem gespenstigen Tross aus u. hinüber nach Rodenstein, um dort seine Schaar zu ordnen. — *Der Auszug des gespenstischen Rodenstein* ist im Volksmund unter der Bezeichnung: „*Das wilde Heer*" bekannt. — Im Amtsarchiv zu *Reichelsheim* liegen die auf den Spuk bezügl. Protokolle von 1742 bis 1796. — Vergl. damit J. V. von Scheffels „Rodensteinlieder".

Nach dem Rodenstein kann man auch *direkt* von *Fränkisch-Krumbach* (½ Std.) u. von *Reichelsheim* (3/4 Std.) aus wandern u. von da (½ Std.) auf die *Neunkircher Höhe*, 590 m., den höchsten Punkt des hessischen Odenwaldes steigen. Schöne *Aussicht* in's Gersprenz- u. Mainthal. — Von der Neunkircher Höhe über *Winterkasten* nach dem (1¼ St.) Städtchen *Lindenfels* (s. unt.)

Von Reichelsheim über das *Gumpener Kreuz* (Wasserscheide zwischen Gersprenz- u. Weschnitzthal) zu Fuss (auch Miethwagen) durch Buchenwaldung nach

(26 Kil.) **Lindenfels**, 992 Ew. (*zum Odenwald; Harfe*, auch Pension; *Hessisches Haus*). — In *Privathäusern* **Wohnungen** auf mindestens 1 Woche zu mässigen Preisen. — **Post** nach (18 Kil.) *Bensheim* in 2 Std. Wagen durch das Weschnitzthal hinaus nach *Weinheim* 10 Min.

Malerische Lage des Städtchens auf einer Anhöhe, über demselben die imposanten Mauertrümmer eines ehem. kurpfälzischen Schlosses; einer der besuchtesten Orte des ganzen Odenwaldes. Die vorzügliche Lage u. die gesunde Luft haben diesen Punkt zu einem viel besuchten Sommeraufenthaltsort gemacht. Auf der *Ludwigshöhe* hübsche *Aussicht* auf die *Schenkeberge*, noch besser ¼ Std. höher. — Bei der

Schlosslinde ebenfalls reizende *Aussicht* in das Weschnitzthal, von Weschnitz bis Weinheim u. vom Wachenberg (Wagenberg) u. der Tromm (Dromm) bis zu den Höhen der Bergstrasse. Von der Nordwestseite des Schlosses Einblick in das *Schlierbacher Thal.*

Ausflug zum *Siegfriedsbrunnen,* 2½ Std. von L. bei Dorf *Grasellenbach,* wo die Ermordung des Helden Siegfried durch den wilden Hagen erfolgt sein soll. Der Walddistrikt heisst der *Spessart,* was auch der einzige Anhaltspunkt ist, wesshalb diese Quelle als die Todesstätte Siegfried's angesehen werden mag. Nach dem Nibelungenliede zog sich die Jagd Siegfrieds u. Hagens in den Spessart hinein. Seit 1851 Denkstein.

Von Lindenfels über den *Hohenstein* nach *Schönberg* (s. oben).

Von Lindenfels nach *Fürth* zu Fuss am besten direkt den Berg hinab (¾ Std.); auf dem Wege stets Ausblick in das Weschnitzthal.

(31 Kil.) **Fürth,** 1452 Ew. (*Löwen, gegenüber Bierhaus; Zur Starkenburg,* auch Bier), freundlicher Marktflecken.

Post nach (26 Kil.) Stat. *Erbach,* früh Morgens in 3¼ Std.; durch's Weschnitzthal nach (17 Kil.) Stat. *Weinheim,* Vor- und Nachmittag in 2 Std.; nach (14 Kil.) Stat. *Heppenheim,* Vorm. in 1½ Std. — **Telegraph.**

Ausflug auf die **Tromm** od. **Dromm,** 1¾ Std. Zu dieser Fusspartie Führer rathsam (75 Pfg.). Auf der Höhe, 552 m., hübscher Aussichtspunkt in's Weschnitzthal, über einen Theil des Odenwaldes und in die Rheinebene. — Von hier, auf der Höhe fortwandernd u. dann südl. hinabsteigend, in 1½ Std. nach **Waldmichelbach,** 2081 Ew., sehr lang ausgestreckter Marktflecken am Ulfenbach (*Wirthshäuser v. Gärtner, Michel, Knapp etc.*). Eisenhütte, Hammerwerk, Papiermühle. —

Von W. gute Fahrstrasse hinab durch das angenehme *Schönmattenwager-* oder *Laxthal* in 3½ Std. nach *Hirschhorn* im Neckarthal Nr. 20.

Nunmehr durch's *Weschnitzthal* über *Rimbach* nach (38 Kil.) *Mörlenbach,* Marktflecken, 1104 Ew.; Poststation. Nach (44 Kil.) **Birkenau,** 1448 Ew., schon zu den Zeiten Karls d. Gr. vorhandener, schön gelegener Pfarrort (*Zum Birkenauer Thal,* Bier gut). — Von hier an das Thal, von waldigen Höhen u. Syenitfelsbildungen umkränzt u. malerisch gebildet, sehr interessant. — In ½ Std. nach (48 Kil.) **Weinheim.** Nr. 16.

Von Birkenau über den *Wachenberg* nach *Weinheim* 1½ Std., schöner Weg, dem Thalweg der schönen Aussicht wegen, vorzuziehen. Bis an den Wald allenfalls von einem Knaben führen lassen, — dann zu der *Terrasse* ½ Std. und auf den *Gipfel* des Wachenberges.

Weite *Aussicht:* in's Weschnitzthal bis nach Lindenfels, dahinter die Kuppe des Otzberges, 367 m., — gegen O. u. S.-O. die Odenwaldhöhen, hinter denen der Kaiserstuhl bei Heidelberg, Nr. 17, zu erblicken. Gegen S. u. S.-W. das belebte Rheinthal, im Hintergrund die Höhenzüge der Pfalz, die Hardt, der Donnersberg u. rechts der Taunus. Die Starkenburg hebt sich unter den vielen bekannten Punkten am bemerkenswerthesten hervor. — In ½ Std. über Ruine *Windeck,* Nr. 16., nach **Weinheim** hinab.

Nr. 20. Von Darmstadt in's Neckarthal.
(Das Mümlingthal und Erbach.)

Odenwaldbahn, nun vollständig dem Verkehr übergeben, da das Stück **Erbach-Eberbach** vollendet u. im Betrieb ist. — Von *Darmstadt* nach *Erbach* 5 mal tägl. in 2 Std. (50 Kil.) — Von Erbach über *Beerfelden* (12 Kil.) nach (30 Kil.) *Hirschhorn.*

Die Route für *Fusswanderer* beginnt mit Vortheil in *Höchst, Mümling, König, Zell, Michelstadt* oder *Erbach.*

Von Darmstadt bis (20 Kil.) *Reinheim,* Nr. 19. — Weiter über Stat. *Lengfeld* nach (28 Kil.) Stat. *Wiebelsbach-Heubach* (Zweigbahn nach *Babenhausen*). Rechts der steile *Otzberg;* durch einen 1600 m. langen Tunnel nach (34 Kil.) **Höchst**, 1878 Ew. (luther.), Marktflecken (*Zur Burg Breuberg; Post*). Die Bahn betritt hier das *Mümlingthal,* dessen Gewässer, die *Mümling,* sich 2 Std. abwärts, bei *Obernburg* in den Main ergiesst.

Spaziergang auf bequemen Waldwegen zum günstigen Aussichtspunkt *„Rigi"* über dem vorerwähnten *Hetschbacher Tunnel.*

Post, tägl. 2 mal von H. in 38 Min. im Mümlingthal abwärts, hier die *Rosenau* genannt, nach dem Städtchen **Neustadt** (*Ochsen*). Der Waldweg über das Dörfchen *Drusenbach* ist der Landstrasse vorzuziehen.

Oberhalb Neustadt (1/4 Std.) Burg Breuberg, auf steilem, vorspringendem Bergkegel, von der Mümling umflossen, 400 m., von der man eine reizende Aussicht über die lieblichen Thäler des östl. Odenwaldes geniesst. Um 1200 zuerst erwähnt, war die Burg ein Besitzthum der mächtigen Abtei Fulda. Anfangs des 16. Jahrh. erhielt sie, vorher nicht sehr umfangreich, neben stärkerern Befestigungen, zahlreiche Anbauten im Style der Renaissance, die noch wohl erhalten sind. Die Burg, seit Anfang dieses Jahrh. verödet, zeigt verschiedene Baustyle.

In den ersten Jahrhunderten der christl. Zeitrechnung trug der Breuberg ein röm. Kastell, welches der Ausgangspunkt einer Verschanzungslinie (limes) rechts der Mümling über die Höhen hin bildete u. gegen die Alemannen errichtet worden war. Zahlreiche Mauertrümmer u. andre archäologische Fundstücke bekunden ein ehemals bewegtes Leben in diesen Thalschaften zur Zeit des römischen Weltreiches.

Von Neustadt aus erreicht man ein abermaliges röm. Castrum in 1 Std., südlich durch das von Bergen u. Tannenwäldern umschlossene *Mühlhauser Thal* oberhalb *Lützelbach.* 1/4 Std. davon, auf bewaldeter Anhöhe, findet man die 4,5 m. hohe, überwachsene Umwallung in Form eines Rechteckes.

Nach (36 Kil.) *Mümling-Grumbach,* mit hoch gelegener Kirche; in der Kirchhofmauer keltisches Denkmal, Stein mit 3 Figuren, welche nach der Meinung gelehrter Archäologen die Deae Mairae (die Jahreszeiten der alten Deutschen) darstellen sollen. Aussicht in's Mümlingthal.

Hierauf (40 Kil.) Stat. **König**, 1961 Ew. (luther.) (*Hotel Büchner; Bierbrauerei Schönberger*), Städtchen mit gräfl. Erbach-Schönberg'schem Schloss. — Gegen *Zell* grosses Eisenwerk *Unterer Hammer*.

Von König **Ausflug** nach (1 Std.) *Schloss Fürstenau*, Residenz des Grafen von Erbach-Fürstenau, mit schönen Gartenanlagen; Eintritt gestattet. — Rechts am Eingang in ein kleines Seitenthal Dorf *Steinbach*, mit wenigen Ueberresten eines ehem. Benediktiner-Nonnenklosters, dessen Entstehung wahrscheinl. gleichartig stattfand, wie die der Probstei Michelstadt (s. unten). Es bestand noch länger als diese, 1535 vom Grafen von Erbach aufgehoben, gerieth es allmählig in Zerfall.

Nun nach (47 Kil.) **Michelstadt**, 262 m., 3296 Ew. (*Hotel Friedrich*, nahe d. Bahn; *Schwan; Drei Hasen*). *Kaltwasserheilanstalt* (Dr. Spiess). Schöne, goth. Kirche aus versch. Zeiten; Langhaus 1457, Chor 1461, Thurm 1507 vollendet. Grabdenkmäler u. *Bibliothek*, reich an Incunabeln (Geschenk 1499 von Niklas Matz, Doctor der freien Künste u. der Theologie zu Speyer, 117 angekettete Bücher; durch die Schenken von Erbach vermehrt). — *Marktbrunnen* (1541) mit dem heil. Michael. — *Rathhaus* (14. Jahrh.) — Tuchfabriken, bedeutende Hütten- u. Hammerwerke. — Michelstadt, einer der ältesten Odenwaldsorte, königl. Kammergut, von Ludwig dem Frommen 814 an Einhard geschenkt, welcher 819 die Cella Michlinstadt dem Kloster Lorsch vergabete. Dieses errichtete hier eine Probstei, welche wahrscheinl. bis in das 14. Jahrh. bestehen blieb. Zu Anfang des 14. Jahrh. war M. Burgveste.

Abstecher nach (34 Kil.) **Miltenberg** am Main auf der *Landstrasse* dahin. Ueber *Dorf-Erbach* nach (9 Kil.) **Eulbach** mit gräfl. Erbach'schem Jagdschloss, 480 m., u. Wildpark. In dem nach engl. Manier angelegten Garten künstl. Ruine, Fernsicht; Obelisk aus Rustica-Quadersteinen von einem in der Nähe (bei *Würzberg*, ½ Std. von Eulbach) aufgefundenen röm. Kastrum zusammengesetzt, ein wiederhergestelltes röm. Grab und Kastell, antike Votivsteine, Altäre u. dergl. — Exotische Bäume und Sträucher.

Anstatt auf der Heerstrasse, kann man von hier (oder bei der Rückkehr von *Amorbach* aus) folgende **Ausflüge** auf andern Wegen machen:

Von Eulbach über *Bullau* nach dem luxuriös ausgestatteten Jagdschloss **Wald-Leiningen**, des Fürsten von Leiningen, im engl. goth. Styl, mit einem 20 Std. im Umfang messenden Thiergarten. — ¼ Std. vom Schloss fürstl. Brauerei *Ernstthal* mit Felsenkellern (vorzügl. Bier). Von hier über *Ottorfzell* u. *Kirchzell* nach (2 Std.) *Amorbach*.

Weiter in 2½ Std. nach (23 Kil.) **Amorbach**, 3300 Ew. (*Bad. Hof; Hecht*), Residenz des Fürsten von Leiningen, in Wiesengelände. Ehem. Benediktiner-Abtei. ¼ Std. vom Ort die *Kapelle zu St. Amorusbrunn*, gestiftet von dem Gehülfen des heil. Pirmin, St. Amorus († 767). — In 2 Std. über *Weilbach* (Eisenwerk) nach (34 Kil.) **Miltenberg** am Main (*Engel; Post*), 3400 Ew. — Vom Schlossberg (Römerschanzwerk) oberhalb der Stadt, günstige Aussichtsstelle für das *Mainthal*. In diesem, ½ Std. abwärts, *Klein-Heubach* (*Löwen*) mit fürstl. Schloss u. Gartenanlagen. — ½ Std. von da, südl., die *14 Hainsäulen*, wahrscheinl. altgerman. Ursprungs.

Nach (50 Kil.) **Erbach**, 279 m., 2907 Ew., bis in die neueste Zeit Endstation der Odenwaldbahn. (*Zum Odenwald; Zur Burg Wildenstein*, Bier u. Wein; *Hotel Göhrig*). **Holz-, Bein- u Elfenbeinschnitzer**: *Philipp Willmann* (auch Bildhauer, von ihm das Modell zum Denkmal des Grafen Franz v. Erbach); *Heinr. Willmann*; *Otto Egner*.

Schön gelegenes Städtchen, mit gewerblicher Regsamkeit, wegen seines *Schlosses* u. dessen *Sammlungen* viel von Fremden besucht.

Das **Schloss Erbach**, urkundlich erwähnt schon 1303 (neuester Umbau 1736) enthält interess. *Sammlungen* (75 Pfg. Trinkgeld) von *Rüstungen*, *Waffen*, *Glasgemälden* u. s. w., welche den völlig in altdeutschem Geschmack ausgestatteten *Rittersaal* erfüllen.

Rüstungen für *Mann und Pferd* zugleich: 38, worunter 6 ganze; darunter 1. eine Turnier-Rüstung (vom Bamberger Turnier) des *Konrad von Künsberg* (15. Jahrh.). 2. Stahlkriegsrüstung im Mailänder Styl, zum Turnier eingerichtet, von dem *Schenken Erasmus zu Erbach*. 3. Sogen. Mailänder Stahlkriegsrüstung eines *Grafen von Leiningen* (Anfang des 16. Jahrh.). 4. Kostbare, geätzte u. gravirte Prunkrüstung für Mann u. Ross von *Herzog Johann Ernst von Sachsen* († 1553), Geschenk des Herzogs von Sachsen-Weimar aus der Wartburg. 5. Kaiserprunkrüstung mit vergoldeten u. geätzten Streifen (wird *Kaiser Friedr. III.* [1439—93] zugeschrieben). 6. Einfachere Stahlkriegsrüstung des Grafen *Eitel Friedr. von Hohenzollern* († 1512) aus der Sigmaringer Rüstkammer.

für den Mann allein: 32, unter denselben Plattenrüstungen vom Ende des 15. bis zu dem 17. Jahrh. Drei Prunkrüstungen aus der Blüthezeit italienischer Kunst mit vergoldetem, eingeschlagenem od. getriebenem Blumenwerk von dem franz. *Marschall Peter Strozzi* († 1558 bei Diedenhofen) vom *Markgrafen von Marignano, Medighino*, der Geisel des Veltlins († 1555), u. von *Cosimo II., Grossherzog von Florenz* († 1621). Unter 3 glatten Stahlrüstungen des 16. Jahrh. eine von *Konrad von Bömelberg* (von Ambras stammend), eine von *Ritter Götz von Berlichingen* mit der eisernen Hand. 4 sehr feine kannelirte Stahlrüstungen im Mailänder Styl von gleicher Beschaffenheit rühren her von einem *Grafen von Leiningen*, von *Kaiser Maximilian* (aus dem Nürnberger Zeughaus) u. von *Franz von Sickingen* (Geschenk d. Familie), die vierte, eine burgundische, stammt aus Florenz. Die aus Nürnberg u. Eger kommenden Rüstungen der beiden zeitgenössischen Gegner *Gustav Adolf* u. *Wallenstein* tragen das Gepräge des 16. Jahrhunderts, 2. Hälfte. Eine zierlich gearbeitete Halbrüstung vom Anfang des 17. Jahrh. gehörte *Ludwig Heinrich, Graf von Nassau-Katzenellenbogen*. Eine sehr weite schwarze Rüstung gehörte *Georg, dem Erbtruchsessen von Waldburg* († 1531); von gleicher Farbe die rohe Eisenrüstung des Raubritters *Konrad von Schott*, das Schwert, mit dem er 1523 hingerichtet wurde, in den Händen. — Als Kunstwerk ersten Ranges gilt die auf's reichste geätzte Stahlrüstung *Herzog Albrechts V. von Bayern*, mit Schild (10 Kilogr. schwer). Endlich eine *Kinderrüstung* aus der Sammlung des Erzherzogs Ferdinand.

Angriffs- u. Vertheidigungswaffen, 320 Nummern, der Ritterzeit angehörend; von der rohesten bis zur künstlichsten Verfertigung fast alle Waffen vorhanden. Ein rostiges Schwert aus der Zeit der Kreuzzüge, Platten- u. Schuppenpanzer aus der Mitte des Mittelalters. Merkwürdige Schwerter, Dolche, Schilde in allen möglichen Manieren der Plattnerei finden sich in der Sammlung. In den hohen, gothischen Fenstern des Saales eine *Sammlung von Glasgemälden* von der ältesten bis auf die neueste Periode der Glasmalerei. Vier dieser Fenster zeigen die allererste Glasmalerei: eines aus dem *Kloster Altenberg* bei *Wetzlar*, von *Kaiser Adolf von Nassau* gestiftet; die 3 andern aus derselben Zeit enthalten mandelförmige Fensterscheiben, welche ehedem die Dominikanerkirche in *Wimpfen* schmückten. Alle 4 Fenstergemälde stellen die Heilsgeschichte dar.

Die **Schlosskapelle**, an den Rittersaal stossend, enthält die *Grabsteine der Glieder des Hauses von Erbach* von 1279 an u. in einer Seitenkapelle den Sarkophag, in welchem bis zum vorigen Jahrh. in Seligenstadt die Gebeine Einhards (Eginhards) und seiner Gemahlin Imma (Emma) ruhten. — In der neu errichteten *Hubertus-Kapelle* Stammbaum der Maria, kunstvolles, altes Holzschnitzwerk.

Eine über 500 Gewehre enthaltende *Gewehrkammer* zeigt Schusswaffen für Jagd u. Krieg aus den 3 letzten Jahrhunderten; viele Kunstwerke in Bezug auf Reichthum, Form u. Material der Verzierungen.

Sammlung von *Hirsch-* u. *Rehgeweihen;* in der *Hirschgallerie* 70 auserlesene Hirschgeweihe; Holzplafond mit schöner Skulptur aus dem 17. Jahrh. Eine *Sammlung abnorm gebildeter Hirschgeweihe* von 167 Stück sowie Gallerie mit 551 ausgezeichneten *Rehbockgeweihen.* In röm. Styl ausgestattete Säle enthalten 120, theils griechische, theils römische und einige ägyptische *Antiken*, darunter 34 röm. u. griech. Statuen, Büsten u. Hermen (Kopf Alexanders d. Gr. u. theilweise restaur. Statue Hadrians, beide in Tivoli [dem alten Tibur] gefunden; Scipio Afrikanus, Sulla, Sertorius, Cäsar, Octavianus, Tiberius, Drusus, dessen Gemahlin Antonia etc. — Hermen des Miltiades und Herodot). — Unter den reich vertretenen *Bronzen u. Waffen* ein Helm vom Schlachtfeld von Cannae. Die Sage lässt ihn von Rom stammen, wo ihn Papst Clemens XIV. schon besass. Ein Legionsadler; Centurienadler. *Sammlung von über 200 hellenischen u. etrurischen Vasen.* Mumie mit einer Papyrusrolle (ähnlich der Inschrift von Rossette). Aechte antike Lampe für 7 Flammen mit Isisköpfen u. Rebenblättern, die zur Beleuchtung eines in antikem Styl ausgestatteten Zimmers dient. *Museum älterer Kunstraritäten* von der alten Zeit *deutscher Kunst* bis auf die Rococozeit. Im Hausarchiv die sehr alte, prächtige Pergamenthandschrift (1248) des „Welschen Gastes“, eines um 1216 entstandenen Lehrgedichts von Thomasin von Tirckeler. — Katalog 50 Pfg. —

Ausflug zum Jagdschloss **Eulbach**, $1^1/_2$ Std. von E., östl. auf waldig. Höhe; für Jäger interessant wegen der daselbst aufgestellten Abnormitäten-Sammlung von Hirsch- u. Rehbocksgeweihen. Gartenanlagen mit röm. Votivsteinen u. Ruinen eines röm. Kastells (s. oben).

Poststrasse von Erbach, ansteigend über (5 Kil.) *Ebersberg* nach (8 Kil.) *Hetzbach.*

Nordöstl. 3 Kil., an dem Forsthaus *Reisenkreuz* (*Wirthschaft*) vorbei, der *Krähenberg* (549 m.), gräfl. Erbach-Fürstenauisches Jagdschloss mit hübschen Anlagen u. grossem Wildpark. Schöne Aussicht.

(12 Kil.) **Beerfelden**, 400 m., 3187 Ew. (luth.) an der Mümlingquelle, betriebsamer Marktflecken, fast auf der Wasserscheide einer interesselosen Hochebene. (*Fürstenauer Hof; Traube; Krone,* gutes Bier.)

Von **Beerfelden** *2 Wege nach dem* **Neckarthal**:

a) Durch das *Gammelsbacher Thal* (waldig u. eng) mit der hoch am *Weckberg* klebenden Ruine des Schlosses *Freienstein*, in 3 Std. nach (14 Kil.) **Eberbach**, 4830 Ew. (*Leininger Hof; Krone; Badischer Hof*), schönes badisches Städtchen am Neckar, mit Burghügel, auf welchem zuerst ein röm. Kastell, später eine Burg zur Sicherung der Schifffahrt angelegt wurde. Eine Zeit lang reichsunmittelbar, kam E. an die Grafen von Katzenellenbogen, später an die Herren von Weinsberg, 1330 an die Churfürsten von der Pfalz als Pfand, (1500 als ihr Lehen), 1803 an (Baden Landeshoheit) Leiningen. — Weinhandel, Flösserei, Steinbrüche u. Fischfang. Stationspunkt für hübsche Ausflüge.

Ausflug auf den **Katzenbuckel** $2^1/_2$ Std., höchster Punkt des Odenwaldes, 628 m., aus Dolerit bestehend. Führer rathsam. Vom *Wartthurm* (Schlüssel beim Förster in Katzenbach mitnehmen) grossartige Umschau: Berge des bad. Unter-Rheinkreises, Kraichgau u. Neckarthal bis zum Schwarzwald,

b) Post über *Ober-Finkenbach* u. *Hainbrunn* in $3^1/_2$ Std. nach (17 Kil.) **Hirschhorn**, nahe an 2000 Ew. (kath.) (*Zum Naturalisten* [Ornitholog. Sammlung], gut u. billig; *Fürstenauer Hof; Krone*), hessisches Städtchen am Ausgang des Finkenbach- u. Laxbachthales, um den vorspringenden Fuss eines in das Neckarthal vorragenden Berges gelagert, einer der malerisch bemerkenswerthesten Punkte im Neckarthal. Seit einiger Zeit beliebter Sommeraufenthalt, für Brustkranke Nachkurstation.

Von den alten Festungsmauern noch grössten Theils umgeben, hat sich das Städtchen doch zu seinem Vortheil verändert. In der Höhe die weitläufige, romantische *Burg* der Ritter von Hirschhorn, von welcher mehrere Thürme, ein spätgothischer Wohnungsbau u. die Ringmauern erhalten geblieben sind. Von der Schlossterrasse schöne Aussicht u. an der Nordwestseite Einblick in die beiden Seitenthäler. — Unter dem Schloss das 1406 von Hans von Hirschhorn gegründete, 1803 aufgehobene *Karmeliterkloster* mit den interessanten *Ruinen* einer schönen gothischen *Kirche* (14. Jahrh.), in welcher sehenswerthe Grabdenkmäler. *Kapellenanbau* (1511) mit Gruft der Herren von Hirschhorn.

Die Entstehungszeit d. Burg ist unbekannt. Ein Hans von Hirschhorn kommt 1270 in Pfälzer u. Lorscher Urkunden vor. Der bedeutendste u. bekannteste des Geschlechtes der Ritter von H. ist Hans (1378—1426), durch Gelehrsamkeit, Tapferkeit u. mannhafte Treue bekannt u. geehrt. Er war berühmter Jurist, kurpfälzischer Hofmeister u. Hofrichter u. Rath des Königs von England. — Das Geschlecht d. Herren von Hirschhorn starb aus 1633 mit Friedrich von H.

Jenseits des Neckars **Ersheim**, ältester Ort der ganzen Gegend, von dem aber nur noch 3 Ziegelhütten vorhanden sind. — Auf dem Kirchhof die alte Pfarrkirche von Ersheim u. Hirschorn. Das Langhaus stammt aus dem Jahre 1355, der Chor mit schönem Netzgewölbe von 1517. Schönes gothisches Tabernakel. In der Sakristei Schrein eines ehem. Flügelaltars von schöner Arbeit. Portal d. Kirche ein feingeschnittener Vierpass. Auf dem Friedhof altes gothisches Kreuz als Lichtstock (1412). —

Nr. 21. Das Neckarthal von Heidelberg nach Heilbronn (Bahnfahrt).

Die ehemals auf dem Neckar betriebene *Dampfschifffahrt* ist leider aufgegeben worden. Die Eisenbahnlinie am Neckar aufwärts über *Eberbach, Neckarelz, Jagstfeld* nach *Heilbronn* hat das schöne Flussthal wieder dem Touristenbesuch geöffnet, nachdem es eine Zeit lang vereinsamt lag.

Eine *Fusstour* durchs Neckarthal unter theilweiser Benützung der Bahn ist am lohnendsten, z. B. Bahn von Heidelberg bis Neckargemünd; zu Fuss über Neckarsteinach u. Hirschhorn nach Eberbach; von hier die Route Nr. 20 in umgekehrter Richtung oder — bis Neckarelz oder Heilbronn u. von da: 1. entweder mit der Bahn zurück nach Heidelberg oder 2. mit Bahn weiter über Bietigheim, Pforzheim nach Wildbad u. Baden-Baden. Diese letztere Tour ist die genussvollste, denn es fällt die langweilige Strecke von Heidelberg nach Baden-Baden aus der Marschroute weg.

Eisenbahn Heidelberg-Eberbach-Neckarelz 51 Kilom. Neckarelz-Jagstfeld 18 Kilom.; Jagstfeld-Heilbronn 11,2 Kilom. Fahrzeit 3 Stunden.

Entfernungen für Fussgänger: Neckargemünd - Neckarsteinach, 3/4 Std.; — Neckarsteinach-Hirschhorn, 2 Std.; Hirschhorn-Eberbach, 2 1/4 Std.; — Eberbach-Zwingenberg, 1 3/4 Std.; — Zwingenberg-Neckarelz, 3 1/4 Std.; — Neckarelz-Gundelsheim, 2 St.; — Gundelsheim-Wimpfen, 1 1/2 Std.; — Jagstfeld-Heilbronn, 2 1/2 Std.
Eisenbahn, Strasse u. Fluss laufen neben einander.

Vom Hauptbahnhof, an Heidelberg vorüber, durch den Schlossbergtunnel zur Stat. am *Karlsthor*. Links *Heiligenberg* u. Rückblick auf Heidelberg u. grosse Neckarbrücke, ebenfalls links *Hirschgasse* u. *Haarlass* Nr. 17., darauf (links) **Stift Neuburg,** 1556 aufgehobenes (adeliges) Benediktiner-Frauenkloster, im 18. Jahrh. Eigenthum der Jesuiten, jetzt Privateigenthum. Am Neckarufer die *Stiftsmühle* mit Wirthschaftsgarten. — Rechts (4 Kil.) Stat. u. Dorf *Schlierbach* (*Restaur. u. Pension Völker*), in der Nähe der *Wolfsbrunnen*. — Links Dorf *Ziegelhausen* (mit Gartenwirthschaft *Zum Adler*). — Wiederholt Wendungen des Flusses. Auf beiden Uferseiten bewaldete Berge mit rothen Sandsteinbrüchen. — Darauf (10 Kil.) Stat. **Neckargemünd,** (*Pfalz; Hirsch; Brauerei*), 2036 Ew., betriebsames, altes badisches Städtchen; über demselben, auf dem Schlosshügel, Ruinen der Burg *Reichenstein,* unter welcher die Bahn nach Ueberbrückung der Elsenz, in einem 146 m. langen Tunnel durchfährt u. dann den Neckar überschreitet, um auf dem rechten Flussufer weiter zu ziehen. Römische Niederlassung. Alterthumsfunde (röm. Denkmal u. Münzen). — Links *Kleingemünd*. — Man erblickt im Weiterfahren den **Dilsberg** mit ehemal. Festung u. schöner Aussicht. Die alte Burg soll von Boppo V. Grafen von Laufen erbaut u. an seinen Schwiegersohn, Conrad von Düren, verliehen worden sein, der von ihr den Namen annahm. Im 13. Jahrh. an die Pfalz zu Lehen aufgetragen, fiel sie 1312 dieser völlig zu Lehen anheim; später Jagdschloss der Pfalzgrafen u. dann in eine Festung umgewandelt, wurde sie 1622 (9. April) von Tilly vergeblich gestürmt. Bis Anfangs dieses Jahrh. pfälz. Staatsgefängniss, dann an Baden (1827 Fürstengebäude, Marstall u. Kaserne abgebrochen), u. nunmehr ziemlich verfallen.

Nach (16 Kil.) **Neckarsteinach**, 1474 Ew. (*Zur Harfe* mit Garten; *Hirsch*), hessisches Städtchen mit *Kirche*, in welcher Glasgemälde u. Grabdenkmäler der Familie der Landschaden von Steinach u. *vier* Burgen. Die hier in den Neckar fallende Steinach führt Perlenmuscheln.

Mittelburg, 10 Min. bequemer Fusspfad, bewohnt; geräumigste der 4 Vesten, jetzt Besitzthum des *Freiherrn von Dorth*. Eintritt gestattet. Einrichtung mittelalterlich; über d. Eingang Metternich'sches Wappen. — Schöne Aussicht von der Burgterrasse u. aus den Erkerfenstern der obern Geschosse. — Durch Gartenanlagen in einigen Minuten zur **Vorderburg** od. **Landschadenburg**, schon seit dem 14. Jahrh. Ruine, gegenwärtig nur noch geringe Mauerreste, von Epheu überwachsen. Wappen der Steinache mit der Harfe. — Von da zur **Hinterburg**, gewaltiger, viereckiger, aus Quadern erbauter Thurm, gegen den Neckar mit doppelten Ringmauern u. Wartthürmchen. Schöne Aussicht in's Neckar- u. Steinachthal. Prächtiger Punkt voller Romantik. — Erbauungszeit der Burg unbekannt; schon Ruine 1341. — Von hier aus schmaler u. theilweise steiler Fusspfad nach Burg **Schadeck**, auch *Rabenschloss* oder *Schwalbennest* genannt, die weitabgelegenste, höchste Burg u. der verwegenste Bau auf jäh abschiessender Felswand, wie aus dem Stein erwachsen. Nur noch 2 runde Thürme mit starken Mauern. Hier sass zu Anfang des 13. Jahrh. der berühmte Minnesänger *Bligger von Steinach*, Verfasser des verloren gegangenen Gedichtes. „Der Umbehang", den Gottfried von Strassburg in seinem „Tristan" (1206) anerkennend erwähnt. Hier hauste aber auch (Ende des 13. Jahrh.) Blicker, mit dem Zunamen „Landschad von Steinach", einer der frechsten Raubgesellen u. Mörder der ganzen Umgegend, der, vom Kaiser geächtet, in ungeweihter Erde bestattet wurde. Sein Sohn Ulrich suchte seines Vaters Schuld zu sühnen, machte einen Kreuzzug nach dem heil. Lande mit u. wurde, in Anerkennung seiner tapfern Thaten u. seiner Mannhaftigkeit, vom Kaiser zum ehrlichen Ritter geschlagen. — Den Namen Landschaden aber behielt die Familie bis zu ihrem Aussterben bei (17. Jahrh.) —

Auf *Neckarsteinach* folgen (20 Kil.) Stat. *Neckarhausen* u. (23 Kil.) Stat. **Hirschhorn**, hessisches Städtchen mit nahezu 2000 Ew., Mühlen u. altem Schloss. Nr. 20. — Darauf die Thalöffnungen des *Lax-* u. *Finkenbachthales* (Eintrittspunkte für Odenwaldtouren). Tunnel, dann rechts die *Ersheimerkapelle*, Nr. 20. Abermals Tunnel, darauf (rechts) Dorf *Pleutersbach*. Links Eingang in's *Gammelsbacherthal* (schöne Waldpartien). Dann (31 Kil.) Stat. **Eberbach**, 4830 Ew. (*Leininger Hof; Krone; Bad. Hof*), schönes badisches Städtchen am Neckar mit Hammerwerken, Säge- u. Schleifmühlen. Wein u. Holzhandel. Nr. 20. —

Ausflug auf den *Katzenbuckel*, 628 m., den höchsten Odenwaldgipfel mit Signalthurm.

Durch einen Tunnel, den *Scheuerberg*, durchfahrend, begegnet man ernsterer, wilderer Physiognomie der Thalbildung. Das Thal wird enger. Rechts auf steilem Bergvorsprung die ehemalige Raubveste *Stolzeneck*. — Dorf *Lindach*. — Wendung des Thales gegen Osten. Nun (40 Kil.) Stat. **Zwingenberg**, Dorf u. Schloss, einer der schönsten Punkte im Neckarthal (*Schiff*). Das bewohnte Schloss mit 5 Thürmen u. mittelalterlichem Aussehen, besitzt im schönen Rittersaal eine Sammlung der Wappenschilder sämmtlicher Besitzer, in andern Gemächern Portraits bad. Fürsten, Riedinger'sche Jagdbilder, Hirschgeweihe etc. Gegenwärtig Besitzthum der Markgrafen von Baden, bietet das in verschiedenen Baustylen aufgeführte Schloss, auch eine hübsche Aussicht in's Neckarthal.

Ausflug auf den *Katzenbuckel*, $2^1/_2$—3 Std. auf bequemem, neuem Weg über *Ober-Dielbach* u. *Katzenbach*. Führer u. Schlüssel beim Förster od. Adlerwirth in Katzenbach. Nr. 20. —

Vor Stat. (43 Kil.) *Neckargerach*, Dorf an der Mündung der *Gerach* in den Neckar, übersetzt die Bahn auf hohem Damm das *Seebachthal*. Gegenüber, am linken Ufer, auf schroffer Felswand, Schlossruine *Minneburg* (ca. 120 m. über dem Niveau des Flusses), Wege u. Gewölbe aufgeräumt. Enges Thal, Felsen u. Waldung. — Nun grosse Wendung des Flusses nach SW. — Tunnel durch den *Binauer Hals*, eine grosse Landzunge. — (47 Kil.) Stat. *Binau*, uralter Ort (Heidengräber) mit Schloss der Grafen von Waldkirch viele Juden. Rechts oben die Bahnlinie von *Meckesheim* nach *Neckarelz*. — Ausweitung des Thales. — Am rechten Flussufer, *Diedesheim* gegenüber, Dorf *Obrigheim;* alte Kirche; röm Niederlassung. Darüber, auf einem Bergvorsprung, Schloss *Neuburg* (Aussicht), von den Herren von Obrigheim (Obernheim) 1400 an die Pfalz gelangt, jetzt den Grafen von Leiningen gehörig. — Nun (51 Kil.) Station **Neckarelz** (*Anker; Schiff; Löwe*), etwa 1000 Ew. — Alte Kirche, von den Templern (angebl.) erbaut, mit röm. Altar als Taufstein (7 Götterbildern); in der Wand Bild des 1302 verstorbenen Stifters. Schon 976 urkundl. genannter Ort. — Eisenbahnviadukt (33 m. hoch) über den Neckar. Flache Wiesenufer.

Bahnabzweigungen nach *Mosbach, Osterburken, Würzburg* etc. u. nach *Meckesheim-Heidelberg*.

Rechts *Hochhausen* mit Schlösschen der Grafen von Helmstädt; alte Kirche mit guten Altargemälden u. sehensw. Grabmal im Style des 7. Jahrh. (vielleicht aus d. 10. Jahrh.) der *heil. Notburga*. Legende, verknüpft mit einer nahen

Felsenhöhle. — Nun (56 Kil.) Stat. *Neckarzimmern*, 700 evang. u. jüd. Ew. Darüber Schloss **Hornberg** der Freiherrn von Gemmingen, einst Lieblingswohnsitz des Ritters Götz von Berlichingen mit der eisernen Hand, wo er sich mit Dorothea von Gailing 1518 vermählte, seine Selbstbiographie schrieb u. 1562 starb. Sammlung alter Waffen, unter denen die Rüstung des Ritters Götz. In der Kapelle Gruft des Geschlechtes derer von Gemmingen. Schöne Aussicht. Guter Wein. — (58 Kil.) Stat. *Hassmersheim*, 1500 Ew. Gyps- und Steinbrüche. In den Gypsgruben gegenüber Salzquelle, früher ausgebeutet. Schon 774 genannter Ort. — Grosser Bogen des Flusses. Rechts Dorf *Necharmühlbach* (linkes Ufer würtembergisch) mit Schloss u. Ruine *Guttenberg* (den Freiherren von Gemmingen). Schöne, 1390 von Conrad von Weinsberg erbaute Kirche mit Altargemälden u. Schnitzwerk. — Schloss, in Hauff's Erzählung: „Das Bild des Kaisers“ Sitz des alten Freiherrn. — Von hier aus thätige Unterstützung der Reformation (Erhard Schnepf). Schöne Hirschgeweihe. — Durch Tunnel nach (61 Kil.) Stat. **Gundelsheim**, 1200 kath. Ew. (*Prinz Karl* [Brauerei]; *Löwe*), hübsches würtemberg. Städtchen, schöner Punkt mit Weinbau. Malerisch gelegenes, modernes Schloss *Horneck*, einst Deutschordenshaus, im Bauernkrieg 1525 in Asche gelegt. Nahe am südl. Ende des Ortes *Wallfahrtskapelle des heil. Michael*. Angenehmer Rundblick über das Neckarthal. — Rechts Ruine *Ehrenburg* in schönen Anlagen. — Rechts *Heinsheim*, letztes bad. Dorf am Neckar; landwirthschaftl. Einrichtungen des Freiherrn von Racknitz, Grundherrn des Ortes u. hübsches Schlösschen desselben. Nach (65 Kil.) Stat. *Offenau* mit Saline *Clemenshall*, jährl. ca. 100,000 Ctr. Salz. Soolbad *zur Linde*. — Am rechten Neckarufer aufwärts nach dem, das Thal hoch überragenden, malerisch empor gestuften **Wimpfen am Berg**, hess. Kreisstadt, 2282 Ew., Bahnstation der Bahnlinie *Meckesheim-Jagstfeld*. (*Mathildenbad*, Soolbad mit Aussicht u. Garten). Grosse gothische *Hauptkirche* von 1499 mit schönem Schnitzwerk, Glasgemälde von 1522: die Anbetung der Weisen; altdeutsches Bild: Kreuzigung. — Am äussern Ringwall nach dem Neckar die selten beachteten Reste einer *kaiserl. Pfalz;* schöne Säulen mit Kapitälen, leider verbaut. — Im 16. Jahrh. hier kaiserl. Kammergericht. Weinbau. — Die Bahn übersetzt das *Jagstthal* u. die *Jagst* auf eiserner Brücke. — Rechts **Wimpfen im Thal**, 534 Ew. mit berühmter *Stiftskirche* aus der Zeit von 1262 bis 1278; unter Dekan Richard von Dietensheim im Style der französischen Frühgothik, von einem aus der „Stadt

Paris in Franzien" her gekommenen Baumeister erbaut. Werk aus Einem Guss, nur an der Westseite zwei von einem ältern Bau stehen gebliebene Thürme. Kreuzgang sehenswerth. — *Schlacht vom 6. Mai 1622*, zwischen Markgraf Georg Friedrich von Baden u. Tilly, in welcher die *„Vierhundert von Pforzheim"* unter ihrem Bürgermeister Däumling den Opfertod starben (von der Forschung neuester Zeit bestritten).

Fast gegenüber (68 Kil.) Station **Jagstfeld** u. Saline *Friedrichshall* (Soolbad *zum Anker; Waldhorn* od. *Hörnle*). Inselstation. **Einmündung der Bahnen** von *Osterburken, Neckarelz* u. *Meckesheim*.

Von der Höhe über dem *Kocher*, der hier in den Neckar einfällt, weite Aussicht (Römerstrasse).

Rechts Stat. *Kochendorf*, sodann Stat. *Neckarsulm*, an der Mündung der Sulm, u. endlich auf beiden Ufern des Flusses die *Stadt* u. Stat. **Heilbronn**, 24,446 Ew. (*Eisenbahnhotel* am Bahnhof; *Post zum Falken; Rose; Sonne; Restauration Feesenmaier* [Aktiengarten] etc.), ehemals freie Reichsstadt, jetzt bedeutendste Handelsstadt des Königreichs Würtemberg, sehr gewerbthätig, angenehm u. behaglich. Alterthüml. malerisch, doch viele Neubauten. Vom Bahnhof über die *Neckarbrücke* in die Hauptstrasse u. auf den *Markt* mit dem *Rathhaus* (künstl. Uhr). An der Ecke der „Marktstrasse" die „Drei Könige" od. sog. „Kalte Herberge", wo Götz von Berlichingen 3 Jahre auf Ehrenwort gefangen gewesen sein soll. Urkundlich bestund er diese ritterliche Haft in der „Krone" (Restauration), in einer Seitenstrasse des Marktplatzes u. bezahlte seine „Atzung" daselbst mit 552 Gulden. — Der *Diebsthurm* od. *Götzenthurm* (von der Bahn aus sichtbar), diente ihm nur eine Nacht zum Gefängniss (obwohl ihn Göthe mit poetischer Freiheit darin sterben lässt); er büsste seine weitere Gefangenschaft in Augsburg ab u. starb auf der Burg Hornberg 1562 (s. ob.). — Gothische **St. Kilianskirche**, aus dem 15. Jahrh.; doch mit verschiedenartig gemischten Baustylen. Langhaus Rundbogen, hoher Chor Spitzbogen. *Altarwerk* (Holzschnitzerei: Christi Geburt, Auferstehung u. Tod der Maria) von Tylmann Riemenschneider. Zierliches Hostiengehäuse. Merkwürdiger Thurmbau. — Beim westl. Portal in der Nähe, der *Brunnen mit sieben Röhren*, der *„heilig prunnen"*, welcher der Stadt den Namen gab u. ihr Wahrzeichen bildet. — Alterthümliches Eckhaus am Markt u. Marktstrasse soll das Elternhaus des *„Käthchens von Heilbronn"* (verherrlicht von Heinr. von Kleist) sein. — Alter u. neuer Friedhof. — *Synagoge* im morgenländ. Styl. — Grosses Zellengefängniss. — *Schillerhaus*, in welchem d. Dichter auf einer Besuchsreise 1793/94 die Vorarbeiten zum Wallenstein entwarf. — Weinbau in der Umgebung.

Ausflug auf den *Wartberg* mit Warte u. Wirthshaus (*Schweinsberg*) 1 Std. Schöne Aussicht.

Nr. 22. Von Heidelberg über Meckesheim nach Heilbronn.

A. Eisenbahn Heidelberg-Meckesheim-Neckarelz-Heilbronn.

Von *Heidelberg* bis *Meckesheim* 20 Kil.; von *Meckesheim* bis *Neckarelz* 33 Kil.; von *Neckarelz* bis *Jagstfeld* 18 Kil.; von *Jagstfeld* bis *Heilbronn* 11,2 Kil.; im Ganzen 82,2 Kil. Fahrzeit $2^1/_2$—3 Std.

Die Bahnlinie lenkt bei *Neckargemünd* südlich aus dem *Neckarthal* in's *Elsenzthal* ab, welches hier dem Neckar zuläuft. Flaches Hügelland, Wald u. Wiesengrund. Stat. *Bammenthal*, etwa 1000 Ew. mit starker Pferdezucht (im ganzen Elsenzthale). Stat. *Mauer*, Fundort merkwürdiger paläontologischer Erscheinungen; in der Nähe Schlösschen *Sorgenfrei* der Grundherrenfamilie von Göler. Stat. **Meckesheim** (*Zur Eisenbahn; Deutscher Kaiser; Bahnhofsrestauration.*) **Abzweigung der Bahnlinie** *Meckesheim-Jagstfeld*, Nr. 22. B. Im *Schwarzbachthal* aufwärts über Stat. *Eschelbronn* u. *Neidenstein* (in der Kirche Grabmäler der Grundherren von Venningen) nach Stat. **Waibstadt,** 2012 Ew. (*Löwe*), ehemal. freie Reichsstadt, nun seit Anfang dieses Jahrh. badisch; 1847 durch eine Feuersbrunst beinahe ganz zerstört. — In ein Nebenthal einlenkend (rechts im Thal des *Krebsbaches* **Neckarbischofsheim,** altes Städtchen, ehem. Worms'scher Besitz, mit 2 Schlösschen der gräfl. Helmstädt'schen Familie) nach Stat. **Helmstadt,** mit etwa 1500 Ew.; Marktflecken, wohlhabend u. gewerbthätig, Handel mit Früchten, Vieh u. Wolle; schon im 8. Jahrh. Besitzthum der Abtei Lorsch. 3 Schlösser. — Stat. *Aglasterhausen,* früher Sitz eines gleichnamigen Adels, etwa 1000 Ew. (theils kath. theils evang.) mit Simultankirche. — Gegend belebter u. malerischer. Felsbildungen. Interessanter Bahnbau. — Stat. *Asbach.* Tunnel durchbricht den Bergabhang gegen das Neckarthal, schöner Blick thalwärts, schiefer Viadukt über den Neckar (auch für Fussgänger offen), nach Stat. **Neckarelz.** — Von hier nach *Heilbronn* Nr. 21.

B. Eisenbahn Heidelberg-Meckesheim-Jagstfeld-Heilbronn.

Von *Heidelberg* bis *Meckesheim* 20 Kilom.; von *Meckesheim* bis *Jagstfeld* 37 Kilom.; von *Jagstfeld* bis *Heilbronn* 11,2 Kilom., im Ganzen 68,2 Kilom. Fahrzeit $2^1/_2$ Std.

Bis *Meckesheim*, Nr. 22. A. (s. ob.) Darauf folgen im *Elsenzthal* Stat. *Zuzenhausen, Hoffenheim* u. **Sinsheim,** 2990 Ew., Städtchen (Sunnesheim). *Kirche*, gestiftet zu Ende des 10. Jahrh. von Herzog Otto von Kärnthen, Graf im Worms-, Speyer-, Kraich- u. Elsenzgaue. Später Benediktiner Abtei (adelige), dann 1496 Collegiatkirche, später als solche aufgehoben. Die um das Stift entstandene Stadt, eine Zeit lang reichsfrei, durch verschiedene Hände u. mit der Pfalz an Baden. (Seit 1830 Alterthums-Verein, von Wilhelmi, Dekan daselbst, gestiftet; durch Ausgrabungen u. Schriften verdient.) Geschichte von *Wilhelmi*. — Stat. *Steinsfurth*, dann Stat. *Grombach* u. *Babstadt* (altes Dorf mit Schloss). Stat. **Rappenau,** mit *Ludwigssaline* (*Sonne*), etwa 1500 Ew. u. Schloss (der Grundherrschaft Gemmingen) mit schönem Garten. Soolbad *Sophienbad*. Stat. **Wimpfen** im Thal u. darüber **Wimpfen** am Berg. Nr 21. Darauf Stat. **Jagstfeld.** Bis *Heilbronn* Nr. 21.

Nr. 23. Von Heilbronn über Eppingen nach Bretten u. Karlsruhe.

Bahnlinie Heilbronn-Eppingen (*Würtemb.*) 24,1 Kilom.
Bahnlinie Eppingen-Bretten-Karlsruhe (*Baden*) 48 Kilom.
Fahrzeit etwa $2^1/_2$—3 Std.

Von *Heilbronn* über die Stationen (6,5 Kil.) *Grossgartach*, (11,3 Kil.) *Schwaigern*, 2214 Ew., würtemberg. Städtchen, im *Leinthale* aufwärts, in westlicher Richtung; bei (14,6 Kil.) Stat. *Stetten am Heuchelberge* das *Leinthal* u. das würtemberg. Gebiet verlassend, in's obere *Elsenzthal* nach (17,5 Kil.) Stat. **Gemmingen,** grosses bad. Dorf, das der vielverzweigten Familie der Freiherren von G. Namen u. Wohnsitz gab. Wolf von G., eifriger Beförderer der Reformation u. Stifter einer adeligen Schule (1520), an welcher der Ettlinger Humanist Irenicus 1530 lehrte und der Churfürst von Mainz, Wolfgang von Dalberg erzogen wurde. Im Bauernkrieg 1525, als der helle Haufe des Pfarrers Eisenhut von Eppingen das Dorf G. zum Mitziehen aufforderte, rief Wolf von G.: „Wer gut gemmingisch ist, stehe zu mir!“ u. mit Ausnahme von 2 Männern blieben alle Einwohner ruhig zu Hause. — Die Bahn wendet sich in südwestlicher (links Ruine *Schomburg*) Richtung, im

Elsenzthal aufwärts nach (24,1 Kil.) **Eppingen,** 202 m., 3621 Ew., wohlhabendes bad. Städtchen, der Sage nach schon unter König Dagobert Pfarrort, später Reichsstadt, dann pfälzisch. Schwere Schicksale im Bauernkriege (Pfarrer Eisenhut, ihr Anführer zu Bruchsal enthauptet), im 30jährigen Kriege, im Orleans'schen Kriege bis zu Anfang dieses Jahrhunderts.

Ausflug nach **Steinsbach** (1 Std.) (ursprünglich wohl Städtbach) eine altröm. Niederlassung mit Alterthumsfunden.

Auf der (von hier an) *badischen* Bahn nach (6 Kil.) Stat. **Sulzfeld,** 2324 Ew., grosses Dorf, das einer Linie der Freiherren von Göler den Namen gab. Der Sage nach erhielt es seinen Namen von der Gemahlin eines Ahnen, die aus dem gräflichen Hause von Sulz stammte (1075), wahrscheinlicher aber von alten Salzquellen in seiner Umgebung. Links in der Höhe Ruine *Ravensburg.* — (8 Kil.) Stat. *Zaisenhausen,* etwa 1200 Ew. mit Schwefelbad, im vorigen Jahrhundert sehr besucht, jetzt fast vergessen u. neuer gothischer Kirche (1836). — Im Thal des *Kraichbaches,* das nun von der Bahn betreten worden ist, abwärts; links Pfarrdorf *Sickingen,* Stammort der Freiherrn (später Grafen) von Sickingen, deren berühmtester der Zeitgenosse Kaiser Maximilians, Franz von S. war, der bei Landstuhl umkam. In der gothischen Kirche Grabmonumente einiger dieses Geschlechtes. — Fast zusammenhängend mit Sickingen (12 Kil.) Stat. *Flehingen,* grosses Pfarrdorf. — (16 Kil.) Stat. *Bauerbach* u. an *Gölshausen,* (rechts) vorüber nach (23 Kil.) Stat. **Bretten,** 4034 Ew., anmuthig gelegenes Städtchen (*Post*); **Knotenpunkt der Bahnlinien** *Bruchsal-Stuttgart* und *Heilbronn-Karlsruhe.* Heimathsort mehrerer Gelehrten, dreier Schwarzerd, Aebte von Maulbronn, D. Eisenmenger's, Simon Koch's, Gugenmus u. P. Hürz, und (vor allen aus zu erwähnen) des milden u. gelehrten Reformators *Melanchthon* (Philipp Schwarzerd). Inschrifttafel an seinem Geburtshaus. Sein *Standbild* (1864 errichtet). *St. Laurentiuskirche* (von Kaiser Heinrich V. um 1119 erbaut). *Amthaus,* auf der Stelle eines ehem. Tempelherrenhofes. *Rathhaus. Marktbrunnen* mit Standbild Kurfürst Friedrichs II. von der Pfalz. — Sage vom *„Hündlein von Bretten“,* Bild am Stadtthor u. an der St. Laurentiuskirche, besungen von Simrock.

Alter Besitz der Grafen vom Kraichgau (Grafen von Laufen), nach deren Erlöschen theilweise an die von Eberstein u. 1340 pfand- u. kaufweise an die Pfalz. Im bayerischen Erbfolgekriege 1504 von Herzog Ulrich von Würtemberg belagert, im 30jährigen Kriege wiederholt erobert, am gleichen Tage wie Baden-Baden von den Mordbrennerschaaren des französ. Ministers Louvois bis auf die Kirche u. ein Haus niedergebrannt. — Volksfest des Schäfersprunges am ersten Sonntag nach Peter u. Paul. —

An (rechts) *Diedelsheim* u. (links) *Rinklingen* u. *Dürrenbüchig* vorüber nach (31 Kil.) Stat. *Wössingen*, Marktflecken mit nahe an 2000 Ew. u. (33 Kil.) Stat. *Jöhlingen*, Pfarrdorf mit 2374 Ew. — Es folgt im *Pfinzthal*, das von der Bahn betreten wird, (links *Berghausen*, grosses Pfarrdorf) (41 Kil.) Stat. **Grötzingen**, 132 m., 2398 Ew.; Musteranstalt (landwirthschaftl.) des Markgrafen von Baden. Krapp- u. Weinbau. Zuckerfabrik. Auf dem *Thurmberg* ehemal. Burg *Gretzingen*, Namen gebender Sitz eines Zweiges des mächtigen Grafenhauses von Kalw. · Schlösschen im Orte. (Geschichte bei Bader „Fahrten" II.) — (43 Kil.) Stat. **Durlach**, Nr. 24. u. (48 Kil.) Stat. **Karlsruhe**, Nr. 27. —

Nr. 24. Von Heidelberg nach Rastatt.

Badische Staatsbahn, 78 Kilom.; tägl. 3 durchgehende Züge bis *Basel* u. *Konstanz*; nach Rastatt in $1^{3}/_{4}$—$2^{1}/_{2}$ Std.; nach *Basel* in 8—12 Std., 4 *Schnellzüge* (2 mit III. Klasse) (in $5^{3}/_{4}$—$6^{3}/_{4}$ Std. nach Basel).

Wer die Fahrt unterbrechen will, hat sein Billett frisch stempeln zu lassen (beim Aussteigen sofort ungesäumt). **Handgepäck**, 7,5 Kilogr. frei. **Retourbillette** 25% Ermässigung.

Von *Heidelberg* an südliche Richtung der Bahn; links waldige Höhen u. der Königsstuhl. Stationen *Kirchheim* u. *St. Ilgen*. Zur Rechten fruchtbare Rheinebene. — Bei St. Ilgen Anfang des *Hardtwaldes*, der von Lichtungen unterbrochen, sich bis Karlsruhe fortsetzt.

(13 Kil.) Stat. **Wiesloch**, 125 m., 3290 Ew., Bezirks-Amtsstädtchen, $^{1}/_{4}$ Std. (links) seitab von der Bahn, durch eine Höhe verdeckt. *Mineralquele* (kochsalzneutrales Schwefelwasser) u. Galmeigruben kohlensaures Zinkoxyd). In der Nähe Schlacht zwischen Mannsfeld u. Tilly 1622. — Die Hügelzüge links flachen sich ab; bei Stat. *Roth-Malsch* links der *Letzenberg*. Dann links Stat. **Mingolsheim**, 2006 Ew. — Rechts nahe an der Bahn *Kislau*, ehem. Jagdschloss der Fürstbischöfe von Speyer, jetzt Fabrik — (24 Kil.) Stat. **Langenbrücken** (*Zum Ochsen; Sonne*), mit lebhaft besuchtem Schwefelbad *Amalienthal*. Wein- u. Tabackbau. Wei nberg Heilsberg.

Jenseits des Waldes, in der Rheinebene, durch eine schnurgerade Strasse mit Kronau und Kirrlach verbunden (13 Kil.) an der Eisenbahn von *Mannheim* nach *Karlsruhe*, das ehemal. Kapuzinerkloster **Waghäusel**, nun Zuckersiederei. Treffen zwischen den Preussen u. der bad. Revolutionsarmee 21. Juli 1849. —

Zur Linken Stat. *Stettfeld* (röm. Alterthümer) u. Stat. *Ubstadt* (Salzsoolquelle), Gefecht zwischen preuss. Kavallerie

u. den Aufständischen 23. Juni 1849. Denkmal für die Gefallenen.

(33 Kil.) Stat. **Bruchsal,** 115 m., 11,370 Ew., *Vereinigungspunkt der Bahnlinien* nach **Stuttgart** (78 Kil., in 2—3 Std.) u. nach **Germersheim** (26 Kil.) u. **Mannheim** (50 Kil.). *Wagenwechsel dahin.*

Gasthöfe: *Hotel Keller; Badischer Hof; Grüner Hof; Erbprinz;* **Restaurationen:** *Bahnrestaurant.* — **Bier:** *Fortuna; Reserve;* **Conditorei:** *Münch, Hauptstr.*

Ehemal. Residenzstadt der Fürstbischöfe von Speyer (1688 u. 1689 von den Franzosen verwüstet), mit berühmtem fürstbischöflich *Schönborn'schem Schloss* im Rococostyl (erbaut 1720—1770). Sehenswerth: Treppenhaus; Decken- u. Wandgemälde von *Zick;* innere Ausstattung (wohlerhaltene Gobelins). *Schlosskirche* mit Marmordekorationen u. Fresken. — Schöner Schlossgarten. *Kapelle des Frauenklosters,* von Hübsch erbaut (Altargemälde von Schraudolph). — Grosses *Landeszuchthaus* (für männliche Sträflinge) nach pensylvanischem System (von Hübsch 1845—46 erbaut), von einer hohen Mauer mit 8 runden Thürmen umgeben, am Nordende der Stadt (von der Bahn aus sichtbar), 408 Zellen (1871 theilweise abgebrannt). — *Peterskirche* mit Grabmälern. Denkmal des Ministers Beck († 1855). — Garnison von 4 Schwadronen 2. Bad. Dragonerregiments Nr. 21. — Alte Kaiserpfalz. —

In der Umgebung (rechts) das ehemal. fürstbischöfl. Jagdschloss *Karlsdorf.* — In der Höhe (links) die *Michaelskapelle* (Wallfahrtsort) auf dem *Michaelsberge* sichtbar, wo herrl. Aussicht auf Rheinthal, Schwarzwald bis zur Hornisgrinde u. bis zur Bergstrasse. — Waldung. Es folgt Stat. *Untergrombach* mit altem Schlosse u. Stat. *Weingarten* mit seiner auf einer Anhöhe gelegenen Ruine *Schmalenstein* (1461 durch Graf Ulrich von Würtemberg erobert). *Anschluss der Bahnlinie von Bretten* (Heilbronn) *her.* —

(50 Kil.) Stat. **Durlach,** 117 m., 7319 Ew. (*Zur Karlsburg; Amalienbad* am Bahnhof),

Eisenbahnverbindung über *Bretten* nach *Heilbronn* Nr. 23.
" " *Pforzheim* n. *Wildbad,* 49 Kil., in 3 Std.
" " *Mühlacker* nach *Stuttgart,* 85 Kil.
Wagenwechsel nach diesen Zielen.

Ehemals (vom 15. Jahrh. an) Haupt- u. Residenzstadt der Markgrafen von *Baden-Durlach* (Pforzheimer Linie). *Karlsburg,* einstiges, prächtiges Residenzschloss, erbaut um 1565; 1689 fast völlig von den Franzosen zerstört, seitdem nur theilweise wieder hergestellt (auch die Stadt bis auf 6

Häuser 1688 von den Franzosen eingeäschert). *Rathhaus.* Im *Schlossgarten* römische Denksteine. Garnison (1 Bataillon 2. Bad. Infant.-Regiments Nr. 110; 1 Schwadron 3. Bad. Dragonerregim. Nr. 22). Heftige Treffen (um den Pfinzübergang) am 25. Juni 1849 zwischen Revolutionstruppen u. Preussen. Auf dem Friedhof schönes Denkmal.

Auf den **Thurmberg** (1/2 Std.) 221 m. mit aussichtsreicher Warte, (röm. Wartthurm) sehr lohnender Weg. *Restauration* auf der Höhe.

Die Bahnlinie wendet in westlicher Richtung (östlich Abzweigung der Linie nach *Pforzheim* u. *Mühlacker*); rechts die ehemal. 1105 gestiftete, aber wiederholt zerstörte Benediktinerabtei *Gottesau*, jetzt Artilleriekaserne; das jetzige Gebäude mit den 4 Thürmen wurde 1869 gebaut. Ganz in der Nähe der schöne alte *Friedhof* von Karlsruhe mit Denkmal der 1849 gefallenen Preussen, von der Bahn aus bemerkbar.

(54 Kil.) Stat. **Karlsruhe,** (Stadtbeschreibung Nr. 27) 5—25 Min. Aufenthalt, grosses *Bahnhofrestaurant* (Mittagsstation). Die Stadt bleibt rechts liegen. Auf der rechten Seite zunächst die weitläufigen Werkstätten der Karlsruher Maschinenbau-Gesellschaft mit Waggonfabrik u. Dampfsäge-Mühle. — Links d. *Festsaalbau* u. das *städt. Bad.* Prächtige alte Alleen.

Bahnabzweigungen nach Maxau-Weissenburg; Rheinthalbahn nach Mannheim (kürzeste Linie nach Frankfurt); Bretten-Eppingen-Heilbronn; nach Pforzheim (Stuttgart; Wildbad; Calw etc.).

Die Bahn schlägt wieder südl. Richtung ein u. nähert sich dem *Schwarzwaldgebirge*, an dessen westlichem Fusse sie bis nach Basel immer entlang zieht.

An (rechts) *Beiertheim* u. *Bulach* (neue Kirche von Hübsch) vorüber, durch Waldung, links *Klein-* u. *Gross-Rüppur,* den *Albfluss* übersetzend, nach (61 Kil.) Stat. **Ettlingen,** 136 m., 5604 Ew. (*Sonne*, an der Albstrasse; *Erbprinz* nahe am Bahnhof; *Krone* in der Stadt), sehr altes, theilweise noch mit Mauern umgebenes Städtchen im *Albthale,* 1/4 Std. östlich vom Bahnhof (an der Ausmündung des Albthales in die Ebene u. am Fuss des *Rollberges* angenehm) gelegen, ehem. röm. Niederlassung. *Schloss* (1689 erbaut) gegenwärtig Unteroffizierschule, mit grossem Garten; ehem. Jesuitencollegium, nun Lehranstalt für kath. Schullehrer u. höhere Bürgerschule. *Stiftskirche* (1689 allein von den Franzosen verschont) mit altem Chor u. Thurm. Am *Rathhaus* röm. Votivstein des Cornelius Aliquantus (auf eine röm. Flössergesellschaft bezüglich). Verschiedene Fabriken. Am 9. u. 10. Juli 1796 Sieg der Franzosen über die Oesterreicher.

Ausflug in's Albthal. Post von Ettlingen über (14 Kil.) *Marxzell* nach (22 Kil.) *Herrenalb;* (Privatfuhrwerk hin und zurück: 1spän. 7—10 M. — Bequeme, sanft ansteigende Strasse, fortwährend auf der rechten Uferseite der Alb (zum Unterschied von der *obern* od. *Hauensteiner-Alb,* die bei Albbruck in den Rhein mündet, *untere Alb* genannt). Wiesengründe, waldige Berghänge. *Marxzell* ($2^1/_2$ Std.); **Frauenalb** ($3^1/_4$ Std.) (*Wirths- u. Brauhaus*), aufgehobenes (1771) Benediktiner-Frauenkloster. Malerische Ruinen. — Würtemb. Grenze. — Hinter der sog. *Kullenmühle* der zerklüftete Porphyrfelsen *Falkenstein*, der das Thal einengt. — **Herrenalb** ($4^1/_4$ Std.) Nr. 45.

Von Herrenalb schöne Strasse in $2^1/_2$ Std. über *Loffenau* nach **Gernsbach.** Nr. 45.

Zur Rechten breitet sich der **Hardtwald** aus; waldumsäumte Niederung. Stat. *Malsch,* alter Ort, 3632 Ew. (urkundl. Malsge). Links im Vorblick die waldgrünen Höhen des *Murgthales* u. der Umgebung von *Baden-Baden:* Merkuriusberg, Ebersteinburg u. das alte Schloss. — (73 Kil.) Stat. **Muggensturm,** 2038 Ew., Thongruben; alter Ort (ursprüngl. wohl Mouchinsdorn [Räubergebüsch]; hat man den Namen auf seltsame Weise zu erklären versucht) mit ebersteinschem Schloss. — Gefecht (u. Denkmal) 1849, während des bad. Aufstandes.

(78 Kil.) Stat. **Rastatt,** 120 m., 12,356 Ew. (Militär inbegriffen). Von der Stadt selbst bemerkt man vom Bahnhofe aus, da sie rechts, von den Festungswällen verdeckt liegt, nur die Thurmspitzen.

Wagenwechsel nach *Gernsbach* u. für Reisende in's *Murgthal.*

Gasthöfe: *Post; Kreuz; Rheinischer Hof; Drei Könige; Löwe; Laterne;*

Wagen: 2spännig für den Nachmittag 6 M.

Rastatt war von 1844—1866 deutsche Bundesfestung; seit 1871 ist es Reichsfestung. Schon zur Zeit der Römer eine Niederlassung (aufgefund. Ara u. altes Steinpflaster), im 12. Jahrh. Pfarrort (urkundlich *Rastetten*), durch Schiffahrt u. Landverkehr (Hochgestade bei der Bernharduskirche weist noch Spuren) blühendes Gemeinwesen, wurde es im 30jähr. Krieg u. 1689 fast völlig zerstört (damals bloss Flecken). Von Markgraf *Ludwig Wilhelm,* dem aus den Türkischen Feldzügen zurückgekehrten kaiserlichen Feldherrn, als Residenz der Markgrafen von Baden-Baden, wieder aufgebaut. Das **Schloss,** von Markgräfin *Sibylle Auguste* im Versailler-Styl aufgebaut, auf einer Anhöhe, jetzt zum Theil Kaserne, z. Th. Offizierskasino. Schlossgarten, Exerzierplatz.

Zimmer, in welchem durch Prinz Eugen u. Marschall Villars (6. Mai 1714 der Rastatter Frieden unterzeichnet wurde. — Die Conferenzzimmer des Kongresses von 1797—99. (Ermordung der franz. Gesandten Debry, Bonnier u. Roberjot auf offener Strasse [28. April 1799] durch Szeckler Husaren. Veranlassung u. Urheber dieser schnöden Völkerrechts-Verletzung heute noch unaufgehellt). Schöner Rittersaal; Zimmer mit Gobelintapeten u. Portraits.

Garnison: 1. Oberschlesisches Infanterie-Regiment Nr. 22, 3. Badisches-Infanterie-Regiment Nr. 111., 3. Schwadron Bad. Dragoner-Regiments Nr. 22, 2. Bad. Feldartillerie-Regiment Nr. 30, 3 Kompagnien Fussartillerie Nr. 14. —

Am 11. Mai 1849 hier Ausbruch der bad. Revolution; Uebergang der daselbst in Garnison liegenden bad. Truppen. Am 23. Juli 1849 (3 Wochen dauernde Einschliessung), Einnahme durch die Preussen. Auf dem Friedhof die Gräber der kriegsrechtl. erschossenen Führer der Aufständischen: Tiedemann, von Biedenfeld, Heilig, Minewsky u. a.

Eisenbahn-Abzweigung östlich nach **Gernsbach** in's *Murgthal* (*untere* Murg im Gegensatz zur *obern* od. *Hauensteiner-Murg*) 4 mal tägl. über Stat. *Kuppenheim*, *Rothenfels* (mit Schloss d. Markgrafen Wilhelm von Baden) u. *Badanstalt* (Elisabethenquelle, Säuerling), *Gaggenau* u. *Hördten* nach *Gernsbach*.

Ausflug nach **Iffezheim**, südwestl. 3/4 Std. von Rastatt, im Sommer alljährl. berühmte Wettrennen.

Nr. 25. Von Bruchsal nach Mühlacker (Pforzheim) (über Maulbronn).

Badische Bahn von *Bruchsal* nach *Bretten*, 15 Kil. Fahrzeit 20 Min.

Würtembergische Bahn von *Bretten* nach *Mühlacker*, 17,1 Kil. Fahrzeit 20—25 Min.

Von Bruchsal ab kleiner Tunnel. Eintritt in's *Saalbachthal*. Mitunter anmuthige Landschaftsbilder. (6 Kil.) Stat. **Heidelsheim**, 2271 Ew.; freundliches Städtchen am *Saalbach*, um 1300 reichsfrei, 1311 an Graf Conrad von Veringen u. Markgraf Hermann von Baden verpfändet, dann an die Pfalz verändert, 1803 wieder an Baden. (11 Kil.) Stat. *Gondelsheim*, Marktflecken mit nahe an 2000 Ew. (*Sonne*), mit hübschem Schlösschen der Familie von Langenstein. Alter Burgthurm; beliebter Ausflug von Bruchsal aus. (15 Kil.) Stat. **Bretten**, 178 m., 4034 Ew. Nr. 23. (*Post*), Geburtsort des edlen u. gelehrten Reformators Philipp Melanchthon (geb. 1497, † 1560); auf dem Platz vor dem Schulhaus sein Denkmal (1864 errichtet).

Ausflug nach dem würtemb. Städtchen **Knittlingen**, östl. 1 Std.; 196 m., 2717 Ew.; in welchem der Sage nach Dr. Faust geboren worden sein soll, der im Kloster Maulbronn vom Teufel geholt worden.

Von Bretten ab *Würtembergische Bahn* (bei Klein-Villars die Grenze überschreitend); unterwegs flüchtiger

Blick auf das Dorf *Maulbronn* (links) am Waldende, wo das Thal endet nach (26 Kil.) Stat. **Maulbronn** (Schnellzüge halten nicht an!). Der Ort liegt ½ Std. von d. Stat. — *Postwagen* dahin (doch nicht bei allen Zügen), indessen angenehme Fusswanderung bis Maulbronn.

Post, tägl. 2 mal in 25 Min. (35 *Pfg.*) vom *Bahnhof* zum *Ort,* 3 Kil.; Von Maulbronn nach *Knittlingen* (5 Kil.) in 50 Min. (50 Pfg.).

Maulbronn (*Klosterwirthshaus zur Post,* 1127 Ew., ehemal. berühmte Cisterzienser-Abtei, nun würtemb. protestant. Vorbereitungsseminar für Theologen. — Die Gebäulichkeiten des Klosters gehören zu d. interessantesten Denkmälern der romanisch-gothischen Kunstperiode. **Klosterkirche,** vollendet 1178, besterhaltene Pfeilerbasilika mit 3 Schiffen u. einer Reihe angebauter spätgothischer Kapellen. *Mönchschor* mit rechtwinkligem Abschluss u. *Lettner* gegen das Mittelschiff. Vor dem letztern kolossales *Kruzifix* vom Ende des 15. Jahrh. — *Chor* mit 2 prächtigen gothischen Fenstern. *Chorstühle* (92, treffliche Schnitzerei) spät-gothisch. — Das *Paradies* (Vorhalle d. Kirche) mit zierl. spätromanischen Arkadenfenstern u. Kreuzgewölben. — Hochinteressant. **Kreuzgang** (*Südseite* aus dem Jahr 1303, in Uebergangsformen vom roman. zum gothischen Styl. gebaut) in gothischem Styl. — An der Ostseite des Kreuzganges das *Herren-* u. *Kapitelhaus, Sprechsaal* u. *Geiselkammer.* — Stattliches *Laienrefectorium.* — Die Gebäulichkeiten sind vor Kurzem einer verständnissvollen Restauration unterzogen worden. — Im sog. *Faustthürmchen* soll Dr. Faust gestorben sein.

Nach der Sage im nahen Städtchen Knittlingen geboren, soll er hier im Kloster bei seinem Landsmann, Abt Johann Entenfuss um 1516 längere Zeit Wohnsitz u. Schutz gehabt haben, bis er vom Teufel geholt worden sei.

In der Umgebung (Eilfinger Hof) wächst der vorzügliche *Eilfinger-Wein,* im *Klosterwirthshaus zur Post* zu bekommen.

Stiftung des Klosters 1138 zu Eckenweiher, 1148 hieher verlegt. 1504 würtembergisch u. in der Reformationszeit aufgehoben. — Heute noch ist es von starken Mauern u. Thürmen umgeben.

Klunzinger, künstlerische Beschreibung, 85 Pfg.; im Wirthshaus zu beziehen.

Von Stat. Maulbronn ab durchbricht die Bahn mittelst *Tunnel* von 325 m. Länge einen Höhenzug, den *Eichelhag* 371 m., der die Wasserscheide zwischen Rhein u. Neckar bildet u. erreicht (32,1 Kil.) Stat. **Mühlacker,** 223 m. (*Bahnhofrestaurant*), wo die **Linien nach Stuttgart-Heilbronn** u. nach **Pforzheim-Karlsruhe-Wildbad-Horb** abzweigen. Nr. 26.

Eisenbahn (würtemb.) von Mühlacker nach Stuttgart, 47 Kil.; (badische) von Mühlacker nach Pforzheim, 13 Kil., in 25—45 Min. u. von Mühlacker nach Karlsruhe, 44 Kil., in 1 — 1¾ Std.

Man begiebt sich vom würtemberg. Zug nach dem *badischen Bahnhof,* wo der Zug nach *Pforzheim* u. *Karlsruhe* wartet. Die Bahn geht in südwestl. Richtung, der *Ens* bald rechts zur Seite, bei Stat. *Ensberg* über die Grenze u. auf *bad. Gebiet* über Stat. *Niefern* u. *Eutingen* nach *Pforzheim.* Nr. 26.

Nr. 26. Von Stuttgart über Mühlacker u. Pforzheim nach Karlsruhe.

Würtembergische Enzthalbahn bis *Mühlacker*, 46,5 Kilom. **Badische Staatsbahn,** von *Mühlacker bis Karlsruhe* 44 Kilom.; nach *Karlsruhe* 90,5 Kilom. Fahrzeit $2^1/_2$—4 Std. tägl. 6 mal.; nach *Wildbad*, 4 mal täglich in $3^3/_4$—$4^1/_2$ Std., 81 Kilom. Schnellzüge von Stuttgart nach Wildbad haben *durchfahrende Krankentransportwagen* I. u. II. Kl. u. *Tragsessel* zum Uebertransport beim Zugwechsel auf Stat. *Mühlacker* u. *Pforzheim*.

Bahn parallel mit der Cannstädter-Linie zum Bahnhof hinaus, dann Wendung links ab nach Norden. Tunnel unter der „Prag“ (846 m. lang). — (4 Kil.) Stat. *Feuerbach*, 4200 Ew. Fabriken, Weinbau. — Zur Linken folgt *Kornthal*, herrnhuthische Erziehungsanstalt. (6 Kil.) Stat. *Zuffenhausen*. **Hier Abzweigung (links) der Würtembergischen Schwarzwaldbahn Stuttgart-Calw** etc.

Durch die Fruchtgelände der weitgestreckten *Ludwigsburger Ebene*, über (10 Kil.) Stat. *Kornwestheim*, Mineralquelle, Eisenhammer. Zur Rechten Lustschloss (mit grossartiger Landwirthschaft) *Monrepos*.

(14 Kil.) Stat. **Ludwigsburg,** 296 m., 16,100 Ew. (*Bär; Sonne; Stuttgarter Hof; Kanne* [Bahnhofrestauration]), Sitz der Regierung des Neckarkreises, das würtemberg. Versailles genannt. Gegründet 1704 von Herzog Eberhard Ludwig u. zur zweiten Residenz erhoben, ist es jetzt Hauptgarnisonsstadt und erster würtemberg. Waffenplatz mit General-Quartiermeisteramt, Kriegsschule, Arsenal u. s. f. Grosses *Schloss* im Rococostyl, jetzt ziemlich still; lebensgrosse Portraits sämmtl. würtemberg. Regenten; Fürstengruft (gab die Anregung zu Schubart's bekannter Dichtung: „Die Fürstengruft“. — Grossartige Parkanlagen mit künstl. Ruine *Emichsburg*. L. ist der Geburtsort der schwäbischen Dichter: *Justinus Kerner* (geb. 1786, † 1862), *Eduard Möricke* (geb. 1804, † 1875), des Theologen *Dav. Friedr. Strauss* (geb. 1808, † 1874) u. des Aesthetikers u. Schriftstellers *Fr. Vischer* (geb. 1807). — (17 Kil.) Stat. *Asperg*. Links aus der Ebene steigt der *Hohen-Asperg* auf, ein 361 m. hoher Basaltkegel; alte *Bergfestung*, seit 1734 Staatsgefängniss und Strafanstalt mit starken Werken. Gefängniss des württemberg. Finanzministers (Juden) Süss; des Dichters Schubart (1777—87); des Abgeordneten Rösler von Oels 1849.

Die Bahn senkt sich in's *Enzthal* nieder. (23 Kil.) Stat. **Bietigheim,** 179 m., 4004 Ew. (*Bahnrestaurant*); die Stadt liegt $^1/_2$ Std. nordwestl. am Einfluss der *Metter* in die *Enz*, über welche eine Brücke von 1465. — **Abzweigung der Bahnlinie nach Heilbronn** (*Wagenwechsel dahin).* Uralter Ort, röm. Thurm; Römerstrasse.

Grosser Bogen der Bahn gegen Westen, *Viadukt* (292 m. lang, 32 m. hoch) über *Enzthal* u. *Fluss* mit hübschem Niederblick. Rechts in das tiefe u. enge *Metterthal* Einblick gestattet. — (30 Kil.) Stat. *Gross-Sachsenheim*, zur Linken, Städtchen mit etwa 1500 Ew. u. altem Schloss. Rechts Dorf *Klein-Sachsenheim.* Auf dieser Seite zieht sich die Hügelkette des *Strom-* u. *Heuchelberges* dahin, zwischen beiden Höhenrücken das wein- u. obstgesegnete *Zabergäu.* (36 Kil.) Stat. *Vaihingen-Sersheim,* letzteres Dorf bei der Station.

Die Oberamtsstadt **Vaihingen,** 218 m., 3351 Ew., 1 Std. südl. von d. Stat. (*Krone; Rose; Adler; Schwan; Anker).* **Post** dahin in 30 Min. — Malerisches, alterthüml. Städtchen, mit altem Schloss an der Enz. Im sog. *Haspelthurm* Gefängnisszelle des als Räuber (1760) hingerichteten Sonnenwirths, (Schillers: Verbrecher aus verlorner Ehre). Pulverthurm.

Ueber Stat. *Illingen* nach (47 Kil.) Stat. **Mühlacker,** (*Bahnhofrestaurant*), 223 m. Nr. 25. **Bahnabzweigung nach Bruchsal.** (*Wagenwechsel nach Pforzheim u. Karlsruhe!*)

Post nach *Sternfels* (13 Kil.), *Sulzfeld* (19 Kil.), *Güglingen* (25 Kil.). Dem Ort **Mühlacker** (*Ochs; Krone; Post*) gegenüber am rechten Enzufer, *Dürmenz* (*Adler; Waldhorn*); beide Orte durch Brücken u. Stege verbunden, haben starken Tabacksbau. Ueber d. Orte Dürmenz die Ruine *Löffelstelz* mit Anlagen u. hübscher Aussicht. Tiefer abwärts im Thal die *Kirchenruine* zur Linken.

Wer auf der Linie Mühlacker-Bretten-Bruchsal das Kloster Maulbronn, Nr. 25, besuchen will, muss das mit gewöhnlichem Personenzug thun, da die Schnellzüge an der Stat. Maulbronn nicht anhalten.

Nun auf der *bad. Bahn* über (4 Kil.) Stat. *Enzberg* mit Schloss das *Enzthal* aufwärts, darauf, die *bad. Grenze* überschreitend, vorüber an (links) Stat. *Niefern* mit der *Niefernburg* (erbaut von dem eifrigen Reformationsanhänger Martin Achtsynit [1556] Kanzler d. Markgrafen Karl II.) nun Kinderrettungshaus. Sodann (9 Kil.) Stat. *Eutingen,* mit Denkstein zum Andenken an Grossherzog Karl Friedrich u. die Befreiung von der Leibeigenschaft u. endlich (13 Kil.) Stat. **Pforzheim,** 281 m., 24,037 Ew. am Zusammenfluss der *Enz, Nagold* u. *Würm,* am nördl. Abhang des *Schwarzwaldes.* In Nr. 49. die nähere Beschreibung.

Eisenbahn von Pforzheim über Kalw nach Horb. Nr. 33; von Pforzheim über Neuenburg nach Wildbad. Nr. 50.

Von Pforzheim (schöner Rückblick auf das bewegte Landschaftsbild des Pforzheimer Thalsystems) durch einen 900 m. langen *Tunnel*, welcher die Wasserscheide zwischen *Pfinz* u. *Enz* durchbohrt nach Stat. *Ispringen*, dann nach Stat. *Ersingen* (Tunnel). Es folgt vorüber an (rechts) *Bilfingen*. (24 Kil.) Stat. *Königsbach*, 182 m., 2012 Ew. in anmuthigem Wiesenthal am *Remsbach*. (27 Kil.) Stat. *Wilferdingen*. Die Bahn geht nun im Thale des *Mühlbaches* abwärts u. in's *Pfinzthal*. Anmuthige grüne, obstgesegnete Gegenden. Stat. *Kleinsteinbach;* Stat. *Söllingen*. Ueber die (34 Kil.) Stat. *Berghausen* u. (37 Kil.) **Grötzingen**, 132 m., 2398 Ew. Nr. 23. u. **Durlach** Nr. 24. nach **Karlsruhe**, Nr. 27.

Nr. 27. Karlsruhe und Umgebung.

Gasthöfe I. Ranges: *Erbprinz* mit Restauration, Kaiserstrasse; *Hotel Germania*, nahe am Bahnhof, neuer, schöner Bau mit eleganter Einrichtung; *Hotel Grosse* am Marktplatz. II. Ranges: *Weisser Bär* (Hotel Stoffleth), nahe beim Bahnhof, billig u. gut, Restauration mit Biergarten; *Grüner Hof*, dicht am Bahnhof, besuchte Restaur. u. Café, im zugehörenden *Bahnhofrestaurant* bei Ankunft der Züge Table d'hote. *Goldener Adler; Rothes Haus; Prinz Max*, dem Bahnhof gegenüber; *Zum Geist; Darmstädter Hof; Ochse; Hotel garni u. Café Tannhäuser; Karpfen; Deutscher Hof* etc.

Restaurationen, Bier, Cafés: *Café Palmengarten; Café Nowack; Café Englischer Hof* mit Restaur.; *Café Hoeck*, im Grünen Hof; *Café Iffland*, bayerisches Bier, schönes Lokal; *Café Beh; Lohengrin; zum Prinzen Carl; Tannhäuser; Nottermann* am Schlossplatz; *Weisser Bär*, bayerisches Bier, Speyrer Bier; *Faas'scher Bierkeller; Geyger'scher Bierkeller*, grosses Lokal, an Sonntagen Concerte; *Clever'sche Bierhalle*.

Konditoreien: *Compter; Oehler; Ritzhaupt; Gerwig; Kaufmann.*

Stadtgarten (10 Min.). Vor dem ehem. Ettlinger Thor, beim Sallenwäldchen; mit der schönen *Festhalle* (Restauration, Concerte, auch zeitweilig Sommertheater) u. *See* mit Kähnen. Mit dem Stadtgarten in Verbindung der *Thiergarten* mit Bärengraben, Affen- u. Adlerhaus, mit einer Anzahl anderer Thiere namentl. Geflügel. Eintritt in d. Stadtgarten mit Festhalle etc. 30 Pfg.

Concerte: In der *Festhalle*, im *Restaurant* vom *Grünen Hof* u. in den Bierkellern.

Bäder: Neues *städtisches Bad*, (am Stadtgraben) mit Dampf- u. andern Einrichtungen. Preise: Dampfbäder 1,50—3 Mk.; heisse Luftbäder 1,50—2 Mk.; Wannenbäder 0,70—1,50. — *Rheinbäder* in *Maximiliansau*, tägl. 3 Extrazüge (*Badezüge*) u. 5 gewöhnliche Züge.

Eisenbahn: Zwei Bahnhöfe: a. *Hauptbahnhof*, am Eingang in die Karl-Friedrichsstrasse Nr. 24. — b. am *Mühlburger Thor*, nur für die Pfalz u. Mannheim.

Pferdebahn: Vom Bahnhof zum *Marktplatz* u. die *Lange Strasse, jetzt Kaiserstrasse genannt durch* bis *Mühlburg* einer Seits, bis *Gottesau* andrer Seits. (15 Pfg.)

Droschken: Von Morgens 6 bis Abends 9 Uhr im Sommer (im Winter von 7—8 Uhr). Vom Bahnhof in die Stadt u. von der Stadt zum Bahnhof: Ein- u. Zweispänner 1 Pers. 50 Pfg., 2 Pers. 70 Pfg., 3 Pers. 1 Mk., 4 Pers. 1 Mk. 10 Pfg.

Fahrzeit Std.	Einspänner 1 u. 2 Pers. ℳ	3 u. 4 Pers. ℳ	Zweispänner 1 u. 2 Pers. ℳ	3 u. 4 Pers. ℳ	
1/4	0,50	0,60	0,60	0,90	In jedem Wagen gedruckte Taxe vorhanden. Bei Nachtzügen sollen mehrere Wagen am Bahnhof warten. —
1/2	0,90	1,10	1,10	1,60	
3/4	1,30	1,60	1,60	2,10	
1	1,80	2,10	2,10	2,60	
1 1/4	2,20	2,60	2,60	3,50	
1 1/2	2,60	3,10	3,10	4,20	
1 3/4	3,—	3,60	3,60	4,70	
2	3,50	4,20	4,20	5,20	

Theater. *Vorstellungen:* Sonntags, Dienst., Donnerst., Freitags u. ungleich zuweilen Montags, Sommer u. Winter das Hoftheater, jeden Mittwoch in *Baden-Baden*. Geschlossen Juni u. Juli.

Kunsthalle: Sonnt. u. Mittw. von 11—1 u. 2—4 Uhr. Daselbst im *untern Geschoss* links *Permanente Ausstellung des Kunstvereins*, zur selben Zeit offen (Nichtmitglieder 20 Pfg.).

Vereinigte Sammlungen. 1. *Alterthumshalle.* 2. *Naturalienkabinet;* beide Sonnt. u. Mittw. von 11—1 u. 2—4 Uhr geöffnet. 3. *Hof-* u. *Landesbibliothek.*

Landesgewerbehalle: tägl. 10—12 u. 2—4 Uhr.

Botanischer Garten: täglich, ausgen. Samstag und Sonntag. Die *Pflanzenhäuser* nur Montag u. Freitag 10—12 u. 2—4 Uhr. Ausserdem Meldung beim Gartendirektor.

Permanente Ausstellung landwirthschaftl. Lehrmittel in der *Landesgewerbehalle,* täglich von 10—12 u. 2—4 Uhr. Vollständige Sammlung von landwirthschaftl. Lehrbüchern u. agrikulturchemischen Präparaten.

Marstall u. **Münze:** tägl. für Fremde.

Ausserdem sehenswerth: Die Sammlungen der polytechnischen Schule, die Landesturnhalle, der Schlossgarten.

Bei beschränkter Zeit zu besichtigen: Vom Bahnhof zu Winter's Statue u. zur Karl-Friedrichsstrasse, am Eingang links Hotel Germania, rechts neue Fontaine, gegenüber Denkmal für die Gefallenen von 1870/71; durch die Kriegs- u. Lammstrasse nach dem **Friedrichsplatz;** rechts Direktionsgebäude der Eisenbahnen, links Gebäude der Sammlungen; — durch die Erbprinzenstrasse nach dem **Rondelplatz** (Konstitutionssäule, Markgräfl. Palais); von da an der Landesgewerbehalle, der evangelischen Stadtkirche, dem Rathhaus, den Standbildern der Grossherzöge Ludwig u. Karl Friedrich vorüber nach dem Schloss (auf den Bleithurm), Schlossgarten, Botanischer Garten, Theater, Kunsthalle, Justizgebäude, Palais des kommandirenden Generals des XIV. Armeekorps, Turnhalle, Mühlburger Thor (mit der Pferdebahn) durch die Kaiserstrasse (Polytechnische Schule, Friedhöfe). Zurück nach dem Bahnhofe. Wofern noch Zeit zu verwenden, zum **Festsaalbau** u. **Thiergarten**.

Karlsruhe, 117,5 m., 49,434 Ew. (über 1/3 Katholiken), in etwa 2 1/2 Tausend Häusern, in schnellem Aufschwung begriffen, Haupt- u. Residenzstadt d. Grossherzogthums Baden, gegründet durch Markgraf Karl III. (der mit der Bürgerschaft von Durlach, Residenz der Ernestinischen Linie zerfallen war) um sein hier erbautes Jagdschloss (1 Std. v. Rhein, 1 Std. vom Gebirge) 1715. Die Stadt ist in ihrer baulichen Anlage in der Form eines Fächers konstruirt, indem die Strassen wie die Stäbe eines Fächers nach dem Schlossthurm zulaufen. In gleicher Weise laufen die Baumgänge u. Wege im Park u. Hardtwald auf den Schlossthurm zu, so dass die Stadt (im südlichen Halbkreis) u. diese Weglinien (im nördlichen Halbkreis) im Grundplan um das Schloss eine radförmige Figur bilden.

Vom Bahnhof erblickt man links das **Denkmal** des freisinnigen Ministers *Georg Ludwig Winter* (geb. 1778, † 1838) von X. Reich; — rechts die *Karl-Friedrich-Strasse* (in ihrer äussersten Perspektive als Schluss- u. Centralpunkt der Schlossthurm). Am Eingang der Strasse rechts monumentaler *Brunnen* zu Ehren des Oberbürgermeisters Malsch, Beförderer der neuen Wasserleitung (Figuren v. Professor Moest, Bau v. Baurath Lang); — links *Hotel Germania;* ihm gegenüber *Denkmal für die Gefallenen von 1870—71,* schöne Marmorgruppe von Volz. — Von hier umzieht die *Kriegsstrasse* einen Theil der Stadt, vom Bahnhof bis zum Mühlburger Thor mit neuen, geschmackvollen Bauten und Gärten (Bürklin'sches Haus von Prof. Durm erbaut, Berkholz'scher Garten).

In der Nähe des Bahnhofes grosse *Maschinen-Fabrik* (Aktien-) für Lokomotiven, Dampfmaschinen, Turbinen, Dampfkessel, mit 900—1000 Arbeitern; daneben *Schmieder u. Mayer'sche Wagenfabrik,* bes. für Eisenbahnwaggons, *Werkzeugmaschinen-Fabrik* von *Gschwind u. Zimmermann.* An der Ettlinger Landstrasse *Zweigfabrik von Christoffle* (Versilberungsfabrik), die grossen *Möbelfabriken* von *Stövesand u. Kollmar, Ziegler u. Weber* und *Gebr. Himmelheber.*

Durch die *Kriegs- u. Lammstrasse* auf den prächtigen **Friedrichsplatz** mit Fontaine u. eleganten Läden, auf der südl. Seite das neue grossartige **Gebäude für die vereinigten Sammlungen,** mit Marmorsculpturen von Steinhäuser; im Treppenhaus Fresken von Keller u. Gleichauf. Im Innern:

1. **Naturalienkabinet.** Vorstand: Hofrath Dr. Knop. — Freier Zutritt Sonnt. u. Mittw. von 11—1 u. 2—4 Uhr. Ausserdem gegen Trinkgeld tägl. für Fremde. — Unten *Geologische u. Mineralogische Sammlung,* oben *Zoologische Sammlung.* (Schöne Reliefkarten von Fritschi).

2. **Sammlung der Alterthümer.** Konservator: Dr. E. Wagner. Antike Thongefässe, Bronzen, Waffen. — *Etnographische Sammlung.*

3. **Hof- u. Landesbibliothek** mit grossem Lesesaale (tägl. geöffnet von 10—1 Uhr Vormitt. u. 6—8 Uhr Abends). Bibliothekare: Dr. Brambach (Oberbibliothekar) u. Dr. Holder. Geöffnet jeden Wochentag von 11—1 Uhr u. Mittwoch 3—4 Uhr.

Auf der Ostseite des *Friedrichsplatzes* das grosse Gebäude der *Direction der bad. Eisenbahnen,* auf d. Westseite die *kath. Stadtkirche* **St. Stephan** mit 30 m. hoher u. weiter Kuppel (Imitation der Rotunda [Pantheon] in Rom), kreuzförmigem Grundplan u. 4 Schiffen. Glocken u. Orgel aus dem ehem. Kloster St. Blasien. Altarbild: „Steinigung des heil. Stephanus" von Maria Ellenrieder. — Durch die *Erbprinzenstrasse* nach dem **Rondelplatz** mit dem *Markgräfl. Palais* von *Weinbrenner* u. der *Verfassungs-Säule,* Sandstein-Obelisk mit dem Bildniss des Grossherzogs Karl († 1818) in Bronze.

In der *Karl-Friedrichsstrasse,* in der Richtung gegen das Schloss, rechts die *Landesgewerbehalle* (Direktor: Prof. Meidinger, offen von 10—12 u. 2—4 Uhr); permanente Ausstellung badischer Industrie. Links **Rathhaus** mit dem Gefängnissthurm, prächtigem Stiegenhaus mit den Gedenktafeln der 1870 u. 71 gefallenen Karlsruher; Deckengemälde von Gleichauf. Rechts **Evangelische Stadt-Kirche,** im röm. Tempelstyl, am Haupteingang korinth. Säulenhalle, 60 m. hoher Thurm; 1807—1817 unter Weinbrenner's Leitung erbaut. Unter dem Altar die grossherzogl. Familiengruft. — Vor dem Rathhaus d. *Marktbrunnen* mit dem *Standbild des Grossherzogs Ludwig* († 1830) von Raufer in Sandstein ausgeführt. — In der Mitte des anstossenden *Marktplatzes Steinpyramide* zu Ehren des Stadtgründers Markgrafen *Karl* († 1738).

Schlossplatz mit schönen Anlagen; auf demselben links *Hoftheater,* rechts der *Marstall,* in der Mitte das **Kolossalstandbild Karl Friedrichs** († 1811) von Schwanthaler modellirt, gegossen von Miller in München. An den Ecken des Fussgestells 4 weibliche Figuren, die ehem. 4 Kreise des Landes darstellend.

Residenzschloss, von Markgraf Karl Friedrich 1754 in französ. Geschmack erbaut. Man wende sich behufs Besichtigung an den Haushofmeister od. an den Kastellan. Interessante Aussicht vom *Bleithurm* aus. Der angrenzende **Schlossgarten** (von Gartendirektor Mayer verschönert [immer geöffnet]) sehr besuchenswerth. Marmorgruppe Hermann u. Dorothea von Steinhäuser. — *Denkmal* (Büste von Eisen) des alem. Dichters *Hebel*. Die neuen *Wasserleitungen* mit 25 m. hoch steigender Fontaine (Nachmittags 4 Uhr an, Sonntags d. ganzen Tag zur Sommerszeit). — Durch gewölbten Thorbogen der Pflanzenhäuser in den **Botanischen Garten**, einer der wohlgehaltensten u. schönsten, die es giebt. (Gartendirektor Mayer, geöffnet tägl. bis Sonnenuntergang mit Ausnahme Samstags u. Sonntags Vorm.; Pflanzenhäuser nur Montag u. Freitag 10—12 u. 2—4 Uhr. Fremde wenden sich ausser dieser Zeit an d. Gartenvorstand).

Das **Hoftheater** (angrenzend) wurde nach dem furchtbaren Brande vom 28. Febr. 1847 durch Baudirektor Hübsch 1853 neu im Bau vollendet; im Giebel des Gebäudes Relieffiguren von (rechts) Göthe, Schiller u. Lessing, — (links) Mozart, Beethoven u. Gluck, in der Mitte die dramatische Kunst. Romanischer Baustyl, Vorderseite mit doppelter Säulen- u. Pfeilerhalle; Zuschauerraum 1800 Personen fassend.

Die **Kunsthalle** (Eingang von der *Linkenheimer-Strasse* her), von Baudirektor Hübsch 1836—45 erbaut. An der äussern Façade, links von der in Bronze gegossenen Thüre (über derselben, in Lünetten, drei weibl. Figuren in Basrelief, die biblische, die historische u. romantische Kunst vorstellend) erblickt man: Rafael u. Michelangelo vor einem Torso als Verehrer der Antike. Darüber weibl. Figur mit den Wappen von Rom u. Florenz; rechts Albrecht Dürer, Holbein u. Peter Vischer als Repräsentanten der deutschen Kunst, darüber das deutsche Reichswappen. Oben, neben dem Balkon die Idealfiguren der Bildhauerei u. Malerei (in Marmor von X. Reich). **Direktor**: Professor K. F. Lessing, berühmter Historienmaler. **Katalog** mit Grundriss. — Geöffnet: Gratis Mittwoch u. Sonntag von 11—1 u. 2—4 Uhr. Für Fremde jeden Tag gegen Trinkgeld.

In den **untern Geschossen**: *Plastische Werke*, meist Gypsabgüsse berühmter Originale der Antike. Unter den Vasen die *Orpheus-Vase* aus Apulien. — Auch moderne Sculpturwerke: Nr. 41. Schillers Büste von Canova. — Victoria von Rauch in Berlin. — Büste Genellis, von demselben. — Modell des Denkmals Friedrichs d. Gr. in Berlin von demselben. — Als Fries an d. Wand der Karton zu Schwanthalers Argonautenzug (im Orpheussaal der Residenz in München). — Im **Korridor** links: *Ausstellung* des **Kunstvereins**. — Auf d. *Treppe* zum obern Stockwerk die Büsten Rafaels u. Albr. Dürers in Marmor von *Lotsch*. — An der Wand grosses Freskobild: Die unter Herzog Konrad von Zähringen gehaltene Einweihungsfeier des Freiburger Münsters von *Moritz von Schwind*.

Im *obern Stockwerk*: **Gemäldegallerie**. Eintritt von der Treppe her links. Fast ausschliesslich neuere Sachen nebst einer kleinern Anzahl älterer Meister, namentlich Niederländer. **Kartons** von *Veith, Schnorr von Carolsfeld, Overbeck, Kaulbach*; — *Landschaften* von *Rottmann, Achenbach, Schirmer, Riefstal* (Begräbniss im Hochgebirge); — *historische Bilder* von *Lessing* (Kreuzfahrer, Luthers Disputation mit Dr. Eck in Leipzig) u. *Dietz* (Zerstörung Heidelbergs durch Mélac); — *Genrebilder* von *Tidemand* (der Grossmutter Brautschmuck) u. *Hiddemann* (Westphälische Begräbnissfeier); *Moritz von Schwind*, Ritter Kurts Brautfahrt. — Im *letzten Korridor* reichhaltige **Kupferstichsammlung**.

Das grossartige *Justizgebäude* auf der andern Seite der *Linkenheimerstrasse* mit Karyatiden von *Volz*. — Durch die *Bismarkstrasse* mit dem Palais des kommandirenden Generals des XIV. Armeekorps (Germania von Volz als Giebelkrönung), dem Gymnasium, dem evangelischen Schullehrer-Seminar, der Landesturnhalle u. der Kunstschule nach dem *Mühlburger Thor*. — Von hier aus mit *Pferdebahn* bequem durch die *Lange*- oder *Kaiserstrasse*. Links die neue **Synagoge** (von Prof. Durm erb.) Weiter links **Polytechnikum** (gegründet 1825). Am Portal 2 Statuen von Raufer: Astronom Keppler u. Erwin von Steinbach (Münstererbauer); im Hof Büste von Redtenbacher. — *Zeughaus* (bekannt durch die Bürgerwehr, welche es am 13. Mai 1849 vertheidigte). — Am Endpunkte der Pferdebahn rechts die ehemal. Benediktinerabtei *Gottesau* (Nr. 24), seit 1849 zu einem grossartigen u. weitläufigen Kasernenkomplex ausgebaut. — Links der *neue Friedhof* mit sehenswerthen Bauten von Prof. Durm. — Am Ende der Waldhornstrasse der *ältere Friedhof* sehenswerth; auf demselben *Denkmal*, den im bad. Aufstand gefallenen preussischen Offizieren und Soldaten gesetzt (von Friedr. Wilhelm IV. von Preussen). — In der Nähe des Bahnhofes der *Festsaalbau* (mit schönen Anlagen) zur Abhaltung von Festen, Versammlungen etc.

Eisenbahnknotenpunkt für die Linien nach *Basel; Pforzheim*, (Wildbad, Calw, Stuttgart); nach (Bretten-Eppingen) *Heilbronn;* nach *Heidelberg;* nach (Maxau) der *bayerischen Pfalz* u. über Schwetzingen nach *Mannheim* (kürzeste Richtung nach Frankfurt).

a. Abstecher nach Mannheim über *Schwetzingen* mit der Rheinthalbahn, 62 Kil., Fahrzeit 1 Std. 50 Min. bis 2 Std. 10 Min. *Bahnhof am Mühlburger Thor.*

Das ebene, vielfach mit Waldung bedeckte Rheinthal niederwärts, über die Stationen *Neureuth, Eggenstein, Leopoldshafen, Linkenheim* (22 Kil.) **Graben-Neudorf** (Abzweigung östl. nach *Bruchsal*, westlich über *Philippsburg* nach *Germersheim), Wiesenthal, Waghäusel, Neulussheim, Hockenheim* (48 Kil.) **Schwetzingen** (Abzweigung nordöstl. nach *Heidelberg*, nördlich über Friedrichsfeld u. Ladenburg nach *Darmstadt*, südwestlich nach *Speyer*), *Rheinau* u. *Neckarau* nach (62 Kil.) Stat. **Mannheim**, 97 m., 53,454 Ew. (zur Hälfte kath.), grösste u. volkreichste Stadt des bad. Landes, zwischen

Rhein u. Neckar gelegen, wegen seines Transit- u. Engroshandels weitbekannt.

Stadt- u. Strassen-Anlage nach amerikanischem System; über 100 gleichartige, eines wie das andre aussehende, Strassenvierecke, die, statt mit Namen, bloss mit Buchstaben und Zahlen bezeichnet sind. Grossartiges, die ganze Stadtbreite einnehmendes **Schloss,** 540 m. lang mit *Gemälde-, Alterthümer-Naturaliensammlungen.* **Hof- u. Nationaltheater** (auf welchem Schillers Räuber am 13. Januar 1782 zum ersten Mal zur Aufführung gelangten). *Schillerstatue* von Cauer modellirt, die Standbilder von *Iffland* u. *Dalberg. Schlossgarten.* Brücke über den Rhein zum *Pfälzer Bahnhof* u. nach dem jenseits des Rheins liegenden (bayrisch.) *Ludwigshafen.* Kettenbrücke über den Neckar. Dampfschiffahrt rheinabwärts.

Westliches Eintrittsgebiet.

Nr. 28. Von Rastatt nach Basel.

Badische Staatsbahn, 174 Kil., tägl. 8 durchgehende Züge in $6^3/_4$ — $8^1/_2$ Std., 4 Schnellzüge (2 mit III. Klasse) in 4 — 5 Std. (siehe Nr. 24.)

Von Rastatt ab überbrückt die Bahn die von links kommende *Murg*, (zur Seite links das alte Städtchen *Kuppenheim*), geht, ebenfalls links an Dorf *Förch* u. dem in ital. Styl erbauten (1725 von d. Markgräfin Sibylle Auguste) Schloss **Favorite** vorüber, dem Grossherzog gehörig.

Die Erbauerin 19 Jahre lang als Vormünderin über ihre Söhne regierend, zog sich nach einem lustig geführten Leben hierher zurück u. unterzog sich harten Bussübungen. In der Magdalenenkapelle im Park sind noch bezügliche Gegenstände zu sehen. Besichtigung des *Schlosses* u. der *Kapelle* gegen Trinkgeld gestattet. Im Schloss der *Spiegelsaal*, in der *Küche* seltenes Geräthe. — Während der Belagerung von Rastatt hier das preuss. Hauptquartier. — *Restauration* beim Hausmeister im Park.

(13 Kil.) Stat. **Oos** (*Bahnrestauration*), (Gasthöfe: *Engel*; *Rössle*) etwa 1300 Ew.

Wagenwechsel für die **Zweigbahn** nach **Baden-Baden**, tägl. 9 Züge in ca. $^1/_4$ Std.

Die Bahn nähert sich den Vorbergen des Schwarzwaldes; links sichtbar der *Fremersberg*, 551 m., an seinem Fuss Stat. *Sinzheim* (*Zum Hirsch* mit Brauerei), 3554 Ew., grosser, wohlhabender Ort mit starkem Weinbau. — (16 Kil.) Stat. **Steinbach**, 152 m., 2010 Ew. (*Zum Stern* [beliebter Mauerwein]), altes Städtchen, $^1/_4$ Std. links östl. vom Bahnhof mit bedeutendem Weinhandel. Nach alter Annahme Heimath des berühmten Meisters *Erwin von Steinbach*, Erbauers der Westfaçade des Strassburger Münsters. Seine *Statue* von Bildhauer Friedrich in Strassburg (auf Kosten der Strassburger Loge u. Elsasser u. Bad. Freimaurer 1844 aufgestellt), auf einem hochgelegenen, von Anlagen u. Weinreben umgebenen Punkt; in der Ferne die rothe Sandsteinsäule erkenntlich. — Hier in der Nähe wächst der berühmte *Affenthaler*, der beste Rothwein des bad. Landes.

Ausflüge nach **Neuweier** (*zum Lamm*), 1/2 Std.; hinter dem *Schlosse* der Familie *Rössler* in Baden gedeiht der ausgezeichnete *Mauerwein* — zum **Geroldsauer Wasserfall**, 2 Std. durch schöne Waldwege u. durchs Thal hinaus nach *Lichtenthal* in 3/4 Std. — Ueber *Wintereck* ins *Bühlerthal*, 1 1/2 Std. — nach *Eisenthal*, 20 Min. — nach *Varnhalt* (*Rebstock, guter Wein*) u. *Umwegen* (vorzügl. Weine im Rebgut von Liebich) 15 Min.

(20 Kil.) Stat. **Bühl**, 140 m., 3070 Ew. (*Bahnrestauration*), wohlhabendes Bezirksamtsstädtchen mit nennenswerthem Wein-, Flachs- u. Hanfhandel, sowie Türkischroth-Garnfärbereien. Neue gothische Kirche, erbaut von Dernfeld. (*Bad. Hof; Rabe; Schütze.*)

Ausflüge ins Bühler Thal, über *Altschweier*, auf bequemer Fahrstrasse nach (1 St.) **Bühlerthal** (*Grüner Baum; Engel*), 3453 Ew. Weiter thalauf hübsche Felspartien (*Wiedenfelsen*). — Nach (2 1/2 Std.) **Herrenwies** (*Auerhahn*). — Nach **Affenthal** 1/2 Std., Heimathsort des famosen Rothweins „*Affenthaler*" (*Auerhan*, guter Wein); in dem nahe gelegenen *Eisenthal* (*Traube; Stern*) ebenfalls trefflicher Wein. — Nach (1 1/2 Std.) **Alt-Windeck** über *Kappel* (sehr alte Linde) u. *Einsiedelhof* u. an *Riegel* vorbei zur *Burg*. *Wirthshaus* in Altwindeck). Vom Thurm nennenswerthe Aussicht. Hinunter über *Waldmatt* nach dem (1/2 Std.) frühern **Bad Hub**, jetzt Kreispflegeanstalt. Sehr milde Lage, Wein, Früchte u. Edelkastanien vortrefflich. Das Mineralwasser ist eine lauwarme Salzthermo von 28—29° C., schon seit 4 Jahrh. bekannt. — 3/4 Std. hinaus zur Stat. *Ottersweier*.

(23 Kil.) Stat. **Ottersweier**, 2601 Ew. (*Sonne; Adler*). In der Kirche neues Glasgemälde von Helmle (Joh. der Täufer). In der Nähe die *Lindenkirche*, Wallfahrtsort (*Wirthshaus*). Oben zur Linken der am höchsten aufragende Berggipfel mit dem steinernen Thurm die *Hornisgrinde* od. *Hornisgründe;* davor in halber Höhe das *Brigittenschloss.*

(29 Kil.) Stat. **Achern**, 147 m., 3145 Ew., freundliches, am Eingang in das Kappeler Thal gelegene Amtsstädtchen, *vorzügliche Station für ausgezeichnete Ausflüge.* (*Post* od. *Krone; Adler; Engel* mit Bierhalle u Garten; *Rathhauskeller.*)

Post: nach (11 Kil.) *Ottenhöfen* in 1 3/4 Std. — Am Bahnhof Wagen; in denselben Tarife.

Auf dem *Marktplatz* das *Denkmal des Grossherzogs Leopold* († 1852), mit Büste des Fürsten, bekränzt von einer Jungfrau, Stadt Achern (von Bildhauer Friedrich 1855 errichtet; derselbe ist aus Ober-Achern gebürtig). Messer- u. Sensenfabriken, Cigarren- u. Cichorienfabrikation u. bedeutende Märkte. — Alte *St. Nikolauskapelle* (13. Jahrh.), in welcher die Eingeweide des bei Sasbach gefallenen franz. Marschalls Turenne beerdigt wurden.

Spaziergänge: 1. nach dem **Hochbühl**, 20 Min. mit schöner Aussicht. — 2. nach **Illenau**, 1/4 Std., eine der bedeutendsten Irren-Heilanstalten von Deutschland, ein Gebäudeviereck von etwa 90 m. Breite u. 231 m. Tiefe. Eröffnet 1842, ist diese Anstalt vortrefflich geführt u. beruht auf den humansten Grundsätzen u. zwecksichersten Einrichtungen bezüglich der Pflege u. Behandlung der Geisteskranken; eingerichtet für 440 Pfleglinge u. Patienten. — 3. nach **Erlenbad** u. **Neu-Windeck**. Fahrstrasse nach *Sasbach* zum (1/2 Std.) **Turenne-Denkmal**. An diesem Orte fiel am 27. Juli 1675 in der Schlacht gegen den österreichischen Feldherrn, Montecuculi der französische Feldmarschall Henri de Latour d'Auvergne, Vicomte von Turenne, Sohn des Herzogs von Bouillon (geb. zu Sedan 1611). Beim Beginn der Schlacht wurde er auf einem Recognoscirungsritt von dem Ast eines heute noch vorhandenen Nussbaumes, den eine Kanonenkugel abgeschlagen hatte, getödtet. — Verschiedene Denksteine waren ihm an der Stelle von Kardinal Rohan u. von General Moreau errichtet worden; 1829 liess die franz. Regierung ihm den gegenwärtigen Granitobelisk (12 m. hoch, aus grauem Stein) mit der Inschrift setzen: „La France à Turenne, érigé en 1829" (dabei der Todestag u. die Orte seiner bedeutendsten Schlachten genannt). Ein franz. Invalide ist Wächter bei diesem Denkmal. — Das frühere *Kurhaus* **Erlenbad** (1/4 Std. weiter) ist 1878 in Privatbesitz übergegangen. Es befinden sich hier lauwarme Quellen von 24° C., kochsalzhaltig. — 3/4 Std. weiter Dorf *Lauf* u. über demselben die Ruinen von **Neu-Windeck**.

Ausflüge: Mit Fuhrwerk durch das schöne Thal von *Sasbachwalden* aufwärts, über Hofgut *Schelzberg* zum **Brigittenschloss** od. *Hohenroder Schloss*, Ruine auf einem Granitfelsen (von Erlenbad 1 1/2 Std.) Schöne Aussicht über die Rheinebene u. die Vogesen. Gute Fussgänger gehen von hier mit Führer auf die Hornisgrinde in 1 1/4 Std. — Ueber den **Mummelsee** zur **Hornisgrinde**, Nr. 46. — Nach **Allerheiligen** u. zu den **Büttenfällen**, Nr. 47. —

(35 Kil.) Stat. **Renchen**, 152 m., 2271 Ew. (*Adler; Post zur Krone; Bahnhofrestaurant*), Städtchen, ehem. mit Schloss, das 1689 von den Franzosen zerstört wurde. Hier starb 1676 als Stadtschultheiss *Grimmelshausen*, der Verfasser des „Simplicissimus". Vor der Kirche sein Denkmal (1879 errichtet). Schöner Ausblick auf die Schwarzwaldhöhen am Kniebis u. Mooswald. Von hier Fahrstrasse nach (9 Kil.) *Oberkirch* am Eingang in das *Renchthal*, Stat. der Zweigbahn Appenweier-Oppenau. — Rechts der Bahn, zwischen Renchen, Appenweier u. Offenburg wird der Strassburger Münster sichtbar.

(41 Kil.) Stat. **Appenweier**, 154 m., etwa 1500 Ew. (*Bahnhofrestauration; Adler*), **Wagenwechsel nach Oppenau u. Strassburg.**

Hier zweigt die Bahn über **Kehl** nach **Strassburg** ab, 26 Kil. in ca. 3/4 Std.;

Zweigbahn von Appenweier, 4 mal über *Oberkirch* nach (18 Kil.) **Oppenau.**

a. Abstecher nach Strassburg.

Wer nur einen Tag zum Besuch von Strassburg verwenden kann, lasse sein Gepäck auf dem Bahnhofe Appenweiher (20 Pfg.

Taxe) u. nehme Billet nach Strassburg, Metzgerthor, östl. von der Stadt, nahe an der Brücke über den Rhein; der Hauptbahnhof ist westlich der Stadt.

Ueber die Stationen Legelshurst u. Kork, durch die flache Rheinebene mit Anblick der Vogesen-Höhenlinie, an welcher am meisten der Belchen (Welsche-Belchen) hervortritt, nach Stat. **Kehl**, 141 m., **Stadt Kehl**, 2067 Ew., **Dorf Kehl**, 2931 Ew., (*Salmen; Post; Blume*) freundliche Ortschaften mit Gewerbsthätigkeit und reger Industrie.

Am 19. Aug. 1870 wurde Kehl als Antwort auf das Feuer der badischen Batterien, welche daselbst postirt waren, von Strassburg aus in Trümmer geschossen, ist jetzt aber schöner wieder aufgebaut. **Eisenbahngitterbrücke** u. 240 m. lange **Schiffbrücke** über den Rhein.

Strassburg, 144 m., einschliesslich der Garnison etwa 100,000 Ew. Hauptstadt der Reichslande Elsass u. Lothringen u. Festung I. Ranges.

Bahnhöfe: Auf der Westseite der Stadt **Bahnhof** für die sämmtlichen hier zusammentreffenden Linien; vor dem **Metzger-Thor** Bahnhof für die Linie über Kehl. — **Lokalbahn** Kehl-Strassburg-Metzger-Thor-Stadt tägl. 12 Züge. — **Pferdebahn** in der Stadt in Verbindung mit den Nachbarorten.

Gasthöfe: *Rothes Haus*, Kleberplatz; *Hôtel de la ville de Paris. H. zum Rebstock; Englischer Hof; H. Wienerhof; Bahnhofrestauration;* **Bier**: *Bierhalle zum Luxhof; Strassburger Taverne; Piton; Wolfsschlucht; Kanone; etc.*

Der Ursprung Strassburgs wird vor Christi Geburt zurück verlegt; *Argentoratum*, Haupthandels- u. Waffenplatz, im 4.—6. Jahrhundert, während der Völkerzüge und Kriegsthürme vollständig zerstört. Im Mittelalter Bischofsstadt, aber wieder viel von den Kämpfen der geistl. u. weltlichen Herren zu leiden. Buchdruckerkunst daselbst erfunden. Guttenberg hier wohnhaft (1421—15. März 1434). 1566 Gründung der Universität. 1648 Eroberung des Elsass durch die Heerscharen Ludwigs XIV. u. Einnahme Strassburgs, das bis dahin freie deutsche Reichsstadt und mit der Eidgenossenschaft bundesverwandt war 1681.

Seit dem 27. Sept. 1870 wieder von Deutschland zurückerobert u. nun Hauptstadt der Reichslande Elsass u. Lothringen.

Die Belagerung Strassburgs dauerte 31 Tage, näml. vom 27. Aug. bis 28. Sept. 1870, obwohl schon vom 11—17. od. 27. Aug. die Stadt von der badischen Divison Bayer eingeschlossen worden war, bis Generallieutenant von Werder das Kommando übernahm. Chef der Artillerie war Generallieutenant von Decker, Chef des Genie General von Mertens. 146 Kanonen, 83 Mörser u. einige Sechspfünder wurden zur Beschiessung des Platzes verwendet u. während des ganzen Bombardements 193,722 Geschosse in denselben geschleudert, so dass täglich durchschnittlich 6949 Schüsse (aus den Belagerungsgeschützen) geworfen wurden. Zertrümmert 564 Gebäude in d. Stadt od. stark beschädigt, 315 Bürger getödtet, 1800 Ew. verwundet, gegen 8000 Ew. obdachlos gemacht. 700 Soldaten fielen u. 1300 wurden verwundet. Das Belagerungskorps bestand aus der preuss. Garde-Landwehr-Division Loën, der I. preuss. Reservedivision Treskow, der dad. Division Laroche, aus 37 Kompagn. Festungsartillerie, einer bayer. Pionirkompagn. u. einem preuss. Pionir-Bataill. — Kommandant der Festung war General Urich, General der Artillerie Barral u. der Admiral Exelmanns.

Die 1870 zerstörten Stadttheile sind schöner aus ihren Trümmern erstanden.

Vom Hauptbahnhof über den Eisern Mannplatz (von einer Figur, der eiserne Mann, „ysern Ma", (in neuerer Zeit restaurirt) zum **Kleber-Platz.** Statue des franz. Generals der Republik Kleber (geb. dahier im März 1753, ermordet 14. Juni 1800 in Kairo). Der Platz heisst auch Paradeplatz. Von da rechts durch die Strasse der grossen Arkaden zum Gutenberg-Platz, ehem. Krautmarkt, mit dem Gutenberg-Denkmal. Bronze-Standbild, von David d'Angers verfertigt, mit einem Blatt (das Gutenberg aus der Presse zieht), auf dem die Inschrift steht: „Et la lumière fut". — Links durch die Krämergasse nach dem Münster.

Der Münster od. das Münster ist den ganzen Tag geöffnet, angebl. 1277 von Meister Erwin von Steinbach begonnen, 1318 von seinem Sohne Johannes bis 1339 fortgesetzt u. 1439 im nördl. Façadenthurm vollendet. Auf dieser Stufe theilweiser Vollendung blieb der Bau bis heute stehen.

Der Strassburger Münster, von Sandstein, ist nächst dem Kölner Dom u. dem Freiburger Münster das grossartigste gothische Bauwerk in den Ländern deutscher Zunge. Die Kirche ist vollständig ausgebaut; von den beiden planmässig zugehörenden Thürmen ist nur der nördl., 436 Fuss oder 130,8 m. hoch, vollendet, während der südl. nur bis zur Plattform ausgebaut wurde. Die Plattform wird erstiegen u. von hier aus eine umfassende Aussicht (Schwarzwald u. Vogesen) genossen. (Karte zur Besteigung der Plattform unten beim Küster 15 Pfg. — Karte zur Besteigung des Thurmes bis zu den Thürmchen 40 Pfg.; bis zur Krone 1,20 M.; ein Mann muss mitgehen u. verlangt ein ebenso grosses Trinkgeld; die Ersteigung ist aber dem Schwindel unterworfenen Personen ernstl. abzurathen.)

Die Kirche ist 114,5 m. (355 Fuss) lang und 42,6 m. (132 Fuss) breit. Der Bau hatte 260 Jahre lang gedauert, als er dem Erwin von Steinbach (Thurmbau) übertragen wurde (Grundsteinlegung 25. Mai 1277). Oben im *Thurm* die Namen von Lavater, Voltaire, Göthe, Herder, Stolberg, Klopstock, Schlosser u. a., welche denselben erstiegen haben.

Prächtig stellen sich die 3 *Portale* dar u. das grosse *Rosettenfenster* dem zur Seite u. darüber schlanke Spitzbogenfenster emporsteigen, deren Linien beim Thurm in ein feines, zartgeschnittenes Wimpergen-System auslaufen, welches dem Ganzen eine belebte Form einfach edler Grossartigkeit verleiht.

Das *Innere* relativ arm, aber gleichwohl von grosser Wirkung.

Schönster Ueberblick des Münsters, der Vorderseite oder Façade gegenüber, mit ihrem Reichthum gothischer Skulpturen, der diese Kirche besonders auszeichnet. Die *Fensterrose* über den Portalen, misst 13,5 m. im Durchmesser. An den 3 Portalen die Reiterstandbilder von Chlodwig, Dagobert, Rudolph von Habsburg, Ludwig XIV., die Bildwerke: Sündenfall, Erlösung, sieben Werke der Barmherzigkeit, jüngstes Gericht. — Auf der Südseite das schöne *Portal von Sabina* (angebl. Tochter Erwin's. mit den von ihr verfertigten Bildsäulen der heil. Jungfrau, der 12 Apostel u.

dem Urtheil Salomo's. Vor dem Portal ihr und Erwin's, ihres Vaters, Denkmal, von Kirstein (1840) ausgeführt. — An der Nordseite *St. Laurentius-Kapelle* mit schönem Portal.

Im Innern des Münsters schöne *Glasmalereien* (meist von Kirchheim, 14. Jahrh.), grosser *Taufstein* von 1453 u. *Kanzel* von 1487. *Heiliges Grab*, schöne *Orgel* von Silbermann u. grosser *Chor* mit Hochaltar, Denkmal des Bischofs Werner, Stifters der Kirche (von Bildhauer Friedrich); — Grabmäler Geilers von Kaisersberg, Erwin's von Steinbach im kleinen Hofe hinter der St. Johanneskapelle des Münsters.

Grosse astronomische **Uhr** (1838—42 von Schwilgué konstruirt), eines der fein durchdachtesten Werke der Uhrmacherei, im Münster aufgestellt (welche sich um Mitternacht des 31. Dezember jeden Jahres selbst regulirt). Unten Globus mit dem Sternenlauf (Planeten), dahinter ein immerwährender Kalender mit dem anzugebenden Datum. Ein Engel schlägt die Viertelstunden auf einer Glocke, ein andrer kehrt jede Stunde seine Sanduhr um. Die vollen Stunden schlägt der Tod u. bei jedem Viertel tritt neben ihm nacheinander Knabe, Jüngling, Mann u. Greis hervor, je der folgende. Der Wochentag wird durch Erscheinen der symbolischen Gottheit des Tages bezeichnet und mit dem Schlage 12 Uhr kommt die ganze Figurenreihe in Thätigkeit u. kräht der Hahn auf der Spitze des kleinen Thurmes zur Linken.

Durch die Schlossergasse zur **protestant. Kirche St. Thomas** mit dem Grabmal des Marschalls von Sachsen (Sohn des Königs August von Sachsen u. der Aurora von Königsmark), grossartige plastische Komposition in carrar. Marmor von Pigalle (nach 20jährig. Arbeit 1777 vollendet). Grabmäler von Universitätslehrern, u. a. von Schöpflin, Oberlin, Koch, Emmerich (von Ohnmacht verfertigt).

Der 1870 durch Brand vernichtete protestantische Tempel (1254 von den Dominikanern erbaut), enthielt die berühmte Bibliothek, die mit allen ihren Schätzen zu Grunde ging. Von den deutschen Buchhändlern und Bibliotheken ist wieder eine Bücher-Sammlung von 500,000 Bänden zusammengesteuert worden. Die Kirche ist in der Wiederherstellung begriffen. — Theater am Broglieplatz, wo schöne Cafés. Akademie mit naturhist. Museum, gegenüber dem botan. Garten, in welchem Denkmal für die 1870 gefallenen Mitbürger (1874 errichtet). — Dabei die Tabaksmanufaktur. Arsenal (Zeughaus). Militärhospital.

Von Appenweier abeilend, gewahrt man links an den Vorhöhen des Schwarzwaldes Schloss *Staufenberg* (von Otto von Hohenstaufen im 11. Jahrh. erbaut), jetzt Staatsdomäne (Prinz Wilhelm von Baden). Station *Windschläg*. Fusswanderer, welche das Schloss besuchen wollen (freundliche Aufnahme), müssen hier aussteigen. Der Stoff zu Fr. de la Motte Fouqué's „*Undine*“ und zur gleichnamigen Oper von Lortzing, ist dem schönen Sagenkreis dieser Burg entnommen, die ihren Ursprung aus frühester, unbekannter Zeit herleitet.

Links sind die herrlichen Weingelände ausgebreitet, wo der *Klingelberger* (ehemals „Serenissimi Badensis Mundwein“ genannt) u. der *rothe Zeller* gedeihen.

(49 Kil.) Stat. **Offenburg,** 161 m., 7179 Ew. (*Bahnrestauration; Table d'hote 2 M.* gut).

Wagenwechsel für die **bad. Schwarzwaldbahn** Offenburg-Singen. Von Frankfurt a. M. aus laufen aber auch durchgehende Wagen bis Konstanz, welche die Inschrift „Schwarzwaldbahn" führen.

Gasthöfe: *Bahnhofhotel,* dicht hinter d. Bahnhof; *Fortuna; Schwarzwälder Hof; Schwarzer Adler* (Post). **Restauration** *Geiger; Zauberflöte.*

Früher freie Reichsstadt, macht das Städtchen einen freundlichen Eindruck; Einwohnerschaft gewerbfleissig u. wohlhabend. Neue, gothische, in rothem Sandstein erbaute, *protestantische Kirche. Standbild,* dem Gedächtniss des *Admirals Drake,* „Verbreiter der Kartoffel in Europa" gesetzt (von Bildhauer Friedrich in Strassburg). Die Orte *Zell, Durbach, Ortenberg* in der Umgebung liefern vorzügliche Weine, welche sehr geschätzt sind u. durch Offenburger Weinhändler weite Verbreitung finden. Champagnerfabriken; Baumwollspinnerei u. Weberei; Handel mit Obst u. Kirschwasser.

Röm. Niederlassung, durch Meilensteine u. andre Fundgegenstände erwiesen. Nach der unwahrscheinl. Sage neu gegründet durch einen irischen Prinzen Offo. Wahrscheinlicher, dass in dem nahe gelegenen Kinzdorf (die Malstätte der Ortenau) ihr erster Anfang gesucht werden muss; indem der Ort von den Herzogen von Zähringen gleichzeitig mit Freiburg als offene Burg zur Stadt erhoben wurde. Unter mannigfachen Schicksalen war O. eine Zeit lang freie Reichsstadt; 1689 Einäscherung durch die Franzosen. Mit dem Lüneviller Frieden an Baden, in dessen vorübergehendem Pfandbesitz es mehrmals gewesen war.

Ausflüge: nach dem *Laubenlindle* (226 m.), Aussichtspunkt, ½ Std. — über *Weingarten* nach *Zell* oder *Fesenbach* u. nach *Durbach* (ausgezeichnete Weine). -- Auf die **Brandeck,** 692 m., den höchsten Punkt der Umgegend mit weiter Fernsicht, 2—2½ Std. — in's *Diersburger Thal* nach *Diersburg* (*Linde*) u. zum sog. *Thierstein* (Ruine *Diersburg*). — über die Höhen des *Steinfirst,* 602 m., nach *Hohengeroldseck,* über *Schutterwald* nach *Altenheim* etc.

Schöne *Gitterbrücke* über die *Kinzig,* 68 m. lang. Links das weitgeöffnete *Kinzigthal,* vom weitumblickenden Schloss *Ortenberg* überragt. Nr. 41. Vorzüglicher Rothwein. — Links Stat. *Nieder-Schopfheim* am Eingang zum *Diersburger Thal* (Steinkohlenbergwerke), etwas weiter vorwärts (links) dicht an der Bahn die geringen Ruinenreste der *Gutleutkirche* (im Hintergrund an den Abhängen *Ober-Schopfheim* u. *Friesenheim,* 2266 Ew.

(67 Kil.) Stat. **Dinglingen,** 172 m., etwa 1500 Ew., wohlhabendes Pfarrdorf. **Zweigbahn** nach (3 Kil.) **Lahr,** tägl. 7 Züge in 10 Min.

Zwischen Dinglingen u. Lahr, an der mit Bäumen besetzten Landstrasse, liegt die schöne *Villa Jamm*, welche der verstorbene Besitzer der Stadt Lahr vermachte und der Gemeinderath dem Fürsten Bismarck als Sommeraufenthalt zur Verfügung stellte.

Lahr, 172 m., 9399 Ew. (*Restauration* am Bahnhof; — *Sonne; Pflug; Löwe; Krone; Schwan; Bierhäuser von Posth, Schaller* etc.), freundliche, sehr gewerbsfleissige Stadt mit reizenden Landhäusern u. bedeutenden Fabriken für Schnupf- u. Rauchtaback, Cigarren u. Cichorien (ganz Lahr duftet danach). Verlagsort des weltbekannten (in 1 Million Exempl. verbreiteten) „Lahrer hinkenden Boten“, von Schauenburg & Comp. Stiftskirche mit Grabdenkmälern der Geroldsecker; neue katholische Kirche, Rathhaus, neue Christuskirche, Kuppelbau, gestiftet von dem † Jamm. Auf dem Friedhof berühmtes Kruzifix. Vom ehem. Schloss mit Kapelle (verbrannt im 17. Jahrh. von den Franzosen) nur noch ein Thurm vorhanden.

Ihr Aufblühen datirt die Stadt seit ihrem Uebergang an Baden 1803. Wahrscheinlich röm. Niederlassung. Ein Heinrich von Lahr (larga urkundl. genannt 1179), wahrscheinlich einem Zweige der Geroldsecker angehörig, denen der Ort zustund. Graf Heinrich von Geroldseck gab der Stadt 1377 einen Freiheitenbrief, nach dessen Bestimmungen die Herrschaft daselbst bis Ende vor. Jahrh. ausgeübt wurde. Im Jahr 1772 heftiger Prozess mit der Herrschaft vor dem Reichskammergericht u. militär. Execution, die eine Schuldenlast von 150,000 fl. veranlasste. Nach dem Erlöschen der Geroldsecker gemeinsames u. halbtheiliges Besitzthum von Baden u. Nassau bis 1803.

Ausflug ins **Schutterthal**; schöne Strasse nach der, von der Bahn aus wahrnehmbaren (2½ Std.) Ruine **Hohengeroldseck,** 1677 von Marschall de Créqui gesprengt. Die Ruine ist durch Beiträge der Stadt Lahr, des Schwarzwaldvereins etc. zugänglicher gemacht worden. Herrliche Aussicht, daher viel besucht. Im Sommer Restauration im Burghof.

Stat. **Kippenheim,** 172 m., 2028 Ew. (*Anker*), ½ Std. von d. Bahn (**Post** dahin in ¼ Std.). — Marktflecken, Geburtsort des (1778 geb., † 1832 in Hyères) in London Millionär gewordenen Schneiders Georg Stulz, den der Grossherzog wegen seiner grossartigen Wohlthätigkeit zum Ritter von Ortenberg erhob. Gusseisernes Denkmal in Kippenheim (1832).

Zur Rechten erscheinen die Vogesen deutlich am Horizont, namentlich die Hoch-Königsburg leicht erkenntlich. — Stat. *Orschweier* (*Krone*). **Post:** nach (4 Kil.) **Ettenheim,** tägl. 6 mal in ½ Std.; altes Städtchen, 195 m., 3052 Ew. (*Pflug [Post]; Kreuz; Sonne; Lamm*), am Ausgang des Undiz- od. Münsterthales. In der Kirche Grab des durch den Halsband-Prozess der Gräfin Lamothe (1785) bekannten Prinzen Louis René Rohan, Kardinal u. Fürstbischof von Rohan († 1802). Seine Büste daselbst aufgestellt. — Im Dr. Mengis'schen Hause zu Ettenheim wurde der Herzog von Enghien, Henri von Bourbon, von französischen Gensdarmen in der Nacht vom 14. zum 15. März 1804 auf neutralem Boden aufgehoben, nach Vinzennes geschleppt

u. auf Befehl Napoleons (als erster Consul) namentl. aber auf Betreiben Talleyrands, erschossen, in dem man ihn der Verschwörung gegen das Leben Bonapartes beschuldigte.

1/2 Std. von Ettenheim, im Thal, *St. Landolin*, kleines Bad in freundlicher Lage. (Sage über den Ursprung der Quelle auf der Todesstätte des Glaubensapostels u. Märtyrers St. Landolin). 1/4 Std. weiter thalaufwärts die Trümmer der alten, ehemal. Benediktiner-Abtei **Ettenheimmünster**, 202 m. (1 1/2 Std. v. E.), aufgehoben 1803.

Links, am Eingang des *Münsterthales* die grosse Kirche von Ettenheim sichtbar. Stat. *Ringsheim*. — Stat. *Herbolzheim*, 179 m., 2094 Ew., Städtchen (*Rebstock*) mit Hanf- u. Weinbau, Baumwolle- u. Leinwandindustrie. — Links Eingang in's *Bleichthal*. Stat. *Kenzingen*, 179 m., 2480 Ew. (*Löwe* am Bahnhof; *Krone; Hirsch; Salm*), Städtchen an der Elz mit grosser Pfarrkirche, Rathhaus. In der Nähe das ehem. Cisterzienserkloster *Wonnenthal* u. die Ruine (links, nahe an der Bahn) *Lichteneck*.

Zweimalige Ueberbrückung des wilden *Elzflusses*. Links Dorf *Hecklingen* mit Ruine *Lichteneck* (s. ob.). — Rechts vorwärts erscheint das *Kaiserstuhlgebirge* inmitten der Rheinebene.

(89 Kil.) Stat. **Riegel**, 182 m. (*Kopf; Pfau; Rebstock; Engel; Meyer's Brauerei*). *Eingangsstation zum Kaiserstuhlgebirge.* Der Ort liegt 1/2 Std. (Post dahin) von der Stat. westl. am *Leopoldskanal*, Mündung der Dreisam in die Elz. Römische Niederlassung, später Königshof, Vergabung an Einsiedeln. *Michaelsberg*, 248 m. mit Kapelle u. Aussicht.

Post, vom Bahnhof nach (5 Kil.) *Endingen* (für Kaiserstuhlpartien) tägl. 4 mal in 40 Min.; — nach (9 Kil.) *Eichstetten*, 1 Std.

Dreisam-Leopolds-Kanal, zur Rechten der Bahn, der (2 Std. lang) das alljährl. wiederholte Austreten der Elz wehren muss, ist ein Werk des † Grossherzogs Leopold. — Links entwickelt sich ein prächtiges *Panorama des Schwarzwaldgebirges*, zu äusserst links *Kandel* (1243 m.), mehr nach rechts die Centralmasse des *Feldberges*, fast davor der *Schauin's-Land* od. *Erzkasten* (1256 m.) noch mehr rechts der *Belchen* (1415) u. ganz rechts, zu äusserst, der *Blauen* (1168 m.) bei Badenweiler. Die Bahn schlägt nun eine südöstl. Richtung ein, der Ausmündung des Elzthales in die Ebene zu. — Links an der Bahn *Köndringen*, Dorf (Haltestelle) mit hübscher Kirche; zur Rechten, jenseits des Kanals, *Thenningen*.

(96 Kil.) Stat. **Emmendingen**, 203 m., 2617 Ew. (*Post* od. *Krone; Adler; Engel; Brauereien von Bautz, Schreiber* etc.)

Post nach (10 Kil.) *Eichstetten*, tägl. 2 mal in 1 Std.

Amtsstädtchen in sehr fruchtbarer Gegend mit lebhafter Gewerbsthätigkeit u. Handel. 2 neue hübsche *Kirchen*, in der *katholischen* gutes altdeutsches Altarbild. Am *Rathhaus* Standbilder der Markgrafen Jakob III. u. Karl III. Auf dem *Friedhof* Grab der Schwester Göthe's Cornelia († 1777), Gemahlin Schlossers. Papier-, Taback-, Kattunfabriken, auch Uhren u. Holzschnitzereiwaaren, Garn- u. Hanfspinnereien. *Ackerbauschule* bei der nahe gelegenen Ruine *Hochburg*, 282 m. —

Die Bahn setzt über den *Elzkanal.* Links die Ruinen der *Hochburg* (geschleift seit 1689). *Eingang in's Elzthal* zur Linken.

(103 Kil.) **Denzlingen,** 236 m. (*Grüner Baum; Hirsch*), wegen seiner grossen Längenausdehnung (über $^1/_2$ Std.) auch *Langen-Denzlingen* genannt. **Schnellzüge halten hier nicht an.**

Aussteigen für das **Simonswalder- u. Wildgutach-Thal,** Nr. 43. **Zweigbahn** nach (7 Kil.) Waldkirch, täglich 5 Züge in 15 Min.

Auffällig gestaltete, barock gothische Steinspitze des Kirchthurms; die Steinbrüstung der Thurmgallerie, ebenfalls eine styllose Phantasterei, stellt die Worte dar: „Ave Maria gracia plena dominus tecum (Wappen von Hochberg) MDXLVII.“

Links *Ausgang des Glotterthales,* über welchem der Kandel in die Lüfte ragt. Besuchenswerth; Nr. 38. — Aus dem Elzthal blickt das Städtchen *Waldkirch* am Fuss des Hohen Kandel hervor. — Im Weiterfahren, rechts *Gundelfingen,* links *Zähringen* u. darüber, aus waldiger Höhe auftauchend, Ruine des Schlosses *Zähringen,* Stammschloss der Grafen von Baden. — Weiter vorwärts *Herdern* u. dahinter, mit dem hohen, dunkelrothen Münsterthurm, in die Ferne herübergrüssend, in lieblichster Umgebung

(112 Kil.) Stat. **Freiburg,** 279 m., 36,380 Ew., am Ausgang des *Dreisamthales;* Stadtbeschreibung u. Umgebung Nr. 38, schöner, neuer Bahnhof mit *Restauration.*

Aussteigen für die Partien in's Höllenthal u. auf den Feldberg Nr. 38 u. 39.

Eisenbahn-Abzweigung nach (44 Kil.) **Kolmar,** über den Rhein, tägl. 4 Züge in 1—$1^1/_2$ Std. Stationen: *Hugstetten, Gottenheim Wasenweiler, Ihringen,* (22 Kil.) **Alt-Breisach,** Nr. 29 —, *Neu-Breisach, Sundhofen, Kolmar.*

Höllenthalbahn nach Neustadt, in der nächsten Zeit mit dem Bau begonnen. Stationen voraussichtlich in *Wiehre, Littenweiler, Kirchzarten, Himmelreich,* bei der *ehemaligen Post* im Höllenthal, beim *Sternen, Hinterzarten, Titisee* u. *Neustadt.* Längenausdehnung der Bahn etwa 35 Kil., mit 28,35 Kil. gewöhnl. Bahnanlage und 6,64 Kil. Zahnradbahn, mit Steigung für gewöhnl. Bahnanlage 2,5°/₀, für Zahnradbahn 5,5°/₀. —

Im Weiterfahren links einladender Einblick in's breitgeöffnete, von mächtigen Berghöhen umschlossene *Dreisam-*

thal, durch welches die Strasse u. bald auch die Eisenbahn in's *Höllenthal* Nr. 39. führt. Links in der Höhe, von Lindenwipfeln umgeben, die *Loretokapelle*. — Die Bahn wendet sich in südwestl. Richtung. Durch Rebengelände von *Uffhausen* u. *Wendlingen* nach Stat. *St. Georgen*. Zur Linken der *Schönberg* od. *Schünberg*. St. Georgen u. Freiburg sind die höchstgelegenen Bahnstationen zwischen Heidelberg u. Basel. — Links Stat. *Schallstadt*, 242 m. (*Löwe*). — Links, vorwärts erscheint die *Staufenburg* am Ausgang des *Münsterthales* u. der *Belchen*. Die Bahn wendet sich vom Berggeländ ab (Batzenberg) u. zieht sich schräg in die Rheinebene hinaus. Der Rhein ist nur noch 7—8 Kil. entfernt. — Längs der Bahn passirt man die Orte *Scherzingen*, *Norsingen* u. *Offnadingen*, alles gute Weinorte.

(126 Kil.) Stat. **Krotzingen**, 233 m., etwa 1500 Ew. (*Bad. Hof [Post]*; *Krone; Rössle; Löwe; Sonne; Bahnhofrestauration.*)

Post: nach (5 Kil.) *Staufen* 4 mal tägl. in $^3/_4$ Std.; — nach (10 Kil.) *Wasen* in $1^3/_4$ Std.

Links am Eingang in das *Untere Münsterthal* Nr. 37. u. 40. liegt das Städtchen *Staufen*, nun deutlich sichtbar sammt der in der Höhe umblickenden Ruine *Staufenburg*.

(132 Kil.) Stat. **Heitersheim**, 257 m., etwa 1500 Ew. (*Adler; Kreuz; Löwe*), Städtchen, 15 Min. vom Bahnhof. In demselben d. *Schloss*, seit dem 16. Jahrh. Sitz des Grosspriors der Johanniter in Deutschland (der letzte Kanzler, von Ittner, machte es Anfangs dieses Jahrh. zur Pflegstätte deutscher Kunst u. Wissenschaft). Schöne Gärten u. Obstgelände. Ringsum Rebberge.

Ausflug nach (7 Kil.) **Sulzburg**. **Post** dahin 2 mal tägl. in 1 St. — Städtchen mit etwa 1300 Ew. (*Hirsch; Rebstock*). Bedeutender Weinhandel. An den Abhängen des *Kastelberges*, mit der gleichnam. *Ruine* (röm. Kastell) gedeiht der edle „Kastelberger". — $^3/_4$ Std, tiefer im Thal **Bad Sulzburg**, 463 m. (*Gasthaus von Grether*) in lieblicher Waldesstille. Gehalt des Wassers: Chlornatrium, salzsaures Natron, kohlensauern Kalk u. Gyps. Die Einrichtung wird gelobt. — Von da Spaziergänge nach dem *Schweighof* Nr. 40. u. dem *Brudermattfelsen*, auf die *Sirnitz*, nach *Neuenweg*, auf den *Belchen* etc. Schattige Waldwege. — An den Vorbergen, zwischen Belchen u. Blauen, Ruine *Neuenfels*, seit 1540 im Zerfall, nachdem die ganze Familie des Schlossherrn von unbekannter Hand ermordet worden war.

(135 Kil.) Stat. **Buggingen**, 241 m. (*Ritter*). Rechts seitwärts, kurz vor Müllheim u., mit demselben durch eine $^3/_4$ Std. lange Pappelallee verbunden, das Städtchen *Neuenburg* sichtbar (s. unt.).

(141 Kil.) Stat. **Müllheim**, 269 m., 3261 Ew. **Aussteigen für Badenweiler**, Nr. 40. (*Hotel Kittler* am Bahnhof; *Weisses*

Kreuz, zwischen Bahnhof u. Stadt; in der Stadt: *Krone; Schwan*).

Post: Vom *Bahnhof* in die *Stadt* (2 Kil.) in 1/4 Std.; — nach *Badenweiler* (7 Kil.), 2 mal in 1 1/4 Std.

Hier ist das Hauptweingebiet des Markgräflerlandes u. die allbekannte Strophe Hebels: „Z'Müllen uf der Post," wo der „Wi, wie Baumöl i schlupft" — trifft heute noch zu, wenn auch die alte „Post", links vom Bahnhof, an der Strasse gelegen, keinen mehr ausschenkt. Der „Reckenhager" ist ein vortrefflicher Wein. — Weinbau u. Weinhandel ist die Haupteinnahmsquelle der 1/4 Std. von der Stat. im Thale ausgebreiteten, wohlhabenden Stadt. Die Weinhandlung der Gebr. Blankenhorn, eine der bedeutendsten u. solidesten des bad. Landes. (Dr. A. Blankenhorn, Verfasser mehrerer Schriften über d. Weinbau, die „Phylloxera" etc.). Rathhaus; Synagoge; evangel. u. neue kath. Kirche.

Bahnabzweigung von Müllheim westlich über den Rhein nach (22 Kil.) **Mühlhausen** im Elsass; tägl. 4 Züge in ca. 3/4 Std. — (3 Kil.) Stat. **Neuenburg**, 232 m. (*Schlüssel; Hirsch*), Städtchen am Rhein mit etwa 1300 Ew., ehemals freie Reichsstadt. Rheinüberschwemmungen, schwere Heimsuchungen durch Brand u. Krieg. Die Grafen von Neuenburg, Nebenlinie der Zähringer, hatten im 11.—13. Jahrh. hier ihren Sitz; wahrscheinl. ehem. röm. Kastell. — Hier starb (8. Juli 1639) plötzlich, wie allgemein angenommen wird, auf Anstiften Richelieu's vergiftet, Herzog Bernhard von Weimar im 35. Lebensjahr. — Nun, den Rhein überschreitend, über Stat. Banzenheim, durch den Hardtwald, über Stat. Napoleonsinsel (künstl. Insel an der Einmündung des Kanals von Hüningen in den Rhein-Rhone-Kanal) nach (22 Kil.) **Mühlhausen**.

Die Bahn wird von links her allmählig von den Bergabhängen überragt u. eingeengt, von rechts her nähern sich die weiten Flächen der versandeten u. von einzelnen umbuschten Wasseradern durchzogenen Rheinufer. Weitgestreckte Pappelalleen, die das Land nach allen Richtungen durchkreuzen, kennzeichnen die Gegenden des benachbarten Elsasses. — (143 Kil.) Stat. *Auggen*, 266 m. (*Bären; Erbprinz*), guter Wein.

(146 Kil.) Stat. **Schliengen**, 258 m. (*Krone; Sonne*). **Post** nach (9 Kil.) *Kandern*, 2 mal in 1 1/2 Std. — Neues Bad (Quelle entdeckt 1880). Trefflicher Wein. Marktflecken mit etwa 1300 Ew. 1796 Schlacht (24 Oct.) zwischen Moreau u. Erzherzog Karl, wobei ersterer seine Truppen (durch seinen berühmten Rückzug durch das Höllenthal) ohne grossen

Verlust über den Rhein rettete. — An den Stationen *Bellingen, Rheinweiler* u. *Klein-Kems* vorüber geht die Bahn in mehreren Windungen, immer hoch am rechten Rheinufer dahin, vielfach in Felsen gesprengt u. auf Dämmen hin, mit offenem Ausblick nach dem elsässischen Ufer. Diese Terrain-Schwierigkeiten erreichen ihren Gipfelpunkt am sog. **Isteiner Klotz**, einem senkrecht in den Rhein abstürzenden, mächtigen Kalkfelsen, welcher vermittelst 3 Tunnels (von 234, 120 u. 303 m. Länge) durchbrochen werden musste. Am Isteiner Klotz, der sich 349 m. über den Stromspiegel erhebt, spielt Scheffels Erzählung aus der Zeit der Völkerwanderung „Hugideo". *Veitskapelle*. Allerlei Sagen. *Burgtrümmer*. Bei den Ruinen auf der Felshöhe *Aussichtspavillon* mit hübschem Umblick. — Die Landschaft erweitert sich wieder. Stationen *Ehringen-Kirchen, Eimeldingen*, Brücke über die *Kander* u. *Haltingen*, endlich Grenzstation (170 Kil.) *Leopoldshöhe*. Zollvisitation sehr human.

Zweigbahn von Leopoldshöhe nach (6 Kil.) **St. Ludwig** im Elsass tägl. 5 mal in 10 Min. über den Rhein u. Stat. *Hüningen*.

Jenseits des Rheins, rechts drüben, die ehemalige französische Festung *Hüningen*. Die Bahn betritt nun *Schweizergebiet* (Kanton Basel-Stadt), überschreitet die *Wiese* und erreicht den **badischen Bahnhof** von (173 Kil.) **Basel**, Nr. 12. (*Bahnrestauration*), vom Rhein 15 Min., vom *Centralbahnhof* 40 Min. entfernt.

Wer in Basel bleiben will, verlässt hier die badische Bahn (Zollvisitation human), — wer in die Schweiz reisen will, fährt auf der *Verbindungsbahn* (5 Kil.) über den Rhein nach dem Bahnhof der Schweiz. Centralbahn. Omnibuskurs von Bahnhof zu Bahnhof, Omnibus der Hotels an den Bahnhöfen, Nr. 12. —

Wer nach Schaffhausen u. Konstanz, Nr. 15, reisen will, bleibt im Bad. Bahnhof, wo gewöhnl. nach 15—30 Min. der Zug auf der südl. Bad. Staatsbahn weiter fährt.

In Basel beginnt die Rechnung nach Franken u. Centimes. 1 Frk. = 80 Pfg., 25 Centimes = 20 Pfg., ein Fünffrankenthaler = 4 Mk.

Nr. 29. Von Freiburg in's Kaiserstuhlgebirge. (Alt-Breisach.)

Badische Eisenbahn nach *Alt-Breisach*, 22 Kilom., tägl. 4 Züge in 35—45 Min. — **Post**: 2 mal von da über *Burkheim, Endingen* nach (32 Kil.) Stat. **Riegel** zur Eisenbahn, Nr. 28, wo die gewöhnlichen Züge anhalten (Eilzüge nicht). Zwischen *Riegel* u. *Endingen Post-Omnibus*, 4 mal tägl.

1 Tag genügt zum Fahren für diese ganze Linie, wenn man den Rhein nicht überschreitet.

Fusstour (s. unt.): Morgens 7¼ Uhr Eisenbahn bis *Gottenheim* 20 Min.; dann zu Fuss ½ Std. nach *Ober-Schaffhausen*, ¾ Std. nach

DAS KAISE

Königschaffhausen
Jechtingen
Nied. Rothweil
Neu M.
Jägerhaus
Faule Waag
Wasserfallen
Krebs M.
Unter Krütt
Ober Krütt
Vieh Weid
Grabs Ried
359
ALT BREISACH
DAS R

STUHLGEBIRGE.

Neunlinden, $^3/_4$ Std. nach *Ihringen* zur Bahn u. 5 Min. nach *Alt-Breisach*. Nach *Burkheim* u. Ruine *Sponeck* $1^1/_4$ Std.; — über *Ichtingen* nach *Sasbach* u. Ruine *Limburg* $1^1/_2$ Std., nach *Königs-Schaffhausen* 1 Std. — Von hier über *Amoltern* auf den *Katharinenberg* $1^1/_2$ Std. Sodann über den *Silberbrunnen* nach *Bahlingen* u. Bahnstation **Riegel.**

In umgekehrter Richtung von Freiburg nach *Riegel* mit Bahn, dann (allenfalls mit Führer) über den *Katharinenberg* zu den *Neunlinden*, dann über *Bickensohl* u. *Achkarren* in $2^1/_2$ Std. nach *Alt-Breisach*. Oder mit *Wagen* von Riegel nach *Ober-Schaffhausen*; von da (Führer nicht durchaus nöthig) zu den *Neunlinden* u. von da über *Bickensohl* u. *Achkarren* nach *Alt-Breisach*, wie vorhin. (s. Einleitg.)

Mit der Bahn von Freiburg nach *Gottenheim*, durch den *Mooswald* (Park des Freiherrn von Menzingen), über *Hugstetten* (*Kreuz*). In Gottenheim Omnibus nach *Ober-Schaffhausen*, 228 m. (*Krone*; *Gasthaus zum Bad*). Durch das $^1/_4$ Std. lange Dorf Fahrstrasse bergan im Zickzack. Auf der Höhe (Hohlweg) Wegweiser nach den $^1/_2$ Std. links gelegenen **Neunlinden**; ehemals neun Lindenstämme, jetzt nur noch acht auf einem Wurzelstock. Reizende Aussicht auf das Rheinthal auf- u. niederwärts u. rings auf die Berge des Schwarzwaldes u. der Vogesen. Hier ist aber noch nicht der Gipfelpunkt der Berghöhe, sondern beim *Todtenkopf*, runder Platz, 559 m. mit Gemarkungsstein in der Nähe. Kaiser Rudolf von Habsburg soll hier mehrmals nach altdeutscher Sitte unter freiem Himmel öffentlich Gericht gehalten haben, daher Kaiserstuhl. — Nach *Bickensohl* (*Engel*), westlich 20 Min. u. von da nach Stat. **Ihringen** $^3/_4$ Std., 207 m. (am Bahnhof d. *Restauration von Mössner*; *Ochs*), Dorf mit den gesegneten Weinbergen, die besten am Kaiserstuhl. In der Nähe das Landwirthschaftl. Gut *Lilienthal* u. das Rebgut *Blankenhornsberg*, eine Rebenanlage der Gebrüder Blankenhorn in Müllheim, auf deren Doleritboden ein weit u. breit gepriesener Wein gezogen wird.

Von Ihringen in 5 Min. mit der Bahn nach

Alt-Breisach am rechten Ufer des Rheins, 227 m., 3259 Ew. (viele Juden) (*Post* od. *Deutscher Kaiser*; *Ochsen*; *Wilder Mann*; *Salmen*; *Elsässer Hof*; *Brauerei von Berger*). **Eisenbahn** nach *Freiburg* Nr. 28 — nach *Neu-Breisach* u. (21 Kilom.) nach *Kolmar* im Elsass Nr. 28. — **Post** über *Burkheim*, *Endingen* nach (32 Kil.) Riegel, Bahnstation, Nr. 28. 2 mal tägl.

Die Stadt liegt theilweise, einen imponirenden Anblick bietend, (doch nur aus der Ferne) auf einer steilen Anhöhe (30 m.) u. war eine altkeltische Niederlassung auf den steilen Hügeln am Rhein, der erst östl. von dem Ort vorüberfloss, dann sie zur Insel machte u. endlich auf seinem rechten Ufer liess. Von den Römern befestigt u. mons brisiacus genannt, gab die Stadt dem Brisachgowe, Breisgau, den Namen. Die Sage von den Harlungen u.

dem treuen Eckart knüpft sich an diesen Ort (*Eckhardsberg*). Zur Zeit des wieder erhobenen Volksherzogsthums in Alemannien war „Brisacha“ Münzstätte u. abwechselnder Wohnsitz des Herzogs. In den Aufständen unter Otto I. bildete es den Rückhalt für den Frankenherzog Eberhard gegen den Kaiser u. wurde erst eingenommen nach dem jener bei Andernach gefallen war. Im Jahr 1002 nahm es Herzog Hermann II. von Alemannien den Anhängern des Kaisers weg u. von da an blieb die Burg um den alten Römerthurm dem Reiche u. wurde von den Herzogen von Zähringen (als Grafen des Breisgaues?) besetzt. Der Ort mit der Kirche aber wurde dem Bischof von Basel geschenkt, der die Hälfte desselben dem Kaiser überliess (1185). Unter Rudolf I von Habsburg wurde Breisach Reichsstadt u. später nannte man sie „den Schlüssel Deutschlands u. des heil. röm. Reiches Ruhekissen“, da sie stark befestigt worden war. Sie wurde aber schon 1331 an Oesterreich verpfändet u. von Herzog Sigismund an Herzog Karl den Kühnen wiederum pfandweise überlassen (Landvogt Hagenbach hier hingerichtet) bis 1474, wo der Pfandschilling erlegt u. der burgundische Landvogt festgenommen war. Im 30jährigen Krieg 1638, von Herzog Bernhard von Weimar 12 Monate lang (belagert 4 Monate) eingeschlossen u. genommen, fand derselbe (1655) für seine Gebeine hier die letzte Ruhestätte. — Im Feldzug von 1793 wurde die Stadt von den Franzosen (vom Fort Mortier aus) ohne alle Veranlassung zusammengeschossen u. konnte sich seit dem nur mühsam erholen. — Im jüngsten Krieg gegen Frankreich beschossen von hier aus 3 badische Batterien (vom 2.—8. Nov. 1870) das jenseits des Rheines liegende französische *Fort Mortier*, welches nur 7 Geschütze hatte, worauf Neu-Breisach am 10. Nov. kapitulirte. —

Sehenswerth der auf der malerischen Höhe gelegene grosse, gothische **St. Stephansmünster** (mit Bautheilen in romanischem Styl) in seinen ältesten Theilen aus dem 12. Jahrh., sonst aus dem 13. Jahrh. u. mit Anbauten aus dem 15. Jahrh. In demselben sehr schöner *Lettner* aus Stein, reichgeschnitzter *Flügelaltar*, dem Formschneider Hans Liefrink (Lieferink) aus Leiden (1526) zugeschrieben, die Krönung Mariä vorstellend. Neue grosse Gemälde von *Dürr* im Chor. Reliquienschreine der Stadtschutzheiligen Gervasius u. Protasius (von Papst Pius IX. für unecht erklärt, weil in Italien noch an 2 Orten andere Leiber u. Gliedmassen vorhanden sind). Grabdenkmäler. Hübsche Aussicht bei der Kirche. Ebenso auf dem *Schlossberge* u. dem mit einem Denksteine an die Vermählung des Grossherzogs gezierten *Eckartsberge*. Radbrunnen, Hagenbachthurm, Gefängniss des 1774 hingerichteten burgund. Landvogtes Peter von Hagenbach.

Auf dem *Schlossberge*, mit Anlagen, geschmackvolles **Denkmal** für den 1828 verstorbenen, um die Rheinkorrektion sehr verdienten Wasserbau-Ingenieur, Oberst Johann Gottfried **Tulla**, enthüllt 1874 ein 16.2 m. hoher Wartthurm auf dem Fundamente des alten Bertholdthurmes, in den Gartenanlagen, mit der Inschrift: „Dem Bändiger des wilden Rheins († in Paris, 58 Jahre alt)“. Baden hat auf die Rheinkorrektion schon vor 1876 u. 1877, wo wieder bedeutende

Ueberfluthungen eintraten, nach u. nach etwa 36 Millionen Mark verausgabt.

Altes Brückenthor am Rhein, früher Rheinthor genannt, von Vauban unter Ludwig XIV. erbaut, mit den Steinbildern des gefesselten Rheins u. der Donau u. der übermüthigen Inschrift:

„Limes eram Gallis, nunc pons et janua fio
Si pergunt Galli, nullibi limes erit."

Ausser der neuen *Eisenbahnbrücke* ist eine feste *Schiffbrücke* als Verbindung der beiden Rheinufer vorhanden. Weinbau.

Jenseits des Stromes, $^1/_2$ Std. landeinwärts **Neu-Breisach**, unbedeutendes, befestigtes Landstädtchen mit Garnison (2. Bataillon 4. Westphäl. Infanterie-Regiments Nr. 17 u. 1 Kompagnie Fussartillerie Nr. 14).

Von den Kaiserstuhlorten sind zu nennen: **Burkheim**, 205 m., nahe an 1000 Ew. (*Adler; Kreuz*), altes Städtchen mit bedeutendem Weinbau u. aussichtsreichen Schlossruinen. Im 10. Jahrh. Vergabung als Königsgut an das Kloster Einsiedeln, ging es durch viele Hände u. war auch Besitzthum des berühmten österreichischen Heerführers Lazarus von Schwendi und seiner Tochter Eleonore. Von Alt-Breisach dahin 10 Kil. monotonen Weges. Angenehmer über Oberrothweil, 220 m. (*Bär; Löwe; Rebstock; Stube*).

Von Burkheim 1 Std. nach der Ruine Sponeck; Weg am Rhein entlang einförmig; dagegen lohnend über den Bergrücken, wo bei einem Kruzifix (293 m.) herrliche Aussicht geboten ist, u. die Thürme von Basel sowie der Münsterthurm zu Strassburg gleichzeitig erblickt werden können. Burgruine Sponeck, auf einem steilen Felsen am Rheinufer romantisch gelegen, 248 m., würtemberg. Besitzthum, von dem die Grafen von Sponeck, morganat. Nachkommen des Herzogs Leopold Eberhard 1702, ihren Namen tragen (*Gasthaus zum Grossherzog Leopold*). — Von Burkheim $1^1/_2$ Std. über Ichtingen (*Sonne*) und (7 Kil.) Sasbach zu der in der Nähe gelegenen Burgruine **Limburg** (Lintburg), Geburtsstätte Kaiser Rudolf's von Habsburg und vermuthlicher Sterbeort Herzog Berthold's I. des Bärtigen. — In Sasbach (*Löwe*) neue Rhein-Schiffbrücke nach dem elsässischen Ufer; bedeutende Steinbrüche. Gefährliche Ufergestaltung des Rheins, der die Gemarkung des Ortes öfter mit Ueberschwemmungen heimsucht. Die heldenmüthige Susanna Reisacher, welche im Alter von 12 Jahren mit eigener Lebensgefahr zwei Schiffbrüchige aus der Rheinfluth rettete, war hier zu Hause. — Den Rückweg von Ruine Limburg nach Sasbach nimmt man am angenehmsten über die Kapelle am Lützelberg. — Von Sasbach Obstbaumallee nach ($3^1/_2$ Kil.) Königs-Schaffhausen, 199 m. (*Lamm; Löwe; Rössle*), wo der treffliche Kirchlinsberger Wein wächst, u. von hier in $^3/_4$ Std.

($3^1/_2$ Kil.) nach dem alten Städtchen **Endingen,** 188 m., 2772 Ew. (*Pfau; Hirsch*), mit starken Märkten u. Handel mit landwirthschaftl. Produkten. Kaiserliche Schenkung der Ottonen an das Kloster Einsiedeln, dann Hauptsitz der Kloster-Vögte von Usenberg (früher von Rimsingen), welche in der Nähe das Schloss Kohlenberg erbauten; nach deren Aussterben an Oesterreich. — Von Endingen aus Besuch des zweiten berühmten Fernsichtspunktes im Kaiserstuhlgebirge, die $1^1/_4$ Std. davon gelegene **St. Katharinenkapelle,** 499 m., Schlüssel im Rathhause zu Endingen, wo Glasmalereien, Alterthümer, Folterwerkzeuge zu sehen. — Oben auf der Höhe Anlagen u. die stattliche Kapelle (Altarbild). Im Thurmgemach Karten, Bücher, mineralog. Sammlung, Fernrohr etc. Aussicht reizend von dieser dritthöchsten Kuppe des Gebirges. Fusswege nach allen Richtungen abwärts. Hinabweg über Bahlingen, 218 m. (*Rebstock; Krone*) u. über den Silberbrunnen ($^1/_4$ Std. von B.), Bad mit einfacher, aber guter Wirthschaft. Bahlingen (urkundl. Baldinga) war in der Schenkung Otto II. an Einsiedeln inbegriffen u. kam von den Einsiedeln'schen Schirmvögten von Usenberg an die Markgrafen von Baden. — Rückkehr über Riegel (Besuch der Kapelle auf dem Michaelsberg, 248 m., $^1/_4$ Std. lohnend u. empfehlenswerth). — Nr. 28.

Neuer Bahnhof mit kolossalen Räumlichkeiten (1867 von Morlock erb.) u. gegenüber **neue Post** (von Tritschler), Prachtbauten. — In der Umgebung des Residenzschlosses der *königl. Leibstall* (mit den berühmten 100 Arabern); *Schlosswache; Reithaus.* — Gegenüber dem Akademiegebäude das *Waisenhaus* (kolossales Gebäude). — *Prinzessinnen-Palais* (von Solucci); daneben *Archiv* u. *Naturalienkabinet* (s. Samml.) mit sehenswerthen Sammlungen.

Der **Stadtgarten**, mit Restaurant; Mittwochs, Samstags u. Sonntags Konzert, sehr besuchenswerth. — Gegenüber Gebäude der *polytechnischen Baugewerkschule* (1860—1865 von Egle im italien. Renaissançe Geschmack erbaut). — **Johanniskirche**, auf einer Erdzunge des Feuersees erbaut (malerische Lage) in gothischem Styl von Oberbaurath Leins. — **Hospitalkirche** (Kreuzgang u. Christus von Dannecker). — *Marienkirche; St. Leonhardskirche* (1470 erb.); neue *kathol. Kirche.* — Prachtvolle **Synagoge** von 2 gewaltigen Kuppeln überragt (nach Breymann's Entwurf in orient. Styl erbaut).

Neue Schulhausbauten an der Schloss- u. Kasernenstrasse. *Katharinenhospital.* Verschiedene *Kasernen* (*neue Infanteriekaserne,* eine der grössten Deutschlands). — *Kriegerdenkmal* auf dem Friedhof. *Centralfriedhof* auf der Prag am Ende der Bahnhofstrasse mit Arkaden u. schönen Familiengruften.

Sammlungen: **Museum der bildenden Künste,** in der Neckarstrasse Nr. 32, *Kunstschule, Gemäldesammlung* in 4 Säälen (700 Nummern) u. *Bildhauer-Arbeiten* umfassend.

Plastische u. Gemäldesammlung (geöffnet: s. ob.). Im *Parterre:* **Gypsabgüsse** in 4 Sälen mit Gruppe der Niobe, des Laocon; trunkener Satyr, borghesischer Fechter, aeginetischer Kämpfer. Sammlung der Modelle u. Abgüsse von Thorwaldsen's Werken (sehr vollständig u. einzig in ihrer Art). — Im *obern Geschoss* **Gemäldesammlung.** **I. Saal:** *Bellini,* Pieta; — *Tizian,* heilige Magdalena; *Pordenone,* Judith m. d. Holofernes Haupt; *Caravaggio,* Zinsgroschen. — *Kabinet I.; Schick,* Apollo unter d. Hirten; *Paolo Veronese,* heil. Jungfrau; *Koch,* Landschaft nach einem Gewitter. — **II. Saal:** *Rembrandt,* Portrait einer alten Frau; *Everdingen,* Landschaft; *Kupetsky,* Selbstportrait des Künstlers mit einer Brille; *Zurbaran,* Einkleidung einer Nonne (heil. Clara); *Andrea del Sarto,* Portrait des Malers Campi; *Vandyck,* Christus, von Maria u. Magdalena beweint; — **III. Saal:** Werke der altdeutschen (namentl. Ulmer- u. Augsburger-) so wie niederländischen Schulen, *Lukas Cranach, Zeitblom, Rogier van der Weyden, Holbein,* u. a. — Im *Corridor* kleinere Holländer. **IV. Saal:** *Bernh. Neher,* Abnahme vom Kreuz; *Bäuerle,* Waise; *Kaulbachs* Farbenskizze zur Seeschlacht von Salamis; *Feuerbach,* Iphigenie; *Makart,* Kleopatra; *Defregger,* verwund. Jäger; *Bethel,* Auffindung der Leiche Gustav Adolfs b. Lützen, etc.

Königl. öffentliche Bibliothek, gegründet 1765, mit 330,000 Bänden, 130,000 Broschüren, 3600 Handschriften u. bemerkens-

Oestliches Eintrittsgebiet.

Nr. 30. Stuttgart und Umgebung.

Bahnhöfe: *Hauptbahnhof* in der Stadt (Schlossstrasse), eine Kopfstation, von welcher *landaufwärts* die *obere Hauptlinie Stuttgart-Friedrichshafen* mit ihrem südl. Zweig *Plochingen-Immendingen* (Singen, Schaffhausen-Zürich) *landabwärts* die *untere Hauptlinie Stuttgart-Bretten-Heilbronn* u. die *würtemb. Schwarzwaldbahn Stuttgart-Freudenstadt* auslaufen.

Eisenbahnstation Hasenberg an der Linie *Stuttgart-Freudenstadt*.

Pferdebahn (seit 1868). Taxe: ab *Rondel* zur Haltestelle am *Neckarthor* 10 Pfg., *Stuttgart-Berg* 10 Pfg. *Archiv-Berg* 15 Pfg.

Post gegenüber dem Bahnhof, durch 5 Filialablagen in der Stadt unterstützt. — *Postverbindungen* mit (11 Kil.) *Solitüde* in $1^1/_2$ Std., mit (22 Kil.) *Waldenbuch* in $3^1/_2$ Std., u. *Plieningen* (14 Kil.) in 2 Std.

Telegraph: Telegraphenamt im Nebengebäude am Bahnhof, *Friedrichsstrasse*, 25 u. ein solches *Paulinenstrasse*.

Droschken: innerhalb der Stadt, bis $^1/_4$ Std. Zeit (2400 m.) für 1 u. 2 Pers. 60 Pfg.; 3 u. 4 Pers. 80 Pfg.; bis 1 Std. 1 u. 2. Pers. 1,80 M.; 3 u. 4 Pers. 2,10 M.; für jede weitere begonnenen 10 Min. Zeit 1 u. 2 Pers. 30 Pfg.; 3 u. 4 Pers. 35 Pfg. mehr.

Dienstmänner. Gang von $^1/_2$ Std. mit Belastung (bis zu 5 Kilogr. 35 Pfg., mit mehr Gepäck 45 Pfg.

Gasthöfe: *Hotel Marquard* (Königs- u. Schlossstrasse-Ecke) in unmittelbarer Nähe des Bahnhofes, Post, Theater, Schlossplatz, altberühmtes Hotel; *Hotel Royal*, dem Bahnhof gegenüber, neben dem Postgebäude; *Hotel zum Adler* in der Mitte d. Stadt; *Hotel Hirsch*, Hirschstr. 14. *Hotel Kraus*, Friedrstr. 60; *Hotel Textor*, Friedrstr. 50, A u. B.; *König von Würtemberg*, Kronprinzenstr. 26; *Zum Bären*, Esslingerstr. 19; *Hotel Silber*, Dorotheenstr. 2 (ehem. *Bayerischer Hof*); *Oberpollinger*, Friedrstr. 49.

Pensionen u. Hotels garnis: *P. Howitz*, Schillerstr. 3; *P. Erpf*, Neckarstr. 48b; *Redwitz*, Schlossstr. 7; *Sigle*, Neckarstr. 18; *Bilhuber Luise*, Moserstr. 26; *Bunzel Aug.*, untere Olgastr. 10; *Bunzel Maria*, Urbanstr. 46; *Hausmann Wilhelmine*, Blumenstr. 27; *Markel Wilhelm*, untere Olgastr. 8; *Maurer Gustav*, Silcherstr. 1; *Müller Elise*, Friedrstr. 10; *Ott Mathilde*, Archivstr. 19; *Villa Salem*, Jägerstr. 54; *Roller*, Schlossstrasse 54.

Cafés *(Restaurationen)*: *Marquard*, Schlossplatz [*Terrasse, Conditorei, Damensalon u. Garten*]; *Reissig im Königsbau mit Billard*. *Redwitz*, Schlossstr. 7; *König Karl*, Schulstr. 16 an der Königsstr, *Billard*; *Rüthling*, Schmalestr.; *Wiener Café (Bohm)*, Königsstr.; *Eckardt*, Olgastr. 35; *Weixler*, Gymnasiumstr.; *Marquard, im Bahnhof, Entree 10 Pfg.*

Delikatessen: *Redwitz*, dem Bahnhof gegenüber; *Männer*, Königsstr. *(russische Konditorei)*.

Weinhäuser: *Herrmann*, Hauptstätterstr.; *Kühnle*, Hospitalplatz; *Leyendecker-Vogel; Schairer; Dierlamm; zur Schule; Rueff zur Pappschüssel; Stahl zur Sakristei; Schwarz; Gutscher; Lutz; Weber;*

Weingarten: *Stotz*, Mönchsstr. 32; hübsche Lage.

Bierhäuser: *Kolb*, vor dem Tübingerthor 61; *Koppenhöfer sen.*, Böblingerstr. 32; *Jul. Koppenhöfer*, Charlottenstr. 22; (alle mit Gärten); *Dierlamm*, Friedrichsstr. 30; *Vietense*, Augustenstr. 4; *Paul Weiss*, Catharinenstr. 4; *Hiller*, Lederstr. 6; *Rauch zum Hecht*, Sofienstr. 35; *Diller zur alten Post; Bardili*, Tübingerstr. 11; *Michoud*, Kronprinzenstr. 1c. 2; *Werner*, Lindenstr, 14; *Gogel zum bad. Hof*, alter Postplatz 1; *Feil; Cassel; Hinsche; Buchbaur; Rath; Wulle (Garten).*

Biergärten: *Tivoli*; *Liederhalle; Schützenhaus*; *Engl. Garten; Bardili; Aktiengarten.*

Bäder: *Charlottenbad*, Charlottenstr. 15 *(röm. Bäder); Neckarwasserbad*, Urbanstr. 14 (Inhalations-Einrichtung); *Königsbad*, Cannstadterstr. 131; *Hotel Marquard; Wasch- u. Badeanstalt* (Aktien) Rothebühlstr. 65; *Neef'sche Badanstalt*, Rothebühlstr. 53; *Stuttgarter Mineralbad* in der Vorstadt Berg mit Schwimmbassin u. 74 Kabinetten.

Zeitangaben für Besichtigung der Hauptsehenswürdigkeiten etc.

Residenzschloss: Eintritt im *Schlosshof links*; 1—3 Uhr Nachmitt. Trinkgeld 1. M. — Erlaubniss bei der Schlossverwaltung einholen im **alten** Schloss.

Für *Villa Rosenstein, Wilhelma, Villa bei Berg.* Die Erlaubnisskarten von der Oberhofmeisteramts-Kanzlei, *altes* Schloss zu empfangen. Trinkeld in jedem dieser Punkte dem Hausmeister 0,75—1 M. Die Hotelportiers wissen am sichersten eine Eintrittskarte vom Hofmarschallamte zu bekommen.

Kunstgebäude. *Museum der bildenden Künste*, Neckarstr. 32. *Plastische u. Gemäldesammlung* Sonntags von 11—1 u. 2—4 Uhr; in der bessern Jahreszeit Dienstag, Mittwoch u. Freitag zu denselben Stunden. *Kupferstichsammlung* in der bessern Jahreszeit Dienstag, Mittw., Donnerst. u. Freitag (Feiertage ausgenommen), je von 2—4 Uhr in den Wintermonaten Dienstag, Mittw. u. Donnerst. von 2—4 Uhr. Alle unentgeltlich.

Naturalienkabinet, Neckarstr. 6, tägl. von 11—12 u. 2—3 Uhr; Sommers 11—1 Uhr geöffnet. Trinkgelder untersagt.

Königliche öffentl. Bibliothek, Neckarstr. 8, ausser Sonntags tägl. von 10—12 u. 2—5 Uhr; im Winter von 2—4 Uhr geöffnet.

Museum vaterländ. Alterthümer, Kronenstr. 20, Sonntags 11—12½ Uhr; Mittwoch 1½—4 Uhr; ausserdem gegen Trinkgeld von 85 Pfg.

Musterlager, Königsstr. 72, tägl, unentgeltl.

Thiergarten von J. Nill, Hardweg 10.

Königliches Theater, *Schlossplatz*, ausser Samstags tägl. Vorstellung, Anfang 7 Uhr Abends. Dienst., Donnerst. u. Sonntag gewöhnl. *Oper.*

Sommertheater im neuen *Stuttgarter Mineralbad*, mit Pferdebahn 10 Min.

Victoriatheater in *Cannstadt am Bahnhof* mit der Eisenbahn 8 Min.

Stadtgarten, 5 Min. vom Bahnhof, auf dem *Alleenplatz*; Besuch sehr zu empfehlen. Kunst- u. Handelsgärtnerei *(Restauration)*, Konzerte in d. Woche, feine Gesellschaft.

Stuttgart, 250 m., 117,303 Ew., Haupt- u. Residenzstadt des Königreichs Würtemberg, in einem von Rebhöhen umgebenen Thalkessel, vom Nesenbache durchflossen, rings von Waldhügeln umkränzt, ihrer Lage nach eine der schönsten Residenzstädte Deutschlands. Ziemlich regelmässig angelegt, ist die Orientirung nicht schwierig. Die Altstadt, um den Marktplatz gelagert, hat viele kleine Kreuz- u. Quergassen u. gleicht hierin den alten schwäbischen Stadtwesen; die ausgedehnte neue Stadt schliesst sich in regelmässiger Anlage rings um jene an, hat sich aber erst seit Anfang dieses Jahrhunderts gebildet.

Rundgang bei beschränkter Zeit. Vom Bahnhof, am *Königsbau* vorüber, zum *Schlossplatz* (Jubiläumssäule), zwischen links dem *alten Schloss* u. dem *Prinzen Friedrichs Palais* hindurch zum *Schiller-Denkmal* u. *Stiftskirche*, dann zum *alten Schloss* (im Hof Reiterstandbild d. Grafen Eberhards im Bart), dann zum *Residenzschloss*, *Leibstall* (arabische Pferde) *Akademie* u. *Museum der bildend. Künste*, der *Münze* gegenüber (Neckarstr.)

1. täg. Aufenthalt. Nach *Cannstadt* (Eisenbahn, Pferdeeisenbahn); besser durch den *Park* zum *Wilhelmsbrunnen* (Morgens 7 Uhr Musikaufführung, Kaffee); zurück mit Bahn, sodann die Tour wie oben, der man noch den Besuch der *Silberburg*, *öffentlicher Gärten* od. des *Theaters* beifügen kann. Bei ausreichender Zeit noch Besuch der Villen *Rosenstein*, *Wilhelma*, *Jägerhaus* mit Aussichtsthurm.

2. täg. Aufenthalt. Wie oben Rundgang. Nachmitt. *Ludwigsburg* od. *Solitude*, Abends *Silberburg* oder *Stadtgarten*. **2. Tag**: *Solitude* (Droschke; *Anlagen*, *Rosenstein*, *Wilhelma*, *Berg*, *Villa*, *Cannstadt*, *Kursaal*, *Sommertheater*; Abends *Terrasse* des Restaurant *Herrmann*, Hauptstätterstr. 44; od. 2. Tag: *Anlagen*; *Neckarstrasse*; *neues Bad*, *Berg*, *Museum d. bild. Künste*; Nachm. *Rosenstein*, *Wilhelma*, *Sommertheater*, u. nach *Hohenheim* $1^1/_2$ Std. (Lustschloss von Herzog Karl erbaut, schöne Aussicht). Hat man noch einen 3. Tag für die Stadt frei, so besuche man Vorm. *Bibliothek*, *Münz-*, *Medaillen-*, *Kunst-* u. *Alterthums-Sammlung*, *Archiv* u. *Naturalienkabinet*, *Musterlager* (Centralstelle für Handel u. Gewerbe), *Thiergarten* von J. Nill (Restaurat.). Nachmittag für Landwirthschafts- u. Sportliebhaber (Karte bei der Hofdomänenkammer, Friedrichsstr. 26) Partie zu d. königl. Gestüten nach Esslingen.

Residenzschloss, (erb. 1746—1807) im Renaissançestyl, Hauptbau mit 2 Flügeln mit 365 Zimmern, Säälen (der *weisse* u. *blaue Marmor-* u. der *Speisesaal*) u. Kabineten, welche theilweise mit den Fresken von *Gegenbauer* aus der würtemb. Geschichte (Deckengemälde von Guibal) u. Kunstwerken von *Dannecker*, *Hetsch*, *Canova*, *Thorwaldsen* reich geschmückt sind.

Vor allem aus bemerkenswerth: *Gegenbauers Fresken* (15) aus der Geschichte des würtemb. Landes (die Kartons dazu befinden sich im Museum der bildend. Künste); eine Venus von *Dannecker*; eine Venus von *Hofer*; Bacchus u. Bacchantin von *Thorwaldsen*; Gladiator von *Canova*; Büste einer Bacchantin von *Dannecker*; Schlachtenbilder: Schlacht bei Meissen, Glatz, Linz von *Seele*; Service aus Sèvres-Porzellan von Napoleon I. geschenkt; Alterthümer aus Pompeji, eine künstliche Uhr etc.

Das Schloss ist eine der schönsten Residenzen Europas u. durch die Grösse u. Verhältnissrichtigkeit seiner Dimensionen von imposantem Anblick. Das Ganze wird von einer kolossalen, vergoldeten Königskrone überragt. Am Eingang in den Schlosshof die würtemb. Wappenthiere, Hirsch u. Löwe, in Erzguss.

Schlossplatz mit 2 Fontainen u. der *Jubiläumssäule*, 1841 beim 25jährigen Jubiläum des Königs Wilhelm von den Ständen errichtet (18 m. hoch).

Oben eine 4½ m. hohe Concordia, Erzguss nach Hofer's Entwurf — am Sockel 4 Figuren in Bronze: Der Lehr-, Nähr- u. Wehrstand u. der Handel. Reliefs dazwischen mit Darstellungen der Beschwörung der Verfassung, Schlachten von Brienne u. La-Fère-Champenoise u. Erstürmung von Sens. Inschrift: „Dem treuesten Freunde seines Volkes, Wilhelm, dem Vielgeliebten." — Die beiden *Springbrunnen* Gusswerk aus Wasseralfingen von Leins u. Plock.

Altes Schloss, südl. nebenan, mit dem Aussehen einer trotzigen Feudalburg, 1553—1570, unregelmässig gebaut. Im Hof („Türnitz") das *Reiterstandbild des Grafen Eberhard im Bart,* ersten Herzogs von Würtemberg († 1496), Erzguss auf Granitfussgestell nach *Hofer's* Entwurf, errichtet 1859 von König Wilhelm. Auf der Südseite restaur. gothische *Schlosskapelle.* Interessante Schneckentreppen u. Gallerien. (Hier das Bureau des Obersthofmeisteramtes, wo die Karten zur Besichtigung der Villa Rosenstein, Wilhelma etc. Mittags 11—12 Uhr gratis in Empfang genommen werden können).

An der Nordseite des Schlossplatzes, neben dem rechten Flügel des Res. Schlosses das königl. **Hoftheater** (1845 für 2000 Personen eingerichtet). Daran vorbei *Allee in den Schlossgarten.* In der Nähe alte kathol. Kirche. — Am alten Schloss nebenan *Palais des Prinzen Friedrich* (erbaut 1694—1710). Zwischen d. alt. Schloss u. dem Chor der Stiftskirche der *Schillerplatz* mit dem (ältesten) **Standbild Schiller's** nach *Thorwaldsen's* Modell von *Sieglmayr* in München gegossen (1839 am 9. Mai [Todestag Schiller's] feierlich enthüllt). — *Alte Kanzlei* (mit Hofapotheke u. Garten- u. Baudirektion) 1556 auf dem alt. Schlossplatz erbaut, mit Eckthürmchen (Röhrbrunnen an dessen Fuss, auf d. Zinne vergoldeter Merkur). — **Stiftskirche** (1436—1495 in spätgoth. Styl) mit Steindenkmälern würtemb. Ahnen; *Glasmalereien* u. treffl. *Orgel.* Hauptthurm von etwas plumper Form. — Oestl. vom neuen Schloss, in der Neckarstrasse *Akademiegebäude,* ehem. „Karlsschule" (4 Flügel mit 3 Höfen, erb. 1738, 1775 der Karlsschule eingeräumt, in welcher Schiller, Cuvier, Koch, Dannecker, Heideloff u. a. gebildet wurden u. Schiller seine „Räuber" schrieb) mit Privatbibliothek im ehem. Speisesaal u. Zimmer, in welchem Schiller gedichtet (nicht viel zu sehen).

Neuer Bahnhof mit kolossalen Räumlichkeiten (1867 von Morlock erb.) u. gegenüber **neue Post** (von Tritschler), Prachtbauten. — In der Umgebung des Residenzschlosses der *königl. Leibstall* (mit den berühmten 100 Arabern); *Schlosswache; Reithaus.* — Gegenüber dem Akademiegebäude das *Waisenhaus* (kolossales Gebäude). — *Prinzessinnen-Palais* (von Solucci); daneben *Archiv* u. *Naturalienkabinet* (s. Samml.) mit sehenswerthen Sammlungen.

Der **Stadtgarten,** mit Restaurant; Mittwochs, Samstags u. Sonntags Konzert, sehr besuchenswerth. — Gegenüber Gebäude der *polytechnischen Baugewerkschule* (1860—1865 von Egle im italien. Renaissançe Geschmack erbaut). — **Johanniskirche,** auf einer Erdzunge des Feuersees erbaut (malerische Lage) in gothischem Styl von Oberbaurath Leins. — **Hospitalkirche** (Kreuzgang u. Christus von Dannecker). — *Marienkirche; St. Leonhardskirche* (1470 erb.); neue *kathol. Kirche.* — Prachtvolle **Synagoge** von 2 gewaltigen Kuppeln überragt (nach Breymann's Entwurf in orient. Styl erbaut).

Neue Schulhausbauten an der Schloss- u. Kasernenstrasse. *Katharinenhospital.* Verschiedene *Kasernen* (*neue Infanteriekaserne,* eine der grössten Deutschlands). — *Kriegerdenkmal* auf dem Friedhof. *Centralfriedhof* auf der Prag am Ende der Bahnhofstrasse mit Arkaden u. schönen Familiengruften.

Sammlungen: Museum der bildenden Künste, in der Neckarstrasse Nr. 32, *Kunstschule, Gemäldesammlung* in 4 Säälen (700 Nummern) u. *Bildhauer-Arbeiten* umfassend.

Plastische u. Gemäldesammlung (geöffnet: s. ob.). Im *Parterre:* **Gypsabgüsse** in 4 Sälen mit Gruppe der Niobe, des Laocon; trunkener Satyr, borghesischer Fechter, aeginetischer Kämpfer. Sammlung der Modelle u. Abgüsse von Thorwaldsen's Werken (sehr vollständig u. einzig in ihrer Art). — Im *obern Geschoss* **Gemäldesammlung.**

I. Saal: *Bellini,* Pieta; — *Tisian,* heilige Magdalena; *Pordenone,* Judith m. d. Holofernes Haupt; *Caravaggio,* Zinsgroschen. — *Kabinet I.; Schick,* Apollo unter d. Hirten; *Paolo Veronese,* heil. Jungfrau; *Koch,* Landschaft nach einem Gewitter. — **II. Saal**: *Rembrandt,* Portrait einer alten Frau; *Everdingen,* Landschaft; *Kupetsky,* Selbstportrait des Künstlers mit einer Brille; *Zurbaran,* Einkleidung einer Nonne (heil. Clara); *Andrea del Sarto,* Portrait des Malers Campi; *Vandyck,* Christus, von Maria u. Magdalena beweint; — **III. Saal**: Werke der altdeutschen (namentl. Ulmer- u. Augsburger-) so wie niederländischen Schulen, *Lukas Cranach, Zeitblom, Rogier van der Weyden, Holbein,* u. a. — Im *Corridor* kleinere Holländer. **IV. Saal**: *Bernh. Neher,* Abnahme vom Kreuz; *Bäuerle,* Waise; *Kaulbachs* Farbenskizze zur Seeschlacht von Salamis; *Feuerbach,* Iphigenie; *Makart,* Kleopatra; *Defregger,* verwund. Jäger; *Bethel,* Auffindung der Leiche Gustav Adolfs b. Lützen, etc.

Königl. öffentliche Bibliothek, gegründet 1765, mit 330,000 Bänden, 130,000 Broschüren, 3600 Handschriften u. bemerkenswerther *Bibel-Sammlung* von 90,000 Exemplaren in 80 verschiedenen Sprachen (Eintritt tägl. 10—12 u. 2—5 Uhr. s. ob.).

Daneben die *Münz-, Medaillen-, Kunst-* u. *Alterthümersammlung;* Neckarstrasse 10. — *Museum vaterländischer Alterthümer,* Kronenstr. 20.

Naturalienkabinet (Plouquet'sche Thiergruppen). Eine allgegemeine u. eine speziell würtemberg. Sammlung, welch' letztere (Mineralogie u. Geognosie) im *Parterre* aufgestellt ist. Im *obern Geschoss* die zoologische u. botanische Sammlung des würtemb. Landes, sodann diejenige der übrigen Länder u. eine osteologische (Knochen-)Sammlung untergebracht.

Alle diese Sammlungen befinden sich an der Neckarstrasse Nr. 4—10.

Gemälde-Sammlung „Alter Meister" des Oberkriegsraths von Landauer, Eugensstrasse 1, tägl. allgemein zugänglich von 9—11 u. 3—4 Uhr.

Musterlager der königlichen Centralstelle für Handel u. Gewerbe, grosse, vollständige Sammlung von Gewerbemustern, Maschinen, Modellen etc., Königsstrasse 74 (Legionskaserne), tägl. unentgeltl. offen. — *Permanente Kunstausstellung* im Eckhaus rechts.

Ausserdem **sehenswerth**: Die **Liederhalle** mit dem grössten Festsaal Deutschlands, 1320 □M. messend; in dem anstossenden Garten die Büsten von Uhland u. Schwab. — Das **Museum**, geselliger Verein mit Lesezimmer u. Restauration. — Der **Silberburg-Garten** (in den Hotels Karten für Fremde) u. s. w.

Nächste Umgebung: Schlossgarten od. königl. Anlagen, Park u. Garten zugleich, 1 Stunde lang mit 2 Seen u. einem 18 m. hoch steigenden Springbrunnen (1808 angelegt). Neue Marmorbildwerke nach der Antike gearbeitet: Venus von Milo, Diana von Versailles, Germanikus etc. Im zweiten Rondell Marmorgruppe, *Raub des Hylas.* Bemerkenswerth die beiden *Pferdebändiger* von *Hofer.* — Beim **Jägerhaus** (sehr besuchenswerth) Ueberblick über die Stadt.

Reinsburg, schöner Aussichtspunkt. Von der Hasenbergstrasse aus oder von dem Wege hinter der Silberburg zu erreichen.

Ausflüge: nach **Cannstatt** u. **Berg**. Bei Cannstadt die **Wilhelma**, königl. Villa (maurischen Styls) 1842—51 mit einem Aufwand von mehreren Millionen Gulden erbaut mit märchenhafter Pracht-Einrichtung. (Karten [gratis] beim Obersthofmeisteramt in Stuttg. s. ob.).

Darüber **Villa Rosenstein** in antikem Geschmack (König Wilhelm's (1864) Sterbeort). Dekorationen u. herrliche Marmorgruppen von Dannecker, Marchesi, Tenerari, Bienaimé, sowie reichhaltigeGemäldesammlung bedeutender Meister. (Karten; dem Diener Trinkgeld). *Gemälde* in den Zimmern: *Kaulbach,* Anakreon; *Riedel,* griechisches Blumenmädchen u. seine Bacchantin; *Calame,* Morgen u. Abend; *Feuerbach,* Portrait etc. — *Skulpturen: Weitbrecht,* Fries im Hauptsaal, landwirthschaftl. Beschäftigungen darstellend; *Dannecker,* Amor; *Rosetti,* Esmeralda; *Hofer,* Amor.

Gegenüber Cannstatt der Badeort **Berg** mit der prächtigen **Villa**, reich mit Kunstwerken in Marmor u. Farben ausgestattet. (Karten beim

Obersthofmeisteramt, Stuttg. s. ob.). *Gemälde: Müller,* Oktoberfest u. röm. Carneval; *Kaminski,* Bettler u. sein Kind; *Bohn,* Allerseelentag; — im Garten *Skulpturen* von *Kopf,* die 4 Jahreszeiten; *Rauch,* Kaiser Nikolaus von Russland u. dessen Gemahlin.

Hier befindet sich das **Neue Stuttgarter Mineralbad,** eines der bedeutendsten Etablissemente seiner Art (seit 1856); Mineral-Wasserbassin, 700 Kubikmeter gross, 130 Ankleidezimmer, zahlreicher Besuch.

Auf dem *Wilhelmsplatz* die **Reiterstatue des Königs Wilhelm I.** († 1864) von *Halbig* (errichtet 1875). — Nach dem Lustschloss **Weil** bei *Esslingen* mit berühmtem Gestüte; zu den Gestüten **Scharnhausen** u. **Kleinhohenheim** (Karten, s. ob.). — Durch den *königl. Wildpark* (Bärenschlösschen u. Bärensee) zur **Solitude** (Schiller's Jugendzeit) mit ausgedehnten, schönen Parkanlagen u. herrl. Fernsicht von der Kuppel aus. — Nach **Ludwigsburg**; — nach **Marbach,** Geburtsort Schiller's [(1759) mit manchen Reliquien]. etc. etc.

Nr. 31. Von Stuttgart über Plochingen nach Immendingen (Neckarthalbahn, obere).

Wärtembergische Obere Neckarthalbahn, 184,5 Kilom., Fahrzeit 5—6 Std.

Von Stuttgart bis Zürich geht ein Schnellzug ohne Wagenwechsel.

In 8 Minuten, an den Anlagen vorüber u. durch Tunnel nach (4 Kil.) Stat. **Cannstadt,** 223 m., 16,205 Ew., am Neckar (Pferdebahn alle 20 Min.). Lauwarme Mineralquellen, Säuerlinge u. schwefelsalz-eisenhaltige, welche in 24 Std. 21,670 Kub.-Meter Wasser ergeben. Grosse Bade-Einrichtungen im *Wilhelmsbad, Hotel Hermann* u. *Inselbad. (Bardili).* Alljährlich *Volksfest* u. landwirthschaftl. Ausstellung am 28. September (4—8 Tage). *Abzweigung der Remsthalbahn nach Nördlingen.*

Ueber (7,7 Kil.) Stat. *Unter-Türkheim* u. (10,1 Kil.) *Ober-Türkheim,* bedeutende Weinorte (vorzügl. Gewächs).

Links, auf der Hügelkuppe über den Weinhöhen, der **Rothenberg,** Ruhestätte König Wilhelms u. seiner Gemahlin (Grossfürstin Katharina † 1819), *Kapelle* an Stelle der ehem. Stammburg *„Wirtemberg"* in Kuppelbedachung. Im Innern die 4 Evangelisten von *Dannecker.* Griechischer Gottesdienst.

An herrlichen Weingeländen dahin das Neckarthal aufwärts nach (13 Kil.) Stat. **Esslingen,** 237 m., 20,758 Ew., am Neckar, mit Thürmen u. Mauerwerk malerisch umgeben, blühende, gewerbsfleissige ehemal. Reichsstadt. Gothische *Frauenkirche* mit treffl. Steinskulpturen (1406—1522), ein Meisterwerk gothischer Baukunst, gute Glasmalereien. *Dionysius-* u. *Paulskirche.* Protest. Schullehrer-Seminar. Maschinen- u. Bijouteriefabriken, schwäb. Champagner. — Als freie Reichsstadt (bis 1802) spielte E. eine bedeutende

Ausflüge: zur **Wurmlinger Kapelle**, $^3/_4$ Std., von Uhland besungen, („Droben stehet d. Kapelle.“) — nach **Bebenhausen**, $1^1/_2$ Std. herrliche, alte Klosterkirche,

Abzweigung (links) der **Hohenzollernbahn** über **Hechingen** nach **Sigmaringen.**

A. Von Tübingen nach Sigmaringen (Hohenzollernbahn).

Würtembergische Bahn, 87,5 Kilom., Fahrzeit 3—$3^3/_4$ Std. 4 Züge.

Die Bahn zieht in südl. Richtung im freundl. Steinbachthal aufwärts, berührt die Stationen (8 Kil.) Dusslingen, (16 Kil.) Mössingen und (21 Kil.) Bodelshausen, überschreitet die württemb.-preussische Grenze u. erreicht (24,7 Kil.) Stat. **Hechingen**, 499 m., nahe an 4000 Ew. (*Löwe* am Bahnhof; *Linde; Bier* im Museum), Städtchen im Thale der Starzel, vor 1850 Residenz des souveränen Fürsten von Hohenzollern-Hechingen (durch Vertrag vom 7. Dez. 1849 an Preussen erwachsen). Kreisgerichtsstadt (viele Juden); in der Stadtkirche Grabmal eines Grafen von Zollern von Peter Vischer in Nürnberg. Fürstl. Schloss u. Park.

(31 Kil.) Stat. **Zollern.** Aussteigen zur Hohenzollernburg. Reit- u. Fahrweg $^3/_4$ Std. zur sehr sehenswerthen Burg **Hohenzollern** auf einem 876 m. hohen, isolirt aus der Landschaft aufsteigenden Kalksteinkegel des Albgebirges. Prächtig im mittelalterlichen Styl aus Auftrag König Friedr. Wilhelms IV. (1850—1865) erbautes, kühn ausgeführtes Königsschloss (nach Blankenburgs u. Stürlers Plänen). Eines der gelungensten Bauwerke nach Art der Ritterburgen des 14. Jahrh. über den Trümmern der alten gleichnamigen Grafenburg errichtet, Stammsitz der Hohenzollern u. des preuss. Königshauses.

Unterer Theil der Burg von Vorwerken umgeben. „*Adlerthor.*“ *Burghof*, mit Bastionen versehen, von der Besatzung (1. Kompagnie Infanterie des 114. Regiments) bewohnt. Auf dem schneckenartig emporgewundenen Reitweige des *Rampenthurmes* Aufgang zur obern Burg. Im *obern Burghof*, in dessen Mitte sich das 5 Stockwerke hohe, eigentliche *Schloss* erhebt, von 5 Thürmen flankirt, (wovon 2 über die Ringmauern 60 m. in die Höhe steigen), die *Kaiserlinde*. — *Restauration*. — *Im Innern:* die *Stammbaumhalle* mit Wappen-Rollen, — *Grafen-Saal*, prächtig, von 8 rothen Marmorsäulen getragen; noch prunkvoller die *Kaiserhalle* mit den Freskobildern deutscher Kaiser. — *Bischofshalle*, mit den Portraits derjenigen Hohenzollern, die dem geistlichen Stande angehörten. — Durch die Bibliothek in den *Markgrafen-Thurm* (Schlafgemach des Kaisers) u. den *Michaelsthurm* (Boudoir der Kaiserin). Herrliche Umschau vom *Wartthurm*. — Der Kastellan giebt Auskunft. —

Ueber (34 Kil.) Stat. Bisingen (preuss.-württemb. Grenze) u. (38,7 Kil.) Stat. Engstlatt nach (41,6 Kil.) Stat. **Balingen**, 517 m., 3252 Ew., württemb. Oberamtsstadt, dann (46,7 Kil.) Stat. Frommern, (50 Kil.) Stat. Laufen an der Eya und (59,6 Kil.) Stat. **Ebingen**, 730 m., 5555 Ew., am Zusammenfluss der Eyach oder Eya mit der Schmiecha, lebhafte württemb. Landstadt in ziemlich rauher Gegend der Alb. — Dann im Thal der Schmeiach od. Schmeien abwärts über (65,8 Kil.) Stat. Strassberg u. durch ein romantisch gebildetes Felsthal mit Burgruinen u. malerischen Scenerien über (73,5 Kil.) Stat. Storzingen u. (77 Kil.) Stat. Oberschmeien nach (87,5 Kil.) Stat. **Sigmaringen.** Nr. 5.

Von Tübingen ab aufwärts über *Kilchberg* nach (82,6 Kil.) **Rottenburg,** 351 m., 7136 Ew., Oberamtsstadt, Residenz des Landesbischofs, eines Domkapitels. Kathol. Priesterseminar. Im bischöfl. Hof Sammlung von röm. Fundgegenständen aus dem ehem. *Sumlocenäe* (Sumolocenis u. Solicinium). Starker Hopfenbau. —

Verengerung des Thales. Es folgen die unbedeutenden Stationen (86 Kil.) *Niedernau,* (89 Kil.) *Bieringen,* (95 Kil.) *Eyach, Mühlen* u. (103,5 Kil.) Stat. **Horb,** 392 m., 2237 Ew., interessantes Oberamtsstädtchen mit alten Ringmauern, Thürmen u. Thoren am linken Neckarufer gelegen (*Krone; Kaiser; Rose; Bär; Hirsch*). *Stiftskirche, Liebfrauenkirche* in gothischem Styl. Im Rathhaussaal interess. Oefen von Eisen aus dem Jahr 1581. Alterthüml. Häuser. Westlich, hoch über der Stadt alter, viereckiger Wartthurm (30 m. hoch) mit einer der heil. Ottilie geweihten Wallfahrtskapelle. Ehedem österreichisch, seit 1810 würtembergisch.

Südlich, $^3/_4$ Std. von Horb, liegt **Nordstetten,** Geburtsort Berthold Auerbach's (geb. 1812, † 8. Febr. 1882) u. Schauplatz vieler seiner Schwarzwaldgeschichten.

Einmündung der Nagoldbahn von Pforzheim, 69$^1/_2$ Kilom., tägl. 3 Züge in 2$^1/_2$ bis fast 3 Std.

Einmündung der Linien von Stuttgart, 66,5 Kilom., **u. Freudenstadt,** 38,5 Kil.; Kreuzung der Linien Pforzheim-Horb u. Stuttgart-Freudenstadt, bei Eutingen u. Hochdorf Nr. 32 u. Nr. 33. —

Von Horb ab eine kurze Strecke durch preussisch-hohenzollern'sches Gebiet mit Haltestation *Neckarhausen,* durch schmales, tief eingesenktes Thal. Zur Linken der Steilabfall des rauheren Theiles der Alb; auf der gleichen Seite, oberhalb Fischingen, die Ruine *Wehrstein.* — Darauf, schon vorher sichtbar (117,6 Kil.) Stat. **Sulz,** 428 m., 1960 Ew., Oberamtsstädtchen im tief eingeschnittenen Thal zu beiden Seiten des Neckars mit *Saline* (älteste des Landes). Seit 760 als Villa Sulza bekannter Ort. Sehenswerthe *alte Kirche.* Brand 1794. (*Post; Waldhorn.*) — (121 Kil.) Dorf *Aistaig* mit ausgesprochen *schwäbischer Volkstracht.* Gleich vorwärts der Haltstelle Tunnel, links in der Höhe Ruine *Geroldseck;* hierauf über den Neckar u. am linken Ufer thalauf nach

(128,3 Kil.) Stat. **Oberndorf,** 464 m., 2607 Ew. (*Post; Hirsch*), Oberamtsstädtchen in dem tief u. schroff eingerissenen Neckarthal, theilweise am Abhang hinaufgebaut. Rechts auf d. Höhe Ruine *Waseneck.* Im ehem. Augustinerkloster *Gewehrfabrik* von (†) *Mauser,* Erfinder des neuen Mauser-Gewehres. Buchdruckerei von Brandegger, Verlag des *„Schwarzwälderboten“*, der 10,000 Abonnenten zählt.

Strassenknotenpunkt: nach *Alpirsbach, Schramberg* u. *Balingen.*

Die Bahn zieht sich über *Epfendorf* u. *Thalhausen,* passirt 4 Brücken u. 4 Tunnels, u. durchfährt endlich einen langen Tunnel unter dem Bergrücken durch, auf welchem Rottweil liegt, nach

(146,6 Kil.) Stat. **Rottweil,** 558 m., 6047 Ew., (*Wilder Mann; Alte Post; Lamm; Restaurant Gassner*), Oberamtsstadt am Neckar, in freundlicher Lage zwischen Schwarzwald u. Alb, schon zur Zeit der Römerherrschaft eine bedeutende Niederlassung, später freie Reichsstadt, Mitglied des schwäbischen Städtebundes, mit den Eidgenossen ebenfalls in Bündniss, 1802 an Würtemberg vergeben. Ehemals, bis zum Untergang des heil. röm. Reiches, Sitz des kaiserl. Hofgerichtes (von Kaiser Konrad III. dahin verlegt). Alterthümliche Erkerhäuser, Mauern, Gräben, Thürme u. s. w. geben der Stadt ein eigenthümliches, reichsstädtisches Gepräge. Zehn katholische Kirchen. Im 8. Jahrh. urkundlich Rotunvilla, königliche Gerichtsstätte.

Heilig-Kreuzkirche aus dem 14. Jahrh., eine der schönsten gothischen Kirchen des Landes (1696 fast ganz ausgebrannt), hat bei der Wiederherstellung viel von ihrer ursprüngl. Schönheit eingebüsst. Prächtiger *Hochaltar* mit Altarbild von Christoff Krafft (1659). Sehenswerther *Taufstein,* schöne *Kanzel,* im Chor *Glasmalereien* von Gebr. Kellner in Nürnberg. Neuerdings Restauration von Heideloff. — *Kapellenkirche,* ehem. Jesuitenkirche, 1721—23 völlig umgebaut, mit hohem, schönem, gothischem Thurm. — *St. Lorenzkapelle,* auf einem frühern Friedhof mit Sammlung altdeutscher Kunstwerke: Schnitzereien u. Gemälde aus dem 14.—16. Jahrh. (gesammelt vom Kirchenrath Dursch, angekauft von † König Wilhelm u. der Stadt geschenkt) sowie ein röm. *Mosaikboden,* einen Orpheus darstellend. — Im *Waisenhausgarten* der steinerne *Gerichtsstuhl* des ehemal. kaiserl. Hofgerichtes (das 1784 seine letzte Sitzung hielt). — Auf dem höchsten, westl. Punkt der Stadt der *Hochthurm,* ein alter Wartthurm, 41 m. hoch, viereckig, auf röm. Unterbau aus lauter gekröpften Quadersteinen aufgeführt. Aussichtspunkt. — Grosse Pulverfabrik mit Dampfbetrieb (die einzige in Würtemberg u. Baden). — *Rathhaus* mit altem Saal.

Ausflug nach ½ Std. **Altstadt** am Neckar, vermuthlich das uralte Rottweil. *Alte Kirche* aus dem 11. Jahrhundert. — Zwischen hier, dem

Neckar u. dem Nebenflüsschen *Prim* auf der sog. *Hochmauern*, einer Höhe, einst röm. bedeutendere Niederlassung, Knotenpunkt eines Strassennetzes. Bei Hochmauern wurde 1834 vom Kunstverein Rottweil der obangeführte röm. **Mosaikfussboden** ausgegraben. Derselbe ist eines der schönsten Kunstwerke dieser Art, etwa 3 Quadratmeter Flächeninhalt, Mittelbild 1 Quadrm. — Es stellt Orpheus unter den Thieren dar; in den Nebenfeldern Circusspiele. — Nahe bei Altstadt *Saline Wilhelmshall* mit dem *Olgabade*, ebenso das 1221 gestiftete Kloster *Rottenmünster*, nun verlassen.

Postverbindung von *Rottweil über Schönberg nach Bahlingen* u. *über Schramberg nach Schiltach.*

Abzweigung der Bahnlinie *Rottweil-Villingen*, rechts, in südwestlicher Richtung nach Villingen.

B. Von Rottweil nach Villingen, 26,8 Kilom., tägl. 3 Züge in 1 Std.

Die Bahn von Rottweil nach Villingen geht im Neckarthal aufwärts. Der Fluss wird immer unbedeutender; unterhalb Rottweil ist er flössbar, oberhalb nicht mehr. Ueber das hier einmündende Nebenflüsschen Eschach nach (7,6 Kil.) Stat. Deisslingen u., immer thalauf, an (11,7 Kil.) Stat. Trossingen vorüber nach (17,7 Kil.) Stat. **Schwenningen,** 697 m., 4755 Ew. *(Adler; Krone; Löwe; Bär)*, württemb. Marktflecken mit lebhafter Gewerbsthätigkeit. Real- u. Gewerbeschule. Kleidsame schwäbische Volkstracht (namentl. der Frauen). Uhrfabrikation.

Ausflüge: Nach 1/4 Std. *Saline Wilhelmshall* (eingegangen), nicht zu verwechseln mit der gleichnamigen bei Rottweil. — nach 1 1/4 Std., auf badischem Gebiet, *Saline* u. Ortschaft **Dürrheim,** (*Gasthaus zur Saline; Kreuz; Sonne; Rössle*) mit *Soolbad*, bequem eingerichtet. Zunehmender Besuch. Alter Ort, schon im 9. Jahrh. als Dūra urkundlich aufgeführt. Badisch seit 1807. — Die *Ludwigssaline*, 1821 durch Bergrath Selb erschlossen, sehr ergiebig.

Nahe am Wege von Schwenningen nach Dürrheim, zunächst an der würtemb.-bad. Grenze findet sich die *Ursprungsquelle des Neckars.*

Die Bahn überschreitet nun die badische Grenze und erreicht über (23,9 Kil.) Stat. Marbach (indem sie die Wasserscheide zwischen Neckar u. Donau durchschneidet, (26,8 Kil.) Stat. **Villingen,** Nr. 41. Station der badischen Schwarzwaldbahn.

Von Rottweil ab, verlässt die Bahn **Rottweil-Immendingen** das Neckarthal u. folgt dem *Primthal* aufwärts, über (153,4 Kil.) Stat. *Neufra*, (157,4 Kil.) Stat. *Aldingen* nach (161,7 Kil.) Stat. **Spaichingen,** 659 m., 2488 Ew. *(Alte Post; Neue Post zur Traube)*, Oberamtsort am Fuss des Dreifaltigkeitsberges, mit ländlichem Aussehen, seit 1806 würtembergisch.

Ausflüge: 1 1/4 Std. auf den *Dreifaltigkeitsberg*, den Hauptrücken des *schwäbischen Jura*, 1028,4 m. hoch, mit *Wallfahrtskirche*, Wirthshaus u. den Trümmern des ehem. Schlosses *Baldenberg*, 10 Min. davon entfernt. Auf der Plattform des Kirchthurmes (Fernrohr) grossartiges

Alpenpanorama u. Rundschau auf die Gegenden Würtembergs u. Badens, Schwarzwald u. rauhe Alb, sehr lohnend. — Von Spaichingen in südl. Richtung, 3/4 Std., *Hausen ob Verena* u. von hier 3/4 Std. auf den **Hohenkarpfen**, stattliche Ruine mit oberer u. Vorburg u. 6 m. hohem Mauerwerk, auf hohem, weitum sichtbarem Bergkegel mit prächtiger Aussicht. — nach 2 St. westl. der Ruine **Lupfen** auf dem *Lupfenberge* im Baargebiete (zerstört 1525) u. nach 3 Std. Ruine **Conzenberg**.

Von Spaichingen ab, bei *Balgheim*, überschreitet die Bahn die Wasserscheide zwischen Rhein (Neckar) u. Donau (720 m.). Auch von Balgheim führt ein Weg auf den *Dreifaltigkeitsberg* für die von Tuttlingen Kommenden. Man hat die *Baar* erreicht, eine äusserst fruchtbare Hochebene mit grossen. wohlhabenden Bauerndörfern, in denen sich eine eigenartige, malerische Volkstracht erhalten hat. Die Baar wird auch die goldene Au des Schwabenlandes genannt. — Im *Lauterbachthal* abwärts, an *Rietheim* vorüber mit stattl. Schloss des Freiherrn von Wiederhold nach (170 Kil.) Stat. **Wurmlingen**, etwa 1200 Ew. (*Bellevue* am Bahnhof) mit alter Kirche (9. Jahrh. gegründet), ehem. Hauptort der Herrschaft Conzenberg. Schlossruine *Conzenberg* über dem rechten Ufer des *Eltabaches* 1 Std. *Ausgang* des *Lauterbachthales* in die *Donau-Niederung*.

Auf grosser eiserner Gitterbrücke über die Donau nach der (174,4 Kil.) Stat. der Oberamtsstadt **Tuttlingen**, 648 m., 8313 Ew. (*Hecht; Bär; Ochs; Post*), 1/4 Std. von der Station, sehr gewerbsthätig, in der breiten Thalfläche der Donau gelegen mit vielfachen Spuren röm. Niederlassungen. Einige suchen hier das römisch-keltische Juliomagus. Neue *kathol. Kirche; Rathhaus;* neue *Wasserleitung*. Hölzerne Donaubrücke (1856 erbaut). — Im Jahr 1643 schlugen hier die Kaiserlichen u. Bayern unter Hatzfeld u. Mercy die Franzosen unter Rantzau.

Südöstl. über der Stadt die weitläufigen Ruinen des Schlosses *Honberg* od. *Hohnberg*, das im 30jährigen Kriege zerstört wurde. Schöne Aussicht. Neuer Weg mit Anlagen vom Markt aus durch die Hauptstrasse hinauf.

Ebenfalls südöstl. der Stadt die *Tuttlinger Höhe* mit grossartiger Fernsicht, hauptsächlich nach den schweizerischen Schneegebirgen.

Ausflüge: zur Ruine **Conzenberg** 1 3/4 Std. — zur Ruine **Hohenkarpfen** 2 3/4 Std. — zur Ruine **Lupfen** 3 Std. — über *Ludwigsthal, Neudingen, Stetten* nach **Mühlheim** durch's Donauthal hinab 2 Std., zur Ruine *Mariahilf* weiter 3/4 Std. u. dann über die Donau nach **Friedingen**, (2 Std. von Tuttlingen) — in's **Beerathal** mit merkwürdigen Höhlungen, Steinbrüchen u. Ruinen *Kreidenstein* u. *Pfannenstiel*, Nr. 6 B.

Hauptausflug durch das Donauthal abwärts nach Beuron u. bis Sigmaringen. Nr. 6. B.

Postverbindung von Tuttlingen nach Beuron; Privatfuhrwerk bis dahin 8,50—10 Mk.

Die Bahn überschreitet die würtemb.-bad. Grenze u. erreicht, nach abermaliger Ueberbrückung der Donau Stat. **Möhringen** *(Adler; Ochs)*, altes badisches Städtchen mit grossen Viehmärkten (Schafe). In der Kirche gutes Altarblatt. In der Nähe Gräberfunde. Einmündung des *Kraienbachthales.*

Ausflug im *Kraienbachthal* aufwärts 1 Std. zur Burgruine *Conzenberg*, erst 1818 der Zerstörung preisgegeben — nach *Thalheim, Hohenkarpfen* u. *Lupfen* u. nach *Spaichingen.*

Von Möhringen, der Donau aufwärts folgend, vorüber an der Einsinkungsstelle im Flussbett, wo das Gewässer theilweise in Felsklüfte versinkt u. bei Aach als Aachquelle wieder zum Vorschein kommt. Man hat die Verbindung der Aachquelle mit diesen versinkenden Wassermassen der Donau in neuester Zeit völlig nachgewiesen, indem hier Einsenkungen von Petroleum, Salz u. Fluorescin vorgenommen wurden.

Nach (184,5 Kil.) Stat. **Immendingen,** *Eisenbahnknotenpunkt u. Stat. der badischen Schwarzwaldbahn.* Nr. 7.

Nr. 32. Von Stuttgart nach Freudenstadt.

(Gäubahn.)

Würtemb. Eisenbahn, 87,4 Kilom., tägl. 4 Züge in 3—4¾ Std. Fahrzeit. Kürzeste und bequemste Bahnlinie von Stuttgart nach dem Schwarzwaldgebiet. In Zukunft wohl eine der frequentesten Eintrittslinien aus der Richtung von Nordost u. Osten her. Wenn s. Zt. vollends die Bahnverbindung mit der badischen Schwarzwaldbahn bei Hausach hergestellt sein wird, so ist diese Bahnrichtung Stuttgart-Freudenstadt (Hausach) sicherlich die von den Touristen (aus der Richtung von Nordosten u. Osten) am meisten benützte.
(Eröffnet im Sept. 1879).

Vor dem Bahnhof von Stuttgart wendet sich die Bahn sofort in scharfem Bogen südwestlich herum u. durch Tunnel u. Einschnitte, das Stuttgarter Thal umkreisend, nach (7,8 Kil.) Stat. *Hasenberg* (wohin tägl. auch ein Lokalzug u. an Sonn- u. Feiertagen ebenfalls ein Zug abgefertigt wird). Durch wechselndes Terrain nach (14,9 Kil.) Stat. *Vaihingen a. d. F.* Zur Linken die Gegenden der Filder mit ihren Ackerflächen u. Waldbezirken von fruchtbarer Beschaffenheit. Die obern Thalgebiete der *Körsch* durchkreuzend, durch Tunnels u. ausgedehnte Waldung nach (25,2 Kil.) Stat. **Böblingen,** 470 m., 4365 Ew., Oberamtsstadt im Thal der obern Schwippe, Nebenflüsschen der Würm. Rechts im Seitenthal (½ Std.) *Sindelfingen,* 451 m., 3934 Ew. —

Durch waldige Umgebung nach (30,4 Kil.) Stat. *Ehningen* an der obern *Würm*. Zur Linken die waldbedeckten Hügelmassen des *Schönbuch*. (34 Kil.) Stat. *Gärtringen* mit der nahe gelegenen Burgruine *Edelburg*, dann über *Nufringen* in's obere *Ammerthal* u. nach (40,9 Kil.) Stat. **Herrenberg**, 525 m., 2646 Ew., Oberamtstadt mit Schlossruine. Die Bahn hat hier das sog. *obere Gäu* betreten, das sich zwischen dem Schwarzwald u. dem Schönbuch ausbreitet u. ein ziemlich ebenes Gelände darstellt. Gegen die Ludwigsburger Ebene hin verbreitet sich das sog. *untere* (nördl.) oder *Strohgäu*. Es folgen die Stationen (45 Kil.) *Nebringen*, (50 Kil.) *Bondorf* u. (54 Kil.) *Ergenzingen*. Bei (57,7 Kil.) Stat. **Eutingen** (Blick auf die schwäbischen Berge ringsum), 463,4 m. *Abzweigung der Bahn nach Horb*. Nr. 31. — Nun in grossem Bogen nordwestlich herum nach (62 Kil.) Stat. **Hochdorf**, 504,4 m., wo die *Bahnlinie Pforzheim-Calw-Nagold* (*Nagoldbahn*, die nächste, 6 Std. lange Strecke ebenfalls *Gäubahn* genannt, auch im Allgemeinen die *würtemb. Schwarzwaldbahn* geheissen) mit der *Stuttgart-Freudenstadter Linie* zusammentrifft. — Bei Hochdorf, namentl. auf dem Thurm der sehenswerthen Kirche, herrliches Panorama der schwäbischen Berge vom Oberhochberg bis zum Hohenstaufen, ein Halbkreis von 30 Std. Ausdehnung, mit den zahlreichen Ritterburgen oder Ruinen, mit dem Ueberblick des Gäues u. dem Anblick des Hohenzollern. — Ueber *Altheim*, durch hohes Geländ nach (77 Kil.) Stat. *Schopfloch (Sonne)*, sehr alter Ort auf einförmiger Hochebene.

Ausflug über **Ober-** u. **Unter-Iflingen** (1 Std.) südl. zur sog. *Altstadt* (nach der Sage Rockesberg) beim letztern Orte, einer ehem. befestigten

Dornstetten.

röm. Niederlassung mit noch vorhandener eirunder Umwallung; — zum Trümmerwerk der Ruine *Neuneck* u. zum „*alten Schloss*" unterhalb derselben (1/2 Std.) im *Glattthal* u. dasselbe hinauf nach **Dornstetten.** Sehr lohnende Tour (5/4 Std.).

(81,6 Kil.) Stat. **Dornstetten,** 610 m., (*Linde*) auf einem schmalen Bergrücken gelegenes, festungsartig aussehendes Städtchen von hohem Alter (schon 763 als Tornestat urkundlich genannt). Endlich, mittelst 3 Viadukte die Quellbäche der Glatt u. ihre Thäler überschreitend, nach (87,4 Kil.) (dem Endpunkt der Bahn) Stat. **Freudenstadt,** 726 m., 6026 Ew. (*Schwarzwaldhotel am Bahnhof,* neues comfortabel eingerichtetes Etablissement; in der Stadt: *Post zum Löwen; Linde; Lamm; Adler* mit Bierbrauerei; *Rappen*), Oberamtsstadt auf einem Hochplateau gelegen, als „Friedrichsstadt" zu Ende des 16. Jahrh. von Herzog Friedrich von Würtemberg erbaut, u. zwar als Festung zum Schutz des Kniebispasses u. der würtemb. Westgrenze. Später dieser Plan aufgegeben, doch heute noch alte Thore u. Festungswerke. Zufluchtsort vertriebener Protestanten (Grubenarbeiter) aus Salzburg 1599. Im 17. Jahrh. Pest (1610), Brandunglück (1632) u. schwere Kriegsdrangsale (1632 u. 39), welche die Fortexistenz des Ortes in Frage stellten.

Heute Erzgewinnung (Silber, Kupfer) in der Nähe aufgegeben, doch noch einige Industrie: mechan. Baumwollspinnerei, Linnenweberei, Flanellfabrikation, Färberei, Stückbleicherei etc. **Protestantische Kirche** mit 2 Thürmen u. zwei im Winkel zusammenlaufenden Langhäusern (Winkelhakenform, am jenseitigen Giebel jeden Langhauses je ein Thurm vorgesetzt), von dem Baumeister Schickhard erbaut. (Männer u. Weiber sitzen getrennt, jeder Theil dem andern unsichtbar in den 2 Kirchenschiffen; nur der Geistliche auf der Kanzel od. beim Altar in dem rechten Winkel, wo die Schiffe zusammentreffen, kann die ganze Versammlung übersehen). Romanischer, interess. *Taufstein* u. *Chorstühle* (1488) aus dem Kloster Alpirsbach. Grosser, viereckiger Marktplatz mit Arkaden, ursprüngl. Exerzierplatz. *Altes Rathhaus.* Ausserhalb der Stadt neue *kath. Kirche.* Nahe dabei herrliche *Aussicht* auf die schwäbische Alb, Schloss Hohenzollern u. s. w. Auch beim Schwarzwaldhotel am Bahnhof lohnende *Aussichtsstelle.*

Die Stadt liegt auf einer Einsattelungsfläche zwischen dem Kienberg und dem Kohlstetterhardt, Wasserscheide zwischen Murg u. Glatt (Rhein u. Neckar). Luft sehr rein u. gesund, doch etwas rauh. *Luftkurort u. Station für Ausflüge in die Umgegend.* (*Schwarzwaldhotel von Lutz* am

Freudenstadt.

Bahnhof.) Zunehmender Fremdenbesuch. (Näheres im „Führer durch Freudenstadt u. Umgebung“ von E. Lutz, Postverwalter 1881.)

Postverbindung mit Forbach u. Gernsbach, mit Nagold, Oberndorf, Oberkirch, Alpirsbach, Schiltach, Schramberg u. s. w.

Spaziergänge: zum *Pavillon* auf dem *Kienberg* u. zum *Hochreservoir* der neuen Stadtwasserleitung (Hornisgrinde sichtbar) mit Aussichten; — auf dem *Teichelweg* mit Anlagen u. Springbrunnen, — in das *Christophsthal* u. zum *Bärenschloss* (ehemal. herzogliches würtemb. Jagdschloss) u. nach *Friedrichsthal* etc.

Neunek.

Ausflüge in's **Glattthal** über *Glatten, Neuneck*, zum *Rockesberg* b. *Unter-Iflingen* und zurück über *Dornstetten* und *Aach* (Bahnviadukte), ½ Tag, oder das Glattthal abwärts an die Eisenbahn nach *Sulz* oder *Horb*, mit Fuhrwerk 3 Std. — nach d. **Klösterle** bei *Rippoldsau*, Fussweg 2¼ Std. — durch die *Reinerzau* über *Vormthal*, (in einem kleinen Seitenthal Kloster *Wittichen* ½ Std.) nach **Alpirsbach** u. zurück über *Lossburg* od. *Schömberg* (1 Tag.) — nach **Baiersbronn** mit der *Rinkenburg* od. *Rinkenmauer* altgerman. Kultusstätte) auf dem *Rinkenberg*, 1½ Std.; sodann zur *Ruine Tannenfels*, 1 Std. im *Murgthal* — nach dem **Kniebis**, zur *Alexanderschanze, Rossbühl* u. zurück über *Ellbachwasserfall, Ellbachsee, Mittelthal* u. *Baiersbronn* od. über *Sankenbachwasserfall* u. *Baiersbronn* zurück, 1 Tag. — nach **Schönmünzach**, *Schwarzenberg, Huzenbachersee*, 1 Tag. — auf den *Rossbühl*, nach *Allerheiligen, Buhlbach* u. Rückweg über *Baiersbronn*, 2 Tage. — über *Baiersbronn, Oberthal, Ruhstein, Wildsee, Mummelsee, Hornisgrinde, Langenbach, Zwickgabel, Schönmünzach* u. durchs *Murgthal* u. *Baiersbronn* zurück, 2 Tage. — Ueber *Ober-Zwieselsberg, Rippoldsau, Petersthal, Griesbach, Antogast* u. den *Rossbühl*, „Zuflucht“ u. zurück auf der *Kniebisstrasse*, 2 Tage. etc.

Nr. 33. Von Stuttgart nach Kalw-Pforzheim u. Horb.

Würtembergische Schwarzwaldbahn.

Würtemb. Bahn; bis *Kalw* 55 Kilom. tägl. 4mal in ¾—3 Std. von *Kalw* bis *Pforzheim* 27 Kilom., tägl. 5 mal in 1 Std.; von *Stuttgart* bis

Horb 98 Kilom., tägl. 3 mal in 4½—5½ Std. (von Stuttgart bis *Rottweil* 141 Kilom. in 6—7 Std.; nach *Villingen* an der bad. Schwarzwaldbahn 167 Kilom., ungünstiger Anschluss).

Bei (6 Kil.) Stat. *Zuffenhausen* Abzweigung der *Schwarzwaldbahn* von der Bahn Stuttgart-Bruchsal, Nr. 26. u. westliche Richtung derselben. (10 Kil.) Stat. *Kornthal*, evangel. Dissentergemeinde, 1819 von Bürgermeister Hoffmann aus Leonberg gegründet, berühmte Erziehungsanstalten für Knaben u. Mädchen, etwa 1300 Ew. Es folgt (14 Kil.) Stat. *Ditzingen* mit zwei sehenswerthen Kirchen. — Nun, im *Glemsthal*, in welchem Ditzingen liegt, aufwärts nach (21 Kil.) Stat. **Leonberg**, 267 m., 2226 Ew. (*Post*), Oberamtsstädtchen mit Schloss (von Herzog Christoph erb.) u. sehenswerther *Kirche* in roman. Styl. Geburtsort des Theologen *Paulus*, des Philosophen *Schelling* (geb. 1775, † 1854) u. des Naturforschers *Hochstetter* (geb. 1829). Leonberger Hunde (Bernhardinerrasse), weltbekannt. Auf dem *Engelberg* östl. über der Stadt Aussichtspunkt. — Ueber (27 Kil.) Stat. *Rennnigen*, mit nahe an 2000 Ew. u. bedeutenden Keuper-Sandstein-Brüchen nach (32 Kil.) Stat. **Weil-die-Stadt**. 394 m., nahe an 2000 Ew. (*Krone; Löwe*), im *Würmthal*, das von der Bahn durchkreuzt wird, ehem. freie Reichsstadt bis 1803, auf röm. Mauerresten gebaut, mit Mauern u. Thürmen. Katholische Einwohnerschaft mitten in protestantischer Gegend. Hochgelegene, prächtige *Stadtkirche* (Peter u. Paul) in rein gothischem Styl, aus buntem Sandstein. 1492 vollendet, mit 3 Thürmen, durch Baurath Egle vortrefflich restaurirt. *Kanzel* u. *Tabernakel* mit reichem Schnitzwerk. — 2 *Kapellen* vor der Stadt. Diese wurde 1648 von den Franzosen eingeäschert. Geburtsort des Astronomen *Keppler* (sein Denkmal auf dem Markt, 24. Juni 1870 enthüllt, modellirt von Kreling in Nürnberg, Erzguss von Lenz-Heroldt), [† 1630], des Reformators *J. Brenz* († 1570) u. des Phrenologen *Gall.* — Kepplerhaus (Magstadt streitet sich mit W. um die Ehre, der Geburtsort K's. zu sein), wo K. am 27. Dez. 1571 geb. sein soll. Geburtshaus von Brenz bei der Spitalkirche.

Ueber Stat. *Schafhausen* u. *Alt-Hengstett*, zur Linken schöner Blick auf das in der Tiefe erscheinende Städtchen Kalw, dann durch den 512 m. langen *Hirsauer Tunnel* (der sog. *Forsttunnel* bei Alt-Hengstett ist 696 m. lang) nach

(55 Kil.) Stat. **Kalw** od. **Calw**, 361,5 m., 4662 Ew. (*Waldhorn*, zugleich Post; *Hirsch; Ziegler's Restauration; Badischer Hof; Michaelss Keller*), würtemb. Oberamtsstadt, 340 m., 8 Min. von dem hochgelegenen Bahnhof in der Tiefe gelegen. Freundliche, geschützte Lage. Bergige Altstadt u. Vorstädte.

Wie in den früheren Perioden noch immer einer der gewerbthätigsten Orte des Landes. Hauptpunkt des Handels in Holzwaaren aller Art nach Holland, bedeutende Fruchtmärkte. Auf der *Nagoldbrücke* (Hauptbrücke) *Nikolauskapelle* in reinem gothischen Styl (1050 von Papst Leo II. eingeweiht). Burgruinen auf der Höhe über dem Brühl, wenig mehr sichtbar. Stählin'sches Haus; Georgenäum; Rathhaus etc. Ueber die wilde Nagold eiserne Stege u. Brücken. *Pfarrkirche* mit altem Chor u. Sakristei. Der schattige *Brühl* besuchenswerth. Einst Hauptstadt der Grafen von Kalw, deren Stamm aber 1262 erlosch, 1308 an Würtemberg, 1634 von Joh. von Werth u. 1692 von den Franzosen unter Mélac eingeäschert. In Urkunden des 11. Jahrh. Kalewa, Chalawa, Calwa geschrieben, schon im 13. Jahrh. Stadtrecht. Papst Victor II. soll aus K. gebürtig gewesen sein.

Der *Kalwer Verlagsverein* von Dr. Barth, gegründet zur Verbreitung wohlfeiler u. sittlicher, in christgläubigem Sinn geschriebener Jugend- u. Schulbücher, hat in kurzer Zeit einen bedeutenden Aufschwung genommen; seine „biblischen Geschichten" erscheinen in 180 Auflagen u. in 50 lebenden Sprachen.

Einmündung der Bahnlinie von Pforzheim nach Kalw.

A. Von Pforzheim nach Kalw. (Untere Strecke der Nagoldbahn.) 27 Kilom. *Würtembergische* **Eisenbahn,** 5 mal tägl. in 1 Std. Fahrzeit.

Sehr interessante Bahnstrecke mit 10 Tunnels u. 8 Brücken im engen Thal der Nagold. — Eine *Fusswanderung* das Nagoldthal hinauf bis nach Nagold (s. unt.) höchst lohnend.

Bei Stat. **Brötzingen** (3 Kil.), an der Bahnlinie Pforzheim-Wildbad zweigt die Bahn links ab, überbrückt den Enzfluss u. geht durch den 405 m. langen Brötzinger-Tunnel in das wasserreiche Nagoldthal über, dessen hellgrüne Wiesengründe angenehm vom dunklen Grün der fichtenbewaldeten Berghänge abstechen. Freundliche Waldpartien u. malerische Scenerien zeichnen das Thal der Nagold aus. — Tunnel, 300 m. lang u. (6 Kil.) Dorf Weissenstein mit der vorher sichtbaren, malerischen Burgruine Weissenstein. — Weiter durch den 500 m. langen Zelgenberg-Tunnel u. auf der badisch-würtembergischen Grenzlinie hinauf nach (12 Kil.) Stat. Unter-Reichenbach auf würtemb. Gebiet mit Sandsteinbrüchen. Dann über die Nagold u. zur (19 Kil.) Stat. **Liebenzell,** 335 m. (*Unteres* u. *Oberes Bad*), kleines würtemb. Städtchen mit etwa 1500 Ew., in schöner, gesunder Lage, mit wohlerhaltener Ruine und warmen Quellen in 2 besuchten Badeanstalten. Thermen von 22—25° C. Nach Dr. Fehling's Analyse haben sie annähernd dieselben Bestandtheile in gleichartiger Mischung wie die Quellen von Teinach (s. unten), dagegen eine höhere Temperatur. — Es folgt (24 Kil.) Stat. **Hirschau** od. **Hirsau** (*Waldhorn; Lamm; Hirsch; Schwan* etc.), Pfarrdorf in anmuthiger

Lage u. besuchte Sommerfrische (namentl. von Stuttgart aus) mit den höchst interessanten, malerischen Ruinen des, der Sage nach, schon 645 von der Gräfin Helizena von Kalw gestifteten Benediktinerklosters u. der Klosterkirche, von den Franzosen auf Befehl des Mordbrenners Mélac 1092 zerstört. Wohl erhalten ist noch die 1509 erbaute Kapelle, jetzt Pfarrkirche, in deren oberen Räumen der merkwürdige Bibliotheksaal u. ein in roman. Styl erbauter Thurm. Bedeutendster Theil der Ruinen die sog. Prälatur, aus deren Umfassungsmauern u. Fenstern die von Uhland besungene Ulme herausragt.

Hirschau war im 11. Jahrh. eines der berühmtesten u. einflussreichsten Stifte in ganz Deutschland. Das von seinen Mönchen verfasste, zuerst von Trithemius herausgegebene „Chronicon Hirsaugiense", noch mehr aber der „Codex Hirsaugiensis" bilden für die deutsche Geschichte wichtige Quellenwerke.

Die Landstrasse von H. nach Wildbad im *Enzthal* (20 Kil.) zieht sich durch Tannenwaldung westlich u. senkt sich bei *Kulmbach* oder Calmbach in's grüne Thal hinab. —

Es folgt nun (27 Kil.) Kalw (Calw). Bahnverbindung mit Stuttgart (s. oben).

Von Kalw durch den *Rudersberg-Tunnel* (477 m.) u. über eine 136 m. lange *Brücke* nach (58 Kil.) Stat. **Teinach** für das 4 Kil. rechtsab in einem Seitenthal gelegene (Post dahin in 1/2 Std. für 40 Pfg.) **Bad Teinach** (*Königliches Badhotel; Hirsch; Müller'sche Brauerei*). Tief eingeschnittenes, waldiges Teinachthal mit besuchter Bade-, Brunnen- u. Kaltwasser-Heilanstalt; *Mineralquellen* von 9—11° C. — Schöne, ausgedehnte Gartenanlagen. — Auf steiler Höhe über Teinach das kleinste Städtchen von Würtemberg, **Zavelstein** (*Lamm; Krone*), gegenwärtig ebenfalls Kurort mit interessanter *Burgruine*, auf deren Thurm lohnende Aussicht.

Die Bahn überschreitet nach einander zweimal die Nagold. Hoch oben zur Linken Ruine *Waldeck*. — Brücke von 50 m. Spannweite u. schiefer Lage, — der *Kengeltunnel* (226 m.), in einer Kurve von 464 m. Halbmesser durch einen Bergvorsprung gezogen. Dann (65 Kil.) Stat. **Wildberg** 366 m. (*Bär; Adler; Schwan*), Städtchen mit nahe an 2000 Ew. auf einem schmalen, von der Nagold auf 3 Seiten umflossenen Bergrücken, noch heute mit Mauern umgeben. Am südl. Ende der Altstadt ein *Schloss*. Ruinen des *alten Schlosses*, 1618 abgebrannt. Römische Alterthümer; Spuren einer Römerstrasse in der Nähe. Vom *Eckberge* malerische Aussicht. Alterthüml. Gebäude mit mittelalterl. Erkern, Schnitzereien u. Verzierungen. Haus der Barmherzigkeit, von Königin Olga gegründet. —

Auf Wildberg folgt der 6. Tunnel (253 m. lang); nach der Ausfahrt aus demselben Rückblick auf das Städtchen, dann der 7. Tunnel (166 m. lang). Vor u. nach demselben bedeutende Einschnitte. — Nun folgt (69 Kil.) Stat. *Emmingen*, auf einem 20 m. hohen Damm; hierauf, ebenfalls auf einem solchen von 21 m. Höhe, über die *Brühlachklinge* nach (74 Kil.) Stat. **Nagold**, 395 m., 3270 Ew. (*Post; Hirsch; Schwan*), Oberamtsstädtchen mit den Ruinen der Burg *Hohen-Nagold* auf dem *Schlossberg*, alterthümlichem Aussehen u. unregelmässiger Anlage. Schöne, *neue Kirche* in einfach gothischem Styl, 1874 vollendet. Die *alte* in frühgothischem Styl, 1360 erbaute Kirche mit alten Grabdenkmälern wurde zum Abbruch vergeben. *Rathhaus* mit Glasgemälden, Römerstrasse durch das Weichbild der Stadt u. durch die Waldungen zwischen *Nagold* und *Mindersbach*. Röm. Alterthümer. Schon 773 in den Urkunden als Villa Nagalta u. als Dingstätte im Nagoldgau. Güter zu N. vergabte König Heinrich II. 1005 an das Kloster St. Georg zu Stein a. Rh. — In der Mitte des 13. Jahrh. kam der Ort von den Pfalzgrafen von Tübingen an die Grafen von Hohenberg u. von diesen 1363 an Würtemberg.

Die *Burg*, deren Ruine sehr sehenswerth, einst Mittelpunkt des Nagoldgaues, 1646 abgetragen.

Poststrasse von Nagold nach (41 Kil.) **Freudenstadt** über *Altensteig*. Die schöne, neue Strasse führt im *Nagoldthale* aufwärts über *Rohrdorf* (Fabriketablissemente), *Ebhausen* nach (15 Kil.) **Altensteig** (*Waldhorn; Löwe*). 2½ Std. (**Post** bis hieher täglich 4 mal in 1¾ Std.) Die Strasse verlässt hier das *Nagoldthal* u. führt über *Spielberg*, wohin man auf einem kürzern aber steilen Fusssteig gelangt, in 2 Std. nach (25 Kil.) *Pfalzgrafenweiler (Post; Krone)*. **Post** bis hierher in 3¼ Std. — Hierauf über *Aach* nach (41 Kil.) *Freudenstadt*, Nr. 32.

Grünthal bei Aach.

Die Bahn verlässt nun das Nagoldthal u. geht im *Waldachthale* aufwärts, über (80 Kil.) *Gündringen* durch den 1259 m. langen *Hochdorfer Tunnel* nach (84 Kil.) Stat. **Hochdorf**, dem höchsten Punkt (504,4 m.) der ganzen Bahn (s. Nr. 32.), von wo man eine grossartige Aussicht auf die ganze im Halbkreis gelagerte schwäbische Alb geniesst. *Kreuzung der Bahnlinie Stuttgart-Freudenstadt* auf den Stationen *Hochdorf-Eutingen*, Nr. 32. Dann durch den *Mühlener Tunnel* (286 m. lang), links Ruine *Staufenberg* od. *Eutingenthal* mit 6 m. hohen Mauern in Gesträuch und Bäumen versteckt. Auf einer grossartigen Brücke den Neckar überschreitend, erreicht die Bahn den (97 Kil.) Bahnhof u. Stat. *Horb*, Nr. 31.

Südlicher Schwarzwald.

Nr. 34. Von Waldshut oder Thiengen durch das Schlüchtthal u. über Schluchsee nach Lenzkirch u. zum Titisee. Neustadt u. Umgebung. Abstecher nach Vöhrenbach u. nach Donaueschingen.

Fusswanderung oder zu Wagen. Von *Uehlingen* bis *Schluchsee* (u. Lenzkirch) **Post**, tägl. 1 mal in 4 Std. (Lenzkirch noch 1 weit. Std.).

Von Waldshut, Nr. 11, führt die **Landstrasse** über Gurtweil in's **Schlüchtthal** auf grossem Umweg um den Aarberg herum, am Fahrhaus vorüber; man geht daher mit Vortheil den nähern u. schattigen Weg durch das sog. Grosseichholz über die Waldhöhe nach **Gurtweil** ($^3/_4$ Std.), 374 m., (*Hirsch*) mit Schloss, uralter Ort (Curtis villa), schon im 8. Jahrh. urkundlich als Wohnsitz des Gaugrafen vom Albgau u. Malstätte genannt. An Stelle der alten Burg das ehemals sanktblasische Schloss, bis 1803 Amtssitz, jetzt leer stehend.

Von Thiengen, Nr. 8, aus bleibt Gurtweil jenseits der Schlücht links liegen. Bei der Schlüchtbrücke das angenehm gelegene, gut eingerichtete u. beliebte **Bad Bruckhaus** (von Vonderach), Pension u. Sommerfrische-Station. Angenehme Spazierwege.

Jenseits der *Schlüchtbrücke,* auf dem rechten Ufer des Flusses, beginnt nun die neue Kunststrasse, die durch die **Thalschlucht der Schlücht** hinauf nach *Uehlingen* führt (ebenso auch nach *Berau* u. *Leinegg*) und die steile Strassenstrecke von Thiengen über *Berghaus* nach Uehlingen zu umgehen gestattet. Diese Strassenstrecke, namentlich von der *Witznau-Mühle* (am Vereinigungspunkt der *Schwarzach* mit der Schlücht) bis zur Einmündung der *Mettma* in die Schlücht, ist unstreitig, wenn nicht die grossartigste u. wildschönste aller Schwarzwaldthalschaften, so doch eines derjenigen Thäler. welche in Bezug auf romantische und malerische Schönheit vorangestellt werden können. Nach 10 Min. kreuzt der *Haselbach* von links her die Strasse. Weg (Wegw.) zum (5 Min.) untern *Haselbach-Wasserfall* links in einer Seitenschlucht. Hübsche Partie. (Der obere, grössere Haselbach-Fall bei *Aispel*, 1¼ Std. nordwestl.). Gleich darauf (links) Abzweigung der steil in die Höhe führenden Vizinalstrasse nach Weilheim, 519 m. (*Adler*) u. Dietlingen über dem rechten Hochufer der Schlücht. Hierauf zur Rechten (4 Kil. von Thiengen), im hoch von den Thalhängen umschlossenen Thaleinschnitt, auf isolirtem Felskegel Ruine *Gutenburg*, 435 m. (1640 auf Befehl des Abtes von St. Blasien in Asche gelegt) mit spärlichen Mauerresten. Ehemals hier ein Eisenwerk und Münzstätte des Klosters St. Blasien. — Unter dem Burgfelsen an der Schlücht grosse *Kunstsäge* von Schuhmann. — Dicht dabei zur Linken der Strasse der mächtige *Schusterfelsen*, die Strasse hoch überragend. Viele Felssprengungen, um derselben Durchpass zu verschaffen. Sie zieht sich immer dicht am Flussufer u. an den gewaltigen, schon jetzt thurmartig aus dem grünen Buschwerk aufsteigenden Felsmassen hin. Basalt, Granit, rother und grauer Porphyr u. Gneis erscheinen in buntem Wechsel. Die Felskoulissen der Thalwendungen werden immer malerischer. Der Fluss ist von schattigem Gebüsch eingerahmt, üppiges Buschwerk mit Tannengruppen untermischt, Schlingpflanzen u. Moos drängen sich in fröhlicher Fülle aus dem Gestein hervor u. bekleiden jeden Vorsprung, jedes Gesimse der Felshalden, die mit Trümmerhalden abwechseln. — Links in malerischer Höhe burgartige Felsbildungen; der *Burgfelsen* (mit kaum sichtbaren Spuren der einstigen Burg *Isenegg*) an einer starken Thalbiegung. — Hierauf, am Vereinigungspunkt der Schlücht u. Schwarzach, (7 Kil.) die **Witznau-Mühle**, 425 m. (*Wirthschaft*, Fuhrwerk). Vorher zur Linken steiler Weg nach *Dietlingen* und *Nöggenschwihl*; bei der Mühle, rechts über die *kleine Schlücht*, Fahrweg nach *Aichen*. Am linken Ufer der wasserreichen, dunkelströmenden Schwarzach hinauf neue Strasse nach Leinegg 1 Sdt. u. Weg von da das Fohrenbachthal hinauf über Segalen u. Amrigschwand nach Höchenschwand; höchst interessante Wanderung. Wenn die Strasse durch das wildöde, felsenge u. grossartig zerrissene Klammthal der Schwarzach vollends bis Seebrugg ausgeführt sein wird, was zu hoffen steht, so wird dieser Strassenzug den kürzesten u. zugleich interessantesten Weg von Zürich u. Schaffhausen (Rheinfall), sowie vom Bodensee her nach Freiburg darstellen. — Von Witznau-Mühle ebenfalls neue Strassenanlage (links) am rechten Thalabhang hinauf nach **Berau**, 664 m. (*Rössle*), 1 Std. in übereinander emporsteigenden Schraubenlinien. Tunnel, (18 m. lang) u. Pavillon auf einem Felsdorn mit ergreifend grossartiger Aussicht in's mächtig aufgähnende Schlüchtthal hinunter, sowie in's Schweiz. Aarthal u. die Alpengipfel. Oben zur Linken Ueberreste alter Letzenen (Schanzwerke) u. Felsenthore („Heidenthor, Teufelsthor"), an der Ausmündung des alten, sog. Weinweges. — Von Berau Wege über Brenden nach St. Blasien u über Brenden, 718 m. (*Hirsch*), Staufen, 947 m. (*Hirsch*) u. Schönenbach, 952 m. (*Hirsch*) nach Rothhaus u. Schluchsee, Bonndorf, Grafenhausen etc.

Nun von Witznau-Mühle an der *kleinen Schlücht* (von der Aufnahme der Schwarzach an heisst der Fluss „*Grosse Schlücht*") aufwärts; nur 3—4 m. über dem Flussbett u. dicht am Ufer hin. Links baut sich ein wildzerrissenes Felsenwirrniss drohend zu gewaltiger Höhe empor, der *Burgfelsen*, auf welchem einst eine, nur auf schmalen, schwindelnd hohem Grat zugängliche, Burg thronte (wohl *Gut-Kränkingen)*. Diese imposante, wild zerklüftete Felsenmasse bildet eine der gewaltigsten Scenerien des Thales. — Ein wenig begangener Fusssteig (steil) kreuzt die Strasse u. auf einem Stege den Fluss u. zieht sich rechts (südl.) durch eine Schlucht hinauf. Er führt von Berau nach den *Allmuthhöfen* über dem linken Hochufer der Schlücht. Die Ruine der Burg *Allmuth* ist (von Wald umwuchert) nicht sichtbar. — Es folgt von dieser Stelle an bis zum Einfluss der Mettma die *grossartigste Partie des Schlüchtthales*. Rechts eine massive Granitmauer von ungeheurer Massenhaftigkeit, links die riesig in die Lüfte steigenden Felsenflanken der *Schwedenfelsen*, an deren Fuss vor dem Bau der Schlüchtthalstrasse gewaltige Grotten u. Flusstiefen gähnten. Sie sind vom Strassendamm eingedeckt u. durch Sprengungen zerstört worden. Im Vorblick *Wassertunnel* der Schlücht, welcher, um der Strasse Raum zu geben, durch einen mächtigen Granit-Querriegel des linken Ufers gesprengt werden musste. Der Fluss wurde hier total seitwärts verlegt, für die Strassenbahn Raum gesprengt u. ein fester Damm für den Strassenkörper gebaut. *Aeusserst malerische, grossartig schöne Scenerie.* Glanzpunkt des Schlüchtthales. Dicht am *Felsenthor der Schlücht* öffnet sich links die schmale Waldschlucht der *Mettma*. Ueber der *Mündungsstelle* (10 Kil.) *Brückenübergang der Strasse.* Strassenwärterhaus. Ganz veränderte Scenerie. — Ein Waldpfad führt am Ufer der *Mettma* hinauf zur *Lochmühle* u. zum *Weilerhof*. Ueber einer kleinen Seitenschlucht die malerische Ruine des Schlosses *Mandach* od. *Weiler*. — Das Thal nimmt nun einen weniger grossartigen Charakter an. Doch immer noch hohe, waldige Uferhalden mit aufstrebenden Felsgruppen von Granit u. Gneis. Das Flüsschen mit seiner reduzirten Wasserfülle rauscht über Gefels hin. — Bei einer Holzschneidemühle Kreuzung der Strasse durch die Fusswege von Riedern am Wald (links in der Höhe) nach den Hagnauhöfen und Neuhaus (Berghaus) auf dem jenseitigen Hochgelände. — (12 Kil.) *Riedernsteg* od. *Schlüchtmühle*, zur Linken an der Einmündung des links von *Hürrlingen* u. Riedern niederrinnenden Seitenbaches, Mühlengehöft, bei dem der Klammthal-Charakter des Schlüchtthales sein Ende gefunden hat. Kesselartige Thalausweitung.

Neue Vizinalstrasse nach (2 Kil.) **Riedern am Wald**, 702 m., alter Ort mit ehem. Augustiner-Mannskloster (gestiftet 1111). Ein Nonnenkloster gleichen Ordens 1846 durch Feuer zerstört; — nach *Hürrlingen* durch Wiesenthal 1/4 Std. — Von Riedern (herrliche Aussicht) über *Hof Weiler* (links Ruine *Mandach*) u. *Lochmühle* in der Thaltiefe der Mettma nach Berau, 664 m. (Rössle). Neue Kirche. Alte *Klostergebäude* (ehem. berühmtes Nonnenkloster) an Stelle der einstigen *Burg* Berau. Prachtvolle Aussicht. Wer von Brenden u. Grafenhausen herkommt, sollte von Berau über die Lochmühle zur Mettma-Mündung wandern u. von hier thalab das Schlüchtthal begehen. (Knabe als Führer bis zur Mettma-Mündung). — In südl. Richtung Weg nach *Kränkingen*, die Strassen Thiengen-Berghaus-Uehlingen kreuzend, über den Berg, 1 Std., ebenso nach den *Hagnau-* u. *Allmuthhöfen* u. Aichen (ob. Witznau) 566 m. —

(14 Kil.) **Uehlingen**, 654 m., 791 Ew. (*Posthorn; Post; Restaur.*), sehr alter Ort, im ausgeweiteten Thal der Schlücht; Poststrasse über *Berghaus* (Neuhaus, Luftkurort und Sommerfrische) u. den *Galgenberg* nach (12 Kil.) *Thiengen*, steile Strassenstrecke. — *Aussichtspunkte* auf dem *Bühl* u. *Emishardt*. Beliebter Stationspunkt für Ausflüge nach allen Richtungen.

Ausflüge: nach Kränkingen (5 Kil.) mit Trümmern der *Burg* gl. Ns., Stammsitz der Freiherren von Kränkingen, im Mittelalter mächtige Dynastenfamilie. Aussichtspunkte. Ueber Löhningen u. Ender-Mettingen im Steinachthal zurück, 1 1/4 Std. — nach dem *Berghaus* (5 Kil.) mit prächtiger Fernsicht, 684 m. — nach Riedern u. Berau (s. ob.). — Das *Schlüchtthal aufwärts*, liebliche Partie. — nach Untermettingen (3/4 Std.) im *Steinachthal*, 520 m. (*Hirsch; Restauration*) mit hübscher, hochgelener Kirche, Ueberresten einer alten *Burg* über dem Schlüchtufer u. Spuren einer Römerstrasse. — Wer an die Eisenbahn zurückkehren will, kann in angenehmer Wanderung die neue, bequeme Strasse durch das Steinachthal hinab, über Detzeln nach (11 Kil.) *Oberlauchringen* einschlagen. Sehr hübsche Partie.

Im grünen Waldthal aufwärts, sodann, rechts ausbiegend, das Schlüchtthal verlassend, auf das Hochplateau nach (18 Kil.) **Birkendorf**, 788 m., 629 Ew. (*Post* von Kessler; *Hirsch; Bierbrauerei* v. Berger; *Kranz* etc.), wohlhabendes, ansehnliches Dorf mit *Aussichts-Pavillon* auf dem *Bühlberge*, 840 m. u. prächtigem Alpenpanorama (Trümmerstelle der *Burg Birkendorf*). In neuester Zeit auch von Fremden zur Sommerfrische ausgewählt. Merkwürdige Erscheinung des sog. „*Wetterschiessens*“ beim Beginn schlechten Wetters;

aus den Schluchten des Schlüchtthales herauf Detonationen. dem Geschützdonner ähnlich.

Post nach **Bonndorf** durch das *Steinachthal* (Ruinen *Steinegg* und *Roggenbach*) über *Steinabad* tägl. 1 mal in 2 Std. — nach **Schluchsee** tägl. 1 mal (Mittags) in 2 Std. 25 Min. (15 Kil.)

Ausflüge: nach **Bettmaringen** 1 Std. in einem linken Seitenthal der waldig eingeschluchteten *Steinach*, uralter Ort mit hochgelegener, stattl. Kirche *(Adler; Bierbrauerei; Hirsch)*, schlossartigem, altem Pfarrhof u. zahlreichen altgermanischen und röm. Antikaglien. Urkundl. Batimaringa (man vermuthet hier den Sitz des Alemannenfürsten Vadomar) ist B. auch bekannt durch die von *J. Grimm* herausgegebene „Oeffnung" (od. Dorfrechtsatzungen). St. Blasisches Besitzthum. — nach den Schlossruinen *Steinegg* u. *Roggenbach* im Steinachthal $1^1/_2$ Std. — nach *Steinabad*, $1^3/_4$ Std. — Durch hübschen Wald nach *Witzhalden* $^3/_4$ Std. mit prächtigen Aussichtspunkten. — in's *Schlüchtthal* zum *Bartlestein* $^1/_2$ Std. u., das Schlüchtthal bei einer Mühle (Igelschlatter-) kreuzend, nach **Mettenberg**, 898 m. *(Wirthshaus)*, prachtvolles Alpenpanorama, $1^1/_2$ Std. zurück über *Igelschlatt* od. *Seewangen* $1^1/_2$ Std. —

Wenig interessante Strasse (durch den Bannwald angenehmer) über die offene, wellenförmige Hochfläche u. durch den *Bannwald* nach (23 Kil.) **Grafenhausen**, 897 m. (*Hirsch; Krone*), malerisch im grünen Schlüchtthal u. hoch am Abhang gelegen. Stattliche Kirche auf der Höhe. Oben beim Gasthaus zur Krone prachtvolle Alpenansicht, namentlich der östl. Alpenketten. Schlossartiges Pfarrhaus. Im untern Dorf an der Strasse ehemal. Grafensitz, nun Bauernhaus. Im grünen Wiesenthal, 25 Min. oberhalb G., kleiner See, *Quellbecken der Schlücht.*

Ehemals bedeutender, war der Ort alter Sitz der Grafen von Nellenburg (daher sein Name). Sie stifteten daselbst schon vor der Mitte des 11. Jahrh. die Zelle der h. Fides, die sie dem Kloster S. Salvator (Schaffhausen) zueigneten. Im 16. Jahrh. kam d. Ort durch Tausch gegen Schleitheim u. Beggingen an Lupfen-Stühlingen und 1609—1612 an St. Blasien.

Ueber Geroldshofstetten, 908 m., Rippoldsried, die Gehöfte Röthenberg, 934 m. (herrliches Alpenpanorama), Mettenberg, 898 m. (ebenfalls prachtvolle Aussicht), Hürrlingen u. Riedern a. W., 702 m., äusserst angenehme, anregende, aussichtsfrohe Wanderung in's romantische Schlüchtthal (s. ob.). —

Ausflüge durchs *Erlenbachthal* nach *Steinabad* u. *Bonndorf* — zur *Schaffhauser-Säge* im *Mettmathal* über *Signau* u. nach **Schönenbach**, 952 m. *(Hirsch)*, $1^1/_2$ Std.; zurück über **Staufen**, 947 m. *(Hirsch)* u. *Bulgenbach* (Geburtsort Hans Müllers, genannt von Bulgenbach, oberster Hauptmann des Schwarzwälder Bauernhaufens aus dem Albgau; im Bauernkriege, 1525, zu Laufenburg enthauptet). —

Ueber eine hohe, kahle Bergebene mit herrlicher Aussicht in $^3/_4$ Std. nach (26 Kil.) **Rothhaus**, 977 m. am Vereinigungspunkt der Strassen von Lenzkirch (Dresselbach), Bonndorf, Thiengen u. Schluchsee, grosse *ärarische Brauerei*

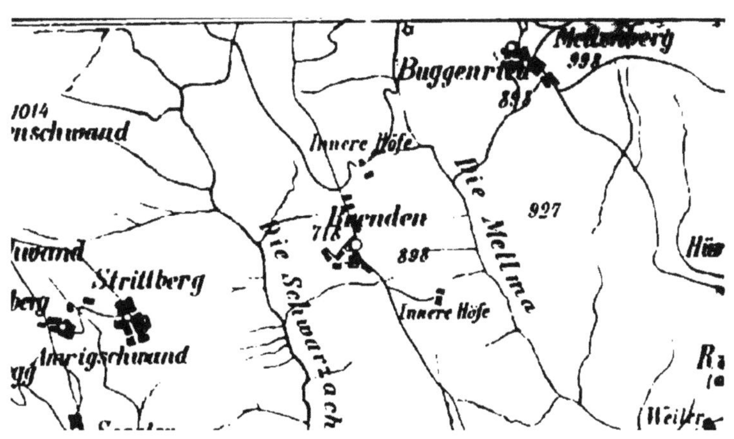
1014
Innere Höfe
927
Strittberg
898
Innere Höfe
Amrigschwand
Die Schwarzach
Die Mettma

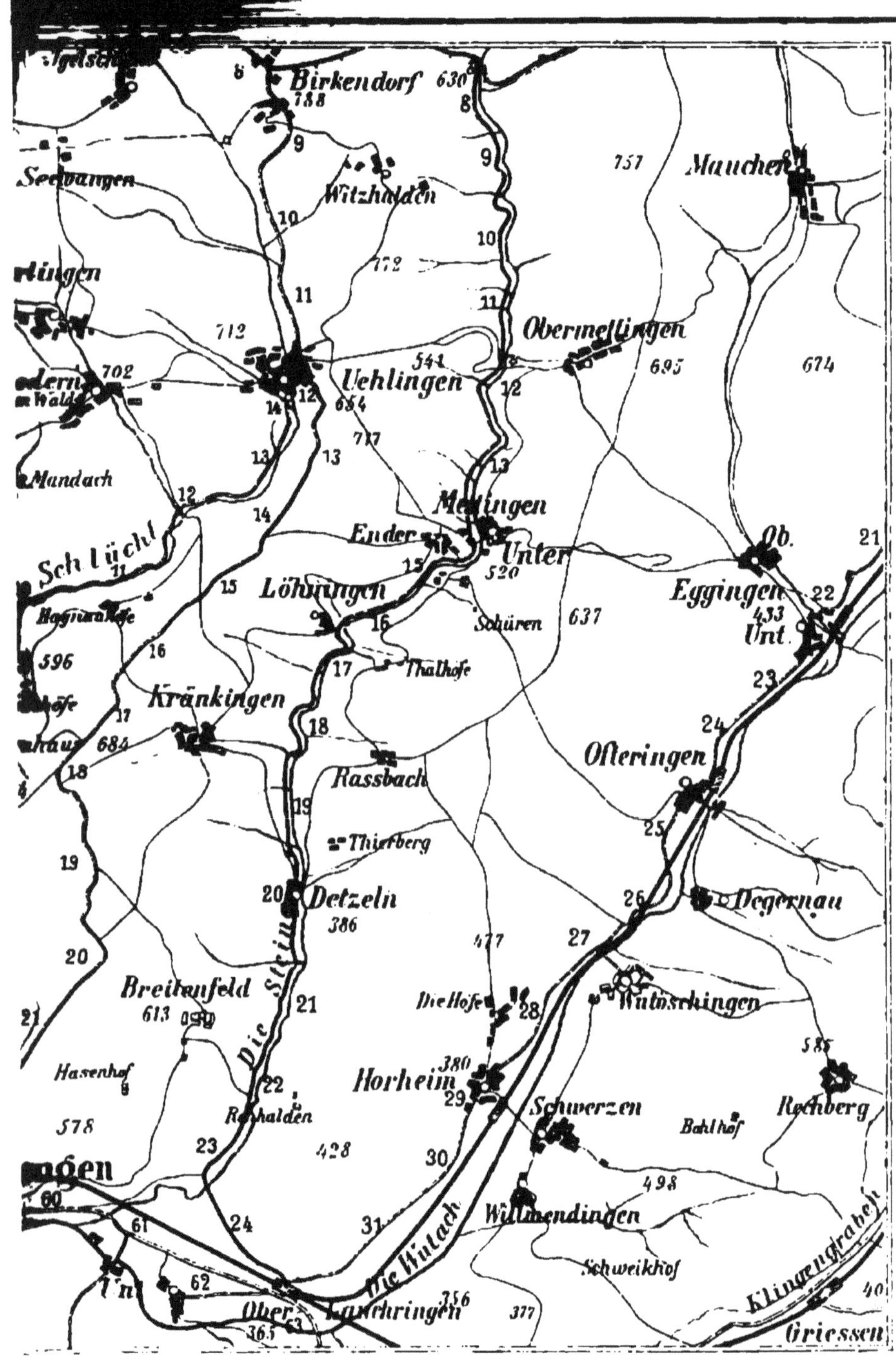

Birkendorf
Seewangen
Witzhalden
Mauchen
Obermettlingen
Uehlingen
Mandach
Mettingen
Ender
Unter
Schlücht
Löhningen
Schüren
Ob.
Eggingen
Unt.
Thalhofe
Kränkingen
Osteringen
Rassbach
Thierberg
Detzeln
Degernau
Breitenfeld
Die Steina
Die Hofe
Wutöschingen
Hasenhof
Horheim
Rechberg
Schwerzen
Bahlhof
Willmendingen
Die Wutach
Schweikhof
Klingengraben
Ober
Lauchringen
Griessen

u. *Wirthshaus* (Luftkurort u. Sommerfrische) mit Alpenaussicht. Sehr sehenswerthe moderne Bräu-Einrichtungen. Ausgedehnte Waldungen in der Umgebung. Angenehme Spaziergänge u. zahlreiche Ausflüge. Das treffliche Rothhäuser Bier in der weiten Umgebung verzapft u. beliebt. —

Vom Kloster St. Blasien errichtet (1792), wurde der erste Sud per Maass Bier zu 6 Kreuzer verzapft, was für das erste Rechnungsjahr einen Reingewinn von 3350 fl. ergab.

In der Nähe der **Dürrenbühlerhof,** 1002 m. mit bedeutender Landwirthschaft u. grossartiger Viehmastung.

Nun über *Amerzfeld* im tief eingesenkten *Mettmathal* (Amalrichsgerute im 12. Jahrh.), wo der Schwarzwald-Charakter der Wohnhäuser sich bemerklich zu machen beginnt, an der jungen, dunkelrinnenden Mettma aufwärts. Wald u. Felstrümmer, steinige Halden. Niedrige Wasserscheide zwischen Mettma u. Schluchseethal (Schwarzach). Ueberraschender Blick auf die umgebenden Höhen des Schluchseethales, den See u. die Feldberggruppe, nach (31 Kil.) **Seebrugg,** 914 m., nahe am Südost-Ende des *Schluchsees* u. am Ausfluss der *Schwarzach* aus demselben, am Knotenpunkt der Landstrassen von Freiburg, Lenzkirch, St. Blasien, Waldshut, Bonndorf u. Thiengen. (*Gasthaus von Jehle*), Kurort u. Sommerfrische, neu eingerichtet, in ausgezeichneter, geschirmter Lage, von waldigen Höhen gegen rauhe Winde geschützt, mit prächtiger Aussicht auf den See u. die Schwarzachschlucht. Weitläufige, stattliche Gebäulichkeiten.

Ehemals St. Blasianisches Klostergasthaus u. Fruchtspeicher (Wappen Fürstabts Martin II. u. Jahrzahl 1780) mit prächtigen Kellergewölben, ist der herrschaftl. Charakter der weitläufigen Gebäude in die Augen fallend. Schöne Hirschgeweihe.

In der Nähe *Kanal* der neuen *Holzfaserstoff-Fabrik* im Schwarzachthal (1200 m. lang), kostspielige Wasserbaute. Eine wildromantische Partie im obern Schwarzachthal, in der Nähe der Fabrik, heisst *Teufelsküche*.

Spaziergänge: auf der *Seestrasse* am See entlang; reizender Weg. — über die *Kanal-* u. die *Schwarzachbrücke* (Seebrugg [Seebruck]) am südl. Ufer des Schluchsees entlang nach der *schönen Buche* 3/4 Std. — nach der *Eisenbreche* 1/4 Std. — zur *Holzfaserstofffabrik* 1/8 Std. etc.

Ausflüge: auf den **Hochstaufen,** 1086 m. mit herrlicher Rundschau auf die Alpenkette von den Glarneralpen bis zum Mont Blanc, auf den Belchen, Feldberg u. die Schwarzwaldhöhen, die Berge der Baar bis zum Dreifaltigkeitsberg bei Spaichingen (3/4 Std.). — nach **Faulenfirst** (*Rössle*), 1037 m. mit Alpenaussicht (östl. Ketten, Säntisgruppe bis zum Titlis, 1 Std. — nach **Blasiwald,** am malerischen Bach hinauf (*Wirthschaft von Strittmatter*); auf der Höhe von Blasiwald schönste Alpenaussicht der Umgebung (man erblickt den Zürichersee), welche die ganze Ausdehnung der Alpenkette umfasst. —

Hauptpartie: in's Schwarzachthal. Die *Schwarzach* durchströmt eines der wildesten u. rauhesten Thäler des Schwarzwaldes, welches, hauptsächlich die linke, östl. Thalseite, bis etwa in die Gegend zwischen *Staufen* und *Häusern* in der Schwarzhalde genannt wird. Granit, Porphyr u. Gneis schliessen in mächtigen Felshalden die enge Schlucht ein, welche eine tiefe Thalspalte bildet und mit gewaltigem, malerisch herumgestreuten Trümmergestein bedeckt ist. Von *Seebrugg* bis Leinegg ist die Thalsohle nur mühsam zu durchkriechen. *Von dort an schöne, neue Fahrstrasse bis Witznau* (s. ob.). Lohnender Weg über die Schwarzhalde nach **Schönenbach,** 952 m. (*Hirsch*), über **Staufen,** 948 m., u. **Brenden,** 718 m. (*Hirsch*) nach **Berau,** 664 m. (*Rössle*) u. von da, entweder direkt in's Schwarzachthal hinab nach **Leinegg** (einsames Gehöft; ehem. eine Burg daselbst) u. im Thal auf der neuen Strasse nach Witznaumühle — (auch schon von Brenden her der Abstieg zur Schwarzachtiefe möglich) — oder aber — empfehlenswerther! über die Lochmühle in's Schlüchthal — dasselbe durchwandernd bis Witznaumühle u. von da die neue Strasse durch's Schwarzachthal hinauf. Man hat so viele Einblicke in's Thal u. ein Stück Wanderung durch dasselbe u. kann sodann durch das schöne Fohrenbachthal nach Höchenschwand, Häusern u. auf der rechten Uferseite, mittelst bequemer Strasse zurückkehren. Diese Partie ein tüchtiger Tagmarsch. Rathsam einen Theil fahren!

Die zukünftige Schwarzachthalstrasse, wenn sie vollständig ausgebaut sein wird, von Witznau bis Häusern (oder vollends bis Seebrugg im Thal selbst) wird ein bisher absolut unbekanntes, grossartig gebildetes Felsenthal erschliessen, das eine Menge Besucher anlocken und die kürzeste Verbindung zwischen der Oberrheinthalgegend u. Freiburg etc. bilden wird.

Näheres über Seebrugg und Umgebung in „**Erinnerung an den Schluchsee u. seine Umgebung**" von *S. Pletscher,* 1881. (Verlag der Gasthäuser am Schluchsee.)

Von Seebrugg in 35 Min. am See entlang (prächtiger schattiger Weg dicht am Seeufer hin, mit Tannen u. Gebüsch eingefasst) nach dem (33 Kil.) Pfarrdorf **Schluchsee,** 952 m., 10 Min. vom Seeufer, auf einem vorspringenden Absatz des nördl. Thalgehänges. Hochliegende Kirche. Post u. Telegraph. *Luftkurort* (*Sternen; Schiff*); Privatwohnungen. Freies Seebad. Badhaus mit warmen u. kalten Wannenbädern. Kähne für Schiffahrt u. Fischfang. Schöne Spaziergänge im nahen *Birkenberg-Wald.* Auf dem Wolfsgrund *Pavillon* mit schöner Uebersicht des Schluchsee-Spiegels. Auf dem Scheibenfelsen hübscher Umblick.

Im 11. Jahrh. von dem Grafen von Rheinfelden u. Hezilo dem Schirmvogt von Reichenau zum Theil an St. Blasien geschenkt; ein andere Theil von den Grafen von Nellenburg an die Klöster Reichenau u. S. Salvator (Allerheiligen) zu Schaffhausen vergabt, dann Vertauschung des Schaffhauser Theiles an den Besitzer von Wagenhausen u. nach längerm

Streit über die Grenzen, 1125 dem Kloster St. Blasien von Heinr. V. bestätigt.

Der **Schluchsee** ist 3/4 Std. lang, etwa 1/4 Std. breit und 28—30 m. tief (Meereshöhe 900 m.), sein Becken eine steil abfallende Thalspalte, an manchen Stellen mit versunkenen Tannenstämmen versperrt; reich an Hechten; (Esox lucius); Aalraupe od. Treische (Lota communis), Barsch (Eile genannt), Weissfisch, Aale und Karpfen kommen auch vor. In den Bächen die Bachforelle.

Ein Mannlehen von 300 Forellen im Schluchsee fiel beim Aussterben der Herren von Blumenegg 1577 wieder an St. Blasien heim. Der See war in der Urzeit bedeutend grösser (die Sandhügelwellen bei Seebrugg u. das Feldmoos oben am See, sowie eine Menge grosser, rund geschliffener Rollsteine an den Halden ringsum, bezeugen diese Annahme. Wahrscheinlich die *Mettma* ursprünglicher Abfluss dieses Seebeckens bis zur Ausfurchung des Schwarzachthales und Senkung des Seespiegels. Vermuthlich Zusammenhang mit dem Urseebezirk am Nordfuss des Feldberges, dessen Ueberreste noch in dem Torfmoor bei Hinterzarten, dem Titiseebecken, dem rothen Meer bei Neuglashütte, dem Ursee bei Lenzkirch u. dem Becken des Schwellweihers heute noch gefunden werden können. — Merkwürdig ist das Brüllen des Sees, wenn er mit einer Eisdecke bedeckt ist. — Sage von Seeweiblein u. Seegespenstern.

Spaziergänge u. Ausflüge: nach *Dresselbach* u. nach *Seebrugg*, 1/2 St.; — auf der *obern Seestrasse* nach *Unter-* u. *Oberaha*, 938 m., eben dahin auf der alten Landstrasse 1 1/4 St.; — in's *Schwarzachthal* zur *Holzstofffabrik*; — auf die *Schwarzhalde* (Hochstaufen; Geisberg; Staufenkopf etc.); — nach *Faulenfirst* (Rössle), 1037 m., durch prächtigen Wald auf bequemer Strasse (Alpenaussicht) 3/4 Std.; — nach *Rothhaus* über *Dürrenbühl* u. über *Amerzfeld* zurück, 2 Std.; — nach *Grafenhausen* 2 1/2 Std.; — zum *Lindenwirthshaus* (Dresselbach u. *Buchbühl* (1061 m.), prächtige Aussicht, auch auf die Alpen, 3/4 Std.; — am Dresselbacher *Lindenwirthshaus* vorüber nach der *Aussichtstanne* gegen *Glashütte* (runder Platz; Aussicht nach der Baar u. Hegau etc.) 1 1/4 Std.; — in gleicher Richtung zur *Quelle der Steinach* am Winterberg u. zum *Witzenbrunnen* (hübsche Waldwege); — nach *Unter-* u. *Ober-Fischbach* u. nach *Lenzkirch* über *Hinterhäuser* (Alpenaussicht); — über *Aha*, 938 m. *(Auerhahn)* 1 1/4 Std. nach *Aeule*, *(Rössle)*, Glashütte ist aufgegeben. Von *Aeule* durch Tannenwaldung an der Ahamerhalde, 1230 m., entlang nach *Oberkrummen* (abgebrannter Hof) u. *Unterkrummen;* — nach der *Schönenbuche* (über den See), über *Eisenbreche* nach *Blasiwald (Wirthschaft von Strittmatter)* (prächtiger Bach durch Felsen u. Wald herab u. Alpenschau), zurück über Seebrugg 2 Std.; — nach *Alt-Glashütte* (Rothwasserdörfle) *(Löwen)* 1 1/2 Std. — Hauptausflug auf den Feldberg über *Aha*, *Alt-Glashütte*, *Bärenthal* u. auf dem f. fürstenberg. Holzsträsschen zum *Feldbergerhof*, 3 Std.; — Näherer *Fussweg* von *Aha* (Wegweiser) über den *Stutz*, u. die *Bärhalde* (am Grath gegen das Menzenschwanderthal entlang). Im Gasthaus „*zum Auerhahn*" zu Aha freundliche Weisung od. Führer. — Ausflug durch das Schwarzachthal (s. Seebrugg). —

In Schluchsee **Postverbindung** mit *Lenzkirch*, *Neustadt*, *Freiburg*, *St. Blasien*, *Albbruck*, *Waldshut*, *Rothhaus*, *Bonndorf*, *Thiengen* etc.

Von Schluchsee Poststrasse nach Lenzkirch über *Unter-* u. *Ober-Fischbach*, am *Haselberg* hinunter, 2 Std.

(10 Kil.). — Die alte Strasse am Dresselbacher Lindenwirthshaus vorüber u. den waldigen, steilen, aber aussichtsreichen (Feldberg, Baar u. Hegau) Schöneberg hinunter, nach Unterlenzkirch wird von den Fuhrleuten, ihrer Steilheit (im Winter der Schnee- u. Eismassen) wegen gemieden; für den Fusswanderer immerhin interessanter Weg.

Durch das wasserreiche Thal von *Fischbach* nach **Unter-** u. **Ober-Fischbach,** zerstreute Häusergruppen mit uralten Bauernhäusern im ächten Schwarzwälderstyl. *Unterfischbach*, sehr alter Ort, theilweise dem Kloster Allerheiligen zu Schaffhausen, theilweise zu St. Blasien (12. Jahrh.) gehörend, später ganz zu St. Blasien. Zwischen *Unter-Fischbach* u. *Schwende* Weg über *Hinterhäuser* u. den hohen **Pfaumberg** mit grossartiger Aussicht über Baar, Bodensee u. Schweiz (Alpen), nach *Lenzkirch*. Eines der umfassendsten Panoramen des ganzen Südschwarzwaldes.

Eine starke Steige am *Haselberg* hinunter und durch Wiesenthal (Bach, Abfluss des Ursees) nach (43 Kil.) **Lenzkirch** (bis 1866 *Oberlenzkirch* genannt), 810 m., nahe an 2000 Ew. (*Adler* [Post]; *Wilder Mann; Bierhäuser u. Bierwirthschaften*), Marktflecken in anmuthiger Lage an der Haslach u. dem Urseebach, sehr gewerbthätiger Ort mit meist neuen Häusern (Brand von 1813). Hübsche Kirche. Uhrfabrik, wohl das grösste derartige Etablissement im deutschen Reiche; Spieluhrenfabrik (Orchestrions) von *Keller* (ehem. Schöpperle); Strohhutfabrikation und *Strohmanufaktur; Handelsgesellschaften* zum Vertrieb der Schwarzwälder Industrie-Produkte. *Badeanstalt.* Lesezimmer im Adler. Sommerfrische für Fremde. Post und Telegraph.

Ruine Urach (10 Min.) über der Haslach, Sitz eines gleichnam. Dienstadels, dann einer Linie der Herren von Blumenegg; von diesen 1491 an Fürstenberg verkauft.

Lenzkirch, Besitzthum der Herren (nicht Grafen) von Urach, die 1260 ausstarben; später an die von Blumenegg. Elisabetha von Bisingen, Gemahlin Konrad's von Blumenegg, stiftete daselbst ein „Haus der ewigen Anbetung" u. übergab es sammt Kirchensatz u. Zehenden" zu L. an den Maltheserorden (Johanniter). 1491 durch Kauf gedieh es an Fürstenberg. 1813 fast gänzliche Zerstörung durch eine Feuersbrunst.

Spaziergänge u. Ausflüge: nach *Unterlenzkirch (Bierbrauerei Rogg)*, $^1/_4$ Std.; zur Ruine *Urach*, 10 Min.; — zu den Pavillons südlich und nördl. des Ortes $^1/_4$ Std.; — durch Wald zum *Hochschirm*, $^1/_2$ Std. mit weiter Fernsicht; — nach Saig, 900 m. (*Ochs*, Pension für Kurgäste), *Luftkurort*, zum *oberhalb Saig* (10 Min.) befindl. *Aussichtspunkt;* — zum Pavillon auf dem Wege von *Saig* (20 Min.) nach *Neustadt*, mit überraschender Aussicht auf den Titisee, Feldberg u. Gegend ob dem Höllenthal; — auf die Kappeler Höhe, 1047 m., $^3/_4$ Std.; — auf den Hochfirst, 1190 m., $1^1/_2$ Std. mit Alpenpanorama; — nach dem *Ursee* (mooriger Ueberrest eines frühern Sees, s. ob.) u. *Raithebuch* u. am *Schwellweiher* vorüber nach Altglashütte *(Löwen)*, 2 Std.; — zum romantischen *Rechenfels* an der Haslach 1 Std., (auf beiden Seiten des schäumenden Baches, der an der Bärhalde oberhalb Neuglashütte entspringt, erhebt sich die Felsmasse etwa 15 m. hoch u. beengt die Schlucht oben bis auf $2^1/_2$ m. Breite. Der Thalriss heisst auch *Stophelsloch*. — nach Kloster Grünwald, 917 m., 1360 von Heinrich von Blumenegg gestiftet, 1430 durch Clewi Brick u. seine Frau Margaretha von Ewatingen mit dem Hof u. Pfarrsatz von Kappel beschenkt; lange Streitigkeiten mit Fürstenberg u. Aufhebung durch dasselbe 1803. Abgebrannt in der Nacht vom 3. auf 4. Oktober 1880; nun Ruine; — nach Falkau, 979 m. *(Krone), Draht- u. Schraubenfabrik*, $1^1/_2$ Std.; — zum Titisee 1 Std.; — auf den Feldberg 3 Std.; — nach *Neustadt* $1^3/_4$ Std.; — nach *Schluchsee* $1^3/_4$ Std.; — nach *St. Blasien* $4^1/_2$ Std.; — nach *Rothhaus* $2^3/_4$ Std. —

Lenzkirch ist Kreuzungspunkt der Postkurse *von Triberg nach Albbruck* u. *von Weizen* (Schaffhausen, Stühlingen) *nach Freiburg*.

Die **Post** nach Neustadt geht, am **Titisee** vorüber, nach **Altenweg** u. von dort das *Gutachthal* hinab zum Ziel, somit auf einem bedeutenden Umweg (16 Kil.) nach Neustadt. Mit Fuhrwerk od. zu Fuss wählt man entweder die *Strasse* über **Kappel** u. das Gutachthal aufwärts oder den guten *Fahrweg* über **Saig**, am *Pavillon* vorbei, (s. ob.) um den Nordwestabhang des Hochfirst herum.

Von Schluchsee an den **Titisee** direkt, ohne Berührung von Lenzkirch u. Neustadt, wählt man die bequeme Poststrasse über Aha u. **Altglashütte**, 984 m. (*Löwen*), Rothwasserdörfle, in hübscher Lage in grünem Wiesengrund, auch Fremdenaufenthalt (am kleinen See Schwellweiher vorüber), dann durch die **Falkau**, malerisch auf grünem Mattengeländ zerstreute Wohnungen, mit Draht- und Schraubenfabrik, zum sog. Rothen Kreuz hinauf u. von da, durch Wald hinab, an den Titisee u. nach Altenweg.

Von Lenzkirch hinauf in $^1/_2$ Std. nach (46 Kil.) **Kappel**, 891 m. (*Stern; Blume*), Pfarrdorf, auf einer Bergstufe des *Hochfirst*, frei, offen u. hoch gelegen, netter Ort mit prächtiger Aussicht auf den Feldberg, den hohen Randen um Schaffhausen u. die Gegenden um Bonndorf. Als klimatischer Kurort besucht. Alter Kirchort, im 15. Jahrh. an das Kloster Grünwald geschenkt, nach Aufhebung desselben wieder selbstständiger Pfarrort.

Spaziergang: zum malerischen *Hürrenhof* am Südabhang des Hochfirst, 20 Min., prächtig gelegener Bauernhof mit Rieseneeche, Mühlchen u. Bachidyll.

Ausflug: auf die Kappeler-Höhe, 1047 m., $^3/_4$ Std. mit *Pavillon* und weitreichender Rundsicht; im Osten Baar, schwäbische Hochebene mit dem Hohenzollern, Heuberg, Dreifaltigkeitsberg, Tuttlinger Höhe (zwischen Wartenberg u. Fürstenberg), Eichberg u. Buchberg mit ihren Rutschwandgiebeln, u. Randen. Dann darüber die bayerischen Gebirge, Vorarlberger-Alpen, Säntisgruppe u. die schweizerischen Schneegebirge bis zum Titlis. Von hier an noch sichtbar die Gipfel der Berner-Alpen (doch nur die Spitzen) bis zur Jungfrau, sogar bis zum Rinderhorn. — Von hier Weg zum *Luchsenfelsen* (Wgw.) $^1/_4$ Std. über den Rücken des Hochfirst dahin. —

Vom *Sternen* in Kappel hinab (am Gottesacker vorüber) in mehreren Windungen zur Thaltiefe der *Gutach*, die sich eine halbe Stunde weiter thalabwärts mit der *Haslach* verbindet, den *Röthenbach* (in einem Wasserfall von links her) aufnimmt u. von da an **Wutach** heisst; ein Fahrsträsschen, das bis zum Wasser hinab fast parallel mit der Strasse nach Neustadt hinabführt, überschreitet nahe bei einer romantisch gelegenen Sägemühle die Gutach auf einer hohen Holzbrücke u. geht die steile *Enkensteig* hinauf, durch den Wald in 1 Std. nach *Röthenbach*. An dieser Brücke 1796, beim Rückzug Moreau's, glückliches Gefecht der Oesterreicher (von dem Revierförster Kolumban Kaiser von Lenzkirch geführt und aufgestellt) gegen die Franzosen, wodurch den letztern die Strasse nach Lenzkirch verlegt wurde.

Im grünen Waldthal der *Gutach* aufwärts; von rechts her Einmündung der Poststrasse von *Löffingen*; dann durch grüne Wiesen nach (54 Kil.) **Neustadt**, 828 m., 2300 Ew. (*Adler [Post]* mit Pension; *Krone; Löwe; Bär; Kreuz; Pfau; Restauration zum Engel; zum Jägerhaus;* Bier *zum Spritzenhäuschen* etc.), Amtsstädtchen, am Thalabhang der Gutach gelegen, sehr gewerbsthätig u. regsam, mit *Gewerbeschule*, grosser *Uhrfabrik* u. Tuchfabrikation. *Badeanstalt*, Museumgesellschaft, Krankenhaus mit Denkmal des Gründers (Dr. Winterhalter). N. ist ein Hauptsitz der Schwarzwaldindustrie, desshalb viel Verkehr von Geschäftsleuten. Stattliche, hochgelegene Kirche; dabei altes Kapuzinerkloster (Privatwohnungen). Post u. Telegraph. Postverbindung nach allen Himmelsrichtungen. Vorläufig Endstation der im Bau begriffenen *Höllenthalbahn*. Fortsetzung der Linie nach *Donaueschingen* projektirt.

Altzähringischer Besitz, kam Niuwenstadt 1218 an die Grafen von Fürstenberg. Im 14. Jahrh. fürstenberg. Zollstätte an der (Grenze der Baar) Strasse von Löffingen nach dem Breisgau. 1815 während der österr. Einquartierung grosse Feuersbrunst, die fast den ganzen Ort verzehrte. Hier wurden die ersten Uhrenglocken gegossen. —

Spaziergänge u. Ausflüge: Am nahen Abhang des *Hochfirst* hübsche Waldwege, die auf den Berg führen. Auf den Luchsenfelsen, 1190 m., $1^1/_2$ Std. Der **Hochfirst** (Hochfürst, Hohenfürst) trug einst ein *Schloss* der Herren von Hohenfürst, welche im 14. Jahrh. in den Urkunden erscheinen u. in d. Gegend begütert sind. — nach dem Pavillon gegen *Saig*, (s. ob.) über den *Glasberg*, am Westabhang des Hochfirst auf gutem Fahrwege zu erreichen, 1 Std.; schattiger Waldweg. Prächtiger Blick auf den Titisee, Bärenthal, Feldberggruppe u. Einsattelungen von Hinterzarten. Sogar ein Theil der Vogesen ist durch die Lücke des Höllenthals zu sehen. — Ueber Mattenland von hier abwärts (Saig bleibt links liegen) zum untern Ende des Titisees. *Hotel Eigler*, 50 Min. Beim *Seebauer* Gräberfunde: altgerman. Särge von Stein (in Donaueschingen). — nach der *Kupferschmiede* im *Gutachthal*, an der Ausmündung des *Joos-* u. *Langenordnachthales* (*Wirthshaus*); — zum *Hürrenhof* am Südabhang des Hochfirst, $1^1/_4$ Std., (1042 m.), Musterbild eines Schwarzwälder Bauernhofes; — über *Rudenberg*, 900 m. nach **Friedenweiler**, 904 m. *(Gast- u. Bräuhaus)*, $1^1/_2$ Std. Pfarrdorf, ehemal. Kloster mit sehenswerther *Kirche*. Gegenwärtig *fürstl. fürstemb.* Forst- u. Bräuhaus mit Oekonomie-Gebäuden etc. — Auerhahnjagd. —

Filial-Nonnenkloster von St. Georgen, zuerst Benediktinerinnen, dann Cisterzienserinnen. Luzerner Nonnen aus dem Kloster Rathhausen bei Sempach wegen üppigem Lebenswandel hierher versetzt. — Nach der Sage Erbauung des Klosters an der Stelle, wo der Abt von St. Georgen von einem Felsen herabstürzte, ohne sich zu schädigen. Ein Christusbild, an Stelle eines alten heidnischen Götterbildes (Vesta), von einem Hirten aufgerichtet, soll die Rettung bewirkt haben. — Ein griech. Kreuz in der Nähe des grossen Klosterweihers auf der Begräbnissstätte von 300 russischen Soldaten (1805 am Typhus verstorben). Rückweg über den schönen Aussichtspunkt bei Reichenbach *(Signal* 967 m.) u. auf der Donaueschinger Landstrasse. Ein Waldweg über die *Weide* u. ein Fahrweg über Klein-Eisenbach führen auf die *Vöhrenbacher Poststrasse*, auf welcher Rückwanderung nach N. — Beschwerlich u. nur mit Führer (Neustadt im Adler anweisen lassen) Ausflug *an der Gutach abwärts* u. bis zur *Stalleger-* (Stahlegger-) *Brücke*, durch Wald u. an wildromant. Partien vorüber (Vereinigung der Haslach u. Röthenbach mit Gutach-Wutach) u. über *Holzschlag* nach Lenzkirch zurück, Nr. 35 oder über *Göschweiler*, 831 m. (*Hirsch, Kreuz)* nach *Röthenbach*, 826 m. *(Adler, Rössle, Restauration)* u. N. zurück.

A. Abstecher nach Vöhrenbach.

Post dahin von *Neustadt* 22 Kil. in 3 Std. tägl. 1 mal (vergl. Nr. 7 Seite 59 u. 60.)

Von Neustadt aussichtsreiche Strasse über das sog. Höchst nach Eisenbach u. nach Hammereisenbach, wo die Strasse nach Donaueschingen u. nach Vöhrenbach gabelt. Auf dem höchsten Punkt dieses Strassenzuges, 1018 m., prachtvolles Panorama: Baar, Feldberg, Alpen. „Auf dem Höchst" (Häusergruppe von Ober-Eisenbach), (*Löwe; Hirsch*) ständige Uhrenausstellung des Gewerbe-Vereins Eisenbach. Bedeutende Uhrenfabrikation in der Umgegend. — Im langgestreckten Thal Mineralbad **Eisenbad** od. Eisenbädle, eisenhaltig mit guten Einrichtungen, in Unter-Eisenbach (von Neustadt 9 Kil.). Reine Luft, ländliches Stillleben. Garten mit gedeckter Halle. Nahe Tannenwaldung. In der Umgebung früher auf Eisenstein bergmännisch gebaut. — An der Mündung des Schollachthales u. am Blessinghof vorüber (Seitenstrasse nach der ehemal. Glasfabrik Bubenbach, 932 m., in südl. Richtung), nach (15 Kil.) **Hammereisenbach** (Nr. 7, Seite 60), 792 m. (*Hammerwirthshaus*), Strassenknotenpunkt zwischen Donaueschingen, Villingen, Vöhrenbach u. Neustadt. Vorüber an der stattl. Ruine Neu-Fürstenberg, im wiesengrünen Waldthale der Breg nordwestlich in $1^1/_2$ Std. nach (21 Kil.) **Vöhrenbach**, 800 m., 1500 Ew. (*Ochs; Reichsadler* [Brauerei]; *Kreuz; Löwe; Restauration von Kleiser*), regelmässig gebautes Städtchen mit breiten Strassen, Baumreihen u. Brunnen, sehr industriell u. handelsthätig. Musikuhrenfabrikation in grossem Styl (Orchestrions) (Imhof u. Muckle), Uhrkastenfabrikation und Schnitzerei (Albumdeckel etc.). Automaten (von Heer) zu Drehorgeln. Holzhandel. In der Umgebung nur Landwirthschaft. — In der Stadtkirche 2 gute Altarbilder.

Vöhrenbach, Ferin- od. Fehrinbach (Forellenbach) im Stadtwappen auch eine Forelle. Sage von uralter Gründung des Ortes u. Zerstörung durch die Hunnen. Die spärlichen Trümmer auf dem Burgberg nach Einigen (z. B. Finanzrath Paulus) Ueberreste eines röm. Kastells, das die hier vorüberführende Strasse nach Brigobannae deckte. Der Ort kam im Mittelalter schon an Fürstenberg u. blieb dessen Besitz bis 1806. Hier ehedem Bergbau auf Silber. 1639 Einäscherung durch die Schweden.

Ausflüge: nach Villingen 3 Std.; nächster Weg dahin über *Neuhäusle,* 910 m. durch ausgedehnte Waldungen, ohne Interesse. — Der Weg über *Schönenbach* durch das *Bregthal* nach Furtwangen ist wenig anziehend. — Angenehmer der Weg von V. über die Höhen des Kesselberges nach Triberg, $2^3/_4$ Std. wegen der ausgedehnten Rundsicht auf Baar, schwäbischen Jura, einen Theil der Schweizeralpen u. den Schwarzwald mit unzähligen Kuppen u. Gipfeln. Der Weg führt durch das Langenbacherthal (über *Langenbach* u. die *Breghöfe*) auf den *Schlegelberg* u. in nordwestl. Richtung *auf der Höhe* (Wasserscheide zwischen Rhein u. Donau) hin zur Höhe des Kesselberges, 1026 m.

Eisenbahnverbindung mit Furtwangen u. Donaueschingen (Bregthalbahn) liegt im Projekt. **Postverbindung** über Furtwangen nach Triberg, nach Waldkirch, Neustadt, Kirnach u. Donaueschingen (über Hammereisenbach).

B. Abstecher nach Donaueschingen.

Post von Neustadt nach Donaueschingen, 29 Kil., tägl. 2 mal in 4 Std. 10 Min.

Diese Wegstrecke ist arm an malerischen Scenerien u. grossartigen Naturschönheiten, dagegen reich an wundervollen Fernsichten und Rundbildern, die im Verein mit der gesunden, frischen Luft dieser Hochebene, mit den historischen Erinnerungen, welche sich an manche der Oertlichkeiten knüpfen, mit den Eigenthümlichkeiten des Bodens, der Bewohner, ihrer Sitten u. Gebräuche, sowie der Volkstracht immerhin Beschäftigung für Geist u. Phantasie bieten.

Unterhalb Neustadt verlässt die Strasse in ansteigenden Windungen das Gutachthal (Rückblick auf Neustadt u. das waldumgürtete Flussthal) u. erreicht in grossen Bogen (der Porphyrfels des Berges ist angeschnitten) die Höhe, wo von links her die Strasse von Friedeweiler her einmündet. An Häusern vorüber zur **Röthenbacher Schanze** (mächtige Marksteine), 955 m., auf dem höchsten Punkt der Strasse.

Schon im 17. Jahrh. die strategische Bedeutung dieses Ortes anerkannt; daher Schanzwerke aus jener Zeit. 1796 bei Moreaus Rückzug Besetzung dieses Passes durch die Franzosen u. Anlage von Schanzlinien gegen Röthenbach, von wo die Oesterreicher vordrängten. Daher hier Gefecht zwischen den Oesterreichern u. Franzosen, wobei ein grosser Theil des Dorfes Röthenbach in Flammen aufging. Der österreichische Vortrab wurde zurückgeworfen, wodurch der berühmte Rückzug Moreaus durch die Schwarzwaldpässe ermöglicht wurde.

Ausgedehnte Fernsicht von der Schanze aus über die Baar, den schwäbischen Jura, Hohen Randen u. den Schwarzwaldrücken. In 2 Stunden (von Neustadt) ist Röthenbach erreicht, wo die **Baar** beginnt.

Die Landschaft der Baar, Provincia u. Provinciola Bara, kennzeichnet sich durch ihre hohe Lage zwischen den Landschaften von Alemannien u. Schwaben. Ihre Berge u. dichten Wälder verbargen einst die alemann. Völker gegen die Römer; sie ist der Quellschooss der Donau u. die Getreidekammer von Alt-Alemannien. Mehrere Römerstrassen durchzogen diese Hochebene u. schon im 8. Jahrh. nennen die Urkunden eine ganze Anzahl von Ortschaften, während allerdings die Städte erst im 12. Jahrh. ihre Entstehung fanden (Villingen, Rottweil), was aus dem zähen Bauerncharackter der hiesigen Bevölkerung erklärt wird. Gegen Osten grenzte dieser Gau an die schwäbische Alb, südl. an den Eritgau, Hegau u. Albgau, westlich an den Breisgau u. nördlich den Nagoldgau. Eigenthümliche Tracht u. Sitten (Hahnentanz, Hammeltanz). — Der Name bezeichnet überhaupt eine Gegend, nicht eine abgegrenzte Grafschaft, wesshalb: Bertholdsbaar, Adelhartsbaar etc. — Erster Graf in der Bertholdsbaar war Adelhart, 763—775 genannt. Im 11. Jahrh. scheinen die Grafen von Sulz mit der Baar belehnt gewesen zu sein. 1283 belehnte Kaiser Rudolf I. die Grafen von Fürstenberg mit dem Grafenamt in der Baar, wesshalb diese den Titel Landgrafen in der Baar annahmen. (s. Einleitg.)

(7,5 Kil.) **Röthenbach,** 829 m. (*Adler; Rössle; Restauration*) am Röthenbach, alter, schon 846 genannter Ort, wo St. Gallen Güterbesitz hatte; Strohflechterei u. Uhrfabrikation etc. Grenze des Buntsandsteins. Einförmige, aber fruchtbare Gegend, namentlich in Getreide.

Beim Friedhof Einmündung des guten Fahrweges von Göschweiler u. aus dem Wutachthal.

Am Höhehaus (*Gasthaus zum Schützen*), 860 m., vorüber in 1¼ Std. nach (12,5 Kil.) **Löffingen,** 803 m., etwa 1300 Ew. (*Löwen* mit Bädern; *Ochs; Sonne; Linde, Bierbrauereien*), altes Städtchen in der westl. Baar, der Kornkammer des Schwarzwaldes, mit bedeutenden Getreidemärkten (sie waren ehedem berühmt) und landwirthschaft. Bevölkerung. — In der Nähe der noch immer viel besuchte Wallfahrtsort zum Schneekreuz od. Witterschnee mit *Wirthshaus,* ½ Std. — Am Allenberge, 843 m., alte Gräber mit Waffen u. Schmuckbeigaben. — St. Martinskirche, schon zu Anfang des 9. Jahrh., wohl ausgestattet, die ausgedehnteste u. reichste Pfarrei der Umgegend, von Karl dem Dicken an St. Gallen vergabt (jetzt nur noch 2 Dörfer zugehörig). Am äussern Thorbogen des noch bestehenden nördl. Thorhauses Jahrzahl 1461. — Auf dem Friedhof, mit hübscher, gothischer Kapelle u. Grabsteinen, Bildniss der *heil. Kümmerniss* von hohem Alter, mit allerlei Sagen umwoben.

Löffingen, als Leffinga in der Peratoldespara, 886 von Karl dem Dicken an St. Gallen geschenkt, das in der Albgaugegend u. auf der Baar reichen Güterbesitz hatte, wurde im 14. Jahrh. zur Stadt erhoben. Die Gegend um L. wird auch Albuinsbaar (Albuinespara) genannt. Das Schloss, (jetzt Postbureau darin), später Rentamtsgebäude, am Marktplatz, längere Zeit Sitz des nach dem Orte genannten Zweiges des Hauses Fürstenberg, dessen letzter Spross, Karl Egon, als kaiserl. Feldmarschall in der Schlacht bei Friedlingen 1702 fiel. — Geburtsort von *Franz Bauer*, (geb. 20. Oktob. 1793), Verfasser einer Geschichte der Hohenzollern'schen Staaten Hechingen u. Sigmaringen. — In der Stadtkasse werthvoller silberner Becher von 1586, der Gemeinde verehrt von Georg Miller, Pfarrer zu L., Gründer des dortigen Armenhauses u. Armenfonds.

S. Pletscher, **Bad Boll im Schwarzwald,** 1879, Bonndorf, Binder.

Von Löffingen in südl. Richtung Abzweigung der Strasse nach Bonndorf über Seppenhofen u. Reiselfingen (Wutachübergang bei der Schattenmühle u. Dietfurt, für Fussgänger näher bei Bad Boll).

Am Ende des Ortes, der angenehm an einem Hügelrücken liegt, Abzweigung der Seitenstrasse nach (1 Std.) **Dittishausen,** auf einer aussichtsreichen Höhe, 846 m. (Baar, Randen u. Schwarzwald) mit grosser Gewerbsthätigkeit (Uhrkastenschreinerei u. Schnitzerei d. † Peter Wehrle, von seinen Söhnen nach Hammereisenbach gezogen). Alter Ort mit ehem. *Schloss* u. Maierhöfen, Sitz eines eigenen Adels.

Auf der aussichtsreichen Landstrasse von L. nach Donaueschingen weiter in östl. Richtung. Zur Rechten, seitwärts der Strasse, ($^1/_4$ Std.) (1 Std. von L.) Dorf **Unadingen,** 750 m., mit ansehnl. alter Kirche, Gypsgruben u. weiter Aussicht. (Braunkohlen angeschürft.) Am Rande der Hochebene, über dem tief u. eng eingeschnittenen Gauchachthal Trümmerstelle der ehem. Grünburg, Sitz eines gleichnam. Lehnadels (Jahrzeitbuch der Pfarrei Mundelfingen). Beim ehemal. Posthaus von Unadingen (*Gasthaus*) Absenkung der Strasse in's Gauchachthal (Vereinigung der Mauchach mit der Gauchach), nachher starke Steige zum hochgelegenen (19,5 Kil.) Dorf **Döggingen,** 764 m., Pfarrort (*Post; Sonne; Adler*), mit Spuren einer Römerstrasse in seiner Umgebung. — Anmuthigere Gegend. — Zur Rechten Pfarrdorf Mundelfingen sichtbar (an der Strasse von Ewatingen nach Hüfingen), sehr alter Ort (791) mit ehem. Schloss u. in der Nähe (über dem Hochufer der Wutach) Burgruine Hardegg (Hartegg). Graf Berthold soll 817 den Ort an St. Gallen vergabt haben, dann als St. Gallisches Lehen an Hans von Schellenberg, 1616 an Fürstenberg. Geburtsort des bedeut. † Schulmannes Melchior Welte. — Ebenfalls rechts Hausen vor Wald, projektirte Station der zukünftigen Wutachthalbahn nach Donaueschingen, schon 889 mit Behla (Pelahusun) genannt, als von König Arnulf an Egino geschenkt. Von diesen an St. Gallen vergabt. St. Gallisches Lehen der Herren von Blumberg, 1619 an Fürstenberg. Spuren einer Römerstrasse nach Döggingen. Auf einem Hügel Fundstätte einer röm. Villa. Antikaglien (Statue-Aktäon?) in Donaueschingen. — Senkung der Landstrasse u. (in 1½ Std. von Döggingen) nach (26 Kil.) **Hüfingen,** 686 m., (*Löwe; Krone; Sonne; Rössle; Hirsch*) an der Breg, Nr. 7, Seite 59 u. nach (29 Kil.) **Donaueschingen,** 692 m., 3522 Ew. Nr. 7, S. 57, 58, 59.

Nr. 35. Das Wutachthal, Bonndorf u. Umgebung, Ehrenthal u. Steinachthal.

Grösstentheils Fusswanderung od. Wagen. Gelegenheitlich Post. Vergleiche über die ganze Gegend: S. Pletscher, **Bad Boll im Schwarzwald,** 1879, Bonndorf, Binder. sowie: S. Pletscher, **Fusswanderungen am Wutachknie,** 1879. Schleitheim, Stamm & Sohn.

Die **Wutach,** deren Namen manche Geschichtsforscher von dem Allvater u. obersten Gott der alten deutschen Völker, Odin oder Wodan, ableiten wollen (Wuotan), wird durch die Vereinigung der beiden Quellbäche Gutach u. Haslach gebildet, welche unterhalb *Kappel* an der *Enkensteig* u. oberhalb *Stallegg* (Ruine Stahlegg) u. der *Stallegger-Brücke* unter fast gleichzeitiger Aufnahme des Röthenbaches, vor sich geht.

Die **Gutach** entfliesst dem **Titisee,** der 160 m. tiefer liegt als der Feldsee, welch' letzterer 1113 m. Höhe zeigt, währenddem der Titisee 849 m. Höhenlage aufweist. Aus dem **Feldsee** od. besser **Feldbergsee** entfliesst das sog. Rothwasser, nimmt von links her den Sägenbach mit dem *Golderbach* auf, (der Sägenbach wäre eigentlich, wenn die Entfernung von der Mündung als massgebend gilt, als Quellbach der Gutach u. Wutach anzusehen) u. heisst, indem es das *Bärenthal* durchfliesst, Seebach bis zur Einmündung in den Titisee, dessen Abfluss Gutach heisst. Allgemein aber gilt der Feldsee als Quellbecken der Gutach-Wutach, obwohl seine Zuflüsse von der Feldberghöhe nieder kürzer sind als der Sägenbach.

Die **Haslach** nimmt ihren Ursprung oberhalb *Neuglashütte* (im Loch genannt) an der *Bärhalde,* durchfliesst den Torfgrund *„Rothes Meer"*, nimmt den von Altglashütte niederrinnenden Schwarzenbach u. den Abfluss des *Schwellweihers* (Raithebuch) auf u. fliesst durch den Thalriss *Stophelsloch* nach Lenzkirch, wo ihr aus dem Thal mit dem Ursee ein starker Zufluss zurinnt.

Die Vereinigung der Gutach u. Haslach zur Wutach geht an der Grenze des Buntsandsteins u. des Gneis vor sich. Hier beginnt das eigentliche Erosionsthal der Wutach.

Allgemein ist die Annahme, dass die Wutach ursprünglich nicht dem Rhein zugeflossen, sondern ein Zufluss der Donau gewesen sei. Der alte Lauf ging über die Höhenlagen von Göschweiler, Reiselfingen, Boll, Bachheim, Neuenburg, über die Hardt u. Ewatingen nach der Thalrinne von Blumberg u. im Aitrachthal zur Donauniederung hinab. Dieser alte Stromlauf sei durch Schwarzwaldgeröll aus den Quellgegenden der Wutach bis in die Gegend von Aulfingen, wenn auch durch Alluvionen bedeckt, leicht nachzuweisen u. das Höhenniveau dieser Gerölle sei mit dem des Donaulaufes in voller Uebereinstimmung.

Der Fluss hat aber im Lauf der Zeiten die jurassischen Schichten des Randengebirges bei *Achdorf* allmählig durchfressen u. aufgelöst u. hiedurch sein altes Bett abgegraben, wodurch er genöthigt wurde, seinen Lauf dem Rheine zuzuwenden. Die Zeitperiode, in welcher dieser Vorgang erfolgte, ist eben so schwierig zu bestimmen, wie die Ursachen die ihn veranlasst haben mögen. Die Verschiedenartigkeit der Gebirgsarten (u. ihre ungleiche Beschaffenheit), die der Fluss bei seinen Unterwaschungs- u. Aushöhlungsarbeiten antraf, lässt eine lange u. ungleichmässige Dauer an Zeit voraussetzen. Das Gleiche gilt von den Seitenthälern, welche nach der Auswaschung des Hauptthales entstanden sind. Der ganze Bildungsprozess des Hauptthales u. der Seitenthäler wurde vielleicht durch eine Senkung des Bodens nach dem Rheine zu begünstigt. Die tiefste Ausschwemmung fand statt unterhalb des frühern Flussbettes bei Blumberg 706 m, wo der jetzige Flussspiegel etwa 180—190 m. tiefer liegt als das Thal der Aitrach. Ein Bach, der Schleifbach geheissen, fliesst heute noch in die Wutach aus dem Thal von Blumberg, allein seine Quelle (ein Weiher) ist so beschaffen, dass ein Theil ihres Wassers durch's Aitrachthal hinab zur Donau, ein andrer durch den Schleifbach in die Wutach niederstürzt u. dort hohe, aber fast unzugängliche Kaskaden bildet.

Die Veranlassung zu der Aenderung des Flusslaufes der Wutach hat viele Geologen beschäftigt; einige haben sie in plötzlicher oder periodischer Vermehrung der Niederschläge, in Wasserstauungen u. Sperrungen der Aitrach u. Donau, andere in plötzlicher Entleerung der urweltlichen Seebecken am Fuss des Feldberges, andre in dem Zusammensturz grosser Erdhöhlen, in Erderschütterungen etc. finden wollen.

Von ihrem Ursprung bis zum Ausfluss in den Rhein oberhalb Koblenz u. unterhalb Thiengen durchfliesst die Wutach jetzt etwa 75 Kilometer u. ihr Lauf (15 Stunden) ist hauptsächlich dadurch merkwürdig, dass er quer durch den Rücken eines Gebirges geht. Der Schwarzwald erfährt durch ihren Lauf u. durch die Spalte des Höllenthales (westlich die Höllenthal-, östl. die Gutach-Wutachspalte) seiner ganzen Breite nach den tiefsten Einschnitt in die höchsten Höhen u. eine Scheidung des obern Schwarzwaldes vom südlichsten Theil des Gebirges.

Das eigentliche **Wutachthal** (im engern Sinn) wird von Touristen sehr wenig besucht u. durchreist, obwohl es sehr reich ist an malerischen Partien. Den meisten genügen die kurzen Einblicke von der Seite her, welche in aller

Bequemlichkeit bei Neustadt, Lenzkirch, Bonndorf, Achdorf, Stühlingen u. Weizen gestattet sind. Allerdings führt zur Stunde noch keine Strasse durch dieses merkwürdige Engthal, das sonst viel Aehnliches mit den Thälern des Jura gemein hat, denn die Strassenstücke bei Bad Boll u. Achdorf-Aselfingen (sowie Achdorf-Fützen), stehen noch nicht im Zusammenhang u. es sind noch Fluss- u. Thalstrecken vorhanden, wo man nur mühsam auf dem Rücken eines Führers, bei hohem Wasser aber gar nicht durchkommt. Wer die Partie von der Kappeler Brücke bis zur Schattenmühle u. von da bis zur Wutachmühle bei Ewatingen vollführen u. wirklich durch die Thalsohle am Wasser entlang wandern will, der muss ziemlich viel Muth, Ausdauer u. Kraft besitzen, denn einige Strecken sind geradezu fast unpassirbar u. sehr gefährlich. Wenn Reisehandbücher z. B. die Strecken von der Stalleggerbrücke bis zur Schattenmühle u. von da bis zur Ewatinger Wutachmühle zur Durchwanderung in Einem Tag empfehlen, so haben die Schreiber derselben nur nach Hörensagen u. nicht nach eigener Erfahrung berichtet, denn beide Strecken sind im Touristen-Anzug gar nicht passirbar u. die Führer, welche auf diesen Umstand nicht aufmerksam machen, sind keine zuverlässigen Leute.

Proviant muss mitgeführt werden, da die anstrengende Tour bedeutenden Appetit erweckt, doch kann man in der *Schattenmühle* in *Dietfurth (Krone)* u. im *Bad Boll*, sowie in der *Wutachmühle* unter Wegs einkehren u. zu essen u. zu trinken bekommen.

Im *Adler* zu *Neustadt* sollen *Führer* durch das ganze Wutachthal angewiesen werden.

Von Neustadt den Fluss entlang auf der Strasse bis zu der Gutachbrücke, wo die *Kappeler Vizinalstrasse* über die *Enkensteig* nach *Röthenbach* die Gutach überschreitet (Gefecht 1796 zwischen Franzosen u. Oesterreichern; Kolumban Kaiser, s. Nr. 34.). Hier muss das Gewässer des urweltlichen Sees im Wutachbecken seinen Durchbruch genommen haben. Von rechts her (von Kappel herab) Einmündung des Erlenbaches, dann ebenfalls von rechts (in tiefer Schlucht) Einfluss des Haslachbaches, dann von links (in steilem Fall) des Röthenbaches. Enges, steileingegrabenes Thal, dessen Felswände von dichtem Tannenwald eingefasst sind. Schwarzfluthendes Gewässer der **Wutach**, in steiniges, felsbeengtes Bett eingefasst. Stallegger Brücke, gedeckter Holzbau, wo die Strasse von Lenzkirch u. Holzschlag nach Stallegg die Wutachtiefe überschreitet. Oben auf dem Bergvorsprung zur Linken in dichtem Tannenwald Trümmer der ehemal. Burg **Stahlegg**,

791 m. In der Nähe Bauernhof Stallegg (*Stahlegg*) auf einer Terrasse, fürstl. fürstenb. Mayerhof. Strasse nach Göschweiler.

Herrschaft u. Schloss St., Lehen (von Zähringen-Fürstenberg) d. Herren von *Blum-(en)berg*. Schon 1509 wird die Burg als Burgstall bezeichnet. Die Herrschaft ging nach dem Erlöschen der Blumberger an verschiedene Lehenträger über, z. B. auch an die Herren von Reckenbach u. fiel 1658 an die Lehensherrschaft zurück.

Unterhalb der Stalleggerbrücke Einmündung (von rechts her aus der Gegend von Glashütte, Grünwald u. Holzschlag) des Reichenbaches. Ein Holzweg führt am Rand des linken *Hochufers* der Wutach in der Richtung gegen Göschweiler. Die Thalsohle ist ungangbar. Eine im Bau begonnene Forststrasse am linken Uferabhang hin, die von Göschweiler nach der Stalleggerbrücke hätte führen sollen, ist an verschiedenen Stellen, sammt den mächtigen Stützmauern in die abgrundähnliche Wutachtiefe gestürzt. Rathsam, den eben genannten Holzweg auf dem linken Rand des Thales fortzuwandern bis zum sog. Räuberschlössle ³/₄ Std. Auf der rechten Thalseite kein Durchkommen. Imposanter Anblick der tiefen Wutachschlucht, von steilen Thalwänden u. Felshängen eingeengt, die nur spärlich mit bärtigen, moosbedeckten Tannen bestanden sind. In Waldung verborgener Wasserfall, nur das Rauschen hörbar. – Am linken Abfall der hohen Uferhalden malerischer Vorsprung des sog. Nägelefelsens, eines steilen, riesigen Felspfeilers, der in kurzem Bogen von der dunkeln Wutachströmung umkreist wird, 770 m. Auf dem Scheitel dieses Felskegels die spärlichen Reste des sog. Räuberschlösschens, Ruine der Burg Neu-Blumberg (Neu-Blumenberg), welche von der Ritterfamilie von Blumberg auf Stahlegg erbaut wurde, aber schon 1509 gleich Stahlegg in Trümmern lag. — Die Umgebung dieses Punktes am *Nägelefelsen mit den Ruinen von Neu-Blumberg* eine der pitoreskesten des Schwarzwaldes. Schönster Anblick von der rechten *Uferseite;* ein Fusspfad führt von *Gündelwangen* beim *Wirthshaus zum Kranz* (Postablage) an die Stelle hin.

Hinter dem Nägelefelsen Beginn der im Bau unausführt gebliebenen fürstl. fürstenb. Forststrasse, durch welche die Ruine theilweise beseitigt worden ist. Von hier guter Fahrweg nach **Göschweiler,** 831 m., in der Höhe am linken Rand des Wutachthales, ¹/₂ Std. mit alter Kirche (*Hirsch; Kreuz*) u. neuer Wasserleitung. Prächtige Aussicht. Alter Ort, als „Coscrizvillare" schon im 12. Jahrh. genannt, an der früher einzig vorhandenen Strasse vom südl. Schwarzwald in die Baar, die (über Dietfurt) die Wutach übersetzte.

Nahe unterhalb dem Nägelefelsen, Stelle, wo herrlicher Einblick in das wildgrossartige Engthal des Wutachflusses. Granit- u. Gneisfelsen treten hier noch einmal mächtig zu Tage. Grenze des Buntsandsteins u. des Gneis in der Umgebung. *Aussichtsstelle* an der Biegung des Weges, der vom Räuberschlösschen nach Göschweiler hinaufführt.

Von der Stalleggerbrücke schlechter *Fussweg* nach Gündelwangen am Hochufer entlang 3/4 Std. — *Guter* Weg am Reichenbach aufwärts, links am Holzschlag vorüber 1 Std.; *Fahrstrasse* über *Holzschlag* (*Krone*) 1 1/2 Std. nach **Gündelwangen,** 831 m. auf der hohen u. ausgedehnten Terrasse über dem Hochufer der Wutach (*Lamm; Kranz; Bierwirthschaft*), 8 Min. von demselben südl. gelegen. Alter, schon im 12. Jahrh. genannter Ort. Weiter Umblick. Zum romantischen Nägelefelsen mit dem Räuberschlösschen in der Wutachschlucht 8 Min. — Gündelwangen, an der Landstrasse von Lenzkirch nach Bonndorf, von Bonndorf 1, von Lenzkirch 2, von Schluchsee (direkt) 2 1/2 Std. entfernt.

Von *Schluchsee* Weg nach Gündelwangen über *Dresselbach* u. *Glashütte* (Aussicht) u. durch Waldung (Wgw.).

Von Gündelwangen beginnt die interessanteste Strecke des Wutachthales durch die Kalkgebirgsformation bis *Grimmelshofen,* 1 1/2 Std. oberhalb Stühlingen.

Meist sehr enge Thalspalte, 120—210 m. tief zwischen steil abstürzenden Hängen u. verwitterten Kalkfelswänden. Gefäll von der Stalleggerbrücke bis zur Blumenegger-(Weiler) Mühle, 4 Std., 254 m., von da bis Thiengen, 5 Std., noch 162 m. Wo die Steilheit der Hänge es zulässt, zeigen die Thalwände schönen Tannenwuchs u. unterschiedliches Laubholz, so dass es an den wenigsten Stellen möglich ist, vom Rande der Hochflächen in die Tiefe des Wutachthales niederzublicken. Wegen der vielen seitwärts einfallenden, steilen u. langen Schluchten, führen auch nur vereinzelt Wege an den Höhenrändern entlang, so dass man genöthigt ist, um die interessanten Stellen des Thales sehen zu können, den Weg durch die Thalsohle zu suchen. Beschwerliche Partie.

Von Göschweiler u. Gündelwangen gute Fuss- u. Fahrwege (Strassen neu gebaut) zur **Schattenmühle** hinab, am linken Flussufer ihrem Namen entsprechend gelegen. Eiserne Wutachbrücke, *Hauptstrassenübergang von dem südl. Schwarzwald,* ehemal. Albgau, *nach der Baar.* (*Erfrischungen.*) Strasse von Bonndorf u. Lenzkirch nach Löffingen.

Von der Stalleggerbrücke bis hierher u. von hier bis Dietfurth Thalsohle ungangbar. Man steigt daher wieder die Strasse zum *Oberhalderhof* (wohl abgebrochen jetzt) empor auf einem Waldfussweg zur *Dietfurther-Strasse* hinab (halbe Höhe des Abhanges) u. dann diese hinauf bis zum Strässchen, das nach *Bad Boll* führt (Wgw.). Die Strasse von *Bonndorf* über *Dietfurth,* steigt in sehr starkem Gefäll zur Wutachtiefe ab, setzt mittelst neuer, eiserner Brücke über den Fluss (Gyps- u. Kalkfelsen) u. zieht sich am Mühlgehöft Dietfurth (*Krone*) vorüber in sehr steilen Windungen nach *Reiselfingen* hinauf (u. Löffingen). — In 20 Min. nach dem reizend gelegenen **Bad Boll** im malerisch ausgeweiteten Wutachthal (*Badwirthshaus*), einfache Einrichtung. Kalte „Schwefelquelle“ für Rheumatismen, Gicht u. Hautkrankheiten. Badhaus mit Zellen für Wannenbäder, Dampfbad. — Malerische Ruine der ehem. Burg Boll, rechts oben. In waldumschlossener Höhe die Trümmer der ehem. Burg Tannegg od. Tanneck, 744 m. Zwischen beiden romant. Schlucht mit dem *obern Wasserfall* (50 m.). Steg über die Wutach u. nächster Fussweg von Bonndorf nach Löffingen. Neue Strasse im Wutachthalgrund, am rechten Flussufer abwärts (25 Min.). *Unterer Wasserfall* (vom rechten Ufergewände nieder). Beim Bad Boll *Fischzuchtanstalt* des Oberförsters Ganter zu Bonndorf, aus grösserer Entfernung (thalabwärts) hierher verlegt. — Hübsche Spazierwege in den Waldungen. Ausflüge in die Umgebung. Vergl. S. Pletscher, **Bad Boll im Schwarzwald,** 1879, Bonndorf bei Binder.

Zur Linken, auf der Hochebene (1/2 Std.) Dorf **Reiselfingen,** 778 m. mit stattl. Kirche u. neuer Wasserleitung. *(Krone; Sonne; Stern; Restauration.)* Ausgedehnte Fernsicht. Altgerman. Gräber. Ueber dem Hochufer der Wutach „Schönfrauenbuck“ mit Sage von einem verschwundenen Kloster. Nach Seppenhofen 1/2 Std.; nach Löffingen 1 Std.

Auf beschwerlichen Fusswegen durch das Thal abwärts, Sie hören unterhalb der „Fischzucht“, 1/2 Std., ganz auf. Kalk- u. Mergelgebiet. Das Thal wird eng und felsig. Höhlungen häufig (bei Unter-Dietfurth: *Gaissloch,* bei Boll *durchlöcherter Fels* u. *Münzloch*), u. viele Klüfte im Gestein sichtbar. Der Fluss drängt sich hin u. wieder von einer Thalwand zur andern, daher auf einer Strecke von 2 1/2 Std. bis zur *Ewatinger-Wutachmühle* wiederholt Durchschreiten des Wassers (20—25 mal). Ungefähr in der Mitte dieser Strecke der sog. Leerlauf der Wutach, eine Stelle, wo das Wasser auf eine Längenausdehnung von ca. 30 m. im Flussbette fast völlig versiegt u. erst nachher wieder aus Spalten u. Ritzen des Gesteins zum Vorschein kommt. Ergreifende Einsamkeit des wildromantischen Thales.

Links Ausmündung des tiefeingeschnittenen **Gauchachthales**. An dessen malerischen Rändern die Trümmer der ehemal. Schlösser Grünburg u. Neuenburg, 649 m. Dörfchen Neuenburg, 722 m. Die Neuenburg, Besitzthum der Herren von Schellenberg, im Bauernkriege verbrannt. Romantisch gelegene *Mühlen*. In kleinem Seitenthal der Gauchach Dorf **Bachheim**, 739 m. *(Hirsch)*, als Pahheim schon 838 urkundl. genannt.

Bei der anmuthig gelegenen **Wutachmühle**, 564 m. Erweiterung des Thales. Rechts oben, auf bewaldetem Bergkegel, Trümmer der uralten Burg Ewatingen od. Im Bach, 682 m. auf dem *„Hörnleinberge"*, 1370 wegen Räubereien der Inhaber von den Schaffhausern zerstört. Spuren altkeltischer Niederlassungen. — Links oben am Abhang die schön gelegene **St. Wolfgangskapelle** *an der Katzensteig* od. sog. *Bruderkirche* (1476 erbaut) mit dem *Bruderhof*. — *Neue Strasse* von Ewatingen (Bonndorf) quer durch das Wutachthal (Brücke bei der Wutachmühle) nach Mundelfingen 1½ Std. — **Ewatingen**, am Rande der Hochebene des rechten Ufers der Wutach, 732 m. *(Adler; Hirsch)*, uralter Ort (797 Egibetingun) mit alter, schön restaur. Kirche u. altem St. Blasischem Amthaus *(Schloss*, 15. Jahrh.). Schöne Rundsicht. Bedeutender Getreidebau. Versteinerter „Mensch", wohl riesiger Molch, unter zahlreich gefundenen Versteinerungen.

Von der *Wutachmühle* (*Wirthschaft*) in ¾ Std. am linken Thalabhang (Lager von Keupergyps), auf Waldweg (Fusssteig) nach **Aselfingen**, 543 m. (*Trauben*) an der Mündungsstelle des *Aabaches* in die Wutach, linke Uferseite (schon 791 urkundl. als Asalfinga erwähnt). Unterwegs kommt man unter den Trümmern der ehem. Burg Hardegg (Harteck), auf waldigem Vorsprung der *Hardt*, vorüber (714 m.) mit dem *„Wachtbuck"*. Vom Schloss zu Mundelfingen u. Ruine Hardegg romant. Sagen. Bei Aselfingen Kreuzung der Fahrwege von Mundelfingen, Ewatingen, Blumegg u Achdorf. Jenseits des Flusses (Brücke), am Abhang, Ueberachen an den Fahrwegen nach Blumegg u. Ewatingen.

Auf neuer Strasse an der korrigirten Wutach nieder (15 Min.) nach **Achdorf**, 541 m. (*Linde*), an der Mündung des *Krottenthales* (Opferdingen u. Eschach) u. des abschüssigen Schlucht-Einschnittes des *Schleifbaches* (Blumberg). Achdorf, projektirte Station der *obern Wutachthalbahn*, am Knie der Wutach, wo diese ihren Laufwechsel nach Süden in's Werk setzt. Alter Ort (schon 816 genannt) mit stattl. Pfarrhaus, in dessen Garten riesige Ammoniten aus der Gegend zu sehen sind. An den Häusern urwüchsige Inschriften. Obstgärten. — In der ganzen Umgebung wiederholte Rutschungen des weichen, wasserführenden Bodens. *Grosser*

Bergschlipf am Scheffheu 1880. — Durch das *Krottenthal* über *Eschach* u. *Opferdingen* projektirte Richtung der *obern Wutachbahn,* doch die bedeutenden Bauschwierigkeiten der Gegend um Achdorf mit dem unsichern Terrain der Ausführung entgegen.

Ausflüge: auf die Höhe des Scheffheu, 770 m., 1½ Std. Aussichtspunkt; — auf den **Eichberg** od. Stutzer, 914 m. ebenfalls Aussicht, 1¾ Std.; zu beiden Zielen Führer rathsam. — über *Eschach, Opferdingen, Hausen vor Wald* nach Neidingen (Bahnstat.) od. Donaueschingen (schöne Fernsichten), 1 Tagmarsch. — Nr. 7.

Bei den letzten Häusern von Achdorf (links von der Höhe herab) Einmündung des Fahrweges von Blumberg u. Kreuzung des aus gleicher Richtung niederfallenden Schleifbaches. Auf der Höhe zur Linken, am Ausgang der Thalrinne von Blumberg, (die mit dem Aitrachthal in gleicher Ebene liegt) **Blumberg,** 705 m. (½ Std. v. Achdorf), Dorf u. ehemal. Städtchen, mit Burgruine Blumberg am jähen Abfall eines felsigen Vorsprunges mit spärl. Mauerwerk. Wasserfälle des Schleifbaches, der 165 m. tief in die Niederung der Wutach hinabstürzt; Städtchen Bl. 1873 sammt dem neuern Schloss u. 35 Firsten durch Brand zerstört. — Ehemals Sitz der mächtigen Herren von Blumberg oder Blumenberg, gleichen Ursprunges mit denen von Blumenegg; nach deren Erlöschen (1537) in verschiedene Hände, dann in die der Herren von Bodmann, endlich der Fürstenberger. Im Schweizerkrieg 1498 von den Eidgenossen Städtchen u. Burg verbrannt. — Jenseits des Ortes, mit alter Kirche, der *Weiher,* der sein Wasser an die Donau u. den Rhein zugleich absendet. Das *alte Flussthal der Wutach,* das Aitrachthal (auch Kirchenerthal genannt, einst Untergau der Baar, Etterahunthal, Aitrachthal, benannt), ist bei Blumberg wie abgeschnitten u. die hohen, steilen Bergwände des *Buchberges* u. *Eichberges* sollen nun die Formationen vom Keuper bis zum weissen Jurakalk, schon aus der Ferne, an der Farbe der Schichten erkennen lassen. — Beim Zollhaus *(Post),* früher Zollstätte, nun Gasthaus u. Postbureau, Kreuzung des Aitrachthales durch die Poststrasse *Schaffhausen-Donaueschingen* u. Abzweigung der *Thalstrasse* über *Aulfingen, Kirchen* u. *Hausen* in's Donauthal Nr. 7 u. 10. —

Von Achdorf, die Wutach auf einem Steg überschreitend, Fussweg nach Blumegg (*Fahrweg* über *Aselfingen, Ueberachen*) auf dem *rechten* Ufer der Wutach, durch Wiesengeländ hinauf auf die Höhe (½ Std.) mit prächtiger Aussicht u. zum Ort, 1 Std. — Am *linken* Ufergeländ, in ziemlicher Höhe über dem Fluss, *Fahrweg* (etwas unbequemes Strässchen) nach Füetzen an der Strasse von Waldshut nach Donaueschingen, Nr. 10. S. 78. Alabaster- u. Gypsbrüche am Wege u. in der Nähe.

Wo der Weg von der Wutach nach Füetzen *links* ablenkt, biegt man *rechts* an den Fluss hinab u. über die einsame Mogernmühle u. den Wutachsteg durch Wald hinauf (rechts) nach **Blumegg,** Nr. 10. S. 77. —

Herwärts der Mogernmühle, links hinauf, Fussweg, zum Theil in 30—40 m. hohe senkrechte Felswände gesprengt, *Richtung der projektirten Wutachthalbahn*, nach Grimmelshofen. Romantische Partie, doch Führer nehmen in der Mogernmühle, wenn nicht schon in Achdorf. (Ohne Führer abzurathen.) — Von Blumegg (herrl. Alpenpanorama), auf der *Fahrstrasse* (Umweg), od. besser auf dem *Fussweg*, am *Burgfelsen* vorüber, nach dem Blumegger Weiler (Mühle) im *Lausheimerthal*, 516 m. hübsch gelegen, mit Tuffsteinbruch in der Nähe. Gypsbrüche u. Gypsmühle.

Thalauf, 1 Std., nach **Lausheim**, 586 m. *(Hirsch; Kranz)*, sehr alter Ort (Luzheim, Lushan von St. Luz od. Nikolaus), stattl. Pfarrkirche u. schlossartiges Pfarrhaus, von St. Blasien erbaut; ehemal. Wallfahrtsort. Weg nach *Ewatingen* $^3/_4$ Std. u. über *Münchingen* nach *Bonndorf*, 2 Std., über aussichtsreiche Hochebene.

Durch hübschen Wald an der Wutach entlang nach **Grimmelshofen** 495 m. (*Restauration; Kranz; Hirschen*) Nr. 10. S. 77., wo die Landstrasse von *Füetzen* her in's Thal herein lenkt u. die Wutach überschreitet.

Nach *Weizen* thalab auf der Strasse 1 Std. Beim *Gasthaus zur Sonne* Abzweigung der *neuen Strasse* über *Weizen, Schwaningen, Wellendingen nach Bonndorf*. In der Nähe Bahnstation Weizen. Nr. 10. S. 76. Nach Stühlingen u. das Wutachthal hinab Nr. 10 u. Nr. 8. S. 66.

Zum Dorf **Weizen** im Ellenbogen des Ehrenbach- (Merinbach)thales 20 Min. Nr. 10. S. 77 (*Stern; Kreuz; Kranz*), Cementfabrikation von Gäng. Gypsfabrikation. Zwischen W. u. Schwaningen grosser Tuffsteinbruch.

Rechts am Thalhang hinauf u. durch ein liebliches Seitenthälchen (1 Std.) nach **Lembach**, malerisch in der Thalmulde gelagert, mit stattl. hochgelegener Kirche *(Krone)*. Altgerman. Gräber. Geburtsort des bedeut. Juristen Joh. Gg. Duttlinger (geb. 13. April 1788, † 24. Aug. 1841). Aussichtsreicher Weg über Münchingen nach Bonndorf ($1^1/_2$ Std.) u. nach Ewatingen (1 Std.). —

Von **Weizen** Bahnstation u. Dorf **Postverbindung** tägl. 2 mal nach (14 Kil.) Bonndorf in 2 Std.

Strasse von W. nach Schwaningen durch das einförmige Ehrenbachthal aufwärts. Buntsandstein u. Gneis, später Granit lösen die Kalkformation ab. Nach (3 Kil.) **Schwaningen** (*Adler; Güntert; Restauration*), altes Dorf mit 2 Kirchen. — Links oben an den Abhängen der Stühlinger Alp, Unter- u. Ober-Wangen. Verengung des Thales. Bei einer Sägemühle Einmündung des Fahrweges nach (2 Kil.) **Dillendorf** in einem Seitenthale des Ehrenbaches, anmuthig gelegen. Hochgelegene, ehem. Wallfahrtskirche. Trümmer des Schlosses (im Bauernkrieg zerstört). German. Gräberfunde. Spuren röm. Niederlassung. Schon im 8. Jahrh. (wie zu Schwaningen) St. Gallische Güter. — Weg über die *Hochebene* nach ($^3/_4$ Std.) Bonndorf.

Hübscher Weg nach (3 Kil.) **Brunnadern** *(Hirsch)* in einem Seitenthal des Ehrenbaches mit uralt german. od. keltischer Niederlassung. (Fundgegenstände in Donaueschingen.) Entweder direkt nach Wellendingen od. Bonndorf, od. auf die Landstrasse zurück.

Von Schwaningen, durch malerisch felsiges Engthal des Ehrenbaches nach (6 Kil.) **Wellendingen** (*Adler; Insel; Bierbrauerei*), Vereinigungspunkt der *Strasse von Weizen durch das Ehrenbachthal* u. der *Strasse von Stühlingen über die Stühlinger Alp nach Bonndorf,* sowie der Strassenabzweigung *aus dem Steinachthal dahin.* Abzweigung des *Fahrweges* nach dem Steinabad.

In $^3/_4$ Std. nach (3 Kil.) **Bonndorf,** 848 m., 1500 Ew. (*Hirschen* [Post]; *Kranz; Sonne; Ochs; Bierbrauerei Hugel; Spiegel*), in einer Thalmulde der Hochebene gelegenes Amtsstädtchen, mit hübscher, weitumschauender Kirche, altem Schloss, nun Amthaus, Standbild des Fürstabts Martin II. Gerbert von St. Blasien von *X. Reich* (1856 errichtet) u. hübsche alte Friedhofkapelle. Bezirksspital. Schuhfabrik. Landwirthschaft u. Gewerbsthätigkeit. *Station für Sommerfrischesuchende* u. *Stützpunkt für eine Reihe interessanter Ausflüge.* Aussichtspunkt Lindenbühl (Lindenbuck) 900 m. mit *Pavillon.* Weitere Aussichtspunkte bei den Linden nördl. oberhalb des Ortes, auf dem Galgenbuck, 891 m. u. in der ganzen Umgebung in grosser Zahl.

Sitz eines eigenen Adels, dessen Burg auf dem nahen Fohrenbühl gegen Wellendingen stund (Trümmer verschwunden), den Zähringern lehenpflichtig, kam der Ort an die von Blumegg auf Tannegg, dann an die von Wolffurt, durch welche das Paulinerkloster (1402) gestiftet wurde, 1612 an St. Blasien u. 1806 an Baden. Das ehemal. Paulinerkloster, nach 400jährigem Bestand 1807 aufgehoben, brannte mit der *Peter- u. Paulskirche,* zugleich Pfarrkirche, 1842 ab. Näheres in S. Pletscher's **Bad Boll im Schwarzwald,** 1879, Bonndorf, Binder.

Ausflüge: In nördl. Richtung Hauptausflug **in's Wutachthal** über Dorf Boll *(Gasthaus zum grünen Berg),* 760 m. mit alter Kirche und hübscher Aussicht. Rechts hin, in nordöstl. Richtung Weg zur hohen waldumschatteten Trümmerstelle der ehem. uralten Burg **Tannegg,** 744 m. ($^1/_2$ Std.) über dem Steilabfall des Wutachthales, dabei der in Verfall befindliche Hof Tannegg. — Sitz eines alten Dynastengeschlechtes bis zur Mitte des 13. Jahrh., dann der Herren von Blumberg u. Blumegg, der Herren von Wolffurt, der Grafen von Lupfen u. endlich St. Blasisches Besitzthum.

Sage von einem Fräulein von T., die das silberne Glöcklein auf dem Rathhaus zu Bonndorf stiftete, nachdem sie, im Schneegestöber verirrt, durch das Gebetläuten im Kloster zu Bonndorf auf den rechten Weg gebracht worden war. Beim Brand 1827 Rathhaus u. Glöcklein vernichtet.

Am Bächlein abwärts, von Dorf Boll nördlich, schöner *Fussweg* zur Ruine der Burg Boll (1/2 Std.) auf jäh abfallendem Vorsprung des Wutachthales. Bequem zugänglich. Malerischer Punkt. Schloss Boll od. Bolle, auch Badschlösschen genannt, Sitz eines zähringischen Lehensadels, schon 1467 als Burgstall bezeichnet. Die Herrschaft, später an die von Blumberg u. Blumegg gediehen, kam nach mannigfachem Wechsel 1612 an St. Blasien.

Schöne Fusssteige, an malerischem *Wasserfall* vorüber, nach **Bad Boll** im romantisch gebildeten Wutachthal, 10 Min.; Fahrweg weiter, man benützt die Strasse, die nach Dietfurth hinabführt. Nr. 35. S. 220, bis das Strässchen zum Bad rechts abführt. Mineral- u. Flussbad. Romantische, interessante Umgebung. Ein intelligenter Wirth würde bald viele fremde Gäste im Hause haben; reizender Erdenwinkel.

Ueber den *Wutachsteg* nach (3/4 Std.) **Reiselfingen,** 778 m. *(Krone; Stern; Sonne; Restauration)* auf die Hochebene. Erfindung eines dortigen Uhrmachers (nun †) mit einem Instrument von Stahl, wie mit dem Diamant, Glas zu schneiden. Von Reiselfingen nach **Bachheim,** 739 m. *(Hirsch)* 1 Std. — nach Seppenhofen 1/2 Std. — nach Löffingen 1 Std. — nach Göschweiler 1 Std. —

In nordwestl. Richtung von Bonndorf nach **Gündelwangen,** 1 1/4 Std. (6 Kil.) mit den Ruinen Stahlegg u. Räuberschlösschen (Neu-Blumenberg) in der Nähe u. auf der Poststrasse nach Lenzkirch u. Neustadt. Nr. 35. S. 219. Rückweg über Röthenbach, Göschweiler od. umgekehrt.

In östl. Richtung über Münchingen (1 Std.), 818 m. nach (8 Kil.) **Ewatingen,** 732 m. *(Adler; Hirsch)* (s. ob.) u. von da nach Mundelfingen, Hausen vor Wald (Aussicht) u. Hüfingen oder Donaueschingen od. über Döggingen u. Löffingen zurück.

In südl. Richtung in's **Steinachthal,** nach Summerau, zum Rohrhof (Saatschule), sodann nach Rothhaus 2 Std.; Grafenhausen 2 Std.; Birkendorf 2 1/2 Std. u. in's Schlüchtthal.

Im obern Steinachthal (1/2 Std. von Bonndorf), schöne Waldwege u. Landstrasse dahin, das **Steinabad** (Steinachbad) od. Steinachmühle, *Waldkurort* mit Fluss- u. Wannenbädern, Anlagen u. neuem wohleingerichteten Logirhaus. Herrliche Waldspaziergänge in der von Rehen bevölkerten Tannenwaldung der Umgebung. Marmorgedenktafel für den Schöpfer derselben, Oberförster Ganter in Bonndorf, von den Kurgästen gestiftet 1881. Das Etablissement ist in stetem Aufschwung begriffen. Die Post hält daselbst an.

Spaziergänge: nach dem im obern Thal liegenden Summerau, 871 m. *(Wirthshaus)*, von wo Weg nach Glashütte, 973 m. (von wo Waldstrasse nach Bonndorf mit der „*Käppeletanne*“ am Weg), nach Grünwald, Dresselbach (Schluchsee), nach Balzhausen, Amerzfeld u. Rothhaus. — nach Ebnet, 881 m. *(Wilder Mann)* (Aussicht) 3/4 Std. — nach dem Rohrhof, 844 m. *Saatschule*, mit hübschen Waldwegen u. idyllischer Lage, 1 Std. — in's Erlenbachthal (über Rohrhof) 1 1/2 Std. mit dem romant. Erlenbad (Felsbassin zum Baden im Freien) u. malerischem Felsthal mit munterm Bächlein. Granitfelsblöcke u. schöner Tannwald. — Auf der *Thalstrasse* nach den Burgruinen **Steinegg** u. **Roggenbach,** die Roggenbacher-Schlösser genannt (1 1/4 Std.), auf dem linken Steilrand des Thales, 1/4 Std. aus einander gelegen. Beide gut zugänglich u. wohl erhalten. Die nächste Ruine, hoher Quadergeviertthurm u. ein Mauergiebel, Steinegg, 700 m., die untere, folgende mit den 2 Geviertthürmen, Roggenbach-Weissenburg, 684 m. Der vordere Thurm, dicht über dem Thalrand, vom Volk „*Grüningen*“, der hintere „*Weissenburg*“ genannt. — Herren von Steinegg im 12. u. 13. Jahrh. — Herren von Rocken- od. Rockinbach, Lehenleute der Zähringer im 12. u. 13. Jahrh. Im 13. Jahrh. aber Besitzthum der Dynasten von Krenkingen, genannt von Weissenburg. Zerstörung der Veste 1438 durch Reichsaufgebot u. St. Blasien. Abermalige Zerstörung wahrscheinl. im Bauernkrieg; ebenso der Veste Steinegg. Romantische Sagen von Ruine Roggenbach, auch Dichtungen. Novelle: Die Braut von Roggenbach. — S. Pletscher, Mähr von Schloss Roggenbach.

Seit 1881 im Herbst ist die Thalstrasse von Bonndorf das Steinachthal hinab bis nach Oberlauchringen fertig gebaut u. dem Verkehr übergeben worden. Diese Strasse bildet nunmehr den nächsten Weg von der Eisenbahn nach dem Steinabad u. ist nicht ohne landschaftliche Schönheiten, so dass die Wanderung auf dieser Strecke von Bonndorf bis zur Bahnstation Oberlauchringen, 28 Kil., nicht ohne Interesse ist u. in einer kleinen Tagreise gemacht werden kann.

Das Thal ist von Waldung eingefasst, meist schmal u. von Gneisfelsgruppen unterbrochen, die ihm viel malerischen Reiz gewähren. Im schmalen Thalgrund, von der rauschenden Steinach durchflossen, ziehen sich saftgrüne Mattenstreifen dahin u. die Strasse schmiegt sich am Thalrand hin, überragt von bewaldeten Abhängen. Von Zeit zu Zeit begegnet man einem einsamen Mühlgehöft. Im untern Theil des Steinachthales wird die Umgebung malerischer u. die Gegend bewohnter. Die Kalkformation hier herrschend.

Bald unterhalb der Ruine Roggenbach (von Bonndorf 10 Kil.) die Illmühle, mit grosser Sägemühle u. Kreuzung der Strasse durch die Strasse von Birkendorf nach Bettmaringen Nr. 34, S. 210, dann (12 Kil.) von rechts herab Weg von Witzhalden, hierauf (15 Kil.) Wegkreuzung durch die neue Vizinalstrasse von Uehlingen nach Ober-Mettingen. Letzterer Ort in einiger Höhe über dem Steinachthal, in einem muldenartigen Seitenthälchen, Filial von Unter-Mettingen, sehr alt. Offenere Thalbildung; die Höhen gehören der Kalkformation an. Nun (17 Kil.) in anmuthiger Umgebung, am linken Ufer des Flüsschens, **Unter-Mettingen**, 520 m. (*Hirsch; Restauration; zum Steinachthal*), mit malerisch gelegener, stattlicher Kirche, Burgruine u. alten Bauernhäusern mit stolzen Staffelgiebeln. Nr. 34, S. 209. Am rechten Thalhang **Ender-Mettingen** mit stattl. Bauernhäusern (*Hirsch*), die Häusergruppe heisst auch Hofwiesen od. Hofwies. Hier Fahrweg über den Berg nach Uehlingen ³/₄ Std. u. nach Löhningen im diesseitigen Thal, auf der rechten Uferseite gelegen. Bei Unter-Mettingen, das schon 871 als Besitz des Klosters Rheinau urkundlich genannt wird, Spuren einer Römerstrasse (Hochstrasse genannt). Wege nach Obereggingen, Thalhöfe u. Rassbach. — Am rechten Thalabhang (19 Kil.) Löhningen, Häusergruppe, wo Weg nach **Krenkingen** hinauf. Man erblickt den Ort später rechts oben in halber Höhe des rechten Thalgehänges, in die Mulde eines Seitenthales eingelagert (*Adler*). Auf hohem, waldbedeckten

Bergkopf Trümmer der ehemal. uralten Burg **Krenkingen**, wohl Stammsitz des schon im 12. Jahrh. begüterten u. mächtigen Geschlechtes der *Freiherren von Krenkingen* (od. Kränkingen), die, vielverzweigt, mehreren Schlössern im Klettgau u. Albgau ihren Namen gaben. — Romantische Formen der Thalbildung. — (23 Kil.) **Detzeln**, 386 m., (*Ochs*), 1¹/₄ Std. von Thiengen (Tezzilnheim), im Thalgrund der Steinach, sehr alter Ort (844) mit ehemal. Burg („Burgstall zum Wuer gelegen"). Ursprünglich hier das Kloster, welches nach Riedern versetzt wurde (gestiftet von Marquard von Krenkingen). — Rechts oben in der Höhe der kleine Ort Breitenfeld. — Auf der Wegstrecke von Detzeln nach Oberlauchringen (28 Kil.), Fundort altgerman. Grabstätten, beim Strassenbau entdeckt (Fundgegenstände bei Bürgermeister Maier in Waldshut).

Nr. 36. Von Waldshut nach Höchenschwand und St. Blasien. Das Albthal nieder an die Eisenbahn. Murgthal und Hauensteinerland. Wehrathal.

Poststrasse von Waldshut nach Höchenschwand über Gais 17 Kil.; nach St. Blasien 23 Kil. Post, 1 mal tägl. in 4 Std. 30 Min.

Die *neue Poststrasse* geht über Eschbach u. Gais in gemässigter Steigung nach Waldkirch. (Die *alte Strasse* zog sich gleich hinter dem Städtchen steil durch die Höhe des *Spitalwaldes* hinauf, mit Einblicken in's *Schmitzinger Thal*, an einer Kapelle vorüber dahin. Mühsame Steigung. Ein guter *Fahrweg* führt durch das *Thal von Schmitzingen* u. durch diesen Ort eben dahin). Hübsche Rückblicke. (7 Kil.) **Waldkirch**, 687 m. (*Storchen*, empfohlen), wohlhabendes Dorf, am Thalende von Schmitzingen hübsch gelegen. Der Hungarberg, 767 m., welcher das Schmitzinger- vom Haselbachthal scheidet, zieht hinter dem Orte vorüber. — Steigung der Strasse. Links Blick auf die Häuser von Oberalpfen, Unteralpfen und Remetschwiel (auch *Rennetschwiel*). Alle diese Orte sehr alt, kommen mit Waldkirch schon im 9. Jahrh. als Rheinauische Besitzungen vor; Waldkirch u. Remetschwiel jedes mit eigenem Adel. In Remetschwiel St. Blasische Gerichtsstätte. — (9 Kil.) **Bannholz**, 741 m. (*Adler*), wo die Post einige Minuten anhält. Alter Ort, wo der sogen. „*Pfahlhag*", uralte Landesbefestigung u. Grenzwehre. 871 Schenkung an Rheinau, 884 an das Kloster Aadorf im Thurgau.

Rechts ab durch das langgestreckte Dorf Seitenstrasse nach Ay, Rohr, Aispel u. Indlekofen im Haselbachthal. Von Aispel,

602 m. *(Kranz)* Besuch des obern Haselbach-Wasserfalles. Freundliche Gegend. Von Indlekofen angenehmer Weg über die Haselbachmühle ($^1/_2$ Std.) nach Weilheim oder (in $^3/_4$ Std.) nach Gurtweil, Nr. 34.

(10 Kil.) **Waldhaus,** 788 m., stattliche Brauerei an der Landstrasse (*Wirthschaft*) mit prächtigen Fernsichten u. Alpenschau. Waldumgebung. — Zur Linken seitwärts Brunnadern, 818 m., von wo Wegverbindung in's Albthal nach Niedermühle. — Bei (12 Kil.) **Tiefenhäusern,** 905 m. (*Rössle*) sind die Höhen erreicht, die links das *Albthal* begleiten. Jenseits desselben sichtbar die Häusergruppe mit der neuen Kirche von Urberg. — Es folgt rechts an der Strasse (15 Kil.) **Frohnschwand** u. zur Rechten bald nachher Heppenschwand (immer interessanter Umblick), endlich (17 Kil.) **Höchenschwand,** 1014 m., höchstgelegenes Pfarrdorf in Baden (urkundl. Hachinswand), auch Hächenschwand genannt (*Hotel Höchenschwand; Hirsch; Krone*), bedeutender Luftkurort u. Sommeraufenthaltsort. *Station für zahlreiche Ausflüge.* Post u. Telegraph. *Meteorologische Station.*

Im *Hotel Höchenschwand* (A. Maier) mit Lesezimmer, Damensalon, Orchestrion, Pianoforte — im obern Stockwerk *Belvedere* mit grossem Fernrohr. Berühmtes Alpenpanorama von Heinr. Keller aus Zürich (geb. 11. Okt. 1778, † 18. Sept. 1862) $11^1/_2$ Fuss lang mit 700 Namen. In lithogr. Druck erschienen 1863. — Kleineres Panorama von Maler Faller, Copie des Keller'schen. Bei günstigem Wetter Ansicht der Alpenkette, von den bayerischen u. österreichischen Hochgipfeln bis zum Montblanc. — *Belvedere,* 10 Min. südlich vom Dorf. Schlüssel im Hotel.

Strohhutfabrikation von J. Kaiser u. Strohflechtschule mit stattl. Gebäudekomplex. Holzschneflerei etc.

Im Jahre 1092 Bau einer Kapelle durch Abt Utto in H. (1787 Pfarrei errichtet). Heidenschlösschen (schwache Trümmer) bei dem Dreherhäusle, vielleicht die alte Tomburg (1168—1425 ihre Besitzer in Urkunden genannt).

Spaziergänge: Zum Belvedere 10 Min. (s. ob.); zu den Bänken in den nahen, von Waldwegen durchschnittenen Waldungen (leider bis dahin schattenlose Pfade); — zum Eisloch, $^3/_4$ Std. über Dreherhäusle, Felsenöffnung, mit kaltem Luftzug, der Schnee u. Eis nicht zum Schmelzen kommen lässt; — von da steiler *Fussweg* in's wilde Schwarzachthal hinab; — in der Nähe des Dreherhäusle spärl. Reste des Heidenschlössle, alte unbekannte Befestigung; — auf der alten Strasse nach Häusern; — über Heppenschwand nach Attlisberg 1 Std.; — nach Amrigschwand *(Adler)* $^1/_2$ Std. — in's Albthal hinab auf Waldsteigen zur Schmelze, nach Kutterau u. St. Blasien. — Ueber das *Signal,* 970 m., nach Strittberg, 880 m. *(Adler)* mit prächtiger Fernsicht unterwegs. Von Strittberg durch Waldschlucht nach der Oelmühle (einsam $^1/_4$ Std. oberhalb Fohrenbachmühle gelegen) u. über Segalen (hübsche Lage) u. Amrigschwand zurück. Von Strittberg beschwerl. Weg direkt über das Schwarzachthal hinüber nach Brenden; — nach St. Blasien auf der alten od. neuen Strasse, über Tusculum, (s. unt.) — über Häusern nach Schwarzabruck

1½—2 Std. — nach der Brauerei Waldhaus, Rückkehr mit der Post (Abends).

Ausflüge: über Häusern nach Schwarzabruck u. hinüber, das Schwarzachthal kreuzend, nach Brenden, 2 Std., dann über Staufen, Schönenbach u. Schwarzhalde nach Seebrugg (weitere 2 Std.) od. Schluchsee (2½ Std.) u. mit der Mittagspost zurück; — über Häusern nach Seebrugg, 2½ Std.; von hier nach Rothhaus, 1¼ Std. (Mittagessen); zurück mit der Post (wenn möglich); sonst über Schönenbach, Staufen und Schwarzabruck zurück; — über Häusern, Schwarzabruck u. Brenden nach Berau (Rössle) u. in's romant. Schlüchtthal nach Witznau-Mühle. Zurück über Leinegg, Fohrenbachmühle (Erfrischungen) nach Segalen und Amrigschwand (auch mit Wagen). — Bis Waldhaus od. Bannholz mit Wagen od. Frühpost, zu Fuss von da über Ay u. Aispel zum *obern* Haselbach-Wasserfall u. zurück über Nöggenschwiel, Fohrenbachmühle, Segalen. — Nach Tiefenhäusern mit Post, dann zu Fuss über Brunnadern nach Niedermühle im Albthal u. dieses abwärts nach Albbruck. Nachmittags zurück über Häusern (St. Blasien) (Post). — Mit Wagen über Häusern, Schwarzabruck, Staufen, Schönenbach nach Grafenhausen od. Steinabad und zurück über Rothhaus, Seebrugg u. Häusern; — über St. Blasien nach Vorder- u. Hinter-Menzenschwand u. zurück. Auch in St. Blasien (Maier z. Krone) Fuhrwerk nehmen; — nach St. Blasien u. über Blasiwald nach Seebrugg od. Schluchsee u. zurück über Häusern etc.

a. Abstecher von Höchenschwand über Nöggenschwiel u. Weilheim nach Thiengen od. Waldshut.

Guter Fahrweg von Höchenschwand (südöstl. Theil des Dorfes) abwärts, dann wieder steigend, zu einem Wegw., dort die Richtung nach (½ Std.) Amrigschwand (*Adler*), links drüben Strittberg, u. in 25 Min. nach **Segalen,** in Obstbäumen versteckt. Am Ende des Ortes Senkung des Weges (Wegw.) nach einer einsamen Mühle (links Weg nach Strittberg hinauf), gerade aus thalab u. in ½ Std. zur einsamen, aber romant. gelegenen **Fohrenbach-Mühle** (Erfrischungen). Hier Verzweigung der Wege nach Nöggenschwiel, nach Leinegg, Berau u. Witznaumühle.

Folgt man dem *Fohrenbach* abwärts durch das malerische, felsige Fohrenbachthal, mit üppigstem Baum- u. Pflanzenwuchs, so erreicht man in der Thalerweiterung die 2 Höfe von **Leinegg,** 510 m. (½ Std.), im Schwarzachthal. Brücke über die bedeutende, dunkelströmende Schwarzach. In der Umgebung ehedem Burg der Herren von Loneck od. Laineck. Jenseits (1½ Std.) Weg nach Berau. Thalab neuerbaute (1881 übergeben) Schwarzachthalstrasse am linken Flussufer nach Witznaumühle, 1 Std. Wenn einmal der ganze Strassenzug das Schwarzachthal hinauf bis Häusern oder vollends bis Seebrugg ausgebaut sein wird, so ist damit ein bedeutendes Stück Romantik des Südschwarzwaldes aufgeschlossen u. die kürzeste Strassenlinie von der Rheinbahn od. Südbahn nach Freiburg u. Neustadt (Höllenthalbahn) hergestellt. Bis zum heutigen Tage ist die Thalstrecke von Leinegg nach Schwarzabruck (u. von dort bis Seebrugg zum Theil auch) eine Terra incognita.

Von der Fohrenbachmühle (rechts schmaler Weg nach Tiefenhäusern) in ½ Std. hinauf nach dem hübsch gelegenen Dorfe **Nöggenschwiel,** 719 m. (*Rössle; Kranz*), urkundl. Nottkeriswilare, Alt-St. Gallischer Besitz (daher der Name), 1279 an St. Blasien veräussert, einst Pfarrsitz des berühmten Mönchs P. Heer von St. Blasien. Schön gelegene Kirche. — Von Nöggenschwiel geht die Strasse über den Glattwasen mit Kapelle, 735 m. (prächtige Aussicht), vorüber an (rechts) Heubach, u. an der Höhe des Friedhag entlang nach (1³/₄ Std.) **Wellheim,** 519 m. (*Adler*), von Waldshut aus viel besucht. Schöne Aussicht. Fundstätte röm. Münzen. Bei Dietlingen (¹/₂ Std.) nordöstl. von W. schwache Trümmer der ehemal. Burg Isenegg. — Vorüber an (zur Rechten) Bürgeln, hübsch in einer Einbuchtung des rechtsseitigen Thalgehänges der Schlücht gelegen u. so in etwa 5stünd. Wanderung von Höchenschwand nach Thiengen od. Waldshut. —

Von Höchenschwand *Poststrasse* (alte Strasse kürzer für Fussgänger) nach (3 Kil.) **Häusern,** 896 m. (*Adler; Deutscher Kaiser*), zerstreutes Dorf auf dem Bergplateau zwischen dem Albthal u. Schwarzachthal.

Beim *Adler* Abzweigung der schmalen u. steilen *Fahrstrasse* nach (35 Min.) Schwarzabruck im Schwarzachthal u. jenseits desselben nach Staufen, 1¹/₄ Std. u. Brenden, 1³/₄ Std.

Poststation zwischen St. Blasien u. (Seebrugg) Schluchsee Abzweigung der Poststrasse nach Seebrugg am rechtsseitigen Abhang des *Schwarzachthales* entlang.

b. Abstecher von Häusern nach Seebrugg.

Poststrasse, 8,5 Kil., interessante Wegstrecke. Diese Strasse von *St. Blasien* über *Häusern*, zur Umgehung der alten Strasse über Blasiwald mit ihrer Steilheit (1127 m.) angelegt, führt an den Abhängen des wildromantischen Schwarzachthales entlang, meist durch Tannenwaldung, hin u. wieder mit Einblick in die enge Thalschlucht der Schwarzach hinab u. stets mit Ansicht der jenseitigen Höhen der Schwarzhalde.

Von Häusern ab neues Strassenstück hinaus an die rechtsseitigen Abhänge der Schwarzacheinsenkung. Die alte, nun auch korrigirte Strasse geht steil (Klemmsteig) links über die waldigen Vorstufen des Güsbacherkopfs (1088 m.) hinweg (950 m.) u. vereinigt sich nach ¹/₂ Std. mit der neuen Strasse. — Jenseits der Schwarzach die Höhe des Staufenkopf, 1036 m.; über die Lücke der Schwarzach-Einsenkung hinweg prächtige Fernsicht. Auf den untern Abhängen (der Lihrhalden) des Güsbacherkopfs, hoch über der in der Tiefe rauschenden Schwarzach dahin. Kurz nach der Vereinigung der alten u. neuen Strasse, bei einer Wegbiegung, von links durch die Schlucht des Sägentobels nieder Kreuzung der Strassenrichtung durch einen muntern Giessbach. Unten in der Schwarzachtiefe Sägmühlen, am jenseitigen Abhang der Griessenhof. Dann an den Abhängen des Schmalzberges (1134 m.) entlang. Die steil abfallende Schwarzhalde mit ihren bedeutenden Höhen, Büchs, 1020 m., Geissberg, 1060 m.,

Bübeleswald, 1070 m., u. Hochstaufen, 1086 m., u. den hin u. wieder zerstreuten Höfen, bietet dem Blicke immer neue Anregung. Wieder eine Sägmühle in der Schlucht des mächtig heraufrauschenden Flusses. Zur Linken Einblick in das steile Thal des malerisch von Althütte herniederströmenden Amberenbaches. Nahe an seiner Einmündung, etwas oberhalb derselben, die wildromant. Stelle der Teufelsküche. — An den jenseitigen Abhängen Fahrweg nach Schönenbach u. Häusergruppe von Schwarzhalden. — Sägmühle in der Thaltiefe, dann, am Ausgang eines kleinen Seitenthales die Lochmühle u. nahe oberhalb wieder Sägmühle. Hier Brücke über die Schwarzach und Abzweigung des Fahrweges nach Schwarzhalden, Schönenbach, Grafenhausen u. Staufen etc. Links oben Blick auf einige Häuser „im Loch", von dannen ein munteres Bächlein herabeilt. — Rechts unten (6 Kil.) an der Schwarzach die neue Holzfaserstofffabrik Schwarzhalden von Baron von Ulmenstein und Genossen, welche ihre Wasser-Triebkraft aus dem Schluchsee aufnimmt u. in einem 1200 m. langen Kanal, am Abhang der Schwarzhalde entlang, zu dem Etablissement hin leitet. Sehr schwierige Kanalbaute. Diese „Holzschleiferei" wird ihre Thätigkeit in nächster Zeit beginnen. — Bald folgt (7 Kil.) am wildrauschenden, über mächtige Felstrümmer niederstürzenden Seitenbach (der von Blasiwald herabkommt) links eine Sägmühle (neue Sägehütte), die früher, vor dem Umbau, ihrer malerisch primitiven Physiognomie u. der romantischen Lage halber, öfter von Malern abgebildet wurde. — Bei der sog. Eisenbreche (7 Kil.) Einmündung der Strasse von St. Blasien über Blasiwald. Wegw. nach Aha u. Blasiwald, hoher Granitblock. In der Umgebung mächtiges Trümmerfeld von abgerundeten, gewaltigen Granitfelsen. — Die Strasse, die sich allmählig zum Thalboden der Schwarzach abgesenkt hat, macht nun eine Wendung in östl. Richtung. Zur Linken Abweichung der steilern alten Strasse u. gleich darauf am Ufer der Schwarzach aufwärts. Zur Rechten Blick auf die anmuthige Umgebung des grossen Gasthauses Seebrugg. — An den beiden Schwarzwaldhäusern „in der Eisenbreche" vorüber (dicht am Seeausfluss), über die steinerne Brücke der Schwarzach („Seebrugg") und über die eiserne Kanalüberbrückung nach dem (8 Kil.) reizend am Schluchsee-Geländ liegenden **Seebrugg**, 914 m., Gasthaus von C. Jehle, Nr. 34. —

Von Häusern, auf *neuer* Strasse, anstatt der steilen, von Fürstabt Gerbert (Martin II.) angelegten (sog. *Doktorstich*) hinab nach (3 Kil.) **St. Blasien**, 753 m., Marktflecken und Amtssitz mit etwa 1200 Ew. im Albthal.

Gasthöfe: *Hotel St. Blasien* mit Dependenze *Friedrich-Louisen-Ruhe*, im Schweizerstyl, komfortabel eingerichtet mit Brauerei und Bädern;

Krone von P. J. Maier, gut u. billig; mehrere kleinere Restaurants u. Bierlokale. — In beiden Hotels Fuhrwerk, doch nicht billig. — *Hirsch* für mindere Anforderungen.

Post: nach (26 Kil.) Albbruck, 2 mal tägl. in 3 Std. — nach (14 Kil.) Schluchsee u. (23 Kil.) Lenzkirch in 4 Std. — Ueber Höchenschwand nach (22 Kil.) Waldshut in 3¾ Std. — nach (8 Kil.) Bernau in 1¼ Std.

Post u. Telegraph. — Besuchter Sommeraufenthalt u. Kurort. Station für eine Reihe von Ausflügen. Privatwohnungen, Spaziergänge, Jagdgelegenheit, Fischerei. Badeanstalt von Dr. Haufe.

In der ehemal. reichsfürstl. **Benediktiner Abtei**, 1874 (8. Februar) zum Theil sammt der prachtvollen Kirche abgebrannt, Baumwollenspinnerei von Krafft-Grether mit etwa 600 Arbeitern. — In der Nähe Nickelwerk an der Alb. — Neues Amtsgefängniss im Burgstyl.

Hauptsehenswürdigkeit: die überraschend und imposant in dem engen Schwarzwaldthale vor Augen tretende, von einem hohen Kuppelgewölbe überragte **Abteikirche**, deren südländische Architektur allerdings eigenthümlich zu der nordisch herbern Natur der Umgebung stimmt.

Bei dem Brande im Februar 1874 stürzte die Kuppel ein u. das Gebäude schien Ruine bleiben zu sollen, da Niemand auf den Wiederaufbau rechnen durfte. Allein auf speziellen Wunsch des Grossherzogs wurde der Bau im Aeussern wieder in durchaus würdiger Weise hergestellt, indem sich der die Wiederherstellung leitende Architekt, Bezirksbaumeister Brenzinger, an das Vorhandene u. den ursprüngl. Plan von Dixnard hielt. Das Kuppeldach (aus der Fabrik von Benckiser in Pforzheim) erhielt, entsprechend den 20 Säulen der Rotunde, 20 unter sich in Verbindung stehende Gitterträger, auf welche das Sparrenwerk der Dachschaalung aufgeschraubt wurde. Die Kuppel mit Gesims u. Knauf (vergoldet), mit einer Gesammtfläche von 2500 Q.-Met., ist mit Kupferblech gedeckt. Der Kuppelbau erhielt eine neue, architektonisch wohl angebrachte Zierde durch kolossale, je 10 Centner schwere, gusseiserne Urnen, welche den Strebepfeilern, welche die Kuppel tragen, zum schönen Abschluss dienen. Das Gewicht des Eisenwerkes beträgt 2240 Ctr., das des Kupferdaches 252 Ctr., das erstere kostete 41,400 Mk., letzteres 28,500 Mk. Der Gesammtaufwand für die Kuppel übersteigt den Betrag von 85,000 Mk. Für einmal ist die innere Vollendung der Kuppel verschoben, daher das interess. Dachgerüste von unten sichtbar.

Die Rotunde der Abteikirche wird kirchlichen Zwecken nicht mehr dienen; das östl. gelegene Chor ist zur Kirche

u. zwar genau im vorherigen Stylcharakter eingerichtet u. schön restaurirt worden. Geläute von 17 Glocken aus der Giesserei von Grüninger in Villingen.

Den Bauplan zu der Abteikirche fertigte Meister Dixnard aus Paris nach dem Muster des Pantheons (Rotunda) in Rom u. nach Anleitung des berühmten u. gelehrten Abtes Martin II. Gerbert. Einweihung 1783 durch den Fürstbischof Maxim. von Rodt von Konstanz. Masse: Höhe 64 m., Breite 51,4 m.; Kuppel auf 20 Säulen, Chor ebenfalls 20 Säulen. Ursprüngliche Bedachung Kupfer, 1806 wurde sie zu bad. Kreuzern vermünzt; die nachfolgende Zinkbedachung nahm sich nicht unvortheilhaft aus. Malerei des Kuppelgewölbes von Wenzinger aus Freiburg. Das Chorgitter war nach Waldshut, die schöne Silbermann'sche Orgel u. die grossen Glocken nach Karlsruhe u. Waldshut gekommen. Die kleinen Glocken wurden vom Brande (1874) nicht geschädigt. Die Vorhalle des Tempelgebäudes wurde von 6 mächtigen aus Sandstein gefertigten Säulen getragen.

Der höher liegende Mönchschor mit Gallerien war mit inländischem Alabaster (aus dem Wutachthal) verkleidet. Grabstein Martins II., Erbauer der Kirche (Denkmal in Bonndorf Nr. 35.). Krypta, jetzt Keller, barg ehemals die Leichensärge der Grafen von Rheinfelden u. Habsburg. Sie wurden von Abt Martin II. nach Wien zu den Kapuzinern gebracht. Die meisten Merkwürdigkeiten von Bedeutung waren bei der Klosteraufhebung aus der Kirche verschwunden. Ein Messgewand von der Kaiserin Maria Theresia eigenhändig gestickt, war bis zum Brand noch vorhanden. (Ob es gerettet wurde, ist dem Verfasser nicht bekannt.)

Vom ehemal. Klostergebäude-Komplex blieb der westliche Theil vom Brande verschont. Stattliche Gebäudefronten. Durch Anlagen davon getrennt Hotel St. Blasien mit schönen Gartenanlagen, Bassins u. Springbrunnen (der Strahl der grossen Fontaine steigt bis zu 60 m. Höhe).

In der Baumwollspinnerei, mit den neuesten Maschinen, nach dem Brande unverzügl. wieder hergestellt, grosser Spinnsaal von 2 bad. Morgen Grundfläche, von 342 starken Eisensäulen gestützt.

Die Benediktiner-Abtei führt ihren Ursprung in's 8. Jahrh. zurück. Kloster Albzell, od. Zelle an der Alb, soll von Bischof Ehrenfried von Konstanz, 739—748, herrühren. Schenkung desselben durch einen albgauischen Edeln, Sigmar, an das Kloster Rheinau, 858. Durch Abt Wolf von Rheinau Uebertragung von Reliquien des heil. Blasius, Bischofs von Sebaste, nach Albzell, daher fortan St. Blasien. 935 Flucht der Rheinauischen Mönche nach St. Blasien vor den Hunnen (Ungarn). 934 Erhebung des Klosters zur Abtei durch Bischof Konrad von Konstanz, erster Abt Beringar von Höchenschwand (934—976). *Reginbert von Seldenbüren,* eigentlicher Stifter des Gotteshauses, (ein vornehmer Adeliger aus dem Zürichgau) schenkte dem Stift 964 grosse Besitzungen. Kaiser Otto der Grosse, der Edle Gottfried von Berau, die Ritter von Kaltenbach, Leopold III. von Oesterreich u. a. vermehrten die Klostergüter, so dass der Grundbesitz des Gotteshauses, erweitert durch günstige Ankäufe, bald ein bedeutender wurde. Brand vom Jahr 1322, der das Kloster mit werthvollen Schriften u. Sammlungen zerstörte, Ursache u. Anfang zum Rückgang im Wohlstand des Klosters. Mancherlei Irrungen u. Störungen. Doch neues Aufblühen. Der Abt übte das Besetzungsrecht über 36 Pfarreien aus. 1405 Erhebung desselben zum infulirten Prälaten durch Papst Bonifas IX. Als Besitzer der Herrschaft Bonndorf u. Grafenhausen mit Blumenegg u. Bettmaringen war er reichsunmittelbarer Herr u. stellte nach dem Kontingentsrodel zum schwäbischen Kreise $1^1/_2$ Mann Reiterei u. $6^1/_2$ Mann Fussvolk. 1746 durch Kaiser Franz I. u. Maria Theresia Ernennung zum Reichsfürsten.

Die Abtei St. Blasien war fast immer ein Sitz der Gelehrsamkeit u. Pflegstätte der Wissenschaften. Von hier aus wurden viele Klöster gegründet od. mit Mönchen versehen, wie Muri im Aargau, Engelberg in Unterwalden, Wiblingen, Donauwörth, Ochsenhausen, Göttweih etc. Viele Bisthümer u. unzählige Abteien u. Klöster erhielten Vorsteher aus St. Blasien. Die Geistlichen, die nach Aufhebung des Klosters zur Seelsorge verwendet wurden, waren in der Mehrzahl aufgeklärte Geister, welche des edlen Wessenbergs Bestrebungen beförderten.

Bedeutende Namen aus älterer u. neuerer Zeit: Bernold (Berthold von Konstanz), später Abt zu Donauwörth; Abt Otto, Bernard, Manegold, Girard, Wernher; Abt Kaspar Müller von Schönau (1541), Verfasser einer Geschichte von St. Bl.; M. Herrgott aus Freiburg, Verfasser einer Geschichte der Habsburger; Martin II. Gerbert aus Horb, Verfasser bedeutender Schriften (Historia Silvae Nigrae 1783 etc.); Neugart, Ussermann, Eichhorn, Boppert, Keller, Troger etc. — Berthold Schwarz, der Erfinder des Schiesspulvers, soll hier studirt haben. Orientalische Sprachen, Alterthums- u. Geschichtskunde fanden eifrige Pflege daselbst. Die Universitäten Fulda, Freiburg u. Salzburg bezogen bedeutende Lehrkräfte aus St. Bl. Das Kloster wusste sich immer die Gunst mächtiger Personen zu erwerben, so der berüchtigten Gräfin Mathilde, Freundin des Papstes Gregor VII., der Grafen von Rheinfelden u. später derjenigen von Habsburg, des Papstes Urban II. u. des österr. Kaiserhauses.

Aus der drückenden Schirmvogtei der Herren von Werra (Wehr), Namens des Hochstiftes Basel, wurde das Stift durch kaiserl. Spruch, 1125, befreit u. den Zähringern unterstellt (Konrad von Z.) bis zum Erlöschen des ältern Mannesstammes (1218). Nach dem Tode Bertholds V. von Zähringen wurde das Kloster (1361) reichsunmittelbar, bis die Schirmvogtei an Oesterreich übertragen wurde. 1468 im Waldshuter Kriege Brandschatzung durch die Schweizer (3000 fl.). Im Bauernkriege Drangsal u. (in Folge Hinrichtung des Redmann's Uehli von Niedermühle) Niederbrennung des Klosters durch die Unterthanen. Die Reformation hinterliess keine bedeutenden Folgen (das steinerne Kreuz in der Nähe des Wasserfalles soll an die reuige Umkehr zweier Geistlichen erinnern, welche das Gotteshaus verlassen u. sich verheirathen wollten, aber hier wieder den Rückweg einschlugen). 1634 schwedische Bedrängniss, 1713 die Salpeterer unter Albicz, später die franz. Revolutionskriege schwere Heimsuchungen. Brand 1768, nachdem 30 Jahre vorher erst ein Brand das ganze Kloster vernichtet hatte, während dem gerade die Urbarien der Ortschaften daselbst lagen. — Durch den Pressburger Frieden fiel St. Blasien an Baden, das dessen Aufhebung verfügte 1806. — Der letzte (46.) Abt (seit Beringar), Berthold Rottler, begab sich dann mit einem Theil der Mönche in das ihnen von Kaiser Franz eingeräumte Kloster St. Paul im Lavanthal bei Klagenfurth in Oesterreich, während ein andrer Theil der Insassen auf den Pfarreien des Klosters untergebracht wurde. Einige Mönche waren schon vorher am Lyceum zu Konstanz als Professoren installirt, so z. B. Nägele, Stronn, Roder, Höfelin, Heer, Luk. Maier, Th. Maier. — Bedeutende Schätze wurden nach Oesterreich geflüchtet, z. B. eine Monstranz im Werthe von 200,000 fl., ein lebensgrosses Bild des heil. Blasius, massiv in Silber, seltene Codices, Manuscripte (eine Handschrift von Plinius d. ält. u. a.). Das Vermögen der Abtei wurde zur Zeit der Aufhebung, ohne die Besitzungen in der Schweiz, auf 5,205,372 fl., — der jährl. Ertrag auf 254,600 fl. gewerthet.

Nach der Auflösung Verkauf der Klostergebäude an Herrn von Eichthal um 25,000 fl. u. Errichtung einer Maschinenspinnerei (Baumwolle), Hammerwerk und Gewehrfabrik. Der Mechaniker Bodmer aus Zürich fertigte (1813) hier die ersten gezogenen Kanonen mit Hinterladung. Hebel's eisernes Denkmal im Schlossgarten zu Karlsruhe (von Berkmüller) stammt aus Bodmer's Gusswerkstätte. (Erstes Vorkommen einer Eisenbahneinrichtung in Deutschland: Spedition der Speisen für die Arbeiter aus der Küche zum Speisetisch auf einem Schienengeleise.)

Die gegenwärtigen Besitzer Krafft-Grether erwarben das ganze Anwesen mit 600 Morgen Feld u. Wald, Vorräthen u. Einrichtungen etc., um 100,000 fl.

Das in der Nähe befindliche Nickelwerk einer Rheinischen Gesellschaft (Frankfurt a. M.) bezieht die Erze ($1^1/_2$ Std. entfernt) in den Nickelgruben bei Horbach (Serpentinlager mit Schwefel u. Nickelkies). Lästige Ausdünstungen.

Entfernungen: von Waldshut $5^1/_2$ Std., von Schluchsee $2^1/_2$ Std., von Lenzkirch $4^1/_2$ Std., von Neustadt $6^1/_2$ Std., von Albbruck 6 Std., vom Feldberger-Hof 3 Std., von Höchenschwand 1 Std. —

Vergl.: Dr. Marmor, *St. Blasien*, ebenso Weiss, *„Wegweiser im Schwarzwald"*, Waldshut 1875 u. derselbe: *„Spazierwege u. Lagen in der Umgebung von St. Blasien"*.

Spaziergänge: Zum Wasserfall *(Tusculum)* $^1/_4$ Std., hübsche Waldwege, Bänke etc. Ehemals über dem Felsenkessel des Klosters *Lust- u. Badhaus* mit gemalt. Decke. Grundmauern noch sichtbar. Von da schattiger Waldweg zur „Schmelze" *(Wirthschaft)* $^1/_4$ Std. am rechten Albufer; — auf den Kalvarienberg; auf den Weissenstein (Brunnen); auf die Werderhöhe; auf das Bitsch-Belvedere. — In den Kohlenwald; auf den Heuberg, den Esel, Dürrlachen mit Alpenaussicht, 1 Std. Bei der Signalstange, wohin schattiger Waldpfad, 1140 m., Ausblick in's Menzenschwander- u. Bernauerthal, auf den Feldberg, Belchen, Herzogenhorn u. Vogesen — zu den Wasserfällen am sog. Windbergerbach hinauf — auf den Sandboden, $^3/_4$ Std., mit Aussicht nach Brenden, Höchenschwand u. die Alpen.

Ausflüge: nach Mutterslehen u. Ibach u. von da in's Albthal nach Niedermühle. Nach *Mutterslehen* $1^3/_4$ Std., dort im Orte links ab u. in 35 Min. nach *Unter-Ibach (Wirthsh.)*. Das Thal von Unter-Ibach, eigentliche *Seebecken-Physiognomie*, ist ganz flach, breit, mit Geröll bedeckt, im untern Theile mit grossen Torfmooren ausgefüllt u. setzt sich in eine Schlucht fort, die deutlich den Charakter einer Thalspalte trägt, durch welche das Wasser des Seebeckens abfloss. — Unter-Ibach, früher *Neuen-Zell* (nova Zella), weil ein Ritter von Tiefenstein hier eine Zelle mit 2 Mönchen gründete, die aber von Graf Rudolf von Habsburg, der hier oft der Jagd oblag, vertrieben wurden. Von hier nach Wollpadingen $1^1/_2$ Std. u. (20 Min.) Happingen, dann in $^1/_4$ Std. nach Niedermühle im Albthale (s. unt.); — nach der *Landschaft* Muchenland auf guter Fahrstrasse (1154 m.) u. über *Unterkrummen* nach Aha, $2^3/_4$ Std., 938 m. *(Auerhahn)*, über *Ober-Aha* ($^1/_2$ Std.) nach Aeule *(Rössle)*, 1030 m., ehemal. Glasfabrik, eingegangen. Von da über einen Bergrücken, 1145 m., zwischen Silberfelsen u. Schnepfhalden in 1 Std. nach Hinter-Menzenschwand u. in 2 Std. nach St. Bl. zurück — nach Innerlehen od. Riggenbach in der Bernau, $2^1/_2$ Std. (mit Post von St. Blasien um Mittag in $1^1/_4$ Std.); von da über Rütte und Hinter-Todtmoos nach Todtmoos $2^3/_4$ Std.; von hier über *Mutters-*

lehen zurück, 3¼ Std. Starker Tagmarsch — über Vorder- u. Hinter-Menzenschwand auf den **Feldberg.** Auf der Landstrasse das Albthal hinauf (5½ Kil.) zur Gabelung der Strasse in die *Bernau* u. nach *Menzenschwand*, 824 m. Im engen Menzenschwanderthal in ¾ Std. nach Vorder-Menzenschwand, 855 m. *(Gasthaus zum Adler).* Geburtsort der berühmten Maler (Gebrüder) Winterhalter. In ¼ Std. nach Hinter-Menzenschwand, 884 m. *(Hirsch).* Dann in engem, rauh gebildetem Thale *(Menzenschwander Alb)* aufwärts zum *Gasthaus zum Feldbergerhof,* 1½ Std. Im Menzenschwanderthal und der Bernau allerlei Holzindustrie; — nach (½ Std.) Häusern u. Schluchsee, 2½ Std. (s. ob.) — nach Höchenschwand (1 Std.) — das Albthal nieder (s. unt.) — in's Wehrathal. Gute Fahrstrasse nach *Todtmoos,* 2½ Std.; von da durch das *Wehrathal* (s. unt.) zur Bahnstation *Brennet* (5 Std.) an der Rheinthalbahn Nr. 15. S. 100. — über Blasiwald nach Seebrugg u. Schluchsee, ½ Std. näher als auf der Strasse über Häusern. Beim steinernen Kreuz od. bei der Krone hinauf (Wgw.) am Windberger Hofe (rechts) vorüber, er bleibt links liegen, nach Blasiwald 1½ Std. In ¾ Std. auf der aussichtsreichen Höhe. An Althütte vorüber, immer bergab (links *Wirthschaft* v. Strittmatter), mit prächtigen Aussichten, einem malerischen, durch Felsblöcke strömenden Bach zur Seite, nach Eisenbreche hinab auf die Landstrasse u. auf derselben an's Ziel. —

Für Bergsteiger u. Freunde einsamer Bergpartien bieten sich mehrere höhere Bergkuppen zur Besteigung dar, z. Thl. mit weiten, lohnenden Aussichten, so die Rossstaffel, 1027 m. zwischen *Horbach* u. *Rüttiwies,* 1 Std., mit Alpenansicht; das Herzogenhorn, 1417 m., mit altem Schanzwerk; das Spiesshorn, 1351 m., der Blössling, 1312 m.; der Hochkopf bei *Menzenschwand,* 1265 m., die als Ausläufer des Feldberg-Massivs in je etwa 3stündiger Entfernung um St. Blasien gelagert sind.

Die **Alb,** Hauensteiner- od. obere Alb (zum Unterschied von der Alb bei Ettlingen), gebildet 1 Std. oberhalb St. Blasien, aus 2 sich vereinigenden Albbächen, wovon einer in der Nähe der Bernauer Höfe, 1020 m., der andre an der südl. Abdachung des Seebuck, sowie an der Bärhalde, 1134 m. entspringt (Menzenschwander- u. Bernauer Alb), vollendet ihren Lauf durch ihr romantisch u. malerisch gebildetes Thal in etwa 15 Stunden. Unterhalb St. Blasien wendet sie sich von dem bisherigen östl. Laufe in südl. Richtung ab. Manche halten das **Albthal** für das malerisch schönste des Schwarzwaldes, allein das neu erschlossene Schlüchtthal hat ihm den Rang abgelaufen u. wird ihm fast voranstehen.

Von St. Blasien thalabwärts (1 Kil.) Abzweigung der Strasse (links) nach Häusern u. Höchenschwand (beim Nickelwerk). Am Flusse abwärts, der die Biegung nach Süden vollzieht. (3 Kil.) Fusssteige links durch den hohen Berghang hinauf (durch Wald) nach Höchenschwand (Wgw.). Stattliche Schwarzwälder Bauernhäuser (3½ Kil.) ehem. Eisenschmelze Kutterau. (5 Kil.) **Ober-Kutterau.** Das Thal wird weiter. Rechts oben, jenseits der Alb, die Bildsteinfluh, ehem. Bergschloss der Herren von Tiefenstein über dem Urbach. (6½ Kil.) **Unter-Kutterau**, 588 m. (*Engel*). Vermehrung der Häusergruppen. Grünes Mattenland u. Anbau erscheinen immer häufiger. Sägmühlen. Rechts oben in d. Höhe Pfarrei Urberg (neue, weitumschauende *Kirche*) mit zerstreuten Häusergruppen. (9 Kil.) **Immeneich** (2 Std. von St. Blasien), stattl. Häuserkomplex (*Adler, Postablage* u. Pferdewechsel). Zwischen hier und Brunnadern (u. Waldhaus) auf der Höhe zur Linken Fahrwegverbindung. Bei (11 Kil.) **Niedermühle**, 611 m. (*Sonne*) Verengerung des Thales. Die Alb durchrauscht hier ein schmales, wildromantisches Felsenthal von 1½ Std. Länge, indem sie über Felstrümmer dahinschäumt, sich hinter Tanndickicht u. Erlengebüsch durchschlägt u. immer, wechselnde anziehende Bilder vor Augen führt. Felswände u. die etwa 20 m. höhere Strasse über dem Wasser, mit üppigem Wald eingefasst, reihen sich zu einer Gallerie mit wechsel nden, pitresken Scenerien auf.

Fusswanderung von Niedermühle bis Albbruck am *lohnendsten*.

Niedermühle, alte Lehenmühle, Besitzthum des Redmanns Uehle (Kunz Uihlin), der im Bauernkriege von Abt Joh. Spielmann (von Bettmaringen) wegen Theilnahme am Ueberfall des Klosters gehängt wurde. Man fand eines Morgens die abgehauene Hand desselben an die Klosterpforte genagelt mit der Beischrift: Diese Hand wird sich rächen. Wenige Tage darauf ging das Kloster in Flammen auf u. wurde ausgeplündert (1526).

Von Niedermühle Wege *westl.* nach Wollpadingen u. Wilfingen (755 m.), *östl.* nach Ober- u. Unter-Alpfen.

Strassenwärterhäuschen mit schöner Gartenaussicht. In der Nähe (Wgw.) zur wildschönen Flussstelle Teufelsküche hinab. Jenseits des Flusses durch tiefe Felsenschlucht Einmündung des Ibaches (14½ Kil.). — (16 Kil.) Jenseits der Alb öffnet sich ein enges Waldthälchen, *Wasserfall.* — (17 Kil.) Rechts, auf hohem Bergrand der stattliche Thurm von Görwihl (674 m.) sichtbar. Kreuzung der Strasse durch den *Verbindungsweg* zwischen *Alpfen* u. *Görwihl.* — (18 Kil.) Felspartie mit den auf ihrer Höhe befindlichen schwachen Trümmern der Rihburg, unbekannten Ursprungs (vielleicht Stammburg der Tiefensteiner). (Weg hinauf mit Wgw.). Imposanter Anblick des Felsenthales. — (19 Kil.) Zur Linken Einmündung des von *Unter-Alpfen* niederrinnenden Steinbaches. Im Vorblick das stattliche *Fabrikgebäude* von Tiefenstein am rechten Flussufer. Dann bei der Wendung des Weges Brücke und Weg nach Tiefenstein (19½ Kil.) *Gasthaus* an der Brücke, wo die Post anhält, mit schönem Blick auf das Felsenthal der Alb.

In wenigen Minuten nach dem schön gelegenen **Tiefenstein**, 438 m. (*Krone*), am Vereinigungspunkt mehrerer wasserreicher Thälchen. Auf der Felsenhöhe, in Waldesdickicht, die Trümmerstätte der alten Burg Tiefenstein, Sitz der einst mächtigen Herren von Tiefenstein, welche 1317 ausstarben, nachdem sie durch die Macht der Gaugrafen u. die Habsucht des Klosters St. Blasien in Verarmung gekommen waren.

Das Herrschaftsgebiet der Freiherrn von Tiefenstein ging das Albthal hinauf bis zur Bildsteinfluh am Urbach, von da nach Ibach und Schwarzenbach u. hinüber in's Wehrathal. Eine Theilung der Güter unter die 3 Brüder Hugo, Diethelm u. Konrad (1230), sowie wiederholte Vergabungen an Klöster führten den Untergang des Geschlechtes herbei. Graf Rudolf von Habsburg entriss dem Diethelm seine Güter bei Unteribach (Neuenzell, s. ob.). Konrad war kinderlos u. Hugo gerieth in Fehde mit dem Habsburger, welcher die Burg Tiefenstein 1240 vergeblich belagerte, während das Kloster St. Blasien von den Tiefensteinern geschädigt wurde. Hugo begab sich zuletzt (1243), nachdem er dem Kloster reiche Entschädigung hatte zukommen lassen, selbst nach St. Blasien u. wurde Mönch. Hugo's Söhne aber anerkannten die Schenkungen ihres Vaters nicht u. geriethen dadurch in abermalige Fehden u. Bedrängnisse. Im Jahr 1271 verkauften sie die Burg Tiefenstein an den Bischof von Basel u. da dieser ebenfalls in Fehde stand mit dem Habsburger, so zog dieser zum zweiten mal vor Tiefenstein u. brach die Veste 1272. Den Rest seiner Güter übergab Hugo von Tiefenstein, der letzte seines Stammes, an St. Blasien gegen ein Leibgeding auf Lebenszeit u. starb in der Umgegend von Freiburg 1317. Mit ihm u. seinem Bruder Ulrich erlosch sein Geschlecht, da ein Sohn Ulrich's, Hugo, von Habsburgischen Knechten erschlagen worden war.

Von *Tiefenstein* Wegrichtung auf dem rechten Albufer (Fahrsträsschen) nach Albbruck. Ebenfalls höchst fesselnde Einblicke in's *Albthal* (sammt der jenseits durchziehenden Albthalstrasse). Doch mehr u. mehr Ablenkung vom Thalrand nach der Hochfläche hinein. Nach Schachen 1 Std., 468 m. *(Adler)*, von wo über den aussichtsreichen *Einigsbühl*, 449,4 m., direkt nach (1 Std.) Albbruck. — Aussichtsfrohe Wanderung von *Schachen* über den *Einigsbühl* (449,4 m.) nach Albert, 1 Std. u. (1/2 Std.) *Albbruck* — oder von *Schachen* über (3/4 Std.) Hochsal, 454,5 m. *(Tanne)* nach Hauenstein, 324,4 m. *(Adler)*, 25 Min. Von da, im Rheinthal (schöne Fernsichten, angenehmer Weg) nach (40 Kil.) Laufenburg od. (1 Std.) *Albbruck*.

Wegrichtung auf dem linken Albufer (ausser der Poststrasse) nach Albbruck: Von Tiefenstein ehemal. Poststrasse im Steinbachthal (linksseitig. Nebenthal der Alb) in die Höhe nach (40 Min.) Etzwihl, von da über Buch (12 Min.) nach (1 1/2 Std.) Albbruck. — Hübsche Wanderung von *Etzwihl* über (40 Min.) Birndorf, (1/4 Std.) Bickingen nach (1/2 Std.) Eisenbahnstation Dogern, Nr. 15. — In nördl. Richtung nach (3/4 Std.) Görwihl, anregender Spaziergang, wenn man den *Fussweg* (bedeutend kürzer) einschlägt. Zuerst Fahrweg, dann, bei der einsam stehenden *Brauerei*, steiler Fusssteig rechts hinauf, durch ein kleines Gehölz u. wieder auf der Fahrstrasse, (die eine starke Stunde Weges macht), mit schönem Umblick, zum Ziel. — In nordwestl. Richtung nach (3/4 Std.) Rüsswihl; — nach Herrischried (s. unt.).

Von *Tiefenstein* ab bildet die Albthalstrasse eine der grossartigsten und schönsten Partien des Schwarzwaldes. Die Strasse, am linken Uferabfall in

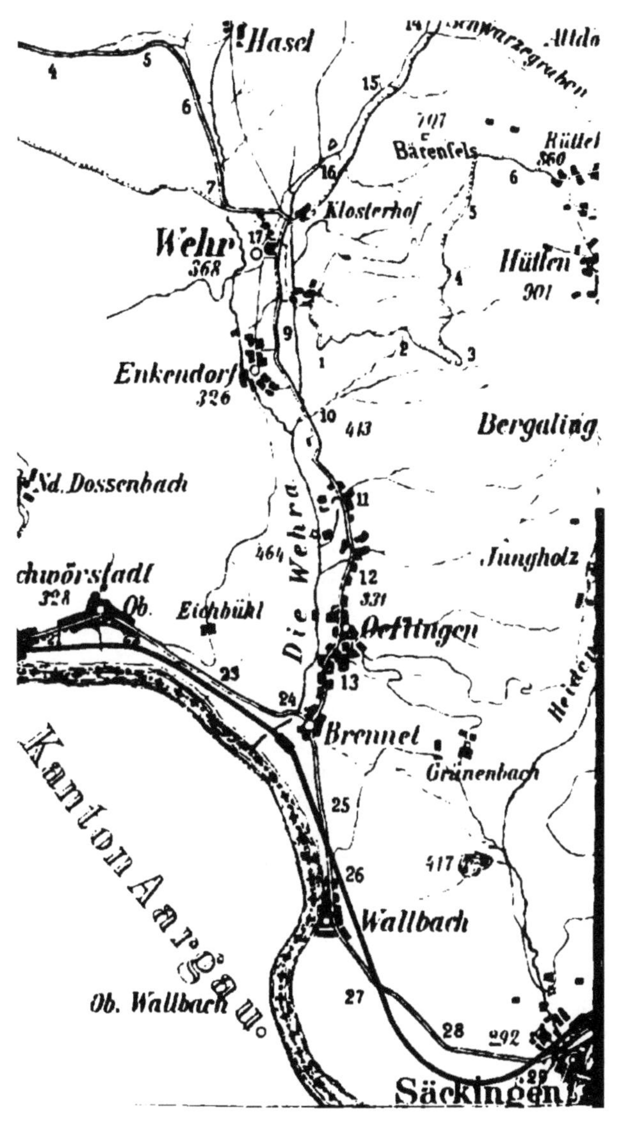
Hasel
Schwarzgraben
Alldo
707
Bärenfels
Rüttel
860
Klosterhof
Wehr
368
Hütten
901
Enkendorf
326
413
Bergaling
Nd. Dossenbach
Die Wehra
464
Jungholz
chwörstadt
328
Ob.
Eichbühl
331
Oeflingen
Heiden
Brennet
Grünenbach
417
Wallbach
Kanton Aargau
Ob. Wallbach
292
Säckingen

Wer das Ländchen kennen lernen will, kann es etwa in folgender Weise durchwandern:

Von Albbruck über Hochsal, Rotzel, Hänner, Hottingen, Herrischried nach Herrischwand, sodann über die Oedlandskapelle nach Hornberg u. von hier über Gebisbach, Altenschwand, Rickenbach, Willaringen, Wieladingen, Harpolingen nach Murg, endlich von Todtmoos aus über Engelschwand, Strittmatt, Görwihl nach Albbruck (od. umgekehrt), 3—4 Tage anregender Fusswanderung.

Bei einer solchen Fusswanderung erscheint der auffallende Mangel an Wald u. Schatten sehr unangenehm u. lästig, weshalb das Fahren auf dieser Hochebene wünschenswerth erscheint, aber der theuren Fahrpreise halber sehr erschwert ist. — Mehrere Ortschaften werden weiter unten beschrieben, wo sie wieder passirt werden müssen. Hier nur die Notizen über die wichtigsten der übrigen. Die andern vorhin erwähnten Orte sind ohne weitere Bedeutung, doch sind die meisten durch hohe Lage u. weite Fernsichten ausgezeichnet. Von Albbruck über Hauenstein ($4^1/_2$ Kil.) od. über Schachen (5 Kil.) nach **Hochsal**, 455 m. (*Tanne*), früher Hochzell, mit Baumwoll- u. Seidenspinnerei. Kirche u. Thurm weit umher sichtbar. Auf dem letztern soll die heil. Mechtildis gelebt haben. An der angebl. *Grabstätte* derselben, im Chor, Jahrzahl 1088 eingemeiselt Aelteste Kirche der Waldgegend, einst kirchl. Sammelpunkt für viele Gemeinden „des Waldes“. — Von hier nach Görwihl, $1^3/_4$ Std., von Albbruck direkt 2 Std. **Görwihl**, 673 m. (*Badischer Hof; Adler*). Marktflecken, auf einer wellenförmigen Hochebene, weithin sichtbar, mit Baumwollweberei, Strohflechterei, Färberei, Gerberei und lebhaften Jahrmärkten. Grösster Ort des Hauensteinerlandes mit etwa 1300 Ew. (Pfarrgemeinde 3000 Seelen), Hauptort der ehemal. Einung Görwihl und Sitz des Hauensteiner Wochengerichts. In den Salpeterer-Unruhen nicht wenig betheiligt. — Stattl. Kirche, weite Fernsicht. — Von hier nach (3 Kil.) **Strittmatt**, 870 m. (*Hirsch*), u. (2 Kil.) **Engelschwand**, 753 m., die beide durch Häuser auffallen, deren Dächer tief bis zur Erde herabreichen. Zierliche, kleine Gärtchen um die Häuser; überall prächtige Fernsichten. Auch Granitblöcke mit kleinen, vergoldeten Christusbildern am Wege, fehlerhafte, ungrammatikalische Inschriften, knieend bettelnde Kinder. — Von Engelschwand über Gierspach quer durch das Murgthal nach (4 Kil.) **Herrischried**, 876 m. (*Ochs*, theuer; *Adler*), grosser Pfarrort, in den Salpeterer-Unruhen viel betheiligt; neue Kirche. — Ueber Ober-Gebisbach u. Altenschwand nach (5 Kil.) **Rickenbach**, 740 m. (*Adler*), altes Pfarrdorf, das seinen Ursprung dem Stift Säckingen verdankt. Schön gelegene, weithin sichtbare Kirche. Rudolf von Habsburg

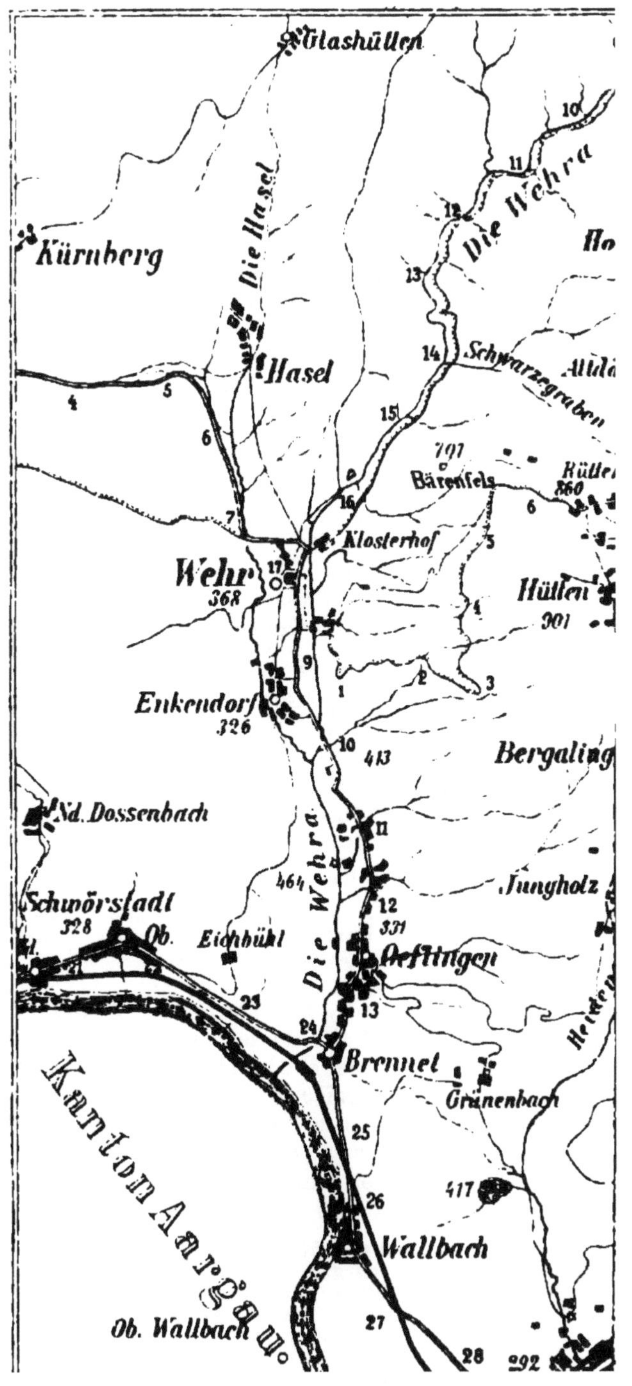
Glashütten
Kürnberg
Die Hasel
Hasel
Die Wehra
Schwarzgraben
Bärenfels
Klosterhof
Wehr
368
Hütten
Enkendorf
326
Bergaling
Nd. Dossenbach
Die Wehra
Jungholz
Schwörstadt
328
Ob.
Eichbühl
Oeflingen
Brennet
Grünenbach
Wallbach
Kanton Aargau
Ob. Wallbach

die Höhe steigend, zieht sich durch gesprengte Fahrbahn an den Felsenwänden dahin, durch 5 Tunnels (der sechste, zunächst gegen Tiefenstein, stürzte vor einigen Jahren zusammen), in malerischen Wendungen fort, mit wechselnden, überraschenden Scenerien. Man sieht an den Wendepunkten in die abgrundähnliche Thaltiefe hinab, wo die tosende Alb über mächtige Felstrümmer u. Steinstufen dahin braust u. sich immer tiefer in die waldschattige Felsenschlucht einzugraben scheint. (22½ Kil.) Strassenwärterhäuschen, Felsecke mit Ausruhpunkten, Pavillon u. prachtvollem Ausblick in die Thalscene u. auf die weitere Umgebung bis zu den Alpen. *Glanzpunkt.*

Zur Linken Abzweigung des *Fahrweges* nach Buch, zur Rechten (*Gasthaus zum Hohenfels*), Felsvorsprung, mit hübschen Anlagen, Pavillons, (Waldverstecken, Schattenwegen u. Brunnen jenseits der Strasse), mit ebenfalls *grossartig schöner Einsicht in's Flussthal* u. Aussicht auf die jenseitigen Hochgelände. *Fusssteig* an das *Ufer des Albflusses hinab.* Sog. *Teufelsbrücke.*

Abweichung der Strasse vom Rand des Hochufers. Links heran, durch (24 Kil.) kleines Wiesen- u. Waldthälchen der Rickenbach, der zur Alb hinabstürzt. Noch einmal (24½ Kil.) tritt die Strasse dicht an den Rand des Schluchtabfalles. *Grossartiger Rückblick* in's Thal u. auf den malerisch dahin geschwungenen Strassenzug am obern Felsgehänge hin. Sehr interessanter Punkt.

Nun durch Wald u. flacheres Terrain nach der (26 Kil.) Bahnstation **Albbruck**, 310 m. (*Gasthaus zum Albthal*). Post im Nebengebäude des Gasthauses (Bäder, Garten, Fuhrwerk: nach *St. Blasien* 20 M., nach *Höchenschwand* 25 M.) Nr. 15, S. 104. — *Stützpunkt für interessante Ausflüge.*

Im Orte Albbruck, mit steinerner *Brücke* über den Albfluss, der nahe unterhalb desselben in den Rhein mündet (daher der Name), grosse Holzstoff-Fabrik. Die Gesellschaft für Holzstoffbereitung in *Grellingen* (im Birsthal) Nr. 14, S. 98. bei Basel, die ähnliche Fabriken in Bellerive, Nr. 14, S. 99, bei Delsberg (Schweiz) u. Mandeure (Frankreich) betreibt, macht hier einen sehr bedeutenden Geschäftsverkehr (jährl. etwa 150,000 Ctr.).

Das früher hier betriebene Eisenwerk, gegründet 1686, lieferte jährl. 27,000 Ctr. Roheisen von grosser Güte; Guss, Stab- u. Kleineisen, sowie Blech, etwa 20,000 Ctr. zu dem Gesammtwerthe von 500,000 Mk. 1778 von St. Blasien um 60,000 fl. erkauft, erzeugte es aus Eisenerz von Jestetten u. Kandern ein beliebtes u. gutes Fabrikat (Bohnerzgruben bei Jestetten, Baltersweil, Griessen etc.).

Bei Albbruck Spuren röm. Niederlassungen. In den Hauensteiner Unruhen viel genannt; daselbst 1739 vier sog. Salpeterer hingerichtet.

Spaziergänge u. Ausflüge: zum Dörfchen Alb, am Einmündungswinkel der *Alb* in den Rhein, $^1/_4$ Std. — zum Wuhrdamm im *Albthal*, an dem in Felsen gehauenen Fabrikkanal entlang, $^1/_4$ Std. — über Hauenstein nach Luttingen, am Rheinufergelände fort, 3 Kil. *(Engel)*. — auf der *Albthalstrasse* nach Buch *(Engel)*, 1 Std., Heimath des Salpeterers *Fridolin Albietz*, Rückweg auf der alten Strasse — oder nach dem schön gelegenen Birndorf *(Hirsch)*, Brand 1874, *Aussichtspunkt* beim Kirchhofe u. über Birkingen u. Dogern zurück. — nach dem bedeutendsten *Aussichtspunkt* der ganzen Umgebung Hoheneck, 810 m., 20 Min. von Oberwihl, $1^3/_4$ Std. Man überblickt das obere u. untere Rheinthal, das Hauensteinerland, das Murgthal mit dem Dorfe Hottingen, 25 Min. entfernt; namentlich bei Abendbeleuchtung ein markig modellirtes Reliefbild von imposanter Gestaltung u. Lichtwirkung. — mit der *Drahtseilfähre* nach dem Schweizerufer. —

c. Umschau im Hauensteinerland.

(s. Einleitung u. Nr. 15, S. 103.)

Die **Landschaft Hauenstein,** auch **Grafschaft Hauenstein** und Hozenland genannt, streckt sich zwischen zwei Ausläufern des Feldberges aus, die mit dem Rhein ein schmales Dreieck bilden: der östl., bei Waldshut auslaufende, hat die Schwarzach u. Grosse Schlücht, der westl., bei Säckingen in's Rheinthal absinkende, hat die Wehra zur Seite. Flächeninhalt des ganzen Landbezirkes knapp 7 Q.-Ml. Oede Haiden u. Steinfelder wechseln auf der Höhe mit düsterfarbigen Tannenwäldern, wildzerrissene Thalschluchten und schäumende Giessbäche mit sanften Wiesengründen; im Rheinthale dagegen breitet sich fruchtbares Acker- und Mattengelände aus und wechselt mit Obst- und Weingärten. Die **Alb** ist der Hauptfluss, woher wohl auch der Name **Albgau** rührt, den das Land s. Z. führte. Nahrungszweige: Ackerbau, Viehzucht u. Industrie, namentlich in Holzwaaren, aber auch Seidenbandfabrikation, Wollspinnerei und Weberei. Auf dem Hochland grossartige Fernsichten.

Man charakterisirt das *Hauensteiner Bergvolk,* die Hozenwälder, als bigott, roh, verschmitzt, widerspenstig, prozesssüchtig u. misstrauisch, doch wird in Vielem übertrieben. Wohl gelten Legenden aus Einsiedeln u. Maria-Stein meist noch mehr als gute Schulbücher, doch wird eine allmählige Aufhellung des Volksgeistes kaum zu leugnen sein. Auffallender Wechsel von Reich u. Arm. Die Hauensteiner sind im Ganzen fromm, gemüthlich, ausdauernd, munter u. witzig, indem sie mit wenigen trockenen Worten die treffendsten Bemerkungen machen.

Fecht *(Amtsbezirk Waldshut)* schildert das Volk folgendermassen: „es liegt in ihm eine eigene Mischung von Biederkeit u. Verschlagenheit, Rohheit u. Gemüthlichkeit, von offenem Trotz u. stillglühender Rachsucht (noch vor 50 Jahren fand sich eine Art altgermanischer Blutsühne vor), von düstrer Schwermuth u. witziger Laune, von Frömmigkeit, Aberglauben, religiöser Schwärmerei *(Aegidler)* u. ausgelassener Fröhlichkeit, besonders auf Jahrmärkten.“ Die Hauensteiner sind kräftig gebaut, arbeitsam, sparsam. Durch manche ihrer Gesänge weht ein gewisser elegischer Ernst, z. B. das Lied vom Kaiser Joseph; ihre Hauptfreudentage sind Kirchweihe, Fastnacht, der Josephstag in Hauenstein, welche die Hozenwälder in ihrer, aus dem 15. Jahrh. stammenden bunten u. auffallenden *Tracht* zusammenführten. (s. Nr. 15, S. 103.)

Die Grafschaft Hauenstein bildete mit der **Landgrafschaft Stühlingen** den **Albgau**; sie erscheinen bis in das 11. Jahrh. ungetheilt unter ihren Gaugrafen. Erbliche **Grafen von Stühlingen** im **obern Albgau** kommen schon in früher Zeit urkundlich vor, dagegen herrscht über die Abtrennung beider, des **untern** u. **obern** u. über die Geschichte des untern Albgaues bis auf Graf Rudolf von Habsburg, völliges Dunkel. Die *Hauensteiner* standen später unter der Herrschaft des Erzhauses Oesterreich, die Stühlinger wurden Unterthanen des Hauses der Herren, spätern Landgrafen von Lupfen-Stühlingen. Die Bevölkerung der Grafschaft Hauenstein bewahrte ihr alemannisch-burgundisches Gepräge rein, während die der Stühlingischen Landgrafschaft mehr ein schwäbisches annahm. Heute nennt der Hauensteiner das Land jenseits der Schlücht noch immer „im Schwaben."

In der hauensteinischen Landschaft gestaltete sich die Einung od. Innung der verschiedenen Gemeinden zu Berg u. Thal zu einer der merkwürdigsten Erscheinungen solcher Art im südl. Deutschland. Die Bundesverfassung derselben fand ihren Ursprung u. ihre Befestigung zu den Zeiten der Streitigkeiten um die deutsche Kaiserwürde zwischen Graf Adolf von Nassau u. Herzog Albrecht von Oesterreich, sodann zwischen Ludwig dem Bayer u. Friedrich d. Schönen von Oesterreich. Schwaben ohne Herzog u. das Reich ohne Kaiser waren Anlass genug, um an verschiedenen Orten Sicherheitsbündnisse erwachsen zu lassen, welche die Grundlage für manche Verfassungs- u. Freiheitswesen abgaben. — Hauensteinische Einungsurkunde vom Jahr 1433. Die ganze Einung theilte sich in 8 untere Einungen (kleinere Gemeinwesen), je unter einem Einungsmeister, der alljährl. von den Gemeinden nach unbeschränktem Stimmrecht gewählt wurde. Die sämmtl. Einungsmeister od. Achtmannen erwählten aus ihrer Mitte den Redmann (Sprecher), dem die obere Leitung des Ganzen zukam. Die landesherrlichen Rechte übte der Waldvogt aus, die Rechte der Abtei St. Blasien der Waldprobst. Unter der Leitung des erstern hielten die Einungsmeister zu Hauenstein od. Gurtweil das Landgericht; unter dem Vorsitz des Waldprobsts tagte das Dinggericht der Gotteshausleute unter Beisein des Waldvogts u. der Achtmannen zu Remetswiel (Remigiusvilla).

Wohlthätige Wirkungen dieser Verfassung: kräftiger Selbstschutz der Volksrechte. Allein das einflussreiche u. reiche St. Blasien mit seinen Zinsleuten u. Leibeigenen wusste den Saamen der Zwietracht in das Volkswesen zu streuen. Das auf seine Rechte eifersüchtig blickende Waldvolk trat den Anmassungen der übermüthigen Mönche kühn entgegen; es entzündete sich ein tiefer Hass gegen das Kloster; die Irrungen, die Erbitterung mehrten sich u. es kam zu wiederholten traurigen Ausbrüchen. Allein die Hauensteiner mussten in Wien unterliegen. Es gelang den Sachwaltern des Klosters, die gerechten Einsprachen des Volkes gegen die Anmassungen des Stiftes als strafbare Auflehnung gegen die Landeshoheit darzustellen, trotzdem, dass die Hauensteiner stets das treu ergebenste Völkchen des Erzhauses gewesen waren u. so nahmen die Schicksale des Waldvolkes jene tragische Wendung, welche die Geschichte im Bauern-, Rappen- u. Salpetererkriege verzeichnet hat. Siehe Fecht's Amtsbezirk Waldshut u. W. Zimmermann's Geschichte des Bauernkrieges. Rappenkrieg: die Unruhen, 1589—1614, die aus einer neu eingeführten Steuer, für jede Maass Wein einen Pfennig, entstanden waren. Der Adlerkopf auf den Pfennigen wurde als Rabenkopf bezeichnet u. die Münzen „Rappen" genannt. Die „Salpeterer-Unruhen" wurden so genannt, weil Fridolin Albiez, die leitende Persönlichkeit bei denselben, mit Salpeter handelte u. „Salpeterhans" genannt wurde. Veranlassung dazu gab St. Blasien 1719.

Nachdem der Geist der kirchl. Reformation auch in die Hütten dieser Waldbevölkerung eingedrungen war, wurde von St. Blasien

16*

aus noch mehr intriguirt. Die gewaltsame Unterdrückung dieser Regung zog das Uebel geheimer Verbindungen nach sich u. es entstund die religiös-politische Sekte der Salpeterer, welche durch ihren Fanatismus die übrige Bevölkerung gegen sich aufbrachte u. das Ländchen in die Schrecknisse des Bürgerkrieges stürzte. Offener Kampf, Meuchelmord, Brandstiftung u. alle Ausbrüche wilder Leidenschaftlichkeit wütheten in den Gemeinden u. Familien u. stürzten das Land in namenloses Unglück. Viele büssten ihre Theilnahme an diesen Vorgängen in den Zuchthäusern des Landes od. in den Bergwerken von Ungarn. — So erwuchs in dieser ursprüngl. so tüchtigen Bevölkerung alemannisch-burgundischen Stammes aus einer Jahrhunderte durch erlittenen Passions- u. Drangsalgeschichte jenes Misstrauen, Verbitterung, Rachsucht u. Neigung zu heiml. Sektirerei. Im Allgemeinen aber wird über die Hozenwälder, ihre Vorliebe für Wallfahrten und Rosenkränze, ihre Bilderverehrung, Lukaszettel, Amulette, Zauberformeln, ihre Neigung zu Hexenglauben, Kapuzinern, Kobolden u. fanatischen Pfaffen ein Uebriges geredet u. wird wohl auch hier der Fortschritt seine kleinen Zeichen thun.

Das „Hozenhaus", eine Abart des „Wälderhauses" im Allgemeinen ist merkwürdig. Unter seinem hohen, spitzen, dicken Strohdache (Walmendach) ist alles beisammen, daher selten Hofmauern od. Zäune. Grundplan: ein mächtiges Rechteck, im Dachgeschoss quer von einem kleinern Rechteck gekreuzt. Eigentliche Längsfront gegen Süden. Von der Nordseite her eine Auffahrt von Balken- u. Bohlenwerk, wie eine Brücke, od. von Stein- od. Erdaufschüttung, da meist das Haus am Bergabhang angelehnt steht. Hier auf den Boden od. Estrich des Hauses, das nur einstöckig ist, wird Heu u. Frucht mit dem Wagen eingeführt u. gelagert. Diese Einfahrt ist mit Seitenwänden u. eigenem Dach versehen, einem Querhause ähnlich. — Das Hausdach hängt weit über u. geht tief herab, oft unter Mannshöhe. Auf einer Seite des Hauses liegen die Wohnräume; darüber, im Giebel, ein paar Kammern; auch über den Giebel ragt das Dach weit vor u. ist tief herabgestülpt, gleich einer Kapuze. Auf der andern Seite des Hauses, nebenan, sind die Wirthschafträumlichkeiten, Stallung, Bergungs- u. Lagerräume u. Brunnen, darüber die Auffahrt mit Futter- u. Fruchtboden. Ein schmaler Flurgang geht von der Eingangsthür zum hintern Ausgang. Vor dem Ganzen entlang führt eine Gallerie, vor den Wohnräumen offen (manchmal mit Fenstern, wie eine Veranda geschlossen), vor den Stallungen etc. geschlossen, aber mit kleinen Fenstern versehen. Alle Räume zu ebener Erde niedrig, mit niedrigen, aber breiten Reihenfenstern, die zum Schieben eingerichtet sind. Wände u. Decken sind meist in Holz getäfelt u. mit Wand- u. Eckkästchen versehen. Tisch in einer Ecke mit Holzbänken u. Stühlen. Gewaltiger Kachelofen zum Backen u. Heizen. Ueber dem Tisch Petroleumlampe (ehedem Kienspan u. Oelampel). Die meisten Häuser sind ringsum (auch Kirchen u. Kirchhofmauern) mit einem Schuppenpanzer von Holzschindeln gegen die Witterung geschützt, daher behaglich warm, wenn der Winter mit Schnee u. Stürmen u. dem harten Frost der Berghöhen den Meister spielt. — Der riesige Misthaufen dient dem Anwesen endlich als ländlich schätzenswerthe Zierde.

Die Gasthäuser u. Fuhrwerke können nicht als besonders billig gerühmt werden, doch findet man auch Ausnahmen.

Wer das Ländchen kennen lernen will, kann es etwa in folgender Weise durchwandern:

Von **Albbruck** über **Hochsal**, **Rotzel**, **Hänner**, **Hottingen**, **Herrischried** nach **Herrischwand**, sodann über die **Oedlandskapelle** nach **Hornberg** u. von hier über **Gebisbach**, **Altenschwand**, **Rickenbach**, **Willaringen**, **Wieladingen**, **Harpolingen** nach **Murg**, endlich von **Todtmoos** aus über **Engelschwand**, **Strittmatt**, **Görwihl** nach **Albbruck** (od. umgekehrt), 3—4 Tage anregender Fusswanderung.

Bei einer solchen Fusswanderung erscheint der auffallende Mangel an Wald u. Schatten sehr unangenehm u. lästig, weshalb das Fahren auf dieser Hochebene wünschenswerth erscheint, aber der theuren Fahrpreise halber sehr erschwert ist. — Mehrere Ortschaften werden weiter unten beschrieben, wo sie wieder passirt werden müssen. Hier nur die Notizen über die wichtigsten der übrigen. Die andern vorhin erwähnten Orte sind ohne weitere Bedeutung, doch sind die meisten durch hohe Lage u. weite Fernsichten ausgezeichnet. Von **Albbruck** über **Hauenstein** ($4^1/_2$ Kil.) od. über **Schachen** (5 Kil.) nach **Hochsal,** 455 m. (*Tanne*), früher Hochzell, mit Baumwoll- u. Seidenspinnerei. Kirche u. Thurm weit umher sichtbar. Auf dem letztern soll die heil. Mechtildis gelebt haben. An der angebl.. *Grabstätte* derselben, im Chor, Jahrzahl 1088 eingemeiselt Aelteste Kirche der Waldgegend, einst kirchl. Sammelpunkt für viele Gemeinden „des Waldes". — Von hier nach Görwihl, $1^3/_4$ Std., von Albbruck direkt 2 Std. **Görwihl,** 673 m. (*Badischer Hof; Adler*). Marktflecken. auf einer wellenförmigen Hochebene, weithin sichtbar, mit Baumwollweberei, Strohflechterei, Färberei, Gerberei und lebhaften Jahrmärkten. Grösster Ort des Hauensteinerlandes mit etwa 1300 Ew. (Pfarrgemeinde 3000 Seelen), Hauptort der ehemal. Einung Görwihl und Sitz des Hauensteiner Wochengerichts. In den Salpeterer-Unruhen nicht wenig betheiligt. — Stattl. Kirche, weite Fernsicht. — Von hier nach (3 Kil.) **Strittmatt,** 870 m. (*Hirsch*), u. (2 Kil.) **Engelschwand,** 753 m., die beide durch Häuser auffallen, deren Dächer tief bis zur Erde herabreichen. Zierliche, kleine Gärtchen um die Häuser; überall prächtige Fernsichten. Auch Granitblöcke mit kleinen, vergoldeten Christusbildern am Wege, fehlerhafte, ungrammatikalische Inschriften, knieend bettelnde Kinder. — Von Engelschwand über Gierspach quer durch das Murgthal nach (4 Kil.) **Herrischried,** 876 m. (*Ochs*, theuer; *Adler*), grosser Pfarrort, in den Salpeterer-Unruhen viel betheiligt; neue Kirche. — Ueber Ober-Gebisbach u. Altenschwand nach (5 Kil.) **Rickenbach,** 740 m. (*Adler*), altes Pfarrdorf, das seinen Ursprung dem Stift Säckingen verdankt. Schön gelegene, weithin sichtbare Kirche. Rudolf von Habsburg hielt oft, wenn er, von seiner Burg zu Hauenstein aus, das Waldrevier durchstreifte, bei dem Pfarrer Dietrich zu R. Einkehr. Durch des spätern Kaisers Gunst u. Hülfeleistung wurde dieser der Gründer der *Wallfahrtskapelle* in Todtmoos. Rickenbach war einst Hauptort der gleichnamigen Einung.

Von Albbruck mit der Eisenbahn (Nr. 15) gelangen wir nach Bahnstation **Murg,** 322 m., am Eingang in's Thal der **Hauensteiner** oder **obern Murg** (zum Unterschied von der *untern Murg* bei Gernsbach u. Rastatt) (*Adler; Hirsch; Restaur. zum Deutschen Rhein; Höfler's Bierbrauerei*). Freundlicher Ort an der Einmündung der forellenreichen Murg in den Rhein (313 m.). Baumwollenwebereien, Hammerwerk, Flösserei, Holzhandel. Im 13. und 14. Jahrh. eigener Dienstadel.

Die **Hauensteiner-** od. **Obere Murg** nimmt ihren Ursprung am Oedlandsgipfel bei Lochhäuser u. Herrischried, 944 m. hoch; sie durchfurcht die Gneisgebiete der obern Bergregion bei Hogschür, Hottingen u. Wieladingen, 701 m., u. durcheilt eine wildromantische Felsenschlucht, die eine Reihe von pittoresken und überraschenden Partien bietet, namentlich in der Nähe der Wickartsmühle, 671 m., $2^1/_2$ Std. von *Säckingen*, 2 Std. von *Murg*, wo der von Rickenbach, 740 m., herabrauschende Bach zwischen 20 m. hohen, schroff abstürzenden Felswänden, einem flatternden Silberband ähnlich, in die Murg hinabfällt u. einen 10 m. hohen Wasserfall bildet. Dieser malerische *Wasserfall* ist der sog. Strahl od. Strahlbrusch. — Zwischen diesem Punkt u. dem Wieladinger Schloss tiefe Felsenschlucht der Murg, eine starke Krümmung bildend, das sog. Elendthal. Die *Länge* ihres *ganzen Laufes* bis *Murg* beträgt 4 Std.

Von Murg nach Hottingen zu fahren $2^1/_2$ Std., *Entfernung* 11 Kil. — Durch das Dorf an der Kirche vorüber. Bei einer grossen Spinnerei Wendung links. Malerische Gestaltung der Landschaft in steigendem Masse. Bequem vor sich gehende Hebung der Strasse Dieselbe bleibt stets auf der linken Seite des Flusses, der über regellos zerstreute Felsblöcke dahin tost. Die gewaltigen Steinwände der Hochufer thürmen sich immer grossartiger empor, stellenweise kahler Fels, meist aber mit prächtiger Waldung bedeckt. Farren, Moos, Blumen u. Blüthen in üppiger Fülle. Seitenschluchten geben eine Reihenfolge wechselnder Bilder u. führen dem Flusse rauschende u. schäumende Sturzbäche zu. Dieser selbst aber bildet eine Reihe von kleinen Abstürzen u. Kaskaden. Das enge, in vielen Windungen fortlaufende Klammthal schliesst nur 3 Mühlen ein, ist aber sonst völlig einsam. Nach kaum $^3/_4$ Std. Blick auf die Ruine des Wieladinger od. Harpolinger Schlosses. Doch bis dahin noch $^1/_2$ Std. — Tief unten links die Lochmühle (1 Std.). In 10 Min. Brücke zum (5 Kil. von Murg) Harpolinger od. Wieladinger Schloss, Ruine, 570 m. auf einem isolirten vorspringenden Felskegel des rechten Murgufers (etwa 150 m. über dem Fluss), umgeben von wildgrossartigen Felspartien u. einem Wasserfall, der sich in die tosende Murg hinabstürzt. — Von der Landstrasse führt eine Treppe zum Fluss hinab u. eine Brücke hinüber an den Fuss des Burgfelsens. Steile Fusssteige u. Staffeln (etwa 200) zur Ruine hinauf mit Brücken über den stürzenden Giessbach ½ Std. — An den schönsten Aussichtsstellen *Bänke*. Oben herrliche Aussicht: Murgthal mit Strasse u. Tunnel, durch welchen diese weiter nach Hottingen führt. Blick bis (nach *Kaisten*) in die Schweiz hinein. Der hohe, unzugängl. Thurm u. die anstossenden Mauern mit Tannen u. Kiefern gekrönt; ansehnliche Ruine. Ihre Geschichte aber fast unbekannt. (1465 ein Wohlthäter von Harpolingen in einer Stift-Säckinger Urkunde). In der Nähe eine 3½ m. tiefe Felsenhöhle, die Heidenschmiede. — Früher nur schwierig zu der Ruine zu gelangen. Man ging von Murg über (¾ Std.) Harpolingen, 489 m. (*Adler*) in der Richtung gegen Wieladingen u. nach 30 Min. rechts, am Saum eines Waldes, einem Fussweg nach, der am Hochuferrand der Murg hinführte, bis man die Ruine erreichte, zu welcher man in abermals 30 Min. hinaufkletterte. — Wer nicht durch's Thal nach Murg zurückkehren will, kann auf diesem Wege über Harpolingen dahin wandern. Partie nicht bequem, da Wgw. fehlen, doch immerhin lohnend der Aussichten halber. Aus dem hintern od. obern Burgthor den schmalen Fusssteig hinab über den Bach, demselben entlang aufwärts, dann über nasse Wiese weg zum Waldsaum, wo steiniger Pfad, der auf einen andern Weg leitet (Schweikhof, kleiner Weiler, bleibt rechts liegen). Man erreicht in Kurzem hinter dem Gehölz den *Fahrweg* nach Harpolingen, von wo (schöne Fernsichten) (¾ Std.) nach *Murg*.

Auf die *Land-* u. *Thalstrasse* zurück, ½ Std. Von hier durch den schon bemerkten Tunnel thalaufwärts (es folgen noch 3 Tunnels; beim folgenden Wasserfall der *Murg*) u. in 40 Min. (8 Kil.) links Oeffnung des Seitenthales, aus welchem der Rickenbach oder Seelbach von der Wickartsmühle herab in die Murg stürzt u. den schon erwähnten Strahlbrusch (10 m. hoch) bildet. Prächtige Scenerie, zu welcher die *Murgbrücke* u. der die Schlucht hinauf steigende Weg wirksam beitragen. Bequemer Zugang zu dem Punkt, wo die Betrachtung am günstigsten. Der Fahrweg durch die Schlucht des Rickenbaches hinauf geht nach dem Dorf Rickenbach. — Nun wieder auf der bequem ansteigenden Kunststrasse, durch *2 Tunnels,* am linken Flussufer aufwärts u. in ¾ Std. nach (11 Kil.)

Hottingen, 676 m. (*Sonne*). Abschluss des Engthales durch 2 prächtige Tannen zu beiden Seiten der Strasse. Bei Hottingen befand sich einst einer jener Urseen, dessen Wasser durch die zerklüftete Felsrinne des Murgthales ausfloss. —

Von Hottingen nach Herrischried (etwas zu 5 Kil.) zu Fuss $1^1/_2$ Std., mit der *Post,* wenn diese günstig eintrifft, hin (1 Std.) u. nach $2^1/_2$ Std. wieder nach Hottingen zurück. Hübsche Fusswanderung. Das bei Hottingen erweiterte Thal verengert sich wieder oberhalb desselben zu einer Schlucht, doch in weniger grossartigen Verhältnissen, durch welche man zu einer höhern Thalstufe gelangt. Erweiterung des Thales. *Sägmühle* und das kleine *Gasthaus zum Murgthal.* Rechts die Häuser von Hogschür, links Weg nach Nieder-Gebisbach ($13^1/_2$ Kil.) (*Krone*); bis dahin noch 20 Min. — (15 Kil.) Wegtheilung. Auf der Strasse links weiter (die rechts führt vollends nach Nieder-Todtmoos [27 Kil.]) u. bald hat man den Ort (schon eine Weile im Blick) erreicht und vollends den *Mittelpunkt* von (17 Kil.) Herrischried, 876,3 m. (*Gasth. zum Ochs,* theuer; *Adler; zum deutschen Kaiser; Bierbrauerei*), sehr ausgedehntes Pfarrdorf mit etwa 800 Ew., stattl., schindelbekleideter Kirche, einer der Hauptorte des Ländchens. — Ueber Gross-Herrischwand (*Krone*) u. Klein-Herrischwand ($^1/_2$ Std.) wieder auf die Landstrasse, die *Wasserscheide der Alb und der Wehra* überwandernd, nach (27 Kil.) Vorder-Todtmoos im Wehrathal (s. unten).

Von Hottingen bequemster *Rückweg* nach Murg, durch das Dorf auf der *Vizinalstrasse* nach *Laufenburg,* über ($1^1/_4$ Std.) Hänner, 590 m. *(Tanne),* Seidenbandweberei, u. Niederhof (1 Std.) nach Station Laufenburg u. mit der Bahn zurück nach Murg — oder aber von Hänner über Oberhof ($^1/_4$ Std.) u. Diggeringen ($^1/_2$ Std.) *direkt* nach *Murg.*

Abstecher von Hottingen nach Tiefenstein empfehlenswerth: Das südöstl. Ende des Dorfes nicht völlig überschreitend, bei den letzten Häusern *links* auf dem Fahrwege nach (40 Min.) Oberwihl, 728,4 m. (Oberweil) mit herrlichem Alpenpanorama von Tyrol bis zum Montblanc u. Jura, dann, 5 Min. vor dem Dorfe (südl.), *links* (östl.) nach ($^1/_4$ Std.) Niederwihl (Niederweil), am Eingang in's Dorf *links* u., bei der Kirche, *links* (nördl.) dann (10 Min.) *rechts* — hinunter nach (20 Min.) Tiefenstein im *Albthal* (s. ob.). —

Von Murg aus lohnende Ausflüge: über Oberhof *(Löwe)* (1 Std.), Atelier des Bildhauers *Banholzer,* (von hier mit Führer bis zu dem Punkt, wo die Harpolinger Schlossruine sich am schönsten vor Augen stellt) — über Hänner ($^1/_4$ Std.) 590 m. *(Tanne)* nach Hottingen ($1^1/_2$ Std.), sodann über Hogschür, Herrischried (876,3 m.) zu der 1257 m. hoch gelegenen, weithin sichtbaren Kapelle auf dem sog. letzten Land. Von da nach dem Dörfchen Hornberg (ohne Wirthshs.) am Fusse des Hornbergs, 1035 m., mit wundervoller Aussicht. — Von Hornberg über Rüttehof, wo eine neue Strasse nach Wehr hinabführt, über Jungholz u. Egg (Egghalde) nach Säckingen od. *Murg* zurück.

Aussichtspunkte, ohne die erwähnten, auf den Höhen des „Waldes", dessen Gebiet einst die Herren *von Alten-* u. *Neuenstein* u. von Wieladingen beherrschten, sind bei den Ortschaften: Egg *(Löwe)*, Jungholz, Schweighof, Willaringen *(Drei Könige)*, Hottingen Hänner.

Von Murg *per Eisenbahn*, Nr. 15, nach Stat. Brennet (11 Kil.) am Eingang des **Wehrathales** u. nahe an der Mündungsstelle der **Wehra** gelegen (*Gasthaus zum Wehrathal; Kreuz*). Im Gasthaus zum Wehrathal Pension u. Fuhrwerk.

Postomnibus nach Wehr u. Schopfheim, sowie nach Vorder-Todtmoos. Nach (6 Kil.) Wehr tägl. 2 mal in 35 Min.; von Wehr nach Schopfheim 8 Kil., tägl. 2 mal in 1 Std. 10 Min.; von Wehr nach Vorder-Todtmoos (17 Kil.) 2 mal tägl. in 3 Std. 20 Min.

Wanderung durch das romant. Wehra- od. Werrathal hinauf nach Todtmoos (u. St. Blasien).

Die Wehra oder Werra (Werrach), ein durch die Vereinigung vieler Bäche ziemlich starkes Waldwasser, hat ihren Ursprung am Hochkopf, 1265 m. oberhalb Todtmoos u. empfängt daselbst mehrere Zuflüsse. Sie nimmt bei Enkendorf, unterhalb Wehr, einen zweiten bedeutenden Seitenfluss, die Hasel, auf, der in der Nähe der hohen Möhre entspringt, die Haseler Höhle durchströmt u. sich an Wehr vorüber windet. Die Wehra mündet nach 9stündigem Laufe unterhalb Brennet in den Rhein.

Ueber (1½ Kil.) **Oeflingen**, 331 m. (*Adler*), alter Ort an der Wehra, ehem. mit eigenem Dienstadel, dessen *Burg* verschwunden, (Mechan. Weberei) nach (6 Kil.) **Wehr**, 368 m. (*Adler* od. *Hotel Brugger*, Pension; *Krone;* in Enkendorf, *Sonne*), Pfarrdorf, mit Enkendorf, 326 m.. 2623 Ew. — In den Gasthäusern Fuhrwerk. Entfernungen: von Todtmoosau 3 Std.; von Todtmoos 4 Std. (Zweispänner dahin 10—12 Mk.); von Säckingen 2¼ Std.; von Station Brennet 1¼ Std.

Postomnibus von Wehr nach Schopfheim (8 Kil.) tägl. 2 mal in 1 Std. 10 Min.; nach Vorder-Todtmoos, 17 Kil., tägl. 2 mal in 3 Std. 20 Min.; nach Brennet 6 Kil., tägl. 2 mal in 35 Min.

Der stattl. Ort liegt zwischen dem Hauenstein, aus porphyrartigem, schroffem Gneisgebirge, der die *östl.* Thalwand bildet u. dem Dinkelsberg, der aus sanft ansteigenden Muschelkalkhügeln besteht u. die *westl.* Erhebung ausmacht. Gewerbthätigkeit, (Baumwollweberei, Türk. Garn-Färberei u. Druckerei etc. Bierbrauereien von Brugger u. Hegele). Freundl. Lage. Gefangennahme der Revolutionsführer Gustav Struve, Blind etc. nach dem Gefecht von Staufen 1848 (im Gasthaus z. Krone). *Ruine* der Burg Werrach, 396 m., einst Sitz des Geschlechtes derer von Werrach (Werr, Wehr), schon 1113 genannt, 1256 erloschen. Burg u. Herrschaft gingen durch verschied. Hände, so der Herren von Klingen, des Hochstiftes Basel, dessen Bischöfe mit dem hiesigen Nonnenkloster viel verkehrten, bis sie durch Rudolf von Habsburg zum Habsburgischen Gebiet geschlagen wurden. Nach 1360 zeitweise Pfandbesitz des Markgrafen Otto von Hachberg, wurde sie von Ritter von Schönau, genannt Hürus, ausgelöst u. seinem Geschlechte bleibend erhalten.

Spaziergänge u. **Ausflüge**: auf die Ruine Werrach, 1/4 Std. mit Pavillon u. hübscher Aussicht. — zur Ruine **Bärenfels**, rechts am Eingang in's Engthal der Wehra, auf einem schroff in's Thal vortretenden Berge, 707 m., 1 1/4 Std. Belangreiche Trümmer. Prächtige Aussicht vom Thurm (restaur. 1875). Weganlagen. — zu den Trümmern der *Ruine* Winterstein, 2 Std. — auf die *Hochgelände des Hauensteinerlandes* nach Rüttehof, 860 m., Hütten, Hüttenerbühl, 901 m., nach Bergalingen, Jungholz, Willaringen, Wieladingen u. durch das romantische Murgthal zur *Eisenbahnstation Murg.*

Schöne Aussichtspunkte: auf dem Thurm des Hohen-Flum *(Wirthschaft)*; auf dem Pavillon auf der Hohen-Möhr, zwischen Wehr u. Zell (Eisenbahnstation Hausen).

Hauptpartie: zur Haseler-Höhle. Die Tropfsteinhöhle von Hasel, wenige Minuten vom gleichnam. Dorfe entfernt, ist auf einem Fussweg in 1/2 Std. erreicht. (Führer vorausschicken, um Schlüssel, Ueberwürfe, Fackeln etc. beim Wirth Stehle (*Gasthaus zur Erdmannshöhle*) od. beim Lehrer zu Hasel, der den Führer macht, zu bestellen; man erwarte ihn am Eingang zur Höhle.) *Wer von* Schopfheim *herkommt, biege schon 1/4 Std. vor* Wehr *von der Strasse links nach Hasel ab.*

Hasel, 403 m. (*Gasthaus zur Erdmannshöhle*), in sehr geschützter Lage am forellenreichen Haselbach, am Fuss der östl. u. nördl. emporsteigenden Gneis- u. Graniterhebungen auf dem jüngern anliegenden Muschelkalk. Höhlenreicher Bezirk mit unterirdischen Wassern. Erdeinbrüche; dröhnend dumpfer Ton des Bodens (1817 im Pfarrhofe Erdeinbruch, 1 Kirschbaum spurlos verschwunden). Die Haseler Höhle ist nicht von der Grossartigkeit einer Adelsberger Höhle, einer Grotte von Corgnale, ist auch keine Baumanns- od. Bielshöhle, immerhin aber sehr interessant u. besuchenswerth. Man bedient sich der angebotenen leinenen Ueberwürfe, nimmt die Fackeln zur Hand u. folgt dem Führer durch den mit Holzwerk verbauten u. sonst geschlossenen Eingang. Wanderung durch enge Gänge etwas unbehaglich u. schmutzig, da von Wänden u. Decken Wasser tröpfelt. Erste Höhle „mit der flachen Decke", 4,6 m. hoch, 10 m. weit, bald erreicht. Auf einer Seite Einsturztrümmer. Einmündung einer engen Seitenhöhle. Auf einer hölzernen Treppe (21 Stufen) zum kleinen *Höhlen-See.* Die „Kluft im Bruch" (19 m. hoch). Treppe (19 Stufen) u. Brücke, unter welcher der Höhlenbach dahinrauscht; „Kapelle", in welcher der „Mantel", die „Orgel", die „Kanzel". Der „Bienenkorb"; das „Kegelspiel"; das „Todtengerippe". Die Tropfsteine klingen hell; kräftig angeschlagen ertönen die Säulen sonor u. es stimmt feierlich, wenn der Führer dazu einen kurzen Choral singt. Schönster Theil der Höhle (aber Zugang unbequem, 28 Stufen hinauf u. durch niedrigen Gang), die „Fürstengruft" (mit vielen phantastischen Steingebilden), $5^1/_2$ m. hoch u. $8^1/_2$ m. breit, mit der sarkophagähnlichen Stalaktitenbildung. Eine neu entdeckte, grosse Höhle zeigt keine Tropfsteine; ihr Besuch erfordert aber alle Vorsicht. Gänge u. Höhlungen sind überhaupt nicht bequem zu begehen. — Wo der Höhlenbach zu Tage tritt, ist noch nicht bekannt, manche meinen bei Riedmatt im Rheinthal (3 Std. entfernt). Hin u. wieder Anschwellungen des Baches u. Verschlammung der Höhle, selbst in trockener Jahreszeit.

Die Sage bevölkert diese Höhle mit *Erdmännlein* u. *Erdweiblein* (daher Erdmannshöhle oder Erdmännleinsloch), welche den Menschen nicht unfreundlich gesinnt waren u. sogar vor Zeiten in die Häuser kamen. Als man aber Asche streute, um ihre Fusspuren beobachten zu können, verschwanden sie. Sie hatten nämlich Gans- oder Schwanenfüsse, welche sie durch lange Kleider verbargen. Erinnerung an die alten Höhlen- (Erd-) u. Wassergeister. J. V. von Scheffels „Trompeter von Säckingen" zeigt uns im 10. Gesang Jung Werner in der Erdmannshöhle.

Eintrittstaxe zur Besichtigung der Höhle: 1 Pers. $1^1/_2$ Mk., 2 Pers. 2 Mk., jede Person mehr 40 Pfg. — Abbildungen (6 Kupferstiche) u. Beschreibung von Lembke, Basel, 1803.

In der Umgebung kommen Achate, Amethyste, Chalzedone u. s. w. vor. *Hasel* alter Besitz von Sausenberg, Lehenbesitz der Herren von Bärenfels.

Ausflug: nach Glashütten, $^3/_4$ Std. von Hasel, in enger Bergschlucht am Fuss der hohen Möhr, 989 m. u. des Glaskopf, 927 m.

d. **Von Wehr** (durch d. Hauensteinerland) **Abstecher durch das Murgthal nach Murg** (an die Eisenbahn). *(Für Touristen, die rheinaufwärts wandern.)*

Auf der neuen Strasse nach ($6^1/_2$ Kil.) Rüttehof; über den südl. nach dem Rhein hinab streichenden Höhenzug hin Spuren alter Schanzlinien aus der Schwedenzeit. — Auf der schattenlosen, welligen Hochebene zahllose Häusergruppen (Wälderhäuser, Hozenhäuser). Die saftgrünen Gelände mit den erfreulichsten Aussichten lassen die Wanderung auf diesem Hochland angenehm u. interessant erscheinen. — Von *Rüttehof* über Altdorf (35 Min.) u. Ober-Gebisbach (25 Min.) nach Herrischried (40 Min.), somit in etwa 2 Std. bis zum Kirchplatz zu Herrischried. Von Wehr aus 4 Std. Wanderung.

Will man *Herrischried* zur Seite lassen und direkt nach Hottingen gehen, so wendet man sich von Rüttehof rechts nach (10 Min.) Hütten und biegt mitten im Ort links ab nach (35 Min.) **Rickenbach** (*Adler; Rössle*), 740 m., bedeutend. Ort, grosse Pfarrei u. weithin sichtbare Kirche. Von derselben links, nordöstl., das Dorf vollends durch, u. in 50 Min. nach **Hottingen**, 676,2 m. (*Sonne*, Malerstübchen), (s. oben, S. 246).

Wer mit der Zeit günstig eintrifft, kann um $10^1/_2$ Uhr Vorm. mit der Post in 1 Std. nach Herrischried fahren u. nach $2^1/_2$ Std. von dort ab wieder nach *Hottingen* zurückkehren. Zu Fuss dahin gut $1^1/_2$ Std., doch ansprechende Wanderung.

Nun, im **Murgthal**, das hier bei Hottingen eine flache Ausweitung zeigt (in der Urzeit ein Seebecken), abwärts. Verengerung der Thalwände. Struktur derselben immer grossartiger und überraschender. Wildschön, malerisch. Strasse stets auf dem linken Ufer des Flusses, der über rauhes, felsiges Bett hinschäumt u. viele Abstufungen mit kleinen Fallpartien bildet. Hochragende Uferwände von kräftiger Waldung umbuscht. Seitenschluchten mit Sturzbächen. 3 Mühlen, im Thal eingeklemmt, sonst keine menschliche Ansiedelung. *4 Tunnels.*

40 Min. Strahlbrusch, 10 m. hoher Wasserfall des Seel- od. Rickenbaches, von der Seitenschlucht der Wickartsmühle herab. Höchst malerische Scenerie. *Murgbrücke* für die Seitenstrasse nach *Rickenbach* hinauf. Fussweg zur besten Ausblickstelle.

Nach Durchschreitung des 4ten Tunnels (40 Min.) *Hauptpartie des Murgthales.* Jenseits des Flusses, auf gewaltigem, steilem Felskegel die *Ruine* des Harpolinger oder Wieladinger Schlosses (150 m. üb. d. Murg), 570 m. Treppensteige zum Fluss hinab u. Brücke hinüber an den Schlossfelsen. Fusssteige u. Treppen mit Ruheplätzen. Kleine Brücken über einen schäumenden Sturzbach. Ueberraschende Ausblicke. Thurm hingegen unzugänglich. Aussicht in's Engthal der Murg hinab, Tunnel u. Strasse u. hinaus in die Ferne mächtig überraschend. Aufstieg zur Ruine u. Abstieg zur Strasse je $^1/_2$ Std. —

8 Min. Lochmühle. Lohnende Rückblicke. Bei der *Fabrik* (Spinnerei) abkürzender Nebenweg. Malerische Landschaft. 1 Std. Murg. Von *Hottingen* nach *Murg* $2^1/_2$ Std., mit Besuch der Ruine des Harpolinger-Schlosses $3^1/_2$ Std. —

Fortsetzung der Wanderung durch das Wehrathal hinauf:

Von *Wehr* thalaufwärts nach Todtmoos zieht sich die Kunststrasse durch das hochromantische Klamm- od. Klusthal der Wehra hinauf. Die Strasse folgt den Krümmungen des brausenden Waldwassers, das, zu Schaum aufgelöst, sein Felsenbett herniedertost. Oberhalb Wehr ist der Thalgrund noch von etwelcher Breite, doch sofort rücken die Thalhalden zusammen u. schliessen die Kluft immer enger u. enger ein. Immer steiler u. schroffer fallen die Thalwände ein u. schieben sich coulissenartig in einander, da der Thalriss fortgesetzt in vielen Krümmungen u. Windungen hin u. wieder rückt. Kaum finden die Strasse u. das wilde Bergwasser Raum genug, um sich neben einander durch die schmale Felsensohle des Engthales durch zu zwängen. Die aus der schäumenden Strömung herausragenden Granitmassen sind mit buntfarbigen Flechten bedeckt. Ueppig wuchernde Farren, Huflattich, sammtartiges Moos u. Buschwerk fassen das Flussbett ein. Hier eine pfeilerartig vortretende Bergecke, massiv u. kantig, steilrecht emporsteigend, dort eine Granitwand, schroff u. breit, steinkahl u. grau, bis zu 100 Meter u. höher aufragend, dazwischen wieder dicht bewaldete Hänge u. Halden mit übergrünten Felsstufen u. Klippen. Strotzende, schwellende Gräser, Schlingpflanzen, Moose, Gesträuch, grün schattender Wald von den denkbar mannigfaltigsten Holzarten unsrer Zone, die (namentlich im Frühling u. Herbst) das schönste Farbenspiel bewirken, umsäumen u. bekleiden diese Bergwände, deren schwindelnd erhabener Rand mit Tannen gekrönt ist. Wo es die Windungen des Thales bedingen, reihen sich die Berghalden in gewaltige Halbkreise zusammen, die malerisch gestaltete Kessel einschliessen, in denen der Waldstrom kämpfend mit den gewaltigen Felsklippen, die Arena durchtobt. — Bei der (7½ Kil. von Wehr) Brücke, die vom linken auf das rechte Ufer überführt, *Glanzpunkt des Thales*. Die Stelle heisst an der „Bruck", auch „Der Sonnenblick". — Rasthütte aus rohen Granitblöcken, (Unterstandsraum für Reisende u. Pferde bei Regen). — *Hirschsprung*, an der Stelle, wo ein Felsen links weit in die Thallücke vorragt. — Jägerhäuschen, hoch u. malerisch auf senkrechter Felswand, aus dem Grün der Buchen u. Fichten niedergrüssend.

Ausser Holzmacherhütten keine menschl. Wohnungen. Hin u. wieder Kreuze, deren Inschriften auf Unglücksfälle hinweisen. Bei der Brücke *Weg* am linken Thalhang hinauf (50 Min.) nach Hornberg u. von da (1¼ Std.) nach Herrischried; sonst nur schmale Felssteige durch die Felsschluchten hinauf.

Die Grossartigkeit der Thalbildung dauert bis *Todtmoos-Au*, fast 3 Std. lang; neben dem Albthal u. dem Schlüchtthal (von Witznaumühle bis zur Mettmamündung) ist diese Thalstrecke die imposanteste Erscheinung im ganzen Gebiet der Thaleinsenkungen des südl. Schwarzwaldes. Verschönerungen durch Pavillons, Ruheplätze, Brunnen etc. sind geplant, warten aber noch immer der Ausführung.

Endlich (12 Kil.) Todtmoos-Au, 696 m. (*Hirsch; Bierbrauerei*), mit Baumwollspinnerei u. Sägemühlen; weiterhin eine abgegangene Glashütte. Links *Fahrweg* nach (1½ Std.) Gersbach, rechts über Rütte (1½ Std.) nach Herrischried.

Vorherrschende Tannenwaldung u. die überhängenden Schindeldächer der Häuser mahnen an die hohe Lage der Gegend, die man unmerklich erstiegen hat. Die Romantik der Thalformation hat aufgehört, nur noch schöne Waldbilder. In ¾ Std. erreicht man (17 Kil.) **Vorder-Todtmoos** 821 m. (*Adler* mit Bierbrauerei; *Löwe; Krone; Sonne; Bierbrauerei*), nahe an 1800 Ew., Pfarrdorf u. Wallfahrtsort, dessen Bewohner lebhafte Handweberei betreiben (Gängler

[Hausirer] vertragen die soliden Gewebe, so dass aus diesen carrirten Baumwollstoffen alljährl. etwa 150,000 Mk. Erlös erzielt werden). Hochgelegene, berühmte Wallfahrtskirche. An den Hauptpilger- u. gleichzeitig Markttagen grosse Volksmenge u. malerische Trachten-Erscheinungen. Frommer Beichteifer, lärmende Wirthshauslust, Marktgetriebe, Beten u. Feilschen. — Luftkurort. In der Nähe Wasserfall. Spaziergänge, künstl. See mit Boot etc.

Ursprung des Ortes von der Kapelle, die 1255 von Pfarrer Dietrich von Rickenbach auf dem „schönen Bühl" zwischen Todtenbach u. Wehra errichtet wurde. Beschenkung derselben mit Wald u. Wiesen durch Rudolf v. Habsburg. 1268 Erhebung zur Pfarrkirche, 1319 an St. Blasien verschenkt; als Gnadenort längst von Wallfahrern besucht. Jetzige Kirche erbaut 1627, von Abt Gerbert 1770 vergrössert.

Von Todtmoos Strasse über Happach durch das Angenbachthal nach (2½ Std.) Mambach im Wiesenthal. Nr. 37.

Ein Weg *direkt* auf den Feldberg, Nr. 39, von *Todtmoos* aus ist nicht vorhanden. Die bedeutenden Hochkuppen Blössling, 1300 m., Giesiboden, 1245 m. u. Herzogenhorn, 1417 m. liegen zwischen inne. Man wandert am besten, um auf den Feldberg zu gelangen, den Weg in die Bernau *(Kaiserhaus)* u. von hier durch das Menzenschwander Thal hinauf.

In die **Bernau** schöner *fahrbarer Weg* von Vorder-Todtmoos aus über Hinter-Todtmoos, Rütte im Thal, dann über einen *Bergrücken* 1088 m., das Rothe Kreuz, nach Oberlehen, 2½ Std.

Von *Todtmoos* geht ein zweiter bequemer *Weg* über Präg nach dem Bernauthal. Neuer *Fahrweg* über Mätle u. Weg, an Herrenschwand vorüber nach (8 Kil. von Todtmoos, 25 von Wehr) **Präg**, 707 m. *(Hirsch)*. Zwischen *Todtmoos* u. *Präg* der Hochkopf, 1265 m. mit ausnehmend schöner Aussicht. Von Weissenbach aus (höchster Punkt zwischen beiden Orten) könnte der Gipfel in ½ Std. erstiegen werden, wenn durch den Wald hinauf gebahnter Fussweg ginge. — Von Präg über die Wacht (Strassenhöchstes zwischen Präg u. Bernau) nach (9 Kil.) Bernau Dorf. Von der Wacht aus breiter *Fussweg* (1½—1¾ m.) mit 10—12 % Steigung auf den Blössling, 1300 m., auf welchem Fernsicht, wie auf dem Feldberg u. Herzogenhorn. — Von Präg aus links durch das lohnende Prägthal in 1 Std. nach (4 Kil.) Geschwänd (Gschwend), von wo auf vortefflicher Strasse in 1 Std. nach Schönau im Wiesenthal, Nr. 37 u. *rechts* durch das schöne Schlechtnauer Thal nach (3 Kil.) Todtnau. Nr. 37. Von *Todtnau* auf den *Feldberg*. Nr. 37 u. 39.

Eine andre gut angelegte *Strasse* geht von *Todtmoos* südl. durch Tannenwaldung aufwärts zu einer Kapelle (1061 m. hoch) u. von hier nach Herrischried u. (4 Std.) **Hottingen** od. nach Engelschwand, Strittmatt u. (4 Std.) **Görwihl** (s. ob.).

Wir wählen die angenehme *Strasse* von *Todtmoos* über Muttersleben (eine gute Strasse führt auch über Ober-Ibach u. die Urberger Säge) nach **St. Blasien.** Schöne Rückblicke. Eine Wehraquelle nahe am Weg. Auf der Höhe (Hörnleberg, 1064 m.) herrliches Alpenpanorama. Rechts Abzweigung eines Weges nach dem Weiler Lindau bei einem schönen steinernen Kreuz von einem Mönch aus St. Blasien verfertigt, der am Kirchenbau daselbst schon seine Kunst ausgeübt hatte. Dieser Pass heisst die Breite. Bald Abzweigung des Weges *rechts* nach Ober-Ibach u. St. Blasien. *Links*, zwischen dem Grossbühl, 1105 m., und dem Wachtbühl, 1055 m., hindurch, zu den Quellen des Steinbaches an der Langenhalde, 1140 m., dann über Weideland mit schönem Ausblick auf den hohen Rücken des *Blasiwald*, nach Mutterslehen, 932 m. (*Hirsch*), hinab. Von da ab wandert man am Rand eines der ehemaligen Urseebecken des Schwarzwaldes, jetzt Feld u. Mattenland, vorüber u. erreicht nach kurzer Wanderung St. Blasien (s. oben).

Nr. 37. Das Thal der Wiese. Von Basel nach Schönau. a. Abstecher nach Todtmoos u. in's Wehrathal. Ausflug auf den Belchen. b. Abstecher von Schönau durch das Bernauthal nach St. Blasien. Das Münsterthal. Von Schönau nach Staufen u. Krotzingen.

Badische Wiesenthalbahn von **Basel** bis (31 Kil.) **Zell i. W.**, tägl. 4 mal in $1^1/_4$ Std.

Post von Zell nach (12 Kil.) Schönau in $1^1/_2$ Std. u. (20 Kil.) Todtnau in $2^1/_2$ Std. 2 mal tägl.

Von Schönau über die Wiedener Eck interessante **Bergstrasse** aber ohne Postverbindung, in's **Münsterthal** bis Wasenhof, $5^1/_2$ Std.

Post von Wasenhof nach (5 Kil.) Staufen, tägl. 1 mal in $^3/_4$ Std. — Von Staufen *Post* nach (5 Kil.) Krotzingen, S. 172, tägl. 4 mal in $^3/_4$ Std. zur Eisenbahn, Nr. 28.

Die Wiese od. Wiesen „Feldbergs Tochter, wo de bisch, isch Nahrig un Lebe!“ . . . . .
wie sie der Dichter *Hebel* apostrophirt, entspringt am Feldberg-Massiv, an einem einsamen Plätzchen am Südabfall des Seebuck, zwischen dem Zaiger, 1293 m. u. der sog. Feldberghalde, etwa 1260 m. ü. M.; eine zweite Quelle, der Langenbach, entfliesst der sog. Schneckenwiede, 1266 m. u. eine dritte, als Prägbach, nimmt ihren Ursprung am Schlacklekopf. Die beiden ersten Bäche vereinigen sich bei Todtnau, 649 m.; bei Geschwänd, 590 m. (Gschwend) bilden alle drei vereinigt die grosse Wiese. Bei *Brandenberg* erhält sie den ersten bedeutendern Zufluss an der rothen Wiese, die am Stübewasen entspringt. Unfern *Todtnau* fällt sie über Felsen in wiederholten Stürzen 95 m. hoch herab u. zwar aus der Höhe von 944 m., so dass sie nach dem Falle noch eine Meereshöhe von 849 m. besitzt. Sie fliesst nun über *Schönau*, 542 m., nimmt mehrere bedeutende Waldbäche auf, kommt nach *Zell*, 440 m., von da nach *Schopfheim*, 375 m., vereinigt sich $^1/_2$ Std. unterhalb dieses Städtchens mit der dem hohen Belchen, 1415 m. u. dem Fischenberg entrinnenden kleinen Wiese, welche zu einem Theil von *Neuenweg*, 743 m., zum andern von *Wies*, 593 m., herströmt (u. bei *Tegernau* deren Vereinigung bewerkstelligt),

So verstärkt wendet sich die Wiese südwestlich über *Steinen*, 335 m., nach *Lörrach*, 296 m., u. fällt bei *Kleinhüningen*, 250 m. in den Rhein. Sie vollendet ihren Lauf in etwa 18 Stunden od. 90 Kil. Weges. Breite bei *Weil* 21 m.

In der ersten Hälfte ihres Laufes durcheilt sie Fels- u. Waldthäler, die zu den schönsten des Schwarzwaldes gezählt werden. Unterhalb *Zell* Erweiterung der Thalsohle, die von *Hausen* bis *Basel* an Ausdehnung zunimmt u. Getreide- u. Obstgelände einschliesst. Das Wiesenthal stellt sich bezügl. seiner industriellen Regsamkeit neben die bedeutendsten Industriegegenden des deutschen Reiches (namentl. Baumwollspinnereien u. Webereien).

Von **Basel**, Bad. Bahnhof, Nr. 12., 15., 28., zuerst in gleicher Richtung mit der bad. Südbahn, Nr. 15., gegen das Grenzacher Horn, durch flaches Ackerland; dann links ab in's Wiesenthal. Links, hoch oben auf der Bergecke, im Vorblick, Ober-Tüllingen, 410 m., (*Sommerwirthschaft zur schönen Aussicht*), von Basel aus viel besucht. Prachtvolle Aussicht auf Jura, Vogesen u. Alpen. Anstalt für verwahrloste Kinder.

Der Name Tüllingen erinnert an die Tulingi, Grenzvolk der Rauraci, welche Cäsar als Mitverbündete der Helvetier anführt. Einige suchen diesen Volksstamm in der Gegend von Stühlingen.

(5 Kil.) Stat. **Riehen**, 265 m., (Stadt-) baslerisches Dorf, 2076 Ew., mit Taubstummen- u. Diakonissenanstalt. Viele Landsitze der Basler.

Ausflüge: auf die Tüllinger Höhe, 410 m. über Weil u. Ober-Tüllingen, 1 Std. — über Weil, 283 m. (*Schwan; Ochs*) zur *Eisenbahnstation* Leopoldshöhe $1/_2$ Std., von hier nach Hüningen u. St. Ludwig im *Elsass* mit Bahn. Ehemals in der Umgebung das völlig verschwundene Schloss Friedlingen, das der Schlacht von 1702 den Namen gab. — nach **St. Crischona**, 524 m., $1^1/_4$ Std. über Wenkenhof u. Bettingen, leicht ansteigend, zuletzt durch Wald, zu der ehemals berühmten Wallfahrtskirche, jetzt Filiale der Baseler Missionsanstalt. Grossartige Aussicht auf Jura, Alpen, Wiesen- u. Rheinthal sowie die Schwarzwaldberge. Legende von den 11,000 Jungfrauen, von denen Ottilie, Margaretha u. Crischona in der Umgegend Kapellen gründeten. — Angenehmer Waldweg von St. Crischona nach *Eisenbahnstation* Wyhlen 1 Std. Im Walde der Buchsbaum (buxus sempervirens), der einst hier ganze Waldstrecken bedeckte.

Im Weiterfahren rechts oben auf der Berghöhe die St. Crischonakirche. — *Badische Grenze;* auf dem Bergzug links Unter-Tüllingen, 385 m. (*Sonne*), bad. Ortschaft. Auf der Höhe dieses Bergzuges, dem „Käferhölzli", bei dem Orte Oetlingen (ehem. Friedlingen) 1702 Schlacht zwischen den Franzosen unter Villars und Markgraf Ludwig von Baden beim Uebergang über den Rhein. — (7 Kil.) Stat. **Stetten**, 292 m., 2159 Ew., Pfarrdorf (*Adler; Rössle*) mit doppelthürmiger Kirche (fast mit *Lörrach* zusammenhängend).

(9 Kil.) Stat. **Lörrach**, 296 m., 6728 Ew. (*Hirsch; Sonne; Krone; Adler; Wilder Mann; Restauration* am Bahnhof; *Bierbrauerei*), Kreis- u. Amtsstadt, bedeutendster Fabrikort des ganzen Wiesenthales mit schönen öffentl. u. Privatgebäuden. Neue kathol. *Kirche. Schulgebäude.* Gartenanlagen mit Gedenktafel für N. Köchlin. Sehr gute Lehranstalten (Hebel lehrte am Pädagogium; der berühmte Jurist Hugo empfing an demselben seine erste Bildung. L. seine Heimath sowie des Mathem. Euler). Stattliche *„Burgvogteihalle"*, Conzertlokal; im Winter Theater. Indienne- und Shawldruckerei, Seidenbandfabriken, mechan. Weberei, Wollspinnerei etc., Stiftungen für Fabrikarbeiter (Köchlin'sche; L. Baumgartner'sche für kranke Kinder). Villen u. Gärten. Vom *Schützenhaus* am Schedelberg, 421 m., schöne Aussicht. Noch lohnender vom Hühnerberg, 409 m. — Strassenkreuzungspunkt nach *Basel, Rheinfelden, Kandern* und *Schopfheim*. Omnibusverbindung mit Basel. **Post** nach (15 Kil.) Kandern tägl. 2 mal in 2 Std.

Die Burg zu Lörrach, von der sich ein Adelsgeschlecht benannte, war Lehen der Markgrafen von Hachberg-Sausenberg (14. Jahrh.). Der Ort erhielt von Kaiser Ruprecht das Jahrmarktsrecht, wurde 1682 von Markgraf Magnus zur Stadt erhoben u. kam durch die bedeutende Industriethätigkeit in diesem Jahrh. in seine Blüthe. Fecht, Amtsbezirk Lörrach.

In der Thalsohle Wiesenland, zur Linken Ackergefilde, rechts an den Bergabhängen Laubwaldung. Links die Fabriken des Dorfes Thumringen, darüber, auf waldigem Hügel die Ruinen des Schlosses Röteln, nach denen des Heidelberger Schlosses die weitläufigsten u. bedeutendsten des badischen Landes.

Ausflug zur Ruine von **Röteln**, 1 Std. Auf der Strasse nach Kandern thalaufwärts über die *Wiese* nach (1/8 Std.) Thumringen, 313 m. *(Engel; Pflug; Müttliwirth)*, als Tuomaringa schon 764 u. 890 in Urkunden erwähnt. (Hier u. im Käferholz 1702 die Friedlinger Schlacht); dann (1/4 Std.) Rötelerkirche (1401 erb.; Steinbilder eines Grafen von R. u. seiner Gemahlin) u. steigend in 20 Min. zum Schloss **Röteln**, 417 m. (Rotinlein, Raudinleim, Rottenlyn, Rötelein), von Hebel besungen. Ueber den äussern Graben u. das epheuumschlungene Thor in die *Vorburg*, wo im Wohngebäude links Schlüssel zum *grossen Thurm* u. Begleitung. Auf der Plattform des letztern herrliche Aussicht. Gebäudereste u. Umwallung bequem zu besichtigen; aufgeräumt u. Wege gebahnt. Die Ruinen in ihrer gegenwärtigen Ausdehnung datiren von 1678. Sie werden nun sorgfältig erhalten. — Der Ursprung der Burg ist dunkel; mit dem Aufblühen der Zähringer wurden die Herren von Röteln, denen man schon in Urkunden von 898 u. 938 begegnet, Dienstmannen dieses Geschlechtes; mit dem Erlöschen desselben aber erhoben sie sich allmählig zu reichsunmittelbaren Herren. Die letzten des Stammes starben 1311 u. 1315 u. das Erbe ging an die Herren von Sausenberg über, welche hier ihren Wohnsitz nahmen, die Burg erweiterten (1488) u. verschönerten, so dass das Pfarrdorf Röteln zu einem Marktflecken emporkam. 1503 starb der letzte der Sausenberger, Philipp, zu Welsch-Neuenburg, seiner Grafschaft in der Schweiz u. mit ihm war die Glanzzeit des Schlosses Röteln dahin, da die Markgrafen von Baden ihren Wohnsitz zu Baden behielten u.

hierher einen Landvogt setzten. Schloss u. Dorf Röteln fielen 1525 den Bauern in die Hände; im 30jähr. Kriege wurde das Schloss abwechselnd von Schweden u. Kaiserlichen gestürmt, 1678 (29. Juni) von den Franzosen verbrannt u. 1702 vollends sammt dem Orte (bis auf Kirche und wenige Häuser) in Trümmer gelegt. Fecht, Amtsbezirk Lörrach. —

Rückweg über Dorf Haagen, 308 m. (*Krone; Gasthaus zur Wiese*) zur Eisenbahn. Furchtbare Ueberschwemmungen der Wiese 1876 und 1877. Spinnereien.

Interessante *Fahrstrasse* von Lörrach über den waldbedeckten u. mit Getreidefluren bepflanzten, aber wasserarmen Dinkelberg nach (3 Std.) Rheinfelden u. Beuggen.

Strasse von *Lörrach* unter der *Röteler Kirche* vorüber u. über die sog. Lucke, 370 m., Binzen u. Rümmingen nach Kandern, 15 Kil.

Rechts Dorf Brombach, 327 m. (*Ochs; Wilder Mann*) ebenfalls mit industriellen Etablissementen. (11 Kil.) Stat. Haagen, 308 m. (*Krone; Gasthaus zur Wiese*) auch Fabrikort. Ueberschwemmungen der Wiese 1876 u. 1877 (Gasthaus zur Wiese fast ganz zerstört; Eisenbahn zerrissen).

Von hier u. dem nahen *Gasthaus zum Röteler Weiler* gute Wege zum Schloss Röteln.

Links Hauingen, 314 m. (*Badwirthschaft*), schon 1083 bekannt. — Gitterbrücke über die Wiese. — (16 Kil.) Stat. **Steinen**, 335 m. (*Ochs; Sonne*), am rechten Ufer der Wiese, freundl. u. wohlhabender Ort mit industriellen Anlagen. Nördl. davon das „Schlösseli“, altes Gebäude (ehemal. Landsitz der Herren von Röteln), wo Hebel's *„Hüfnetjungfrau“* spielt. Keltengrab mit Waffenfunden. 1113 Vergabung von Gütern des Ortes durch Walcho von Waldeck an St. Blasien, das 1570 hier eine Kirche erbaute. Aus den nahen Steinbrüchen soll nach der Sage 1356 die durch Erdbeben zerstörte Stadt Basel die Bausteine zum Wiederaufbau bezogen haben.

Gegenüber *Steinen*, jenseits der Wiese, Höllstein, 336 m. (*Tanne*) mit neuer kathol. Kirche u. Fabriken, schon 1113 als Holistein erwähnt. — Bei Steinen Einmündung der schönen *Landstrasse nach Kandern*.

Ausflug nach Hägelberg, 533 m. mit lohnender Aussicht.

(19 Kil.) Stat. Maulburg, 353 m. (*Gast- u. Badehaus; Ochs; Blume*), mit grosser mechan. Weberei (etwa 500 Arbeiter) u. Papierfabrik. Links Einblick in das Langenauer Thal (der kleinen Wiese).

(22 Kil.) Stat. **Schopfheim**, 375 m., 2689 Ew. (*Pflug od. Post; Drei Könige; Engel; Krone; Restaurant u. Brauerei von Gleis* hinter dem Bahnhof). Wohlhabendes, ansehnliches Städtchen in anmuthiger Lage des erweiterten Thalgeländes. Einwohnerschaft, meist evangelisch, ebenfalls industriell thätig. Ansehnliche öffentl. u. Privatgebäude. Rathhaus; höhere Bürgerschule, Amtsgerichtsgebäude, Bezirksspital, Pflegeanstalt. Baumwollspinnerei, Seidenband- u. Papierfabrikation u. Bleichereien.

Alter Ort, wo St. Gallen schon 807 Güter besass; im 12. Jahrh. Besitzthum des Klosters St. Georgen. 1260 an St. Blasien geschenkt durch die Ritter von Kienberg (Künaberg); später an die Herren von Röteln u. dann an Baden.

Spaziergang auf die (20 Min.) Hebelhöhe, mit *Büste* des alemannischen Dichters *Hebel*; in der Umgebung alte Eichen. — ¼ Std. zum Schützenhaus, beides Aussichtspunkte. — In der Nähe (20 Min.) beim Dorf Wiechs, grosse Kreissiechenanstalt — von Wiechs in 20 Min. auf die Wasserscheide zwischen Wiese- u. Rheinthal, den **Hohen-Flum**, 537 m., (Schlüssel zum Aussichtsthurm in den Gasthäusern *Krone* u. *Hirsch* in Wiechs), ¾ Std. von Schopfheim. Prachtvolle Umschau auf den Schwarzwald, seine Thäler, Jura u. Alpen. — zum Sängelewäldele.

Ausflüge nach Eichen, 2 Kil. — nach Dossenbach, 5 Kil., Nordschwaben, 4 Kil. — Von *Schopfheim* nach (10 Kil.) **Wehr** in 1¾ Std. über Eichen *(Löwe; Krone)* u. den Eichener See (¾ Std.), der, 7 Morgen gross, von Wald u. Ackerfeld umgeben, die meiste Zeit trocken liegt, aber zu Zeiten sich plötzlich mit Wasser füllt, das ihm aus unterirdischen Behältern zuströmt, bis es wieder dahin zurücksinkt. Das meist mit Feldfrüchten angepflanzte Bett des Sees, 430 m., steht mit unterirdischen Höhlungen in Verbindung wie der Zirknitzersee. Hin u. wieder starke Anschwellungen. — Auf dem Wege Besuch der Haselhöhle, Nr. 36. — Wer den *Eichener See* u. die *Haselhöhle* nicht besuchen will, schlage den angenehmen Weg über (¾ Std.) Nordschwaben u. hier links über (¾ Std.) Dossenbach u. den Weg über die Höhe hinab (1 Std.) nach Wehr ein.

Post nach (8 Kil.) Wehr, 1¼ Std. — nach Brennet (15 Kil.) in 1¾ Std. tägl. 2 mal. — von Wehr nach Todtmoos (17 Kil.) 3 Std.

Weiterzug der Bahnlinie am Rand der breiten Thalsohle über Stat. Fahrnau nach Hausen.

Empfehlenswerth der angenehm schattige *Waldweg* am rechten Ufer der Wiese, meist hoch über dem Thal mit Durchblicken rechts nach dem Rohrkopf u. Hohen-Möhr (989 m. 1¼ Std. von Zell) an welchen die Getreidefelder bis gegen 900 m. hoch hinaufreichen. Rechts drüben das Fahrnauer Schlösschen (des ehem. bad. Ministers von Roggenbach). ½ Std. aus dem Wald hinaus; schöner Thalkessel von Hausen, darüber der bewaldete Rohrkopf.

(26 Kil.) Stat. **Hausen-Raitbach,** 467 m. (*Linde; Adler*), Dorf in Obstbäumen reizend gelegen. Heimath des alemann. Dichters Joh. Peter Hebel. Einfaches *Denkmal* vor der Kirche (1860 gesetzt) mit Büste. Das zweite Haus rechts ist *„des alemannischen Sängers Heimathshaus"*, vom Hebelverein in Schopfheim angekauft u. zu einem Asyl für arme Greise bestimmt (Inschrift).

Johann Peter Hebel, geb. 11. Mai 1760 zu Basel, studirte in Erlangen Theologie, wurde 1778 Lehrer am Pädagogium zu Lörrach, 1791 am Gymnasium zu Karlsruhe, 1805 Kirchenrath, 1808 Direktor des Lyceums, 1819 Prälat u. 1821 Doktor der Theologie. Er starb auf einer Inspektionsreise zu Schwetzingen, 22. Sept. 1826 (Seite 122), wo er begraben liegt. Ausser seinen Dichtungen waren es besonders der „Rheinische Hausfreund" u. das „Schatzkästlein", welche ihn zu einem der beliebtesten Volksschriftsteller machten. Sie übertreffen fast alle derartigen Versuche an gediegener Auffassung des Volkscharakters, an kindlicher Naivetät, gemüthlichem Witz u. Einfachheit u. Plastik der Darstellung. Sie sind heute noch Muster volksthümlicher Schilderung. Der Wanderer wird Hebel's Schriften manche genussreiche Stunde abgewinnen auf der Reise in dieser Gegend.

Von *Hausen* sehr lohnender Weg über Blumberg nach (2 Std.) Dorf Gersbach, 857 m. *(Pflug)*, höchstgelegenes evangelisches Kirchdorf mit herrlichen Gemeindeforsten. — Von hier über Fetzenbach und Schwarzenbach (2 weitere Std.) nach **Todtmoos** Nr. 36. durch den herrlichsten Wald.

Weg in's Thal der kleinen Wiese nach Enkenstein u. Wiesleth Nr. 40.

Das Thal verengert sich u. wird reicher an malerischen Scenerien. Am ehemal. Hüttenwerk Hausen, vormals Schmelzöfen u. Eisenhämmer mit Arbeiterwohnungen vorüber. Jetzt grosse Seidenspinnerei. Eisenhaltiges Terrain von H. nach Enkenstein.

Das Hausener Hüttenwerk *(Wirthsh.)* bestund über 375 Jahre, war im 17. u. 18. Jahrh. an Basler Häuser verpachtet, später vom Staat betrieben u. gut eingerichtet. Es erzeugte aus Erz von Kandern bis zur Betriebseinstellung Roheisen u. Stabeisen für einige hunderttausend Gulden jährlich. Es wurde der hohen Holzpreise u. anderer Verhältnisse wegen aufgegeben u. an Privaten verkauft. Jetzt enthält es eine Floretseidenspinnerei, — Im *Wirthshaus* sog. Hebelzimmer mit *Hebelbüste* etc.

Hier ist die Grenze der *protestantischen* (alt-markgräflich badischen) *Bevölkerung*, weiter thalaufwärts (ehemals vorderösterreichisch od. sanktblasianisch) ist alles *katholisch* u. die Tracht wie der Baustyl der gewöhnlichen Schwarzwälder-Physiognomie entsprechend. Die eigenthüml. Markgräflertracht ist der evangelischen Bevölkerung eigen. Hebel ruft daher der Wiese zu, wie sie an diesem Punkte anlangt: „Und schangschiersch der Glauben un wirsch e lutherische Chezer." Die Stelle, wo die stattliche Jungfrau Wiese in die schmucke Markgräfler-Tracht gehüllt wird, ist reizend gegeben. —

(29 Kil.) Stat. **Zell** im Wiesenthal, 440 m., 2501 Ew. (*Löwe; Krone; Hirsch; Kranz*), Endpunkt der Wiesenthalbahn, Städtchen in schöner Lage am Himmelsbach, der vom Zeller Blauen niederrinnend, der Wiese zueilt. Aeusserst betriebsamer, industrieller Ort mit Baumwollspinnereien, Seidenspinnerei, Giesserei, Bleichereien und Chemikalienfabrik, meist auch für Baseler Rechnung, wie an vielen Orten im Wiesenthal. Schützenhaus mit schöner Aussicht. Gewerbeschule. Aechte Schwarzwaldumgebung.

Alter Ort; 1373 das Meieramt daselbst von Hartmann von Wieladingen käuflich an das Frauenstift Säckingen erwachsen; dasselbe kam 20 Jahre nachher an die Familie Hürus von Schönau. 1397 um 4000 fl. an Baden verpfändet, kam Z. 1413 an Bernhard zu Rhyn u. später an die Freiherren von Schönau. Fridolin Weber, Grossvater des Componisten

Karl Maria von Weber, starb in Zell 1734 als Amtmann der Grundherrschaft daselbst. Der Vater des Tondichters war 1765 ebenfalls Amtmann allda.

Von *Zell* aus Besteigung (nördl.) des Zeller Blauen, 1073 m., in 1½ Std., der Hohen-Möhr, 989 m. (östl.) u. des Rümmeles Bühl, 778 m., (westl.) empfehlenswerth. Auf dem letztern, südl. von Gressgen, 330 m. höher als Zell, Pavillon (1874) weithin sichtbar mit hübscher Umschau. —

Ausflüge: auf den Belchen (s. unt.), — in's Thal der kleinen Wiese über Adelsberg u. Gressgen nach Tegernau. — über Raitbach, Scheuermatt, Blumberg und Schweigmatt nach Gersbach u. nach Todtmoos.

Post von Zell nach (12 Kil.) Schönau in 1½ Std. u. (20 Kil.) Todtnau in 2½ Std., tägl. 2 mal.

Entfernungen für Fussgänger: Von *Zell* in 20 Min. Atzenbach, — 25 Min. Mambach, — 1¾ Std. Schönau, — 10 Min. Schönenbuchen, — 10 Min. Utzenfeld, — 1½ Std. Todtnau.

Nun Poststrasse. Durch herrliches Wiesenthal. — Dorf Atzenbach (*Adler; Sonne; Dampf-, Douche- und Sturzbad mit Wirthschaft*) mit der grössten Spinnerei der Thalschaft (30,000 Spindeln, 400 Arbeiter). Die Strohdächer nehmen überhand. Rechts durch die Thallücke Einblick auf den Thiergartenkopf, 1172 m. Im Vorblick zur Linken in der Höhe Dorf Pfaffenberg. An den Abhängen theils Fruchtfelder bis hoch hinauf, theils Weideland. Zur Rechten ziehen sich schmale Fahrstrassen an den Abhängen empor über Rohrberg, Riedichen nach Gersbach, 857 m. *(Pflug)*, hoch u. rauh gelegen aber wohlhabend, mit schöner Kirche u. ausgezeichneten Gemeindewaldungen. Alter Ort; in der Nähe Schwefelkiesgruben. Von Gersbach nach Todtmoos-Au im Wehrathal ¾ Std. Schöne Waldwege über Fetzenbach u. Schwarzenbach nach Todtmoos (s. ob.).

(32,5 Kil.) **Mambach,** 459 m. (*Rössli*), am Fuss des Rappenfelsens mit Baumwollenspinnerei. 1870 fast völlig abgebrannt.

a. Abstecher nach Todtmoos u. in's Wehrathal.

Wer aus dem Wiesenthal nach Todtmoos zu wandern vor hat, thut gut, wenn er den Weg durch das sehr anmuthige Thal des Angenbaches, eines der schönsten des Wiesenthalsystems, nimmt. Er ist dem Wege über Geschwänd u. Präg vorzuziehen. Man folgt der von Mambach durch das dicht umwaldete, enge Angenbachthal in östl. Richtung ansteigenden Strasse nach Rohmatt (*Gasthaus zur Krone*), mit Fabrikgebäude (mech. Weberei); links in der Höhe die Kirche von Häg, sodann durch prachtvolle Umgebung zu dem 1½ Std. entfernten, herrlich gelegenen Dorf Happach. Unterwegs, hoch über der Schlucht des Angenbaches, prächtig gelegene Trümmerstelle eines, seinem Namen nach unbekannten Bergschlosses, wohl Altenstein (Burgfelsen). Forellenreicher Bach. Im *Wirthshaus* (Mühle) Forellenschmaus. Rechts bei einem Bildstock Weg nach Altenstein, 762 m. In der Gegend viel Hausweberei, auch seidene Tücher u. Bänder. Handel mit Holz u. Kohlen. Bei Altenstein Porphyr u. Serpentin.

In den Gegenden um Wiese u. Wehra geboten die Ritter vom Steine und von Werrach, deren Güter an die von Schönau fiel. Die Herren von dem Steine, Vögte des Stiftes Säckingen, auf Altenstein bauten 1283 ein neues Schloss an der Halde des Wehrathales in Todtmoos, welches sie „zu dem Nüvenstein" nannten. Um 1350 scheint das Geschlecht ausgestorben zu sein, denn auf dem Altenstein sass Heinrich, genannt Hürus u. besass die ganze Herrschaft. Mit der Hand einer Erbtochter gewann der elsässische Junker Rudolf von Schönau den ganzen Besitz, der durch seinen Sohn noch vergrössert wurde. Auch das Städtchen Zell gehörte dazu.

Die malerische Romantik des Weges steigert sich bis Happach. Weg durch den Martinsgraben nach Herrenschwand links (nördl.) ab. — Hierauf starke Steigung der Strasse (1/2 Std.) zu der St. Antoniuskapelle hinauf. Uebergangshöhe bei Lehen. Von da neue Strasse in vielen Windungen hinab nach Todtmoos, 3 Std. von Mambach. Weg durch das Wehrathal Nr. 36.

Nun im verengten Thal der Wiese aufwärts, an Weilern und Häusergruppen vorüber, (Silbersau, Nieder-Hebschingen, Kastel) in 1 1/4 Std. nach Wembach (*Engel*) mit grosser Fabrik. Einmündung des (links, westl.) Böllenbaches.

Von hier gute *Fahrstrasse* über Oberböllen u. Neuenweg auf die Sirnitz u. hinaus nach Badenweiler u. Müllheim, Nr. 40.

Rechts (am *Wirthshaus zum Hirschen*), *Fahrsträsschen* über Künaberg, Stütz, Holz, sodann über Stadel nach Herrenschwand. Von Stütz *Seitenweg* (südl.) nach dem hochgelegenen Ehrsberg, 856 m. (*Grüner Baum*). Bei Künaberg, gegen die Thalhalden des Künbaches, schwache Trümmer der Burg Künaberg, deren einstige Besitzer, die Herren von Künaberg (Kienberg), Burg u. Herrschaft 1260 an St. Blasien verkauften u. nach Basel übersiedelten.

Grosse Iselin'sche Spinnerei (600 Arbeiter) zwischen Wembach u. Schönau, unterhalb des letztern.

(41 Kil.) **Schönau**, 542 m., gegen 1300 Ew. (*Sonne*, Malerherberge; *Löwe; Ochs; Vier Löwen*). Bezirksamtsstädtchen im ächten Schwarzwälder Baustyl, in malerisch reizender Umgebung am rechten Ufer der Wiese u. am Fusse des östl. Ausläufers vom Belchen gelegen. Scheinbar geschlossener Thalkessel mit grünem Wiesengrund, schönen Baumgruppen u. pittoresken Felswänden. Fabrikation auch hier im Gang (Baumwollspinnerei, Weberei gegen Wembach, 600 Arbeiter). Schöne Spaziergänge.

Vorzüglicher Stützpunkt zu Ausflügen.

Neues Rathhaus, neues Amtshaus. Gewerbeschule. Belebte Märkte. Post u. Telegraph. Oberhalb des Ortes Echo. Forellenfang.

Post nach (8 Kil.) Todtnau in 1 Std. 10 Min., tägl. 2 mal, — nach Zell im Wiesenthal (12 Kil.) in 1½ Std., tägl. 2 mal.

Die Häuser von Schönau, mit hohen, tief herabgehenden Kapuzendächern (Schindel- u. Strohdächer mit Blech- od. Ziegelverschalung bei der Kaminöffnung), absolut in Holzkonstruktion errichtet, meist schön gebräunt, mit Lauben in ganzer Hausbreite u. Stangen zum Wäschetrocknen, sehen ungemein malerisch aus. Vor den hellen Stubenfenstern Beigen feingespaltenen Holzes u. scharlachroth blühende Geranien od. Nelken u. Oleander etc.

Alter Ort; Thalschaft von einigen Herren im 12. Jahrh. an St. Blasien geschenkt. Pfarrei errichtet 1146, Einweihung der Kirche 1164. Erhebung der Einwohnerschaft gegen St. Blasien 1519. Unterdrückung der Reformation. 1589 grosser Brand. 1620 Theilnahme eines Theils der Einwohner am Aufstand der Hauensteiner. „Thalverfassung" des Volkes von 1519 theilweise bis 1786 in Wirksamkeit, bis österr. Gesetzgebung eingeführt.

Ausflug auf den Belchen, 1415 m.

Zweierlei Wegrichtungen:

1. Landstrasse über (10 Min.) Schönenbuchen, dann Seitenstrasse im *Nebenthal der Wiese*, über Aitern (22 Min.) ansteigend, — (15 Min.) Holzinshaus bleibt *links* (auf der Höhe) liegen, — (½ Std.) Untermulten. Von hier sodann gleich links oder über Obermulten und Krinne (1119 m.) zum Rasthaus (das frühere Wirthshaus auf der Krinne besteht nicht mehr), Wegweiser u. zum *Gipfel.*

2. mit *Führer* über (½ Std.) Schönauberg (*Schönenberg*), dann *direkt,* ohne *Untermulten,* das zur Rechten liegen bleibt, zu berühren, in 2¾ Std. zum Rasthaus u. zum *Gipfel.*

Bequem erreicht man den *Gipfel,* wenn man von Schönau (od. von *Zell* aus, Fuhrwerk im Löwen) über Aitern bis zu der starken Steigung vor Untermulten (960 m.) fährt; — von da, ohne die Krinne zu berühren, auf dem Wege links hinauf, wie oben angegeben. Neue Wald- u. Fusswege mit Wegw. erleichtern die Orientirung.

Führerlohn (kaum Führer nöthig) von *Schönau* hin u. zurück 3—3,50 Mk. Wer über den Hochkelch, über Neuenweg, die Sirnitz, das Sulzburger Bad, od. durch das Münsterthal weiter wandern will, soll nicht versäumen, mit dem Führer diesfalls zu akkordiren, da eine Tarifirung nicht besteht.

10 Min. vom Belchengipfel, in einer Einsattelung, gut eingerichtetes **Gasthaus,** auch zum Uebernachten (Einweihung 7. Okt. 1866). In demselben treffliches, von Ingenieur Julius Neher gefertigtes Belchen-Panorama. Auf dem Scheitel des Berges Orientirungstafel (seit 1875). Wirth Spörndle, der ganzen

Gegend und der Wege vollkommen kundig, ertheilt freundliche und sichere Auskunft. Fortgesetzte Verbesserung der Wege.

Belchen-Aussicht, derjenigen des Feldberges kaum nachstehend, hauptsächlich, was die Alpen betrifft. Vorder- u. Mittelgrund bedeutender, da Belchen-Umgebung keine zusammenhängende Bergmasse, sondern nahe mit tiefgeschluchteten Thälern umzogen ist. Nur fehlt hier der Seespiegel eines Titisees.

Rückweg am Rabenfelsen vorüber, schattig u. angenehm, irekt auf das Plateau oberhalb Schönauberg (Schönenberg), von wo in 20 Min. (im Ganzen 2 Std.) nach Schönau.

Ausflüge von Schönau: über Wildböllen u. Neuenweg zum Nonnmattweiher, 913 m., (20 Min. von Unter-Heubronn n. Mittel-Heubronn), sowie in die Thäler der kleinen Wiese. — In's Böllenthal über Entenschwand (1/2 Std. näher als über *Wembach*). — nach Bischmatt u. Thunau. Die östl. von Schönau gelegenen Berghöhen, 650—750 m. hoch, bieten durchweg ausgezeichnete Aussichtspunkte auf Wiesenthal, Belchen u. Feldberg. — auf den **Sattelwasen**, 1067 m. (Hütte) mit prächtiger Aussicht u. reicher Flora. *Hinweg* über Künaberg, Stütz u. Holz hinauf u. *Rückweg* durch den sog. Fuchswald, 3/4 Std. — Weg nach Todtmoos über Herrenschwand. Ueber das Fuchsgrüble, fast immer durch Wald, nach Herrenschwand, 1018 m. (sehr rauhe Umgebung); dann von hier auf die *Nebenstrasse*, welche steil von Präg heraufsteigt u. über Weg u. Mättle nach Todtmoos führt. Strassenhöchstes 1089 m. *Hinweg* 3½ Std. *Rückweg* über die St. Antonskapelle, Happach und durch das Thal des Angenbaches, an (links) Altenstein u. (rechts) Häg vorüber, durch Rohmatt nach Mambach im Wiesenthal (s. ob.). Abends mit Postomnibus nach *Schönau*. Tagestour.

Db. Abstecher von Schönau durch das Bernauthal nach St. Blasien.

Sehr interessante Partie, 26 Kil. Von *Schönau* über Schönenbuchen auf der *Landstrasse* mit Wendung nach rechts (1/2 Std.) nach Utzenfeld mit interessanten Häusern. *Einmündung* der schönen Münsterthalstrasse. In 25 Min. Geschwänd (Gschwend), 590 m. (*Rössle*). Einmündung des Prägbaches in die Wiese. *Ausgang des Prägthales* und *Abzweigung* der romantischen Prägthalstrasse. Hier, die Wiesenthalstrasse verlassend, auf der *Prägthalstrasse* ansteigend zwischen schön bewaldeten Felsen hinauf. Rechts der Stultenkopf. Links der Gebirgsbach, über gewaltige Felstrümmer hinrauschend. Herrliche Berglandschaft, waldschattige Wanderung. In 3/4 Std. (4 Kil. von Geschwänd) südöstl. Richtung der Strasse *Wirhshaus zum Hirschen*, einzeln stehend. Hier *Abzweigung* eines *Seitensträsschens* rechts nach Präg, 707 m., u. an Herrenschwand vorüber nach Todtmoos. — Wendung der Strasse um einen Felsvorsprung herum (abkürzende Fusswege) u., weiter ansteigend, in nordöstl. Richtung zwischen den vorderen Kuppen des (links) Giesibodens, 1249 m., u. des steilen (rechts) Blössling, 1312 m., hindurch zum *Strassenhöchsten* (1½ Std.) auf der Wacht, 976 m. Bis dahin wilde, einsame Gebirgsgegend. Der zur Rechten in der Tiefe brausende Prägbach bildet mehrere Wasserfälle. Auf der Wacht überrascht der Anblick des grünen Bergwiesengrundes, der angenehm von der bisher gesehenen Umgebung absticht. Rauschende Bäche durch die grünen Bergweiden, 900 m. Links vorwärts Herzogenhorn, 1417 m., an dessen Fuss zur Linken die Häusergruppe Bernauhof, 925 m. (*Wirthshaus*), sichtbar. In 1/2 Std. in grossem Bogen, an Mühlen vorüber, nach **Bernaudorf**, 904 m. (*Löwe*). Das langhingestreckte, wiesenbedeckte Hochthal mit den zerstreuten Häusergruppen Bernaudorf, Innerlehen, Riggenbach, Kaiserhaus, Oberlehen, Zipfel, Weyerle etc. mit etwa 1800 Ew. wird unter dem Gesammtnamen **die Bernau** zusammengefasst. Ehedem hiess die Bernau eigentl. **die Bärenau**, weil Bären und Wölfe hier keine seltene Erscheinung waren.

Viehzucht, Fabrikation von Holzgeräthen, Uhrmacherei, Bürstenmacherei, Zunderbeize. (Küblerei, Drechslerei, Schneflerei etwa 700—800 Personen.)

Post von Bernau nach (8 Kil.) St. Blasien in 1¼ Std. Die *Landstrasse* geht über Bernau-Riggenbach, *Innerlehen*, zur Seite rechts liegen lassend.

In 1/4 Std. Innerlehen, 928 m. (*Rössle*), wo Kirche u. Pfarrhaus auf felsiger Anhöhe liegen. 1173 Einverleibung der Kirche nach St. Blasien. Den Thalgrund bedeckte wahrscheinlich ehemals ein Bergsee. Nach Bernau-Riggenbach (*Adler*, für Sommeraufenthalt eingerichtet) 1/2 Std. 1/4 Std. Kaiserhaus, wo die Strasse in's Albthal niedersteigt. Rechts *Abzweigung* eines *Fahrweges* über Zipfel, Oberlehen u. Rütti, am Südabhang des Blössling u. Hochkopf, 1232 m., vorüber nach Todtmoos. Nr. 36, S. 254.

Absenkung der Strasse durch Wald zur *Brücke* über den Albbach, der aus dem Menzenschwanderthal kommt und 1/4 Std. später den Schwarzenbach bei der Glashofer Sägmühle aufnimmt. Das Albthal, das nun weiter wird, hinaus in 1¼ Std. nach St. Blasien, Nr. 36, S. 234.

In der Bernau u. im Menzenschwanderthal haben sich die Wirthe für *Luftkur-* u. andre *Sommergäste* eingerichtet, so im *Adler* in Bernau-Riggenbach u. im *Adler* in Menzenschwand. —

Nun von Schönau auf der *Landstrasse* durch das Münsterthal nach Staufen u. Krotzingen.

Prächtige Bergstrasse über die Wiedener Eck, aber keine Postverbindung, in's **Münsterthal** bis Wasenhof, 5½ Std.

Post von Wasenhof nach (5 Kil.) Staufen, tägl. 1 mal in ¾ Std. — Von Staufen *Post* nach (5 Kil.) Krotzingen, tägl. 4 mal in ¾ Std. zur *Eisenbahn*, Nr. 28, S. 172.

Von Schönau, auf der *Wiesenthalstrasse*, in 10 Min. nach Schönenbuchen (*Whs. zur schönen Buche*). In der Kapelle, 1699 eingeweiht (schon früher errichtet), einige Stufen abwärts, Felsstück im Fussboden, auf dem der Apostel Paulus gekniet haben soll, daher Wallfahrten hierher. Retouchirtes Schlachtgemälde (Armagnaken 1444 od. Schwedeneinfall im 30jähr. Krieg). Mechan. Weberei. — 10 Min. Wegweiser, links *Weg* (der steilere) auf den Belchen (s. ob.). Die *Strasse* führt geradeaus in $1^1/_2$ Std. nach **Todtnau**, das in Nr. 39 zur Behandlung gelangt (nach St. Blasien durch Prägthal u. Bernau $5^1/_2$ Std. [s. ob.]).

(43 Kil.) Utzenfeld (*Eiche; Engel*). Wegweiser inmitten des Dorfes (mit charakteristischen Häusern), wo die Münsterthalstrasse von der Wiesenthalstrasse abzweigt. Im Thal kleine runde Hügel aus grauem Porphyr. Die Gerölle des Wiesenthales bieten eine wahre Musterkarte von Gebirgsarten.

Man biegt auf der Münsterthalstrasse in das Wiedener Thal (*Wiedenthal*) ein. Rechts oben Felsgewänd der Utzenfluh. Prächtige Strassenpartie. Nach 35 Min. erstes Haus von Königshütte; nach 20 Min. letztes Haus. Vorwärts sichtbar die Häuser von Wieden. Herrlicher Rückblick.

(50 Kil.) Dorf **Wieden**, 830 m. (*Tanne*), seit 1810 Pfarrort, in einem Thalkessel zerstreut liegend, durch welchen die Strasse viele Windungen zur (57 Kil.) **Wiedener Eck**, 1035 m. hinauf beschreibt. Fussgänger schlagen bei den ersten Häusern die *alte Strasse* ein u. gewinnen $^1/_2$ Std. Zeit. Auf diesem alten Weg in $^1/_4$ Std. *Kirche* u. gleich nachher quer über die Landstrasse das *Wirthshaus zum Hirschen*. — Nochmals über die Landstrasse u. dann auf der alten Strasse fort, $^1/_2$ Std. Wiedener Eck, wo wieder auf die neue Strasse. *Prachtvolle Aussicht* auf die Alpenkette vom Bristenstock bis zu den westl. Gipfeln der Berner Alpen, sowie über das tief zu Füssen liegende Münsterthal u. hinaus in's Rheinthal.

Meist scharfe Zugluft auf dieser Höhe; daher Brust u. Hals gegen Erkältung schützen!

Man geht nicht die *neue Strasse* hinab, sondern links neben dem Wald, die alte Strasse in 10 Min. nach dem schon jetzt sichtbaren, einzeln stehenden (58,5 Kil.) Wirthshaus *Neuhof*. Hier wieder auf die *neue Strasse* u. auf dieser fort trotz der vielen Umwege, weil auf dieser Strecke die schönsten Partien. Die mit hohem Verständniss ausgeführte Strasse (vor einigen Jahrzehnten) ist eine der grossartigsten Strassenbauten des ganzen Schwarzwaldes u. nähert sich an Kühnheit der Herstellung manchen Alpenübergängen. Weder Riesengebirge noch Harz u. Thüringer Wald haben eine derartige Bergpassage. — Nach 20 Min. der schönste Punkt der Strecke, die schroff u. steilrecht (120 m.) abfallende Porphyrpyramide des Scharfensteins, 916 m., eine überwältigend grossartige, titanenhafte Felsen-Dekoration, die mitten aus einem malerischen Waldthal aufsteigt. Auf dem *Gipfel* die geringen Ueberreste einer gleichnamigen Burg, von den Grafen von Habsburg erbaut, später Besitzthum der Raubritter von Staufen, im Bauernkriege zerstört. — Weitläufige Strassenwindungen. Links, auf einem Felsvorsprung, Aussichtspavillon mit Ruhebänken.

(64 Kil.) *Wirthshaus zum Spielweg* im Ober-Münsterthal, 547 m. Die Strasse biegt von der bisher verfolgten Richtung (Nordwest) im rechten Winkel nach Südwesten ab.

Von hier aus kann man, indem man der an dieser Stelle nördl. ablenkenden Wegrichtung im Ober-Münsterthal aufwärts folgt, in $2^1/_2$ Std. (mit Führer) den Schau-in's-Land (od. Erskasten), 1286 m. besteigen (über Hofsgrund) u. von demselben nördl. in 3 Std. nach Freiburg hinab kommen.

Von Spielweg bis Staufen noch $2^1/_2$ Std. Sanftere Gestaltung der Landschaft. — (69 Kil.) *Wirthshaus zum Hirsch.* In dieser Thalgegend soll das Städtchen Münster, zerstört 1337, gestanden haben. Der Name knüpft sich an das *Kloster* (Monasterium) **St. Trutpert,** 453 m., das nun erreicht ist. Dasselbe soll, angeblich vom heil. Trutpert, einem Irländer, im 7. Jahrh. gestiftet worden sein.

Grosser Gebäudekomplex. *Kirche* mit Gemälden aus dem Leben des Heiligen. Kirchenschatz. Altes, aus dem 8. od. 9. Jahrh. stammendes Cruzifix in byzantin. Styl. *Brunnenkapelle* mit dem Standbilde des Gründers St. Trutpert. Aufhebung des Klosters 1807. Gegenwärtig grösstentheils Besitz der Familie von Roggenbach.

Der heil. Trutpert soll 643 gestorben sein. Abfassungen seiner Lebensbeschreibung (3) aus dem Anfang des 9., des 10. Jahrh. u. von 1279 od. 1280. Der Sage nach von Arbeitern erschlagen, die beim Klosterbau beschäftigt waren. Auf der Flucht begriffen, verirrten sie sich immer wieder u. kamen zu dem Orte der That zurück, wurden am 3. Tag ergriffen u. auf Befehl Otberts, des Grundherrn der Gegend, hingerichtet. 882 Zerstörung des Klosters durch die Hunnen. Wiederherstellung 962 durch Abt Erchenbald. Zuverlässige Reihe der Aebte beginnt mit Dietram 1036 u. schliesst mit Columban Christian, † nach Aufhebung des Stiftes 1810.

(70 Kil.) Rotte Wasen (die einzelnen Häusergruppen im Münsterthal werden „Rotten" genannt). Hier thut sich das Unter-Münsterthal auf, welches links hinan gegen den hier sichtbaren Belchen aufsteigt. — Ehemal. Silber- u. Bleibergwerke. Sehr empfehlenswerther Weg über Münsterhalden nach dem Sulzburger Bad. Nr. 28, S. 172.

Post von Wasen (Wasenhof) nach (5 Kil.) Staufen in $^3/_4$ Std.

Die Strasse nimmt nordwestl. Richtung an. Erweiterung des Thales. Rechts *Bergpfade* nach der Ruinenstelle der Regelsburg, 774 m., 1 Std., links zum Sulzburger Bad. Im Thale des Neumagen, abwärts, links seitwärts Grunern (*Badwirthshaus*). Schöne Rückblicke.

(75 Kil.) **Staufen**, 278 m., nahe an 1900 Ew. (*Bad. Hof; Post od. Kreuz; Löwe; Krone; Brauerei von Rieger; Bier bei Wiesler; Duffner*), Städtchen, am rechten Ufer des Flüsschens Neumagen u. am Ausgang des romantischen Münsterthales gelegen.

Post, 4 mal tägl. zur Bahnstation (5 Kil.) Krotzingen in 35 Min. Nr. 28, S. 172. — 1 mal nach (5 Kil.) Wasen in $^3/_4$ Std. — **Telegraph.**

Alterthüml. Rathhaus. Belebte Wochenmärkte, Tuchfabrikation, mechan. Werkstätten etc.

Ueber dem freundl. Städtchen der 377 m. hohe ($^1/_2$ Std.) Schlossberg mit den malerischen Ruinen der Staufenburg u. schönen Weinbergen. Guter Wein. Schöne Aussicht. Einst Sitz eines gleichnamigen Adelsgeschlechtes.

Staufen gehörte zu den zähringischen Besitzungen, mit eigenem Adel, den Herren von Staufen. Später unter Botmässigkeit der Grafen von Freiburg u. Oesterreich. Die Herren von Staufen, als Kastenvögte des Klosters St. Trutpert, bedrängten dieses Stift empfindlich. Erlöschen des Geschlechtes 1602. Später kam Staufen kaufweise an St. Blasien u. mit dessem Gebiet an Baden. Am 25. Sept. 1848 von den bad. Truppen unter General Hoffmann im Sturm genommen u. die Freischärler unter Struve geschlagen.

In der Umgebung guter Wein. Allee mit prachtvollen Nussbäumen nach (80 Kil.) **Krotzingen** an der bad. Hauptbahn, Nr. 28, S. 172.

Ausflüge von Staufen: auf den St. Johannisberg (*Stationenberg*), 415 m., $^1/_2$ Std. — zum Messerschmiedfelsen (5 Min. weiter) mit Aussicht auf Belchen, Münsterthal, Rheinthal, $^1/_2$ Std. — über den *Johannisberg* auf bequemen Waldwegen zum Alten Schloss, 679 m. (schwache Spuren einer ehemal. Burg), 50 Min. — auf die Matzenbacher Höhe, 715 m. u. zum sog. Kapf, 753 m., sowie zur Ruinenstelle der Regelsburg, 774 m. (Führer) 1 Std. Durch den Norsinger Grund nach ($1^1/_2$ Std.) Ehrenstetten hinab, oder aber durch das Etzenbacherthälchen u. Etzenbacherhof nach Staufen zurück.

Nr. 38. Freiburg im Breisgau und Umgebung. Ausflüge.

Gasthöfe: *Hotel Sommer zum Zähringer Hof,* rechts vom Bahnhof mit prächtigem Saal, Bädern, Dependenz, im Winter Pension. — *Hotel Victoria* (Franz Zimmermann), vom Bahnhof geradeaus, rechts, herwärts am Eingang zur Stadt, neben dem Postgebäude, mit Garten. — *Hotel Beckert zum goldenen Engel,* beim Münster, neben dem Kopfgarten; *Hotel Trescher zum Pfauen,* links vom Bahnhof, Garten mit sog. Schwarzwaldhalle (Wandbilder von Schnorr), Molkenkur vom 1. Mai an u. Bäder; *Hotel zum Geist,* gegenüber dem Münster; *Rheinischer Hof,* beim Münster; *Hotel Föhrenbach; Römischer Kaiser; Wilder Mann; Freiburger Hof; Mohren; Breisgauer Hof; Lamm; Schwarzwälder Hof; Bären; Storchen.*

In der Vorstadt Herdern: *Stadt Wien; Schwan;* — *Pension Lang,* auf dem Wege nach Güntersthal.

Im Herbst Traubenkuren. In den grössern Hotels Pension (Sommer- u. Winter-Pension).

Restaurationen, Cafés u. Kranzwirthschaften: *Restauration im Bahnhof,* in der Vorhalle die Schwarzwälder Trachtenbilder; *Zum Kopf* (von Pyhrr) beim Münster, altdeutsche Weinstube, im Saal Gemälde von Dürr u. Schnorr, Gartenkonzerte, Billards, gute Weine u. Bier; *Garten vom Hotel Trescher,* Abonnementskonzerte; *Bensel zum Schwert; Zum deutschen Kaiser,* mit Garten; *Rappen; Museum- u. Harmonie-Restaurant; Treupel's Nachfolger* (verschied. Biere); *Restaurant Fluhrer; Zum Herzog Berthold; Café Richter; Hummel; F. u. B. Trescher; H. Fischer* (Weinstuben).

Delikatessen: *Franz Tritschler; Treupel's Nachfolger; Schaich; Ludwig; Hechinger.*

Bier: In allen Restaurationen; *Brauerei Stratz* beim Schwabenthor, darüber in den Weinbergen Sommerwirthschaft *zum Schlösschen* (Greifenberger Schlösschen); *Löwenbrauerei* vor dem Martinsthor mit der bekannten Gambrinushalle, altdeutsch ausgestatteter, riesiger Saal mit dem Kolossalgemälde „An Königs Gambrinus Hof" von E. Schurth in Karlsruhe, Konzerte; *Hassler's Biergarten; Ganter; Stebinger; Renz; Schwarzbauer; Feuerlein,* Inselbrauerei; *Künzer; Mühlberger etc.*

In der Vorstadt Wiehre: *Zum grünen Baum; Schwimmbad von Heim,* am Fahrweg nach Loretto.

In Herdern: *Stadt Wien; Schwan;* — *Jägerhäuschen* mit schöner Aussicht.

Konditoreien: *Wolfinger; Poppen; Schweizer; Held; Krausmann.*

Bäder: Im Garten *zum Pfauen* (Füger); — *Städtisches Schwimmbad* beim Botanischen Garten; — *Schwimmbad* (Heim) u. *Stephanienbad,* in der Wiehre; — *Mez' Bad,* Karthäuser-Strasse; — *Marienbad;* — *Douchebad,* in der Kaiserstrasse.

Droschken: 1. Fahrt zwischen Bahnhof u. Stadt: 1 Pers. 50 Pfg.; 2 Pers. 90 Pfg.; 3 Pers. 1,20 Mk.; 4 Pers. 1,40 Mk. — Für jedes grössere Stück Gepäck 20 Pfg.

2. Zeitfahrten:

Fahrzeit Std.	Einspänner 1 u. 2 Pers. ℳ	Einspänner 3 u. 4 Pers. ℳ	Zweispänner 1 u. 2 Pers. ℳ	Zweispänner 3 u. 4 Pers. ℳ
1/4	0,50	0,90	0,70	1,—
1/2	1,—	1,50	1,40	2,—
3/4	1,50	2,—	2,—	2,80
1	2,—	2,50	2,60	3,40
1 1/4	2,40	3,—	3,20	4,10
1 1/2	2,80	3,50	3,80	4,70
1 3/4	3,10	4,—	4,30	5,30
2	3,40	4,50	4,80	5,80
Jede weitere 1/4 Std.	0,30	0,40	0,50	0,50

Vielfache Klagen über hohe Forderungen für **Fuhrwerk.** Die Preise für Touren (Zweispänner) in's Höllenthal (Hirschsprung [12—16 Mk.]) u. Höllsteig bis zum Sternwirthshaus (16—18 Mk.), Lenzkirch, Schluchsee (36 Mk.), St. Blasien, Höchenschwand etc. sind daher vorher genau zu vereinbaren. Bis St. Blasien u. Höchenschwand werden oft 40 Mk. und mehr gefordert.

Post, neues Postgebäude an der Bahnhofstrasse; nach (35 Kil.) **Neustadt,** über (28 Kil.) Altenweg tägl. 3 mal in etwa 6 Std. — Nach (66 Kil.) **Donaueschingen,** über Altenweg, Neustadt (47 Kil.), Löffingen (63 Kil.), Hüfingen, tägl. 2 mal in 10 bis $10^1/_2$ Std. — Nach (31 Kil.) **Todtnau,** tägl. 1 mal in $5^1/_2$ Std. — Anschlüsse in Altenweg: nach (17 Kil.) Schluchsee, tägl. 1 mal in $2^1/_4$ Std.; — nach (10 Kil.) Lenzkirch, tägl. 2 mal in $1^1/_4$ Std. u. (25 Kil.) Bonndorf in $3^3/_4$ Std.

Eisenbahn: nach (22 Kil.) **Alt-Breisach** u. (43 Kil.) Kolmar, S. 171 u. Nr. 29, S. 174 u. f. — nach **Neustadt** im Bau begriffen (Höllenthalbahn). —

Dienstmänner- u. Packer-Institut: Trägerlohn für 1 kleines Gepäckstück bis 15 Kilogr. vom Bahnhof in die Stadt 20 Pfg.; 1 Koffer vom Bahnhof in die Stadt 30 Pfg.; — 1 Std. Zeittaxe 80 Pfg., mit Karren 1 Mk.

Theater: Während der Wintermonate.

Konzerte: Winters; auch öfter im Sommer.

Geschichtliches: Gründer der Stadt Herzog Berthold III. von Zähringen 1091; sein Nachfolger Konrad gab ihr um 1120 eine der Kölner ähnliche Verfassung. Der Münsterbau wurde unter ihm begonnen, aber erst 100 Jahre später vollendet. 1146 in demselben Kreuzzugspredigt des heil. Bernhard von Clairvaux. Mit Berthold V. erlosch das Geschlecht der Herzoge von Zähringen (er gründete die Städte Freiburg [im Uechtland] u. Bern in der Schweiz; seine Statue im Münster) 1218 u. Freiburg kam an die Grafen von Urach, die sich nun Grafen von Freiburg schrieben, aber mit der Bürgerschaft in endlosen Streitigkeiten u. Fehden lagen, bis diese sich endlich 1368 von ihrer Oberherrlichkeit loskaufte u. unter den Schutz des Erzhauses Oesterreich begab, bei dessen Herrschaft sie über 400 Jahre verblieb. Im Bauernkrieg ging es für die Stadt nicht ohne Opfer ab, aber sie litt mehr in den Jahren von 1632—1744, in welcher Periode sie 7 Belagerungen u. theilweise Zerstörungen erfuhr. Seit 1806 ist sie unter badischer Hoheit u. seit 1827 Sitz des Erzbisthums der oberrheinischen Kirchenprovinz.

Die **Albert-Ludwigs-Universität** wurde gegründet 1456 durch Albrecht von Oesterreich (somit die 11. in der Reihenfolge der deutschen Universitäten) u. stand zeitweise in hohem Ruf, namentlich durch ihre theologische Fakultät. An derselben lehrten *Joh. Geiler* von Kaisersberg u. Glareanus in der frühern Zeit; später von Hirscher, Hug, Staudenmaier, Rotteck u. Welker. Die Zahl der Studirenden beträgt durchschnittlich 300; früher meist Badener u. einige Schweizer, jetzt zur Hälfte Ausländer. Gegenwärtig sind die Mediziner in der Mehrzahl, während dem in den 60ger Jahren die kathol. Theologen die Mehrzahl bildeten (s. Einleitung).

☐ Zur edlen Aussicht, Sedanstrasse 6, I.

Freiburg, 279 m., 36,380 meist kathol. Ew. (etwa 6000 Protestanten u. Angehörige andrer Bekenntnisse), Kreishauptstadt u. Hauptort des alten Breisgaues an der Dreisam u. am Ausgang des Höllenthals u. der Nebenthäler der Dreisam gelegen, Sitz eines Kreis- u. Hofgerichtes, Universitäts- u. Garnisonsstadt u. eine der reichsten Gemeinden des ganzen bad. Landes. Sie ist eine derjenigen Städte des segensreichen badener Landes, welche in Bezug auf schöne Lage, Ausdehnung, Verschönerungen, öffentliche u. Privatbauten aller Art, wissenschaftliche u. gemeinnützige Anstalten u. Einrichtungen, in der neuesten Zeit grossartig dastehen u. desshalb dem fremden Besucher reichen Genuss zu bieten im Stande sind. Die bedeutenden Fortschritte, welche in allen Gebieten des öffentl. Lebens zu beobachten sind, verdankt die Stadt in hohem Masse der Umsicht und Thatkraft des strebsamen Stadtrathes u. der beiden Ober-Bürgermeister E. Fauler u. K. Schuster.

Es entstunden vollständig neue Stadttheile auf allen Seiten, so dass die benachbarten Dörfer Wiehre u. Herdern als Vorstädte fast völlig mit der Stadt zusammengewachsen sind. Garnison des 5. bad. Infanterie-Regiments Nr. 113 u. Stabsquartier der 29. Division, 57. Infanterie-Brigade u. 29. Kavallerie-Brigade.

Vom Bahnhof aus schon Anblick der herrlichen Thurmpyramide des Münsters u. des Aussichtspavillons auf dem Schlossberge. Gartenanlagen mit Standbildern der Jahreszeiten, Brunnen, meteorologische Säule u. geschmackvolle Gebäude gegenüber der Aussteigehalle.

Freiburg ist ein Haupteingangspunkt in den Schwarzwald u. besitzt eine bedeutende Industrie, grosse Wohlhabenheit u. gesellschaftliches Leben, daher bedeutenden Fremdenverkehr.

Rundgang durch die Stadt: Vom Bahnhof aus *links* durch die Anlagen, am *„Gasthof zum Pfauen“* vorüber durch die Friedrichsstrasse, dann *rechts* zum Rotteckplatz bis zum Rotteckdenkmal; *zurück* in die Friedrichsstrasse u. dieselbe durch bis in die Kaiserstrasse, dort *links* zur protestantischen Kirche, in der Nähe das stattl. neue Hospital. Von hier durch die Bernhardstrasse auf den Karlsplatz zur Kunst- u. Festhalle, dann vorüber an der Karlskaserne zu dem imposanten Siegesdenkmal (Werderdenkmal), hierauf durch die Kaiserstrasse bis zu der *Strassenkreuzung,* wo man *links* das Münster ansichtig wird. Auf dem Münsterplatz mit dem **Münster,** Kaufhaus und erzbischöflicher Palast. Dann durch die Herrengasse zum Schwabenthor u. auf den (*links*) Schlossberg. *Zurück* durch das *Schwabenthor,* Salzstrasse bis wieder in die Kaiserstrasse, hier *links* durch das Martinsthor bis zur Dreisambrücke; von hier durch den Allee-Garten, an der höhern Bürgerschule u. Synagoge vorüber, durch die Werder- u. die Bertholdsstrasse auf den *Bahnhof* zurück. (Zeit 4—5 Std.; 1/2 Tag.)

Das **Münster**, die einzige im Mittelalter selbst vollendete, grosse gothische Kirchenbaute in Deutschland. Von allen Seiten frei auf dem geräumigen Münsterplatz, aus rothem Sandstein aufgeführt, zeigt diese herrliche Kirche im Unterbau u. den Querschiffen den romanischen Baustyl. Wahrscheinlich um 1122 begonnen; die ersten Baumeister sind unbekannt. Der Thurm, 122 m. hoch, der Hauptschmuck dieses Bauwerkes, das Langhaus u. die Westseite stammen aus dem 13. Jahrhundert. Der Chor (von *Hans Niesenberger* aus Graz erbaut) ist erst aus späterer Zeit (1513 vollendet). Im 17. Jahrh. wurde, ganz im Widerspruch mit dem übrigen Baustyl, ein italienischer Arkadenbalkon an der südl. Wand des Querbaues angebracht, der, an sich nicht unedel, doch nicht zum Ganzen passt u. besser beseitigt würde. — Das Hauptportal ist an der Westseite unter dem prächtig aufstrebenden Thurm; die *äussere Vorhalle* ist von einer *innern* durch eisernes Gitterwerk abgeschlossen. Die letztere ist reich mit Sculpturen geschmückt: die sieben schlafenden Jungfrauen mit den umgekehrten Lampen, die sieben freien Künste, die heilige Margaretha u. Katharina; diesen gegenüber der Bräutigam mit den sieben klugen Jungfrauen, die heil. Magdalena, Abrahams Opfer, Johannes der Täufer, der Hohepriester Aaron u. s. w. — Die Figuren waren ehemals bemalt u. vergoldet.

Der Thurm ist bis zur Höhe des Kirchendaches ein schlichter Bau, ausser dem in seine Halle führenden Portal nur durch einfach kräftige Eckstreben mit wenigen Steinbildern ausgezeichnet. Ohne Zweifel war auch der obere Theil des Thurmes auf eine entsprechend einfache Behandlung berechnet; aber als man sich anschickte, ihn zur Ausführung zu bringen, genügte der Welt die Einfalt frühgothischer Formen schon nicht mehr. Jedenfalls musste das glanzvolle Beispiel Strassburgs zum angestrengten Wetteifer reizen; doch verschmähte man es, dem System, welches Meister Erwin von Steinbach später ausgebildet hatte, nachzufolgen. Nur etwa jene Rosenfenster, welche von der Westseite her die Seitenschiffe des Freiburger Münsters erhellen, bezeugen eine einzelne, vorübergehende Einwirkung der Strassburger Hütte; im Oberbau des Thurms macht sich eine andre Richtung geltend, und es scheint, dass man dem hierzu entworfenen Plan um so lieber Zustimmung gab, als damit dem Werk Erwins ein Werk von eigenthümlicher Bedeutung gegenüber gestellt werden konnte. Der Meister des Freiburger Thurms verräth Studien der kölnischen Schule, aber ebenfalls eine selbstständig entwickelte künstlerische Kraft u. wiederum etwas von jener klugen Berechnung, welche das Gesetz der Wirkung im Auge hat. — Unter allen zur Ausführung gekommenen gothischen Thürmen grössern Massstabes ist er der einzige, der jene luftig durchbrochene Auflösung der Formen in entschieden klarer u. gesetzlicher Gliederung zur Erscheinung bringt, der von dieser Konsequenz des Styls, wie sie die Epoche des 14. Jahrh. (u. namentl. die deutsche Kunst) erstrebte, eine Anschauung gewährt u. ihre Wirkung völlig empfinden u. erproben lässt.

(Kugler, Gesch. d. Baukunst. III. Bd.)

A
B
C
PLAN
der
Stadt Freiburg
im Breisgau.
ERKLÄRUNG
der durch Zahlen
bezeichneten Gebäude.
1 Münster E 4.
2 Evangelische Kirche E 2.
3 Martinskirche D 4.
4 Universität D 4.
5 Lehranst. St.Ursula C 4.
6 Lehranst. Adelhausen E 5.
7 Kaufhaus E 4.
8 Rathhaus D 4.
9 Theater E 5.
10 Kunst- u Festhalle F 3.
11 Karlskaserne E 3.
12 Grossherzogl. Palais E 4.
13 Erzbischöfl. Palais E 4.
14 Convict E 4.
15 Friedhof (alter) F 2.
16 Hospital E 2.
17 Entbindungsanstalt D 2.
18 Anatomie D 2.
19 Mutterhaus (Kapelle) E 2.
20 Waisenh. f. Mädchen E 4.
21 Post C 3.
22 Rotteck-Platz mit dem Denkmal von Rotteck C 3.
23 Franzisk. Pl mit dem Denkm. von Berth. Schwarz D 4.
24 Martinsthor D 5.
25 Schwabenthor E 5.
26 Zähringer Hof B 4.
27 Hôtel Victoria C 4.
28 „ Engel E 4.
29 „ Pfau C 2.
30 Kaffehaus z. Kopf E 4.
31 Rheinischer Hof E 4.
32 Heiliger Geist E 4.
33 Wilder-Mann E 5.
34 Hôtel Föhrenbach D 5.
35 Römischer Kaiser D 5.
36 Lamm D 3.
36 a Deutscher Hof E 3.
37 Gymnasium C 4.
38 Höhere Bürgerschule C 5.
39 Häuser der gemeinnützigen Baugesellschaft A B 6.
40 Arbeiter-Wohnhäuser H 7.
41 Evangelisches Stift E 4.
42 Synagoge C 4.
43 Lese-Museum D 4.
1
2
3
4
5
6
7
WEST
Bahnhof
Eisenbahn n. Karlsruhe
Friedrichs
Rotteck Platz
Bahnhof Strasse
Kaiser Strasse
Dreisam
Mühlebach
Kloster-Matten

E
F
G
H
1
2
3
4
5
6
7
Anstalt
Matten
Vorstadt
Cichorien-
Fabrik
Alter
Friedhof
Karlsplatz
Schlossberg
Neue Schlossberg-Anlage
Vorstadt Wiehre
Schützenstand

Besichtigung des Innern am günstigsten an den Wochentagen, von $10^{1}/_{2}$ Uhr Vorm. an, in Begleitung des Messners (einzelne Personen 50 Pfg., Gesellschaften 1 Mk. Trinkgeld).

Der untere Theil des Thurmes bildet ein Viereck, oben ein Achteck, auf welchem die ebenfalls achtseitige Pyramide von durchbrochener Steinmetzarbeit herrlich in die Lüfte wächst. Am Eingang zur Vorhalle sind die alten Masse u. Gewichte in Stein eingegraben zu sehen (für die Marktordnung der frühern Zeiten). Das **Langhaus** ist dreischiffig, die Fenster reich mit prächtigen Glasgemälden aus dem 15. Jahrh. ausgestattet; im fünften des südl. Seitenschiffes die 4 Evangelisten nach Dürer, 1822 von Helmle neu gemalt. Innere Länge des Münsters 108 m., Breite 28,5, Höhe 25,5.

An der **südl. Seitenwand** das Steinbild *Herzog Bertholds V.* in Lebensgrösse, ursprüngl. der horizontal liegende Sarkophagdeckel, im 16. Jahrh. aufgestellt u. die untere Steinplatte zum Hochaltar verwendet. — Daneben in einer Nische **Grab Christi** mit Figur des Leichnams, in dessen Herzgegend ein eisernes Thürchen angebracht ist. In der darunter eingemeisselten Höhlung (Hostienkästchen) Aufbewahrungsort der Hostien für die Charwoche. Die **Glasgemälde** von *Helmle* stellen die Passion Christi nach Dürer'schen Zeichnungen dar. Auch die Figuren der Grabwächter werden als schätzenswerthe Sculpturen älterer Zeit angesehen. — Vor dem Querschiff die Einbauten aus dem 17. Jahrh., dem Arkadenbalkon an der Aussenseite entsprechend; sie dienen als Musikchöre u. wirken hier nicht störend.

Ueber die Stufen in den **Chor**. Rechts am ersten Pfeiler *Grabmal des Generals de Rodt* (1743) in Rococo-Geschmack; dann Denkmal des *Herzogs Berthold III.* (in voller Rüstung mit offenem Helm, 1123); daneben Denkmal des *Herzogs Rudolf* in Harnisch mit bischöfl. Ornat (1191); diesen gegenüber die Standbilder des *Herzogs Konrad* (knieend) u. *Bertholds IV.;* mehr zurück die Grabsteine *Konrads II.* von Freiburg u. seiner Gemahlin *Anna von Hochberg* (1331 u. 1350).

Am **Hochaltar** das auf Holz gemalte *Altarblatt:* Krönung Mariä von *Hans Baldung,* genannt *Grün* (Grien † 1552), Hauptwerk dieses Künstlers (1516 gemalt); auf beiden **Altarflügeln** die 12 Apostel. Die *geschlossenen Flügel* zeigen 4 kleinere Darstellungen: Verkündigung Mariä, Besuch der Elisabeth, Geburt Jesu u. Flucht nach Aegypten (Restauration durch Maler Seitz in Rom). Auf der **Rückseite** des Altarblattes gegen den Chorumgang, Kreuzigung Christi, angebl. von Dürer. Untersatz u. Umrahmung dieser Bilder vortreffl. Holzschnitzerarbeit von Glänz (Besuch der heil. 3 Könige). Unter dem Hochaltar die **Schatzkammer des Münsters** (der Messner zeigt ihn, 50 Pfg.), reich u. interessant.

Die **Kapellen des Chorumgangs:** 1. *Kapelle der Edlen von Stürzel,* mit altem Altarbild (etwas verdorben) St. Augustin, Anton u. Rochus; gut erhalten die Seitenbilder u. das des heil. Sebastian. — 2. *Universitätskapelle* mit Grabsteinen ehem. Professoren (Zasius, Babst, Glareanus, poeta laureatus u. des Gräcisten Hartung); das **Altarbild**, ein Werk *Hans Holbeins d. J.* auf 2 Flügeln: Geburt Christi u. Anbetung d. Weisen mit den Stiftern des Altars, der Familie von Oberriedt. — 3. *Kapelle der Edlen von Lichtenfels u. Krotsingen,* auch *Dettinger Chörlein* genannt. — 4. *Schnewlinkapelle.* — 5. u. 6. Die beiden *Kaiserkapellen* hinter dem Hochaltar, in deren zweiter das Fenster bis in die Steinrosetten hinauf mit alten, werthvollen Glasmalereien verziert ist. — 7. *Böcklinkapelle* mit Kruzifix, angebl. aus den Zeiten der Kreuzzüge, aus getriebenem Silber u. vergoldet (byzantinisch). — 8. *Sother-* od. *Franz Salesius-Kapelle.* — 9. *Locherer-* od. *Martinskapelle* mit vorzügl. Holzsculptur: Anbetung des Christkindes. — 10. *Magdalenenkapelle* oder *Blumeneggerkapelle* mit Bildnissen der Familie.

Endlich die *Pennehoferkapelle,* ehem. *Sakristei d. Basler Domkapitels,* das in Folge der Reformation nach Freiburg gezogen wurde (1529) leer, am Fenster Ueberreste alter Glasscheiben.

Aus dem Chor wieder in das Schiff der Kirche u. in demselben zur nördl. Seitenwand. Unter dem *Musikchor* die Alexanderkapelle mit den schönsten Glasgemälden des ganzen Münsters (Visirung dazu von Hans Baldung Grün (1515, allein die Farben verschwunden). Kostbarer Reliquienbehälter (Truhe). — Gegenüber der *heil. Grabnische,* die Abendmahlskapelle mit lebensgrossen Figuren Christi und der 12 Apostel. Vier neue Glasgemälde von Helmle nach Dürer mit dem Wappen des Stifters Reinach-Werth. — Weiter im nördl. Seitenschiff die früher sog. Hochberg'sche- (ursprüngl. Oelberg-) Kapelle mit neuen Glasgemälden von Helmle u. Hercher nach Zeichnungen von Dürr. — Standbild des ersten Erzbischofs von Freiburg, *Dr. Bernhard Boll* († 1836) von Friedrich in Strassburg. — Daneben das einfache Denkmal des zweiten Erzbischofs *Dr. Demeter* († 1842). In der Nähe Grabstätte des jünst verstorbenen Bisthums-Verwesers *Dr. Lothar von Kübel* († 1881).

Die Kanzel soll aus Einem Stein von *Jörg Kempf* von Rheineck (1561) gearbeitet sein.

Seit 1867 Restauration des Münsters im Innern. Die hässliche graue Tünche wurde entfernt, so dass wieder der Stein in seiner natürl. Farbe zum Vorschein kam, ebenso auch Fresken an den Gewölben und Malereien an den Standbildern. Wiederherstellung der Glasmalereien im Chor. Im Chorumgang 2 neue Altäre mit Holzschnitzerei von Bildhauer Marmon in Sigmaringen (Bruder des Domkapitulars) u. s. f.

Besteigung des Thurms (Eingang im Innern der Kirche neben dem Hauptportal, Karte 20 Pfg., oben dem Thürmer 40 Pfg. Trinkgeld) empfehlenswerth zur richtigen Würdigung der Bau- u. Bildhauerarbeit, die hier zur Verwendung gekommen. Aussicht wie auf dem Schlossberg. Uhr, von Schwilgué (1852) verfertigt. Aelteste Glocke vom Jahr 1258; Gewicht 104 Ctr.

Schräg gegenüber dem *Südportal* des Münsters (verunstaltet s. ob.) erzbischöfl. Wohnung auf dem Münsterplatz. Gerade gegenüber jenem das **Kaufhaus,** einstöckiger Sandsteinbau auf Rundbogenhalle aus der Uebergangsperiode des gothischen in den Renaissancestyl (16. Jahrh.), restaur. 1881. Ueber der Arkade Gallerie u. hinter derselben Festsaal. An der Façade, mit Erkern zu beiden Seiten, Figuren Kaiser Maximilians I., seines Sohnes Philipp I. von Spanien, Karls V. und Ferdinands I. Der mit Wappen verzierte Kaisersaal nur bei festl. Anlässen benutzt. Mittelalterlich hergestellte Trinkstube der Künstler und Kunstfreunde (20 Pfg.).

Bei der Einmündung der *Münstergasse* in die *Kaiserstrasse* mittelalterlicher Brunnen. Neuerer Brunnen mit dem Standbilde Bertholds III. an der Einmündung der *Bertholdstrasse* u. ein dritter, zunächst der *Karlskaserne*, mit dem Standbild Albrechts von Oesterreich, des Gründers der Universität. Die Stadt ist überhaupt im Besitz einer neuen, trefflich angelegten Wasserleitung aus der Gegend von *Ebnet* her, welche reichlich gutes Wasser für zahlreiche Brunnen und Fontainen zuführt. — Auf dem Kaiser-Wilhelmsplatz vor der Karlskaserne das **Siegesdenkmal**, von Professor *Moest* in Karlsruhe modellirt u. von Erzgiesser *Lenz* in Nürnberg gegossen, enthüllt 3. Okt. 1876, in Gegenwart des deutschen Kaisers u. des Grossherzogs von Baden.

Unterbau von polirtem Granit; ein mächtiger Würfel, an dessen vorspringenden Eckpfeilern vier Rundsteine als Piedestal für vier kolossale Kriegerfiguren. Die äussern Seiten des Würfels sind mit Kanonenläufen verziert. Innerhalb der Flächen Erztafeln mit Inschriften, darunter: „Dem XIV. deutschen Armeekorps und seinem Führer, General von Werder." Auf dem Granitsockel ein $8^1/_2$ m. hoher obeliskartiger Aufbau, reich in Broncebildwerk, auf demselben eine 5 m. hohe Victoria, einen Lorbeerkranz mit beiden Händen hoch emporhebend. Das Denkmal hat eine Gesammthöhe von 15 m., erforderte 326 Ctr. Kanonenmetall u. ist von grossartiger Wirkung; prächtige Kriegergestalten. (260 Ctr. des Metalles aus eroberten französischen Kanonenrohren geschenkt). Bildniss Generals von Werder in Medaillenform. Eine Erztafel trägt den Namen der Schlachten.

Die Kaiserstrasse hinaus zur **protestantischen Kirche** (auch Ludwigskirche genannt), schöner romanischer Bau, aus den abgetragenen und mit bedeutendem Kostenaufwand hierher versetzten alten Bautheilen der Abteikirche Thennenbach (unweit Emmendingen), nur in etwas kleinerm Massstab wieder aufgeführt. Dieselbe war in Verfall gerathen, musste abgetragen werden und wurde von Grossherzog Ludwig der evangelischen Gemeinde zu Freiburg geschenkt. Sie ist in gleicher Ordnung, nur etwas verkleinert, aus den alten rothen Sandsteinquadern aufgeführt. Der Bau wurde durch Oberbaurath Hübsch (1829—38) geleitet (byzantinischer Rundbogenstyl). Der Thurm hat auch Veränderungen erlitten. Thurmhöhe 85,5 m.; Länge des Schiffes 51,3 m.; Breite desselben 15,9 m.; Querbau 27 m. Im Innern Gemälde von Dürr: Christi Himmelfahrt u. die vier Evangelisten (gestiftet vom Grossherzog). Freie Lage u. günstiger Umgebungsraum.

Hinter der Kirche das grosse Hospital, Anatomie mit Sammlungen, Entbindungsanstalt, Augenklinik; das Mutterhaus der barmherzigen Schwestern mit neuer, prächtiger Kirche in frühgothischem Styl. Ganz zurück Central-Strafanstalt.

Aus der Kaiserstrasse (breit u. ziemlich gerade, Hauptverkehrsader von Freiburg) auf den Karlsplatz. Auf demselben Kunst- u

Festhalle, leichter, heller, doch solider Bau, in den Hauptmauern von Stein, im übrigen von Holz mit den Wappen badischer Städte, für 5000 Personen Raum bietend, zu Ausstellungen, Gesangfesten u. ähnlichen Anlässen bestimmt. Gegenwärtig darin ein *Skating-Rink* mit Restauration.

St. Martinskirche am Franziskaner Platz (auch die untere Pfarrei genannt) interess. gothischer Bau; Chor aus frühgothischer Zeit mit Anklängen an roman. Formen; Langhaus spätgothisch, neu restaurirt. Polychromirte Holzdecke. Glasgemälde von Helmle u. Merzweiler (die Geheimnisse des Rosenkranzes). Theil eines schön erhaltenen *Kreuzganges.*

Universitätskirche, den *Altkatholiken* eingeräumt. Synagoge, an der *Werderstrasse.* St. Michaelskapelle auf dem *alten Friedhofe* mit dem alten Todtentanz-Gemälde in der Vorhalle.

Auf dem *Franziskaner-Platz* Rathhaus, ansehnliches Gebäude, aus der Mitte des 16. Jahrh., im Geschmack der Frührenaissance (1881 Restauration der Façade u. Schmuck derselben mit Malereien). — Nebenan alte Universität mit physikal. Kabinet und chem. Laboratorium. — Davor, auf dem Platz, *Standbild* des in Freiburg um die Mitte des 14. Jahrh. geborenen Franziskaner-Mönchs Berthold Schwarz (eigentlich Konstantin Anklitz), der das Schiesspulver erfunden haben soll.

Im ehemal. Jesuitenkloster neue Universität mit *ethnologischer Sammlung u. Naturalienkabinet.*

Auf dem Rotteckplatz das Denkmal mit Bronsebüste Karl von Rotteck's, des freisinnigen Staatsrechtslehrers und Geschichtsschreibers (ehemals auf dem Rathhausplatz).

An der Salzstrasse: Grossherzogl. Palais. Weiter hinaus das Theater, von aussen unansehnlich, doch für 1500 Zuschauer eingerichtet (ehem. Augustinerkirche). Im anstossenden Schulgebäude, durch den Kreuzgang zur Städt. Alterthümersammlung. (Offen Sonntags 11—12 Uhr Vormittags, sonst Meldung beim Diener rechts beim Eingang.) Am Ende der Salzstrasse das Schwabenthor mit Freske (schwäbischer Bauer mit beladenem Weinwagen).

Am Südende der *innern Kaiserstrasse* das Martinsthor mit dem Wandbild des heil. Martin u. Inschrift, welche die Tapferkeit der Freiburger Freiwilligen im Kampfe gegen die Franzosen 1796 bei Wagenstadt feiert. Nebenan Gambrinushalle in der geschmackvoll erbauten *Löwenbrauerei.*

In der äussern *Kaiserstrasse* links das Amts-, Kreis- u. Hofgerichtsgebäude. Rechts durch die *Rempartstrasse* in den schönen Allee-Garten, städt. Promenade mit kleinem Wasserfall u. *Kindergruppe* (von Knittel, in Kalkstein), 3 Knaben, die drei Quellbäche der Dreisam (Ibenbach, Wagensteigbach u. den Rothbach aus dem Höllenthal) vorstellend. — Weiter in der *Werderstrasse* zum (links) architektonisch bedeutenden Prachtbau der höhern Bürgerschule u. nicht weit davon, ebenfalls links, neues Gymnasium an der Werder- u. Belfortstrasse.

An der Bahnhofstrasse neues kaiserl. Post- u. Telegraphengebäude, prächtig im Styl der italienischen Renaissance erbaut.

Am Fahnenbergplatz schöne Anlagen u. Brunnen. An der Albertstrasse neuer botanischer Garten, schöne Anlage mit Hörsaal in deutschem Renaissancestyl etc. etc. —

Auf den **Schlossberg,** ca. 120 m. über der Stadt; hinter der Festhalle, auf dem Karlsplatz, hinauf (oder vom Schwabenthor aus). Eine schöne neue *Strasse* führt nun auch von Herdern aus durch das Immenthal und über den **Hirzenberg** (mit schönen Aussichten) auf den Schlossberg. — Guter **Fahrweg** zum *Kruzifix;* von da rechts zum *Kanonenplatz;* von hier Wege zu allen Aussichtspunkten etc. — Auf den Felsgipfeln des Schlossberges standen ehem. 2 feste Schlösser, die 1744 von den Franzosen zerstört wurden. Ansehnliche Trümmerreste, die noch vor einiger Zeit deren Umfang bekundeten, sind dem Rebbau u. den Weganlagen etc. zum Opfer gefallen. — **Ludwigsplatz**, schöner Aussichtspunkt, bei Gelegenheit der 7. Säkularfeier der Gründung Freiburgs (1820) zu Ehren des Grossherzogs **Ludwigshöhe** genannt (Tafel mit Inschrift). **Pavillon** auf dem südl. Vorsprung des Schlossberges mit *Orientirungstafel* (die aber nur verwirrt, weil sie Orte angiebt, die man nicht sieht). Panorama prachtvoll.

Links Dreisamthal, bei Wisneck im Hintergrund der Höllenthalpass, darüber die Bergmassen der Feldbergausläufer, zu Füssen Vorstadt Wiehre, darüber die Loretokapelle auf dem Schlierberg, höher der Schönberg od. Schünberg. Im SW. u. W. die weite Rheinebene rechts hinüber gebreitet, zu den Füssen die Stadt mit der Münsterpyramide. Am Horizont die lange blaue Kette der Vogesen mit dem bemerklich hervortretenden Belchen. Gegen NW. die Kaiserstuhl-Erhebung. — Den Feldberg und Belchen sieht man hier *nicht;* der erstere kommt erst zu Gesicht, wenn man über den **Hirzenberg**, am sog. **Silberbrunnen** vorüber in der Richtung gegen **Ebnet** am Bergrand hin wandert.

Auf der Höhe führen schöne Waldspaziergänge in nördl. Richtung zum sog. **Salzbüchsle** (frühere Sternschanze). Von hier aus weitere Ausflüge nach dem **Johannisberg**, St. **Ottilien** ($1^1/_4$ Std.) u. auf den **Rosskopf** mit dem romant. *Martinsfelsen* ($1^3/_4$ Std.) od. zum **Jägerhäuschen**.

Interessant für den Fremden sind die an den Markttagen (namentl. Donnerstags u. Samstags) zum Vorschein kommenden *Volkstrachten,* von welchen in den Medaillenbildern der Bahnhof-Vorhalle Prototype zu sehen sind.

Spaziergänge: Zum **Greifenegger Schlösschen** an der westl. Abdachung des Schlossberges über der *Stratz'schen Bierbrauerei* (zu der es gehört) mit herrl. Aussicht. (Die Bierfässer werden direkt aus dem tief in den Berg hineingehenden Lagerkeller durch einen Schacht heraufgehoben.). — durch die Vorstadt **Herdern** nach der Gartenwirthschaft **Zum Jägerhäuschen** ($^1/_2$ Std.). — durch Wald hinauf zur **Ruine Zähringen** ($1^3/_4$ Std.). Schlüssel zur Plattform des *Thurmes* in einem dabei stehenden Haus, wo auch Erfrischungen zu haben. Rückweg über **Dorf Zähringen**. — Zur **Loreto-Kapelle** auf dem **Schlierberg** (25 Min.) mit schöner Lindengruppe. Erbauung der Kapelle zum Gedächtniss der in der Schlacht vom 5. Aug. 1644 Gefallenen. Bekannt Turenne's Kommando, „Encore mille!", mit welchem er immer neue Massen gegen die feindl. Verschanzungen trieb, welche von dem General Mercy vertheidigt wurden. Hundert Jahre später bei der Belagerung Freiburgs 1744 schlug eine vom Schlossberg herübergesandte Kanonenkugel dicht neben dem König Ludwig XV. von Frankreich in den Boden. Sie wurde über der Kapellenpforte eingemauert. In der Umgebung Sandsteinbrüche aus denen die Bauquader zum Münster gebrochen wurden. — Höher hinauf elegantes *Restaurant,* „**Zur schönen Aussicht**", 1881 abgebrannt. — Von hier weiter nach Stephanienruhe. — nach ($^3/_4$ Std.) Güntersthal, *Gartenwirthschaft zum Hirschen;* weiter thalaufwärts Restauration zur Kybburg; mehrere Bierbrauereien; von da schöne Waldspaziergänge, überall mit Wgw. — Nach Bad Littenweiler (1 Std.) *(Hirsch).*

Ausflüge: auf den Schönberg 646 m. od. Schünberg (2 Std.; prächtiges Panorama. Berg von schönen Formen, soll keltische Opferstätte gewesen sein, mit noch wahrnehmbaren künstl. Zugängen. Verschiedene Sagen, auch eine vom Venusberg od. wie vom Kiffhäuser. Am südl. Abhang gegen *Ebringen* Fund alter Grabstätten (1867). — In ($^1/_2$ Std.) Ebringen, 246 m. *(Bür; Rebstock),* vortreffl. Weinbau. Schon 789 Besitz des Klosters St. Gallen (dessen ältester Besitz im Breisgau), das keltisch-röm. Eburum. Von hier 25 Min. nach Stat. Schallstadt. In 35 Min. von *Ebringen* zur Ruine Schneeburg, Stammsitz der Familie Schnewlin. — nach Merzhausen, 283 m. *(Hirsch),* (am sog. *Jesuitenschloss* vorüber auf den Schönberg) u. von da in's Hexenthal nach Au, Wittnau, Sölden, Kuckucksbad. Von *Au (Löwe)* in 40 Min. nach Langachern, in 15 Min. nach dem Selzenhof mit künstl. Fischzucht des Oberbürgermeisters Schuster in Freiburg. Vom Bahnhofe zu *Schallstadt,* 242 m. *(Löwe)* in 1 Std. über Mengen nach Munzingen, 238 m. *(Krone; Löwe)* mit *Schloss* u. der Apollonienkapelle, 575 m. auf dem südl. Vorsprunge des *Tuniberges.* — Zwischen *Schallstadt* und *St. Georgen* Bad Leutersberg. — nach dem Kybfelsen, $2^1/_2$ Std. mit schwachen Trümmern der Kybburg.

In's **Glotterthal,** Tagestour; Morgenpost bis Zarten im Dreisamthal (Taxe bis Falkensteig). Von da über Stegen durch das Eschbachthal nach St. Peter 2 Std. *(Gasthaus zum Hirschen);* von hier Spaziergang ($^1/_2$ Std.) auf den aussichtsreichen Lindenberg. Guter *Fahrweg* (Fussweg $^1/_2$ Std. näher) in's romant. Glotterthal, zu oberst eng und felsig, tiefer unten ausgeweitet. Die Hänge desselben erzeugen treffliche Weine. Tracht der Frauen bemerkenswerth: gelblackirter Strohcylinderhut. Im Glotterbad gute *Wirthschaft.* Durch's Thal hinaus nach Bahnstation Langen-Denzlingen (von St. Peter $3^1/_2$ Std.) u. zurück.

Auf den Schau-in's-Land od. Erzkasten (4—5 Std.) Von Freiburg mit Wagen über Kappel (375 m.; *Kreuz*) in's Grosskappeler Thal bis zum *Herder-Wirthshaus* und dann auf Fusswegen weiter (Führer). Oder auch zu Wagen auf der *alten Todtnauer-Strasse* bis zum *Halden-Wirthshaus;* von hier zu Fuss (Führer unnöthig) in $1^1/_2$ Std. auf den Gipfel, 1286 m. Oben Rasthaus, *Restauration* mit Betten. Aussicht auf die Schweiz. Alpen, z. Theil vom Belchen verdeckt. Rückweg (gut, Wgw.) in vielen Zickzackwegen hinab auf die Strasse von Horben nach Güntersthal.

Auf den **Kandel,** 1243 m., Eisenbahn bis Waldkirch. Hier Führer 3 Mk. Auf den Berg von Waldkirch aus 3 Wege. Der schönste und bequemste geht durch den Bruckwald u. durch das Altersbachthal. Bis zum *Gipfel* 3 Std. Aussicht grossartig: Alpen, Vogesen u. Schwarzwald. *Hinabweg* (Führer verlangt Nachzahlung wenn nicht gleichen Rückweg) entweder a) über die Plattenhöfe in das Wildgutachthal zum Zweribachfall nach Gütenbach, Nr. 44 — oder Obersimonswald in $2^1/_2$ Std. — oder b) hinab nach St. Peter in $1^3/_4$ Std u. durch's Glotterthal hinaus nach Langen-Denzlingen (s. ob.) Eisenbahnstation.

Auf den Feldberg, Nr. 39; ein *Fahrweg,* nicht sehr bequem, führt vom *Nothschrei* bis zur *Todtnauer Viehhütte.* Nr. 39.

Nach St. Märgen, Waldau u. Breitnau. Durch das Dreisamthal bis zur *Abzweigung* des Weges beim *Wirthshaus zum Himmelreich* nach Buchenbach, 449 m. *(Hirsch).* In der Nähe Trümmer des Schlosses

Wisneck, ehem. den Eingang in's Ibenthal u. die Wagensteig (einst belebte Handelsstrasse aus dem Rheinthal nach Schwaben) beherrschend. $^3/_4$ Std. von Buchenbach rechts *Abzweigung* eines *Fahrweges* (Wgw.) nach dem Thurner, Hohlengraben, Waldau und Furtwangen durch das enge Spirzenthal *(Wirthshaus zum Hockenhof)*. Die Wagensteig zieht sich an Sägmühlen, Kapellen u. Wirthshäusern vorüber thalauf (kürzende Fusswege). In der Nähe der Omen-Kapelle mit weiter Fernsicht St. Märgen, 890 m. *(Hirsch; Krone; Rössle)*, dessen Name von Maria (Mariken, Märiken) herrührt. — *Sommerfrische, Station für Ausflüge.*

Chorherrenstift St. Märgen, gestiftet 1100, schon im 15. Jahrh. im Verfall, wesshalb Stadt Freiburg die Stiftswaldungen an sich brachte. 1806, gleichzeitig mit der von ihm gestifteten Probstei zu Allerheiligen in Freiburg aufgehoben.

Ausflüge nach St. Peter, in's Wildgutachthal, nach Gütenbach, Neukirch, Furtwangen, Waldau, nach dem Thurner, 1029 m. (*Wirthshaus zur Hochburg*), Breitnau etc. Schöne Fernsichten auf allen Höhen.

Vom Thurner über Breitnau nach Oberhöllsteig od. durch die romantische Ravennaschlucht in's Höllenthal (*zum Sternen*). Breitnau, 1020 m. (*Kreuz; Löwe*), *beliebter Sommeraufenthalt.* In der Nähe der Hochwart, Ottenkopf, Weisstannenhöhe (1050—1125 m.) mit weiten Aussichten. — Von *St. Märgen* nach Waldau, lässt man den Thurner rechts liegen u. wandert über Hohlengraben, 1038 m. (*Wirthshaus*). Waldau, 962 m. (*Wirthschaft von Pfaff*), beliebte *Sommerfrische* der Freiburger. Forellenfischerei. Von *Waldau* gute *Fahrstrasse* durch das Langenordnachthal nach Neustadt, $2^1/_2$ Std. —

Ueber Oberried nach Todtnau. 1 Tagespartie (früh aufbrechen, wenn zurück nach Freiburg). Ueber Kirchzarten, 390 m. (*Krone; Löwe; Fortuna*), das alte röm. Tarodunum (Zarduna, Zarten). Von hier in $^3/_4$ Std. nach Oberried, 457 m. (*Hirsch; Adler*), ehem. mit Bergbau; Holzstofffabrik. Beim *Wirthshaus zum Hirsch* links *Abzweigung* eines Weges durch das romant. Zastlerthal auf den Feldberg, $3^1/_2$ Std., Nr. 39. Links *Wegabzweigung* durch das Wilhelmsthal (Wegw.); Blick in dieses Thal mit der runden Kuppe des Feldberges. Steigung durch enges Thal nach Hofgrund hinauf 1 Std. Von da *Weg* auf den Schauinsland. Weitere Hebung der Landstrasse am Schmelzplatz (*Wirthsh.*) vorüber durch Wald u. an rauschenden Bächen vorüber zum sog. Nothschrei, wo die alte Haldenstrasse *rechts* nach Freiburg, *links* der *Fahrweg* zur Todtnauer Viehhütte abbiegt, Strassenhöchstes, 1008 m. Absenkung des Weges nach dem Häuserkomplex Muggenbrunn, 969 m. (*Grüner Baum*), in Tannenwaldumgebung, von wo *Fussweg* über Umgendwieden auf die romant. Münsterthalstrasse, Nr. 37. — $^1/_4$ Std. weiter unten *Abzweigung* eines *Fahrweges* nach Todtnauberg. Bei dem freundl. daliegenden Aftersteg (*Engel*) Erweiterung des Thales; links der malerische Wasserfall von Todtnauberg u. endlich ($1^1/_4$ Std.) **Todtnau**, 649 m., ca. 1800 Ew. (*Ochs; Rössle* od. *Post; Bär*), sehr gewerbthätiges Städtchen (19. Juli 1876 Feuersbrunst 88 Häuser verzehrt), ehedem Bergbau auf Silbererz, Bürstenfabrikation im grössten Massstab, Fabriken.

Ausflüge zum Todtnauer Wasserfall unterhalb Todtnauberg, 1020 m. (*Stern*). Absturz 95 m. von 944 m. auf 849 m. Meereshöhe herab. — auf den Knöpflisbrunnen, 1151 m.; auf den Silberberg, 1360 m., auf das Hasenhorn, 1158 m. —

Wagen von *Freiburg* nach *Todtnau* hin u. zurück 20—25 Mk. — Wagen von *Todtnau* (2spänn.) über die *Präg* nach *Todtmoos* 12 Mk., nach *Brennet* (Eisenbahnstation Basel-Schaffhausen-Konstanz) 20 Mk., nach *Zell i. W.* zur Eisenbahn 10 Mk.

Nach dem Kaiserstuhlgebirge, Alt-Breisach etc. Nr. 29.

Nr. 39. Von Freiburg durch das Höllenthal zum Titisee und auf den Feldberg. Feldbergwege. Durch das obere Wiesenthal hinab nach Todtnau.

Entfernungen für Fussgänger: Von Freiburg 1 Std. 20 Min. nach Ebnet; 50 Min. nach Zarten; 20 Min. Post in Falkensteig; 1 Std. Hirschsprung; 1 Std. 20 Min. Höllsteig (Post); 1 Std. 50 Min. bis zum Bären in Altenweg; 2 Std. nach Lenzkirch; (2 Std. 5 Min. nach Schluchsee; 2 Std. 15 Min. nach Häusern; 55 Min. St. Blasien; 5 Std. 35 Min. nach Albbruck etc.).

Empfehlenswerth für Touristen zu *fahren* bis zum Himmelreich; von da Fusswanderung.

Poststrasse von Freiburg bis zum **Titisee** 30 Kil. (nach Albbruck an der bad. Südbahn 89 Kil.); nach Bahnstation Weizen (Wutachthalbahn) über Lenzkirch u. Bonndorf 68 Kil.; nach Uehlingen im *Schlüchtthal* (am obern Ende der romant. Schlüchtthalpassage) 55 Kil.; nach Thiengen (durch's Schlüchtthal 69 Kil.) auf der *Poststrasse* über Neuhaus (Berghaus) 68 Kil.

Post von Freiburg nach (35 Kil.) Neustadt über (28 Kil.) Altenweg, tägl. 3 mal in ca. 6 Std.

Von Neustadt über (10 Kil.) Lenzkirch, (19 Kil.) Schluchsee nach (33 Kil.) St. Blasien, tägl. 1 mal in 5½ Std.

Von Altenweg ebenfalls **Post** nach (17 Kil.) Schluchsee (über Alt-Glashütte), tägl. 1 mal in 2¼ Std. — nach (10 Kil.) Lenzkirch, tägl. 2 mal in 1¼ Std.

Von St. Blasien **Post** nach (26 Kil.) Albbruck Nr. 36, tägl. 1 mal in 3 Std.; — über Höchenschwand nach (22 Kil.) Stat. Waldshut, tägl. 1 mal in 3¾ Std.

Von Schluchsee nach (11 Kil.) Birkendorf am *obern Eingang* (über *Uehlingen*) in's romant. Schlüchtthal, tägl. 1 mal in 1 Std. 45 Min.

Privatfuhrwerk. Oft unverschämte Preise gefordert. Gewöhnlich für 1 Zweispänner: bis zum Hirschsprung, ½ Tag 12 Mk., 1 Tag 16 Mk.; bis zum Sternen (Faller), ½ Tag 16 Mk., 1 Tag 18 Mk.; — bis Schluchsee 36 Mk.; bis St. Blasien 44 Mk.; — bis Höchenschwand 48 Mk. — Trinkgeld 2 Mk. pro Tag. — Einspänner selten od. nie zu grössern Touren zu bekommen.

Die im Bau begriffene Höllenthalbahn erhält Stationen in Wiehre, Littenweiler, Kirchzarten, Himmelreich, bei der alten Post im Höllenthal, beim Gasthaus zum Sternen (Post), Hinterzarten, Titisee u. Neustadt. Bahnlänge 35 Kil., davon 28,35 Kil. gewöhnl. Bahnanlage mit Steigung bis zu 2,5 % u. 6,6 Kil. Zahnradbahn mit Steigung bis 5,5 %.

Von *Freiburg*, Nr. 38, zum Schwabenthor hinaus über die Dreisam. Jenseits vom *Gasthaus zum Schiff* Blick in's offen daliegende Dreisamthal. Zur Linken, am Bergabhang, von Waldung umgeben, die ehem. Karthause, jetzt *Schloss* der Familie von Türkheim. Fabriken am Dreisamkanal. — Rechts am Abhang Littenweiler. Ueber die Dreisam. (5 Kil.) Dorf **Ebnet,** 334 m., dicht am Bergvorsprung (*Löwen; Hirschen*). *Schloss* der Familie von Gayling. Der ehemalige Löwenwirth, lebendiges Urbild von B. Auerbachs Wädeleswirth, durch seine klassische Derbheit landauf u. ab bekannt. — Rechts von der Landstrasse kleine Pyramide, die Brunnenstube zur neuen Freiburger Wasserleitung. — Im Vorblick links des Thalumfangs der Lindenberg, 813 m. eine neue klösterl. Anstalt für reiche Bauerntöchter (wieder aufgehoben). In der Mitte des Bildes der etwas spitzgipflige Hochwart, 1122 m., am Eingang in's Höllenthal. Rings fruchtbare Felder u. saftgrüne Wiesen mit sorgfältig erstelltem Ueberrieselungs-System. — Zur Rechten Eingang in's Kappelerthal u. Blick auf den Erzkasten (Schauinsland). — (9 Kil.) Pfarrdorf **Zarten.** Ausserhalb desselben Gabelung der Strasse: *rechts* Poststrasse nach Kirchzarten, Oberried u. Todtnau u. *Weg* durch's Zastler Thal auf den Feldberg, *gerade* fort Poststrasse (unsre) durch's Höllenthal. — Links am Thalrand Dorf Stegen u. Eingang in's Eschbacher Thal. — Weiter links Burg, 396 m. (*Stadt Brandenburg*) wo das Ibenthal nach links, nordöstl. in das Gebirge hineinschneidet. Post.

Zur Linken auf ansehnlicher Höhe Ruine Wisneck. — Die Wagensteig zieht sich dort durch das interess. Thal (Wgw.) der Wagensteig hinauf nach (12 Kil.) St. Märgen, 890 m. *(Hirsch; Krone)*. Wahrscheinl. schon aus der Römerzeit stammende Strassenverbindung.

Thalgegend des Himmelreich, allmählig von den Bergen näher umschlossen, als Gegensatz zu dem nun folgenden felseneingeengten Höllenthal. *Gasthaus zum Himmelreich* in lieblicher Umgebung (für Fuhrleute). Verengerung des Thales; die Felsen rücken dichter an die Strasse heran. Häusergruppen des *Fauler'schen Eisenwerkes* zur Falkensteig, in denen die Eisenhämmer u. Maschinen geschäftig arbeiten. (3 Std. von Freiburg.) Gemeinde Buchenbach, deren Kirche jenseits des Berges in der Wagensteig liegt. *Gasthaus zu den zwei Tauben* (*Post*) u. bald darauf *Gasthaus zum Löwen.* Links in der Höhe, auf malerisch bewaldeter Bergschneide Ruinenthurm der ehem. Burg Neu-Falkenstein, einst Beherrscherin dieses Engpasses. — Schritt für Schritt schönere Gestaltung des Thalbildes und wechselnde Scenerie. Hier unbedingt Fusswanderung zu empfehlen.

Die Fahrstrasse durch diese Felsenge ist noch nicht viel über 100 Jahre alt. Sie wurde zur gegenwärtigen Breite ausgesprengt (1769) als die österreichische Prinzessin Marie Antoinette die Brautreise zu ihrer Verbindung mit dem Dauphin, nachmal. König Ludwig XVI. von Frankreich, welche für sie verhängnissvoll wurde, hier durch nahm (1770). — General Moreau nahm auch seinen meisterhaft durchgeführten Rückzug nach der Schlacht von Liptingen (Oktob. 1796) durch diesen Engpass.

Hier Beginn der engen Felsenschlucht von durchaus malerischem, hochromant. Charakter, welche den phantastischen Namen **Höllenthal** führt. Die 120—150 m. hoch aufsteigenden Felsenmassen sind nicht kahl u. nackt, sondern besitzen, in Folge Verwitterung, durch Anhaften von Moosen u. Flechten eine so reiche Abstufung von grauen u. braunen Farbentönen, dass die Gesammtwirkung ihrer Erscheinung von unendlich fesselnder Schönheit ist u. die Scenerie einen seltenen pittoresken Reiz besitzt. Denn in jeder Gesteinsritze, in jeder Spalte, auf jedem Absatz u. auf dem Hochrand dieser Felswände wuchert üppiges Gesträuch u. grünwipfliger Baumwuchs.

Alt-Falkenstein, schwache Trümmerreste der ehem. Raubritterburg, zerstört 1390 von den Bürgern von Freiburg, — deren Insassen, die Ritter von Falkenstein, Inhaber der alten Bergvogtei Hinterstrass, der Gemeinden von Vorderstrass, der Thalvogtei Kirchzarten, auch theilweise des Glotter- u. Föhrenthals, zahlreiche Räubereien u. Gewaltthaten verübten, bis ihre Burg gebrochen wurde. Sagen vom Räuberschloss.

Dicht unter dem hohen Felsvorsprung mit den Burgtrümmern von *Alt-Falkenstein*, wo die Felsmassen so nahe zusammentreten, dass nur die Strasse u. der rauschende Bach neben einander knapp durchzukommen vermögen, die *Glanzstelle* des ganzen Thales, der sog. Hirschsprung. Ein künstl. Hirsch auf einem Felsaltan soll den Gedanken an einen solchen Sprung versinnlichen. Diese imposante Wegepisode mit der grandiosen Dekoration ist aber schnell vorüber u. das Thal erweitert sich wieder zum rinnenartig ausgehöhlten, grünen Waldthal, von Laubholz u. Tannenbäumen bis zur Sohle herab überwachsen u. von einzelnen Häusern und Sägmühlen belebt. Zur Linken (19,5 Kil.)

Gasthaus zum Adler (alte Post) mit Dependenze u. schönen Anlagen, Pavillon, Spazierwege, Wasserfall, etc. *Sommerfrische u. Kurort.* — Weg links (steil) hinauf nach Breitnau u. zum Thurner. — Zukünftig Station der Höllenthalbahn. —

Wieder zur Linken, am Berghang lehnend, die alte St. Oswaldkapelle mit alten Bildern.

Endlich (25 Kil.) das stattl. in hübschem, modernem Wälderstyl gebaute **Gasthaus zum Sternen**, zugleich Poststation u. Posthalterei, mit geschmackvoller Dependenze u. *Pension für Sommergäste,* grossen Oekonomiegebäuden etc. Im Sommer von Pensionsgästen u. Passanten viel besuchter Platz. *Stationspunkt für genussvolle Ausflüge u. Schwarzwaldtouren.* Von hier nach Burg 3 Std., nach Freiburg 5 Std., zum Titisee 2 kleine Std.

Von hier aus *Weg* zum Feldberg-Höchsten durch das Albersbacher Thal in 2½—3 Std. (mit Führer). Kürzester aber mühsamer u. wenig empfehlenswerther Feldberg-Anstieg.

Nun folgt die 1857 erbaute Strassenstrecke an der Höllsteig, wo der Strassenzug in mehreren über einander liegenden Serpentinen die hohe Thalstufe von Hinterzarten u. Höllsteig überwindet. Prächtige Niederblicke auf die St. Oswaldskapelle, die stattliche Häusergruppe des Gasthauses zum Sternen und auf den obern Theil des durchwanderten Thales. Im hintern Thalwinkel des Löffelthals, hoch am linken Abfall der Thalwände Wasserfälle in der Bisten. Die früher für Fuhrwerke so verhängnissvolle u. mühselige „Höllsteig" wird nun in gelinder Steigung, aber in verlängerter Strecke passirt. Die *Bahnlinie* wird hier *Zahnradbahn.* Nach dem zweiten Strassenbogen Ueberraschung: Die Strasse umkreist einen grandiosen, mächtig aufstrebenden Felsdorn von Gneis, auf dessen Gipfel ein grosses Kreuz emporragt. Effektvoller Punkt! Zur Seite ein in malerischen Kaskaden durch eine Felsenschlucht niedereilender Gebirgsbach. Es ist der Ravennafelsen und die Ravennenschlucht mit dem gleichnamigen Bach (*Raben-* oder *Ravin* = *Grabenbach*).

Treppen u. Fussteige hinab. Sturzbad. Weganlagen zum Sternenwirthshaus hinab. — *Aufwärts* durch die Ravennaschlucht romant. und kürzender *Fussweg* nach Breitnau (von wo auf den Hochwart und Ottenkopf) auf den Thurner, nach St. Märgen, Glashütte, Gütenbach u. s. w.

Auf den Strassenwindungen immer schönere Rückblicke; Fussgänger thun wohl daran, die Bogenlinien der Kunststrasse zu verfolgen u. nicht die abkürzenden Fusswege zu wählen.

Die Landschaft nimmt allgemach das Aussehen der höhern u. rauhern Lage an. Auf der Höhe *Gasthaus zum Hirsch.* Im Vorblick die weit über die grünen Matten zerstreuten Häuser von Hinterzarten und der Winterhalden. Weiter, zur Rechten der Strasse, *Gasthaus zum Rössle;* gegenüber, jenseits der Strasse, stattl. Neubau für Sommergäste. Hier (rechts) *Abzweigung* eines guten *Fahrweges* nach (1/4 Std.) **Hinterzarten,** 895 m. — Daselbst ebenfalls gute, zu längerem Aufenthalt eingerichtete Gast- und Logirhäuser: *Adler; Pension Schuler,* billig u. gut.

Ueber Hinterzarten u. Erlenbruck, durch das Bärenthal u. am *Adler* vorüber guter *Fahrweg* auf den Feldberg, vom *Adler* weg auf der fürstl. fürstenbergischen *Waldstrasse,* zum Feldbergerhof. Fussgänger kürzen wenn sie vom Sternenwirthshause aus den *Weg* nach Hinterzarten durch das Zartenbachthal oder Löffelthal (von Löffelschmieden) einschlagen.

Links *Fahrweg* nach Breitnau, Thurner etc. — Die Strasse hat ihren *höchsten Punkt,* 879 m. erreicht. Gerade vorwärts der stolz aufgesetzte Hochfirst bei Neustadt, 1190 m., mit seinen dunkel bewaldeten Abhängen.

Das in das Gneisgebirge eingerissene Höllenthal hat an seinem obern Ende 2 Schluchtausgänge, den von Hinterzarten u. den von Breitnau. Am Eingang zu der Schlucht, die von Hinterzarten in's Höllenthal absinkt, Stromwellen u. Haufen von Geröllc, die in grossen Stürzen aus runden Felsblöcken sich durch die Schlucht hinabziehen. Im obern Theil des Höllenthals von der Steig bis zum Hirschsprung hinab wenig Gerölle, mehr unterhalb der Felsenge, bei Falkensteig u. am Ausgang des Engthales. Vom „Himmelreich" an bis Burg mächtiger Stromwall u. Geröll weit thalabwärts.

Von Oberhöllsteig ab, an Torfgrund vorüber (altes Becken eines Ursees) nach (28 Kil.) **Altenweg,** *Gasthaus zum Bären,* mit Pension u. Kapelle. *Sommeraufenthalt, Stützpunkt für Schwarzwaldtouren.* Poststation u. Telegraph.

Hier *Gabelpunkt der Strasse: links* nach Neustadt u. Donaueschingen, — *rechts* nach Lenzkirch, St. Blasien u. Schaffhausen. Postverbindungen S. 280. — Auf der Lenzkircher Strasse weiter, die sich gegen den bald vor Augen tretenden (29,5 Kil.) **Titisee** hinabsenkt. Dieses Berg-Seebecken, 849 m. hoch, 2 Kil. lang, fast 1 Kil. breit u. 39 m. tief, ist seinem landschaftlichen Charakter nach ganz beeinflusst von Luft u. Witterung. Sind die im Umkreis u. hauptsächl. im Hintergrund aufgepflanzten Berghäupter in Nebel u. Wolkenschleier eingehüllt, dann ist die malerische Wirkung des Seebildes eine frostige u. ärmliche; ist hingegen der breitstirnige Koloss des Feldberges sammt den Seehöhen von blauem Himmel überdacht u. von Licht überstrahlt, so erscheint der Titisee wie ein glänzendes

DER FELDBER

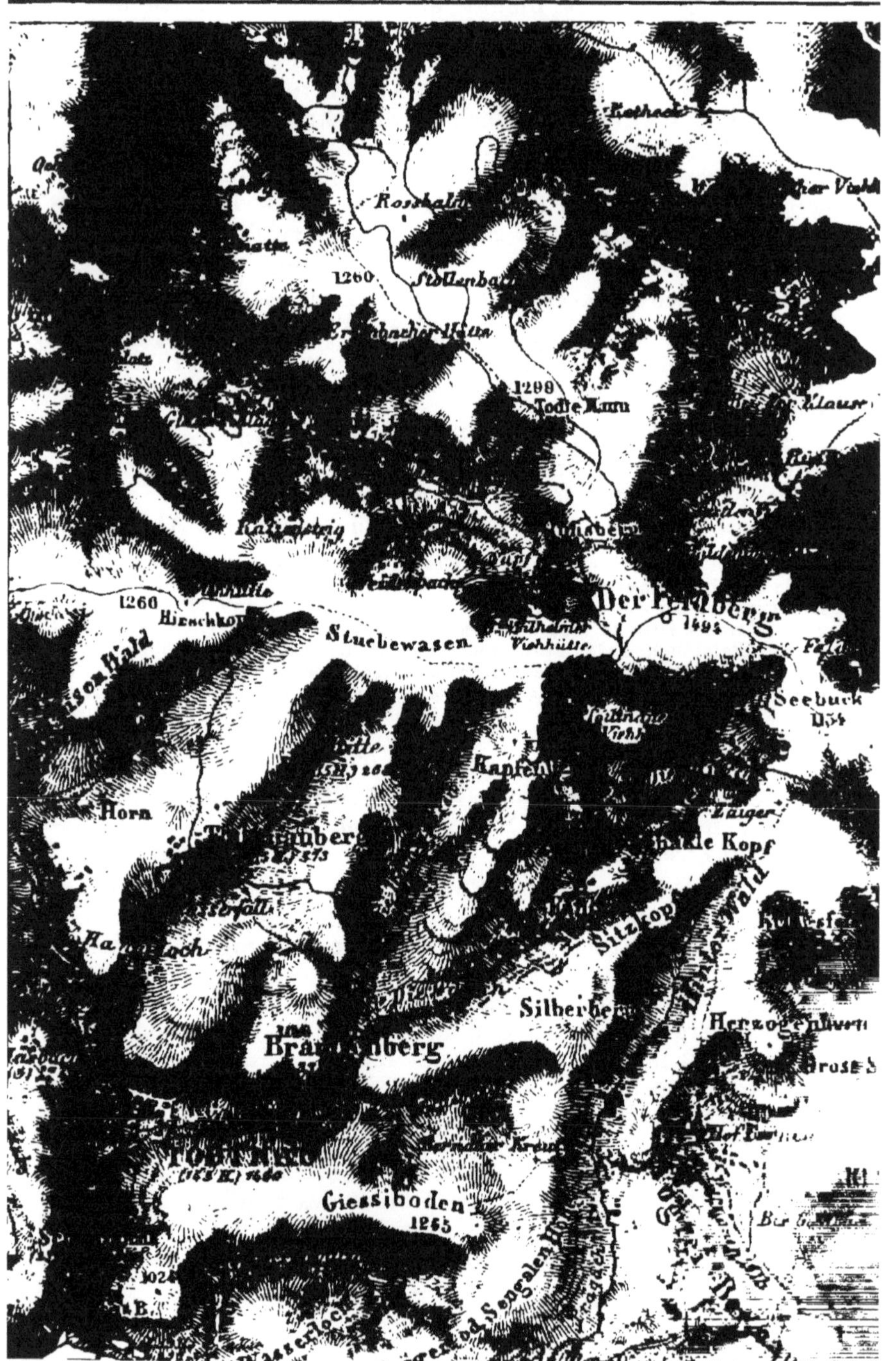

1260
1299
Der Feldberg
Stuebewasen
Vichhütte
1260
Seebuck
Horn
Kahle Kopf
Zaiger
Silberberg
Giessiboden
1265

& UMGEBUNG.

Hinterzarten
Titi-See
780 m.
Jack Wald
Silberberg
Bärenthal
760
Stossfels
1300
Barhalde
1320
Stutz
Ammerhalde
Schluchsee
Hinter
Vorder
1283

Juwel inmitten der sattgrün umwaldeten Berge u. hellen Grashalden und das Landschaftsbild ist von lockendem Schönheitsreiz. — Spuren von geglätteten Rollblöcken und Trümmerhaufen am Titisee u. im Bärenthal, die ihr Dasein der einstigen Hochfluth des Wutachseebeckens verdanken mögen. Manche halten sie für das Produkt von Gletscherbildungen.

„Das Thal von Hinterzarten", sagt Dr. Fromherz, „der Seebach u. das Gutachthal vom Titisee bis Neustadt haben auffallend die Struktur eines ehemal. Seebeckens. Die Thäler sind breit u. flach, der Thalgrund hat nur schwachen Fall u. ist in einer gewissen Tiefe dicht mit Sand u. kleinen Geröllen bedeckt. Im Thal von Hinterzarten finden sich überdies beträchtliche Torfmoore. Von diesen Thälern gehen grosse Geröllablagerungen aus, welche ohne Zweifel durch Strömungen gebildet wurden. An den 2 Ausmündungen bilden diese Thäler enge Schluchten, welche entschieden den Charakter von Thalspalten zeigen: das Höllenthal u. die Schlucht des untern Gutach- u. obersten Wutachthales etc."

An der *Strasse* am Titisee, nahe am Ausfluss der Gutach aus demselben, *Gasthaus u. Pension von Eigler*, Kahnfahrt, Bade-Einrichtungen am See u. Fischerei. Sommerfrische, Station für Ausflüge. Angenehm geselliges Haus. Spaziergänge.

Kahnfahrt auf dem See bis 1 Std. 30 Pfg. Hotelgäste billiger. Schöner Punkt für längern Aufenthalt.

Die *Strasse* nach Lenzkirch (die *neue*) zieht sich durch den Seewald hinauf u. geht in einer Erhebung von 990 m. über die Höhe hinüber u. an der Haslachhalde entlang, allmählig niedersteigend, zur Haslachthalsohle nieder. Bei Mühlingen Wiedervereinigung mit der *alten*, steilen Strasse (Seesteig) über Saig. — *Die Strassenabzweigung* über Falkau u. Alt-Glashütte nach Schluchsee erfolgt beim Rothen Kreuz über dem Seewald.

Zum Feldberg auf dem *Fahrwege* am linksseitigen nordwestl. Seeufer, an der sog. Bruderhalde entlang u. dann am Seebach hinauf. Angenehmer mit Kahn des *Hotel Eigler* (1 u. 2 Pers. 50 Pfg.; jede mehr 30 Pfg.) über den See hinauf zur Bruderhalde. Hier *Einmündung* des hübschen *Fahrsträsschens,* das vom *Rösslewirthshaus* in Oberhöllsteig von der *Höllenthalstrasse* ab und über Hinterzarten u. Erlenbruck hier vorüber nach Bärenthal u. auf den Feldberg führt. *Bester Weg* aus dieser Richtung auf den Feldberg.

In Erlenbruck *(Gasthaus u. Pension zum Schwan)*, ehem. gräfl. Sickingen'sches Jagdschlösschen, in Waldumgebung, auf dem Höhenrücken zwischen Titisee u. Hinterzarten, auch zur Aufnahme von Sommergästen eingerichtet.

In $1^1/_2$ Std., den Seebach auf einer *Brücke* bei einem Mühlgehöft überschreitend, nach Bärenthal. Zu äussers- das hochgelegene *Gasthaus zum Adler.* Hier links *Abt zweigung* des *Fahrsträsschens* nach Neu-Glashütte (25 Min.), Alt-Glashütte ($^3/_4$ Std.) u. von da nach Lenzkirch u. Schluchsee; gerade aus in die Höhe *fürstl. fürstenberg. Waldstrasse* zum Feldbergerhof durch prachtvollen Tannenwald (für Maler instruktiv) hinauf. Vom *Adler* aus auch ein *Fussweg*, kürzer, vom Schwarzwald-Verein angelegt. Rechts *Weg* zum Feldbergsee (Feldsee) $^1/_2$ Std., Wegw. Man kann auch ganz am Seebach aufwärts, in der Thalsohle bleibend, zum Feldsee wandern, $1^1/_2$ Std. von Bruderhalde aus; sehr malerischer Weg, aber der Aufstieg vom Feldsee dann steiler; doch hier neuer guter *Fusssteig*.

Ueber die Wanne (s. Karte vom Feldberg) hinauf. *Rechts* (Wgw.) *Einmündung des Weges* vom Feldsee herauf. Um den Hochkopf, 1310 m., herum zur Menzenschwander Viehhütte u. gleich darauf zum Feldberggasthof. *Feldbergerhof,* 1275 m., östl. (1 kl. Std.) vom Höchsten, in einer Mulde, gegenüber der Lenzkircher Viehhütte, gelegen.

Etwa 40 Betten; gutes Essen u. guten Wein. Preise der Abgelegenheit u. Hochlage des Punktes entsprechend. Gelegenheit zu Milch- u Molkenkuren u. zur Jagd u. Fischerei. Postagentur und Telephonverbindung.

Entfernungen: Vom *Hotel* zum Friedrich-Louisenthurm auf dem Höchsten 1 Std.; — auf das Herzogenhorn 1 Std.; auf den Hochkopf 20 Min.

Der **Feldberg,** 1496 m., ist der höchste Berg des Schwarzwaldes (aus Gneis) u. der dritthöchste Berg des deutschen Reiches (Zugspitze 2957 m., Schneekoppe 1605 m.). Das Gasthaus u. mehrere, auch zum Uebernachten, eingerichtete sog. Viehhütten begünstigen die Besteigung des Gipfelplateaus, da sie im Kreis um dasselbe herum liegen. Es führen eine ziemliche Anzahl von Wegen auf diese Central-Erhebungsmasse des Schwarzwaldes, welche den Namen Feldberg führt. Es sind namentlich die folgenden, welche am meisten benutzt werden:

Weg 1. Vom Titisee und Hinterzarten (s. oben) über Bärenthal u. entweder a) durch den Seebach- u. Rothwassergrund zum Feldsee, *Fussweg* zur Höhe, od. b) sehr gute Fahrstrasse (fürstl. fürstenberg. Waldweg) hinauf (s. ob.), $2^3/_4$ Std., s. Seite 289.

2. Vom Sternenwirthshaus an der Höllsteig über Albersbach u. Rinken in 2 Std., ziemlich steiler *Fussweg* (der kürzeste) nur mit Führer; s. Seite 290.

3. Von Oberried durch das Zastler Thal über die *Klause* zum Rinken u. nach der Baldenweger Viehhütte, in $2^1/_2$ Std., der meist benutzte Weg von Freiburg aus.

Man kann aber auch, ohne Rinken u. Baldenweger Viehhütte zu passiren, im Zastler Thal bei einem *Waldhüter-Haus* in der Nähe des *Schweizerhofes*, etwa $1^1/_2$ Std. von Oberried, rechts von der *Fahrstrasse* einen *Fussweg* einschlagen, der zuerst durch eine waldige, romantisch gestaltete Felspartie, dann über den Todten Mann, 1300 m. auf den Feldberg führt. Diese *Wegstrecke* von Oberried $3^1/_4$ Std.

4. Vom Nothschrei auf der Landstrasse von Kirchzarten, Oberried nach Todtnau, aussichtsreich u. lohnend, *fahrbar*, zur *links* St. Wilhelmer, *rechts* zur Todtnauer Viehhütte, $2^3/_4$—3 Std.

Ein schöner, nur zu wenig benutzter *Fussweg* durch das St. Wilhelmsthal, zweigt vorher schon ($^3/_4$ Std. von Oberried) auf den Feldberg ab.

5. Von Todtnau, ziemlich *fahrbar* (über Todtnauberg) viel frequentirt, in 3 Std.; einzelne Wegstellen schlecht zu passiren.

6. Von St. Blasien, *fahrbar* bis zum Gasthof, für Fussgänger stark 3 Std., Wagen $2^3/_4$ Std., S. 292.

7. Von Schluchsee über Altglashütte, auf der fürstl. fürstenberg. Waldstrasse zum Gasthof, völlig *fahrbar*, 3 Std., S. 293.

Wagen in *St. Blasien* im *Hotel St. Blasien* u. *Krone*; in *Todtnau* im *Ochsen*.

Führer: Vom *Sternenwirthshause* bis zum *Feldberger Hof* od. *Todtnauer Viehhütte* 3 Mk., wenn etwas zu tragen ist, etwa noch 50 Pfg. Trinkgeld. — Von *Todtnau* bis *Fahl* Führer unnöthig; hier beim *Adlerwirth* immer Bürstenbindergesellen, die als Führer (à 3 Mk.) zum *Feldbergerhof* geleiten. Gleiche Taxe vom *Bärenthal* aus. — Von *St. Blasien* aus nach *Menzenschwand* kein Führer nothwendig; von dort an eigentl. auch nicht; doch, wenn man zur Sicherheit od. Bequemlichkeit jemand mitnehmen will, so zahlt man $1^1/_2$—2 Mk.

☞ **Rathsam**, nicht später als *Nachmittags um 5 Uhr* im *Feldberg-Gasthof* anzulangen, um noch ein gutes Nachtquartier zu bekommen, sodann etwas Ruhe zu geniessen und nachher noch, zum Genuss des *Sonnenunterganges*, auf den Seebuck oder zum Thurm zu gehen. Bei *regnerischer* od. *nebliger Atmosphäre* hüte man sich ohne kundigen Führer weit vom Hause weg zu gehen. Lag über Nacht auf dem Gipfel *Nebel*, od. war *Regen*, so warte man zu u. verlasse den Berg *vor 10 Uhr Vormittags nicht*, da sich gewöhnlich um diese Zeit das Wetter entscheidet.

Zum **Erhebungssystem des Feldbergs** gehört eigentl. Alles das, was im Norden von der *Höllenthalstrasse*, im Osten vom *Titisee* u. *Schluchsee*, südlich von der weitzerstreuten *Thalgemeinde Bernau* u. der *Strasse bis Geschwänd* u. westl. von der *Strasse* von *Todtnau* nach *Oberried* eingeschlossen wird. Im **engern** Sinn indessen versteht man unter dem **Feldberg-Massiv** nur die vielfach umschluchtete, fast nach allen Seiten jäh u. tief abfallende *Bergmasse*, deren oberste

Terrassenränder von dem Seebuck im SO. u. vom Höchsten im NW. überwölbt werden. Von diesem obersten Gipfelkörper, der ringsum von mannichfachen Einbuchtungen eingerissen erscheint, senken sich steil abfallende Thäler ab, z. B. gegen SW. das tief eingeschnittene Brandenberger Thal, gegen SO. das Menzenschwander Thal, gegen O. als Abflussrinne des *Feldsees,* das Rothwasser- od. Bärenthal, sodann gegen N. das Zastler Thal u. gegen NW. das St. Wilhelmsthal, endlich gegen SW. die Thalschluchten der Wiese. Felsgerüst des Berges aus Gneis u. krystallinischem Gestein. Abhänge fast völlig mit Tannenwaldung bewachsen. Abnorme Erscheinung des Vorkommens der *Buche* in einer Höhe, wo ihr die Weisstanne nicht einmal mehr folgen kann. Ihre mittl. Vegetationsgrenze ist in Süddeutschland die Höhe von 1200 m., hier am Feldberg aber kommt die Buche noch vor in einer Höhe von 1350 m. bei der *Todtnauer Viehhütte* am Südabhang. Der oberste Theil des Berges gipfelt nicht in einem Kulm oder einer Kuppe von gewöhnlicher Form, sondern bildet ein nur wenig gewölbtes Plateau von mehreren Q.-Kilometern Oberfläche. Desshalb nirgends auf dem Scheitel dieser Plankuppe ein vollständiges Rundbild der Aussicht mit Einblick in die Thalabsenkungen — u. daher Erbauung eines 13 m. hohen, 9 m. im Durchmesser haltenden *Steinthurmes* auf dem sog. Höchsten durch die Bewohner der Aemter St. Blasien u. Schönau u. des Landamtes Freiburg nach dem Plan des Bezirksbauinspektors Leonhardt (1859) zum Andenken an die Vermählung des regierenden Grossherzogs Friedrich mit d. Prinzessin Louise von Preussen. Friedrich-Louisenthurm. *Schlüssel* zu demselben im *Gasthof* und in den *Viehhütten.*

Aussicht vom Thurm, eine der grossartigsten in Süddeutschland. Gegen Süden Hauptgesichtsfeld: die *Alpenkette,* deren Aufbau man von den Algäuer Bergen im O. über die Vorarlberger-, Rhätischen- u. Säntis-Ketten, Churfürsten-Reihe, Glarner-, Schwyer-, Urner- u. Unterwaldner-Gipfel bis zu den höchsten Erhebungsmassen der Berner-Alpen im SW. verfolgen kann. Die im äussersten SW. aufragenden Schneehäupter überschauen die blauen, langgedehnten od. sanft geschwungenen Höhenrücken des *Jura.* Bei ganz klarer Luft und günstigem Licht soll sogar der Montblanc im SW. wahrzunehmen sein.

Panorama von Maler F. Faller.

Höhen-Zusammenstellung: Zugspitze 2957 m.; — Schneekoppe im Riesengebirge 1605 m.; — Hoher Arber (Bayerischer Wald) 1476 m.; — Elsässer Belchen 1244 m.; — Brocken im Harzgebirge 1141 m.; — Schneeberg im Fichtelgebirge 1062 m.; — Schneekopf 978 m.; — Inselberg im Thüringer Wald 914 m.; — Feldberg im Taunus 881 m.; — Rigi in der Schweiz 1800 m.; Randen 927 m.

2968.
Säntis
Steppe
1224
1278.
Menzenschwander Viehhütte
Feldbergerhof 1275 m
(Gasthof)
Lith. v. E. Würth, i. Stühlingen

lp

durch schmucken Wiesengrund noch 1 Std. fast eben fort bis zur Thalverengung, wo die *Poststrasse* links in die Bernau und Schönau ablenkt, die Alb überbrückt u. rechts das *Strässchen* nach (1 Std.) Vorder- u. ($^1/_4$ Std.) Hinter-Menzenschwand, 1351 m. (*Adler; Hirsch*), in einem rauhen Thalabführt. Heimath des berühmten Königs- u. Fürstenportraitmalers Xaver Winterhalter (u. seines Bruders Fidel, weniger bedeutend), geb. 1803, † 1873 in Paris. Holzwaaren-Manufaktur. Ausflug auf die Rossstaffel, $^3/_4$ Std.; interessante Umgebung. Bis zur Menzenschwander Viehhütte $1^1/_2$ Std. u. zum Feldberger Hof, $1^3/_4$ Std., allenfalls ein Knabe als Führer.

6. **Von Schluchsee aus,** Nr. 34, S. 208, 209, schöne *Poststrasse* über Unter-Aha (*Gasthaus zum Auerhahn*) u. Altglashütte (bis hierher allenfalls mit *Post*). Von hier aus hübsches *Fahrsträsschen* an der *Kirche* vorüber nach Neu-Glashütte od. im Loch $^1/_4$ Std. u. nach Bärenthal $^3/_4$ Std. Beim *Adler* im Bärenthal *Vereinigung* mit der *Strasse* vom Titisee u. Hinterzarten her u. auf der fürstl. fürstenberg. *Waldstrasse* auf den Feldberg (*Feldberger Hof*), 3 Std.

Von Aha aus (Wegw. beim *Auerhahn*) *direkt* über den Stutz u. am Rand der Bärhalde, 1320 m. dahin, immer durch Wald, *Fussweg* zur Menzenschwander Hütte u. zum Feldberger Hof, 2 Std. Rückblicke auf den Schluchsee u. Einblicke in's Menzenschwander Thal. Führer im Auerhahn.

Von Aha über Aeule ebenfalls *Fussweg direkt* auf den Feldberg oder aber über Menzenschwand *Fahrweg* eben dahin.

a. Seitentour vom Feldberg zum Belchen. 4 Wegrichtungen.

1. Empfehlenswerthester Weg: Vom Feldberg-Gipfel zur Todtnauer Viehhütte 20 Min.; von da nach Todtnauberg 50 Min. Dicht bei der Hütte Wegw. (*links* nach Todtnau, *rechts* nach Todtnauberg u. Schauinsland), hier rechts. In 7 Min. zweiter Wegw. (*links* nach Todtnauberg, *geradeaus* nach Halden u. Schauinsland), man geht aber gleichwohl hier noch geradefort, da diese *Wegabzweigung* nach Todtnauberg die weitere ist. In 12 Min. dritter Wegw. (*links* Todtnauberg, *geradeaus* Halden u. Schauinsland), hier, links von der Kammhöhe nieder, scharf bergab durch Mattenland u. Wald. Man sieht Todtnauberg bald liegen. Oben im Thalwinkel Rütte, die zerstreuten Häuser thalabwärts heissen die Löffelhäuser. Durch Gehöfte in 25 Min. zum *Gasthaus zum Stern* in Todtnauberg, 1020 m. (*Engel*). — Von hier, am Wasserfall vorüber, auf die von Todtnau heraufkommende *Landstrasse* (Poststrasse nach Oberried u. Freiburg) u. auf derselben nach Muggenbrunn, $1^1/_2$ Std. Beim letzten Hause, jenseits des Orts Wegw. nach Wieden. Auf diesem *Seitenwege* fort.

Scesa-Plana.
2968.
Säntis
2504
3156.

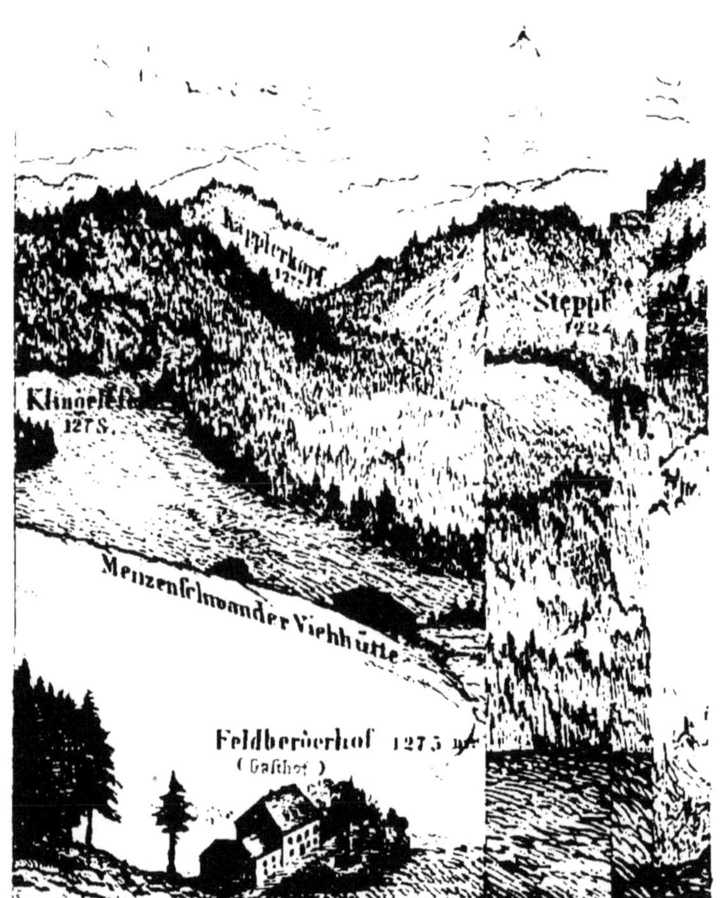

Lith. v. E. Würth, i. Stühlinger

lp

Die Aussicht vom Seebuck ist beschränkter, aber namentlich im Vordergrunde lebendiger u. malerisch bewegter (¹/₈ Std. vom *Gasthaus*). Ueberwältigender Niederblick auf den in seinem Kessel von ungeheuren Felswänden u. Tannenhalden umschlossenen Feldsee u. das jenseits desselben hinauslaufende Bärenthal, tief hinab mit Waldung eingerahmt, durch welches der Abfluss des Feldsees, das Rothwasser, in den 2 Std. thalabwärts liegenden Titisee niederrinnt. Hinter dieser in reichem Wechsel der Formen bewegten Ausblickscene, lagern die Berghöhen der Vierthäler, rechts der breite Bergzug des Hochfirst bei Neustadt u. Kappel u. jenseits desselben heben sich die schwäbischen Juraberge u. die Basaltkegel des Hegau (Hohen-Höwen, Hohen-Stoffeln u. Hohen-Twiel) mit dem imposanten Zug des Hohen-Randen am Horizont hin, bis hinter ihnen, rechts fortrückend, die lange Alpenkette auftaucht u. den Blick völlig gefangen nimmt.

Vom Feldberger-Hof zum Feldberg-See od. Feldsee hinab sicherer Zickzackweg, 30 Min. Ausgezeichnete Forellen. Grösse des Seebeckens etwa 14 Morgen. Der Fischfang erschwert durch eine Menge versunkener Tannenstämme.

Auf dem baumlosen (man sieht hin u. wieder verfaulte Stümpfe von Baumstämmen) u. mit Weiden bedeckten Rücken des Feldbergs bedeutende *Alpenwirthschaft.* Das Vieh aus den benachbarten Thalschaften wird auf der Höhe gesömmert, vom Mai bis zum Spätherbst, weshalb 5 verschiedene Viehhütten rings um den Berg bestehen. In 2 derselben für Reisende bescheidenes Unterkommen. *Todtnauer Viehhütte,* 20 Min. vom Thurm, mit 6 Betten u. die weniger gut eingerichtete *Menzenschwander Viehhütte* nahe beim Gasthof. Auf dem Berge werden im Ganzen über 1500 Stück Rindvieh gesömmert.

Ausflüge vom Gasthofe: Auf den Hochkopf ³/₄ Std. mit Einblick in's Menzenschwander Thal; auf den Hinterwald, Tischbaum u. Zaiger, hin u. zurück 2 Std.; auf das Herzogenhorn mit sog. *Schwedenschanze* (altes Schanzwerk), 1417 m., 2 Std. hin u. zurück; in die Bernau hinab etc.

Ursprung der Wiese am südl. Rande des Seebucks, an der sog. Feldberghalde, 1234 m.

Routen zum Feldberg:

1. **Von Hinterzarten u. Titisee** (s. oben). Meist von den Touristen gewählt, die aus *Freiburg,* aus dem *Höllenthal,* aus *Furtwangen, Triberg* u. *Donaueschingen* etc. an den *Titisee* kommen.

Von der Höllenthalstrasse, an der *Kirche* von Hinterzarten u. dem *Gasthaus zum Adler* vorüber (man biegt beim *Gasthaus zum Rössle* in Oberhöllsteig von der *grossen Landstrasse* ab), über Erlenbruck zur Bruderhalde in's Seebach- u. Bärenthal oberhalb des Titisees. —

Von Altenweg den etwas rauhen *Weg* an der Bruderhalde, am S.-W.-Ufer des Sees entlang; vom *Gasthof von Eigler* ebenfalls entweder auf diesem *Wege* od. aber mittelst Kahn auf dem See hinauf, oder endlich auf der *Landstrasse* den Seewald hinauf und bei der Wendung der Strasse, die sich links hinauf zieht, nun auf einem rechtsabzweigenden *Wege* (Wegw.) nach Bärenthal, fast immer am Bergrand entlang. Die Strecken bis Bärenthal betragen $1^1/_4$—$1^1/_2$ Std. — Bärenthal, zerstreutes Dorf, 805 m., in hübscher Lage, gegenüber den steilen Felsabstürzen des Seebuck. Beim *Wirthshaus zum Adler* zu oberst an der Berghalde *Abzweigung* eines *Fahrweges* nach (25 Min.) Neuglashütte und $^3/_4$ Std. Altglashütte (Wegw.) links, gerade aus *Fahrsträsschen* nach dem *Feldbergerhof*.

Wer vorher zum Feldsee wandern will, steigt nicht zum *Gasthaus zum Adler* hinauf, sondern bleibt auf dem *Fahrwege*, der die Thalsohle hinaufführt (Führer nützlich) u. zum Feldsee, 1113 m., leitet, $1^1/_2$ Std. u. dann auf neuem Zickzackweg zum *Feldberger Hof* hinauf.

Das direkte, wohlerhaltene *Fahrsträsschen* vom *Adler* in Bärenthal (hergestellt von der fürstl. fürstenberg. Forstverwaltung) führt in $1^1/_2$ Std. zum *Feldberger Hof*. Herrliche, märchenhaft üppige Tannenwaldung mit wuchernden Moosen (Frauenhaar) und Flechten (Bartflechten an den Tannzweigen); (rothe Flechtenüberzüge auf den Felsen,) rieselnden u. fröhlich niedergiessenden Wässerlein u. romantischer Felsgestaltung. Landschaftsmaler finden hier für Studien reiche Ausbeute. — $^3/_4$ Std. (vom *Adlerwirthshaus*) Ruhebank mit prachtvoller *Aussicht* auf den in tiefer Niederung lagernden Titiseespiegel, auf den Silberberg, der das Sägenbachthal einschliesst, in das Rothwasser- u. das Bärenthal. Weg dann einförmiger u. von Wald eingeschlossen. — Zur *Menzenschwander Viehhütte* (einfache Lebensmittel, wie Käse, Brod, Milch, zu haben). Zur Linken das kahle Gross-Spiesshorn. — 4 Min. *Feldberger-Hof* (s. oben).

2. **Vom Sternenwirthshause** (an der *Höllsteig*), durch das enge Zartenbachthal od. Löffelthal (S. 284), an der *Kirche* von Hinterzarten u. dem *Gasthof zum Adler* vorüber, nach Erlenbruck u. zur Bruderhalde oberhalb des Titisees in den unter 1. beschriebenen Weg auf den Feldberg, zum Feldbergerhof. — Ein weniger empfehlenswerther, aber $^1/_2$ Std. näherer *Weg*, der Sommerweg genannt, steil ansteigend, durch den Wald hinter dem *Sternenwirthshaus* in die Höhe über Albersbach zum Rinkenhof u. von da aus, auf dem aus dem Zastlerthal herauf kommenden Wege, vollends zum *Gipfel*.

3. **Von Freiburg aus** (s. Anfang d. Route Nr. 39) entweder:

a. Poststrasse durch das Dreisamthal bis Dorf Zarten (S. 281) u. von hier rechts ab über Kirchzarten nach Oberried (**Post** von Freiburg über Oberried nach (31 Kil.) Todtnau in $5^1/_3$ Std. — Fuhrwerk von Freiburg nach Todtnau in 1 Tag hin u. zurück, 25 Mk.) oder

b. direkt von *Freiburg* näherer *Weg* nach ($1^1/_2$ Std.) Kirchzarten, 390 m. (*Krone; Löwe; Fortuna*), u. $^3/_4$ Std. nach dem schön dagelegenen Dorf **Oberried**, 457 m. (*Hirsch; Adler*).

Schon vor (1 Kil.) Oberried zweigt links ein *Fahrweg* von der *Landstrasse* Kirchzarten-Oberried ab u. geht über die Wellersbacher Höfe (Erfrischungen) u. als Fussweg über die Rotheck (weite Fernsichten) zum Rinken u. auf den Feldberg.

Von Oberried südl. Richtung der neuen, ansteigenden *Strasse* nach ($5^1/_2$ Std.) Todtnau durch das verengerte Thal an malerischem Felsgebilde vorüber. Nach $^3/_4$ Std. links die Oeffnung des tief eingeschluchteten St. Wilhelmsthals, durch welches ein schöner *Fusspfad* in $1^3/_4$ Std. auf den Feldberg führt. Die *Strasse* macht bedeutende Kurven mit prächtigen Ausblicken ab u. zu, namentl. in das St. Wilhelmsthal. Nach $^1/_4$ Std. Abzweigung des *Weges* nach Hofsgrund, rechts ab. Wildere Umgebung der Strasse. *Wirthshaus* am Schmelzplatz. Waldumgebung. Grosse Strassenwindungen. Nach $1^1/_2$ Std. Passhöhe beim *Denkstein*, dem sog. Nothschrei, 1008 m. Name deutet hin auf die vieljährigen u. schliesslich erhörten Bittgesuche der interessirten Gemeinden um diese Strassenbaute nach Todtnau. — Hier links *Abzweigung* des *Fahrweges*, der am Hirschkopf, 1266 m., vorüber u. über den Stubewasen durch Wald in $2^3/_4$ Std. zur (links) St. Wilhelmer, rechts zur Todtnauer Viehhütte auf dem Feldberg führt.

Bei Oberried durch das hochromantische, felsbesetzte Zastlerthal, vom Osterbach durchflossen, *Fahrwegabzweigung* über Schweizerhof u. Rinkenhof zur ($2^1/_2$ Std.) Baldenweger Viehhütte u. (3 Std.) zum Feldberg-Gipfel. Die Wegstrecke vom Rinken an, *Fussweg* (gemeinsamer Weg für die Richtung vom Sternen u. über die Rotheck her) bis zur Höhe.

Aus dem Zastlerthal nahe bei dem sog. Schweizerhof (bei einem *Waldhüterhaus*) lenkt ein *Weg* rechts ab durch romantische Wald- u. Felseinsamkeit zur *Höhe* hinauf u. über den Todten Mann, 1299 m., auf den Feldberg.

Zwischen dem Zastler- u. Wilhelmsthal, von Oberried aus, *Weg* über die Rosshalde zur Erlenbacher Viehhütte (Erfrischungen), 1128 m. u. über den Todten Mann, 1299 m., zum Feldberg-Gipfel.

Der *Weg* durch das malerische St. Wilhelmsthal, wo schöne Felsbildungen, Wasserfälle, Spuren von Bergstürzen wechseln, am forellenreichen Bruggabach hinauf, ist bis zur letzten Thalhütte *fahrbar;* von da an Zickzack-*Fusssteig* bis zur St. Wilhelmer Viehhütte, $3^1/_2$ Std. von Oberried.

Name des Thales von den Wilhelmiten, Brüdern von St. Wilhelm, 1252 aus dem Elsass hier (¼ Std. oberhalb dem Thalausgang) niedergelassen; doch wegen rauhem Klima nach Freiburg übergesiedelt; 1265 Rückkehr in das kleine Kloster (von dem noch Spuren bei der Kapelle) bis 1507. Klosterfrauen von Güntersthal 1237 hier wohnhaft, doch des harten Klimas halber Wegzug nach Freiburg 1243.

Vom Schmelzplatz an der *Todtnauer Strasse* links ab *Fussweg* über den Hirschkopf, 1266 m. auf den Feldberg.

Sog. *Jägerwege* auf den Berg können hier nicht in Berücksichtigung fallen.

4. **Von Todtnau aus.** Wer von Basel etc. aus den Feldberg besteigen will, benutzt die *Eisenbahn* bis Zell im Wiesenthal (29 Kil.) tägl. 4 mal in 1¼ Std., von hier an die Post (20 Kil. in 2½ Std., tägl. 2 mal) od. *Privatwagen* bis Todtnau u. von da *Wanderung zu Fuss* (nöthigenfalls auch Wagen). Von Todtnau 15 Min. bis zur Todtnauer Poche (früher Silbererze im Betrieb) zur Linken unter düstern, verwitterten Felsen. — 20 Min. Brandenberg, 762 m. (*Hirsch*), Dörfchen an der Wiese. — 15 Min. noch immer gute *Strasse* bis zum Ende der Ortschaft. Dann 15 Min. bis Fahl, 868 m. (*Adler*), Häusergruppe. Im „*Adler*“ Führer (à 2—3 Mk.) auf den Feldberg u. zum Feldberger Hof. — *Wasserfall* der Wiese und wild zerstreute Felstrümmer. — 5 Min. dreiarmiger Wegw., *Gabelpunkt* des bisher guten *Fahrweges*. Links, noch *Fahrweg*, aber holperig, zum Feldberg; rechts, steil aber kürzend, durch Wald, direkt in 1½ Std. zum Feldberger Hof.

Auf dem *Fahrweg* links, anfangs sehr steil u. steinig, dann wieder bald besser im Stande, durch Wald, nach 20 Min. an einer *Saatschule* (links) mit Hütte vorüber, 4 Min. Wegw. nach der Todtnauer Viehhütte. Rechts wendend, in mässiger Steigung (35 Min.), zur Todtnauer Viehhütte hinauf, wo gutes billiges Unterkommen. Von hier noch 25 Min. bis zum Friedr.-Louisenthurm auf dem *Gipfel*. — Von der *Viehhütte*, ohne den *Thurm* zu berühren, rechts *Fussweg* zum Feldberger Hof.

Vom Brandenberger Thal nach Alt-Glashütte u. Lenzkirch wird eine *Fahrstrasse* angestrebt, welche, über den *Feldberg* ziehend, das *Wiesenthal* mit der *Baar* verbinden würde.

Von Todtnau aus, an den Wasserfällen vorüber, schöner *Weg* nach Todtnauberg, 1020 m. *(Stern; Engel)*, früher mit Bergbau, jetzt Bürstenmacherei u. Zunderbereitung; von hier mit *Führer* zur Todtnauer Viehhütte u. zum Gipfel.

5. **Von St. Blasien aus u. aus der Bernau.** Aus der Bernau kann man den Weg zum Feldberger Hof über Vorder- und Hinter-Menzenschwand nehmen; es geht aber auch ein *Fussweg* über das Herzogenhorn dahin.

Ueber St. Blasien Hauptroute von Zürich u. Waldshut her. Die schöne *Fahrstrasse* (Poststrasse) geht im Albthal durch schmucken Wiesengrund noch 1 Std. fast eben fort bis zur Thalverengung, wo die *Poststrasse* links in die Bernau und Schönau ablenkt, die Alb überbrückt u. rechts das *Strässchen* nach (1 Std.) Vorder- u. (1/4 Std.) Hinter-Menzenschwand, 1351 m. (*Adler; Hirsch*), in einem rauhen Thalabführt. Heimath des berühmten Königs- u. Fürstenportraitmalers Xaver Winterhalter (u. seines Bruders Fidel, weniger bedeutend), geb. 1803, † 1873 in Paris. Holzwaaren-Manufaktur. Ausflug auf die Rossstaffel, 3/4 Std.; interessante Umgebung. Bis zur Menzenschwander Viehhütte 1 1/2 Std. u. zum Feldberger Hof, 1 3/4 Std., allenfalls ein Knabe als Führer.

6. Von Schluchsee aus, Nr. 34, S. 208, 209, schöne *Poststrasse* über Unter-Aha (*Gasthaus zum Auerhahn*) u. Altglashütte (bis hierher allenfalls mit *Post*). Von hier aus hübsches *Fahrsträsschen* an der *Kirche* vorüber nach Neu-Glashütte od. im Loch 1/4 Std. u. nach Bärenthal 3/4 Std. Beim *Adler* im Bärenthal *Vereinigung* mit der *Strasse* vom Titisee u. Hinterzarten her u. auf der fürstl. fürstenberg. *Waldstrasse* auf den Feldberg (*Feldberger Hof*), 3 Std.

Von Aha aus (Wegw. beim *Auerhahn*) *direkt* über den Stutz u. am Rand der Bärhalde, 1320 m. dahin, immer durch Wald, *Fussweg* zur Menzenschwander Hütte u. zum Feldberger Hof, 2 Std. Rückblicke auf den Schluchsee u. Einblicke in's Menzenschwander Thal. Führer im Auerhahn.

Von Aha über Aeule ebenfalls *Fussweg direkt* auf den Feldberg oder aber über Menzenschwand *Fahrweg* eben dahin.

a. Seitentour vom Feldberg zum Belchen. 4 Wegrichtungen.

1. Empfehlenswerthester Weg: Vom Feldberg-Gipfel zur Todtnauer Viehhütte 20 Min.; von da nach Todtnauberg 50 Min. Dicht bei der Hütte Wegw. (*links* nach Todtnau, *rechts* nach Todtnauberg u. Schauinsland), hier rechts. In 7 Min. zweiter Wegw. (*links* nach Todtnauberg, *geradeaus* nach Halden u. Schauinsland), man geht aber gleichwohl hier noch geradefort, da diese *Wegabzweigung* nach Todtnauberg die weitere ist. In 12 Min. dritter Wegw. (*links* Todtnauberg, *geradeaus* Halden u. Schauinsland), hier, links von der Kammhöhe nieder, scharf bergab durch Mattenland u. Wald. Man sieht Todtnauberg bald liegen. Oben im Thalwinkel Rütte, die zerstreuten Häuser thalabwärts heissen die Löffelhäuser. Durch Gehöfte in 25 Min. zum *Gasthaus zum Stern* in Todtnauberg, 1020 m. (*Engel*). — Von hier, am Wasserfall vorüber, auf die von Todtnau heraufkommende *Landstrasse* (Poststrasse nach Oberried u. Freiburg) u. auf derselben nach Muggenbrunn, 1 1/2 Std. Beim letzten Hause, jenseits des Orts Wegw. nach Wieden. Auf diesem *Seitenwege* fort.

In $^3/_4$ Std. Wegw. mit 4 Armen. Man folgt der Wegrichtung „*Münsterthal*". In $^3/_4$ Std. Wiedener-Eck, durch Wald u. am Hörnle, 1188 m., vorüber, mit schönen Ausblicken, auch auf die Alpen. — Vom Wiedener-Eck in $2^1/_4$ Std. auf den Belchen. Der *Weg* geht im Bogen zum ($^1/_4$ Std.) Buchenwald, in dem man sich rechts hält. Wegw. mit Bezeichnung „*Belchenhaus*". Hier rechts durch Jungholzwaldung. Gipfel und Belchenhaus in Sicht. Durch Weiden, an einer Viehhütte vorüber zur Krinne, Kreuzweg mit Wegw. $1^1/_4$ Std. Ehemal. Wirthshaus, nun abgebrochen, am frühern Verkehrsweg zwischen Schönau nach Freiburg. Hier *rechts* auf breitem Weg u., stets von Wegw. geleitet, zur Höhe.

2. Vom Wasserfall bei Todtnau über Aftersteg nach Wieden, etwas mühsamer. Im Uebrigen die nämliche Tour, wie bei 1. Von Wieden zum Wiedener-Eck u. von da zum Belchen.

3. Von der Todtnauer Viehhütte über den Stubenwasen in $^3/_4$ Std. bis zum Hirschkopf u. hier auf ordentl. Weg links nach (50 Min.) Muggenbrunn. Der Weg ist kaum zu fehlen; in der Viehhütte Weisung nehmen.

4. Vom Feldberg-Thurm oder der Todtnauer Viehhütte über den Hirschkopf zum (2 Std.) Nothschrei. Von hier nach Halden (*Rössle*), $^1/_2$ Std. Dann über die Farnwiede, 1267 m., u. das Hörnle, 1188 m., zum Wiedener-Eck, $1^1/_2$ Std. Man bleibt immer auf dem Kamm der Höhe (od. auf der Sattelhöhe) u. hat nur darauf zu achten, dass man 20 Min. vorwärts Halden nicht *rechts* hinab in's Münsterthal und wieder etwa 20 Min. weiter vorwärts nicht *links* nach Muggenbrunn hinab geräth. Aussichtsreicher Weg.

Vom Nothschrei aus geht auch *direkter Weg* über die Farnwiede nach dem Wiedener-Eck, ohne Halden zu berühren. Weg $^1/_2$ Std. kürzer aber weniger genussvoll.

Man kann auch von Halden zuerst den Schau-in's-Land oder Erzkasten, 1286 m, besuchen u. von da aus zum Belchen gelangen (s. unt.).

b. Seitentour vom Feldberg auf den Schau-in's-Land oder Erzkasten. Vom Feldberg-Thurm od. der Todtnauer Viehhütte, am Hirschkopf vorüber zum (2 Std.) Nothschrei an der Oberried-Todtnauer Strasse. Wer von Freiburg her kommt mit Post, steigt hier aus. Mit Privatwagen vollends Fahrt nach Halden. *Fahrweg* dahin 35 Min. Halden, 1140 m., zerstreute Höfe. *Rösslewirthshaus* mit Einrichtung zum Uebernachten. Von hier in $^3/_4$ Std. zum *Gipfel* des Schauinsland, 1286 m., mit Bank u. Fahnenstange. Der Weg ist nicht zu verfehlen. Immer auf der Höhe bleiben, eine Zeit lang rechts am Saume eines jungen Tannenwaldes entlang, immer ansteigend.

Ehemals Bergbau auf Erze (in neuerer Zeit wieder versucht), daher Benennung Erzkasten. Reiche Aussicht, namentl. gegen Westen und über das Wilhelmsthal hinauf zum Feldberg. Zwischen Feldberg und Belchen Alpenreihe vom Glärnisch zu den westl. Gipfeln der Berner Alpen. Auch die nähere Aussicht auf den Vorder- u. Mittelgrund des Panorama ist interessant.

8 Min. unter dem Gipfel Rasthaus (seit 1870) mit Fremdenzimmern u. schöner Aussicht gegen den Schönberg, nach dem Hexenthal u. Rheinthal. Von der Spitze zum Rasthaus Weg in westl. Richtung. — Von da in 5 Min. zur Louisenruhe mit schöner Aussicht. — In $1^1/_4$ Std. hinab zum alten Jägerhaus. Von hier *links* nach Horben; *rechts* nach Günterstbal u. Freiburg in $1^3/_4$ Std.

Wer von der Spitze ab durch das Kappeler Thal niedersteigen will, geht 5 Min. unter der Spitze (Wegw. an einem Baum) *rechts* und (Wegw. unterwegs) erreicht in $^3/_4$ Std. das *Thal* u. in $1^1/_4$ Std. das *Wirthshaus zum Kreuz* an der *Kirche* zu Klein-Kappel, von wo über Littenweiler nach ($1^1/_2$ Std.) Freiburg.

Vom Feldberg durch das Wiesenthal nieder nach Todtnau. Vom Feldberger Hof am Südabhange des Seebuck nieder, nahe am Ursprung der Wiese vorüber (1293 m.), zwischen Zaiger u. Feldberghalde, nach Hebels Schilderung

„Im verschwiegene Schooss der Felse heimli gibore
An der Wulke g'säugt mit Duft und himmlische Rege"

am sog. *kühlen Brunnen* vorüber, hinab zu der Stelle, wo der Weg von der Todtnauer Viehhütte mit dem bisherigen zusammentrifft. Wasserfall von *Fahl.* Fahl, 868 m. (*Adler*), mit freundl. Häusern am linken Ufer des rauschenden Baches, der hier schon einige Zuflüsse erhalten hat. Durch das Brandenberger Thal hinab nach Brandenberg, 762 m. (*Hirsch*), an der Einmündung der Rothen Wiese in die Wiese. Hübsche Wohnhäuser, nett und reinlich. An der Poche vorüber, wo das Thal den Brandenberg, 1141 m., umkreist, nach Todtnau, von den Fahler Wasserfällen $1^1/_2$ Std., vom Feldberger Hof $3^1/_2$ Std., von der Todtnauer Viehhütte $2^1/_2$ Std., vom Feldberg-Thurm 3 Std. entfernt.

Fuhrwerk: von Todtnau nach Fahl 5 Mk.; 2spänn. Wagen über die Präg nach Todtmoos 12 Mk., nach Brennet 20 Mk., nach Zell i. W. 10 Mk. Einspänner nur nach Zell; nach dem Haldenwirthshaus (Schauinsland) u. zurück 6—7 Mk.

Todtnau, 649 m. (*Ochs; Rössle* od. *Post; Bär; Sonne; Stern; Hirsch*), oberstes, hübsch neu gebautes Wiesenthalstädtchen, am Vereinigungspunkt des Langenbachthales mit dem Wiesenthal, in wildromantischer Gegend, felsbesäet u. baumarm. Hauptsitz der Schwarzwälder Bürstenfabrikation. Ehemals Bergbau auf Silber. Am 19. Juli 1876 durch eine Feuersbrunst die Kirche u. 88 Wohnhäuser in Asche gelegt. Seither nach regelmässigem Plan wieder aufgebaut. Schöne neue Kirche. Gut geeigneter Ort für *Sommeraufenthalt.* Ausflüge.

Zum Todtnauer Wasserfall am *Laubisfelsen* (in mehreren Abstürzen 94 m. hoch, von der Höhe von 944 m. zu derjenigen von 849 m. herab) u. auf gutem *Fussweg* nach ($1^1/_4$ Std.) Todtnauberg, 1020 m. *(Stern; Engel)* u. von hier über Aftersteg zurück nach *Todtnau*, im Ganzen 3 Std. — auf den Schauinsland, 5—6 Std., bis Halden Fuhrwerk; — über das *Schützenhaus* auf den Knöpflesbrunnen, 1151 m., mit Führer hin u. zurück $2^1/_2$ Std. — auf den Silberberg, 1360 m. — auf das Hasenhorn, 1158 m., $2^1/_2$ Std., Führer unnöthig; — auf den Belchen über Utzenfeld u. Wiedener-Eck etc.

Postverbindung mit *Freiburg, Schönau* u. *Zell.* Post von Todtnau über Schönau nach *Zell,* tägl. 2 mal in $2^1/_2$ Std. 20 Kil. — von Todtnau über Oberried nach *Freiburg,* tägl. 1 mal in 4 Std. 25 Min., 31 Kil.

Fuhrwerk bis Freiburg, 2spänn. 14—15 Mk.

Bis Todtnau (die todte Au; Schlechtnau: die schlechte Au; Schönau: die schöne Au) durch das Wiesenthal herab Geröllmassen; auch Wasserglättungen bemerkbar an den Felsufern bei Brandenberg, Todtnau u. Geschwänd.

Die Route durch das Wiesenthal bis Basel vergl. Nr. 37.

Nr. 40. Ober- und Untermünsterthal. Belchen; Belchenwege. Sulzburg. Badenweiler.

Eisenbahn von Freiburg nach Unterkrotzingen.

Post von Unterkrotzingen nach Staufen, 4 mal tägl. in 35 Min. 6 Kil., von Staufen nach (5 Kil.) Wasen, 1 mal tägl. in $^3/_4$ Std.

Fusswanderung von Wasen aus 2—3 Tage.

Die Route von Unter-Krotzingen über Staufen aus Nr. 37 schon bekannt, daher hier nur kurze Bemerkungen über den Weg bis zur Wiedener-Eck.

Ueber das Amtsstädtchen **Staufen**, 278 m., nahe an 2000 Ew. *(Bad. Hof; Post zum Kreuz; Löwe; Krone;* Bier bei *Rieger; Wiesler; Duffner).* Altes Rathhaus; über dem Orte die malerische Ruine der Staufenburg, 377 m., auf rebenumpflanztem Hügel. Guter Wein. Allee von Nussbäumen nach Krotzingen.

Von Staufen im sog. Untermünsterthal aufwärts (vom Neumagen bewässertes Thal) an Dorf Grunern *(Badwirthschaft)* (rechts seitwärts gelegen) auf der *Thalstrasse* vorüber (in 1 Std.) nach *Rotte* Hof (Wegw.) („Rotte" soviel wie Zinken, Häusergruppe). *Links* Abzweigung des Weges nach der Regelsburg; *rechts* Weg nach dem Sulzburger Bad. $^1/_2$ Std. *Rotte* Wasen, wo sich das Thal u. die Wege in's Ober- u. Untermünsterthal theilen.

Die *Fusswanderung* von Staufen bis hieher, ist, statt auf der schattenarmen Landstrasse, mit Vortheil auf folgender *Weglinie* zu machen. Von Staufen aus am rechten Ufer des Mühlkanals aufwärts, an Mühlen u. Gehöften vorüber *(Wolfenthal, Etzenbach, Diezelbach, Riegenbach).* Namentlich auf der obern Hälfte des Weges, weil derselbe hoch liegt, angenehme Aussichten. Man kann sogar Wasen rechts in der Tiefe liegen lassen u. erst weiter oben, wo der Weg zu den ersten Höfen von Münster hinablenkt, zur *Landstrasse* nieder steigen.

Von Wasen ab, wo Ober- u. Untermünsterthal sich theilen, (*rechts* zieht sich das Untermünsterthal weiter aufwärts über Neumühl u. Münsterhalden, $1^1/_4$ Std. in südl. Richtung) der nächste Weg auf den Belchen. 20 Min. Neumühl (bei der *Krone*). Hier *links* durch das lange, thalauf gereihete Mulden, sodann auf neu angelegtem Weg hinauf zur Krinne. Hier rechts *Fussweg* zum Gipfel hinauf. 3stündige Partie. — Von Neumühl aus über das sog. Langeck auf steilem *Fusssteig* in 2 Std. zum *Rasthaus*. Der Weg mündet ein bei der obersten Windung des *Reitweges* von Hinterneubronn zum *Belchen* u. ist von erfahrenen Touristen kaum zu fehlen.

Links ab von Wasen, durch das Obermünsterthal, reichere Erscheinung der landschaftlichen Reize dieser Gegend. Wechselnde, malerische Thalscenerien. — $^1/_4$ Std. *Rotte* Münster. $^1/_4$ Std. *Kloster* St. Trutpert (*Hirsch* mit Bad; *Neuhof*), rechts auf einer Terrasse erhöht, 453 m. Alte, sagenumwobene Abtei des heil. Trutpert (angebl. im 7. Jahrh. gestiftet; 1807 aufgehoben). Einige Sehenswürdigkeiten aus dem alten Klosterschatz. Der Name *Münster* rührt her vom Kloster (Monasterium), das Städtchen Münster soll hier im Thale gestanden haben und 1337 zerstört worden sein.

Einzelne Höfe. 50 Min. Spielweg *(Hirsch)*, 547 m. Die *alte Strasse* von hier an kürzt bedeutend, ist aber aussichtsarm, daher nicht zu empfehlen. Man kann auch von ihr auf einem *Fusssteige* links hinauf zur *neuen Strasse* emporsteigen, wobei man zwischen dem *Pavillon* u. dem *Scharfenstein* auf derselben anlangt.

15 Min. Brücke u. Wendung der Landstrasse in südöstl. Richtung. Unterhalb der *Brücke* Wegw. zur Haldenstrasse nach Hofsgrund am *Schauinsland* 2 Std., ebenso nach St. Ulrich über die *Rotte* Storen in $1^1/_4$ St. Das Seitenthal links hinauf heisst die Armengass.

Fusswanderung von Freiburg hierher für gute Fussgänger:

Ueber Güntersthal u. St. Ulrich bis zu der *Brücke* an diesem *Strassenbiegungspunkt* 4 Std. — Von Freiburg über die Loretokapelle nach (40 Min.) Güntersthal *(Hirsch)*. Vor dem Orte *rechts* abbiegend, auf dem *Feldweg* nach ($^3/_4$ Std.) Langackern *(Engel)* und ($^1/_4$ Std.) Horben *(Rabe)*. Aussicht. — [Noch schönere Aussicht, wenn man rechts von dem *Strässchen* auf die Höhe von Gerstenhalm, 870 m. hinauf steigt. Hinabweg nach Geiersnest, Abweg von $^3/_4$ Std.] — Das *Strässchen* geht über die letzten Häuser von Gerstenhalm nach ($^1/_2$ Std.) Eckhof. Nach $^1/_4$ Std. Wegw., bei welchem die alte Haldenstrasse von Todtnau her eintrifft. Hier rechts auf einem der *mittlern* Wege nach St. Ulrich. (Derjenige der mehr *links* zieht, geht direkt in $^1/_2$ Std. hin; der *breitere, mehr rechts lenkende*, zieht sich über ($^1/_4$ Std.) Geiersnest u. hernach in 20 Min. nach St. Ulrich hinab. *Kloster* **St. Ulrich**, 593 m. *(Wirthshs.)*, altes Stift von 1083 (vom heil. Ulrich, aus dem Geschlechte der Grafen von Dillingen, gegründet). Anfängl. Filiale von Clugni, dann Priorat u. 1578 mit St. Peter vereinigt. Gebaude u. Kirche von 1749. Im Garten interess. alte Brunnenschaale aus Sandstein mit den 12 Aposteln. Sage, dass der Teufel einen grossen Sandstein in den Klostergarten geschleudert habe, aus welchem die Mönche die Brunnenschaale meisselten. In der Kirche Bilder aus der Legende des Heiligen.

Von hier durch das Möhlinthal nach Bollschweil, 331 m. (*Schwan; Löwe; Sonne*) u. über Sölden nach Freiburg durch das sog. Hexenthal über Au u. Merzhausen.

Auf der *Strasse* nach Bollschweil eine Strecke von 20 Min. Dann links ab nach (20 Min.) Kohlerhof (*Wirthschaft*). — Von hier *Wegabzweigung* nach Hofsgrund $1^1/_2$ Std. — In $^1/_2$ Std. zur Brücke oberhalb Spielweg im Obermünsterthal. Interessanter Weg von St. Ulrich hieher. —

Will man St. Ulrich unbesucht lassen, so wandert man am *Vereinigungspunkte* mit der Haldenstrasse', *direkt* in südl. Richtung abwärts, darauf in den Wald u. in diesem eben fort bis zum Kohlerhof $^3/_4$ Std. und zur Brücke.

Nahe beim Kohlerhof *Abzweigung* eines *Weges* auf die Höhe zum Maisstollen u. zur Regelsburg, von hier über den Johannisberg nach Staufen hinab.

Von der Brücke ob Spielweg schöne Windungen der *neuen Strasse* an der rechtsufrigen Thalwand des Neumagenbaches hinauf. Grossartige Ausblicke. Pavillon mit wundervoller Aussicht. Dann Scharfenstein, 916 m., kolossale, steil aufgethürmte Felsmasse, auf welcher die Ruinen des *Scharfenstein*, Raubritterburg (der Herren von Staufen, erbaut von den Grafen von Habsburg, im Bauernkriege zerstört). Der riesige (120 m. hohe) Porphyrzacken des *Scharfenstein* imposante Dekoration in malerischem Waldthal. Weitere Felspartien. Waldespracht. Weiter oben grünes Mattenland.

Nach einer Strassenwendung, $1^1/_2$ Std., Neuhof (*Wirthschft.*). — Von hier auf der *alten Strasse* zum (25 Min.) Wiedener Eck, 1035 m., empor. Passhöhe. *Prachtvolle Aussicht.* Wegw.

Nach Schönau u. Todtnau im Wiesenthal vergl. Nr. 37.

Von hier Weg zum Belchen: Rechts auf dem *guten Wege*, der im Bogen links zum Wald hinführt, ($^1/_4$ Std. Buchenwald). Zuerst bergan, dann wieder bergab, in $1^1/_4$ Std. zum Kreuzweg bei der Krinne. Rechts in der Nähe stand in der Einsattelung zwischen Heidstein und Belchen das ehem. *Wirthshaus zur Krinne*, in neuerer Zeit abgebrochen. Es stand an dem alten Verkehrswege zwischen Schönau u. Freiburg u. diente zur Unterkunft u. zum Wahrzeichen für die Reisenden.

Hier *Abzweigung* der *Wege* nach Obermulten, Heubronn, Badenweiler etc.

Häuser von Obermulten schon vorher sichtbar zwischen Heidstein, 1271 m. u. den Hohen Tannen, 1249 m., hindurch. Auch Belchengipfel u. Rasthaus. — Von der Krinne zum Rast- u. Gasthaus in einer kleinen Mulde des südl. abfallenden Gipfel-Abhanges 50 Min. (1,960 Kil.) u. zum Gipfel 1 Std. Wegbeschreibung überflüssig, da Wegweiser überall zur Genüge vorhanden. Vom Rasthaus zum Gipfel (Kreuz u. Orientirungstafel), 1415,4 m., 10 Min.

Im Belchen-Rast- u. Gasthaus (seit 7. Okt. 1866; Amtmann Ostner, ehem. in Schönau, Hauptbeförderer des Unternehmens) gute Unterkunft.

Der Name des Berges soll keltischen Ursprungs sein u. von Bel, dem Sonnen- u. Jahresgott herrühren, so dass der Name auf eine Kultusstätte dieser Gottheit hinweisen würde, welche aber nicht auf der Spitze, sondern auf dem sog. Hochkelch vermuthet wird.

Bewegteres, formenreicheres Panorama als auf dem Feldberg, da der Vorder- u. Mittelgrund mannigfaltigere Formbildung zeigen. Blick zum Feldberg u. in die umgebenden Thalschaften von hohem Reiz. Alpen von Vorarlberg bis zu den westlichen Gipfeln der Berner Alpen und zum Montblanc. Jura, Schwarzwaldumgebung und Rheinthal. — Im Belchenhaus gutes *Panorama* von Ingenieur Julius Neher. — Vom Hochkelch, wohin bequemer Weg, imposanter Ausblick in die Tiefe. Ueber den schwindelnd steil abfallenden Felsen Brüstung u. Bänke. — Zum Högstutz od. Hochstutz (südöstl. Ausläufer) ebenfalls *Wegverbindung.*

Abstieg nach Schönau, zum Auerhahn (Sirnitz), nach Badenweiler, Marzell. Der bequeme *Reitweg* nach Hinterheubronn hinab, 1/2 Std. (überall Wegw.) meist zum Abstieg ausgewählt. Von Hinterheubronn zum *Auerhahn* 35 Min. — Nach Marzell *Wegabzweigung* zwischen Hinter- u. Mittelheubronn; doch sicherer und bequemer über die Siruitz.

Belchenwege: Nebst der *Fahrstrasse* durch das Obermünsterthal über die Wiedener-Eck, u. *Fussweg* über die Krinne, sowie dem *Fahrwege* von Schönau über Untermulten aus dem Wiesenthal, werden die folgenden *Belchenwege* (theilweise schon behandelt) noch einmal besonders zusammengestellt:

a. Der schon angeführte *Weg* aus dem Münsterthal über Neumühl, *nächster Weg* von Staufen u. aus dem Untermünsterthal. Hübscher, wohl unterhaltener *Fussweg,* etwa 2 m. breit, von Neumühl (*Krone*) zur Einsattelung der Krinne. Weglänge, von Neumühl bis zum *Waldsaum* 2,2 Kil.; von da bis zur Krinne 3,390 Kil. — Zweispänner von *Staufen* bis *Neumühl* 5—6 Mk., Einspänner 4 Mk. —

b. Weiter, aber lohnend, auf der *Landstrasse* durch das Untermünsterthal hinauf über Münsterhalden und Hinter-Heubronn (auf die *Sirnitzstrasse* mündend). Von der Krone in Neumühl bis zur *Vereinigung* der *Untermünsterthalstrasse* mit der *Sirnitzstrasse* 2 Std. (8 1/2 Kil.) Wildromant. Stellen, felsiges Engthal, dann viele Krümmungen über Bergwiesen u. Tannengrund mit wechselnden Ausblicken, auf die südöstl. felsigen Vorstufen des Belchen. Unterwegs, auf halbem Wege, Abzweigung von *Wegen* über den Rammenbacher Hof nach Bad Sulzburg u. nach dem *Auerhahn-Wirthshause* auf der Sirnitz.

Auf dem sog. Reitwege (1,5—1,8 m. breit; Steigung 10 %), 995 m. Wegstrecke, zum Belchenhaus. —

c. Von Osten her aus dem Wiesenthal über Oberböllen steiler *Fusssteig* direkt auf die Höhe.

d. Von Schönau her über Schönauberg od. Schönenberg (2 Std.) *direkt* auf den Belchen am Rabenfelsen vorüber (s. Nr. 37, S. 263), steiler *Fusssteig.*

e. Von Untermulten direkt auf den Gipfel des Berges, steiler *Fusspfad,* Nr. 37, S. 263.

f. *Fahrbarer Weg* von Schönau über Schönenbuchen und Aitern nach Untermulten, Obermulten und auf die Krinne-Einsattelung. Bis hierher von Obermulten zur Noth fahrbar. Zum Gipfel auf dem gewöhnlichen *Fussweg.*

g. *Weg* vom Wiedener Eck über die Krinne auf den Belchen, Nr. 39, S. 294; Nr. 40, S 298.

Von Neuenweg aus (an der *Sirnitzstrasse*) neue Belchenwege projektirt.

Vom Belchen zum Blauen direkter *Höhenweg* mittelst Durchhau u. gut angelegtem *Fussweg;* Entfernung über den sog. *Kreuzweg* 4 ½ Std. Wegweiser fehlen nicht.

Wir nehmen den Abstieg über Hinter-Heubronn, 895 m., ½ Std. Auf der *Sirnitzstrasse,* an der Sirnitzhöhe vorüber (1116 m.) mit prächtiger Aussicht bei einer *Viehhütte,* dem sog. Kalberscheuerle, nach dem *Gasthaus zum Auerhahn* in der Sirnitz, 40 Min. Vom *Auerhahn,* 963 m., *Wegverbindung* nordwestl. nach dem Sulzburgerbad, 1½ Std., nach Marzell (südl.) in 1½ Std., nach Wies (auf dem gleichen Weg) über Fischenberg in 1¾ Std., — nach Münsterhalden 1½ Std. —

Vom *Wirthshaus zum Auerhahn* in der Sirnitz, thalabwärts, stellenweise zieml. steil, durch felsiges Engthal, am brausenden Klemmbach nieder, nach (50 Min.) Schweighof, 427 m. (*Sonne*). Schöner Rückblick. Brudermattfelsen, malerisch aufgethürmte Felsgruppen, auf welchen hübsche Aussicht. Man besucht sie auf dem Wege nach Sulzburg, indem man nach 25 Min. rechts abbiegt.

Schöner *Waldweg* nach Sulzburg u. zum Sulzburger Bad (1¾ Std.). — *Wegverbindung* über die Höhen nach Marzell, 2½ Std. Der Weg kreuzt den Verbindungspfad zwischen Blauen u. Belchen.

In Schweighof selbst *Wegverzweigung* nach Badenweiler und nach Oberweiler.

Nach Badenweiler ¾ Std. auf bequemer *Strasse.*

Im Thal bleibend nach (½ Std.) **Oberweiler,** 359 m. (*Rast- u. Pflegehaus* von Frau Wittwe Venedei mit *Pension; Ochs; Blume; Wilder Mann*). In milder, geschützter Lage, viel von

Brust- und Nervenleidenden besucht. In einigen Gasthöfen Badeeinrichtungen. Viele Kurgäste, denen Badenweiler zu theuer ist, od. die keine Wohnung daselbst finden, nehmen Aufenthalt in Oberweiler. Die *Strasse* aus dem Thal von Müllheim herauf führt vom Mühlteich links nach Badenweiler (20 Min.) hinauf. Auf halber Höhe unterwegs die *Hasenburg*, Gasthaus, Pension u. Bierbrauerei in hübscher Lage.

Die *Strasse* führt (im Thal) von Oberweiler nach Müllheim (1 Std.), über (25 Min.) Niederweiler, 306 m. (*Löwe; Schwan*), freundlicher Ort; hier auch Sommergäste. Die *alte Strasse* nach Badenweiler von hier direkt dahin, auch *Fussweg* zum *Römerbad-Gasthof* daselbst. 1/2 Std. nach Müllheim u. weiter 1/2 Std. zum Bahnhof von Müllheim, Nr. 28, S. 172.

a. Abstecher von Müllheim nach Sulzburg u. in's Sulzburgerthal.

Entweder auf der *Landstrasse* von Müllheim durch fruchtbare, weingesegnete, obstreiche Gegend über Britzingen nach Sulzburg 9 Kil. oder aber mit der *Eisenbahn* nach Heitersheim u. von dort in 3/4 Std. nach demselben Orte.

Von Müllheim auf der *Landstrasse*, angenehmste Wanderung, nach (2 Kil.) Zunzingen, u. (4,5 Kil.) Britzingen, mit Sandsteinbrüchen (Brakteatenfund).

Von Heitersheim u. St. Ilgen her *Weg* über Britzingen und *Ruine* Neuenfels nach Schweighof, 2 1/4 Std. — Am schön gelegenen Muggart (rechts) vorüber, zur Linken Güttigheim nach (7 Kil.) Laufen, alter, ehem. St. Gallischer Weinort mit vorzüglicher u. gesuchter Weinsorte. Wahrscheinl. schon zur Römerzeit Weinpflanzung. — Links in der Nähe St. Ilgen mit alter Kirche. — (9 Kil.) Sulzburg, Nr. 28, S. 172 (u. unten). —

Mit der *Eisenbahn* über Stat. Heitersheim Nr. 28, S. 172, nach Sulzburg. **Post** von der *Station* zum (15 Min.) *Städtchen* Heitersheim u. von da nach (7 Kil.) Sulzburg, tägl. 2 mal in 1 Std.

In der Umgebung liegen die weinreichen Orte Laufen, Ballrechten etc. Dicht vor dem (3/4 Std.) Städtchen **Sulzburg**, 339 m. (*Hirsch; Rebstock*), mit etwa 1 300 Ew., liegt der rebenumgürtete Kastelberg, 442 m., mit Mauerresten von 3 1/2 m. Dicke, Trümmer eines röm. Wartthurmes. Trefflicher Kastelberger Wein. Bedeutender Weinhandel. Ueberreste des alten St. Cyriak-Klosters, 990 gegründet unter dem Schutz der Bischöfe von Basel, der Herren von Usenberg u. der Markgrafen von Hachberg. Während der Reformation aufgehoben. In der Umgebung ehem. Salzwerke.

Im verengerten Sulzbachthale, 3/4 Std. aufwärts, **Bad Sulzburg**, 463 m. (*Gasthaus von Grether*), in lieblicher Waldesstille, reizend gelegen. Einrichtung gelobt. Gehalt des Mineralwassers: Chlornatrium, salzsaures Natron, kohlensaurer Kalk u. Gyps. Temperatur 12° R. Schöne Waldspaziergänge nach allen Richtungen.

Ausflüge: über den Riester in's Untermünsterthal, über die Ramsbacher Eck nach Neumühl, 1½ Std., über Rammenbach nach Münsterhalden, 1 Std., auf das Kalberscheuerle, 1 Std., u. von da, mit prächtigen Fernsichten, nach dem (2½ Kil.) Heubronner Eck, wo der *Reitweg* auf den Belchen seinen Anfang nimmt. Von da auf die Sirnitz, nach Schweighof u. zu den Felsgruppen Brudermattfelsen, Eisengrabenfelsen etc., nach *Ruine* Neuenfels, Badenweiler, Oberweiler, Müllheim.

Badenweiler und Umgebung.

Eisenbahnstation Müllheim, Nr. 28, S. 173; *Bahnhof-Hotel Kittler.* Tägl. 6 mal **Post** (kleine Beiwagen) nach (2 Kil.) Stadt Müllheim in ¼ Std. — tägl. 4 mal (2 mal Postomnibus) nach (7 Kil.) Badenweiler in 1¼ Std. — **Wagen** nach Badenweiler, 6,50 Mk. an der Station, doch nur auf vorher erlassene Bestellung in einem der Hotels.

Von der Stat. Müllheim (Nr. 28, S. 172) durch das belebte, freundliche Städtchen Müllheim nach (3,5 Kil.) Niederweiler, 360 m. (*Löwe; Schwan; Brauerei*), stattliches Dorf, freundlich in Obstgelände gelagert, (viel von Badgästen u. Sommeraufenthaltern besucht) an beiden Ufern des Baches. Hier *Theilung der Strasse* in 3 Richtungen: am Anfang des Ortes Ablenkung der *neuen Strasse* rechts *direkt* nach Badenweiler mit vielen Windungen, 3 Kil.; die eigentl. *Poststrasse* biegt oberhalb Niederweiler *links* nach (1,5 Kil.) Oberweiler ab, durchzieht diese Ortschaft u. führt mit geringer Steigung nach Badenweiler, 2 Kil. Die dritte, *alte Strasse* ist kürzer, durchzieht ganz Niederweiler u. geht dann ziemlich steil nach Badenweiler. Von ihr aus kürzender *Fusssteig* am Schlossberg hinauf zum *Römerbad-Hotel.* Andere *Fusswege* kürzen ebenfalls von Müllheim herauf.

Oberweiler, 359 m. (*Gasthaus* der Frau Venedei mit *Pension; Ochs; Blume; Wilder Mann; Krone; Bierbrauerei zur Hasenburg,* alle mit Badeinrichtungen, billiger u. einfacher als in Badenweiler), in sehr geschützter Lage mit milderem Klima, seines stillern Lebens und der grössern Billigkeit halber von manchen Kurgästen zum Aufenthalt vorgezogen.

(7 Kil.) **Badenweiler,** 427 m. (226 m. üb. d. Rhein), Marktflecken mit etwa 500 Ew.

Gasthöfe: *Römerbad* von Gebr. Joner, dicht neben dem Schlossberg u. den Anlagen, gegenüber der Trinkhalle am Kurhaus, mit Dependenz, Aussicht auf Rheinthal u. Vogesen, Pension, Bäder im Hause, vortreffliche Einrichtung u. Führung. — *Hotel Sommer* od. *Stadt Karlsruhe* von Gebr. Sommer in Freiburg (Zähringerhof) mit schönem Speisesaal für 200 Pers., Bädern, schattigem Garten. — *Sonne* (Eckerlin), ältestes Haus, ebenfalls Badkabinette, türk. Bäder. — *Hotel Levi,* Tisch u. Weine gut.

— **Pensionen:** *A. Saupe*; Geschwister *Engler*; *Phil. Hügler*; Geschwister *Sutter*; *J. Trautwein*.

Privathäuser, einzelne Privatwohnungen in grosser Zahl. Preise nicht billig.

Restauration (von den in Privathäusern wohnenden Kurgästen viel benutzt): in der Trinkhalle (*Büchle*), sehr gut aber theuer, im Saal od. nach Belieben im Freien speisen. — *J. Meissburger* einfacher.

Bierbrauereien: *J. Meissburger*; *zur Hasenburg*.

Post- u. Telegraphenbureau. — **Fremdenliste:** wöchentl. 2—3 mal während der Saison.

Wagen (hohe Fahrtaxen) in den Hotels. — **Esel** (gewöhnl. Standort) oberhalb der Anlagen im Ort. Taxen in den Gasthöfen einsehen.

Aerzte: Medizinalrath Dr. Siegel (Badearzt); Dr. Bürk; Dr. Weber (Herausgeber einer Schrift über Badenweiler 1873); Dr. Thomas; Dr. Mandowski. **Apotheke:** Steinhofer.

Kurtaxe: 2 Mk. per Woche, 20 Mk. Abonnement für die ganze Saison. per Tag: 40 Pfg.; für *Passanten* 20 Pfg. tägl.; 1 Mk. wöchentl. zur Benützung des Kursaal-Gebäudes, der zugehörigen Anlagen u. Spaziergänge, Konzerte (Vorm. 7—9, Nachm. 3—5 Uhr). 1 Bad im Marmorbassin 2 Mk., im Schwimmbad 1 Mk.

Eselinnenmilch, das Glas 80 Pfg. (auch halbe Gläser). **Molkenanstalt:** Jeden Morgen 6 Uhr frische Ziegenschotten bei der *Trinkhalle*, das Glas 20 Pfg.

Früher einer der billigsten u. freundlichsten Kurorte des Landes hat sich Badenweiler durch Neubauten und kostspielige Einrichtungen so empor geschwungen, dass jeden Sommer etwa 3500 Kurgäste hieher kommen (viele Norddeutsche), wodurch der Aufenthalt daselbst sehr theuer geworden ist. Sammelpunkt der Kurgäste in der für 1500 Personen Raum bietenden Trinkhalle (erbaut 1852 nach Eisenlohrs Plänen im Schweizer-Styl) des **Kur- u. Konversationshauses.** Nebenan Lesekabinet, Speise- u. Restaurationssäle. Vor der Halle Brunnen von Klammer in Karlsruhe mit *Doppelgruppe* (Moses in der Wüste, Wasser aus dem Felsen schlagend u. Jesus im Gespräch mit der Samariterin). Dem früher hier sehr unliebsam empfundenem Mangel an kaltem, frischem Trinkwasser ist durch eine Wasserleitung vom *Blauen* her seit 1867 abgeholfen. *Musikpavillon* für die tägl. Konzerte der Kurkapelle. Prächtige Anlagen, der Park genannt (von Gartendirektor Zeyher in Schwetzingen), namentl. die *Nussbaumallee* mit Tischen u. Bänken, besuchtester Spaziergang der Kuranten. Grosses offenes (Marmor-) Schwimmbad (1875); Badezeit für Männer 6—9 Morgens u. 4—6 Nachmittags; für Damen 9—12 Vormittags u. 6—8 Abends; von 12—4 geschlossen (Taxe: 1 Mk.). — Im neuen Badehaus (1857 auf Kosten des grossen Badefonds von Baden-Baden nach den Plänen des † Baurath *Fischer* vollendet) das Marmorbad, ein *Thermal-Bassinbad* von grossartigster Ausführung, gespeisst, wie das *Schwimmbad*, von Thermalquellen (26° C.), die per Minute über 600 Liter silberhelles Wasser spenden (Taxe 2 Mk.), ebenso eine Anzahl *Einzelbäder*.

Grossherzogl. Schloss (Amthof); Evang. Kirche mit alten Grabmälern u. altem Bildwerk (Todtentanz) im Glockenraum des Thurmes; Kathol. Kirche (1860 erb.). Aussichtsreiches Belvedere in ital. Styl. Höher *Schlossruine* Badenweiler mit 3½ m. dicken Mauern u. reizender Aussicht in die Umgebung, Rheinthal u. Vogesen. Gartenanlagen. Ruheplätze.

Vielleicht auf röm. Grundmauern eines ehem. Kastells erbaut, lange Zeit Besitz der Herzoge von Zähringen, dann unter wechselnder Herrschaft bis 1553, wo es an Baden-Durlach fiel. Von den Franzosen zerstört 1678.

Hauptsehenswürdigkeit: Die Ruinen der **Römischen Bäder**, entdeckt 1784, in den Grundmauern vortrefflich erhalten, sorgfältig mit einem Dach überdeckt u. geschlossen. (*Eintritt 40 Pfg.*). Ausser den Bädern des Caracalla in Rom wohl das bedeutendste bekannte Bauwerk dieser Art. Länge des Gebäudes 66 m., Breite 19½ m. Es gehörte zu der röm. Niederlassung Aquae oder Civitas villarum u. zeigt noch vollständig die vormalige Einrichtung. Zu äusserst auf beiden Seiten die *Vorhöfe* (atria), an welche die *Vorsäle* (vestibula) u. Wartesäle (scholae) grenzen. An diese anstossend die *Ankleidezimmer* (spoliatoria, apoditoria u. depositoria), 7—8 m. lang u. 5—6 m. breit. Von diesen aus nach dem Innern des Baues zu die *kalten Bäder* (frigidaria), neben welchen die *Frottirzellen* (fritoria) lagen. Noch mehr nach Innen, den Mittelraum des Gebäudes bildend, die etwas tiefer liegenden *warmen Bäder* (tepidaria), an welche die *geheimen Badezellen* (cryptothermae) grenzten. Die *grossen südl. Bassins warme Bäder*, die nördl. Gemächer *Dampf-* u. *Schweissbäder* (laconica); die runden *Salbzimmer* (unctoria), Wasserreservoirs u. Heizvorrichtungen befanden sich ebendaselbst. — Das Bad war der *Diana Abnoba* geweiht, wie ein Altarstein am westl. Eingang mit Inschrift nachweist. Die Regierung liess diese archäolog. Reliquie mit einem Dach überziehen, um sie vor weiterm Verfall zu sichern. — Wahrscheinl. ging dieses Badgebäude in den Kämpfen der Alemannen mit den Römern zu Grunde und bestand etwa von 124—361 nach Chr. — Beschreibungen von *Dr. H. Leibnitz, Preuschen* u. *M. Gerbert*. Funde von röm. Münzen, Urnen, Ziegeln etc. zu verschiedenen Zeiten.

Schöne Umgebung von Badenweiler, die sich nahezu mit Baden-Baden messen kann.

Spaziergänge: zur **Sophienruhe** 20 Min., Waldpfad zu einem schönen *Aussichtspunkt;* nahe dabei die *Blauen Steine*, Felsenschutthalde eines gewesenen Bergwerks. — 17 Min. weiter, geringe Steigung, zum **Alten Mann**, Felsenkluft mit Treppen, Brücken u. Brüstungen. Seitenpfad zur sog. *Schwefelhöhle* (ehemal. Bergwerks-Schachtwerk). — Von hier abwärts zu dem seit den 30er Jahren verlassenen Silberbergwerk *Haus Baden* (½ Std. von Badenweiler). Hier gegenwärtig das schöne, schlossartige *Logirhaus* mit *Restaurationsräumlichkeiten* u. geschmackvollen Gartenanlagen **Haus Baden**, 550 m. In der Nähe der *Schubergsfelsen* mit hübscher Aussicht

— Entweder von hier nach Badenweiler zurück oder (mit Führer von Badenweiler) auf den Blauen, die Sirnitz, nach Bürgeln etc.

Ausgezeichnete Strassenverbindungen nach allen Richtungen: ausser den 3 Strassen nach Müllheim (Niederweiler), *neue* prächtige *Strasse* (1872) nach Schweighof (bei Oberweiler Einmündung der korrigirten *Sirnitzstrasse*); *neue Strasse* nach Bürgeln u. Kandern über Sehringen. *Fahrsträsschen* nach Britzingen zur *Müllheim-Sulzburger Landstrasse. Fahrsträsschen* auf den Blauen $2^1/_2$ Std.

Ausflüge: Ueber ($^1/_2$ Std.) Sehringen und die Hexenmatte zur Alpenaussicht 1 Std., waldgelichtete Stelle, 615 m. Von hier weiter, auf neuer *Strasse* nach ($2^1/_2$ Std.) **Bürgeln,** auf einem Vorsprung des *Blauen,* 667 m., das Bürgler Schloss genannt. Bis zur Säkularisirung (1805) des Klosters St. Blasien Propstei dieses Klosters, dann Staatsdomäne, zur Hälfte nunmehr *Gasthaus* (Pension, mässige Preise), zur Hälfte Pfarrwohnung mit Kirche (Grabsteine). In den Gängen und im Speisesaal Bildnisse einstiger Wohlthäter der Probstei u. Abbildungen von sanktblasischen Klöstern und Besitzungen. Herrliche *Aussicht* (von Hebel besungen); wenn auch weniger umfassend als auf dem Blauen, so doch im höchsten Grade interessant. — Von Bürgeln gute *Fahrstrasse* über die St. Johannisbreite und Sitzenkirch in 1 Std. nach Kandern.

Nach der *Ruine* Neuenfels $1^1/_2$ Std. über Oberweiler; hübscher Weg. Von der Ruine, 596 m. schöne *Aussicht* auf den Blauen, Vogesen, Rheinthal u. mehr als 50 Ortschaften.

1540 entsetzliche Mordthat. Christoph von Neuenfels wurde mit Gattin u. Tochter, Knechten u. Mägden im Schloss ermordet gefunden. Die Mörder blieben unentdeckt. Das Schloss blieb öde u. seitdem ist es von unheimlichem Spuk heimgesucht.

Von Ruine Neuenfels schöner *Waldweg* (Wegw.) nach Schweighof, 427 m. (*Sonne*) das von Oberweiler u. Badenweiler 40—45 Min. entfernt liegt; besuchter Ausflugsort der Kurgäste. Ganze Wegstrecke $3^1/_2$—4 Std. Zeitaufwand. — Brudermattfelsen besuchenswerth.

Ueber Käsacker in's Vogelbachthal (20 Min.) u. von da in's Kanderthal, $1^1/_4$ Std.

Nach ($1^1/_2$ Std.) Vögisheim, 246 m. (*Krone*), schattiger, angenehmer Weg über Lipburg; beliebter Ausflugspunkt; — von da über den Berg zur *Hebeleiche* im Gemeindewald von *Auggen* u. nach Auggen, 266 m. (*Bär*, guter Markgräfler). Zurück über den Luginsland, 347 m. und Müllheim, $^1/_2$ Tag.

Nach Sulzburg über Oberweiler u. die Schwärze nach Britzingen 1 Std. u. von da auf der *Landstrasse* zum Ziel (noch 4,5 Kil.) über Laufen. Von da zum Sulzburger Bad, $^3/_4$ Std. u. zurück über Schweighof durch schönen Wald u. die Brudermattfelspartie, — $^1/_2$ Tag. Von Schweighof *Fahrweg* über die Höhen nach Marzell, $2^1/_2$ Std., er kreuzt den Verbindungsweg vom Blauen zum Belchen. Auf diesem Marzeller Fahrwege, $1^1/_4$ Std. von Schweighof Abzweigung eines *Fussweges* links zum Altersteinfelsen. —

Ueber die Sirnitz auf den **Belchen.** Sehr lohnender Weg durch Wald- u. Felsromantik von entschiedener Grossartigkeit. Ueber Dorf Schweighof, $^3/_4$ Std. (*Sonne*, Forellen), am forellenreichen Klemmbach. Das Klemmthal, „die Klemm“, wird hier enger u. von romant. Gestaltung. Immer wildschönere Scenerien bis zum Sirnitzhof, 1½ Std. (*Auerhahn*). Die Sirnitz selbst, 1104 m., beim *Kreuz*, Uebergangssattel nach dem Heubronner Thal (S. 300), dessen erste Häuser ½ Std. tiefer liegen.

Von der Sirnitz über Neuenweg nach Schönau im Wiesenthal, Nr. 37, S. 264.

¼ Std. von Hinterheubronn der Nonnenmattweiher, früher mit einer schwimmenden Insel. Sage von einem versunkenen Nonnenkloster, das, seiner Lasterhaftigkeit halber, von der Erde verschlungen worden sein soll, worauf über der Stelle der See gebildet wurde. Führer rathsam.

Von Hinter-Heubronn (Haldenhof) *Reitweg* über den Hochkelch, 1263 m., zum *Belchenhaus* u. Gipfel (S. 300).

Hauptausflug auf den Blauen, 1167 m., 2½ Std. von Badenweiler. *Fahrbare Strasse,* sowohl *direkt* auf die Berghöhe, als auch über Bürgeln u. Kandern. Von Bürgeln 1¼ Std. auf den Blauen.

Taxe: für *1 Esel* 3 Mk.; für *1 Pferd* 4—5 Mk., für *Wagen* auf den Blauen 10—12 Mk. Fussgänger können auf zwar steilen u. unbequemen *Fusssteigen* die vielen Windungen des *Fahrsträsschens* abschneiden und so bedeutend kürzen, ebenso auch mit dieser Tour den Besuch der Sophienruhe (s. ob.), des Alten Mann (ebenda) u. von Haus Baden (daselbst) verbinden.

Der Blauen, zum Unterschied des *Zeller Blauen* auch Hoch-Blauen genannt, 1166,7 m., gewährt auf dem hölzernen *Thurmgerüste* seines Gipfels ein Alpenpanorama vom Glärnisch bis zu den Diablerets an der Grenze zwischen Waadt und Wallis; bei hellem Wetter soll der Montblanc sichtbar sein. Jura, Rheinthal, Elsass mit dem noch wahrnehmbaren Mülhausen, Vogesen, Kaiserstuhl, Schwarzwald (vornehml. Belchen) treten hauptsächl. hervor. — Das zweistöckige *Bergwirthshaus,* aus Stein gebaut, in der Nähe (seit 1875), mit 12 Betten (Zimmer 2 Mk. mit 2 Betten, Mittagessen 2 Mk.) u. *Pension für Luftkur-Gäste.* — Wegw. zur Genüge vorhanden. — Vom Blauen nach (1¼ Std.) Marzell hinab, wo Mittagessen (*Krone; Sonne*) u. Rückkehr über Bürgeln oder Kandern nach Badenweiler. Schöne Tagestour. Von Marzell gute *Fahrstrasse* durch das schöne Kanderthal nach Kandern, doch schwierig, in Marzell Fuhrwerk zu bekommen. — *Verbindungsweg* zwischen dem Blauen u. Belchen, 4¾ Std. — Vom Blauengipfel zu der *Ruinenstelle* auf dem Gipfel des Stockbergs 20 Min. —

Rundtour: Von Badenweiler nach Marzell, Kandern und in's Wiesenthal; durch das Thal der kleinen Wiese zurück nach Müllheim (zur Eisenbahn).

2 schwache Tagestouren.

Von Badenweiler nach Marzell *zwei* interessante *Wege:* über den Blauen (s. oben). Der *Hinabweg,* gut u. schattig, mit Wegw. versehen, direkt nach ($1^1/_4$ Std.) **Marzell**, 710 m. (*Sonne; Krone*), im obern Theil des Kanderthals, am Zusammenfluss des Maisenbaches mit dem Kanderbach, am östl. Fusse des Blauen, schön gelegen. Angenehmer Aufenthalt für den Freund ungestörten Naturgenusses. *Sommerfrischestation* für bescheidene Ansprüche.

b. über Schweighof (s. oben). Schattiger *Fahrweg* von Schweighof zwischen der Brandeck und dem Stockberg, 1080 m., mit schwachen Trümmern einer alten Burg (altgerm. Steinring, Ringwall od. alte Opferstätte), auf die Höhe $1^1/_2$ Std., von wo Marzell in 40 Min. zu erreichen ist, $2^1/_2$ Std.

Ausflüge: über das Lipple, 905 m., nach Wies $1^1/_4$ Std. — nach der Sirnitz $1^1/_4$ Std., beides interessante Partien. — auf den Blauen, $1^1/_2$ Std. — auf den Stockberg, 1080 m. oder *Stoppberg*, mit interess. Ruinen u. schöner Aussicht, $1^3/_4$—2 Std. — nach Badenweiler über den Blauen etc. — über den Köhlgarten nach Mittelheubronn und Schönau. — auf den Belchen. — auf schöner *Thalstrasse* (seit 1875) nach Kandern. — zum Altersteinfelsen mit Aussicht in's Klemmbach- u. Weilerthal.

Von Marzell auf der *Thalstrasse* nach Kandern in $1^3/_4$ Std. Die Kander hat auf ihrem $2^3/_4$ Std. langen Laufe von Marzell bis Kandern ein Gefäll von 355 m. und schlägt sich in vielen Krümmungen hin und wieder. — Interessante Wanderung an der *rechten* Thalseite nieder über Vogelbach mit Besuch der alten, düstern Sausenburg, auf dem 665 m. hohen Burgberge einsam gelegen. Der Weg führt über dem rechten Ufer des etwa 120 m. tiefer, in schmalem Bette niederrauschenden *Kanderbaches*, durch Wald u. an den Abhängen hin, mit schönen Ausblicken, in $1^1/_4$ Std. nach Vogelbach (*Sonne; Löwe*), schöne Aussicht beim Schulhaus. Im letzten Haus Schlüssel zum Thurm der noch $^1/_4$ Std. entfernten *Ruine* Sausenburg.

Von Vogelbach schöner mit Wegw. versehener *Weg* auf den Blauen, $2^1/_2$ Std., vom Schwarzwald-Verein hergestellt. — Von Vogelbach zur Thalsohle hinab $^1/_2$ Std. —

Zur Sausenburg, $^1/_4$ Std. auf dem 664,8 m. hohen Burgberge; schöner Waldweg dahin. Auf dem *Thurme* prächtige Aussicht gegen Kandern, Basel, Elsass, Vogesen u. den Schwarzwald. Vor gänzl. Verfall durch einige Restauration gewahrt.

Heinrichs II. Söhne aus dem Hause Hachberg stifteten um 1300 2 Linien: die ältere Hachbergische u. die jüngere (durch Rudolf I.), die Hachberg-Sausenbergische Linie. Diese Linie bewohnte die Sausenburg u. besass die Grafschaft oder Landgrafschaft Sausenberg. Mit der Zerstückelung der Zähringischen Erbschaft kamen einzelne Theile zur Reichsunmittelbarkeit als eigene Herrschaften. So gründeten die Herren von Röteln eine eigene Herrschaft, welche nach ihrem Aussterben an die Sausenberger gelangte, die daher auch nach dem freundlicher gelegenen Röteln übersiedelten. Sie erloschen 1503 u. ihr Gebiet ging an Christoph von Baden über. Die Gütertheilung seiner Söhne hatte die Trennung der Baden-Baden'schen u. Baden-Durlach'schen Linie zur Folge, nach deren mehr als 200jährigen Dauer die Besitzungen erst wieder vereinigt wurden (unter Karl Friedrich 1771). Die Sausenburg wurde mit Röteln 1678 (u. Badenweiler) durch die Franzosen zerstört.

Von der Sausenburg *Waldweg* nach (1 Std.) Kandern; — in 15 Min. nach Sitzenkirch; — in 25 Min. auf schönem, schattigem *Fusswege* (Wegw.) auf die von Malsburg nach Kandern führende *Strasse*. 5 Min. vor Kandern, beim ehem. *Eisenhammer* (Eisenschmelze) treffen die *Wege* von der Sausenburg u. von Malsburg zusammen.

Von Marzell nach Kandern zweite interessante *Wegrichtung:* Von Marzell nach ($1\frac{1}{2}$ Std.) Kaltenbach, 747 m. (*Wirthshaus zum Maien*), mit weitum sichtbarer Kirche. Einstige Stammburg der Herren von Kaltenbach, die nebst den Sausenbergern die Kultur in diesen Waldgegenden ausbreiteten.

Blüthezeit dieses Geschlechtes im 11. u. 12. Jahrh. Bedeutende Wohlthäter der Stifte St. Blasien u. Bürgeln etc. Wernher u. seine Gemahlin Ita vermachten 1120 ihre Güter zur Stiftung von Bürgeln.

Hinter Kaltenbach der (951 m.) hohe Wildsberg; gerade gegenüber der Hexenplatz.

Malerisch belebter *Weg* über Lütschenbach, 660 m., Edenbach, Tantenmühle (*Kranz*) u. Lausbühl. Der Stühlegraben od. Libertsgraben drängt aus engem Felsthal gegen Malsburg hervor. Malsburger Mühle u. dann Malsburg (früher Machtdolzberg, dann Malschberg) (*Gemeindwirthshaus zum Kranz*).

Nach Wies über Stühle, 944 m. u. Wambacherwasen, 972 m. interessanter Weg, $1\frac{1}{2}$ Std.

Von Malsburg nach Kandern enges, waldumgebenes Thal. 1 Std. Ueber eine alte *Brücke*. An der ehem. Eisenschmelze (u. Eisenhammer) Einmündung der aus dem Wiesenthal, von Steinen über Schlächtenhaus kommenden *Landstrasse*. Wer daher *direkt* in's Wiesenthal gelangen will, lässt das mehr rechts abseits liegende Kandern unberührt.

Kandern, 354 m. (*Ochs* mit Bädern; *Krone; Löwe; Sonne; Blume; Hirsch; Bierbrauerei von Müller u. Eichacker*), gewerbsthätiges Städtchen mit etwa 1600 Ew., in reizender Lage.

Post nach (9 Kil.) *Eisenbahnstation* Schliengen, tägl. 2 mal in $1\frac{1}{4}$ Std. Nr. 28, S. 173; — nach Lörrach (15 Kil.) tägl. 2 mal in 2 Std. (über *Rümmingen*). — **Entfernungen:** nach Schliengen $1\frac{1}{2}$ Std., nach Steinen $2\frac{1}{2}$ Std., nach Lörrach 3 Std.

Malerische, waldbedeckte Umgebung des Ortes u. seine gesunde, günstige Lage geeignet für *Sommeraufenthalt* von Fremden, daher zunehmender Fremdenbesuch. Papier- u. Halbtuchfabrikation, *Töpfereien* (Majolika) u. Ziegelbrennereien, lebhafte Wochenmärkte als Mittelpunkt für die ehem. sausenbergischen Waldorte. Kanderer Töpferwaaren u. Kanderer Bretzeln berühmt.

Sehr alter Ort. Der Name Chandro im 6. u. 7. Jahrh. deutet auf keltischen Ursprung. Schon im 15. Jahrh. ansehnl. Doppelflecken. Minderkandern von den Bauernhaufen 1525 zerstört. 1848 Ueberfall durch Struve.

Das ehem. hiesige Eisenwerk des Domänen-Aerars produzirte jährl. etwa 14000 Ctr. Mit demselben in Verbindung standen etwa 40 Gruben u. 200 Bergleute, sowie viele Fuhrleute. Eisengehalt der Erze 36—40 Prozent.

Umgebung von Kandern *mineralogisch* interessant. Körniger Berggyps mit röthlichem Alabaster. Zahlreiche Petrefakten.

Spaziergänge: zum Schützenhaus, 1/4 Std.; — zum Büscherzen, Fasanengarten u. Juchskopf (mit der grössten *Eiche* der Umgebung, Bänke); — zum Hirzeloch od. Wolfsschlucht, 1/2 Std., eine sehr sehenswerthe, amphitheaterähnlich gebildete, zerklüftete Felspartie mit Treppen u. Wegen; — zu den Friedrichstannen u. nach Mauer, wo interress. Einblick in das Kanderthal bei Malsburg; — nach Bürgeln, zur Sausenburg, nach den Spitzen-Felsen bei Riedlingen, Tannenkirch, Endenburg, wohin der Weg über die Scheideck, 510 m. (mit Alpenaussicht auf dem „Stalden") führt — etc.

Ausflüge: nach Sitzenkirch, Feuerbach, auf die Steineck, 556 m., auf die Johannisbreite, 484 m., auf den Munzenberg, 704 m.

In Hebels alemann. Gedichten spielt Kandern u. Umgebung eine hervorragende Rolle. Das Kanderthal *abwärts* bis zur Mündung der Kander bei Eimeldingen in den Rhein ist weniger malerisch schön als bisher. Das Flüsschen, das bei Marzell am Fusse des Blauen entspringt, hat einen Lauf von 6 Stunden Länge. Das Kanderthal zieht sich vom Blauen, Stockberg u. der Brandeck nieder, ist wechselnd eng u. schluchtenreich u. weist jurassische Felsarten auf die, nicht vom Schwarzwald stammen, sondern der ältern Diluvialperiode angehören. Hebungskuppe bei Marzell.

An der Kander *abwärts* schöne *Strasse* über (3 1/2 Kil.) Hammerstein, an Wollbach (6 Kil.) vorüber u. über (8 1/2 Kil.) Rümmingen (viel Obstbau) nach (10 1/2 Kil.) Binzen u. von hier *links* ab über die Lucke nach (15 Kil.) Lörrach. *Rechts* ab nach (1 1/2 Kil.) *Station* Eimeldingen.

Von Kandern interessantere Wanderung über Schlächtenhaus nach Steinen im Thal der Grossen Wiese, 14 Kil. — Auf der Scheideck, 510 m., Wasserscheide des umgebenden Gebirges, 1 1/4 Std. östl. von Kandern gartenartige Waldanlage: Gefecht am 20. April 1848 zwischen badisch-hessischen Truppen u. Heckers Freischaaren, wo General von Gagern fiel. Links *Abzweigung* des Weges nach Endenburg (Wegw.).

(8 1/2 Kil.) **Schlächtenhaus** (Schlechtenhaus u. Schlächthaus), 415 m. (***Rössle***). Der Name rührt her von einem längst abgebrochenen Schlachthaus des nahen (20 Min.) Klosters Weitenau.

Von Schlächtenhaus 3/4 Std. nach Endenburg, 645 m. zwischen dem Thal der Kleinen Wiese u. dem Kanderthal: die kleinen Orte Salneck, Lehnacker u. s. w. liegen malerisch an den umgebenden Berghalden. Unterhalb Endenburg stürzt sich der vom Wasen u. dem Schöttleberg niederrinnende Höllbach durch eine wilde Waldschlucht, „die Hölle“ u., an der Schrohmühle vorüber, in den Klosterbach bei Schlächtenhaus.

Von hier in 1 Std. über Kloster Weitenau nach dem gewerbsfleissigen Ort Steinen im Wiesenthal, Nr. 37, S. 258.

Von Schlächtenhaus angenehmer *Weg* über Schillinghof nach Wiesleth 1 Std. u. von da in $^1/_2$ Std. nach Dorf Hausen im Wiesenthal zwischen Schopfheim u. Zell. — Neue *Strasse* von Schlächtenhaus direkt über Fahrnbuck, oder auch über Dorf Weitenau, nach Wiesleth. —

Kloster Weitenau, gestiftet 1168 von Uto, Abt von St. Blasien, wurde von den Bauernhaufen 1525 nebst Sitzenkirch u. anderen sanktblasischen Herrschaften zerstört.

Nun über Langenau u. Enkenstein das Thal der Kleinen Wiese aufwärts. Die Thäler dieses Flüsschens, von Fremden noch spärlich bereist, werden von Fecht in seinem „Amtsbezirk Lörrach“ in folgender Weise geschildert:

„Die durch die Gebirgszüge gebildeten u. zwischen denselben vorhandenen Rinnsale, Schluchten u. Thäler zeichnen sich in den Sandstein-, Granit- u. Gneisbergen überall aus durch klare, frische Bergwasser, durch eine kräftige, üppig grünende Vegetation, zum Theil durch überraschend schöne, hier lieblich idyllische, dort grossartig wilde Partien. Bald stürzen sich schäumende Wasserfälle von Felsblock zu Felsblock, tosen wilde Bergbäche unter überhangendem Laubdach einher, bald tanzen in verschlungenen Windungen die krystallenen Wellen durch sammetweichen Rasenteppich eines stillen, einsamen Thälchens, um nach kurzem Erholungslauf im sonnigen Thalgrund wieder in dem jähen Absturz einer schattenumlagerten dunkeln Felsschlucht zu verschwinden.“

Fusswanderung. **Entfernungen**: von *Station* Maulburg im Wiesenthal bis Tegernau 11 Kil.; — von Schopfheim im Wiesenthal bis Tegernau 11 Kil.; — von Tegernau bis Neuenweg 10 Kil.; — von Neuenweg nach Hinter-Heubronn 5 Kil.: — von Hinter-Heubronn nach Oberweiler $2^1/_2$ Std.: — von Oberweiler zur *Station* Müllheim 6 Kil., im Ganzen etwa 10 Wegstunden Wanderung.

Ueber Langenau u. Enkenstein, 380 m. (*Löwe*), thalaufwärts nach (7 Kil. von Schopfheim) **Wiesleth**, 389 m. (*Sonne; Eiche*), Fabrikort mit interessanter Wasserleitung (Tunnel). Oberhalb Wiesleth, 20 Min., gegen Nieder-Tegernau die Trümmerstelle der Rothenburg, 622 m., im 13. Jahrh. Sitz der Familie von Röthenberg, Seitenlinie der Herren von Röteln. — Ueber Nieder-Tegernau 4 Kil. nach dem grossen, hübsch gelegenen evangel. Pfarrdorf (11 Kil.) **Tegernau**, 445 m. (*Hirsch; Krone*), an der Vereinigungsstelle der beiden Hauptquellbäche der Kleinen- od. Belchen-Wiese, auch Köhlgartenwiese genannt. Ueberreste der ehem. Burg Neu-Waldeck, 509 m. (*Kandenburg*), auf röm. Grundgemäuer.

Von Tegernau steiler aber aussichtsreicher *Weg* in 2 Std. über Gresgen *(Sonne)* u. Adelsberg *(Grüner Baum)*, am Fusse des Zeller Blauen, 1073 m. (der eine grossartige Fernsicht bietet) nach Zell im Wiesenthal.

Die *Wege*, welche durch die Thäler der Zuflüsse der Kleinen Wiese nach der Sirnitz führen, sind schön u. reich an Aussichten und landschaftlich anlockenden Scenerien. — Ueber Wies, 593 m (*Löwe; Krone; Sonne*) geht ein *Weg* nach Marzell u. von dort über die *Höhe* von 1110 m., am Meierskopf, 1121 m. (Aussichtspunkt) vorüber — od. aber von Wies über den Fischenberg, 1050 m., od. endlich über das 861 m. hoch u. einsam gelegene Oertchen Kühlenbronn, am Köhlgarten, 1226 m., vorüber auf die *Passhöhe* der Sirnitz. (Der Köhlgarten für Mineralogen interessant.) —

Von Tegernau nach ($2^1/_2$ Kil.) dem Weiler Holl (*Hirsch*) hinauf, wo fahrbarer *Seitenweg* links hinauf nach Schwand, 633 m. — In $1^1/_2$ Std. über Langensee (Inschriften an den Häusern, wie auch in Holl) u. an Elbenschwand vorüber nach dem hübsch gelegenen (18 Kil. von Schopfheim) **Bürchau**, 708 m. (*Wirthshaus zum Maien*), in einer Thalerweiterung. Am rechten Ufer der Kl. Wiese unterhalb des Dorfes der Hügel „Kastel" u. etwas weiter abwärts ein anderer, „Burstel" (Burgstall) genannt, deren Grundmauerreste vielleicht aus der Zeit der Römer stammen. Auf dem „*Burstel*" Stammsitz der Herren von Waldeck, Alt-Waldeck.

In $^1/_2$ Std. nach **Neuenweg**, 743 m. (*Adler; Krone; Sonne*), am südl. Fusse des Belchen, mit neuer evangel. Kirche. Holzwaaren-Manufaktur.

Vor Neuenweg kürzen *Fusswege* links ab für die, welche direkt auf die Sirnitz wollen. Neuer Weg auf den Belchen in Aussicht.

Ueber Oberböllen *Seitenstrasse* nach Wembach im Wiesenthal. Diese Strasse hebt sich vorwärts Neuenweg noch etwa 120 m. u. schwenkt dann in einem grossen Bogen nach Oberböllen u. Niederböllen (*Wirthshs. zum Maien*) hinab. Sie zieht sich von da durch das enge, felsumgürtete Böllenthal nach Wembach in's Thal der Grossen Wiese hinaus. Auf der Höhe ob. Neuenweg beim *Kreuz* ($^1/_4$ Std.) direkter *Fussweg* nach Niederböllen, 30 Min. Wer nach Schönau geht, kann $^1/_2$ Std. unterhalb Niederböllen wiederum $^1/_2$ Std. kürzen, indem der Weg *links* über Entenschwand genommen wird. Nr. 37, S. 262.

Auf kürzendem *Fussweg* nach Mittelheubronn, an Vorder- oder Unter-Heubronn vorüber. — Mit Führer zum *links*, 20 Min. von Mittel-Heubronn, am Köhlgarten, in einer kraterartigen Vertiefung gelegenen **Nonnenmattweiher**, 913 m. (20 Min. von Unter-Heubronn), der fischreich u. sehr tief sein soll. Sein Abfluss geht der Kl. Wiese zu. Ehemals hier eine schwimmende Insel, die sog. grüne Insel, bestehend aus einer Art Torf, einem Gemisch von Erde, Laub, Gras, Wurzeln u. Tannennadeln von etwa 10 m. Dicke, aus welcher Gesträuche u. kleine Bäume emporwuchsen. Gegenwärtig mit dem Festland zusammengewachsen, nachdem sie an das Ufer gedrängt wurde. — Sage von einem wegen Lasterhaftigkeit versunkenen Nonnenkloster.

Rauhe Gegend. Sonderbare Haartracht der Frauen, den Zopf auf dem Scheitel hoch abstehend zu befestigen.

(1 Kil.) Hinter-Heubronn (Haldenhof), *Abzweigung* rechts des Reitweges, der bis zur Neuenweger Viehhütte den ältern Weg verfolgt, von da aber im Zickzack über das Weidfeld der Stühleck bis zum Hochkelch, 1263 m., und zum Belchenhause leitet.

Vor Hinter-Heubronn *Abzweigung* der Untermünsterthal-Strasse rechts nach Münsterhalden u. Staufen (Krotzingen), sowie in's Sulzburger Bad.

(1 Kil.) Strassenhöchstes, 1050 m., mit schönem Blick auf den Belchen u. in die weite Runde. — 25 Min. Sirnitzwirthshaus *zum Auerhahn*, 963 m., *Knotenpunkt für die Wege* nach Müllheim, Neuenweg (Belchen u. Schönau) nach dem Sulzburger Bad, in das Thal der Kleinen Wiese, nach Kühlenbronn u. in die Tegernauer Vogteien, über Fischenberg nach Wies, nach Marzell in's Kanderthal.

Seitenblick nach Wies u. bis Tegernau.

Der Weg von der Sirnitz über Fischenberg nach Wies, am 1226 m. hohen, mineralogisch merkwürdigen Köhlgarten vorüber, mit ausgezeichneten Fernsichten, ist sehr interessant. Das einsam liegende Dörfchen Kühlenbronn, eigentlich nur eine Gruppe Häuser in rauher Bergumgebung wird unterwegs passirt. 2 Std. zum evangel. Pfarrdorf Wies, 593 m. *(Löwe; Krone; Sonne)*, in einem wiesengrünen Thalkessel des westlichen Quellbaches der Kl. Wiese gelegen, mit seinen Nebenorten etwa 1250 Ew. Entfernung von Schopfheim 3½ Std. — Durch das Thal, das waldig, eng u. malerisch gebildet ist, hinab führt ein reizender Weg in 1 Std. nach Tegernau am *Zusammenfluss* der beiden Hauptbäche der Kleinen Wiese.

Von der Sirnitz, zwischen waldumkränzten Bergwänden u. romantischen Felsgruppen hin, am forellenreichen Klemmbach nieder, nach (1 Std. 20 Min.) Schweighof u. von da auf bekannten Wegen nach Badenweiler u. Müllheim an die *Eisenbahn.*

Nr. 41. Eisenbahn von Offenburg über Hausach und Villingen nach Donaueschingen. Kinzigthal und Nebenthäler.

Badische Schwarzwaldbahn.

Eisenbahn, 100 Kil. von Offenburg nach Donaueschingen. 3 mal (darunter ein *Schnellzug* in 3¾ Std.) in 6 Std. Nach Villingen 4 mal täglich mit Anschluss nach (179 Kil.) Konstanz und (159 Kil.) Schaffhausen (Zürich).

Nach Hausach *Fahrzeit* ¾—1 Std.; — nach Triberg 1—2 Std.; — nach Konstanz 5½ Std.; — nach Schaffhausen 5 Std.

Zwischen *Frankfurt a. M.*, bezw. *Stuttgart, Konstanz* u. *Zürich* direkte Wagen. *Aussichtswagen*, hinten mit offener Gallerie, zur bequemen Betrachtung der Gegend mit *Zuschlagstaxe.* — Wer nur die *eigentl. Schwarzwaldbahn* befahren will, fährt bis Sommerau. — ☛ Zuerst Plätze *rechts;* vom Eisenberg-Tunnel über Tryberg bis zum Austritt aus dem Gremmelsbach-Tunnel *links,* dann wieder *rechts.* — Strecke von Hausach bis Triberg auch für *Fussgänger* sehr lohnend.

Die bad. **Schwarzwaldbahn** (vergleichsweise auch die *Sömmeringbahn in Visitenkarten-Format* genannt), ist ihrer baulichen Anlage nach eine der hervorragendsten der Gebirgsbahnen und im Deutschen Reich wohl die grossartigste Eisenbahn-Anlage. Die Hauptstrecke Hausach-Villingen, die *Schwarzwaldbahn im engern Sinn,* wurde, nach den Plänen des Oberbaurath Gerwig, 1867 in Angriff genommen u. am 10. Nov. 1873 dem Verkehr übergeben. Die Länge derselben beträgt 52,8 Kil. u. die vollständige Herstellung derselben veranlasste einen *Kostenaufwand* von rund 13,950,000 fl. oder 23,914,286 Mk., von welcher Summe nur allein auf das Bahnstück Hornberg-St. Georgen (28,6 Kil.) 11 Millionen fl. od. 18,857,143 Mk. entfallen. — Die Bahnlinie *hebt* sich von Offenburg (161 m.) bis Sommerau, dem höchsten Punkt derselben (834 m.), auf eine **Höhe** von im Ganzen 673 m. Zwischen Gutach u. Hornberg beträgt die *Steigung* auf 10 Kil. 143 m. (im Maximum 1 : 50) u. zwischen Triberg u. Sommerau auf 13 Kil. 216 m. (im Maximum 1 : 82). — Die Bahn weist eine grosse Zahl von Tunnels auf, nämlich im Ganzen 38 Tunnel mit einer Gesammt-Längenausdehnung von 9,476 Kil. Der längste ist der Sommerau-Tunnel mit einer Länge von 1696 m. Die Herstellung dieser Tunnelbauten erforderte über 12 Millionen Mk. — In geognostischer Hinsicht findet sich auf der Bahnstrecke Hausach-Villingen vorherrschend granitisches Gestein vor u. nur in geringerem Verhältniss Gneis u. Porphyr. Die Härte des Gesteins erwies sich fast überall als eine bedeutende. Dennoch zeigten sich die an vielen Stellen stark zerklüfteten u. von wasserführenden Gängen durchsetzten Gesteinsmassen, besonders nachdem sie eine Zeit lang den Einflüssen der atmosphärischen Luft ausgesetzt waren, häufig unganz und unsicher, so dass die Auswölbung der Tunnel in weit ausgedehnterem Masse nothwendig wurde, als anfänglich angenommen war. — Auch in landschaftlich malerischer Hinsicht ist diese Bahn von hohem Interesse. Zwar fehlen ihrer Umgebung Schneehäupter, Gletscher. schroffe Bergspitzen u. Felszacken, auch sind keine blinkenden Seespiegel, keine düster schattenden Abgründe vorhanden; doch blickt man hinab in grüne. blühende Thäler mit Obstbäumen besetzt, mit zahlreichen Bauernhäusern übersäet im warmtönigen Schwarzwaldstyl mit weit vorragendem Strohdach u. zahlreichen kleinen Fenstern versehen. Um die Wohnungen ziehen sich hübsche Gärten, mit kräftigen Bäumen umstanden. Dazwischen leuchten helle Strassen u. Wege u. blitzen rauschende Wasser. In den höhern Partien, wo der Blick weiter ausgreifen kann, rücken das Gutach-Thal, das Gremmelsbach-Thal u. das Nussbach-Thal in neckischem Spiel vor dem Auge hin u. wieder, umgeben von zahllosen, mit Laub- u. Nadelholz-Wald bedeckten Halden u. Kuppen, Felsabstürzen u. Schluchten, so dass der Beschauer keinen Moment lang den Blick abwenden mag, um ja keines der rasch wechselnden u. überraschenden Bilder zu versäumen.

Von Offenburg Nr. 28, S. 168, zweigt die *Bahn*, südöstlich abbiegend, von der *Hauptlinie* ab. Links im Vorblick die Rebenhöhen von Zell u. Ortenberg, zur Rechten in der Thalweite die kanalisirte Kinzig, in deren fruchtbares u. schönes Thal die Bahn eindringt u. bis Hausach hinauf verbleibt.

Die **Kinzig** entspringt im Königreich Württemberg aus zwei verschiedenen Quellen (*Kinzig* u. *kleine Kinzig*) ungefähr eine Stunde südl. von Freudenstadt im Ehlenbogenthal u. im Thälchen von Berneck (zwischen Rippoldsau u. Freudenstadt), deren Wasser sich bei Schenkenzell vereinigen. Von Süden her eilt ihr die Schiltach zu, die vom Hochwalde im N. von Sommerau entrinnt u. beim Städtchen Schiltach, 341 m., einmündet. Die vom Kniebis kommende Wolfach mit der Schapbach vereinigt sich mit ihr bei Wolfach, 265 m. Von Süden kommt die Gutach heran, die bei Triberg in einer Höhe von 970 m. herrliche *Schaufälle* bildet u. über Hornberg, 360 m., dem Kinzigthale zufliesst. Vom Mooswalde nieder kommt der Harmersbach. Die Kinzig nimmt eine Menge Bäche u. Bächlein auf u. strömt über Gengenbach, 177 m., u. Offenburg, 164 m., nach Kehl, 141 m., wo sie, vereinigt mit der Schutter, dem Rheine zufliesst. Ihren Weg legt sie mit einer *Lauflänge* von 125 Kil. od. 25 Stunden zurück. Starke Holzflösserei. Die vielen Störungen durch Hochgewässer veranlassten eine grosse Anzahl von Durchschnitten und Korrektionen. Die *Breite* des Flusses bei Haslach ca. 36 m., bei Biberach 60 m., bei Offenburg 45 m., bei Kehl 75 m.

Das Thalgebiet der Kinzig ist von einer bedeutenden Ausdehnung; in demselben leben über 30,000 Menschen. Die meisten Thalgegenden desselben bilden enge, von hohen Bergwänden eingeschlossene Schluchten, die von schnell strömenden Bächen durchrauscht werden. Die Schwarzwaldbahn u. der Pass des Kniebis nach *Schwaben* bilden die Hauptpassagen des Schwarzwaldes.

(4 Kil.) Stat. **Ortenberg**, 159 m. (*Krone; Ochs*), etwa 1300 Ew., mit dem stolzen, aussichtsreichen *Schloss* Ortenberg, nach Eisenlohrs Plänen restaurirt und z. Thl. neu gebaut von Herrn von Berkholz, mit Zinnen u. Thürmen. Gothischer Styl. Einst Sitz der Gaugrafen der Ortenau, (zerstört 1689 v. d. Franzosen) gegenwärtig Besitz des Herrn von Bussières. Vom Bahnhof z. Schloss 20 Min. Eintritt auf Anfrage erlaubt. — In der Kirche Altarbild von Maria Ellenrieder u. Fräul. von Berkholz.

Bahn nähert sich dem Kinzigfluss. Bergabhänge auf beiden Thalseiten rücken mehr zusammen. Rechts Dorf

Berghaupten; hinter demselben steigt das Thal zum Steinfirst, 602 m., hinan. Braunkohlengruben.

(9 Kil.) Links Stat. **Gengenbach**, 177 m., 2521 Ew. (*Adler; Löwe; Sonne*, mit Bädern; *Salm*, Bier bei Sohler u. Bertsch). Die kleine, mit Thürmen u. Thor versehene alte ehemal. Reichsstadt, einst bekannt durch ihre, der Sage nach, vom heil. Fridolin gegründete Reichsabtei, macht noch heute ein dem Aeussern nach stattliches Ansehen. Stattliches Rathhaus am Marktplatz; vor demselben Standbild Karls V. Kirche mit roman. Portal. *Bergkapelle* auf dem weinumpflanzten Kastellberg (röm. Kastell, Alterthümer) mit prächtiger Aussicht. Bedeutender Holz- und Weinhandel. Papierfabrikation.

Der Ort erscheint in Urkunden von 1139, soll aber seinen Ursprung der hier (726), der Sage zu Folge, vom Glaubensapostel Fridolin gegründeten *Benediktiner-Abtei* verdanken. 1803 an Baden. Reiche Klosterbibliothek, doch 1643 von den Schweden geplündert u. 1689 von den Franzosen verbrannt.

Ausflüge: Auf die Teufelskanzel u. durch das Hüttersbacher Thal, über Einach (*Rebstock*) zurück, $3^1/_2$ Std. — auf den aussichtsreichen Hochkopf, 616 m., 2 Std. — In der Nähe desselben das *Felsenmeer* am Katzenkopf. — auf den *Burgstall*, oberhalb Berghaupten $^3/_4$ Std. — auf den Stauffenkopf, 440 m. $1^1/_2$ Std. — auf den Sindigkopf. — in's Hüttersbacher Thal. — *Badeort* Hüttersbach $^1/_2$ Std. (Badeanstalt eingegangen).

Die Bahn geht am Fuss des vom *Mooswald* herabsteigenden Höhenzuges hin, an der rechten Thalseite, der eingedämmten Kinzig entlang. Ueberschwemmungen 1876 u. 77. (15 Kil.) Links Haltstelle Schönberg. Gegenüber *Siechenanstalt* Fusbach u. Ortschaft gl. Ns. — Bauart der Häuser nimmt mehr und mehr den eigentl. Schwarzwald-Charakter an. Rechts, im Durchblick, auf hohem Berggipfel, *Burgruine* Hohengeroldseck. Imposante Erscheinung.

(18 Kil.) Stat. **Biberach**, 189 m., etwa 1250 Ew. (*Bahnrestaurant* mit Bierhalle; *Post zur Krone; Sonne*) in schöner Lage. Das Dorf ist alt; ehem. hier Jahresgericht der Fischerinnung mit eigenthüml. Ceremoniell. Strassenkreuzungspunkt mit bedeutend. Verkehr, Strasse nach Lahr. *Stützpunkt für Ausflüge* in's Nordracher Thal, Harmersbacher Thal, nach Hohengeroldseck, Prinzbacherthal, in's Schutterthal etc.

Empfehlenswerther Ausflug nach Hohengeroldseck (auch von Lahr aus). *Strasse* von Biberach nach (15 Kil.) Lahr, „*Ludwigsstrasse*". Kinzigbrücke, dann ansteigende Strassenwindungen. Links *Abzweigung* eines Weges in's Prinzbachthal, in welchem eine im Jahr 1008 von Bergleuten bewohnte Stadt von den Freiburgern zerstört worden sein soll (da Freiburg noch gar nicht existirte). Dieselbe soll von Kaiser Hadrian gegründet worden sein. Eine Ver- Verwüstung des Gebietes von Geroldseck fand erst statt 1332. Doch röm. Ansiedelungen u. röm. Bergbau hier nicht zu verkennen. — Nach 5,5 Kil. Fahrweg (30—35 Min.) rechts zu den Ruinen von **Hohengeroldseck** (in gerader Linie 10 Min. rechts vom Weg) mit Fernsicht in's Kinzig- und Schutterthal. Die schöne Ruine (1³/₄—2 Std. von Biberach), aufgeräumt u. mit Treppen u. Gallerien versehen (von Lahr aus u. Schwarzwald-Verein; der Besitzer, Fürst von der Leyen, thut nichts für dieselbe), wird viel besucht.

Der Sage nach auf den Grundmauern eines röm. Kastells von Gerold od. Kerold, einem Verwandten von Karl d. Gr. erbaut, tritt das Geschlecht der Geroldseck urkundl. in der 2. Hälfte des 13. Jahrh. auf. Theilung in mehrere Linien. 1634 Haus Hohengeroldseck erloschen. Das Schloss 1677 von Marschall Créqui in die Luft gesprengt, seitdem in Trümmern. 1693 Verschanzungen durch die Oesterreicher. —

Zur Strassenhöhe (nahe bei dem alleinstehenden (5 Kil.) Wirthshaus auf dem Schönberg *zum Löwen*) zurück, wo *Denksäule*. Von hier abwärts in's anmuthige Schutterthal über (9 Kil.) Steinbach u. über (11 Kil.) Seelbach, 218 m. (*Engel*), nach Streitberg *links* durch das Schutterthal hinauf. *Rechts* von Steinbach über Reichenbach u. Kuhbach nach (15 Kil.) **Lahr**, Nr. 28, S. 169. Bei Seelbach der Dautenstein, 204 m., *Schloss* der Geroldsecker, nun des Fürsten von der Leyen.

Durch das Schutterthal hinauf über Wittelbach, Schutterthal *(Krone)*, Höfen, Dörlinbach u. Hub auf die *Höhe der Strasse* bei Steig u. Streitberg, wo Wegverzweigung nach allen Richtungen. Von Steig, 343 m., gute Strasse nach Schweighausen, 421 m. *(Krone; Sonne) Stützpunkt für die Besteigung* des Hühnersedel, 746 m. Prachtvolle Aussicht. Interessante Flora, weisser Porphyr. Am Nordabhang Ursprung der Schutter.

Post von Biberach nach (4 Kil.) **Zell am Harmersbach**, 4mal tägl. in 25 Min., früher Reichsstadt, sehr lebhafter Ort, 225 m., etwa 1400 Ew. *(Hirsch; Löwe; Rabe)*, am Ausgang der *Thäler von Harmersbach u. Nordrach*. Fayenze- u. Porzellanfabrik; Granatschleifereien. Potaschesiederei. In der Nähe die Wallfahrtskirche Maria zur Kette. — Hier Verzweigung der Thalschaft *links* in das Nordrachthal, *rechts* in das Unterharmersbacher Thal. Durch beide Thäler Strassenzüge in's Renchthal, Nr. 48.

Die Bahn überbrückt den Harmersbach u. bald auch die Kinzig. — (23 Kil.) Stat. Steinach, 206 m. grosses Dorf mit etwa 1400 Ew. (*Adler; Sonne*).

Südwestl. Mündung des Welschsteinachthals, durch welches die Strasse über Schweighausen nach Kenzingen u. Emmendingen führt. Besteigung des Hühnersedel, 746 m.

(26 Kil.) Stat. **Haslach**, 222 m., etwa 1800 Ew. (*Kreuz; Post; Fürstenberger Hof* mit Badeinrichtung; *Engel*), Städtchen in freundlicher Umgebung, für Sommeraufenthalt wohl geeignet; fruchtbare Gegend. Seidenspinnerei. Südl. *Mün-*

dung der beiden Thäler, Mühlenbach- u. Hofstetterthal (260 m., *Wirthshaus zu den 3 Schneeballen*), durch letzteres *Strasse* nach (15 Kil.) Elzach, Nr. 43, S. 338. Im erstern die Heidburg, 600 m., an welcher vorüber die *alte Strasse* nach Elzach führt. Im Mühlenthal röm. Alterthumsfunde.

Malerische Verengerung des Thales. Links erhöht Weiler, wo die letzten Rebenpflanzungen im Kinzigthal aufwärts. Vorzügl. Weinsorte *Herrenberger*. — Zur Rechten Dörfchen Hausach, dann die 385 m. hochliegende Kreuzkapelle, die Schlossruine, 305 m. u. endlich

(26 Kil.) Stat. **Hausach,** 240 m., etwa 1300 Ew. (*Bahnhofrestauration; Hotel Schmieder* am Bahnhof, Fuhrwerk; *Krone*), bis zum 10. Nov. 1873 Endstation der Kinzigthalbahn. Stattlicher Bahnhof. Ueber dem freundlichen Städtchen die *Ruine* des Schlosses Hausach, dem Fürsten von Fürstenberg gehörig, von den Franzosen 1643 ausgebrannt.

Das Pfarrdorf Hausach *(Engel)* in einer Entfernung von 1/4 Std. auf dem Wege nach Haslach.

Ausflüge: auf die Kapelle des Kreuzberges mit schöner Aussicht; — auf die Burgruine; — in's Hauserbachthal, in's Kirnbachthal, in's Kinzigthal, Gutachthal etc.

Eisenbahn-Abzweigung links von Hausach nach (5 Kil.) Wolfach, tägl. 5 mal in 10 Min.

a. Abstecher von Hausach in's obere Kinzigthal.

Von Hausach über die Kinzig durch prächtige Umgebung. (3 Kil.) Stat. Kirnbach, für das romantische Kirnbachthal, mit kräftigem Menschenschlag u. malerischer Tracht. Hinter dem Orte (*Sonne; Hirsch*) gabelt das Thal: *links* über den Fahnenbühl *Wegverbindung* nach Schramberg, *rechts* über die Schindelhöhe nach Hornberg, Station der Schwarzwaldbahn. Das Thal wird öfter von Malern besucht.

(5 Kil.) Stat. **Wolfach,** 265 m., 1570 Ew. (*Salm* od. *Post; Engel* an der Strasse nach Schiltach; *Zähringer Hof; Krone; Ochs*), Amtsstädtchen in malerischer Lage an der Einmündung des Wolfbaches in die Kinzig. Kiefernadelbadanstalt. Bedeutender Holzhandel u. Flösserei auf der Kinzig. Umgebung reich an schönen Landschaften. Angenehmer *Sommeraufenthalt*. Schloss des Fürsten von Fürstenberg; in demselben die Amts- und Gerichtsbehörden. Spaziergänge u. Ausflüge.

Post von Wolfach über (10 Kil.) Schiltach nach (20 Kil.) Schramberg, tägl. 2 mal in $2\frac{1}{2}$ Std.; — nach (22 Kil.) Rippoldsau, tägl. 2 mal in $2\frac{3}{4}$ Std.; — (Partie in das Oberwolfach- u. Schapbachthal). — Direkter Anschluss in Schiltach nach (10 Kil.) Alpirsbach, tägl. 2 mal in 1½ Std.

Eisenbahn von Wolfach nach Schiltach im Bau.

Ausflüge: zur Jakobskapelle, in's Kirnbachthal, in's Gutachthal, in's Kinzigthal, zu den *Bergwerken* in der Umgebung etc.

Die *Strasse* in's obere Kinzigthal geht in östl. Richtung weiter. Rechts die einsam stehende Jakobskapelle, ¾ Std. von Wolfach. — Die Thalsohle wird schmaler; waldige, malerische Umgebung. Die Gegend zwischen Wolfach u. Schiltach heisst das vordere Lehengericht. An der Strasse (14 Kil.), von Nussbäumen umschattet, *Gasthof zum Pflug*, angenehme Rast. Spaziergang auf's Eckle u. den Hohenstein. Die Strasse steigt nach

(15 Kil.) **Schiltach**, 341 m., etwa 1500 Ew. (*Krone; Ochs; Engel*), Städtchen mit alterthüml. Aussehen in schöner Lage an der Mündung der Schiltach in die Kinzig. Schöne neuere Kirche. Auf der Höhe die *Ruine* der gleichnam. Burg. Holzhandel, Flösserei, Spinnerei, Weberei u. andre Industrie.

Südl. Ausgang des schönen, 2 Std. langen Schiltachthales mit trefflicher *Strasse* nach (10 Kil.) Schramberg, (Würtemberg). Unterwegs vorüber an der *Ruine* Schilteck, rechts in wildverwachsenem Walddickicht. Schramberg, etwa 4000 Ew. (*Post; Lamm; Restaur. von Maurer*), malerisch im Schiltachthal, an der Einmündung des Lauterbaches gelegen. Uhrfabrikation, Strohmanufaktur, Steingutfabrikation und verschiedene andere Industrien. Neue roman. Kirche. Schloss u. Garten des Grafen von Bissingen. Hoch über dem gewerbsfleissigen Ort die Nippenburg, 646 m., einst Sitz der Grafen von Schramberg (früher hiess sie Schramberg). Postverbindungen nach allen Richtungen. — In der Nähe das romant., von grossartigen Felspartien umschlossene Berneckthal, durch welches der Weg über Thennenbronn nach (20 Kil.) St. Georgen führt. S. 326. Interessante Tour. Auf der Höhe bei Langenschiltach prächtige Aussicht.

Ruine Schenkenzell.

Post von Schramberg nach (20 Kil.) Oberndorf Nr. 31, S. 189 Station der Würtemberg. *Oberneckarthalbahn* tägl. 2 mal in 2¾ Std.; — nach (25 Kil.) Rottweil, Nr. 31, S. 189, Station der näml. Bahn, tägl. 2 mal in 3½ Std.

Die *Strasse* überbrückt den Fluss; das Thal steigt an gegen (19 Kil.) **Schenkenzell**, 364 m. (*Sonne; Drei Könige*), Pfarrdorf mit lebhafter Flösserei, an der Mündung des Reinerzauthales, aus welchem die eine der beiden Quelladern d. Kinzig, das Kinzigle oder kleine Kinzig, od. die Schwabach kommt und zwischen Rippoldsau und Freudenstadt ihren Ursprung nimmt. Die andre Quelle (Kinzig) entspringt als Quellnachbarin der Glatt in einer Höhe von 630 m. in der Gegend von Lossburg südl. von Freudenstadt. — Das Thal ist interessant u. bietet mehrere schöne Punkte dar, wird aber noch wenig besucht. Die zukünftige Bahnlinie Freudenstadt-Schiltach-Wolfach würde aber den Fremdenverkehr mächtig heben. — Ruine Schenkenzell, von den Franzosen 1689 zerstört.

Ueber die *badisch-würtemberg. Grenze.* Am stattl. Dorf Röthenbach (*Löwe*) vorüber nach dem schon in ziemlich rauher Lage befindlichen (25 Kil.) **Alpirsbach,** 408 m. (*Löwe; Schwan; Waldhorn*), Dorf mit etwa 1300 Ew. u. sehr interessanter roman. Kirche, *Basilika* mit Querbau (u. gothischer Choranlage), die sorgfältig restaurirt ist. Das 1095 gestiftete Benediktinerkloster (geweiht 1098), zu dem sie gehörte, wurde später würtembergisches Staatseigenthum, nachdem es 1563 den ersten evangelischen Abt erhalten hatte und bis 1807 der Abtstitel fortgeführt wurde. *Kreuzgang, Hauptportal der Kirche, kunstreiches Schnitzwerk.* — Ehemal. Oberamtsgebäude; Rathhaus, ehemal. Prälatur (1579).

Alpirsbach mit Kloster.

Ehedem Sitz eines Oberamts u. Bergamts. Post u. Telegraph. Wollspinnerei. Holzhandel und anderweitige Gewerbsthätigkeit. — In der Nähe das Krähenbad, gut eingerichtet.

Kloster Alpirsbach, gestiftet (1095) von den Grafen Adalbert von Zollern, Rotman von Hausach u. Alwick von Sulz, wurde von vielen vornehmen Geschlechtern mit Gütern ausgestattet, so von denen von

Fürstenberg, Teck, Urslingen, Lupfen, Geroldseck u. namentlich von denen von Zimmern. Nach schweren Kämpfen mit dem Schirmherrn von Würtemberg erhielt das Kloster endlich einen lutherischen Abt in Balthasar Elenheinz u. hörte bald völlig auf; ein selbstständiges Wesen war es seit 1563 nicht mehr. In seinen guten Tagen besass es auch das sog. Hagestolzenrecht, d. h. diejenigen Unterthanen zu beerben, welche über 50 Jahre alt unbeweibt starben.

Die Klostergebäulichkeiten sind nur noch theilweise vorhanden u. in Privathänden. Kirche schön restaurirt von Baurath Berner. Vergl. die Schriften von Stillfried, Fickler (Lorents photogr. Abbildungen) u. Glatz.

Post von Alpirsbach nach (18 Kil.) Freudenstadt, Nr. 32 S. 194, Endstation der würtemberg. Bahn Stuttgart-Freudenstadt, — von da über den Kniebis entweder in's Renchthal, Nr. 48, od. nach Rippoldsau, Nr. 48, S. 396.

Strasse von Alpirsbach über Fluorn nach (21 Kil.) Oberndorf u. über (11 Kil.) Dornhan (1460 Ew.); würtemberg. Städtchen u. über Marschallkenzimmern nach **Sulz** (13 Kil.) an die *Oberneckarthalbahn*.

Bei Hausach beginnt nun die **eigentl. bad. Schwarzwaldbahn.** Rathsam, von Hornberg auf der Bahn bis Sommerau zu fahren, dann zurück zu kehren u. die Tour im Wagen od. zu Fuss auf der *Landstrasse* zu machen, wodurch sowohl die Gegend als der grossartige Bahnbau erst genügend kennen zu lernen sind (Fuhrwerk zu Hornberg im *Bären*).

Der Charakter der umgebenden Landschaft ist beim Bau der Bahn augenscheinlich auch in Berücksichtigung gezogen worden. Malerisch hingestellte Bahnwärterhäuschen, meist mit Unterbau von Cyklopenmauerwerk scheinen mit dem Urgestein verwachsen zu sein; ihr vorspringendes Dach, die braungelbe Schindelverkleidung u. ihre Lage der Bahn entlang an pittoresken Punkten fallen angenehm in's Auge. Tunnelportale von Cyklopenmauerwerk von schweren Granit- u. Gneisblöcken verschiedener Form, scheinbar in unregelmässigster Willkür auf einander geschichtet, doch den Eindruck von grosser Solidität bewirkend.

Diese Bahnstrecke Hausach-Villingen, eigentlich sehr kurz (die Post brauchte auf der *Landstrasse*, gebaut 1835, nur 5 Stunden; die alte Landstrasse ging durch das Reichenbachthal über Krummschiltach und die Benzebene u. war sehr beschwerlich), hat dennoch hohe merkantile Bedeutung. Sie geht durch das Herz des Schwarzwaldes u. bildet durch die *St. Gotthardtbahn* die kürzeste Verbindungslinie von West- u. Norddeutschland mit Italien. Ihre Rentabilität ist freilich noch immer eine geringe. Ihre hohe strategische Wichtigkeit für Deutschland ist aber in Berücksichtigung zu ziehen. Für die Industrie des Schwarzwaldes, hauptsächl. für die berührten Gegenden, ist diese Bahn der belebende Impuls geworden.

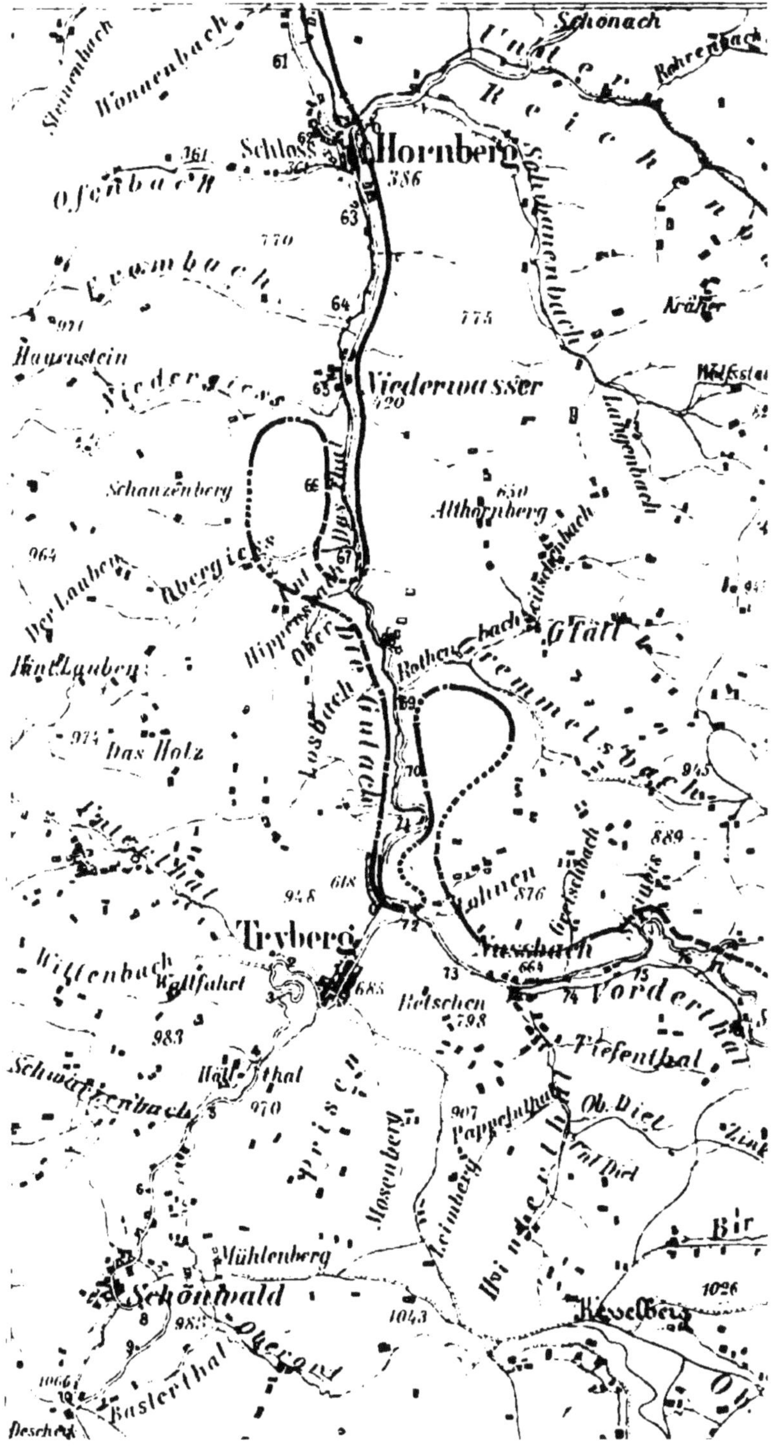

Schonach
Reichenbach
Wonnenbach
Schloss
Hornberg
386
Ofenbach
770
775
Niederwasser
Schanzenberg
Althornberg
Das Holz
Gfäll
Tryberg
Nussbach
Vorderthal
Wittenbach
Wallfahrt
Retschen
Tiefenthal
Ob. Diel
Mühlenberg
Schönwald
Kesselberg
Basterthal
1043
1026

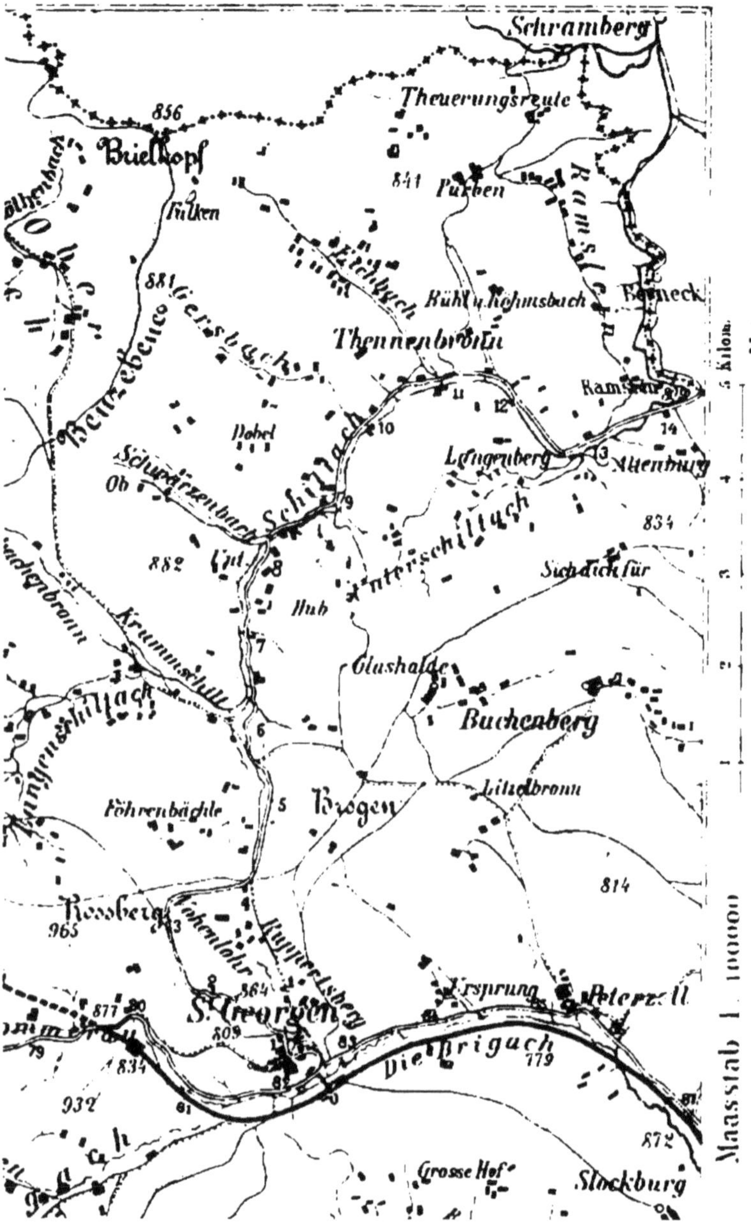

Schramberg
Theuerungsreute
856
Brielkopf
841
Purben
Falken
Eschbach
881
Gersbach
Bühl u. Rohmsbach
Berneck
Thennenbronn
Berneck
Ramstein
Dobel
10
11
12
14
Langenberg
Altenburg
Schwarzenbach
Ob
Schiltach
9
834
Unterschiltach
882
8
Sichdichfür
Hub
Krummschiltt
7
Glashalde
Buchenberg
6
Brogen
Litzelbronn
Föhrenbächle
5
814
Rossberg
965
3
Hohenlohr
Rupprechtsberg
Ersprung
Peterzell
877
364
S. Georgen
809
834
Diessriguch
779
932
872
Grosse Hof
Stockburg
5 Kilom.
5000 Meter
4000
3000
2000
1000
0
Maasstab 1 : 100000

Die Bahn verlässt das Kinzigthal bei (links) Am Thurm, 247 m., wo früher ein Thurm stund zum Schutz der Strassen aus dem Kinzig- u. Gutachthal u. zur Erhebung des Weggeldes. Grosse Holzmassen hier aufgehäuft, daher *Polterplatz* (Stapelplatz); dieselben werden hieher geflösst u. bis zur Weiterspedition hier aufgelagert.

Flösserei im Kinzigthal noch von Bedeutung, doch in der Abnahme begriffen. Vom 1. Juli bis zum 15. August ist das Flössen gänzlich untersagt. Die Flösserei ist nämlich für den Flussbau, für Landwirthschaft u. Industrie, namentlich im Sommer, von nachtheiliger Wirkung, desshalb diese gesetzl. Vakanzzeit. Vor einiger Zeit erfolgte eine Neuregelung des Kinzigflosswesens durch die Regierungen von Baden u. Würtemberg. Mit dem Weiterbau der obern Kinzigthalbahn wird die Flösserei wohl vollständig eingehen, da nun Lang- u. jede andere Sorte von Holz mit der Bahn bequem u. schnell befördert werden kann. — Das *Oeffnen der Schleussen* im Gebirge zum Lösen des Flösswassers, ebenso das *Riesen* der Baumstämme (pfeilschnelles Hinunterlassen in felsigen Rinnen von den Berghöhen nieder) ist immer ein interessantes Schauspiel.

Die *Bahn* wendet sich südl. im Gutachthal, zuerst nur in geringer Erhebung über der Thalsohle, dann stetig steigend, abwechselnd auf dem rechten u. auf dem linken Ufer, durch Einschnitte u. auf Dämmen, an Felsköpfen u. waldigen Halden entlang, hinauf. Reiche Abwechslung durch Einblicke in die kleinen, romantischen Seitenthäler. Ueppige Vegetation im Hauptthal. Prachtvolle Obstbäume, namentl. prangende Nussbäume.

Die **Gutach**, nach Gewittern, Landregen od. Schneeschmelze ein wild tobendes Bergwasser, entspringt zwischen Triberg u. St. Georgen, 971 m. hoch, in der Nähe einer der Urquellen der Donau, der Brigach. Von Triberg bis Hornberg Gefäll ($2^1/_2$ Std.) 549 m. Daher der malerische Charakter ihres Thales, das von schroffen Felshalden eingeschlossen wird. Doch von Hausach bis Niederwasser gleicht das Thal einem schönen Frucht- u. Obstgarten. Mildes Klima gleich wie im Kinzigthal. Im Frühjahr reizender Anblick der Blüthenpracht dieses Thales

Wie im Kirnbachthal, kräftiger, wohlgebauter Menschenschlag. Landestracht der Frauen u. Mädchen: schwarzer Rock mit farbigem Besatz, blaue Strümpfe, blaues od. schwarzes Mieder u. schwarze Jacke, roth gefüttert, am Mieder bunte Nestelschnur von Seide, blauer od. karminrother Halsmantel (Goller) mit grünen Bändern, grüne od. rothe Unterröcke. Bei den Ledigen lange Haarzöpfe über den Rücken hinab. Kopfbedeckung: breite Strohhüte, bei den Ledigen mit rothen, bei den Verheiratheten mit schwarzen, grossen Wollrosen, wie im Wolfthal. Unter dem Hut schwarze Haube mit breitem, schwarzem, halbschleier-ähnlichem Tüll- od. Spitzenbesatz, der Augen u. Stirn beschattet.

Die Männer tragen schwarze Röcke mit rothem Futter.

(37 Kil.) Stat. **Gutach**, 282 m. (*Post* od. *Krone; Löwen* etwas abseits, sehr gerühmt, stets Forellen), Dorf mit 2162 Ew., wozu aber noch einige Weiler u. thalauf zerstreute Häuser gehören. Immer malerischer thut sich das Thal auf. Grün bemooste alte Strohdächer auf bräunlichen Holzhäusern, die von Reben umrankt u. von riesigen Obstbäumen beschattet sind, beleben die saft-

grünen Hänge u. Auen mit den wechselnden Feld- u. Wiesenflächen. Bei günstiger Lichtwirkung ist dieses Thal unstreitig eines der schönsten u. anmuthigsten im ganzen Schwarzwald. **Ausflug** auf den Farrenkopf, 790,5 m. mit prachtvoller Aussicht, 2½ Std. — Ueber die Gutach. Nun ununterbrochen *Steigung der Bahn bis Hornberg* (1 : 50). Im Vorblick das Hornberger Schloss. — Rechts aus einem Seitenthal kommt die *Strasse* von Elzach u. Waldkirch (Freiburg) (aus dem Prechthal über die Rothhalde). Postverbindung mit diesen Orten. Links bei der Einmündung dieser Strassenrichtung, Häusergruppe Steingrün (*Rössle*). Nun durch den Rebberg-Tunnel, der erste auf der ganzen Linie u. der einzige auf der Strecke Hausach-Hornberg. Die übrigen 37 auf der Strecke von Hornberg bis Sommerau. — Auf einem *Viadukt* hoch über das Reichenbachthal quer hinweg (146,5 m. lang); links Einblick in dasselbe; rechts Blick auf das in der Tiefe liegende Hornberg u. das *Schloss* in der Höhe, nach

(43 Kil.) Stat. **Hornberg**, 386,1 m. Bahnhof, Ort 360,6 m., 2004 Ew., malerisch gelegenes Städtchen mit bedeutender Industrie.

Gasthöfe: *Bären* (Baumann) guter Tisch u. gute Weine. Billige Pension, Bäder. Dependance mit Garten. Omnibus am Bahnhof. *Schlosshotel*, dem Brauereibesitzer gehörig, auf dem Schlossberg, hübsche Aussicht. *Post* (früher Löwen), gegenüber der Kirche. *Mohren*; *Hirschen* u. mehrere kleinere Gasthäuser mit Bier. *Böhler'sche Brauerei* auf dem Schlossberg mit vorzügl. Kellern u. gutem Bier. — **Schwimmbad** in der Gutach. Forellen.

Malerische Partie auf der Gutachbrücke über dem felsigen Flussbett. Kriegerdenkmal bei der Kirche für 1870/71 nach Professor Kachel's Entwurf (Sandstein-Obelisk). Horn'sche Steingutfabrik (350 Arbeiter). *Beliebter Ort für Sommeraufenthalt.* Hauptquartier für eine *Reihe lohnender Ausflüge.*

Schlossberg, bequem zu besteigen. Hübsche Anlagen. Schöne Aussicht. Thurm der Schlossruine zugängl. Stadt u. Burg alt, dem Geschlecht derer von Hornberg gehörig, welches ursprüngl. auf Alt-Hornberg, 656 m. im Gebirge wohnte u. in Urkunden schon 1191 genannt ist. Auf d. *Thurm* Belvedere. Besuchte *Schlosswirthschaft.*

Malerische Umgebung, namentlich Blick in's obere Gutachthal.

Ausflüge: (Gute Anleitung bei Baumann im *Bären*) in's Gutachthal; — in die Reichenbachthäler; — auf die Benzebene (840 m.); — auf den Vohrenbühl (780 m.); in's Schwanenbacher-Thal; — in's Ofenbach-Thal; — zum Karlstein; — auf die Prechthaler-Schanze 2 Std.; — auf die Starenwaldhöhe; — über das Schloss auf den Ziegelkopf; — zu den schwachen *Trümmern* von Alt-Hornberg, 2 Std.; — nach Schramberg, 3½ Std.; — nach dem Prechthal, Elzach, Waldkirch etc.

Von Hornberg an bleibt die Bahn auf der *rechten* Seite des Thales. Schöner Rückblick auf das Städtchen u.

Schloss sammt Umgebung. Im Thal malerische Felsgruppen (*Felsenjungfrau*). Rechts unten Dorfschaft Niederwasser (*Rössle; Sonne*). Verengerung des Thales durch Felsenvorsprünge. Wechselnde romant. Scenerien. Rechts Thalöffnung des Niedergiess; links *Ruine* Alt-Hornberg (schwache Spuren). Rechts in der Höhe erblickt man die Bahnlinie, die man nach einigen Minuten befährt. Nun 2 kleine *Tunnel* (Glasträger-Tunnel 2. 3.); über einen Viadukt auf die linke Thalseite, durch einen weiteren *Tunnel* (4) und darauf durch den Niederwasser-Kehrtunnel (558 m. lang), der eine grosse *Schlinge* bildet, so dass man nun nach dem Austritt aus dem Tunnel die soeben befahrene Bahnstrecke gerade unter sich erblickt, nur um die Höhe einiger Tannen tiefer. Abermaliger Einblick in's Thal von Niedergiess. Nun geht es durch einige folgenden *Tunnels* (6—10), darauf durch den viertlängsten der Bahn, den (11.) Eisenberg-Tunnel (791 m. lang). Beim Verlassen desselben Plätze links! — Schnell folgen *4 weitere Tunnels* (12—15); nach dem Austritt aus dem letzten derselben, dem (15.) *Kurzenberg-Tunnel* herrlicher Ausblick auf die Häusergruppe des Steinbisshofes mit der auf hohem Granitfelsen ruhenden Steinbisskapelle. Ueberraschendes Bild. Wildzerstreute Felsmassen an den Halden der rechten Thalseite. — Nun auf einander folgend *5 weitere* (16—20) *Tunnel;* der zweite (17.) *Forellentunnel*, nach dem im Gutachthal unten liegenden *Gasthof zur Forelle*. Links über sich sieht man nun die Strecke der Bahn, die man hinter Triberg gegen Sommerau befahren wird. Weiter vorwärts links Häusergruppe Am Bach mit dem *Gasthof zum Hirsch* (Pension 4—5 Mk. tägl.).

(56 Kil.) Stat. **Triberg**, 618 m., 2410 Ew., Amtsstädtchen, nach Hornberg der *Hauptpunkt der ganzen folgenden Bahnlinie*, umgeben von drei Berghöhen („Triberg"), westl. vom Wallfahrtsberg (900 m.), östl. vom Kapellenberg, nördl. vom Kroneckberg. *Restauration im Bahnhof.*

Gasthöfe: *Schwarzwald-Hotel*, in unmittelbarer Umgebung des Wasserfalls, komfortabel, auch für Luftkurgäste; *Hotel Bellevue* (ehemal. Hotel Bauer); *Löwe*, gut; *Ochs;* (in den 3 letztern Gasthöfen Pension zu 5 ℳ) — *Wilder Mann*, gut (Pension 4 ℳ); *Sonne; Engel; Adler; Lilie* (billig). **Restaurant u. Bierhaus** *Germania* mit Garten, Bädern (kalt u. warm, auch Soolbädern). Bei der Häusergruppe „Am Bach" *Gasthof zum Hirsch*. Omnibus dahin. *Fussweg* über die Gutach.

Omnibus der Gasthöfe am Bahnhof. Entfernung von der Station zum Ort 2 Kil.

Post nach (15 Kil.) Furtwangen, tägl. 2 mal in $2^1/_4$ Std.

Das Gasthofwesen in Triberg darf, dem vermehrten Fremdenzufluss gegenüber, noch etwelcher Massen vervollkommnet werden; noch nicht aller Orts im richtigen Verhältniss zu gerechtfertigten Ansprüchen.

Grosser Brand vom Jahr 1826, daher das Städtchen neu u. regelmässig angelegt. Bedeutende Gewerbthätigkeit, hauptsächl. Uhrenindustrie, dann auch Stroh-, Holz- und Metallwaaren-Fabrikation. Hübsche Gewerbehalle mit *permanenter Ausstellung* aller industriellen Erzeugnisse des Ortes (Uhren, grossartiges Orchestrion etc.), der Umgebung u. des ganzen Schwarzwaldes. Tägl. geöffnet (Eintritt 50 Pfg.). Preise verhältnissmässig nicht billig.

Hauptgegenstand des Fremdenbesuches: Der **Wasserfall der Gutach** (auch, namentl. früher, Fallbach genannt), 10 Min. vom Ort. Der Bach stürzt aus einer Höhe von 970 m. durch eine Felsenschlucht herab u. bildet in *sieben Abstufungen* den 162 m. hohen Wasserfall, der einer der schönsten des ganzen Schwarzwaldes genannt werden darf. Die 7 Kaskadenstaffeln, in Formbildung, Höhe der Abstufung u. Abtheilung des Wassers verschieden gestaltet, können bequem besucht werden. Zugang, Wege u. Aussichtsplätze wohl erhalten. Der *vierte Absturz*, von unten gezählt, ist der *schönste*. Breiter, schleierartig gebildeter Sturzkörper. *Pavillon*. Bemooste Granitblöcke, halbverwitterte Tannengestalten. borstig hinaushangend, Farrenwedel u. zwischen inne die blendend weisse Strömung, ein äusserst malerischer Anblick. — Ueber den *fünften Fall* eine Brücke, auf welcher man am Bassin des sechsten Sturzabsatzes steht, der, breit geschürzt, herabschiesst. — Der sechste Fall, ebenfalls Brücke (vorsichtig gehen!), sollte von oben gesehen werden. *Siebenter, oberster Abschuss* sehr *schön*. Hauptreiz der verschiedenen Kaskadenstaffeln die grosse Mannigfaltigkeit ihrer Gestaltung. — An Sommerabenden zuweilen *bengal. Beleuchtung der Fälle*, meist vom Besitzer des Schwarzwald-Hotels arrangirt. — In der Höhe hübsche Durchblicksstelle durch den Wald auf das Städtchen Triberg hinab. Beim Besuch sämmtl. Fallpartien *Führer unnöthig*. — Vom obersten Fall *Fussweg* zur *Furtwanger Landstrasse*. Rückkehr über die „Wallfahrt“ nach Triberg. Verschiedene Sagen vom Wasserfall u. seiner Umgebung. Ebenso vom Ursprung der hübsch gelegenen Wallfahrtskirche (westl.) bei Triberg, die 1808 zur Hauptkirche von Triberg erhoben wurde.

Früheste Herrschaftshörigkeit der Herren von Hornberg, dann 1191 Abtrennung u. eigene Herrschaft Triberg. Burg der Herren von Triberg, zerstört 1481 u. wieder in den Bauernaufständen 1525 u. 1642. Im 14. Jahrh. an die Herren von Usenberg u. von ihrer Erbtochter Anna an die Markgrafen von Hachberg gelangt, ging der Ort (1474 erst 22 Häuser) durch verschiedene Hände bis er endlich an Baden kam.

Spaziergänge u. Ausflüge: Zur Wallfahrtskirche *„Maria in der Tann.“* — Zur ($^1/_2$ Std.) *Sommerwirthschaft* Retsche; — zur ($^1/_2$ Std.) Geitsche. — auf den Hirzwald u. Kesselberg, $1^1/_2$ Std. mit prachtvoller Rundsicht (Rauhe Alp; Schweizer-Alpen). — auf den Hohnenberg (876 m.) — von der *Kreuzbrücke* das Gutachthal *niederwärts; aufwärts* von der *Kreuzbrücke* in's Nussbachthal. — nach Gremmelsbach u. weiter, das *Gasthaus zur Forelle* passirend, zur Hornburg od. Alt-Hornberg. — nach St. Georgen in 2 Std. auf der interess. *Strasse* über ($1^1/_4$ Std.) Nussbach u. zurück über den Aussichtspunkt beim Galgen, Hirzwald etc. — zum Schänzle, 3 Std. — von Nussbach aus über das *Staudenwirthshaus* (888 m.) in's Langenschiltachthal nach Krummschiltach, auf die Benzebene u. von da nach Lauterbach u. Schramberg. — nach Furtwangen 16 Kil. —

Von Triberg ab *Steigung der Bahn,* abwechselnd 1 : 60 bis 1 : 53. *Zunächst noch Plätze* links *nehmen!* — In grossem Bogen gegen NW., durch den kurzen (21.) *Tunnel,* dann durch den drittlängsten der ganzen Linie, den (22.) Triberger-Kehrtunnel (820 m. lang). Beim Ausgang links reizender Niederblick in's Gutachthal. — Nun folgt links die *schönste Aussichtsstelle der Strecke.* — Darauf durch die *Tunnels* (24—26) zur Gremmelsbacher Höhe, links unten Gremmelsbach. — Zweitlängster Tunnel, der (27.) *Gremmelsbachtunnel* (911 m. lang). *Bevor derselbe passirt ist, eile man auf die* rechte *Seite des Wagens!* Man gewahrt die bisher durchfahrene Bahnstrecke *zweimal über einander* (78 m. u. 150 m. über der Thalsohle), durchfährt einen (28.) *Tunnel* des schon einmal durchsetzten Berges, erblickt den alten Friedhof v. Triberg u. durcheilt nun Tunnel auf Tunnel (29—37.). Der 38., *letzte,* ist der *längste,* der 1696 m. lange Sommerautunnel (4 Min. Durchfahrtszeit), der auf eine Länge von 1441 m. mit Mauerwerk ausgewölbt ist. Nach dem Austritt aus demselben

(69 Kil.) Stat. **Sommerau** (*Restauration v. Geiger*) und *Scheitelhöhe* der ganzen Bahnlinie mit 834 m. üb. M. Westliche Wasserscheide zwischen Rhein u. Donau, 673 m. über dem Thalboden von Offenburg, 433 m. über dem Bodensee bei Konstanz.

*) In *Sommerau* aussteigen, wer nur die Schwarzwaldbahn-Strecke sehen will! *Mittagessen* u. mit dem nächsten Zug Rückfahrt. Sowohl die interessanten u. grossartigen Bahnbauten, wie auch die landschaftl. Schönheiten hören auf bei Sommerau.

☛ Bemerkung für die von St. Georgen u. Sommerau abwärts Reisenden: Bis zum Gremmelsbacher Tunnel (von oben gezählt der 12.) links sitzen. Nachher bis über Triberg hinaus rechts; vom Eisenbergtunnel (28.) an bis Hausach wieder links Plätze nehmen! — Die freien Ausblickstrecken zwischen den 38 Tunnels gewähren herrliche Ausschnitte der umgebenden Landschaftsbilder; zuerst Blick in's Nussbachthal, dann in's Gremmelsbacher-, später in's Gutachthal u. in die Seitenthäler des letztern, so in's Hippenbachthal, Obergiess und Niedergiess etc. Vor der Einfahrt in den Triberger Bahnhof *links* Einblick auf die ersten Häuser des Ortes, den hochgelegenen *Schwarzwälder Hof*, *rechts* auf den frühern Gasthof an der Kreuzbrücke, nun Amtsgerichtsgebäude. *Vorwärts* von *Tunnel* 25 u. 26 (7. u. 8. von Triberg aus) *rechts* Blick auf einen neuen stattl. Bauernhof, der ehedem an dem Platze stand, wo nun die Bahn läuft. Hier befindet man sich nur wenige Tannenlängen über dem Niederwasser Kehrtunnel. Mächtige Seitenmauern stützen den Bahnkörper, der hart am steilen Abhang entlang geführt ist (vom *Niedergiessthal* an) bis zur *Gutachbrücke*, die den Fluss u. die *Landstrasse* Hornberg-Triberg überschreitet.

Eine Fusswanderung od. Wagenfahrt auf der schönen, s. Z. berühmten *Kunststrasse* von Hornberg über Triberg nach St. Georgen ist lohnend. Von Niederwasser an Verengung des Thales der Gutach. Landschaftl. Bilderreihe mit hochgethürmten od. wild durcheinander geschobenen Felsbildungen, Schluchten, grünen Auen, Tannen- u. Laubholzwaldungen u. Wasserströmung mit anheimelnden, von Obstbäumen u. Gärten umgebenen Wohnstätten. Bis Triberg die schönsten Stellen am sog. Glasträger, am Hohlen-Felsen, am Steinbisshof, an der Mündung des Gremmelsbaches, beim *Wirthshaus zur Forelle*, bei der Häusergruppe „Am Bach" u. in der Umgebung des Triberger Bahnhofes. Die Ein- u. Ausgänge der Tunnels erscheinen wie die Schlupflöcher sagenhafter Bergdrachen, die Dampf umhüllt u. schnaubend darein verschwinden u. plötzlich an ungeahnter Stelle wieder hervorstürzen. An den geeigneten Stellen kann es sich sogar treffen, dass auf einmal zwei solcher Ungethüme auf einmal u. gegen einander losbrechen, auf dem Bahnhof in Triberg aber als friedliche Züge neugieriger Reisender neben einander zu stehen kommen.

Die Gutach hat die malerischen Ufergelände schon öfter mit wilden Ueberschwemmungen heimgesucht, so namentl. 1778, 1824, 1849, 1876 u. 1877.

Der obengen. Hohle-Felsen ist ein kleines Felsenthor, das 1835 beim Bau der *Landstrasse* gebrochen werden musste, um derselben Raum zu schaffen. Dieser Punkt, im Verein mit dem Obern-Steinbisshof u. der Steinbisskapelle ist eine der schönsten des Gutachthales. Hinter der sehr malerisch gelegenen *Kapelle* schroffe, zackige Felsgruppen, das *Steinbiss* (Gebiss). — Vom Steinbisshof u. vom Eingang zum Gremmelsbacher Thal *Wege* zur *Burgruine* Hornburg *(Alt-Hornberg)*. Name herrührend von der Gestalt des Felsens, auf dem das Schloss, eingefasst von 2 hornförmigen Felszacken, stand. — Von Triberg über Nussbach, 664 m., *(Krone; Kaiser)* ebenfalls genussvolle Wanderung mit Blick auf die Bahn u. deren Reihe von Tunnelmündungen. An der sog. Steinhalde, beim untern Eingange zum *Sommerautunnel*, geht die Strasse rechts über die Tunnelmündung hinweg zur Höhe u. zur Häusergruppe Sommerau, mit dem bekannten *Rössle-Wirthshaus*, dessen eine Dachrinne das Regen- u. Schneewasser in die Donau (Brigach), die andere dasselbe in den Rhein (Nussbach, Gutach, Kinzig) abgiebt. Hier ist die Höhe von 877 m. erreicht. Auch in Sommerau *(Rössle, Schütze)* Uhrfabrikation. Scherzhafte Namensableitung (Sommerliche Au): Im Winter sehr kalt u. im Sommer „au" (auch). Beim *Rössle* Einmündung der *alten Strasse* von Nussbach her. Von Sommerau in 10 Min. zur *Station* gl. N. Vom Bahnhof in Triberg bis hierher $2^1/_4$ Std. Auf der alten Strasse kürzer.

Die Bahn fällt nun allmählig (im Maximum 1 : 82) bis (71 Kil.) Stat. **St. Georgen**, 809 m., 2158 Ew. (*Hirsch; Adler; Löwe; Krone; Restauration am Bahnhof*), Marktflecken (864 m.), einer der *Hauptorte der Schwarzwälder Industrie*.

Uhren u. Uhrenbestandtheile, (emaillirte Zifferblätter). Strohhut- u. Palmhutfabrik. Maschinenfabrik. Holzschnitzerei. Ehemal. **Benediktinerkloster** von grossem Ansehen, dessen **Kirche** bei dem grossen Brand 1865 zerstört wurde. Neue, stattlich hergestellte Kirche. Von dem ehemal. **Hochaltar**, kostbares Werk der Bildhauerei u. Malerei des 14. Jahrh. (Schule des Martin Schön), wurden nur einzelne Stücke gerettet.

Gründung des Klosters wahrscheinl. schon Ende des 11. Jahrh.; das reiche Stift besass 86 Ortschaften. 1806 Aufhebung desselben.

In der Nähe, aus vielen Quellen, Ursprung der **Brigach** (Brig), welche mit der **Breg** u. der sog. **Donauquelle** bei Donaueschingen vereinigt, die Donau bilden hilft. „Brig u. Breg bringen d'Donau zweg", lautet der Volksausdruck. Die ganze Gegend sehr quellenreich. Hinter St. Georgen schöner Aussichtspunkt mit *Pavillon*.

Ausflug auf den **Rossberg**, 965 m. mit weiter Aussicht; — zum ($^3/_4$ Std.) *grossen Bauern (Wirthschaft)*, mitten im Wald (altschwarzwaldmässiges Bauerngut). **Landestracht um St. Georgen**: bei feierl. Anlässen tragen die Jungfrauen das „Schäpele" mit blitzenden Zierrathen von Goldblech, spanische weisse Halskrause, blaue Seidenbänder in den Zöpfen, die über den Rücken hängen. Silberner Gürtel, dunkler Anzug, gefältelter Rock. Feine Gesichter unter dem Frauengeschlecht nicht selten. Zum Alltagsanzug ein glattes, schwarzes Mützchen, das den ganzen Haarwuchs bedeckt u. weisse, steife Strohhüte mit schwarzen Rosen.

Die Bahnlinie zieht sich nun an der **Brigach** thalniederwärts bis Donaueschingen, wo die Vereinigung der Wasser zur Donau erfolgt.

(75 Kil.) Stat. **Peterzell-Königsfeld**, 779 m. — **Peterzell** (*Krone; Löwe*) mit sehr alter Kirche, von Reichenau gegründet, die in dieser Gegend die erste christliche Kirche gewesen sein u. schon zur Zeit Karls d. Gr. im Bau bestanden haben soll.

Post von der **Station** (nur in den Wochentagen) tägl. 2 mal in $^3/_4$ Std. nach der Herrenhuter-Gemeinde **Königsfeld** (4 Kil.), 763 m., (*Gasthaus zur Brudergemeinde*) mit vielbesuchtem *Knaben-* u. *Mädcheninstitut*. Beliebte *Sommerfrische*. Prozesse hier unbekannt. Sehenswerthe Einrichtungen der Erziehungsanstalt. Gottesacker mit den einfachsten Denkmälern u. Inschriften.

(82 Kil.) Stat. **Unter-Kirnach**, 732 m. im grünen, umwaldeten Wiesenthal der Brigach, 30 Min. von dem Orte entfernt. **Unter-Kirnach**, 805 m. (*Rössle*), Heimath der Künstlerfamilie Blessing, der ersten Orchestrionfabrikanten. Uhrenfabrikation, Blumenmacherei, Strohgeflechte. — Weiter aufwärts im **Kirnachthal**, aus welchem die **Kirnach** heranströmt, *Ruine* der Burg **Kirneck**, wohin hübscher Spaziergang über **Salvest**, $1^1/_2$ Std. Spuren einer *alten Römerstrasse* im **Salvestwald**, wahrsch. Verbindungs-

weg zwischen Rheinthal u. Rottweil (Ad aras Flavii) über die Höhen.

Post vom *Bahnhof* über (13 Kil.) Vöhrenbach, (21 Kil.) Furtwangen nach (51 Kil.) Waldkirch. Die *Strasse* geht von Unter-Kirnach auf die Berghöhe zum Wirthshaus *Friedrichshöhe* u. senkt sich dann, in vielen Windungen, an Langenbach *(Hirsch)* vorüber, nach (13 Kil.) Vöhrenbach, 800 m., 1500 Ew., Nr. 34. S. 214. — Im Thal der Breg aufwärts über Schönenbach *(Sonne)* nach (21 Kil.) Furtwangen Nr. 44. Weiter nach Waldkirch, u. Freiburg Nr. 44.

(86 Kil.) Stat. **Villingen**, 706 m. (*Bahnrestauration; Post* od. *Blume; Zur Flasche; Löwe; Deutscher Kaiser; Falke* mit Bier), Amtsstadt mit 5968 Ew. mit wachsender Gewerbsthätigkeit, bei welcher die Einmündung der *würtemberg. Bahn* von Rottweil her vor sich geht. Grosse Uhrenfabriken; Wollweberei u. Tuchfabrik von Gebr. Dold und Metallweberei von Bracher.

Aeussere Form der Stadt ein Oval mit 3 (ursprüngl. 4) Thoren; die Hauptstrassen kreuzen sich in der Mitte. Zahlreiche Brunnen. Der Altstadtthurm, ältestes Bauwerk (röm. Ursprungs), 10 Min. vor der Stadt. Pfarrkirche od. Münster aus dem 13. Jahrh. mit 2 Thürmen. Gothischer Kreuzgang im Waisenspital. Kirche des Johanniterordens, nun *evangelische Kirche*. Alte Thorthürme, einer mit dem Bild des *Romeias-Mannes* und Inschrift. Benediktinerkirche (Salzmagazin). Kriegerdenkmal für 1870/71 auf der Promenade. Im Rathhaus Alterthümer-Sammlung (Eintritt 40 Pfg.).

Geschichte der Stadt reich an Ereignissen (siehe J. A. Vetter, Geschichte von Villingen, Schleicher's Abhandlungen etc.). Wahrscheinl. röm. Niederlassung. Als Gründer des Ortes gilt Herzog Berthold III. von Zähringen im 12. Jahrh. Später Reichslehen kam es dann an das Haus Fürstenberg, kaufte sich aber 1326 in Folge vieler Misshandlungen von dessen Herrschaft los, begab sich unter österr. Schutz u. fiel völlig unter die Herrschaft des Erzhauses bis 1803; dann durch verschiedene Hände, 1806 an Baden. Schwere Belagerungen u. Drangsale in den verschiedenen Kriegen. Berühmt durch die sog. Wasserbelagerung durch den schwedischen Obersten Gassion.

Ueber die abgeflachten Höhen der Baar hin, die schon unterhalb Unter-Kirnach betreten worden ist, ziehen sich nun Getreidefelder, doch fehlt ihnen der belebende Baumwuchs, wesshalb diese Landschaften einförmig aussehen. Sie bilden aber die Korngegend des Schwarzwaldes u. bieten heute noch in Sitten, Gebräuchen, Wohn- u. Lebensweise der Bewohner manches Eigenthümliche dar.

Ueber die Stationen Marbach, Klengen u. Grüningen nach (100 Kil.) Station u. Stadt **Donaueschingen**, 692 m., 3522 Ew., Nr. 7, S. 57.

Nr. 42. Schutterthal. Hünersedel. Münsterthal. Bleichthal.

Fusswanderung, 2—3 Tage; auch in 1½ Tagen zu machen.

A. Durch das Schutterthal aufwärts zum Hünersedel.

Von Lahr aus auf der *Kunststrasse* an fruchtbarem Ackerfeld vorüber (viel Tabackbau), über (5 Kil.) Kuhbach u. (7 Kil.) Reichenbach nach (8½ Kil.) Steinbach, 198 m. wo die schöne *Ludwigsstrasse* links abzweigt und über den Schönberg, an Hohengeroldseck vorüber (9½ Kil.) nach (15 Kil.) Biberach, Eisenbahnstation im untern Kinzigthal führt, Nr. 41, S. 315.

Vorher, bei Reichenbach, Abzweigung eines *Seitenweges* links durch das einsame Gereuththal über den Steinfirst, 602 m., u. durch das Bermersbacher Thal nach Gengenbach im Kinzigthal, 4 Std.

Bei Steinbach *rechts*, auf der *Schutterthalstrasse*, thalaufwärts. Die Landschaften des Schutterthales entbehren des romant. Charakters, doch sind sie von anmuthigem Wechsel u. nicht ohne Reiz. — (9 Kil.) **Seelbach**, 218 m., (*Engel*), Marktflecken mit ehemal. Franziskanerkloster und Kirche in erhöhter Lage (hübsche Aussicht in's Schutter- u. Litschenthal). Hauptort der ehem. (2½ Q.-M.) Herrschaft Geroldseck (des Fürsten von der Leyen).

In der Nähe *Schloss* Dautenstein, 205 m., Wohnung des fürstl. Leyen'schen Rentbeamten. Ehemal. Besitzung der Herren von Hohengeroldseck, im 14. Jahrh. Lehen der Herren von Pleiss, im Bauernkriege beschädigt, später wieder hergestellt, doch nur theilweise bewohnt.

Schöne *Strasse* von mässiger Steigung. (10 Kil.) Trettenhof mit *Wegabzweigung* links nach Prinzbach. (11 Kil.) Wittelbach (*Hirsch*), ebenfalls mit *Weg* dorthin. (14 Kil.) Pfarrdorf **Schutterthal**, 252 m. (*Krone*). Früher Bergbau. Verengerung des Thales u. rauhere Physiognomie der Umgebung. Ueber die Weiler (15½ Kil.) Höfen, (16½ Kil.) Dörlinbach und (17½ Kil.) Hub hinauf nach (20 Kil.) Steig, 343 m.

Bei Höfen u. Dörlinbach *links* ab interess. Wege über die *Kapelle*, 515 m., am Himmelberg auf die *Landstrasse*, die von Schweighausen nach Welschsteinach u. Stat. Steinach im Kinzigthal führt. Am Geisberg weithin leuchtende, weisse Thon-Porphyrbrüche.

Rechts ab von Dörlinbach Weg durch den Obern Genossenwald in's Münsterthal.

Am linken Ufer des Schutterbaches (Quellen am Nordabhang des Hünersedel u. am Geisberg) hinauf zum Thalende bei Steig u. von da in ½ Std. nach Schweighausen oder in ¹/₄ Std. zum *Wirthshaus* von Streitberg, 455 m.

Bei **Steig** Strassenknotenpunkt: 1. in nordwestl. Richtung Abzweigung der *Landstrasse* durch das Münsterthal hinab über (6 Kil.) Ettenheimmünster nach (12¹/₂ Kil.) Ettenheim u. zur (15 Kil.) Eisenbahnstation Orschweier, Nr. 28, S. 169. — 2. in nordöstl. Richtung *Strassenabzweigung* über (2 Kil.) Schweighausen und den Geisberg nach (11 Kil.) Welschsteinach und (15 Kil.) Station Steinach im Kinzigthal. 3. nördl. in's Schutterthal.

Schweighausen, 421 m. (*Krone; Sonne*), Ausgangspunkt zur Besteigung des Hünersedel, 746 m., mit herrlicher Aussicht, sehr schönem Porphyr (weiss) u. interessanter Flora. — Rechts ab *Weg* über Oberbiederbach nach Elzach.

Wer von Ettenheim od. von Emmendingen u. Waldkirch über Streitberg nach Schweighausen gewandert ist (sehr lohnende Partie), kann von hier über den Geisberg auf der *Landstrasse* nach Welschsteinach, 288 m., (*Wilder Mann*) mit hochgelegener Kirche u. nach Stat. Steinach im Kinzigthal gelangen.

Beim *Wirthshaus* von Streitberg, 455 m., Knotenpunkt für *5 Wegrichtungen:* 1. in's Schutterthal; 2. über Schweighausen, Geisberg und Welschsteinach nach Steinach (Kinzigthal); 3. in's Münsterthal nach Ettenheim etc.; 4. in's Bleichthal nach Herbolzheim und Kenzingen; 5. über Ottoschwanden oder durch das Brettenthal nach Emmendingen.

Gelegenheit zur Ausführung interessanter Wanderungen.

B. Durch das Münsterthal (Thal der Unditz) zum Hünersedel.

Von Stat. Orschweier über (3 Kil.) Ettenheim u. (7. Kil.) Ettenheimmünster nach Schweighausen 17 Kil.

Post von Orschweier nach Ettenheim, 4 Kil., tägl. 4 mal in 30 Min. (über Altdorf) Nr. 28, S. 169.

Von Stat. Orschweier, 170 m. (*Krone* am Bahnhof) mit neuer Kirche im Ort, statt auf der Landstrasse *rechts direkt* nach (3 Kil.) Ettenheim, angenehmere Wanderung links über (2¹/₂ Kil.) das stattl. Pfarrdorf **Altdorf,** 189 m. (*Adler*) in Obstbäumen versteckt, von Weinbergen umgeben, am Fuss der Schwarzwaldvorberge. Schloss mit Münzsammlung und botan. Garten des Herrn von Türkheim. Gräberfunde. *Landolins Brunnen* mit Sage vom heil. Landolin. 1790 tapfere Gegenwehr der Altdorfer beim Einfall der Franzosen.

(1¹/₂ Kil.) **Ettenheim,** 195 m., 3052 Ew. (*Pflug* [Post]; *Kreuz; Sonne; Lamm*), alte, kleine Stadt am Ausgang des

Unditz- od. Münsterthales. Hochgelegene Stadtkirche mit Grab u. (im Chor) Büste des durch die Halsband-Geschichte der Gräfin Lamothe (1785) bekannten Cardinals von Rohan († 1802). Haus von Dr. Mengis (ehem. von Ichtrazheim'sches Besitzthum), wo in der Nacht vom 14. zum 15. März 1804 der Herzog von Enghien, Henri von Bourbon, von Napoleon gefangen und zu Vinzennes erschossen wurde. Schaffnerei des Klosters Ettenheimmünster, jetzt Brauerei.

Ausflug auf den Kahlenberg, 317 m., ½ Std., botanisch u. geologisch interessant (unterer Jura, Eisenrogenstein) mit prachtvoller Aussicht. Rückweg über Herbolzheim lohnend.

Im Unditzthale aufwärts über das freundl. gelegene (6½ Kil.), langgestreckte Münchweier, 199 m., wo das Thal enger wird, nach (8 Kil.) **St. Landolin,** 204 m., mit viel besuchtem kleinem Bad in freundl. Lage. (*Bad- u. Gasthaus.*) Vor der Kirche Ursprung der Quellen mit frischem, wohlschmeckendem Wasser (kein Mineralwasser), nach der Sage an der Stelle, welche von dem Blute des hier erschlagenen heil. Landolin benetzt wurde.

Ein Jäger Gisok's, der auf der nahen Gisenburg sass, erschlug den schottischen Glaubensboten, der im Hause eines Landmannes Edulf Gastfreundschaft genoss. Die Kirche steht nun auf der Stätte von Edulfs Behausung.

Die Gisenburg (Wissenburg) ¼ Std. westl. auf bewaldeter Anhöhe, erhielt ihren Namen von dem reichen Alemannen Gisok, der hier im Anfang des 7. Jahrh. Wohnsitz genoss. Zerstört im 8. Jahrh. dienten ihre Mauersteine zum Bau des Klosters Ettenheimmünster. — Jetzt steht auf dem Burgplatz der sog. Heidenkeller, ein thurmartiger Bau, der aus den Trümmern der einstigen Burg aufgeführt wurde.

(9½ Kil.) **Ettenheimmünster,** 212 m., alte, nun halb zerfallene, ehemal. Benediktinerabtei (1½ Std. von Ettenheim), bis in jüngste Zeit bewohnt.

Das früher angesehene Kloster soll seinen Ursprung dem alten Kloster Mönchszell verdanken, das aus der Höhe in's Thal verlegt wurde. Später (748) von Rudhard, einem Grafen in der Ortenau, reich beschenkt, soll es seinen Namen von dem Strassburger Bischof Eddo, Hetto od. Etto erhalten haben. Kastenvogtei u. Schirmrecht gehörte dem Bisthum Strassburg, kam aber bald an die in der Nähe sitzenden Grafen von Geroldseck, von denen die Abtei viel Bedrängniss erfuhr. Bis zur Aufhebung 1803 Reihenfolge von 51 Aebten. Werthvolle Bibliothek; mehrere gelehrte Mönche, wie Bernhard Muggius, M. Geiger, Gallus Cartier. Früher hier ein grosses Fass zu sehen, das dem Heidelberger nur wenig nachgab. Thurm u. Kirche wurden abgebrochen u. das übrige Anwesen zu einer Fabrik eingerichtet.

Von hier am Ettenbach (Unditz) aufwärts hübscher *Weg* (durch das Hauptthal hinauf) bis fast zu dessen Ursprung u. über einen Bergrücken, 465 m., nach Dörlinbach im Schutterthal.

Die *Strasse* wendet sich durch ein Nebenthal an einem Waldbache fort u. durch Wald (kürzender Fussweg rechts) auf die Höhe zum (14 Kil.) *Wirthshaus* von **Streitberg**, 455 m. u. Strassenknotenpunkt (s. ob.) — Von hier aus (mit Führer) Besteigung des Hünersedel, 746 m. über den Rauhenbühl, 499 m. (von Ettenheim 3½ Std.). Prächtige Aussicht. Schöner (oft ganz weiss) Porphyr Merkwürdige Flora.

Von Streitberg nach Emmendingen *2 Wege:* 1. über die Höhen von Ottoschwanden mit schönen Aussichten, über Mussbach, 401 m., *(Krone)*. Höchster Punkt des Weges die sog. Hohenecke, 603 m. — Von Mussbach *Weg* über Thennenbach nach Emmendingen. — Von Mussbach südwest. *Weg* über Heimbach, 241 m. (Schloss), an grossen Steinbrüchen vorüber, u. Malterdingen nach Riegel (Station). — Von Mussbach in westl. Richtung über den Freihof *(Wirthschaft) Weg* über Bombach nach Kenzingen.

Alle diese Wege durchschneiden das sog. Freiamt, Waldgemeinde des Amtsbezirks Emmendingen, wo namentl. die grosse Pfarrgemeinde Ottoschwanden weitum auf den Höhen zerstreut liegt.

2. von Streitberg über den Rauhenbühl zum Dorf Brettenthal, 442 m. hinab, von wo *Wegabzweigung* nach dem Elzthal nach Oberwinden u. Elzach. — Von Brettenthal, am Brettenbach (Quelle am Hünersedel) abwärts. Bei einer *Mühle* Wegverzweigung *rechts*, nach Mussbach, *thalab* nach Reichenbach. Auf letzterem Weg vorüber an einer *Ruine* u. am Vorhof (ehem. Bergbau) zum schön gelegenen Dorf Reichenbach, 307 m. u. bald nachher (½ Std.) zum Dorf Keppenbach, 276 m. Ruinenstelle der *Burg* Keppenbach, von Herzog Leopold von Oesterreich u. im Bauernkrieg zerstört.

Bemerkung für diejenigen, welche von Emmendingen u. Waldkirch aus den Hünersedel besteigen wollen, dass sie von Dorf Brettenthal aus *den Weg über den* Dürrenhof *direkt dahin zu nehmen haben* (1¼ Std.) u. nicht über Streitberg. (Führer nützl.)

Bei Keppenbach Abzweigung eines *Gebirgsweges* nach Bleybach im Elzthal, an der Ausmündung des Simonswalderthales.

Unterhalb Keppenbach Erweiterung des Thales. Schöne *Strasse* vom Ort bis Emmendingen 7 Kil. Zur Rechten, im Seitenthal des Brettenbaches, **Thennenbach**, 263 m. (*Engel*), ehem. Cisterzienser-Abtei, 1803 aufgehoben. Die sorgfältig abgetragene Kirche wurde mit grossem Kostenaufwand nach *Freiburg* transportirt und daselbst als *Ludwigs-* oder *Evangelische Kirche* wieder aufgebaut, s. Nr. 38, S. 275.

Stiftung des Herzogs Berthold IV. von Zähringen, 1158. Der Abt genoss in Freiburg Bürgerrecht u. hatte dort viele Güter. Grabstätte von mehreren Dynasten u. Edlen. Viele Schädigungen durch Kriege, 1448 durch die Armagnaken, 1525 im Bauernkriege, dann durch Schweden u. Franzosen schwer heimgesucht. Erster Abt Hesso 1158—1177; letzter Abt August Zwiebelhofer. Im *Engel* ein Plan des alten Klosters (das im vorigen Jahrh. 2 mal abbrannte). —

Abermals zur Rechten (4 Kil. von Keppenbach) *Wegabzweigung* zur romant. (¼ Std.) *Ruine* der **Hochburg**, 282 m. (Hachberg, Hochberg), 1 Std. von Emmendingen. Viel besucht auf dem Wege am Weiherschlösschen vorüber (auf der *Landstrasse* über

Lörch u. Sexau bis zur Abzweigung des Weges zur Ruine, 8 Kil.) von Emmendingen aus.

Einst berühmt wegen seiner Schönheit u. Festigkeit, in angenehmer, nicht rauher Lage, umgeben von Waldung, Gärten u. Weinbergen, ist die Ruine dieses gewaltigen Herrenschlosses heute noch ein sprechendes Denkmal seiner einstigen Grösse. Ausser Heidelberg u. Röteln eine der grossartigsten Ruinen des bad. Landes. — Schöne Aussicht. Die Ruine wird nun sorgfältig erhalten. Am Eingang histor. Gedenktafel.

In der Nähe Ackerbauschule mit *Wirthshaus.*

Als Gründer der Burg wird Hacho im 9. Jahrh. angegeben. Urkundl. Erwähnung erst im 12. Jahrh. als Besitzthum der Herzöge von Zähringen. Dann an die Markgrafen von Baden u. einer Linie derselben, den Markgrafen von Hachberg, 1190—1418, Residenz, bis die Herrschaft der ausgestorbenen letzten Markgrafen von H. wieder an Baden fiel. Im 15. u. 16. Jahrh. Ausbesserung des Schlosses, namentl. durch Markgraf Friedrich 1668. Einnahme desselben 1688 durch die Franzosen u. Schleifung 1689 auf des Königs Ludw. XIV. speziellen Befehl durch den Kommandanten von Freiburg Du Fay.

Hübscher *Waldweg* nach dem Dorfe Sexau, 234 m, *(Sonne)* an der *Landstrasse*, von wo aus, über (1 Kil.) Lörch, u., im rechten Winkel abbiegend, nach (5 Kil. Entfernung) Emmendingen, od. aber gerade aus (1 Std.) zur Stat. Langendenzlingen.

Ueber Windenreuthe u. Weiherschlösschen näherer Weg nach Emmendingen.

C. Von Streitberg durch das Bleichthal abwärts zur Eisenbahn.

Zurückkehrend zur *Ausgangsstation* Streitberg, schlagen wir in südwestl. Richtung die *Strasse* nach dem Bleichthal ein.

Von Streitberg nach Bleichheim $2^1/_2$ Std. Von Bleichheim nach Kenzingen, 6 Kil. (2 kl. Std.)

In starker Windung senkt sich die *Strasse* durch dichten Wald hinab, kleine Bäche zur Seite. In der Nähe des Bollberger Hofes offenes, frischgrünes Wiesenthal der Bleich von Waldung eingerahmt. Kurz (1 Kil.) vor Bleichheim links Abzweigung einer Seitenstrasse, an *Mühlen* vorüber, nach ($2^1/_2$ Kil.) (Wegw.) dem **Bade Kirnhalden,** 246 m. *(Bad u. Gasthof)*, reizend im engen, romant. von schöner Waldung eingefassten Thale, $^1/_2$ Std. von Bleichheim, (2 starke Std. von Kenzingen). Früher Wunderbad *zum heil. Kreuz* genannt, gehörte es dem hier gestandenen Paulinerkloster, das als Wallfahrtsort viel besucht war, aber später abbrannte. Es war eine Zubehörde von Ensisheim. Die Quelle entspringt im Sandstein, ist hell u. das Wasser wohlschmeckend. Chem. Analyse von Dr. Babo.

Ausflüge zur Kirnburg, 435 m., 1/4 Std. (Gräfl. von Kageneck'sches Besitzthum) auch Kirnberg genannt, mit prächtiger Aussicht (bis Strassburg).

Ehemal. Herrschaft Kirnberg (Kürnberg) mit dem Hauptort Kenzingen, deren Besitzer schon mit der Burg Kirnberg um 1086 genannt sind. —

Weitere Ausflüge nach Ottoschwanden (Auhof, Freihof, Mussbach), wo Aussicht in's Elzthal u. auf den Kandel, — zu den *Sandsteinbrüchen* von Heimbach etc. — Schöner Weg von Kirnhalden über Mussbach u. Thennenbach (s. ob.) nach Emmendingen od. Langendenzlingen.

Zurück auf die *Landstrasse* u. nach **Bleichheim,** 193 m. (*Hirsch*); freundlich an der Ausmündung des Bleichthales in die Rheinebene gelegen. In der Nähe Ueberreste eines *röm. Kastells.* — Von Bleichheim auf der *Strasse* nach Kenzingen zur Linken sichtbar Dorf Nordweil (1½ Kil.), seitwärts von der Strasse, zur Rechten Tutschfelden u. mehr rückwärts Broggingen, 217 m. (*Krone*), dann (2½ Kil.) Wagenstadt, 183 m. Am 7. Juli 1796 Auszeichnung der Freiburger Studenten u. Freiwilligen mit dem breisgauischen Landsturme im Gefecht gegen die Franzosen. (Erinnerungsschrift am Martinsthor zu Freiburg, gestiftet vom Freiherrn von Duminique.

Von Wagenstadt in 25 Min. nach (2½ Kil.) dem Städtchen **Kenzingen,** 179 m., 2480 Ew. (*Löwe* am Bahnhof; *Krone; Hirsch; Salm*) mit grosser Pfarrkirche (u. werthvollem Gemälde aus dem 15. Jahrh.). Rathhaus, ehem. Franziskanerkloster. Brücken über die Elz. Wein-, Feld- u. Wiesenbau, Handel mit Hanf, Garn etc. — In der Nähe das ehem. Cisterzienserkloster Wonnenthal, 1809 säkularisirt, in Privatbesitz.

Im 13. Jahrh. von Rudolf von Usenberg gestiftet, beherbergte dieses Nonnenkloster grösstentheils adelige Nonnen. 1638 Plünderung durch die Schweden.

Ueber dem Pfarrdorfe Hecklingen, ½ Std. von K., Schloss Lichteneck, 244 m., nahe an der Bahn.

Nr. 43. Elzthal. Waldkirch. Kandel.

Zweigeisenbahn von Langendenzlingen nach (7 Kil.) Waldkirch, tägl. 5 Züge in 15 Min.

Post von Waldkirch über Oberwinden nach (13 Kil.) Elzach in 1½ Std. — *Weiter keine Postverbindung.* Durch das Prechthal in's Gutachthal nach (34 Kil.) Hornberg, Nr. 41, S. 322. Fusswanderung od. Fuhrwerk. Bei der Einmündung der *Bergstrasse* in die *Gutachthalstrasse* bei Steingrün, gelangt man rechts nach Hornberg, links nach Gutach u. Hausach. — Die Strecke von Bleybach bis zum Ausgang des Oberprechthales nicht sehr lohnend.

Bei Elzach Abzweigung einer *Strasse* über Hofstetten *(Drei Schneeballen)* nach (14 Kil.) Haslach, Nr. 41, S. 316. — Bei Ober-

Prechthal (*Sonne*) nach (11 Kil.) Schonach, von wo *Gebirgsweg* nach (2 Std.) der Eisenbahnhaltestelle Niederwasser im Gutachthal, Nr. 41, S. 323.

Wegrichtung durch das Simonswalderthal nach Triberg über Gütenbach, s. Nr. 44.

Auf der *Zweigbahn* Langen-Denzlingen-Waldkirch (eröffnet 1874) das Thal der Elz aufwärts.

Die Elz, ihrer Ueberschwemmungen wegen gefürchtetes Waldwasser, nimmt ihren Ursprung als Elzach an der Nordseite des Briglirains (1108 m.) bei dem Elzhof. In einem weiten Bogen um den Gschasşikopf, 1036 m., herum kreisend, bildet sie nun das Prechthal, u. nimmt erst nach 4stündigem Lauf, indem sie südwestl. Richtung einhält, nach Aufnahme der Gutach aus dem Simonswalderthal, den Namen Elz an. Unterhalb Buchholz schlägt sie nordwestl. Richtung ein gegen Emmendingen u. Riegel, wo ihr von links her die von Freiburg kommende Dreisam zuströmt. Mit dieser vereinigt passirt sie Kenzingen u. Rust, nimmt noch den von Ettenheim kommenden Ettenbach od. die Unditz auf u. geht unterhalb Kappel in den Rhein. Lauflänge etwa 20 Stunden.

Rechts, nahe an der Bahn, auf dem sog. Mauracherbergle, 294 m., (75 m. über der Rheinebene) *Trümmer* einer alten Kapelle, die an der Stelle der ersten christl. Kirche für den Wald stehen soll. Denkstein an der Ruine, auf den Bau der Kapelle im 9. Jahrh. hinweisend. Prachtvolles Panorama.

Ueberbrückung der Elz u. zur Stat. des weingesegneten Dorfes Buchholz, 243 m. (*Stube; Löwe*).

Jenseits der Elz, wenige Min. von Buchholz entfernt, am linken Ufer des Flusses, **Bad Suggenthal**, 248 m. (*Bad u. Gasthof*), an Sonn- u. Festtagen Sammelpunkt für die Bewohner von Waldkirch u. Emmendingen (u. Freiburg). Quelle mit schwachem Eisengehalt, ähnlich derjenigen im Glotterbad. Gute Einrichtung, Anlagen u. hübsche Umgebung. Spaziergänge u. Ausflüge. Fuhrwerk im Bad.

In 8 Min. zur (7 Kil.) Station (Endstation) u. Amtsstadt **Waldkirch**, 277 m., 3475 Ew. (*Löwe* od. *Post* [Merkle]; *Krone* [Pension]; *Pension* u. *Bad St. Margarethen; Rebstock* mit Brauerei; *Arche* mit Brauerei; *Adler;* Forellenfischerei u. Jagd. **Post** u. **Telegraph**), in schöner Lage an der Elz, zwischen den Vorbergen des Kandel u. des Hünersedel. Gewerbfleissiger Ort, (Baumwollenmanufaktur, Färberei, Seidenspinnerei, Zwirnerei, Steinschleiferei, Drehorgelfabrikation etc.). Angenehmer *Sommeraufenthalt* u. *Station für Ausflüge.* — Kirche. Rathhaus, neues Spital u. hübsche Privatgebäude.

In der Nähe Ruine Kastelberg, 362 m. (Kastelburg) mit schöner Aussicht u. hübschen Waldwegen. *Thurm* bestiegen. Im Kastel- u. Engelwald bequeme Waldwege.

Die Herren von Schwarzenberg (schwache Reste des Schlosses gl. Ns.), 631 m., bei Wegelbach (¾ Std. von Waldkirch), links auf dem Wege zum Luser, verliehen dem unbedeutenden Orte Stadtrechte 1300 u. die

Aebtissin des Frauenstifts umgab ihn mit Mauern. Das adelige Damenstift bei W. wurde 914 von Burkhard I., Herzog von Alemannien u. seiner Gemahlin Reginlinde gegründet; ihre Tochter Gisela war erste Aebtissin dieses Benediktinerklosters, das zu grossen Gütern, später aber so sehr herunter kam, dass die letzte Nonne in bitterer Armuth verstarb. 1806 Auflösung des Stiftes, das in weltl. Chorherrenstift umgewandelt worden war. Karl von Hauser letzter Probst, † 1836 als Domherr zu Freiburg. Gebäulichkeiten nun Privateigenthum.

Spaziergänge u. Ausflüge: zur Arche *(Bierbrauerei u. Wirthshs.)* mit Gartenanlagen. — auf den Kastelberg, 362 m., 25 Min. — in's Bad Suggenthal, $^3/_4$ Std. — eben dahin durch den Engelwald mit schönen Wegen, $1^1/_4$ Std. — über Suggenthal (*Fahrweg*), über den Luser, 675 m. (2 Std.), in's Glotterbad u. in's Glotterthal, Nr. 38, S. 278; *Rückweg* über die *Ruine* Schwarzenberg u. das Wegelbachthal. — über Kollnau od. über das Haseneckle u. Ibenthal in's Kohlenbachthal nach Harnischwald u. über Ebersbächle auf die **Hochburg**, (eine der imposantesten u. ausgedehntesten Ruinen Badens mit prächtiger Aussicht). *Waldweg* hinab nach Sexau u. hinaus zur *Stat.* Buchholz der *Elzthalbahn* (s. ob.), $^1/_2$ Tag. — nach Dettenbach (Stahlhof), über Siensbach nach Gutach (Brauerei u. Gartenanlagen), nach Bleybach etc. — **Grössere Ausflüge**: auf den Hünersedel über Kohlenbach u. Gescheit, 4 Std. *Weg* fast immer auf der Höhe des Bergzuges zwischen *Brettenthal* u. *Elzthal* mit schönen Fernsichten. Bei der sog. Siegelauer Langeck od. Hohe Eck, 722 m., Strassburger u. Freiburger Münsterthürme sichtbar. *Zweiter Weg* auf den Hünersedel durch das Spitzenbachthal (zwischen Waldkirch u. Elzach).

Hauptausflug auf den Kandel, 1243 m. Drei Wege: 1. über die Langeck, schattig, aber nicht ohne Mühe, aussichtslos, $2^1/_2$ Std. *Seitenpfad* (Jägerpfad) zum Kandelfelsen; impos. Anblick der grossartigen Felsblöcke u. wildzerrissenen Formen. Höhe des Kandelfelsens 73 m. (Jahrzahl 1873 bei der Messung eingemeiselt). — 2. durch den schönen Bruckwald ($^3/_4$ Std. bis zum sog. Holzplatz *fahrbar*) u. das romant. Altersbachthal, am Kandelfelsen vorüber im Zickzack zum Signal (Steinpyramide). *Angenehmster Weg.* Wegw. u. Ruhebänke. (Am Holzplatz *Wegetheilung:* links auf den Kandel, rechts, weniger ansteigend, zum *hintern Holzplatz*). Vom *ersten Holzplatz,* 450 Schritt Entfernung, rechts unten im Thal am *Bickstein,* kleiner Wasserfall. Ein *Fussweg* über die Langeck (neu angelegt) trifft bei dem Kandelfelsen mit dem Altersbachweg zusammen, Wegw. — *Wirthshaus zum Kandelhof,* 5 Min. östl. vom Signal, im Nothfall zum Uebernachten. — Dieser Weg, reich an Aussichten, mit schattigen Ruheplätzen, 3 Std. — 3. über Siensbach, $3^1/_2$ Std., mit der geringsten Steigung, aber aussichtslos durch hohen Wald. — (Führer auf den Kandel nützlich. Im *Kandelhof* sind solche nicht immer zu bekommen.)

Aussicht vom Kandel (Thurm od. Belvedere fehlt) grossartig schön. Südöstl. Vorarlberger, Tyroler u., nach Südwest fortlaufend, die Schweizer Alpen u. Jura, südwestl. u. westl. die Rheinebene mit dem Rhein, den Vogesen, Strassburger Münster, nördl. Hünersedel, nordöstl. Kniebis.

Empfehlenswerther *Tagesausflug* mit Besteigung des Kandel: Von Waldkirch über Glotterbad, das ganze Glotterthal hinauf, nach St. Peter, $4^1/_2$ Std. Von hier *Führer* auf den Kandel (2 Std.) u. Abends zurück. Glotterbad u. Glotterthal, Nr. 38, S. 278.

In alten Urkunden Name des Berges Chanden (im Rotal S. Petrin), von 1110 findet man, dass ein Ahorn (platanus) den Gipfel des Kandel krönte. Ueber den Ursprung des Namens verschiedene Ansichten.

Vom Kandel abwärts *beschwerlicher Weg* über die Plattenhöfe an den schönen, malerischen Zweribachwasserfall, nach ($2^1/_2$ Std.) Obersimonswald, nach Gütenbach u. in's romant. Wildgutachthal etc. — Ein *andrer Weg* von der *Höhe* in 2 Std. nach St. Peter. — Ein *dritter* durch das hübsche Ettersbachthal nach Unter-Simonswald (Führer nützlich).

Wer einen Sonnenuntergang auf dem Kandel geniessen will, kann entweder im *Kandelhof* übernachten od. aber noch, unter günstigen Umständen (Mondschein), Unterkunft in Waldkirch, St. Peter, Simonswald od. Gütenbach finden.

Ueber die Brandegg und das Thürle *Wege* südl. in's Glotterthal. Nach St. Märgen (direkt) im *Kandelhof* Führer nehmen. — Von der zieml. platten Scheitelfläche des Kandel gehen 4 Hauptgebirgskämme nach Süd, Nordost, Ost u. West aus. Hauptgebirgsart des Berges Gneis. Geolog. Schilderung dieser Gegend von Dr. J. Schill (Beitr. zur Statist. d. innern Verwaltung d. Grossh. Bad. 1862). —

Von Freiburg ist der Kandel in einer schönen Tagestour zu besuchen: Eisenbahn nach Waldkirch. Besteigung des Berges. Von der Kandelhöhe nach St. Peter u. durch das Ibenthal nach der Poststation Burg in's Dreisamthal. Abends mit der *Post* von da nach Freiburg zurück. Von Waldkirch bis Burg *Fusswanderung* von 7 Std.

Von Waldkirch das Elzthal aufwärts nach ($1^1/_2$ Kil.) **Kollnau**, 274 m. (*Adler*) mit grosser Aktien-Spinnerei und Weberei (ehem. herrschaftl. Eisenwerk), fast mit Waldkirch zusammenhängend. Links Ausmündung des Kohlenbachthales, durch welches der Weg nach dem Brettenthal führt. An grosser Seidenspinnerei u. der *Möösle'schen* (früher Stratz) *Brauerei* vorüber nach ($3^1/_2$ Kil.) Dorf Gutach, in dessen Nähe, bei der (4 Kil.) Häusergruppe Stollen, wo die Felsen dicht an die Strasse herantreten, die wilde Gutach in die Elz mündet (von Ost her, rechts). Links Ausgang des Siegelauthales. *Brücke* über die Elz; die Strasse geht auf die linke Uferseite des Flusses. Rechts Abzweigung der schönen *Landstrasse* durch das Simonswalderthal hinauf nach Furtwangen. — *Gerade fort*, an **Bleybach** (zur Rechten), 302 m. (*Löwe*) vorüber, thalauf der Elz entgegen. Der Ort ($4^1/_2$ Kil., 1 starke St. von Waldkirch) besitzt eine alte Kirche mit goth. Chor u. Glasgemälden. — 1796 Gefecht zwischen den Oesterreichern unter Latour u. 40,000 Franzosen.

Von hier in $1^1/_4$ Std. auf den **Hörnleberg**, 907 m. Führer unnöthig von Bleybach aus; von Gutach od. Unter-Simonswald aber solchen mitnehmen. Wegw. mangeln hie u. da. Dr Schill sagt von diesem Berge: „Die Gebirgsgruppe des Rohrhardsberges sendet von ihrem Gneisgebirge bei Bleybach nur den westl. Fuss in den nördl. Flusswinkel zwischen Elz u. Gutach. Scheinbar frei aus dem Thalboden aufsteigend — er ist weithin sichtbar — erhebt sich hier als die schönste Zierde des Thales der spitze Hörnleberg mit seiner restaurirten Kapelle; er gewährt eine der schönsten Fernsichten des Gebirges u. ist besonders dazu geeignet, uns die Bergformen des Kandels u. der niedrigen Gneisberge der rechten Seite des untern Thales vor das Auge zu stellen. In geringer Erhebung, als ein sanftes, gleichmässig welliges Gebirge, liegt dies Gneisland zu unserer Rechten, ein rother Boden lässt von Ferne das gepflügte Ackerfeld erkennen u. kleine Laubholz- u. Weisstannenforste schmücken die Kuppen; aber trotz dieser mässigen Höhenlage sehen wir noch viele Morgen Reutfeld mit den Stauden von Spartium scoparium bedeckt. Langrückig u. gerade erscheinen dagegen südl. vor uns die imposanten Höhen des Kandels u. Hornkopfs, dachig des letztern Abfälle u. tief eingeschnitten das finstre Thal des Etterbaches u. so wechselt hier am Abend eine durch das freundlichste Himmelblau beleuchtete liebliche Landschaft mit einer das Gemüth bewältigenden ernsten Gebirgsmasse." — Auf dem Gipfel Wallfahrtskapelle.

Vom Hörnleberg *Wege* über den Tafelbühl, 965 m. u. den Rohrhardsberg, 1144 m., mit prächtigen Aussichten östl. zum Elzhof, 787 m., nach Schonach u. Triberg, südöstl. nach Schönwald. Vom Rohrhardsberg *Verbindungswege* in südl. Richtung über den Briglirain, 1108 m. u. Martinskapelle nach Furtwangen u. Obersimonswald. — Auf dem Rohrhardsberg *(Wirthsh. z. Ochsen)* Aussicht auf Rheinthal, Elzthal (Geroldseck u. Strassburger Münster), die Berghöhen zwischen dem untern Kinzig- u. dem Schapbachthal, Kniebis, Hornisgrinde, den würtemberg. Schwarzwald im Ost von Freudenstadt über Oberndorf bis um Balingen.

Von Bleybach nach (6 Kil.) Niederwinden u. (9 Kil.) Oberwinden. Bei letzterem links Ausgang des Spitzenbachthales, dessen Bach am Hünersedel entspringt. Weg durch dasselbe auf den Hünersedel.

Unterhalb Oberspitzenbach, Pfarrdorf, 597 m. schwache Trümmerreste der *Burg* der Herren von Spitzenberg.

An der Einmündung der beiden Thäler, rechts des Yachthales, links des Biederbaches (durch letzteres *Weg* auf den Hünersedel, wo der Biederbach seinen Ursprung nimmt) vorüber, nach ($12^1/_2$ Kil.) **Elzach**, 363 m., etwa 1000 Ew. (*Post zum Hirschen; Schwan; Adler; Bär; Ochs; Krone*), altes Städtchen, mit Kirche aus dem 16. Jahrh. (Glasgemälde u. Denkmäler der Pfalzgrafen Georg u. Konrad von Tübingen) in goth. Bauart.

Post von Elzach nach (13 Kil.) Waldkirch, tägl. 2 mal in $1^1/_2$ Std. — *Fuhrwerk* (Ein- u. Zweispänner in der *Post*) nach allen Richtungen

Der Ort, Besitzthum der Herren von Schwarzenberg bis 1489, gerieth in verschiedene Hände. Pfarrei, das ganze Prechthal u. die Gemeinde Biederbach umfassend, 1456 dem St. Margarethenstift in Waldkirch einverleibt.

Ausflüge: auf dem Rohrhardsberg, 2 Std., zum Schänzle, aus der Schwedenzeit herrührend. — Durch das Yachthal, 2 Std. — auf den Hörnleberg, auf den Karlsstein im Prechthal 2 Std. — auf den Gschassikopf, 1036 m., 2 Std. — auf den Hünersedel, 2 Std. *(fahrbarer Weg* $1^1/_2$ Std.) — Führer in Elzach, nicht theuer.

Bei Elzach Wegtheilung: a) Gleich oberhalb Elzach *Abzweigung* links der *Strasse* nach (14 Kil.) Haslach im Kinzigthal. *Alte Strasse* vom Breisgau nach dem Kinzigthal.

In Windungen ansteigend (Fusswege kürzen ab) auf die Hochebene, durch Tannenwaldung, durch deren Lichtungen erfreuliche Fernsichten zur *Strassenhöhe*, 600 m. — Rechts *Ruine* der Heidburg *(Wirthshaus)* mit prächtiger Aussicht, 630 m. Alt-Geroldseck'sches Besitzthum, seit dem 16. Jahrh. fürstenbergisch. Ruine soll auf röm. Grundmauern stehen. Senkung des Weges nach Hofstetten, 260 m. *(Drei Schneeballen)* u. Weiterzug vollends nach Haslach im Kinzigthal.

b) $1^1/_2$ Kil. oberhald Elzach *Abzweigung* der *neuen Strasse* links durch das Frischnauthal u. über Mühlenbach nach ($15^1/_2$ Kil.) Haslach. Durch das Frischnauthal hinauf, links ($3^1/_2$ Kil.) Mündung des Leimenthales bei einer *Mühle*, dann rechts u. über die Höhe, an Pfauss u. Fannes vorüber absteigend, nach (12 Kil.) **Mühlenbach**, Pfarrdorf mit röm. Alterthumsfunden an der alten Römerstrasse aus dem Breisgau nach dem Kinzigthal u. Schwaben ($1^1/_2$ Std, von Haslach).

Bei einer Ueberschwemmung des Mühlenbaches wurde ein röm. Votivstein gefunden, den im Jahre 195 Cassianus Cassatius u. sein Bruder Attianus der Diana Abnoba weiheten. Dieser 1786 entdeckte Stein ist nun in Freiburg.

Durch das schöne Thal, an der Einmündung des Büchernthales und des Bärenbachthales (von rechts) vorüber nach (15 Kil.) Haslach.

c) Von Elzach durch das Reichenbachthal *Gebirgsweg* in mehreren Windungen, vorüber an der Hohensteig, 1014 m. (rechts) u. dem Gschassikopf, 1036 m. (links), durch den Krummen Dobel direkt in's Hintere Prechthal u. nach Schonach.

Von Elzach ab durch Unterprechthal nach **Oberprechthal**, 461 m., $6^1/_2$ Kil. (*Sonne*), wenig interessante Strassenstrecke. Rathsam, sie mit Fuhrwerk zurückzulegen. Der Ort, mit seinen Parzellen 2248 Ew. zählend, Pfarrdorf, urkundl. Gebreche, ist Geburtsort des † Ministers Winter (Kirche 5 Std. von Waldkirch entfernt). Holzhandel.

Ursprüngl. zum Stifte Waldkirch gehörig, dann Besitzthum der Grafen von Habsburg-Laufenburg, dann Lehen von Fürstenberg u. Hachberg 1390, zuletzt völliges Besitzthum derselben. Eigene Thalverfassung. 1571 Einführung der Reformation, doch kath. Einwohnerschaft wieder die Mehrzahl.

Wegeknotenpunkt nach allen Seiten: nach Hornberg, Schonach u. Mühlenbach.

1. Von Oberprechthal zieht sich die *Strasse* nach (12 Kil.) Hornberg am Landwasser aufwärts. Bei den letzten Häusern

von Landwasser (2 Kil.) auf der *Höhe* von 631 m. Abzweigung der *Seitenstrasse* links über Büchern nach Mühlenbach u. zur Eisenbahnstat. Haslach im Kinzigthal.

Von dieser Höhe aus (Umweg von $^3/_4$ Std.) Besuch der Aussichtspunkte Hirschlache, 839 m. u. Schwedenschanze, 810 m., wo Blick auf die umliegenden Gebirgsbezirke, Elzthal, Rheinebene, Vogesen etc. Auf mehreren benachbarten Höhen Spuren von Schanzwerken, aus dem 17. Jahrh. herrührend.

Die *Strasse* nach Hornberg ersteigt bei dem Ecklesbrunnen die Wasserscheide zwischen dem Thal der Triberger Gutach u. dem Elzthal mit schönen Einblicken in die nahen Thalgebiete (im Hintergrund Hohengeroldseck). Durch schöne Tannenwaldung, in vielen Krümmungen, mit aussichtsreichen Stellen, hinab in's Gutachthal u. Einmündung in die *Thalstrasse* der Gutach (von Hausach nach Hornberg) bei Steingrün (*Rössle*), nahe bei Hornberg. Endlich thalauf in 35 Min. nach (12 Kil.) **Hornberg**, Stat. der Schwarzwaldbahn, Nr. 41, S. 322.

2. *Weg* (romant.) von Oberprechthal durch das Hintere Prechthal nach Schonach. Südliche Richtung, der Elz entlang hinauf, die in weit ausholendem Bogen den Gschassikopf umkreist. Sägemühlen u. Bauernhöfe. Nach etwa 20 Min. *links* Abzweigung eines romant. *Gebirgsweges* vorüber am Grossen Hauenstein, 971 m., u. am Karlsstein durch das Ofenbach- oder aber (rechts) durch das Frombachthal nach Hornberg od. Niederwasser. *Kürzester Weg* von Waldkirch nach diesen *Zielen*, 7 Std. — Das *Strässchen* von Oberprechthal nach Schonach wendet sich auf halbem Wege von der Elz links ab, zieht sich über den Vogtebühl, 924 m., nach Oberthal hinauf u. erreicht bald darauf Schonach u. (in 1 Std.) vollends die Stadt **Triberg** u. die *Schwarzwaldbahn*. Schonach, 897 m. (*Lamm; Schwan*), mit Holzhandel, Strohmanufaktur u. Uhrfabrikation (Thurmuhren).

Von Schonach über den Elzhof *Weg* auf den Rohrhardsberg, 1144 m., mit weiter Aussicht. — Von da *Wege abwärts* durch das Yachthal nach Elzach oder durch das Kostgefäll und Haslach-Simonswald in's Simonswalder-Thal.

Nr. 44. Von Triberg über Furtwangen durch das Wildgutachthal und Simonswald nach Waldkirch (Freiburg).

Post von Triberg (*Städtchen*, nicht vom *Bahnhof* aus), nach (15 Kil.) Furtwangen, tägl. 2 mal in $2^1/_4$ Std. — von da nach (30 Kil.) Waldkirch, tägl. 2 mal in $3^3/_4$ Std. — von Waldkirch **Zweigbahn** (Elzthalbahn) nach (7 Kil.) Langendenzlingen, resp. Freiburg, tägl. 5 mal in $^1/_4$ Std.

Die schöne *Landstrasse* zieht sich, an der sagenreichen „Wallfahrt“ vorüber, in Windungen zur Höhe Adelheit, 884 m., empor, wo der kürzere, an den Wasserfällen (rechte Uferseite) hinauf führende *Fussweg* einmündet. Hochfläche von durchwegs 900 m. Höhe u. mehr, mit Trümmermassen u. erratischen Blöcken von granitischem Gestein übersäet. Mageres Weideland u. Wiesen, vielgewundene Wasserläufe u. einige Bauernhäuser. Charakter eines frühern Bergseegrundes unverkennbar. Gutach, das Hauptwasser der Gegend, sehr fischreich. Die Strecke heisst das Höllthal. Säge von einem unterirdischen See, der, mit dem kleinen Blindensee (auf der Höhe von Schönwald gegen den Rohrhardberg) in Verbindung, einmal in der Wasserfallschlucht ausbrechen soll.

In $1^1/_4$ Std. nach (7 Kil.) **Schönwald**, 983 m. (*Hirsch; Adler; Ochs*, sämmtlich mit Pension, billig u. frequentirt), Pfarrdorf in Wiesengeländ gelegen. Strohflechterei, Holzschnitzerei u. Verfertigung von Musikwerken. Gute Forellen.

Von Triberg interess. *Weg* über den Kesselberg nach Kirnach u. Vöhrenbach. Vom obern Ende des Städtchens in südöst. Richtung ziemlich steiler Weg in schmalem Thaleinschnitt, an der Geitsche vorüber, in 2 Std. auf die Höhe des Kesselberges, 1026 m. Einzelne hübsche Ausblicke unterwegs. Auf der Höhe grossartige Aussicht. In der Nähe des alten Hochgerichts, nahe beim Heidenstein (wo die Gebiete von Triberg, Fürstenberg, Oesterreich-Villingen u. St. Georgen zusammenstiessen) — (Granitblöcke, die zu einem Altar der Diana Abnoba gehört haben sollen) — *Abzweigung* eines Weges rechts beim *Wirthshaus zur Fuchsfalle*, 1022 m. nach Vöhrenbach durch das Vorderlangenbach-Thal, in 2 Std. — In *gerader Richtung* von der Höhe des Kesselberges führt das *Fahrsträsschen* bergab durch das Kirnachthal nach Oberkirnach *(Stern)*, sodann nach Unterkirnach, 805 m. *(Rössle; Kreuz)* Heimath der Künstlerfamilie Blessing (Orchestrionfabrikanten) u. an der *Ruine* Kirneck, 768 m. vorbei nach der *Bahnstation* Unterkirnach, 732 m. an der Schwarzwaldbahn u. an der Einmündung der Kirnach in die Brigach. Von hier **Post** nach (14 Kil.) Vöhrenbach tägl. 2 mal in 2 Std. 10 Min.

Die *Landstrasse* steigt von Schönwald ab noch bis zum *Kreuz* auf der Descheck (1069 m. *Wirthshaus*), wo Wasserscheide zwischen Donau u. Rhein. Reiche Aussicht. — Hinab durch das Hinter-Schützenbachthal in 1 Std. nach Furtwangen in starken Windungen. Von Hinterschützenbach *links* über Vorderschützenbach Weg nach St. Georgen über den Kesselberg.

Von Triberg oder Schönwald aus, auf z. Thl. zweifelhaften Waldwegen (Führer nothwendig), in $1^1/_4$ Std. nach Martinskapelle, ehem. *Kapelle*, nun Taglöhnerhäuschen u. Martinskapellerhof, Forsthof mit *Wirthschaft* (1108 m.) u. von hier prachtvolle Aussichtspunkte z. B.: Signal, Briglirain, Rosseck, Brend, Farnwald. Rohrhardsberg-Kuppe u. s. w., fast alle über 1100 m. hoch. — In der Nähe der

Ursprung der Breg, die eine der Hauptquelladern der Donau bildet. — Von Schönwald über Martinskapelle od. über Nonnenbach, 1139 m. (*Signal*, Aussicht), durch das Nonnenbacher Thal od. Griesbachthal in 3—3½ Std. nach Ober-Simonswald. — Viele Kruzifixe mit allen Passionsmarterwerkzeugen etc.

(15 Kil.) **Furtwangen,** 872 m. (*Sonne; Engel; Ochs; Raben*), Stadt mit 3448 Ew. im freundl. Bregthal, einer der Hauptorte der Schwarzwälder Uhrmacherei. Permanente Ausstellung in der geschmackvollen Gewerbehalle, reichhaltig u. sehr interessant, namentl. die *Sammlung von Uhrwerken* zur Uebersicht der Entwickelungsgeschichte der Schwarzwälder Uhrmacherei. Gewerbeschule u. Gewerbeverein (unter tüchtiger Leitung von C. Schott). Uhrmacherschule und Holzschnitzereischule. Uhrmacherei hier zum grössten Theil Hausindustrie. 1782 Verfertigung der ersten Flötenuhr von Duffner. Empfehlenswerth, einige grössere Etablissemente zu besuchen, in denen Stockuhren u. Musikwerke gefertigt werden. — Neue Kirche mit Glasgemälde u. harmonischem Geläute. *Vorzüglicher Luftkurort.* Forellen. Bäder.

Post von Furtwangen über (10 Kil.) Vöhrenbach nach (21 Kil.) Unterkirnach (s. ob.), Stat. der *Schwarzwaldbahn*, doch in Vöhrenbach kein direkter Anschluss. —

Post von Furtwangen über (8 Kil.) Gütenbach u. (20 Kil.) Alt-Simonswald nach (30 Kil.) Waldkirch, tägl. 2 mal in 3 Std. 35 Min. — Telegraph. **Bregthal-Eisenbahn** über Vöhrenbach nach Donaueschingen (üb. *Hüfingen*), als einspurige Sekundärbahn, liegt im *Projekt* vor. In den Gasthöfen Fuhrwerk.

Ausflüge: westl. auf die *alte Kilbenstrasse;* — nordwestl. zur Martinskapelle, auf den Briglirain, Signal, zur Bregquelle. — auf den Brend, 1150 m. (*Pavillon* mit weiter Fernsicht). Auf halbem Wege dahin *Wirthshaus zum Raben*, 1005 m. an der *alten Kilbenstrasse*; — östl. in's Bregthal, in die Linach-Urach-Schollachthäler; — südl. nach Neukirch, Kalte Herberge; südwestl. nach dem *Dreistegen-Wirthshaus*, Wildgutachthal (Zweribachfall), Simonswald; — etc. etc. *Nächster Weg* von Furtwangen nach Freiburg über Neukirch, 986 m. (*Rössle*), Waldau, Thurner, Spirzen, in's Dreisamthal, 1 Tagmarsch.

Die Strasse steigt in Windungen zur *Passhöhe* von 999 m. empor, dann wieder in vielen Krümmungen abwärts nach (1½ Std.; unterwegs mehrere *Wirthshäuser*).

(23 Kil.) **Gütenbach,** 930 m. (*Hochburg; Schwert*), Dorf mit 1400 Ew. u. grosser Gewerbsthätigkeit (Uhrfabrikation u. Strohflechterei).

Fuhrwerk bei den Wirthen. Einspänner nach Furtwangen 3 M. Alt-Simonswald 5 M. — Post u. Telegraph.

Ausgangspunkt zu zweien der schönsten Thäler des Schwarzwaldes und passender *Stützpunkt* für eine Reihenfolge lohnender

Ausflüge. *Angenehme Sommerfrische.* Südwestl. vom Ort, in geringer Entfernung, die romant. Thalschlucht, aus welcher über Gesteinstrümmer u. losgerissene Baumstämme, schäumend u. tosend, die Wilde Gutach hervorstürzt. In das Thal der Wilden Gutach, die ihre Wasser aus tiefschlündigen Felsthälern sammelt, wirft sich in doppeltem Abschwung aus einem Seitenthälchen der **Zweribach** hinab, der an einer der östl. Abzweigungen des Kandel seinen Ursprung nimmt (u. zwar am Hornkopf, 1127 m., in der Nähe des Plattenhofes, in einer Höhe von 1008 m.) u. einen 15—18 m. hohen *Fall* bildet. Malerische, wildschöne Umgebung. Jeder der beiden Stürze hat eine Höhe von 8—9 m.

Weg zum Zweribachfall, mit Führer: Auf der *neuen Strasse* bis zum (3/4 Std.) *Sternen-Wirthshaus*; da steil hinab an das Ufer der Wilden Gutach. Ueber dieselbe (1/4 Std.); *jenseits* im *Seitenthal* derselben, hinauf bis zum Wasserfall, 3/4 Std. Bei etwelchem Wasserreichthum (z. B. nach Regen od. im Frühling) imposanter Anblick. Wer noch keine Fallbäche in den Alpen sah, wird durch die Betrachtung des Zweribachfalles voll befriedigt werden. — Von hier führt ein beschwerlicher u. steiler *Weg* (nur mit Führer) über den (4½ Std.) Kandel *direkt* nach Waldkirch.

Von Gütenbach direkter schöner *Fussweg* in's Wild-Gutachthal zum *Löwen-Wirthshaus*, bei welchem *Wegverzweigung* nach St. Märgen, über Dreistegen nach Glashütte, Waldau etc.

Ausflüge von Gütenbach: auf den Brend (Bärmoos), 1150 m. mit *Aussichts-Pavillon;* in's Wildgutach-Thal *(Löwen)*; — an den Zweribachfall; — zur Lochmühle; — auf die Kaiserebene, 1017 m.; auf die alte Kilbenstrasse. — Zum Zweribachfall schlägt man auch mit Vortheil den *Fussweg* von Gütenbach in's Wildgutach-Thal hinab ein, um dann am *Wirthshs. z. Engel* in Simonswald vorüber zurück zu wandern od. zu fahren).

Die Wildgutach entspringt aus mehreren Quellen am Steinberg, 1143 m., bei Waldau, sowie an den Bergabhängen bei Neukirch. Vereinigung der Hauptbäche bei dem *Dreistegen-Wirthshaus.* Da, wo der Gütenbach u. der Zweribach der Wildgutach zufallen, nimmt das Thal den Namen Simonswald an. Oberhalb dieser Stelle heisst der Thalbach Wilde Gutach; unterhalb derselben einfach Gutach (doch nicht mit dem gleichnamigen Thalwasser zwischen Triberg u. Hausach u. mit demjenigen zwischen Titisee, Neustadt u. Kappel am Hochfirst zu verwechseln).

Durch das Thal der Wild-Gutach hinauf zieht sich eine fahrbare, gute *Strasse* über Wildgutach (Ort), *Wirthshaus z. Löwen*, nach Glashütten. Beim Ort Wildgutach geht eine *Strasse* nach St. Märgen hinauf. Von Glashüten, 738 m., *(Rössle) Fusswege* (Führer nehmen) nach Waldau, 962 m. *(Wirthshaus von Pfaff)*, Hinterstrass *(Hirsch)* nach dem *Wirthshaus z.* Neuhäusle *(Sonne)*, Thurner, Hohlengraben etc.

Tief unten in ihrem Klippenbett, hinter Tannwaldung versteckt, braust die Gutach ihren Weg; oben über dem

Felsenschlund; windet sich die neue prächtige *Bergstrasse*, stellenweise an die Alpenpässe erinnernd, durch die Thalschlucht nieder. Ueberraschende Ausblicke. Hinab zum (30 Kil.) *Engelwirthshaus*, wo rechts her die *alte*, an Fernsichten so reiche Kilbenstrasse einmündet, die von Furtwangen, Gütenbach umgehend, in's Thal von Simonswald niedersteigt.

Von hier aus *Weg* zum Zweribachfall für die Besucher, die von Waldkirch u. Freiburg kommen. Vom *Engelwirthshaus* am linken Ufer der Wild-Gutach hinauf (Führer rathsam), zunächst auf ordentlichen *Fusswegen*, dann *Wiesenpfad*. Zu einem *Hof*; von hier auf *besserm Weg* zum Vogtshof. Hinter einem Bergvorsprung Oeffnung des Seitenthales *rechts*, aus welchem der Zweribach hervorströmt. Von hier in grossem Bogen etwas *besserer Weg* zu einem einsamen *Bauernhof* u. von da, in wenigen Minuten, zum Hauptabsturz. Unterer Sturz am besten sichtbar von einem Vorsprung aus, der zu einem Ruheplatz hergerichtet ist. Hinabweg (steil) am *rechten* Ufer des Baches. Vom *Engel* zum Hauptsturz $1^1/_2$ Std. — Auf dem Rückweg interess. Ueberblick der Kurven u. Stützmauern an der neuen Bergstrasse von Simonswald nach Gütenbach u. Furtwangen.

Vom „*Engel*" abwärts auf der trefflichen *Kunststrasse* zur hübsch gelegenen *Kirche* von Ober-Simonswald (*Rebstock*). Rechts Einmündung des Nonnenbachthales mit dem gleichnam. Bach, 425 m.

Interessanter *Weg* durch das Nonnenbachthal zum Nonnenbacherhof u. zum Brendhof, sowie auf die Höhe des Brend, 1150 m.

Im Thal abwärts wandernd, fällt die angenehme Veränderung des Charakters der Umgebung auf. Die rauhe Gebirgsgegend bleibt zurück. Ungemein anmuthiger Total-Eindruck des **Simonswalder Thales.** Ueppige Vegetation und milde Schönheit des Thalgrundes u kräftig ernste Physiognomie der Berghöhen mit ihren Tannenwaldungen. Wenige Thäler Deutschlands haben diese harmonische Zusammenstimmung in ihrer Erscheinung aufzuweisen. Sattbraune, malerisch daliegende Holzhäuser mit farbenschimmernden Blumengärtchen, Heustadel und Ställe verbreiten sich in Gruppen durch das grüne Thal u. bilden in malerischer Ungezwungenheit Höfe u. Weiler, welche die Gemeinden Ober- und Unter-(Alt-)Simonswald bilden. Hochwipflige Nussbäume u. prachtvolle Obstbaum-Gruppen umschatten die Gehöfte in friedlicher Behaglichkeit. Zur Linken gipfeln sich die Bergwände in formenreicher Wechsellinie zum 1243 m. hohen Kandel empor.

(32 Kil.) **Ober-Simonswald** (*Rebstock*). Am *Wirthshaus zum grünen Baum* vorüber. Rechts Ausgang des Griesbacherthales.

Durch das Griesbachthal *Fahrstrasse* (2 Std.) zur Martinskapelle (*Wirthshaus*) auf aussichtsreicher Höhe, S. 341. Von da auf die Rosseck u. den Brend, 1150 m., mit *Pavillon*, nach Furtwangen od. Triberg (meist *Fusswege*).

Weiter, wieder von rechts, Oeffnung des Ibichthales u. da, wo die Häusergruppen am dichtesten stehen, Einmündung (rechts) des Haslach-Simonswalder Seitenthales, das zu den Höhen des Briglirain u. Rohrhardsberges emporführt.

Von Simonswald durch das Haslach-Simonswalder Thal nach der sog. Schanze (an kleinen Wasserfällen vorüber) u. von da (Führer nützlich) über Kostgefäll nach Rohrhardsberg, nach dem Elzhof, Schonach u. Triberg; meist *Fusswege*, doch ordentlich u. lohnend.

(36 Kil.) **Unter-Simonswald**, 355 m., od. Alt-Simonswald (*Krone; Ochs;* weiter vor *Bär; Brauerei*), mitten in prächtigen Nussbäumen liegend, von Obstgärten umgeben. An Spalieren erscheint schon die Rebe in üppiger Entfaltung. *Post u. Telegraph.* Hochgelegene Kirche. *Prächtiger Sommeraufenthalt.*

Entfernungen: von Gütenbach 1½ Std. bis Ober-Simonswald, 1 Std. bis zur Krone in Unter-Simonswald. Von da bis Waldkirch 2 Std.

Landestracht im Simonswalder Thal (an Sonn- u. Festtagen hauptsächlich wahrnehmbar): Die Frauen tragen hohe, gelbe Hüte, rothe Mieder, mit karminrothen, blauen u. grünen Bändern, dunkelrothe Röcke, grüne Schürzen, rothe Strümpfe. Festgewand ganz blau mit reicher Verzierung. Glänzendes Schäpele u. nach hinten geknotetes buntseidenes Halstuch. — Kräftiger, wohlgebauter Menschenschlag.

Das Thal wurde schon frühe bewohnt u. umfasste zwei Gemeinden, von denen die eine zum Stifte Waldkirch gehörte, das hier einen Hof besass.

Links Einmündung des Ettersbachthales, durch welches guter *Weg* auf den Kandel. Wiederholt den rauschenden Gutachbach überbrückend, zieht sich die *Landstrasse*, im Schatten mächtiger Nussbäume thalab. Das Thal erweitert sich. Erfreulichster Anblick. Endlich bei

(40 Kil.) Bleybach Ausmündung des Thales und Baches in's breite, lachende fruchtbare **Elzthal.** *Brücke* über die Elz. Links thalaus nach (45 Kil.) **Waldkirch**, 277 m., 3475 Ew., S. 335; rechts hinauf nach **Elzach** u. in's **Prechthal.**

Von Waldkirch mit der *Eisenbahn* nach (7 Kil.) Langen-Denzlingen, tägl. 5 mal in ¼ Std. u. auf der *Hauptbahn* nach Freiburg, Nr. 28.

Nord-Schwarzwald.

Nr. 45. Baden-Baden und Umgebung.

Von der *Station* Oos an der *Hauptbahn* Frankfurt-Heidelberg-Basel **Zweigbahn** nach (5 Kil.) **Baden-Baden,** tägl. 18 Züge (Sonntags 20) in ca. 1/4 Std.

An (links) Badenscheuern und (rechts) Oosscheuern vorüber, das Jesuitenschlösschen (nun hübsche Villa) passirend, zum Bahnhof von Baden-Baden, der aber für den grossen Sommerverkehr zu klein genannt werden darf u. keine Restauration besitzt.

Baden-Baden, 183 m., 11,927 Ew., grösstentheils Katholiken, etwa 2000 Protestanten, 400 Altkatholiken u. einige Israeliten.

Gasthöfe: *Holländischer Hof* (Wittwe Rössler), neue Promenade; mit Dependenz *Beauséjour*, für Familien u. einzelne Gäste eingerichtete Pension, elegant u. zu empfehlen. — *Badischer Hof* am Eingang in die Stadt (nicht zu verwechseln mit dem Gasthof „Stadt Baden" am Bahnhof), Familien-Hotel, viele Engländer (mit Bädern). — *Viktoria-Hotel* (Grossholz), Leopoldsplatz, luxuriöses Prachtgebäude. — *Englischer Hof*, bei der Promenadenbrücke. — *Europäischer Hof*, gegenüber der Trinkhalle. — *Russischer Hof*, an der Promenade (Balkonzimmer zahlreich). — Sämmtliche sechs Häuser dienen *hohen Ansprüchen* u. sind dem entsprechend *theuer*.

Auf dem *Wege* nach Lichtenthal die *Hotels I. Ranges: Stephanienbad*, sehr vornehm u. *Bellevue*, beide mit Restaurants, Bädern, Gärten.

Zähringer Hof, Lange Strasse, Bäder, Garten am Haus. — *Darmstädter Hof*, Gernsbacher Strasse (33 Badekabinette). — *Französischer Hof* mit Garten. — *Hirsch*, mit Bädern in allen Etagen, meist von Deutschen besucht, billig u. zu empfehlen. — *Petersburger Hof* (ehem. Sonne) mit Bädern, gegenüber der Neuen Promenade, guter Tisch. — *Stadt Baden*, (Ed. Rössler) am Bahnhof, bürgerl. Preise. — *Bayerischer Hof*, für Touristen. — *Stern*, frequentirt von Handlungsreisenden. — *Stadt Strassburg*, mit Café, guter Tisch. — *Rheinischer Hof*. — *Hotel Baldreit*, mit Bädern.

Für bescheidenere Ansprüche empfehlenswerth: *Hotel Oberst*, Luisenstrasse, beim Konversationshaus, Restauration. — *Hotel Friedrichsbad*, (ehem. Engel) mit Bädern. — *Hotel Müller*, für mässige Ansprüche, mittlere Preise. — *Drei Könige*, besuchter Mittagstisch, Weinhandlung. — *Krone*, Restauration, besuchte Bierwirthschaft. — *Deutscher Hof*. — *Goldener Ritter*. — *Stadt Paris*. — *Amerikanischer Hof*. — *Laterne*. — *Stadt Karlsruhe*. — *Stadt Nanzig*. — *Israelitisches Hotel*. — *Geist*. — *Rose*. — *Grüner Baum*. — *Pfälzer Hof* am Bahnhof etc.

Hotel garni bei *A. Jörger*, mit Badeinrichtung (bes. Stahlbäder) In den Badehäusern nebst den warmen Mineralbädern auch Douche-, Fluss-, Fichtennadelbäder u. s. w. abgegeben.

Mehrere *Gasthöfe* haben nicht nur Winters, sondern auch (während der ganzen Saison) *vom Frühling bis zum Herbst* Pensionspreise eingeführt.

Restaurants: Im *Konversationshaus*, hohe Preise. — *Kreuz*, an der Lichtenthaler Strasse, gute Weine. — *Mangin*, Luisenstrasse, feine Küche aber theuer. — *Restaurant u. Café Grossholz* (Wwe.), billig u. gut (Table d'hôte mit ¼ Liter Wein 2,10 ℳ). — *Stadt Karlsruhe.* — *Geschwister Zerr.* — *Schelling.* — *Kaufmann.* — *Stadt Paris.* — Mehrere derselben logiren auch.

Cafés: Im *Konversationshaus*, Mittags, während der Konzerte im Kiosk stark besetzt (Vormittags wegen der Sonnenhitze unbehaglich). — *Stadt Nanzig* (Nancy). — *Stadt Strassburg* (Billard). — *Petersburger Ho* (Billard).

Konditorei: von *Zabler* (billiges Eis) mit Garten. — Viele Konditoreien (Eis theuer), aber mit beschränkten Räumlichkeiten.

Bier: *Restauration zum Schützenhaus* (Badener Schützengesellschaft), schöner Garten mit Aussicht, am schattigen Waldweg von der Eisenbahn direkt zum Schloss. — *Stadt Strassburg*, verschiedene Biere. — *Fortuna*, Sophienstrasse, schattiger Garten. — *Petersburger Hof*, Erlanger Bier. — *Krone.* — *Friedrichsbad* (Engel). — *Schilling.* — *zum Bock.* — *Merkur.* — etc. (Karlsruher-, Mainzer-, Speierer- u. andre Biere. — In Lichtenthal bei *Falk* gutes Bier (am Fuss des Cäcilienberges).

Delikatessenhandlungen: Gaus; Reichert; Messmer; Kühn; Wingler; Wolf; Billmann jun.; Rössler; Kölblin.

Weinhandlungen: Joseph Maier *zum goldenen Kreuz*; Stammbach; Hoffmann; Gebr. Wolff etc.

Bierbrauereien (zahlreich); Schelling; Bletzer; *zum Bock*, etc. etc.

Lesekabinet: Im *Kursaal*, reich ausgestattet. — In der Marx'schen Kunst- u. Buchhandlung.

Privatwohnungen: In grosser Zahl, möblirt, zu allen Preisen (im Sommer theurer als im Winter). In der Regel nur für 8 Tage u. länger ausgemiethet.

Eisenbahn: Tägl. 18 Züge (am Sonntag 20) nach (5 Kil.) **Oos** zur *bad. Hauptbahn* in 10 Min.

Gesellschaftswagen für 17 Personen, von der Kais. Poststallmeisterei gestellt, nach Lichtenthal 55 Pfg.; nach der Lichtenthaler Fischkultur 55 Pfg.; nach der Fischkultur Gaisbach 75 Pfg. *Abonnement* für 12 Fahrten 8 Mk. — *Vor- u. Nachmittag* je *1 mal*, an Sonn- u. Feiertagen Nachm. *2 mal* Fahrt. *Genaue Abfahrtszeit* von der Poststallmeisterei u. bezw. Gaisbach, über die *Englischhof-Brücke*, *Lichtenthaler Allee* (einsteigen), *Bären* (Garten) u. *Löwen* in *Lichtenthal.* Ausser der Fahrzeit d. Wagen zur Verfügung.

Droschken: Einspännige Wagen zu Ausflügen sind hier nicht zu bekommen.

Taxen:

A. Packdroschken vom *Bahnhof* in die *Stadt* u. umgekehrt:

Fahrzeit	1 u. 2 Personen ℳ	3 u. 4 Pers. ℳ
¼ Std.	0,70	1,05
½ „	1,05	1,40
¾ „	1,40	1,70
1 „	1,70	2,00
nach Lichtenthal	1,40	1,70

Für jedes grössere Stück Gepäck bei allen Fahrten 20 Pfg.

B. Fahrten nach der Zeit.

Fahrzeit	1 u. 2 Pers. M	3 u. 4 Pers. M	
1/4 Std.	0,90	1,05	Jede Viertelstunde weiter kostet 40 Pfg., jede begonnene wird für voll gerechnet. — Für die Fahrt nach Lichtenthal wird die erste Viertelstunde mit 1,40 M. für 1 od. 2 Pers. mit 2,00 M. für 3 od. mehr Pers. berechnet; für längere Fahrt gilt die gewöhnl. Zeittaxe. —
1/2 "	1,40	2,00	
3/4 "	1,90	2,50	
1 "	2,40	3,00	
1 1/4 "	2,90	3,50	
1 1/2 "	3,30	4,00	
1 3/4 "	3,70	4,50	
2 "	4,10	5,00	

Für die Fahrten während der Nachtzeit (1. Mai — 31. Okt. nach 9 Uhr, in den übrigen Monaten nach 8 Uhr) beträgt die Taxe ohne Rücksicht auf die Zahl der Personen, für die erste Viertelstunde 1,40 Mk., für jede folgende Viertelstunde weitere 60 Pfg. — Für jedes grössere Stück Gepäck werden 40 Pfg. berechnet.

C. Fahrten mit festen Taxen, ohne Rücksicht auf die Zahl der Personen:

1. bei einer Dauer bis zu 3 Std.

	Mark
Nach dem Geroldsauer Wasserfall	5,50
Nach dem Jagdhaus über d. Fremersberger Hof u. die Jagdhauser Allee zurück u. umgekehrt	5,50
Nach dem alten Schloss . .	6,00
Ebendahin, wenn der Wagen sofort leer zurück geht .	4,50
Nach der Teufelskanzel . .	4,00
" d. Fremersberger Hof	4,00
" d. Fischkultur-Anstalt	5,00
" der Seelach	5,00
Neuer Verbindungsweg zwischen Lichtenthal u. Gunzenbach mit der Strasse nach Yburg	5,00
Nach dem Annaberg . . .	4,00
" dem Friedhof, wenn d. Wagen sofort zurück geht (der Aufenthalt daselbst wird nach der Zeittaxe für 1—2 Pers. berechnet) . .	2,00
Nach d. Kloster Fremersberg	5,00

2. Dauer bis zu 6 Std.

	Mark
Nach Ebersteinschloss . .	9,00
" Ebersteinschloss über Gernsbach zurück . . .	11,00
Nach Gernsbach	9,50
" Rothenfels durch den Wald über Kellers Bild u. üb. Kuppenheim zurück .	10,00
Nach Favorite	7,10
" Rastatt	7,10
" Iffezheim u. zu d. Rennplätzen — mit Ausnahme d. Tage d. Wettrennen u. Taubenschiessen	7,00
An d. Rhein zur flieg. Brücke	9,00
Auf das alte Schloss . . .	8,00
Nach Ebersteinburg . . .	7,00
" Ebersteinburg über das alte Schloss	9,00
Nach Bühl	9,00
" Steinbach	7,00
" Neunweier üb. Sinzheim Steinbach u. zurück . . .	9,00
Nach Neuweier üb. Geroldsau u. Steinbach u. zurück .	10,00
Nach d. Kloster Fremersberg über d. Jagdhaus . . .	8,00
Neuer Verbindungsweg zwischen Lichtenthal u. Gunzenbach in Verbindung mit Fahrt nach d. Yburg . .	12,00
Nach der Yburg	10,50
" " Yburg, von da üb. d. Kloster Fremersberg u. Jagdhaus zurück	14,00

3. Dauer bis zu 10 Std.

	Mark
Nach d. Geroldsauer Wasserfall von da zurück nach Geroldsau u. von da nach Neuweier	14,00
Nach Achern	15,50
" Erlenbad	17,00
" der Hub	14,00
" dem Merkur üb. d. Müllenbild u. Binsenwasen od. Teufelskanzel u. Binsenwasen	14,00
Auf d. alte Schloss, Ebersteinburg, Teufelskanzel, neue Strasse unter d. Merkuriusthurm nach d. Müllenbild od. umgekehrt	14,00

	Mark
Durch das Murgthal üb. Ebersteinschloss, Gernsbach, Rothenfels, Kuppenheim u. Favorite	15,00
Nach dem Bühler Thal üb. Geroldsau u. die Wintereck u. üb. Bühl u. Steinbach zurück od. umgekehrt . . .	15,00
4. Dauer bis zu 11 Std.	
Auf das alte Schloss, Ebersteinburg, Teufelskanzel, neue Strasse unter d. Merkursthurm nach d. Müllenbild mit Inbegriff von Gernsbach oder Schloss Eberstein	18,00
Die gleiche Tour mit Inbegriff v. Gernsbach und Schloss Eberstein	21,00
Nach dem Merkur über das Müllenbild, Teufelskanzel, Ebersteinburg u. das alte Schloss zurück u. umgekehrt	17,50
Nach Forbach	18,00
Nach Forbach üb. Favorite, Rothenfels u. Gernsbach .	21,00
Nach Herrenwies über den Geroldsauer Wasserfall, Grohbach und Bernsteinstrasse	21,00
Nach Herrenwies üb. Seelach u. Badener Höhe	21,00
Nach Herrenwies durch Bühlerthal	21,00
Ueber d. Wasserfall u. den Schwanenwasen in d. Bühlerthal u. üb. Bühl zurück	17,50
Ueber den Wasserfall, obern Plättig, Sand, durch das Bühler Thal üb. Steinbach zurück	20,00
Ueber d. Geroldsauer Wasserfall, die Badener Höhe, Herrenwies u. üb. Forbach u. Gernsbach zurück . .	25,00
Dieselbe Tour — mit Ausschluss der Badener Höhe — üb. den obern Plättig u. Sand od. umgekehrt . .	25,00

NB. Alle in dieser Tax-Ordnung nicht namentlich aufgeführten Fahrten sind lediglich der Zeitdauer nach zu bezahlen. — Bei sämmtl. 4 Klassen wird bei längerer Dauer der Fahrt die Zeitdauer für 1—2 Personen berechnet.

Alles *(Trinkgeld, Fütterung, etc.)* ist bei diesen Taxen inbegriffen. *Kinder unter 10 Jahren* in Begleitung von Erwachsenen zahlen *nichts.* Für einen Wagen dürfen nicht mehr, als höchstens 5 Personen gerechnet werden.

Omnibus vom Bahnhof in die Stadt 30 Pfg., *Gepäck* 20 Pfg.

Esel: Für die *erste Stunde* 1,20 Mk., *jede folgende* 80 Pfg.

Pferderennen in Iffezheim (2 St. von Baden): Grosse Rennen Ende August u. Anfang September (3 Tage); im Weitern *grosses Armee-Rennen u. Steeple-Chase* Anfang Oktober (2 Tage). Näheres berichten die ausgegebenen Programme. — Grosse internationale Taubenschiessen, ebenfalls im Sept. u. Okt, vom internationalen Klub veranstaltet. Vom Publikum dagegen gerechtfertigter Tadel erhoben.

Telegraph im Kais. Postgebäude u. am Bahnhof.

Postamt im Kaiserl. Postgebäude, Sophienstrasse 10. — **Post** nach Lichtenthal tägl. 3 mal in 25 Min., 3 Kil. —

Bäder: Ausser den angeführten Gasthöfen haben noch abgekühltes Thermalwasser: *Badischer Hof*, die *Stahlbäder* u. das *Stephanienbad* (mit 18 Douche-Apparaten u. neuer u. starker Dampfpumpe). *Neues grossartiges Dampfbad*, (Erbauer Dernfeld). Wellenbad, *Fluss u. Schwimmbad* in der Lichtenthaler Allee.

Theater: Im *Winter* jeden *Mittwoch* Vorstellung durch die Mitglieder des Karlsruher Hoftheaters; auch im *Sommer* in vermehrter Anzahl. Während der Saison Extravorstellungen durch hervorragende Künstler, veranstaltet durch die Kurverwaltung. Französische Vorstellungen.

Konzerte: Tägl. 3 mal vor dem Konversationshaus im Kiosk. Früh 7—8, Mittags 3—4 u. Abends 8—10 Uhr, städtisches Kurorchester (Dirigent Könnemann). Militär-Musik-Konzerte. Die Blechmusik, die ab u. zu mit dem vollständigen Orchester abwechselt, von Ankenbrand dirigirt. — Ausserdem „Matinées musicales." Symphonie-Konzerte. Privat-Konzerte mit Solisten u. hervorragenden fremden Künstlern häufig. Das Kurkomité sorgt auf jede mögl. Weise (auch durch Feuerwerk, Illuminationen, Italienische Nächte, Korso, Festivitäten, Kinderfeste u. ganz besonders durch zahlreiche Réunionsbälle, Bals parés etc.) für Unterhaltung.

Kurtaxe. Jahrestaxe: 1 Pers. 20 Mk., 2—3 Pers. 30 Mk., Familien von mehr als 3 Pers. 40 Mk. — Monatstaxe (4 Wochen Aufenthalt): 1 Pers. 6 M., 2—3 Pers. 10 M., Familien von mehr als 3 Pers. 20 Mk. — Neuer Tarif für 10 Tage, 3 Mk. für 1 Pers. — Ansässige zahlen als Jahrestaxe: pro Pers. 50 Pfg., welche auch jeder Passant zu lösen hat, der die Anlagen u. das Kurhaus besuchen will. — *Karten* als Zahlungsbeleg zur Legitimation für den Besuch des Kurhauses.

Bankgeschäfte: Jörger; Maier & Diss; F. S. Mayer; Müller & Komp.; Gebr. Wolff; Strohmayer.

Buchhandlungen: *D. R. Marx*, Hofbuchhandlung, mit Kunst u. Musikalienhandlung, Lesekabinet u. reichhaltiger Bibliothek, Promenadeplatz. — *C. Wild, jun.* Lichtenthaler Strasse. — **Leihbibliothek** von Weissbrod. —

Kosten des Aufenthalts. Für 12—15 Mk. ist bei mässigen Ansprüchen wöchentlich eine anständige *Privatwohnung* zu bekommen (Bedienung extra zu akkordiren u. bezügl. der Wohnungsmiethe schriftlicher Vertrag abzuschliessen.) Für *Frühstück* im Haus 50—75 Pfg. *Mittagstisch* ohne Wein in guten Speisehäusern zu 2 Mk. zu haben. Ein *Bad* kostet 30 Pfg. bis zu 2,50 Mk. Man kann also wählen. Es lässt sich ein *Monats-Aufenthalt* mit 240—300 Mk. bestreiten. —

Das heisse Trinkwasser kostet in der *Trinkhalle* u. an den verschiedenen *Brunnen* nichts. Gewöhnliche Bäder 30—60 Pfg.

Aerzte: Baumgärtner, Berton, Brumm, Heiligenthal, Hoffmann (Direktor der Augenklinik), Knecht, B. Müller (Hospitalarzt), Müller (Homöopath), Schliep, C. Schmidt, E. Schmidt, Schrauder, Wilhelmi (Bezirksarzt), Meier (Zahnarzt). In Lichtenthal Selos. **Apotheken**: Jebens, Billharz.

Umschau bei gemessener Zeit: Wer für Baden nur *einen Tag* frei hat, u. mit *Wagen* Ausflug machen will, besichtigt am *frühen Vormittag* das neue Friedrichsbad, die Trinkhalle, das Konversationshaus u. die Stadt, steigt sodann zu Fuss zum alten Schloss hinauf (1 St.), nimmt dort od. nachher, in einem Hotel ein warmes Gabelfrühstück u. richtet sich so ein, dass er noch vor 12 Uhr Mittags mit *Wagen* über Lichtenthal nach Ebersteinschloss, Gernsbach, Nr. 46, S. 362, Kuppenheim, Favorité abfahren kann um vor dem Anbruch der Nacht wieder in Baden zu sein. *Allabendlich* Versammlungsort der Badegäste auf dem Platz vor dem Konversationshaus. —

Fussgänger, die für Baden u. Umgebung einige Tage verwenden, mögen am *1. Tag* besuchen: Altes Schloss, Ebersteinburg, hinab nach Favorite, Landstrasse nach Oos und von da Eisenbahn nach Baden. *2. Tag:* Geroldsauer Wasserfall, Seelach, Merkurius, Ebersteiner Schloss und Gernsbach. Für solche, die Badens Luxusleben nicht geniessen wollen, sind die Sehenswürdigkeiten des Platzes eigentl. bald abgethan.

Geschichtliche Notizen. Die heissen Quellen von Baden waren den Römern bekannt. Sie legten hier ein Stadtwesen an u. nannten es Civitas Aurelia aquensis. Später Zerstörung durch die Alemannen. Im 8. Jahrh. taucht der Ort wieder aus der Vergessenheit auf; der Thalbach, die Oos bildete lange Zeit die Grenze zwischen Franken u. Alemannen (Schwaben). Urkundl. Erwähnung 712 unter König Dagobert. Nun wechselnd unter verschiedenen Herrschaften: Die Mönche des Klosters Weissenburg, die Grafen von Kalw u. Eberstein, die Zähringer u. endlich Kaiser Friedrich Rothbart, der den Markgrafen Hermann III. mit Schloss und Stadt belehnte (u. 1190 auf dem Kreuzzug starb). Von da an nannten sich die auf der *alten Burg* sitzenden Herren „Markgrafen von Baden" u. erweiterten die Stadt, die sie auch befestigten. Schon damals zogen deren heilkräftige Thermen viele Gäste an. Durch den Bau eines neuen Schlosses in grösserer Nähe (1479) u. in Folge Ertheilung bedeutender Freiheiten kam die Stadt in Flor, allein im 30jährigen Kriege u. im pfälzischen Erbfolgekriege wurde sie, wie so viele ihrer Nachbarstädte, empfindlich mitgenommen, endlich aber 1689 u. 90 von den Franzosen gänzlich zerstört. Der Markgraf verlegte seine Residenz nach Rastatt, obwohl Markgräfin Sybilla Augusta das Schloss wieder aufgebaut hatte. Die Stadt erholte sich daher nur mühsam von solchen Schlägen. Mit Karl August erlosch die Linie Baden-Baden. Markgraf Karl Friedrich that alles, um die Stadt wieder empor zu bringen. Im französ. Revolutionskriege kamen viele Emigranten nach Baden u. ihre Heilquellen wurden weltbekannt, ebenso ihre herrliche Umgebung. Seitdem hat sich Baden-Baden immer mehr gehoben u. die Frequenz wuchs unausgesetzt.

Die Saison dauert das ganze Jahr über. Vor der Abschaffung des öffentl. Hazardspieles (Roulette u. Trente et quarante), das mit 31. Okt. 1872 zu Ende ging, hatte die bad. Regierung die Gründung eines besondern *Badfonds* angeordnet, aus welchem einerseits der Bau des neuen, grossen Dampfbades bestritten ward, andrerseits die nöthigen Mittel beschafft wurden, um die üblichen Vergnügungs-Anstalten noch mehr zu erweitern u. in bedeutender Weise durchzuführen. Der Badfonds ist dem Grossh. Ministerium des Innern unterstellt. Zur Unterhaltung des Ganzen (Anlagen, Gebäulichkeiten, Kuranstalten aller Art) trägt der Staat u. die Stadt Baden bedeutende Summen bei. Das *Kurkomité* wird vom Gemeinderath gewählt u. besteht aus 3 Mitgliedern, von denen der Oberbürgermeister (gegenw. Gönner) das eine Mitglied sein muss.

Die ungemein reizvoll im Oosthale, zwischen bewaldeten, schön geformten Bergen gelegene Bäderstadt, zum Unterschied von den in der Schweiz und bei Wien vorkommenden gleichnamigen Kurorten, Baden-Baden genannt, Bezirksamtsstadt mit Amtsgericht, ist nicht nur eines der besuchtesten Luxus-Bäder von Deutschland, sondern einer der berühmtesten Kurorte von Europa. — Seit dem Aufhören des Hazardspieles besitzt Baden-Baden eine Wintersaison, die von Jahr zu Jahr lebhafter besucht wird. Das Kurorchester, der Lesesaal u. alle Spiel-, Tanz- u. Gesellschaftssäle bleiben vollständig eingerichtet, wie im Sommer. Es kommen dann dazu zahlreiche wissenschaftliche Vorträge, Kammermusik-Aufführungen, Maskenbälle u. s. w.

Die Stadt wird durch den Oosbach von dem eigentlichen Badeweltbezirk abgetrennt. Dieser breitet sich am linken Ufer des Baches aus, wo sich die schönen Anlagen befinden, deren Mittelpunkt das Konversationshaus u. die **Trinkhalle** bilden. Vor der letztern, auf hohem Fussgestell von Granit, Marmorbüste Kaiser Wilhelms I. von Bildhauer Kopf. Die neue Trinkhalle, ein 85 m. langer u. ca. 10 m. breiter Arkadenbau, nach den Plänen von Baudirektor Hübsch 1839—42 erbaut u. mit *Fresken aus dem Sagenkreis des Schwarzwaldes* von Galleriedirektor Götzenberger geschmückt. Hinter der *Säulengallerie* der eigentl. Trinksaal, in welchem die Badener Quelle (55° C. mittlere Temperatur) ohne irgend welche Gebühr geschöpft wird. In den Seitensälen Verkauf von 40 Sorten der bekanntesten fremden Mineralwässer in Originalkrügen.

Die *Thermen von Baden*, deren mehr als 20 sind, entspringen aus etwa 1392 m. Tiefe mit einer Temperatur von 46—68° C. (in 24 Std. 750,000 Liter). Sie haben, warm genossen, einen etwas salzigen, fleischbrüheartigen Geschmack u. enthalten bedeutend viel Chlornatrium (16—17 Gran im badischen Pfund), doppelkohlensauern Kalk (1—1¼ Gran), Chlorkalium u. Chlorlithium. Die Hauptquelle, die unter dem Dampfbad entspringt, heisst der „Ursprung"; sie kommt aus Gneisfelsen, ergiesst sich in einen grossen, aus den Römerzeiten herrührenden Gewölberaum u. liefert binnen 24 Std. 7½ Millionen Kubikzoll Wasser, welches in die verschiedenen Badehäuser geleitet wird. — Der *Brühbrunnen*, die *Felsenquelle*, u. die *Judenquelle* sind durch neuere Schürfungen mit dem „Ursprung" vereinigt wurden. Andere Quellen sind noch: die sehr ergiebigen *Klosterquellen*, die *Büttenquelle* (gegenüber vom Gasthof *von Baldreit)*, die *Fett-*, *Murr-*, *Ungemachquelle* u. a. — Zunächst geschieht ihre Anwendung gegen Krankheiten der Haut-, Respirationsorgane, Verdauungs- u. Harnorgane sowie des Nervensystems, gegen Skrofeln, gichtische Uebel, besonders aber auch bei rheumatischen Leiden u. nach Verwundungen. — Neben diesen *warmen Quellen* besitzt Baden noch *über drei* schwache Stahlquellen, die in der Falkenhalde (für das *Stephanienbad* u. *Stahlbad)* u. in Lichtenthal zu Tage treten.

Nachdem die Badener Heilquellen seit 1812—16 wieder in Ruf gelangt waren, nahm der Besuch alljährlich zu. Auch lassen sich immer mehr Fremde, gefesselt durch die bezaubernde Schönheit u. das milde Klima des Ortes, mit ihren Familien hier bleibend nieder, wodurch eine überraschende Bauthätigkeit entstanden u. die neue, aussichtsreiche Kaiser-Wilhelms-Strasse erstellt worden ist, die hinter dem *Messmer'schen Haus* (Absteigequartier u. Wohnung der Kaiserl. Familie) in Windungen zur Höhe hinaufführt.

Für **Molken- u. Kuhmilchkuranten** ist in nächster Nähe der Trinkhalle eine besondere Hütte mit Stallung für etwa 8 Kühe u. ebenso viel Ziegen eingerichtet, die jeden *Morgen* u. *Abend* von dem Appenzeller Senn der Molkenanstalt (wo ebenfalls Molken u. Kuhmilch nebst Kaffee, Eiern, Butter, Dickmilch etc. zu bekommen) herangeführt werden. Auch im Winter in dieser Anstalt immer frische Milch.

Zunächst bei der Trinkhalle das 1822—24 von Baudirektor Weinbrenner im Renaissançestyl erbaute u.

mit grossem Portikus geschmückte **Konversationshaus,** in dessen *Mittelraum* der Konversationssaal (für Bälle und Konzerte), *auf den Seiten* die ehemal. zwei Spielsäle, der Blumensalon, der Lesesaal u. die sog. neuern Säle sich befinden, die sich durch prächtige Ausführung u. Einrichtung auszeichnen. Im Lesekabinet (stets geöffnet) befinden sich über 150 Zeitungen in allen Sprachen. — Am eigentl. Konversationshaus, als Flügelgebäude angebaut, finden sich *einerseits* die reich ausgestatteten Verkaufslokale der Marx'schen Hofbuch- u. Kunsthandlung, verbunden mit Galanteriewaarenhandlung, — *andrerseits* die Restaurationsgebäude mit dem *grossen,* neu dekorirten Speisesaal u. der neu eingerichteten Halle für *Raucher u. Billardspieler.* — Vor dem Konversationshaus der schöne Kiosk für die Aufführungen der Kurkapelle. — Auf der von der *Stadt* zum *Konversationshaus* führenden Allee zu beiden Seiten geschmackvoll erbaute *doppelte Reihen* von Verkaufsläden, aus Stein, Eisen u. Glas konstruirt, deren Einrichtungen u. Waarenauslagen sich durch Eleganz u. Reichthum auszeichnen (erbaut von Dernfeld).

Ebenfalls in der Nähe des Konversationshauses das Theater, sowie die für eine ständige Gemälde-(Kunst-)Ausstellung bestimmte Kunsthalle, tägl. geöffnet (Eintrittspreis 50 Pfg.). — Das Atelier des Bildhauers Professor Kopf in der Werderstrasse, geöffnet Mittw. u. Samstags von 3—5 Uhr Nachmitt. — Das Schloss des Fürsten Solms, über dem Konversationshaus, im Styl einer Ritterburg, nahe bei dem neuen Wasserreservoir. — Denkmal *(Marmorstatue eines Schutzengels),* errichtet von Fürst Karl Egon zu Fürstenberg bei d. „Echo", gegenüber dem *grossherzogl. Schloss.* — *Gedenktafel* für den verstorb. Bürgermeister Gaus im stattl. Rathhaus. — *Marmorreliefs* im Palais Fürstenberg (Stephanienstrasse). — Auf dem Leopoldsplatz die Bronzestatue des Grossherzogs Leopold, errichtet von „der dankbaren Stadt".

Gegen Abend Besuch der **Lichtenthaler Allee** nicht ausser Acht zu lassen, welche in dieser Tageszeit den Korso der *gesammten Badewelt* darstellt. Prachtvolle alte Bäume, herrliche Gartenanlagen u. erfrischende Fontainen. Zur Linken eine ganze Reihe reizender Chalets und Landhäuser, zu welchen zierliche Brücken über den Bach führen. Zur Rechten die mit Villen bedeckten Thaleinschnitte von Thiergarten (Molkenanstalt) u. Gunzenbach (Zoologischer Garten). Ebenfalls zur Rechten der schöne Aussichtspunkt *Leopoldshöhe*.

In dieser Allee, nahe bei der Villa Merk Attentat auf König Wilhelm I. von Preussen am 14. Juli 1861. Die Kugel prallte am 37. Baum (mit Leinwand umwickelt, die getheert wurde) in der rechten Reihe der Hauptallee ab.

Neue, schöne **Protestantische Kirche** mit 2 stattlichen Thürmen in der Lichtenthaler Vorstadt, aus rothem u. weissem Sandstein in gothischem Styl von Eisenlohr erbaut, mit guten, neuen Glasgemälden. Am Portal Standbilder der Evangelisten von *Hans Baur*. Katholische **Stiftskirche** aus dem 15. Jahrh., 1864 von *L. Lang* geschmackvoll restaurirt, mit neuen Glasmalereien. Vormittags immer geöffnet. Der Chor ist reich besetzt mit Grabdenkmälern der katholischen Markgrafen von Baden von 1431 an.

☞ Beachtungswerth unter denselben an der linken Seite das für Jakob II., Kurfürst von Trier († 1511), welches 1808 von Koblenz hieher versetzt wurde; — ferner das von Leopold Wilhelm, kaiserl. Feldherr, der gegen die Türken kämpfte u. 1671 zu Waradin in Ungarn starb. Ein von 2 besiegten Türken getragener Sarkophag, auf welchem der Feldherr wie auf einem Ruhebett ausgestreckt liegt, während seine Gemahlin (Wittwe des Pfalzgrafen Wilhelm von Neuburg, die das Monument errichten liess), gegen den Altar gewendet, auf dem Sarkophag kniet. — Diesem gegenüber das im üppigsten Rococostyl, eine ganze Bogenwand einnehmende, Denkmal des Markgrafen Ludwig († 1707 zu Rastatt), des berühmten Türkenbesiegers, der mit seinem in 26 Feldzügen, 25 Belagerungen u. 13 Schlachten erworbenen Ruhm als Kriegsheld u. Kampfgenosse von Prinz Eugen im Volkslied als Prinz Ludovicus fortlebt. Skulptur von *Pigalle*, in der Mitte der Held, ringsum eine Ueberfülle von Kriegsornamenten. — Steinernes sehenswerthes *Sakramentshäuschen*.

Die Kirche wird im Winter durch das in Röhren hereingeleitete heisse Wasser der Ursprungsquelle erwärmt.

Auf dem Marktplatz, hinter der Stiftskirche, liegt das **Aeltere Dampfbad**, in welchem die frühere Hauptquelle, der Ursprung, mit einer Temperatur von 67° C. zu Tage kommt. Das Gebäude, ungefähr auf derselben Stelle errichtet, wo die alten *römischen Bäder* standen, genügte den gesteigerten Anforderungen nicht mehr. Im Jahr 1867 wurde Oberbaurath Gerwig, Erbauer der Schwarzwaldbahn, mit Quellenbohrungen beauftragt; derselbe erzielte hierbei so bedeutende Resultate, dass der Plan zu einem neuen Dampfbad entworfen werden konnte. Die Baute erhielt den Namen **Friedrichsbad** zu Ehren des Grossherzogs. Der Renaissançe-Prachtbau wurde von Bauinspektor *Dernfeld* ausgeführt. Eröffnung im Dezember 1877. Das Gebäude erhebt sich südl. vom ältern Gebäude u. enthält gemeinschaftl. Dampfbäder und Piscinen, römisch-irische und russische Bäder, Inhalationszimmer und Luftkompressions-

Apparate. Das Ganze kommt den höchsten Anforderungen entgegen u. ist wohl das eleganteste derartige Etablissement in Deutschland. Restaurant. Wintergarten u. Lesekabinet in Aussicht. Gewöhnl. Wannenbäder 1 Mk. —

Griechisch-russische Kapelle auf dem Friesenberg mit weithin glänzender, vergoldeter Kuppel (regelmäss. Vorm. 11 Uhr Gottesdienst), von Fürst Michael Sturdza nach *Leo von Klenze's* Entwurf mit einem Kostenaufwand von 215,000 fl. gebaut, dem Andenken des jungen, in Paris verstorbenen Sohnes des Fürsten geweiht, dessen Leiche in der mit einem grossen Freskogemälde geschmückten Kapellengruft beigesetzt ist (Einweihung 1866). Die mit seidenem Vorhang verhüllten Marmorstatuen der Eltern dürfen erst nach dem Tode der letztern ihrer Hülle entledigt werden. Schöne Fresken von *Hauschild.* — Von hier aus schöne Aussicht in das Oos- u. Rheinthal.

Auf dem alten Kirchhof das Kreuz von *Nikolaus von Leiden* (1462), von bedeutendem Kunstwerth.

Ueber der Stadt, *auf der Höhe,* **Neues Schloss,** *Sommerresidenz des Grossherzogs von Baden,* auf röm. Fundamenten 1479 von Markgraf Jakob I. angelegt, durch allmählig angefügte Anbauten vergrössert, bis es am 24. Aug. 1689 durch die Raubbanden des französischen Anführers Letellier in Flammen gesetzt wurde. Das gegenwärtig restaurirte *Schloss* bot ehedem wenig Sehenswerthes ausser einer Ahnengallerie u. unterirdischen Gängen, welche bald für Römerbäder, bald für die Versammlungsorte der Vehmgerichte ausgegeben wurden. In neuerer Zeit hingegen elegante u. geschmackvolle Einrichtung.

Besuchenswerth unter allen Umständen die **Ruinen des alten Schlosses Hohen-Baden.** *Weg dahin zu Fuss* ¾ *Std.* Beim Schlossgarten, mässig ansteigend, zu einer Wappensäule mit einem gekrönten Greif als Schildhalter. Hier den mittlern Weg wählen nach dem *Eselstall,* wo Thiere zum Reiten bereit stehen (1 Esel 1,50 Mk.). Links hinauf zieht sich der *Fahrweg;* der *Fussweg* wird steiler, bleibt aber meistentheils schattig. Denkstein für *Marquis von Montperny,* der den Fahrweg anlegen liess. Rechts ab führt ein *Pfad* nach Alt-Eberstein, der *unsrige* an einer *Brunnenstube* u. einem mit Stroh bedeckten *Pavillon* vorüber, quer über den *Fahrweg,* dann nach *rechts.* Links zweigt ein *Fussweg* ab nach dem *Aussichtspunkt* Sophienruhe, 490 m. — Nochmals bei einer *Quelle* den *Fahrweg kreuzend,* dann steiler vollends zu den Ruinen.

Die riesigen Mauern des alten Schlosses, 491 m., ragen aus dem Schatten bemooster Tannen, uralter Eichen, Ahorn u. Buchen empor. Bedeutender Umfang der Ruinen, die sich auf dem westlichen Abfall eines Gebirgsastes erheben, welcher die Wasserscheide zwischen Oos u. Murg bildet u. Batter genannt wird, 566 m. Alle Theile der malerischen Burgruine sind durch Treppen u. Gallerien zugänglich gemacht. Auf dem Thurm prachtvolle Fernsicht. Fernrohr. An verschiedenen Orten Aeolsharfen.

Der Ursprung des alten Schlosses ist im 11. od. 10. Jahrh. zu suchen. 20 badische Dynastien hatten auf diesem festen Schlosse ihren Sitz vom Anfang des 13. Jahrh. bis zur Erbauung des Neuen Schlosses (1479). Das *Bild in der Trinkhalle* taucht vor dem Geiste auf, in welchem nach der Legende, einer Markgräfin von Baden auf den Zinnen des Schlosses in einer Wolke die Jungfrau Maria erscheint u. Rettung von der ringsum wüthenden Pest verheisst, wenn sie eines ihrer zarten Kinder der Kirche weihen würde. Die Mutter gelobte es; Baden aber wurde von der Pest dadurch verschont, dass man die heissen Quellen tagelang durch die Gassen der Stadt fliessen liess. Das alte Schloss blieb in wohnlichem Zustand bis 1689, wo die Franzosen es gleichzeitig mit dem Neuen Schlosse zerstörten. Grossherzog Leopold befahl, dass es vor weiterem Verfall geschützt wurde. — In der ehemal. St. Ulrichskapelle, gleich links beim *Eingang zum Schlosshof*, befinden sich die gut eingerichteten Wirthschaftsräumlichkeiten, die stetsfort zahlreich besucht sind. Einige Nebengemächer in *mittelalterl. Styl eingerichtet*. Neuer Speisesaal, elegant u. geräumig, aber nicht billig. (Vergl. von Krieg, Badens beide Schlösser, oder ehemals u. jetzt.)

Von der Schlossruine Hohen-Baden zu den Felsen oder zum **Felsenmeer**, zerrissene und zerbröckelte Porphyrsteinmassen. Felsenbrücke, die interessanteste Gruppe mit schönem *Ausblick* in die Ferne. — Von der Felsenbrücke auf den Broussel'schen Weg, der sehr bequem rechts zum *Alten Schloss* zurückführt, wenn man nicht bis zur *Sattelhöhe* der alten Gernsbacher Landstrasse gehen u. auf dieser letztern nach Baden zurückkehren will.

An einem Felsvorsprung des Broussel-Weges *Dankinschrift* für den *Grafen Broussel*, der diesen schönen, nur zu wenig besuchten Weg anlegen liess. —

Interessant, aber mühsamer der Einsiedlerpfad vom *Broussel-Weg* rechts, in der Richtung nach dem Alten Schloss.

Ausflüge: 1. Ueber Lichtenthal nach (3 Std.) **Schloss Eberstein** (Fahrweg Wagentaxe). Von Baden entweder durch die Lichtenthaler Strasse u. bei der evangelischen Kirche durch die Schillerstrasse u. rechts über die Brücke u. dann in die Lichtenthaler Allee — od. gleich vom Konversationshaus in dieselbe u. hinaus nach

(1/2 Std.) **Lichtenthal**, 186 m., 3501 Ew., Pfarrdorf u. Kloster (*Bären* mit Garten und besuchtem Restaurant; — *Ludwigsbad*, Gasthof mit Fluss- und Stahlbädern, Stahlquelle, beide vor dem Dorf; — *Kreuz* mit Sommerwirthschaft; — *Löwe*, billig, am Dorfende. Gutes Bier in der *Wirthschaft zum Cäcilienberg*, an der *Brücke*, bei der Wegkreuzung nach Geroldsau u. Gernsbach). — L. hiess ehedem *Unter-Beuren*. Als *ruhiger Sommeraufenthalt* gegenüber dem geräuschvollen Baden *empfehlenswerth*. — Vor dem Eingang in den Ort das sehenswerthe **Kloster Lichtenthal**. Auf seiner Heimkehr von Speier soll der heil. Bernhard von Clairvaux den Wunsch geäussert haben, dass hier ein Kloster seines Ordens gegründet werden möchte. Irmengard, Heinrichs des Löwen Enkelin, erfüllte nach 92 Jahren seit Ableben des Kreuzzugs-Predigers, 1243, dessen Wunsch u. gründete das Cisterzienser-Nonnenkloster, das 1248 durch den Bischof Heinrich von Strassburg (von Stahleck) eingeweiht wurde. Eines der reichsten des Landes, wurde in diesem Stift die Ordensregel doch auf das strengste gehandhabt. Den Bedrängnissen der französischen Zerstörungszüge von 1689 entging das Kloster nach der Sage nur durch die Bemühung einer Klostermagd, die sich zu dem feindlichen General begab, den sie als Verwundeten gepflegt hatte. Dieser rieth ihr im Geheimen, den Nonnen zu sagen, sie sollten von Kloster u. Kirche die Ziegel abdecken lassen, damit die Gebäude wie verwüstet aussehen. Das geschah und half. Die Plünderer und Mordbrenner zogen ungesäumt vorbei. — Gegenwärtig befinden sich noch mehrere Schwestern im Kloster, welche der Krankenpflege u. der Kindererziehung obliegen. In der Kirche der *Sarkophag der Stifterin*. Vor den Seitenaltären die reichgeschmückten Gebeine des heil. Benedictus u. des heil. Pius. — In der einzeln stehenden sehenswerthen gothischen **Todtenkapelle** aus dem 13. Jahrh. Grabsteine der Markgrafen von Baden-Durlach u. *Altargemälde* von *Hans Baldung* (Grien, Grün). — In der Nähe Asyl für verwaiste u. verwahrloste Kinder, gegründet von dem, zum Ritter von Ortenberg erhobenen, Millionär gewordenen Schneider Stulz (Georg) von Kippenheim. *Kriegerdenkmal* für 1870/71 (von Prof. Warth entworfen). — Im Ort Unter-Beuren schöne, hochgelegene Kirche, von *Dernfeld* erbaut.

Von Lichtenthal in einer weitern 1/2 Std. nach (1 Std.) Ober-Beuren, langes Dorf. An seinem Ausgang rechts die bekannte *Wirthschaft zum Waldhorn*, deren verstorbener Wirth Wilibald Ihle sein eigenes lachendes (etwas karrikirtes) Bildniss (Relief von Bildhauer Dantan) über der Hausthüre einmauern liess. — Prächtige Nussbäume, saftig grüne Matten, glitzernder Forellenbach — lauschiges Waldthal.

Vorwärts Ober-Beuren, beim Wegw., *Abzweigung* eines schönen *Weges* rechts über Gaisbach (Fischzucht) u. Schmalbach in 3 Std. nach Forbach. — An dieser Stelle Fischkultur-

Anstalt (Fischzucht), 1877 von Badenern eingerichtet. *Restauration* damit verbunden.

Der *Weg* über Schmalbach nach Forbach ist nicht vollständig zu befahren: bei Gaisbach zweigt rechts eine *Fahrstrasse* üb. Steimersacker nach dem Scherrhof ab, wo *fahrbare Strassen* nach Forbach, Badener Höhe, Plättig, Bühler Thal etc. aus gehen. In der Nähe des Scherrhofes, an der Scherrhalde die höchsten (650 m.) Quellfassungen für die neue grossartige, städtische Wasserleitung von Baden mit dem dazu gehörenden Reservoir auf dem Annaberg, das 2 Mill. Liter Wasser fasst.

Auf der *Landstrasse* weiter nach der Häusergruppe Mühlenbach (*Gasthaus zum Schloss Eberstein*). Fusswanderer schneiden hier, geradeausgehend, ein Stück Umweg ab. Strassenwendung. Schöner Rückblick in's Thal. Strassenscheidung: neuer *Fahrweg* nach dem Merkurius, weiter (links) nach Gernsbach, *rechts* nach Schloss Eberstein. Waldpartie. Die Murgthalberge kommen in Sicht. Bei einer Strassenwendung Durchblick auf das (3 Std.) **Schloss Eberstein,** auch Neu-Eberstein genannt, Privatbesitz des Grossherzogs von Baden, in Abwesenheit der grossherzogl. Familie für Jedermann zugänglich. Auf der Terrasse prächtige Blicke in's tief eingesenkte Murgthal, Nr. 46, auf die Ortschaften Oberstroth, Hilpertsau, Weissenbach u. Au. Zur Linken im Walde die Rockertfelsen. Auf einem langgestreckten Bergrücken der Hohloh-Thurm. Schlossthurm u. innere Mauern völlig mit Epheu übersponnen. Im Schlosshof das heraldische Wappenthier der ehem. Besitzer, ein *Eber* (von Verschaffelt verfertigt). Im *Rittersaal* Sammlung wohlerhaltener Rüstungen aus dem 16. u. 17. Jahrh. (darunter ein Panzerhemd mit Agraffe, im maurischen Styl gravirt). Becher und Humpen in Silber und Elfenbein. *Glasgemälde* von schweizerischen Künstlern aus deutschen u. schweizerischen Klöstern, Burgen u. Rathhäusern. Oelgemälde von Gräfle. — Vom Wartthurm entzückende Aussicht. Im *Restaurant* Rothwein, sog. Eberblut.

Vom Schloss ab neue, breite *Fahrstrasse* durch schöne Waldung hinab, an der Kapelle Klingel, Nr. 46, u. dem Pfeifer'schen Kiefernadelbad vorüber nach **Gernsbach,** Nr. 46. —

2. Nach der ($1^1/_2$ Std.) **Ebersteinburg** od. **Alten-Eberstein,** leicht zu verbinden mit dem Besuch des Alten Schlosses Hohen-Baden (s. oben). Weg durch den Wald. Wegw. — Auch dieser Punkt soll röm. Befestigungen gewiesen haben. *Dorf* Ebersteinburg, 428 m. (*Krone*); 30 m. höher, hinter demselben, die malerische *Ruine*. Prächtige Aussicht, hauptsächl. auf den Ausgang des Murgthales gegen Kuppenheim und Gaggenau. Von hier nach Gernsbach 2 Std. Nr. 46. —

Die *Burg* soll röm. Wartthurm u. zur Zeit der Frankenkriege die bedeutendste Veste des Uffgaues u. Sitz der Gaugrafen gewesen sein, die von Einigen für die Ahnen der Ebersteiner gehalten werden. Mit Berthold I. beginnt die urkundl. sichere Reihe der Ebersteiner, über deren Ursprung verschiedene Sagen gehen.

Irmentraut, die Gemahlin des Grafen Isenbart von Altdorf, Zeitgenossen Karls d. Gr., soll 12 Knaben auf einmal geboren u. dieselben einer alten Dienerin zum Ertränken übergeben haben. Der Graf rettete sie u. liess sie heimlich erziehen, führte sie später der Mutter zu und verzieh ihr. Diese 12 Söhne wurden die Stammväter berühmter Dynastengeschlechter und auch desjenigen der Ebersteiner, deren erster Graf Eberhard geheissen haben soll. — Aehnliche Sage wie von der Frau von Bosenstein u. dem Edelfrauengrab, Nr. 47. —

Ansprechender ist die von Uhland behandelte Sage, die eine rheinische Chronik erzählt: „In Speyer im Saale, da hebt sich ein Klingen" etc. — Kaiser Otto I. hatte im lothringischen Krieg Schloss Eberstein vergeblich drei Monate lang belagert. Da griff er zur List, schrieb nach Speyer ein grosses Turnier aus, u. sicherte Jedem, wer es auch sein möge, freies Geleit zu. Da kam auch der Ebersteiner Graf herbei, bauend auf des Kaisers Wort, um eine Lanze zu brechen und tanzte Abends mit des Kaisers Töchterlein. Da flüsterte ihm diese zu: „Graf Eberstein, hüte Dich fein, heute Nacht wird Dein Schlösschen gefährdet sein!" Da sattelte er heimlich sein Ross u. ritt stracks seiner Burg zu, die von des Kaisers Reisigen eben berannt werden sollte, aber von ihm gerettet wurde. Als andern Tags der Kaiser kam, die bezwungene Veste zu finden, da lachte seiner der Graf u. rief ihm zu: „Herr Kaiser, beschleicht Ihr ein andermal Schlösser, thut's noth, Ihr versteht auf's Tanzen Euch besser! Euer Töchterlein, das tanzet so fein, dem soll meine Veste geöffnet sein." Und der Kaiser machte den kühnen Ritter zu seinem Eidam. —

3. Zum ($1^3/_4$ Std.) **Geroldsauer Wasserfall.** Von Baden nach Lichtenthal (s. oben); dort, beim *Gasthof zum Löwen* rechts ab auf guter, am Grobbach entlang ziehender *Strasse* durch das Geroldsauer Thal nach ($1^1/_4$ Std.) Dorf Geroldsau u. $^1/_4$ Std. weiter zum Wasserfall, wo auch *Erfrischungen*, doch theuer.

Beliebte Tour: Zum Geroldsauer Wasserfall; dann auf der *Gebirgsstrasse* (neu) über den Schwanenwasen u. Oberplättig nach dem neuen kleinen Waldwirthshaus *Zum Sand (Kurort für Luftkurgäste)* u. von hier zurück in's Bühler Thal — eine Tagespartie zu Fuss, wenn man früh aufbricht u. von Bühl die *Eisenbahn* zur Rückkehr benutzt

4. Auf den **Merkuriusberg,** 672 m., $1^1/_2$ Std., so geheissen nach einem röm. Merkurbild, das hier oben gefunden wurde. *Fahrweg* auf die Höhe. Der beste *Fussweg* geht über den Annaberg (*Gasthaus* u. schöne Aussicht in's Rheinthal; viele Wegw.). Vom Thurm (136 Stufen) umfassende Rundsicht. Eigentlicher Name des Berges Staufenberg. *Wirthschaft* (von Mitte April bis Ende Oktober).

5. Zur (2 Std.) **Ruine Yburg** führen *mehrere Wege:* Ueber den Beutig am Untern u. Obern Selighof vorüber, auf neu angelegter *Strasse,* die um den Klopfergraben herum führt, über den Sauersberg, wo auf halbem Wege der neue, interessante *Fussweg* rechts auf den Korbmattfelsen abzweigt. — Ferner von Gunzenbach u. von Lichtenthal aus. Ueberall Wegw.

Bis zum *Burgthor* kann man fahren. *Wirthschaft* oben theuer und mittelmässig. Die Ruine, auf einem Porphyrfelsen erbaut, 530 m., mit gut erhaltenen Ringmauern, Thor u. Thurm, gewährt schöne Aussicht. Sage von einem hier verborgenen goldenen Kegelspiel. Im nahen Klopfengraben soll ein muthwilliger Kobold hausen.

6. Zur **Wolfsschlucht** und Waldkapelle bei Selbach. *Strasse*, wie nach Gernsbach, auf der Höhe aber dem Wegw. links folgend.

7. Nach (4 Std.) **Herrenwies**, Nr. 46, u. **Mummelsee** (Sagenbild in der Trinkhalle zu Baden), jenes eine Niederlassung im Walde auf einsamer Höhe. Herrlicher *Weg* durch Waldespracht. Von Baden nach Lichtenthal, dann am Geroldsauer Wasserfall (s. oben) vorüber. ½ Std. von Herrenwies die Badener Höhe (1005 m.), zu welcher die Stadt Baden eine gute *fahrbare Strasse* angelegt hat. *Schutzhütte* u. *Stallung*. — Von Herrenwies nach dem Mummelsee, Nr. 46.

Von Herrenwies, ebenfalls durch Waldung, am **Wiedenfels** vorüber, mit prächtiger Aussicht in das Rheinthal, durch das weingesegnete Bühler Thal in 3½ Std. nach Bühl, Nr. 28, S. 163. — Von Herrenwies, auch in 2½ Std., auf schönem Weg über Rauhmünzach (gute *Fahrstrasse*) nach Forbach, Nr. 46, im Murgthal u. von Forbach zurück nach Gernsbach u. Baden.

8. Nach der (2¼ Std.) **St. Elisabethen-Quelle** bei Rothenfels (Nr. 46) an der Bahn Rastatt-Gernsbach, Nr. 46. — Schöner, schattiger, im Sommer viel begangener Weg (Wegw. genügend) über Oosscheuern und über Kellners Bild. Im Hemmerle'schen Badehaus, Nr. 46, Mittagessen u. Rückkehr auf der *Eisenbahn* über Rothenfels, Rastatt u. Oos.

Nr. 46. Von Baden oder Rastatt nach Freudenstadt.

Das Thal der untern Murg.

Poststrasse, 54 Kil., von Baden bis Freudenstadt. Von Baden nach Gernsbach indessen keine *direkte* Postverbindung, daher entweder mit eigenem *Miethwagen* od. *zu Fuss* dahin — od. mit *Eisenbahn* von Baden nach Oos, S. 162, wo *Wagenwechsel* u. *Eisenbahn* nach *Rastatt*, S. 150 u. 162, wieder *Wagenwechsel* u. mit Zweigbahn *Rastatt-Gernsbach*, 15 Kil. (4 mal in 35 Min.), nach Gernsbach. Von hier an mit **Post** od. *zu Fuss*.

Post, 44 Kil., von **Gernsbach** nach (23 Kil.) Schönmünzach, tägl. 2 mal in 3¾—4 Std. — Weiter von Schönmünzach (jedoch *ohne direkten Anschluss*) nach (21 Kil.) Freudenstadt, tägl. 2 mal in 3½ Std. — Für Fussgänger ist **Post** bis Weissenbach zu empfehlen. Von da an aber bis Schönmünzach unbedingt *Fusstour*. Dann wieder Fahrgelegenheit zu benutzen, da die Gegend wieder einförmiger wird.

Von Baden nach (12 Kil.) **Gernsbach** direkt auf der *Strasse* über Lichtenthal, an der Fischkultur-Anstalt, Müllenbach u. Schloss Eberstein vorüber. *Nächste Strasse* vom Gabelpunkt der *Landstrasse* vorwärts Müllenbach, *links* statt rechts, wobei Ebersteinschloss zur Rechten liegen bleibt.

Von **Rastatt**, S. 150 u. 162, auf der Zweigbahn ab, zur Seite rechts Schlösschen Favorite, S. 162. Bei (4 Kil.) Kuppenheim, 129 m. (*Ochs*), Städtchen, früherer Hauptort des Uffgaues mit neuer *Murgbrücke*, Eintritt in's **Murgthal**. Links Bischweier (Treffen 29. Juni 1849). Rechts auf der Höhe Oberndorf.

Die Murg entspringt aus 3 Quellen: Weissmurg, 945 m., Rothmurg, 889 m. u. Forbach, der letztere bei Baiersbronn einmündend, von wo an das Thal abwärts erst den Namen Murgthal führt. *Länge* des Thales vom Ursprung des Forbaches am Kniebis, 864 m., bis Kuppenheim 8$^1/_4$ geograph. Meilen (bis zur Einmündung der Murg in den Rhein etwa 10 geogr. Meilen *Lauflänge*). Dieses Thal ist eines der ausgedehntesten des Schwarzwaldes u. nebst dem Oosthale eines der von Fremden am meisten besuchtesten. Der Charakter desselben ist sehr mannigfaltig u. geht vom anmuthig Heitern u. Lieblichen in das Wildgrossartige u. Schauerliche und vom einfach Malerischen in's Grosse u. Bedeutungsvolle über. Granit, Gneis, Buntsandstein u. Conglomerate wechseln. Zwischen Raumünzach u. Schönmünzach bedeutende Felsenstürze, ebenso bei Kirschbaumwasen; zwischen Gernsbach u. Forbach bauen sich die Granitfelsen am mächtigsten auf. Das Thal ist eines der schönsten in Deutschland u. seine Bewohner sind fleissig u. betriebsam (Holzhandel u. Flösserei). *Beschreibungen* von Kettner u. Jägerschmied. — Emminghaus: Die Murgschifferschaft in der Grafschaft Eberstein.

(8 Kil.) Stat. **Rothenfels**, 140 m. (*Zum Ochsen*), mit etwa 1500 Ew. Hier Einmündung der *Poststrasse* von Muggensturm.

Vor der Murgbrücke *rechts* Abzweigung eines *Fahrweges* nach der **Elisabethen-Quelle**, Chlornatrium-Säuerling, 20° C., 1839 bei Bohrversuchen nach Steinkohlen entdeckt, mit gutem Gasthaus „*Zum Badhaus*" (Hemmerle) u. schönen Spaziergängen, viel besucht von den Kurgästen in Baden. Weg S. 360. In der Nähe, am Fuss des Schanzenbergs ein ehem. Markgräfl. Schlösschen mit Musterwirthschaft, Besitz des Fürsten von Lippe-Detmold.

(10 Kil.) Stat. u. auf beiden Ufern der Murg Dorf **Gaggenau**, 143 m. (*Rose; Hecht*), mit Eisengiesserei, Maschinenwerkstätte u. Hohlglashütte. Etwas weiter thalauf, auf einer Granitfelswand, der Hilpert genannt, Landsitz Amalienberg, eine Schöpfung des Oekonomieraths *Rindeschwender*, jetzt Besitzthum des Freiherrn von Magnus.

Anton Rindenschwender, zuerst Holzhauer, später Faktor eines Holzhändlers, schwang sich durch Verstand, Fleiss u. Ausdauer zum reichen Mann empor, der sein Geld in gemeinnützigen Unternehmungen anlegte. Grossherzog Karl Friedrich setzte ihm ein *Denkmal* rechts an der Strasse (Obelisk mit Inschrift).

Die Strasse zieht sich über Ottenau, jenseits diesem Orte in Felsen gesprengt. Die Berge rücken nämlich an die Strasse heran. Ein durch den hier durchgeführten Eisenbahnbau versetztes Denkmal in der Nähe der *Bahnstation* Hördten berichtet:

Ex rupe fracta haec via facta.

und darunter

Aetate peracta haec ferrea tracta.

(Diesen Felsen sprengte man und legte einen Fahrweg an.
Später ging man wieder d'ran und baute eine Eisenbahn.)

Bei (12 Kil.) Hördten Blick auf Gernsbach u. das auf seiner waldigen Kuppe hoch darüber auslugende Schloss Eberstein, sowie auf die Gebirge des Murgthales zusehends schöner. An grossen Holzlagern u. Sägemühlen vorüber nach

(15 Kil.) Stat. **Gernsbach**, 201 m., 2527 Ew., terrassenförmig gebautes ehemal. Amtsstädtchen im Murgthale.

Gasthöfe: *Stern* bei der Brücke. — *Krone*, mit Kegelbahn (Abfahrt der Post nach Schönmünzach). — *Traube*. — *Löwe* (von wo die Post nach Herrenalb fährt). — *Wilder Mann*, mit Sommerwirthschaft. — Ausserhalb des Städtchens das Kiefernadelbad von *Pfeiffer*, mit Gartenanlagen, Flussbädern, Douchen u. Inhalationslokalen, Raum für 100 Personen. Ausstattung gleich einem Hotel I. Ranges (feine Küche).

Privatwohnungen u. *möblirte Zimmer* zu mässigen Preisen. — *Mittagstisch* in den *Gasthöfen* zu 1,50 Mk., 2 Mk. u. höher, recht gut.

Eisenbahn: nach Rastatt, tägl. 4 mal in 35 Min., 15 Kil.

Post: nach (23 Kil.) Schönmünzach, tägl. 2 mal in $3^{3}/_{4}$—4 Std. — nach (12 Kil.) Herrenalb, in $1^{3}/_{4}$ Std., tägl. 1 mal.

Wagen: Ein- u. Zweispänner für *alle Touren*. $^{1}/_{2}$ Tag nach Baden; Zweispänner 12—15 Mk., nach Schönmünzach 16 Mk.

Das freundlich gelegene, einladende alte Städtchen wird als bequemes u. billiges *Standquartier für Ausflüge* in den ganzen nördlichen u. auch in den südlichen Schwarzwald viel besucht. Hübscher Standpunkt auf der Brücke bei der *Post*. *Rathhaus* von 1617, im Renaissançestyl von einem Holzhändler *Kast* erbaut, der nach Strassburg auswanderte. In der protestantischen Kirche Grabdenkmäler des Grafen Wilhelm IV. von Eberstein und seiner Gemahlin. Schönes Tabernakel. — Von der katholischen Kirche u. dem Pfarrhof schöne Aussicht. Neue eiserne Brücke über die Murg. — Farbwaarenfabrik. Tapetenfabrik von Seifarth (welche die grossen Landkarten in den Bahnhöfen fertigt). Haupterwerb der Stadt *Holzhandel*, betrieben durch die Murgschifferschaft, die aus ihren eigenen Waldungen jährl. für ca. 2 Mill. Holz ausführt. — Forellenfischerei.

Urkundl. zuerst 1569 erwähnt, bestand schon im 13. Jahrh. das Gewerbe der *Flösser*. Gegenwärtig ist der Holztransport durch Flössen in den Gewässern im Abnehmen, da die Eisenbahn ein bequemeres u. sicheres Verkehrsmittel für alle möglichen Hölzer geworden ist. Die reiche Gesellschaft der Murgflösser besitzt ein Waldareal von etwa 18,000 bad. Morgen mit guten Wegverbindungen. Die Murg ist von Weissenbach bis in den Rhein flössbar gemacht u. eine Menge von Sägemühlen schneidet die Sägklötze zu allen möglichen Schnittwaaren. Kyanisirung von Eisenbahnschwellen.

In Gernsbach lebte Historiker Posselt als Amtmann. *Spazierwege* mit Wegw. u. Ruheplätzen. *Aussichtspunkte:* Hustein, über dem Grafensprung, 1/2 Std., von wo auch Weg nach Schloss Eberstein; Fechtenbuckel, hinter Scheuern, 3/4 Std.; über die Rockertfelsen nach Reichenthal, 3 Std. — Vom Pfeiffer'schen Kiefernadelbad aus direkt in Wald, hübsche Wege u. darin stundenlange, prächtige Schattengänge.

In Folge der bessern Weganlagen hat die sog. Wildflösserei, die im Frühling stattfand, wo die Schleussen der grossen Weiher gezogen wurden, welche mit ihren Wassermassen die Hölzer fortreissen, meist aufgehört. Sie lockte namentl. nach Rauhmünzach viele Zuschauer aus allen Orten der Umgegend herbei.

Aussichtspavillon beim Orte aufwärts.

Ausflüge: Nach Schloss Eberstein, Nr. 45, S. 358, 1/2 Std. — Zum Grafensprung, 1/4 Std. — Durch das Murgthal hinauf nach Forbach, 3 Std. — Nach Dorf Staufenberg, 3/4 Std. — Merkurius, 2 Std. — Baden-Baden, 2 1/4 Std. — Nach **Wildbad**, erste Strassenrichtung: Ansteigend 1 Std. Loffenau; 1 1/4 Std. Herrenalb (*Poststation*); 1 Std. Neusalz; 2 Std. bis zur (links) *Strassenabzweigung* nach Pforzheim; 1/2 Std. Neuenbürg (*Eisenbahnstation*); 3 Std. Wildbad. In Summa 9 1/2 Std. — *Näherer Weg* von Herrenalb über Dobel und Eyachmühle nach Wildbad. — Nach **Wildbad**, zweite Strassenrichtung: über Reichenbach, Jagdschloss Kaltenbronn, 7 Std., Wagen dahin 20—25 Mk.

a. Abstecher in's Thal der untern Alb.

Ein Ausflug von Gernsbach (u. auch von Baden-Baden über Gernsbach) nach Herrenalb ist empfehlenswerth. (Von Baden in 1 Tag möglich, doch angenehmer u. genussvoller, wenn in *Herrenalb* übernachtet wird.) Rückweg über Frauenalb und Ettlingen u. per Eisenbahn.

Ueber die Murgbrücke in Gernsbach. Der Weg zieht sich allmählig in die Höhe mit schönen Rücklicken. Nach 1 Std. *würtemberg. Grenze* beim Krummeneck, 353 m., und gleich darauf **Loffenau** (*Adler; Stern; Sonne; Löwe*), mit 1200 Ew., in freundl. Lage mit Obst- u. Weinbau. In dem langgestreckten Orte bildet der Laufbach einen *Wasserfall* (daher Name Loff, Lauff). Neue, von Baurath Gaab im germ. Styl erb. Kirche.

Von hier zur **Teufelsmühle**, 909 m., mit überraschender Aussicht in Murgthal, Rheinthal, auf die Vogesen, Odenwald u. einen Theil des würtemberg. Unterlandes. Schmaler, kahler Gebirgsgrat mit regellos herum liegenden Sandsteintrümmern (*Teufelsbett; auf diesen Stein soll der Teufel von der Engelskanzel* in Baden hinweg geworfen worden sein). Jenseits des Loffenauer Thales der Heukopf, 702 m., ebenfalls Aussichtspunkt. Das Grosse Loch, 1/2 Std. von L. mit Sage von den 3 hülfreichen Bergweibchen.

Vorwärts Loffenau geht die *Kunstsrasse* in Windungen auf die Höhe. *Fusswege* kürzen. Beim Käppele, *Scheide* des Alb- u. Murgthales, köstliche Aussicht. Senkung der Strasse u. in 1 1/4 Std. von Loffenau erreicht man

Herrenalb, 330 m., nahe an 1000 Ew. (*Sonne; Ochs* [Post] mit Brauerei; *Waldhorn; Stern*), Pfarrdorf, ehem. Klosteroberamt, später Sitz eines Kameralamtes, das aber aufgehoben ist. Ueberreste des in der Mitte des 12. Jahrh. von Berthold von Eberstein gestifteten, reichen Cisterzienserklosters Herrenalb. Interess. Kirche mit einer theilweise in Zerfall gerathenen Vorhalle (Paradies) in roman. Styl (neuestens restaurirt). *Grabmäler* (das des Markgrafen Bernhard I. von Baden, † 1431, in gothischem Styl; das eines Bischofs von Speyer). An Privatgebäuden alte Bildwerke.

Romantische Lage von Herrenalb, 4 1/2 Std. von Neuenbürg, 3 Std. von Wildbad, 4 Std. von Ettlingen, 3 3/4 Std. von Schloss Eberstein etc., mit der bekannten würtembergischen Wasserheilanstalt von Dr. Tillmann mit vorzügl. Einrichtung, Gartenanlagen etc. Die *Kuranstalt* Falkenstein zugleich *Gasthof*. — Forellenzucht u. Fischfang. Post u. Telegraph.

Post nach (12 Kil.) Gernsbach, tägl. vom 1. Juni bis 15. Sept. 1 mal in 1 3/4 Std. — nach (23 Kil.) Neuenbürg über (8 Kil.) Marxzell, tägl. 1 mal in 3 1/4 Std. (vom 1. Juni bis 15. Sept.; u. vom 16. Sept. bis 14. Okt. sowie im Mai in verändertem Fahrplan). — nach (22 Kil.) Ettlingen über (8 Kil.) Marxzell, tägl. 1 mal in 2 Std. 35 Min. (vom 1. Juni bis 15. Sept. 2 mal).

In den ältesten Urkunden Monasterium in Alba, spater Alba dominorum genannt, war dieses Stift sehr begütert. Ausser der Familie des Stifters sind als Wohlthäter genannt: Die Markgrafen von Baden, die Grafen von Vahingen, die Edlen von Straubenhardt, von Schmalenstein, von Rosswag, von Rennhingen, von Gertringen. Im 15. Jahrh. musste es Güter veräussern, da der Verfall schon begonnen hatte. Erster Abt 1177. In den Reformationswirren hatte es nur von 1555 bis 1630 u. 1633 bis 1634 wirkl. Aebte. Im 30jähr. Kriege vollends herabgekommen, wurde die Abtswohnung nicht mehr hergestellt u. nur designirte Aebte, die zugleich in andern Aemtern standen, nach Herrenalb geschickt. Der letzte seit 1792 war E. U. Keller, Stiftsprediger in Stuttgart († 1812). Vergl. Beschreibung d. Oberamts Neuenbürg v. königl. stat.-topogr. Bureau, Stuttg. 1860. Krieg: Geschichte d. Grafen v. Eberstein; Mone's Zeitschr. etc.

Spaziergänge u. Ausflüge: zum Falkenstein, Felsengruppe (Rothliegendes) am Fusse des linken Thalgehänges, 20 Min. *Burgfelsen, Pavillon* mit hübscher Aussicht. — nach dem Gaisthal 20—30 Min. — zur Klause, mit hübschen *Kaskaden* der Alb im waldgeschmückten Thal.

— nach der Rothensohler Steige. — nach dem Käppele (alte u. neue Strasse) gegen Loffenau. — zum Rothen Rain im Gaisthal. —

Ausflüge nach Frauenalb 1 Std. u. Marxzell 1 3/4 Std., im Albthal. — über Kullenmühle nach Bernbach 1 Std. — nach Moosbrunn 1 1/2 Std. u. Freiolsheim 1 3/4 Std. mit schönen Aussichten. Das Kirchdorf Bernbach liegt nahe an der bad. Grenze am *Nordfuss des eigentl. Schwarzwaldes*, der hier mit dem hoch u. stattlich aufgesetzten Mauzenstein, 795 m. ausgeht. *Prachtvolles Panorama* auf dem Mauzenstein. — Interessante Wanderung nach der *Eisenbahnstation* Malsch. — Oestl. nach dem freundl. Dorfe Dobel *(Sonne)* 1 1/2 Std., mit schönen Aussichten beim Signal, 723 m. u. am Lerchenkopf. — Südl. zur Teufelsmühle, 2 1/2 Std. — auf den Hohlohberg, 991 m., an den Hohlohsee u. zum Jagdhaus Kaltenbronn, 3 1/2 Std. Der Hohloh- od. sog. Wildsee, 991 m., 5 1/2 m. tief, bildet das *Quellbecken* der Eyach. Umgebung melancholisch. Sage von einem Spielmann auf dem Seegrunde. — nach dem Heukopf auf der Scheide des Murg- u. Albthales. — In westl. Richtung auf den aussichtsreichen Bernstein.

Die *Landstrasse* geht im anmuthigen Thale der Alb abwärts nach (1 Std.) Frauenalb. Eben dahin schattiger, angenehmer Weg am Weiler Kullenmühle vorüber (über die Felsen des Falkenstein), in 1 1/4 Std.

Frauenalb, 313 m., nebst *Wirthshaus*, die Ruinen der ehem. Klosterkirche (später Fabrik), wieder badisches Gebiet.

Das einstige Frauenkloster soll seinen Ursprung 1138 einer Geistererscheinung des Grafen Berthold von Eberstein verdanken. Durch Vergabungen u. Käufe kam es zu grossem Besitz, wurde aber 1403 durch badische Kriegsleute eingeäschert in Folge Streitigkeiten über die Schirmvogtei. Ein neuer Bau ging 1507 wieder in Flammen auf, wurde aber wieder hergestellt. 1597 wurde die Aebtissin Paula von Weitershausen wegen anstössigem Lebenswandel gefänglich eingezogen u. das Kloster endlich Anfangs dieses Jahrh. (Friede von Lüneville) aufgehoben. Eine später hier eingerichtete Tuchfabrik wurde durch Brand zerstört.

In 3/4 stünd. Wanderung thalab nach Marxzell, Mühle und *Wirthschaft* in schöner Lage, weshalb viel besucht. Wallfahrtskapelle.

Von hier bis Ettlingen bietet das Albthal wenig landschaftl. Schönheiten mehr, daher rathsam, diese weniger interess. Strecke zu fahren. Vielfach gewundener Lauf der Alb durch ein Wiesenthal, von unbedeutenden Höhen eingefasst. Die einförmige Gegend wird erst wieder lebendiger in der Nähe von Ettlingen.

Die Alb entspringt am steilen Nordabhang des Langmartskopfes, unweit von der würtemberg.-bad. Grenze u. mündet nach einem Laufe von 11 Std. bei Knielingen in den Rhein. Das Albthal hat nur in seinem obern Theil bis Marxzell einen landschaftl. malerischen u. romantischen Charakter. Daher die Strecke von Marxzell bis Ettlingen 3 Std. Post od. Wagen nehmen.

Von Gernsbach das Murgthal aufwärts. Schöne Partie. Am *Pfeiffer'schen Badhotel* vorüber zur rechts (2 Kil.) Kapelle Klingel od. Finsterklingel, auf Anordnung des † Grossherzogs Leopold 1852—53 durch *Bernhard Belzer*, in gothischem Styl neu gebaut.

Sage: In grauer Vorzeit lebte hier ein Einsiedler. In stürmischer Nacht hörte er Wehklagen vor seiner Thür. Er öffnete u. erblickte eine reizende Jungfrau, welche um Obdach bat. Ihr Gewand war aber so dünn gewoben, dass ihre Körperschönheiten kaum verhüllt erschienen. Bezaubert von der verführerischen Gestalt ladet sie der Eremit ein, in die Hütte einzutreten. Da verlangte sie aber vorerst Beseitigung des Kreuzes vor der Thüre. Hierdurch erschreckt, fängt der Einsiedler an zu beten. Im gleichen Augenblick ertönt ein silberhell klingendes Glöcklein u. die Erscheinung des reizenden Weibes ist verschwunden. Der Klausner baute aus Dankbarkeit für die Rettung aus der mächtigen Anfechtung des Teufels eine Kapelle u. nannte sie „die Klingel", weil das unsichtbare Glöcklein die Erscheinung des Versuchers verscheut hatte.

Zur Rechten, bei der Kapelle, Abzweigung der nach Schloss Eberstein führenden *alten Strasse* nebst kürzendem *Fussweg*. Weiter im Thal aufwärts, vorüber an der *Felswand* (rechts) des Grafensprungs (Freske in der Trinkhalle zu Baden; Graf Wolf von Eberstein soll von dieser Felswand mit dem Rosse in die Murg hinabgesetzt sein, um sich von den verfolgenden Würtembergern zu befreien). — (3 Kil.) Dorf Oberstroth (*Blume*), wo ein *Fusspfad* von Schloss Eberstein herabkommt (hinauf ½ Std.). — Gleich darauf (40 Min.) Hilpertsau (*Zum Ochsen*), wo die *Landstrasse* auf eiserner *Brücke* die braundurchsichtige Murg, überschreitet, die hier schon echten Gebirgscharackter angenommen hat. Ueberall Sägmühlen u. geflösstes Holz. Die Gegend wird zusehends schöner u. malerischer. Granitblöcke u. Felsenmassen aus diesem Gestein, engen das Bett des Flusses ein. Wiesengrün u. Rebenpflanzungen verschwinden allmählig. Das Thalwasser schlägt sich brausend u. schäumend in zahllosen Krümmungen u. Wirbeln dahin, bald dicht zu Füssen des Wanderers, bald tiefer ab. Seine röthlich braune Färbung hat es vom Eisenoxyd, hauptsächl. aus der Schönmünzach u. Rauhmünzach, wo in der Nähe von Ebersbronn Rotheisenstein in Nestern vorkommt. An den Abhängen, wo Buchen, Fichten u. Tannen mit Mooshalden u. Granitfelsblöcken wechseln, erscheinen die Lichtungen mit Gehöften u. unzähligen Heustadeln besetzt, die an die Alpenthäler in der Schweiz u. Tyrol erinnern. Riesige Granitblöcke im Flussbette, an der Strasse, an den Abhängen u. im Walde weisen auf Felsstürze u. Erderschütterungen von gewaltigem Umfang hin.

Erst oberhalb Schönmünzach, zwischen Schwarzenbach u. Hutzenbach, auf würtemberg. Gebiet, wo das Gebirge in Gneis übergeht, erweitert sich das Thal u. zeigt Wiesengelände u. mildere Gestaltung. Die Gehänge verlieren ihre schroffe Absenkung, der eigenthümliche Charakter des Murgthales verschwindet u. geht über in den allgemeinern der höhern Schwarzwaldthalschaften.

Franz Mallebrein hat die vielen Sagen des Murgthales gesammelt in „Sagen u. Geschichten aus dem Murgthale." Die Sagen von der Klingel, vom Kirchenteich, von d. Teufelsmühle, vom Rockertweiblein (Rockertfelsen, bekannt durch J. V. von Scheffels Dichtungen), Kiesel von Raumünzach, Schulmeisterfelsen, von der Freijagd auf d. Kaltenbronnen etc. Al. Schreiber, E. Brauer u. neuerdings Ruppert beschäftigten sich auch mit diesem Sagenkreis. Die Zimmern'sche Chronik, herausgeg. von *Dr. Barack*, enthält auch reiche Schätze an

Sagen. Die Sagen vom Grafensprung, von der Ebersteiner Rose, vom Koch zum Eberstein, vom Bergmännlein im Gernsberg, Hochzeit auf Schloss Eberstein (1544) sind mehrfach in Gedichten (von Mallebrein) besungen.

Links Abzweigung der *Fahrstrasse* nach (1 Std.) Reichenthal, 405 m. (*Auerhahn*), in schöner Lage, 2 Std. von Gernsbach. Von hier, am Hohlohberg vorüber, nach (1$^{3}/_{4}$ Std.) dem Forsthaus Kaltenbronn, sodann in's (1$^{1}/_{4}$ Std.) **Enzthal** u. in letzterm links weiter thalab in 2$^{3}/_{4}$—3 Std. nach **Wildbad**, sehr *gute Strasse*. Auf dem Hohlohberg, 991 m. (Aussichtsthurm), schöne Aussicht in's Murg- u. Oosthal. — Von Kaltenbronn (Auerhahnjagd), romant. *Weg* durch schattigen hohen Wald über Teufelsmühle nach Herrenalb, S. 364, würtemberg. Kaltwasseranstalt im Albthal. — Von Kaltenbronn ebenfalls lohnender *Weg* über den Latschingfelsen nach Gausbach u. Forbach (1$^{1}/_{4}$ Std. bis zum Latschingfelsen, 810 m., mit entzückender Aussicht [Schutzhaus] u. bis Gausbach weitere $^{3}/_{4}$—1 Std).

(5 Kil.) **Weissenbach**, 194 m. (*Zum grünen Baum; Hirsch*) mit nahezu 800 Ew. und neuer, aus rothem Sandstein in gothischem Styl erbauter Kirche (an der Thurmspitze durchbrochene Steinmetzarbeit). Rückblick auf d. fern herblickende Burg *Eberstein*. Bei der Friedhofkapelle (rechts oben), auf der Spitze eines in die Murg vorspringenden Rebhügels, schöne Aussicht. — Von hier an Steigerung des malerischen Reichthums der Gegend bei jeder Wendung der Strasse um einen Felsvorsprung. *Strassentunnel*. Die Chaussee ist durch Sprengung dem massiven Granitfelsen abgewonnen. Jenseits der Murg, wie auf einem Bergkegel, Dörfchen Au, über dem linken Ufer. Von da interess. *Fussweg* bis zur Bermersbacher Brücke, wo er die *Fahrstrasse* nach Bermersbach kreuzt u. dann, auf kürzerer Strecke, aber mühsamer nach Forbach führt. — Wer aber die herrlichen Partien des Murgthales voll geniessen will, möge auf der *Landstrasse* bleiben. Immer neue, entzückende Bilder. wechselnde Scenen, im Effekte wachsend u. immer grossartiger zur Erscheinung gelangend. Namentlich rechts über der Murg nähert sich der Charakter des Thales alpinem Gepräge. Man hört aus der Thaltiefe das Tosen des Flusses, aber ohne ihn zu sehen u. gelangt, einen Felsriegel des Thales um den andern u. einen Vorsprung um den andern bewältigend, weiter. Eine Tafel bezeichnet die Stelle der Strasse, von welcher aus schöner Rückblick auf Schloss Eberstein.

(8 Kil.) **Langenbrand**, 266 m. (*Ochs*), am rechten Murgufer in Obstwaldung ganz versteckt, reizend gelegen. Imposante, staunenerregende Niederblicke rechts in's Flussbett

hinab, namentl. auf die steinerne *Brücke* in der Tiefe, die den Weg zum hoch gegenüber, in Bäumen versteckten, Bermersbach vermittelt. Ueppige Vegetation, Kastanien- und Nussbaumgruppen, die an südl. Alpenthäler erinnern. Die rauschende Wasserströmung in der Tiefe wird durch Felsvorsprünge zu beiden Seiten unaufhörlich hin u. wieder geworfen u. zu schäumendem Durchdrang gezwungen.

(11 Kil.) Gausbach (*Waldhorn*, gut, hübsche Aussicht vom Gastzimmer). Nun auf neuer, eiserner Bogenbrücke von 31 m. Spannung u. 20 m. Höhe über die Murg. Schöne Aussicht von der *Brücke.*

(12 Kil.) **Forbach,** 330 m., etwa 1400 Ew., Dorf mit schöner Kirche, hochgelegen, (Altarblatt u. andere Gemälde) u. prächtig amphitheatralisch an den Thalwänden emporsteigenden Gärten u. Matten. Lebhafter Verkehr.

Gasthäuser: *Grüner Hof; — Hirsch*, mit Gärtchen u. Weinlaube vor dem Haus; — *Löwen*, alle drei ländlich. — Weiter oben im Dorf *Krone* u. *Adler* (vereinigt; gut u. billig); *Stern*. — **Post** nach Schönmünzach. Telegraph. Fuhrwerk in der *Krone*.

Dieser Punkt ist gewöhnlich das Endziel der *Murgthal-Ausflüge* von Baden aus, wohin dann der *Rückweg* über Bermersbach, 415 m. *(Blume)*, (3/4 Std. von Forbach), sodann über Schmalbach, Gaisbach u. Lichtenthal genommen wird. Von Forbach nach Baden-Baden 4 Std. Weges, meist durch herrliche Waldungen. Wegw. fehlen nicht. — Indessen fahren nun auch viele bis Schönmünzach, seitdem dorthin gute Strasse erstellt ist. *Tagespartie* (wenn man früh aufbricht) von Baden-Baden nach Schönmünzach u. zurück *zu Wagen.*

Fussweg von **Forbach** nach **Baden** 4 Std. Vom Dorfe ab in 1/2 Std. ansteigend nach Bermersbach. Immer steigen, Wgw. — Von der *Höhe* wiederholt Ausblick ins Murgthal. Hinab in's Thal des Kaubaches, meist Waldweg. (1 1/2 Std.) Schmalbach. — (1/4 Std.) Gaisbach. — (1/2 Std.) Ober-Beuren u. auf der *Landstrasse* nach Lichtenthal (3/4 Std.) u. Baden, zusammen etwa 4 Std. — Dieser Fussweg ist einer der schönsten Wege in der Umgebung von Baden-Baden. Doch empfehlenswerther, ihn von *Baden* aus, statt von *Forbach* aus zu begehen. Rathsam, bis zur Fischkultur-Anstalt zu fahren.

Ausflug nach Herrenwies *(Wirthschaft zum Auerhahn)*, 755 m., berühmte Auerhahnjagd, 3 Std., einsamer Weg durch Waldung. Führer rathsam.

Hinter Forbach fängt der eigentl. Schwarzwald-Charakter des Murgthales an, zur Erscheinung zu kommen. Steigung der Strasse in mehreren Kurven. (14 Kil.) Holdereck; schöner Rückblick durch's Thal auf Forbach. Zur Linken zieht sich das stille Sasbachthal in die Höhe, dessen Thalgehänge mit Hütten u. Heustadeln, wie in den

Alpen besäet sind. Von hier an neue grossartige Waldscenerien, von einer Wucht der Darstellung, wie sie der Harz u. Thüringen nicht besitzen. (18 Kil.) Brücke über die Raumünzach, die sich mit dem von Herrenwies niederströmenden Schwarzbach vereinigt hat.

Hier ist der Ort, wo früher das aufregende Schauspiel der **Holzschwallungen** oder Holzschwellungen stattfand. Um die in den abgelegensten Waldschluchten gefällten u. behauenen Bäume u. Blöcke ohne grossen Kostenaufwand ins Flachland hinabschaffen zu können, wurden die Waldbäche in grossen Behältern aufgestaut oder „geschwellt". Die Hölzer wurden unterhalb dieser Weiher in die Rinnsale der Bäche geworfen u. dann an einem u. demselben Tage u. zu bestimmter Zeit die Schleussen der Schwallungsteiche gezogen. Das losgelassene Element entstürzte den Sammlern u. riss in seiner unwiderstehlichen Sturzkraft alles mit in die Tiefe, was in dem Bachbette aufgelagert war. — In neuester Zeit hat diese Art von Wassertransport fast überall aufgehört, da bei den steigenden Preisen des Holzes an vielen Orten gute Waldwege angelegt worden sind, auf welchen das Holz ohne Schädigung zu Thal geschafft werden kann. — Bei der Wanderung zur Hornisgrinde hinauf (s. unt.), begegnet man unterwegs einem solchen Wassersammler od. Schwallungsteich. Die in den Wirthschaften ab u. zu in einer Ecke der Stubendecke aufgehängten Reife aus geflochtenen Weidenruthen weisen darauf hin, dass in diesen Häusern die Herbergen der Flösser sind.

Nach wenigen Min. im herrlichen Waldthal aufwärts Raumünzach, 398 m. (*Wirthschft.*), nur aus einigen Häusern nebst Schule und *Wirthshaus* bestehend. Die Schulkinder kommen hoch aus den Halden u. Wäldern herab, wo ihre Eltern als Holzarbeiter zerstreut wohnen. — Die Gegend nimmt einen ernst grossartigen Charakter an. Es fehlen nur die Schneehäupter der Alpen, die über den Thalrand hereinblicken müssten, um sich in der Schweiz od. in Tyrol zu wähnen. Endlich ist die Schluchtstrecke des Murgthales zu Ende; bei (20 Kil.) Kirschbaumwasen (3/4 Std. von Raumünzach) heiter geöffnete, helle Thalweitung u. Obstbaumpflanzungen, wo der Blick fröhlich ausruht. Badisch-würtemberg. Grenze. Von Schönmünzach bis Reichenbach folgt das *Gneisgebiet.* Vorher aber noch einmal riesige Bergtrümmer aus Granitgestein.

(23 Kil.) **Schönmünzach,** 456 m. (*Waldhorn; Schiff; Post* od. *Glaserwirthshaus*), an der Strasse, nur wenige Häuser u. bedeutende Glashütte, bei der Einmündung der Schönmünzach, die aus dem 1093 m. hoch gelegenen Wildsee abfliesst und sich bei Zwickgabel mit dem Langenbach vereinigt. *Glashütte* sehenswerth (Tafelglas fabrizirt).

Post nach (23 Kil.) Gernsbach, täglich 2 mal in 3 Std.; — nach Freudenstadt (21 Kil.) tägl. 2 mal in 3½ Std. — Der Wirth in der *Post* hat einen zweckentsprechenden *Wegplan* zum Besuch der Hornisgrinde lithographiren lassen (20 Pfg.), der die Anstellung eines Führers überflüssig macht. —

Partie an der Murg bei Schönmünzach.

Von Schönmünzach interessanter *Ausflug* an den ($^3/_4$ Std.) Schurmsee an der Langeck, in einem romant. von 120 bis 130 m. hohen Felswänden auf einer Seite eingeschlossenem Thalkessel.

Beliebter Ort für Sommergäste. Gewöhnlich schwenken die Besucher des Murgthales hier *rechts* ab über die Hornisgrinde und den Mummelsee. Von hier an wird das Murgthal einförmiger.

b. Abstecher von Schönmünzach nach Achern.

Die Hornisgrinde und der Mummelsee.

Auf das Plateau der Hornisgrinde führen sechs Hauptwege:

1. Aus der Rheinebene von Achern, Nr. 28, S. 164, durch d. Sasbachwaldener Thal über die Brandmatte u. an der *Ruine* Brigittenschloss vorüber, meistentheils *Fahrweg*, stets mit fesselnden Rückblicken in das Rheinthal. Auf der letzten Strecke Führer zu rathen, $3^1/_2$ Std.

2. Aus der Rheinebene von Ottersweyer durch das Laufbachthal über Neu-Windeck (S. 163) u. Alt-Glasshütte, *Fussweg*, streckenweise steil u. beschwerlich, aber lohnend, $3^1/_2$ Std., nur mit zuverlässigem Führer wegen der letzten Wegstrecke, $1^1/_2$ Std.

3. Aus dem Murgthal von Raumünzach (S. 369) durch das dicht bewaldete Raumünzachthal über die Viehlager in $4^1/_2$ Std., nur mit Führer (Proviant nothwendig), der Einförmigkeit wegen nicht empfehlenswerth.

4. Aus dem Murgthal von Schönmünzach durch das Langenbacher Thal, 4 Std., von denen die 3 ersten *gute Fahrstrasse*. Viel benutzter Weg.

5. Aus dem Kappeler Thal von Ottenhöfen (S. 383) aus, über den Mummelsee, $2^3/_4$ Std., in der ersten Hälfte *fahrbar*. Für den Hinaufweg Führer nützlich.

6. Von Bühl (S. 163) über Alt-Windeck auf neuer *Strasse* nach der Hundseck u. von da durch schöne Waldungen. *Kürzester Weg* auf die Hornisgrinde (Führer), 3 Std.

Auf länger dauerndes Regenwetter ist die Besteigung der Hornisgrinde nicht rathsam, da der auf der Höhe vorfindliche weiche *Moorboden* sehr lästig werden kann. Erst einige Zeit nach Aufhören des Regenwetters kann die Berghöhe ohne diesfällige Beschwerde gewonnen werden.

Wer auf dem Wege Nr. 4 hinauf u. auf dem nachgehend beschriebenen Wege Nr. 5 herabsteigt, kann den Führer entbehren.

Führer von Schönmünzach über Hornisgrinde bis Seebach überflüssig, besonders mit der in der *Post* zu Schönmünzach gekauften (20 Pfg.) Wegkarte in den Händen. Wer Führer in Ottenhöfen, Seebach etc. mitnimmt, thut wohl daran, vorher über den Führerlohn sowohl als über den einzuschlagenden Weg zu akkordiren, da im Schwarzwald keine Führertarife bestehen. — Unter allen Umständen soll ein Fussgänger sich so einrichten, dass er im Gebirge nicht von der Nacht überrascht wird, da die Hinabwege vom Mummelsee u. von der Hornisgrinde nach Seebach, Ottenhöfen, Achern, Erlenbad u. s. w. nicht leicht zu finden sind.

Fuhrwerk: Wagen (einschliesslich Trinkgeld) von Schönmünzach (Weg Nr. 4) bis zum Eckle, von da *zu Fuss* auf die Hornisgrinde u. über den Mummelsee herab (*1½ Std. Fusswanderung*) bis zum *„Einsteigeplatz“*, wo der Wagen wartet, über Ottenhöfen nach Allerheiligen in 6—7 Std. Fahrzeit, 20—25 Mk. (sofern das *Fuhrwerk* nicht übernachten muss).

Entfernungen: Von Schönmünzach bis Zwickgabel 1 Std., bis Hinter-Langenbach (*Wirthschaft* von Stüpfle) 1 Std. 10 Min., bis zum Eckle 1 Std, auf den Gipfel 1 Std., hinab zum Mummelsee ½ Std., nach Seebach 1 Std., nach Ottenhöfen ¼ Std. Summa 6 Std. 10 Min.

Von Schönmünzach über die grosse *Brücke*. Dreiarmiger Wegw. — Rechts an der Schönmünzach od. Schönmünz, auf guter *Strasse* in's Thal hinein. Sowohl auf badischer als auf würtemberg. Seite (die Schönmünzach u. der Langenbach bilden die *Landesgrenze*), laufen gute *Fahrstrassen* thalauf. Die auf der würtemberg. Seite ist aussichtsreicher; Einblicke in's Thal. — Jenseits des Flusses terrassenartig angelegte Kartoffelfelder u. zerstreute Häuser. Man sieht die neue Strasse, welche die Schiffergesellschaft in Gernsbach hat anlegen lassen.

Diese Schiffergesellschaft ist eine alte Handelsverbindung, die grosse Waldbesitzungen (sog. Schifferwald, 16—17,000 Hektaren Waldungen; die Stadt Baden besitzt deren 3000 Hektaren), Flössrechte, Sägemühlen, eigene Förster u. s. w. hat. Kleine Aktien-Antheile zu 2 od. 3 fl., die im Kurs steigen od. fallen, wie andere Papiere. Es giebt Schiffermitglieder, die 10,000 od. 20,000 Aktien besitzen. Die Erwerbung der Waldstrecken datirt aus Zeiten, wo das Holz noch kaum einen Werth hatte. Die meisten Waldungen, die man auf dieser Tour durchwandert, sind Eigenthum dieser Gesellschaft. (Emminghaus, die Murgschifferschaft in der Grafschaft Eberstein).

Ganz ebene *Strasse* durch Wald. (40 Min.) *Sägemühle*, (50 Min.) *zweite Sägemühle*, (55 Min.) Zwickgabel, Häusergruppe mit *Strassentheilung:* links in's Schönmünzach-

Partie an der Schönmünzach.

oder Schönmünzthal und in $2^1/_2$ Std. zum Wildsee; rechts (d. h. *geradeaus*) nach d. Hornisgrinde.

(1 Std. 20 Min.) Zwei Häuser. Man passirt Vorder-, Mittel- u. Hinter-Langenbach. Das ganze Thal wird das Langenbachthal genannt, vom gleichnamigen Bach durchflossen. Aus dem Walde tretend zeigt sich die Hornisgrinde mit der kahlen Gipfelwölbung. — Nach 35 Min. nicht rechts hinunter, sondern auf der *Strasse* fort. Etwa 100 Schritt weiter, rechts an der Strasse, ($2^1/_4$ Std.) *Wirthschaft zum balzenden Auerhahn* bei Süpfle (Forstwart. Jägereinkehr) mit der Aufschrift:

„Gasthof zum balzenden Auerhahn.
Allwo man gut essen u. trinken kann.
Ihr balzenden Gäste, kommt alle herbei,
Der Süpfle macht auf schon Morgens um Drei."

Guter Wein, Eier u. Schinken. Betten zum Uebernachten. *Führer* über die Hornisgrinde u. über den *Rastpunkt* am Mummelsee bis Seebach von hier ab $1^1/_2$—2 Mk., je nachdem er zu tragen hat. — Vereinigung beider Thalstrassen.

Abzweigung (bei Süpfle) eines *Fussweges* über d. romant. Wildsee u. üb. d. Ruhstein (*Wirthshaus*) nach Allerheiligen, 3 Std.

Stets breite *Fahrbahn*, ansteigend, in weit ausholendem Bogen. Nach 40 Min. geht rechts eine neue Strasse bergab, die man zur Seite liegen lässt. Rechts Durchblick auf die *Wirthschaft* von Süpfle. — (20 Min.) Höhe. Rechts Grenzstein mit der Bezeichnung 5.92 (gegen West.) u. D. Nr. 78 (gegen Süd.). Wegtafel an einer Stange mit Inschrift: „*Nach Schönmünzach*". Dieser Punkt heisst das **Eckle** od. Seipelseck, Passhöhe. Die Strasse läuft bis Seebach fort. — *Aussteigen.*

Auf die Hornisgrinde geht der Weg rechts zwischen Haidekraut hinein durch eine Waldblösse. Der *mittlere Weg* führt zum Mummelsee ($^3/_4$ Std.) u. der Weg links ist der Verbindungsweg mit der Ruhsteiner- u. Ottenhöfer Fahrstrasse. Man sieht dieselbe in die Tiefe (in grossen Schlangenwindungen) niedersteigen.

Die *Wagen* gehen leer bis zu einer Stelle unterhalb des Mummelsees ab u. warten dort.

Etwa 100 Schritt in der Waldblösse hinauf. Nun schmaler, betretener *Fusspfad* links. 40 Schritt zur Linken *Grenzstein* mit 3 würtemberg. Hirschhörnern (der Weg läuft fast ganz auf der badisch-würtemberg. Grenze (Dreifürstenstein od. Dreimarkstein mit bad. u. würtemb. Wappen) hinauf. Narbiger rother Sandstein. Nach 670 Schritt: *Grenzstein* mit bad. Wappen, Nr 87. — Weiter 170 Schritt: *Grenzstein* mit würtemb. Wappen. — Nach 560 Schritt von rechts Einmündung eines Weges. Man ist in niederm Holz, hat schon ziemlich Aussicht u. vor sich die Berghöhe. Noch 130 Schritt: links grosse rothe Sandsteine. (Der Sandstein deckt hier, wie an manch andern Orten, den Granit u. Gneis.) Man erblickt das Steinsignal, den Thurm auf dem Scheitelpunkt. Der Weg verschwindet im Haidekrautgebüsch. Beim nächsten *Grenzstein* rechts.

Von Zwickgabel (s. ob.) ebenfalls *Weg* auf die Hornisgrinde durch das Schönmünzachthal bis zum Wildsee (s. ob.), aber nur mit Führer.

Vom Wildsee, in ergreifender Oede da gelegen, auf die Berghöhe und auf dieser Höhe fort, längs der durch Marksteine bezeichneten Landesgrenze zwischen Baden u. Würtemberg, bis zum Eckle u. von hier auf dem eben beschriebenem Wege zum Steinsignal der Hornisgrinde.

Der ($4^1/_4$ Std.) **Gipfel der Hornisgrinde** ist eine kahle, einsame Hochfläche, mit Moorsümpfen, starrem Binsengras u. hie u. da einer Legföhre bedeckt; sie erscheint wohl geeignet für einen unheimlichen Hexensabbath, wie der Brocken im Harz. Höchster Punkt im nördlichen Schwarzwald, 1166 m., mit einem viereckigen Signalthurm (ohne Zinne und Eingang) bezeichnet. Man kann nicht von ein u. demselben Punkte aus die ganze sich hier bietende Rundsicht geniessen, sondern muss, wie auf dem Feldberg, auf der Scheitelfläche des Berges umher gehen. Die vier Ecken des Thurmes geben genau die vier Himmelsrichtungen an.

Bei heller Luft bietet die Aussicht auf der Hornisgrinde einen grandiösen Gesichtskreis. Zunächst ein enormes Gebiet dunkler Waldungen, aus welchem gegen W. in geringer Ferne das Brigittenschloss heraufblickt, dahinter die Rheinebene mit unzähligen Ortschaften, unter denen Kehl, Strassburg mit seinem Münster, Hagenau, und darüber, lang gestreckt, die Vogesen. — Gegen N., weniger fesselnd,

Hochkopf, 1011 m., **Hoher Ochsenkopf**, 1056 m., **Badener Höhe**, 1001 m., und die Berggruppen, welche das Geroldsauer- und das untere Murgthal einschliessen. Darüber, in der Ferne, die Hardtberge u. der Donnersberg. Noch weiter ab der Taunus. — Gegen O., über den langgestreckten Rücken der **Langen Grinde** (1000 m.) u. des **Rothenrainsberges**, die Höhen des eben durchwanderten Langenbach- und Murgthales, ein Gewirre von Berggipfeln aus den Flussgebieten der Nagold, des obern Neckar, den Bergbezirken der Rauhen Alp u. Schwäbischen Alp, aus denen der Hohenzollern, 799 m., der Rossberg bei Gomaringen u. die Achalm bei Reutlingen deutlich hervortreten; gegen SO. das Bergplateau der Donauquellen, die Baar u. die vereinzelt auftauchenden Kegel des Hegaues. — Im S. der ganze Hoch-Schwarzwald mit Belchen, Kandel u. Feldberg.

Gegen W., 40 Schritt von der Thurmecke (W.), wo, gerade aus, das **Brigittenschloss** zu unsern Füssen erscheint, geht es auf sandigem Weg **links** ab auf der kahlen Höhe über rothe Sandsteintrümmer. Nach 8 Min. in Wald. — Nach 3 Min. rechts die **Zigeunerherberge** od. der **Hirtenstein**, ein überhängender Fels, unter welchem vor wildem Wetter Unterstand zu finden ist. Links Durchblick in die Tiefe nach dem Mummelsee. Gleich nachher links Wegw. an einer Fichte. Zickzackweg hinab zum (1/4 Std. von dem Steinsignal der Hornisgrinde), nicht zu fehlen.

Der Mummelsee.

(4 3/4 Std.) **Mummelsee,** 1002 m., einsam, ernst, ein tiefgrünes, düster umwaldetes Seebecken, von ovaler Form, 12 bis 18 m. tief u. etwa 300 Schritt lang. Schweigend schauen die dunkelgrünen Tannenhalden auf den öden, unbewegten Wasserspiegel herein, aus dem sie noch dunkler gespiegelt werden. Seinen Ruf verdankt der See keineswegs seiner landschaftl. Schönheit, sondern der *Sage,* die seine schauerlich einsamen Ufer u. seine Gewässer mit Nixen u. Elfen

bevölkert hat, die vom Volk Mümmelchen genannt werden. Darstellung in der Trinkhalle zu Baden: Der alte Wassergeist taucht aus den Fluthen empor u. gebietet dem Reigenspiel der Nixen bei anbrechendem Morgen ein Ende (zweites Bild). — Der Aberglaube lässt durch hineingeworfene Steine Gewitter entstehen, den See blutroth erscheinen u. s. w.

Volkssage vom Mummelsee: Obe uf de Hornesgründe isch e See, de mer de Mümmelsee heisst, denn vor Zite henn Mümmele oder Seewible drinn gwuhnt. — E junger Hirt hat mengmol in der Näh si Küeh un Schof g'hüet un e Liedle g'sunge; s'isch e sufrer Bue g'si mit gele, kruse Härle un eme Gsichtle wie Milch un Bluet. — Emol, gege Obed, do kummt e Jungfrau zu em im grüene Gwand un über de Zöpfle hat se e Schleier trage. D' Jungfrau setzt si zuem Hirte un seit: S'isch do guet lenze, s' Moos isch weich, un s'weiht e kual Lüftle aus de Taune her. — De Hirt hat nit's Herz, ebbes z'antwurte; so e schön's Frauebild het er si Lebti nit g'sehne, un s'wurd em fast wunderli z'Sinn. Do guckt se en a mit ihre schwarze Aue un mit ihrem Mündle, wie Kriese so roth un seit: „Magscht mer nit e Liedle singe? Do hobe hört mer nicks als de wilde Waldvögel!" -- Em Hirte isch's just nit singeri g'si; aber er hott do ang'fange:

Es schwimmt e Rösll so wis wie Schnee
Gar lusti dört uf em schwarze See,
Doch gükelet numme-n-e Sternli runter,
So duckts au glih si Köpfle unter.

Witer het nit er singe könne, denn's Mümmele het en aug'schaut mit e me Paar Aue, der Schnee uf de Gründe war schu im Merz darvun gschmulze. Wenn mer aber Feier zuem Strau thuet, so brennts, un mit em Lösche isch's so e Sach. — Kurz un guet, der Hirt verplempert si so in's Seewible, un si isch au nit vo Stohl un Ise g'sen. — Aber alles in Ehre. Se hen gkurzwilet un Narrthei triebe un am End isch de Hirt keck wore un het em Mümmele e Schmätzle geu, un se het em seldrum d'Aue nit auskrazt. — Beim Abschied aber het se zuem g'seit: „Wenn i au emol nit kumm, so blieb mer vum See weg un rief mer nit." — E Zit lang ischs so ggange un der Hirt hat gmeint, der Himmel were jetzt allewil klor bliebe, aber hinter em isch e gar schwarze Wulk ufgstiege. — Emol lost si mi Mümmele zwin Tag mit keim Au meh sehen un do isch em Hirte winne un weh wore, denn mit d'r Lieb isch's wie mit em Heimweh; mer kann dabei nit rueje noch raste, un mer sot glaube, böse Lüt hätte s'eim angethun. Z'lescht kann's der Hirt nimme ushalte un lauft an de See. Do gucke en d'Seerösle an, als wenn se Mitlid mit em hätte: er merkt's aber nit un rieft d'Jungfrau bim Namme. Uf einmol wurd s'Wasser unruehig un usm See kummt e Zetergschrei un er färbt si mit Bluet. De Hirte wandlet e Gruse an. — Er lauft in de Berri (Berge) in, wie wenn en e Geist jage thät, un vun der Zit an het me nicks me vun em g'sehne un ghört.

Am südl. Ufer des Sees, wo ihm der Seebach entströmt, ist eine *Schutzhütte* aus rothem Sandstein errichtet, eine offene Halle, wo im Sommer Erfrischungen verabreicht werden. Ein *Kahn* zum Umherfahren liegt am Ufer. In der Nähe eine Quelle mit wohlschmeckendem Wasser.

Hinabweg nach Ottenhöfen. Wenige Schritte vom See wieder hinauf auf den *Weg*. Wegw. nach Achern, Seebach etc. Der *Fussweg* nach Seebach (Achern) ist wegen seiner Steilheit u. steinigen Beschaffenheit nicht zu empfehlen; man thut gut, den *Fahrweg* zu wählen. Nach 25 Min. Felssturzmassen. 12 Min. *Strasse,* gerade fort.

Die links ansteigende *Strasse* führt zum Ruhstein u. von da über das Jägerhaus in das Thal der Rothen Murg hinab, welche am Melkereikopf, 1055 m., entspringt (während die *Weisse Murg,* 1 Std. entfernt, in tiefer Waldschlucht am Gaiskopf ihre Quelle hat) u. hinaus nach Baiersbronn, S. 378.

Vom Ruhstein kommt man auch (links) auf die Höhe des Berges (Hornisgrinde) u. von da am Wildsee vorüber, durch das Schönmünzachthal nach Zwickgabel u. Schönmünzach im Murgthal. Romantischer lohnender Weg. Auf dem Ruhstein, 920 m. (Wasserscheide zwischen Rhein- u. Murgthal), einfaches Wirthshaus *(Glaser-Wirthshaus).* Schöne Aussicht. In der Nähe Quelle der Rothen Murg am Melkereikopf.

Zu beiden Seiten der *Strasse* Felsenwirrniss von grossartigem Anblick u. entzückende Thalniederblicke. Vor Seebach das *Wirthshaus zum Adler,* von wo näherer *Fussweg* nach Allerheiligen (Führer nicht überflüssig, entweder hier od. in Seebach nehmen). — (5¾ Std.) Seebach (*Hirsch; Krone*). Hier Fuhrwerk eine Rarität. — (6¼ Std.) **Ottenhöfen,** 311 m., etwa 1500 Ew. (*Wagen; Linde; Pflug*), Nr. 47. Von da nach (11 Kil.) **Achern,** 147 m. (*Krone* [Post]; *Adler; Engel; Sonne; Bahnhofhotel u. Restauration; Rathhauskeller u. Bierhalle*). mit 3145 Ew., Eisenbahnstation an der *bad. Hauptbahn,* Nr. 28, S. 163; Nr. 47, S. 383.

Fortsetzung der Tour durch das Murgthal aufwärts.

Von Schönmünzach thalauf mildere Formen der Landschaft. Gneisformation. Breiteres, wiesenreicheres Thal, sanftere Abhänge. Dagegen romant. Charakter der Thalbildung zu Ende. Eine von dem Fluss durchbrochene Felswand bildet die Pforte zu den beiden in ihrer Erscheinung so abweichenden Thalstrecken.

(26 Kil.) Hutzenbach. Links oben, am rechten Thalgehänge, erscheint die Kirche von Schwarzenberg (*Ochs*) mit Resten einer gleichnam. Burg u. schöner Aussicht.

Aussichtreicher Weg von Schwarzenberg, fast immer durch Wald, zum (¾ Std.) Neuhaus (Aussicht), durch das Kaltenbachthal am Kalten See vorüber, 1½ Std., hinab nach Gompelscheuer im Enzthal. Quelle der Enz. Weiter (3 Std.) Strasse nach Wildbad.

Bei Hutzenbach Einmündung des gleichnam. Baches, der aus dem Hutzenbachersee herabkommt. Spuren der Burg Rauhenfels. (29 Kil.) Schönengründen (*Wirthshs.*) *Strassentheilung.* Nahe über dem rechten Murgufer bei dem Ort Ruinen der Burg Königswart, wahrscheinl. Jagdschloss der Pfalzgrafen von Tübingen, von deren letztem Sprössling Uhland ein prächtiges, Waldlust athmendes Lied singt.

Schwarzenberg.

Links Abzweigung der *Strasse* (in grossen Windungen) nach Besenfeld *(Post)* u. Urnagold *(Hirsch)*, die sich über die Höhe in's Enzthal u. nach (33 Kil.) Wildbad hinabzieht.

Gerade vorwärts über Röth und Hesselbach, am rechten Murgufer hinauf nach (35 Kil.) **Reichenbach,** 485 m. (*Sonne,* gerühmt von Sommergästen), mit interess., in roman. Styl (1042) von Abt Wilhelm von Hirschau erb. *Kirche.* Altes, 1082 von Benno von Siegberg gestiftetes Benediktiner Priorat, 1607 evangelisch u. bald nach-

Kloster Reichenbach.

her aufgehoben. Das nahezu 800 Ew. zählende Pfarrdorf beherbergt auch Sommergäste.

(38 Kil.) **Baiersbronn,** 583 m. (*Ochs; Löwe; Bär; Adler,* letzterer thalabwärts gelegen), in erhöhter Lage, wo Vereinigung der Weiss-Rothmurg mit dem vom Kniebis kommenden Forbach. Stattliches Dorf in freier, schöner Lage mit hübschem Blick in die zusammenlaufenden Thäler u. die nördl. Ausläufer des Kniebis. Die weithin über die Berghalden u. Seitenthäler zerstreute Gemeinde zählt etwa 5400 Ew. Schöner eiserner Brunnen. 1678 schlugen 24 entschlossene Bauern von B. ein 200 Mann starkes französ. Streifkorps in die Flucht.

Rinkenkopf mit Baiersbronn.

Nordwestl. von Baiersbronn, der interess. Rinkenberg mit dem kegelförmig vortretenden Rinkenkopf, auf dessen waldigem Gipfel die besucheuswerthe Rinkenmauer, ein doppelter *Steinring* von gewaltigen Steinblöcken, wahrscheinl. altgerman. Opferstätte u. Befestigung.

Von Baiersbronn direkter *Fussweg* durch Waldung (1½ Std.) zum *Kniebiswirthshause* hinauf (mit Führer).

Von N. her öffnet sich das stille Thonbachthal, welches gegen die Elme u. Rothe Rainshöhe hinauf ansteigt.

Von NW. her Oeffnung des Thales der Murgquellen (*Weisse u. Rothe Murg*), in welchem die Häusergruppen (1 Std.) Mittelthal u. (1¾ Std.) Oberthal u. die Ruine Tannenfels liegen. Von Oberthal *Fusspfad* im Buhlbachthal über Buhlbach, 618 m. (*Wirthshaus zur*

Glashütte), hinauf in $1^1/_2$ Std. auf den Kniebis, zur Schwedenschanze, S. 395, u. hinüber nach Bad Rippoldsau.

Von Oberthal in 2 Std. auf den Ruhstein, dem höchsten Punkt (920 m.) der Ruhsteinstrasse, die Grenze zwischen Baden u. Würtemberg, von wo interessante Wege auf die Hornisgrinde, an den Mummelsee u. nach Allerheiligen (Führer rathsam), S. 385.

Von Baiersbronn hübsches *Strässchen* durch d. romant. Sankenbachthal hinauf nach dem Kirchlein an der *Kniebisstrasse.* Unterwegs (Wgw., Ruheplätze etc.) Anblick des etwa 40 m. hohen Sankenbach-Wasserfalles in der malerischen Sankenbachschlucht, mit Geländern, Brücken u. bequemen Wegen versehen.

c. Abstecher durch das Thal der Roth-Murg zum Ruhstein, Hornisgrinde u. Mummelsee (u. Wildsee).

Route für die Besucher der Hornisgrinde u. des Mummelsees, die von Freudenstadt kommen.

10 Min. unterhalb Baiersbronn links (am Zusammenfluss der Roth- u. Weiss-Murg mit dem Forbach (auch Vorbach geschrieben), auf der neuen *Strasse* zum Ruhstein in nordwestl. Richtung. Interess. u. belebter Weg, im Gegensatz zu dem einsamen u. einförmigen Weg

Sankenbach-Wasserfall.

Ruine Tannenfels.

von **Schönmünzach** über das **Eckle** (**Seipelseck**). Enge Felsenschlucht, durch welche die **Murg** mühsam Bahn gebrochen (*Wirthshaus zum Bauenfelsen*). An vielen Sägmühlen vorüber, meist in der Nähe des Baches thalaufwärts. **Mittelthal** (*Waldhorn; Bierbrauerei zum Lamm*). Links Thalausgang des **Ellbachthales**, dessen zwei Aeste, das Thal des **guten Ellbaches** und das des **bösen Ellbaches**, sich zum Kniebis hinauf strecken und beide gute *Wege* zur **Kniebisstrasse** (*Alexanderschanze*) bieten. Im **guten Ellbachthal** der **Ellbachsee**. Ueber demselben schöner Niederblick auf den See u. auf *Mittelthal* mit seinem neuen Kirchlein. Nr. 47, S. 396. Nahe an der Quelle des Ellbaches der 24 m. hohe **Ellbach-Wasserfall**. — Ruine **Tannenfels** über wilder Thalschlucht, auf senkrechtem Felsen erbaut, mit 6 m. hohen u. $1^1/_2$ m. dicken Mauern. Zugang ehem. nur durch gewölbten Gang möglich. — Fleissig angebaute Gegend um **Mittel-** u. **Oberthal**. Vom **Kniebis** herab, wohin *Fuss-* u. *Fahrwege* führen, zahlreiche Bäche, die der Murg zufallen. — **Oberthal** (*Adler*; *Sonne*), mit Strassenabzweigung *links* nach **Buhlbach**, 618 m. (*Wirthshaus zur Glashütte*), in dessen Nähe ($^1/_2$ Std.) **Glashütte**, wo meist Hohlglas (Champagnerflaschen) gefertigt wird.

Von hier *Fussweg* durch finstern Wald (Führer) nach (2 Std.) **Allerheiligen**. *Fahrweg* zum *Wirthshaus zur Zuflucht* auf dem Kniebis bei der *Schwedenschanze*.

Von **Oberthal** (2 Std. von Baiersbronn) weitere 2 Std. zum *höchsten Punkt* der **Ruhsteinstrasse** (*Glaser-Wirthshaus*), 920 m. (Grenze zwischen Baden u. Würtemberg), wo die *alte* u. *neue Strasse* zusammentreffen. Bei **Oberthal** Vereinigung der **Rothen Murg** mit der **Weissen** od. **Rechten Murg**, die am **Melkereikopf** entspringt (1055 m.), während die **Rechte** oder **Weisse Murg** am **Gaiskopf** (1 Std. entfernt) ihren Ursprung nimmt.

Der Wildsee.

Vom Ruhstein direkter Weg nach Allerheiligen. — *Rechts* ab, ¼ Std., Niederblick zum schauerlich einsamen Wildsee. Nach kurzem, Anstieg führt der Weg durch steiles Haldeland, über ein ödes, baumloses Moor, aus dem dürftige Legföhren u. Binsen als letzte Zeugen eines im Sande verrinnenden organischen Lebens sich einsam erheben. Plötzlich, unvermittelt sieht man sich an einen gähnenden Abgrund gestellt, aus dem in grausiger Tiefe der schwarze Rachen des Sees entgegenstarrt, umsäumt von den tiefen Schatten der anliegenden Tannen, die bewegungslos, als hätte der Zauber des schwarzen Sees sie gebannt, ihre schlanken Leiber vom Wasserspiegel reflektiren lassen. Kein Lüftchen regt sich, kein noch so winziges lebendes Wesen macht sich bemerkbar, und in endloser, trostloser Ferne dehnen sich unabsehbare Wälder, durch die das Kind des Sees, die Schönmünz sich schlängelt. Wer das Gefühl der Ohnmacht u. Verlassenheit einer übermächtigen, seelenlosen Naturgewalt gegenüber empfinden will, der stelle sich an den Rand dieser Schlucht. (Oberamtsbeschreibung).

Die *Strasse* senkt sich ziemlich steil in das Achorthal gegen Seebach hinunter. Wgw., wo die *Wege* von der Ruhsteinstrasse zum Mummelsee (¾ Std.) u. zur Hornisgrinde (1 Std.) abbiegen.

Vollendung der Wanderung bis Freudenstadt.

Von Baiersbronn, längs des Forbaches od. Vorbaches, steigt die Strasse. An vielen industriellen Etablissementen vorüber (die grossartigen königlichen Eisen-, Hammer- u. Walzwerke, Stahl- u. Sensenfabrikation; Woll- u. Flachsspinnereien); Friedrichsthal (Sitz der Verwaltung) u. Christophsthal passirend, nach

(44 Kil.) **Freudenstadt**, 726 m., 6026 Ew. (*Schwarzwald-Hotel* am Bahnhof, neues comfortabel eingerichtetes Etablissement für Luftkur- u. Sommergäste; — in der Stadt:

Post zum Löwen; Linde; Lamm; Adler mit Brauerei; *Rappen*).

Post nach (18 Kil.) Alpirsbach in 2 Std., — (20 Kil.) Griesbach, in 2¾ Std., — (41 Kil.) Nagold in 6 Std., — (24 Kil.) Petersthal, in 3¼ Std., — (21 Kil.) Schönmünzach, tägl. 2 mal in 2¾ Std. — Telegraph.

Eisenbahn nach Stuttgart über Hochdorf-Eutingen, 87,4 Kil., tägl. 4 Züge, in 3—4¾ Std. — über Horb *Verbindung* mit der würtembergischen Ober-Neckarthalbahn u. über Hochdorf mit der Nagoldbahn u. würtemberg. Schwarzwaldbahn, Nr. 32, S. 194.

Auf einem Hochplateau gelegene würtemberg. Oberamtsstadt, ursprüngl. zu Ende des 16. Jahrh. von Herzog Friedrich von Würtemberg als Festung angelegte, „Friedrichsstadt" genannte Niederlassung (zum Schutz der würtemberg. Grenze, gegen die Pässe vom Kniebis-, Kinzig- u. Murgthal her). Grundplan ein regelmässiges Viereck. 1599 mit vertriebenen Protestanten aus Oesterreich, Steiermark u. Kärnthen bevölkert, kam sie rasch empor, daher neuer Name Freudenstadt. Die begonnene Festung kam nicht zum Ausbau. 1632 fast völlig von einem grossen Brand zerstört (139 Gebäude), dann 1632—39 von den Furien des 30jährigen Krieges heimgesucht, lag die Stadt über ein Jahr verödet als eine ausgedehnte Ruine. 1661 wiederum Befestigungsarbeiten, 13 Jahre lang, doch ebenfalls ohne Vollendung geblieben. Einzelne Befestigungen u. Thore noch vorhanden. Protestantische Stadtkirche (geb. 1601 bis 1608), ein architektonisches Kuriosum mit 2 im Winkel zusammenstossenden Kirchenschiffen u. 2 an deren Enden vorgesetzten Thürmen. Kanzel u. Altar in der äussern Ecke dieses Winkels, Männer u. Weiber getrennt in den beiden Schiffen, einander unsichtbar, während der Geistliche sämmtliche Zuhörer in beiden Schiffen sehen kann. Taufstein aus roman. Zeit u. Chorstühle (von *Konrad Widmann* von Calw, 1488) in gothischem Styl geschnitzt, beides aus dem Kloster Alpirsbach. Die sehenswerthe Kirche (erbaut von Schickhardt) ist im Styl der Renaissance gebaut, doch willkürliche Mischungen mit gothischen Motiven. — Grosser Marktplatz, ehemal. Exerzierplatz. — Rathhaus. Ausserhalb der Stadt kathol. Kirche, in deren Nähe schöne *Aussicht*. — Auch beim *Schwarzwaldhotel* am Bahnhof schöner *Aussichtspunkt*. Luftkurort u. Sommeraufenthalt. *Station für viele Ausflüge*. Zunehmender Fremdenbesuch.

Die Stadt besitzt 10,000 Morgen Waldungen u. hat bedeutenden Holzhandel.

Näheres in „Führer durch Freudenstadt u. Umgebung“ von *E. Lutz, Postverwalter*, 1881, namentl. bezügl. der Spaziergänge u. Ausflüge u. Nr. 32, S. 194.

Nr. 47. Von Achern durch das Lierbachthal nach Oppenau.

Allerheiligen und die Büttensteiner Fälle.

Landstrasse, 30 Kil., durchwegs vortrefflich. Wagen am *Bahnhof* zu Achern. Tarife in denselben vorfindlich. Die Kutscher führen unter irgend einem Vorwand vor Antritt der Tour die Fremden in das Hotel, dem sie zugehören.

Man nehme bis Ottenhöfen *Post* od. *Omnibus*, dann abkürzende *Fusswege* mit Wgw. — Führer entschieden überflüssig.

Entfernungen: Von Achern nach Kappel-Rodeck $1^1/_4$ Std. — nach Ottenhöfen 1 Std. — Neuhaus $^3/_4$ Std. — Allerheiligen 1 Std. — Oppenau 2 Std. Summa 6 Std.

Achern *Bahnstation* der bad. Hauptbahn, Nr. 28, S. 163. **Post** über Kappel nach (11 Kil.) Ottenhöfen in $1^3/_4$ Std.

(3 Kil) Oberachern, 160 m., ausgedehntes Dorf in fruchtbarer Thalausweitung (Papierfabriken u. Mühlen), ehem. mit Schloss u. 2 Kirchen. Von hier aus wurde die Stadt Achern, ehem. Unterachern, angelegt. Auf der Höhe Antoniuskapelle, höher der aussichtsfreie Bienenbuckel. — Freundliches Kappeler Wiesenthal.

(7 Kil.) **Kappel-Rodeck,** 221 m., 2214 Ew. (*Ochs; Linde; Löwe* mit Orchestrion; Brauerei *Schnur*), Marktflecken mit Post u. Telegraph, zum Unterschied von gleichnam. Orten Kappel-Rodeck genannt. Rechts auf einem Hügel die noch bewohnte Burg Rodeck (aus dem 11. Jahrh.) der Familie von Neuenstein. Im Bett der Acher Felstrümmer.

Eigenthüml. Tracht der Männer: Lange schwarze Leinwandröcke, scharlachrothe Westen, breitkrämpige schwarze Hüte, kurze Hosen, blaue Strümpfe.

(12 Kil.) **Ottenhöfen,** 311 m., etwa 1500 Ew. (*Wagen; Linde; Pflug*). Das Dorf wird seiner schönen Lage u. Stille wegen u. der billigen Preise halber als *Pensionsaufenthalt* geschätzt. (4 Mk. tägl. Pension für Zimmer, Frühstück, Mittagstisch, ohne Wein u. Abendtisch.) *Stationspunkt für Ausflüge.* 1796 erfolgreicher Widerstand der Einwohner des Kappelerthales gegen die Franzosen. Am Birkköpfle beim Friedhof Aussichtspunkt.

Einspänner: nach Allerheiligen 5 Mk.; — nach Achern 4 Mk.

Omnibus nach Achern früh 5 Uhr.

Ausflug zum **Edelfrauengrab**: 10 Min. *Landstrasse* ansteigend. Vorwärts den letzten Häusern des Orts Wegw., der nach dem Edelfrauengrab u. Allerheiligen zeigt. *Weg* links, ansteigend, Ausblicke in's Seebachthal. Wieder Wegw. u. gleich nachher *Hügel*, auf dem ehem. Schloss Bosenstein stand. Von hier aus der mittlere Weg zu gehen, der mit Abbiegung *rechts* in's Gottschlägthälchen zum Edelfrauengrab leitet u. zu den Gottschläg-Wasserfällen.

Volkssage. Eine Frau von Bosenstein, verflucht wegen ihrer Hartherzigkeit von einer dem Hungertode nahen armen Frau, gebar in Abwesenheit ihres Gemahls 7 Knaben auf einmal. Entsetzt hierüber, befahl sie einer treuen Magd, sechs der Neugebornen zu tödten. Hierbei wurde die Magd von dem Schlossherrn überrascht, dem sie auf seine Frage, was sie am Teiche zu thun habe, antwortete: „Junge Hunde ersäufen!" Der Ritter aber entdeckte das Verbrechen, drohte der Dirne mit dem qualvollsten Tod, wenn sie ihrer Herrin ein Wort verrathe, nahm die Kinder u. liess sie heimlich erziehen. Als sie erwachsen waren, nahm er sie auf das Schloss u. beim fröhlichen Mahle fragte er, welche Strafe eine Mutter verdiene, die ihre Kinder ermorden lasse. „Lebendig eingemauert muss solch ein Weib werden", rief vorschnell die unnatürliche Mutter. „So ist's dein eigenes Todesurtheil!" sprach der Ritter, indem er ihr die sechs ermordet geglaubten Jünglinge vorstellte. — In der Höhle Edelfrauenloch oder Edelfrauengrab sei das Urtheil an der Edelfrau von Bosenstein vollzogen worden. Die Nachkommen jener sechs Verstossenen aber sollen noch heute unter dem Namen „Hund" im Kappeler Thale am Leben sein —

Das Edelfrauenloch ist eine ausgewaschene Höhle neben dem malerischen Wasserfalle, der sich in ein Becken von Granitfelsen hinabstürzt. — In der Nähe die Gottschläg-Wasserfälle, besuchenswerth. Mittelst Treppen sind sie zugänglich gemacht. — Die ganze Umgebung ist ein Miniaturbild von Allerheiligen.

Vom Edelfrauen-Grab geht ein *Fussweg* rechts über die Blöchereck nach Allerheiligen.

Von Ottenhöfen zieht sich die *Strasse* nach Allerheiligen im Unterwasserthal aufwärts. Anmuthige Wiesengründe mit malerischen Baumgruppen. Die ersten Anzeichen des Schwarzwälder Baustyles lassen sich wahrnehmen. Hirtenbuben tragen Mäntel von Stroh. Ansteigende Strasse. Verengerung des Thales. — Nach $^3/_4$ Std. (15 Kil.) Neuhaus mit dem *Gasthof zum Erbprinzen* (Gemeinde Unterwasser). Fussgänger biegen von der Landstrasse ab, *rechts* scharf bergan, $^1/_4$ Std. näher; oben wieder Vereinigung dieses *Weges* (alte Strasse) mit der *Landstrasse.* Diese (neue Strasse) umzieht das Thal in einem grossen Bogen. $^1/_2$ Std. Wegw. *links* über Blöchereck zum Edelfrauengrab (s. ob.). — Weiter bergan; Blick hinab auf den grünen Teppich der unten ausgebreiteten Waldungen. Auf der Höhe dreiarmiger Wegw. Hier Einmündung der *alten* Strasse. Nun in grossen Windungen hinab. Beim Austritt aus dem Walde gewahrt man tief unten in dem waldigen Thalschooss die höchst malerischen

(20 Kil.) **Ruinen des Klosters Allerheiligen,** 600 m.

Gasthof: Forstwirthshaus (Familie Mittenmaier). Pension 5 bis 6 Mk. Der † Vater Mittenmaier, dessen Portrait im Speisesaal, war eine bekannte u. beliebte Persönlichkeit, hauptsächl. bei den Studenten. — Der *Gasthof* ist neuerdings vergrössert u. ein Neubau angefügt worden. Im Gasthof Auskunft über Ausflüge.

Die Ruine, mit ihrem Spitzbogenbau, ist malerisch von ungemein effektvoller Wucht der Erscheinung, verstärkt durch den unmittelbar hinter ihr aufsteigenden, dunkeln Tannenwald, von dem sich ihre pittoresken Formen wie von einer künstl. Folie abheben. — *Tafeln* warnen vor abstürzenden Mauersteinen.

Am 26. Aug. 1862 stürzte hier ein Heidelberger Student (Saxo-Borusse), Alfred von Domhardt aus Bestendorf in Ostpreussen, der seine Kletterkunst zeigen wollte, todt. Bronzetafel zum Gedächtniss.

Die Grundmauern des Konvents u. des Kapitelhauses lassen sich mit Hülfe eines im Gasthof aufgehängten Planes der Abtei noch leicht erkennen. Südlich der Abteigarten, in wohlerhaltener Ummauerung.

Stiftung des Klosters Allerheiligen 1191 durch Uta von Schauenburg, Tochter des rheinischen Pfalzgrafen Gottfried von Kalw, Wittwe des liederlichen Herzogs Welf IV„ welche dasselbe 1194 an fünf Prämonstratenser Mönche übergab, die bei strenger Zucht und reichen Vergabungen das Stift in gutes Ansehen brachten, so dass es bald zur reichsten Probstei der Ortenau erwuchs. Eine gute Klosterschule, die oft 50 Schüler zählte, erhielt sich lange daselbst. Im Jahr 1657 Erhebung zur Abtei. Mehrmalige Zerstörung durch Brand. In Lautenbach, im freundl. Renchthal, hatte das Kloster ein Hospitz, wohin der Probst Johann Magistri übersiedeln wollte, da ihm die rauhe, einsame Lage der alten Abtei nicht behagte, 1484. Allein die Mönche widersetzten sich diesem Unterfangen mit aller Energie u. fassten einen Kapitelbeschluss, dass nie ein Probst längere Zeit in Lautenbach wohnen dürfe. Der letzte Prälat Wilhelm Fischer zog nach der Aufhebung seines Stiftes, 1802, nach Lautenbach u. starb 1824 in seiner Vaterstadt Oberkirch. 1803 schlug der Blitz in das leer stehende Kloster, dessen weitere Bestimmung noch unentschieden war (es sollte eine Spinnerei darin eingerichtet werden), worauf es zur Ruine wurde.

Die aus Quadern erbaute Kirche, deren malerische Ruinen uns heute noch Bewunderung einflössen, mag aus dem 14. Jahrh. stammen.

Spaziergang auf die Engelskanzel 1/4 Std., isolirte steile Felsenwand, von deren Oberfläche imposanter Einblick in die Schluchten der Wasserfälle. — Luisenhütte. — Von Allerheiligen aus lohnender *Weg* über die Höhe nach der Schwedenschanze und der Zuflucht am Kniebis Nr. 48, und von da nach Rippoldsau, 4½ Std., zum grössten Theil guter *Fussweg*, doch Führer nützlich.

Wer im Wagen reist, lässt denselben auf der, einen grossen Umweg beschreibenden *Strasse* leer hinabfahren u. wandert *zu Fuss* an dem oben erwähnten (rechts) Abteigarten vorbei, den *breiten Weg* in die Waldschlucht hinein, dem Laufe des Gründbaches folgend. Reizende Gestaltung des Thälchens. Nach 10 Min. Beginn der **Büttenwasserfälle** (od. gewöhnlicher) der Büttenschrofen. Der Gründbach, der dieselben bildet, verliert seinen Namen in dem sog. Büttenloch u. fliesst unterhalb der Kaskaden ruhig als Lierbach weiter. — Der Grundfels ist in diesen Büttenschrofen zackig auseinander gespalten u. über die hierdurch gebildeten Staffeln des Felsenschlundes stürzt das Wasser des Gründbaches in sieben Fällen hernieder. Die Kaskaden sind an sich, wenn nicht hoher Wasserstand ist, von keiner grossen Bedeutung, aber die ganze Scenerie der Umgebung ist höchst malerisch, phantasievoll, so zu sagen in theatralischer Weise gegeben. Hier scheint die Eingangspforte zu Kühleborns Reich zu sein. Allerlei Phantasien zu Undine tauchen vor dem Geiste auf, wenn man diese feuchten, moosbehafteten Felsklüftungen durchschreitet, namentlich dann, wenn dieselben in passender Beleuchtung erscheinen.

Sicherer, durch Geländer u. Brüstungen geschützter *Weg* führt über Stufen und Brücken an den einzelnen Fällen nieder.

Der oberste (von dem mit Ruhebank versehenen *Belvedere* gut sichtbare) Fall ist der imposanteste zu nennen. Die gesammte Höhe der Fälle beträgt 98 m., die Höhe der einzelnen Kaskaden 9—12 m. Bis an das Ende der Fälle etwa 10 Min. (auf dem nächsten Weg), über die Luisenhütte hingegen 25 Min.

Die Forstbehörde hat die Unterhaltung der Wege zu den Wasserfällen zu ihrer speziellen Aufgabe gemacht. Die schönsten Punkte sind mit Ruhebänken u. Ausblickstellen versehen. Einzelne Felsen, an welche sich Sagen knüpfen, od. die sich sonst durch irgend etwas Bemerkenswerthes auszeichnen, erhielten entsprechende Namen, z. B. der Reitersprung (nach einem schwedischen Reiter, der hier hinab gesetzt haben soll), der Siebenschwesternfelsen (der 7 Mädchen vor den Nachstellungen der Hunnen geschützt haben soll), das Rabennest, die Zigeunerhöhle u. s. w. — Die Höhe von Allerheiligen ist 600 m., diejenige des *Abflusses* am untern Wasserfall 502 m. Die 7 Hauptfälle (7 Bütten) ergeben demnach ungefähr die oben angegebene Abstufung von 98 m. Höhe.

Wer Zeit hat, mag im *Hotel* Mittagsmahl bestellen, dann aber *vorher* den aussichtsreichen, schönen *Fusspfad* vom *Gasthof* rechts durch den Wald zur Luisenhütte od. Luisenruhe u. Engelskanzel einschlagen. (15 Min.) *Pavillon* Engelskanzel, wo herrlicher Einblick in die Kaskadenschlucht und ins Lierbachthal. Vorüber am Teufelstein, Zigeunerhöhle, Reitersprung, Rabennest, Siebenschwesternfelsen, Büttenloch, bis zum steinernen Tisch (15 Min. vom *Pavillon Engelskanzel*) am *Ausgang der Fälle,* somit, wenn man alles genau betrachten will, 25—30 Min. hinab u. etwa 30 Min. gemächlich *an den Fällen entlang* hinauf zum Forsthause zurück. Unterhalb der Wasserfallschlucht im Sommer Erfrischungen zu haben.

Ueber der Wasserfallschlucht rechts *Wege* (zwei), die kürzen: der eine über den Braunberg, der andere über den Sohlberg nach Bad

Sulzbach u. Lautenbach im Renchthal, Nr. 48. Wegw. mangeln an mehreren Stellen, wo solche nothwendig wären.

Interessante *Fusswege* von Allerheiligen auf den Ruhstein (1 Std.), *bad.-würtemberg. Grenze* und von da über Oberthal u. Mittelthal, der Murg nach bis Baiersbronn, Nr. 46 — od. auf dem Rücken des nörd. Kniebis (Steinmäuerle, 1050 m.) direkt fort auf der Grenzlinie bis zur Schwabenschanze, 966 m., wo in der Nähe des einsam gelegenen Wirthshauses *zur Zuflucht* die von Oppenau nach Freudenstadt führende *Strasse* erreicht wird, 2 Std. von Allerheiligen.

Unterhalb der Wasserfälle hinaus auf die *Strasse*, wo man den Wagen bei einem dreiarmigen Wegweiser wieder besteigt. Es beginnt hier das 2 Std. lange, mit schönen Wald- u. Felsdekorationen ausgeschmückte **Lierbachthal** (Fahrzeit bis Oppenau $1^1/_2$ Std.). — 20 Min. Felsenhügel in der Mitte des Thales, mit einem Kreuz auf dem Gipfel. Die Häuser liegen rings an den Berghalden zerstreut. Etwa $^1/_2$ Std. vor Oppenau schöner Blick auf die Berghöhen des Mooswaldes, welche das Renchthal einschliessen. — *Gasthof zur Taube* (ehem. Mineralbad) u. gutes, viel besuchtes Haus mit Pension für Sommergäste.

Aus dem obern Lierbachthal über den Braunberg *Weg* nach Bad Sulzbach. Wegw.

Beim Gasthaus u. Bierbrauerei *Zum Kreuz* bei Oppenau *links* über die Brücke *Fahrstrasse* (Wegw.) im Thale der Maisach od. Maisig hinan nach (1 Std.) Bad Antogast im Maisachthal, 480 m., still u. lieblich gelegen, (Kuranstalt u. Gasthof von Huber). Omnibus nach Oppenau. Verschönerungen u. Neubauten. Zahlreich besucht. Das Bad ist alt (schon 1536 beschrieben). Ländliche Einrichtung, doch gelobt. Alkalisch-erdiger Eisensäuerling (hauptsächl. kohlensaurer Kalk und kohlensaures Natron) von + 9 bis 10° C. — In dem tief in Granit eingesenkten Maisachthal hübsche Partien und überraschender Wechsel der Vegetation vom Obstbaum bis zur Tanne und Legföhre.

Spaziergänge und Ausflüge: auf den Kniebis, $1^1/_4$ Std. — zum Hornbauer $^3/_4$ Std. — auf den Breitenberg 1 St., in's Thal der sog. wilden Rench; — nach Oppenau, Griesbach, Petersthal, Döttelbach etc. — Breitenberg, 660 m., Rendez-vous der Kurgäste aus den Renchthalbädern. (Im Wirthshs. des Dorfes guter Rahm mit Kirschwasser, sog. Milchgrog.)

Vor Oppenau, Einmündung der Kniebis-(Knibuz-) Strasse in die Maisachthalstrasse (die nach Antogast geht) u. Vereinigung *dieser* Strasse mit der Strasse von Allerheiligen her beim Gasthaus *zum Kreuz*.

Die Kniebisstrasse führt in vielen Windungen mit prächtigen Rückblicken zum Rossbühl u. *zur Zuflucht*, 951 m., hinauf. *Links* Abzweigung eines *Weges* in's Murgthal nach Oberthal.

(30 Kil.) **Oppenau,** 279 m. nicht ganz 2000 Ew., *Endpunkt* der Renchthalbahn, Nr. 48, S. 390.

Nr. 48. Von Appenweier über den Kniebis nach Rippoldsau und Hausach (Freudenstadt).

Das Renchthal und die Kniebisbäder.

Eisenbahn (Renchthalbahn), 18 Kil. von Appenweier nach Oppenau, 4mal tägl. in 50 Min. — **Post** von Oppenau über (8 Kil.) Petersthal nach (12 Kil.) Griesbach, tägl. 2 mal in 1³/₄. Std. — Von Griesbach nach (20 Kil.) Freudenstadt, in 3¹/₂ Std. — von Rippoldsau nach (22 Kil.) Wolfach, 2 mal tägl. in 2¹/₄ Std. — Von da **Eisenbahn,** 5 mal tägl. in 10 Min. nach (4 Kil.) Hausach, *Station* der Schwarzwaldbahn, Nr. 41.

Entfernungen für Fussgänger: Von Renchen 1³/₄ Std. nach Oberkirch. Von Appenweier über Nussbach 2 Std. nach Oberkirch; — ³/₄ Std. nach Lautenbach; — 1 Std. 35 Min. nach Oppenau; — 35 Min. nach Ibach; — 1¹/₄ Std. nach Freiersbach; — ¹/₄ Std. nach Petersthal; — 1 Std. nach Griesbach; — 2¹/₄ Std. nach Kniebis; — 1¹/₂ Std. nach Ripppoldsau; 25 Min. nach Klösterle; — 1 Std. 35 Min. nach Schapbach; — 2 Std. 50 Min. nach Wolfach; — 2 Std. nach Schiltach od. 1¹/₄ Std. nach Hausach. Von Wolfach nach Hausach Bahnfahrt. — Empfehlenswerth für *Fusswanderer,* bis Oppenau Bahn zu nehmen u. von hier aus die Fusstour zu beginnen.

Von **Appenweier** (gute *Bahnrestauration*) Nr. 28, S. 164, Eisenbahn zuerst in nördl. Richtung, dann in grossem Bogen rechts abbiegend, im Thalgebreite des Stangenbaches östl. fort. Rechts vorwärts Blick auf die Weinhöhen, an denen der edle Klingelberger gezogen wird. Ueber ihnen Schloss Staufenberg (Sagenkreis, aus dem die romant. Erzählung von der „Undine" u. der Stoff zur gleichnam. *Oper* entnommen ist), dem † Prinzen Wilhelm von Baden gehörig.

(4 Kil.) Stat. Zusenhofen. *Rechts* (10 Min.) das stattl. Dorf Nussbach, 174 m. (*Linde; Schwan*), dessen neuer Kirchthurm weithin sichtbar. Dahinter die St. Wendelinskapelle, Wallfahrtsort, bei Maisenbühl (*Rebstock*). Die Berge treten näher, die Bahn kreuzt die mit Kirschbäumen besetzte *Landstrasse.* Rechts Schloss Fürsteneck sichtbar, links Ruine Schauenburg. Ueber die Renchbrücke nach

(9 Kil.) Stat. **Oberkirch,** 195 m., 2704 Ew. (*Linde od. Post; Ochs; Adler; Greif; Bierbrauereien von Börsig u. Schrempp*), wo die 9 Kil. lange *Landstrasse* von Renchen her (Nr. 28, S. 164) einmündet. Freundliches, lebhaftes Amtsstädtchen, mit den anstossenden Häuserkomplexen Fernach (*Linde*), Leimen, Loh (*Ochs*) etwa 1000 Ew. mehr, welche Wein-, Obst- (Kirschen-) u. Holzhandel treiben. Papierfabriken. Badeanstalten. Bedeutende Märkte (namentl.

Kirschenmärkte, bei denen in 2—3 Std. 2—3000 Körbe Kirschen zum Verkauf kommen). Berühmtes Kirschenwasser. Wein (Klingelberger). Neue kathol. Kirche; kleine protestant. Kirche. Telegraph. Kleine Eisenbrücken u. Stege über die Rench. *Beliebter Sommeraufenthalt.*

Ausflüge: Nach den *Ruinen* der Schauenburg, 391 m., deren Besitzer die Herren von Schauenburg. Der General Hannibal von Sch., General der französ. Republik, berüchtigt durch seine Mordscenen in der Schweiz 1798. — Schöne Aussicht. — Noch bedeutendere Aussicht beim Signal, 1/2 Std. höher, 694 m. — Am bequemsten hinaufzusteigen vom *Haber'schen Gut* aus, dem **Höllhof**, und über Dorf Gaisbach zurück. Gaisbach (Adler) mit restaur. Schlosse der Familie von Schauenburg u. Kapelle; — zur *Ruine* Ullenburg od. Ulmburg, 286 m., 3/4 Std. nördl. von Oberkirch, bei Thiergarten, durch Kardinal Rohan 1785 zerstört; bemerkenswerthe Aussicht. — Zur *Ruine* Fürstenek, 1/2 Std., südwestl. von Oberkirch, 269 m., auf einem mit Reben und Kastanienbäumen bepflanzten Hügel. Erbaut zum Schutze von Oberkirch vom Grafen Heinr. v. Fürstenberg 1260, hat sie geschmackvolle Anlagen u. einen *Neubau* (Wohnh.) erhalten. — In's Waldulmthal 1 1/2 Std. — auf den Hungerberg, auf den Teufelsstein, Schwalbenstein, Bürstenstein (2 Std.), nach Schwend (Schwänd) 2 3/4 Std.; in's Kappeler Thal, nach Ringelbach; — ferner über die Bottenau nach Schloss Staufenburg (Staufenberg), Durbach, Weierbach, Zell, Weingarten bis Offenburg (4 Std.).

(12 Kil.) Stat. **Lautenbach,** 217 m. (*Schwan,* Pension 3,50—4 Mk.; *Stern*) mit gothischer, sehr sehenswerther, alter Wallfahrtskirche (1471 durch Rohard von Neuenstein, Probst zu Allerheiligen erb.) mit werthvollen Glasgemälden, andern Bildern (das beste bei der Kanzel), interess. Chor, Hochaltar, der sog. Gnadenkapelle etc. (Vergl. Sensburg: Die Kirche zu Lautenbach). *Wachsender Fremdenbesuch.*

Ausflüge: auf den Schärtenskopf, 609 m. — von hier zu den Ueberresten der Burg Neuenstein. — Durch das Hesselbacher Thal auf das sog. Bergle mit Rundsicht auf die Umgegend, welche die „kleine Schweiz" genannt wird. Wegw. fast überall.

Von Lautenbach über Steig, Heidenhof, durch das Rustenbachthal u. über den Sohlberg am Eselsbrunnen vorüber (Inschrift über Entstehung des Namens), nach 2 1/2 Std. Allerheiligen, Nr. 47, S. 385. — Beim *Gasthof zum Schwan* ein zweiter, 20 Min. weiterer Weg auf den Sohlberg (schöner Aussichtspunkt 20 Min. vom *Schwan*).

Ueber die Rench, die kleine Fälle bildet. Verengerung des Thales. Bergiger Charakter desselben. Links das Rustenbachthälchen. — (14 Kil.) Stat. Hubacker (*Gasthaus zum Hubackerhof*), Station für Bad Sulzbach.

Gegenüber dem *Wirthshaus* Wegw. nach dem (1/4 Std.) **Bad Sulzbach,** 320 m., mit lauwarmer (22 ° C.) Salzquelle (kohlensaures Natron, schwefelsaures Natron, kohlensaurer Kalk); einfaches und billiges *Gasthaus von Börsig.* (Gute Weine, stets Forellen; Pension

5 Mk., 1 Bad 50 Pf.) Der freundlich gelegene *Kurort* ist Allen zu empfehlen, die nicht luxuriöse Ansprüche machen. — Von hier über den Braunberg nach Allerheiligen; Aussichtspunkt Ramsbacher Eck.

Von Stat. Hubacker neu angelegte *Fusswege* auf den Schärtenskopf 609 m., zur Ruine Neuenstein u. zu den schwachen Trümmern der Bärenburg, lohnende Aussichtspunkte.

Der Thalboden erweitert sich wieder. Die Bahn erreicht in 10–12 Min. (unterwegs links über dem Friedhof der der Aussichtspavillon sichtbar) ihren Endpunkt in

(18 Kil.) Stat. **Oppenau**, 279 m., Städtchen mit nahe an 2000 Ew. in angenehmer Lage.

Gasthöfe: *Engel* od. *Post; Adler; Stahlbad; Blume; Hirsch;* mehrere Bierbrauereien.

Wagen (inklusive Trinkgeld) nach Antogast 1spänn. 3 Mk., 2spänn. 5 Mk.; — Petersthal, 3 Mk. bezw. 5 Mk.; — Griesbach, 2spänn. 8 Mk.; — Rippoldsau, 2spänn. 18 Mk.; — Allerheiligen, 2spänn. 6 Mk.

Lebhafter Wegknotenpunkt für Schwarzwaldreisende. Die Fuhrwerke halten am Bahnhofe, ebenso die Omnibus für die nahen Kurorte. — Man schätzt jährl. ca. 20,000 Passagiere. Schöne Kirche. Ziegelbrennereien u. Krugfabrik. Im *Stahlbad* eine (1834 entdeckte) eisenhaltige Mineralquelle. Bedeutender Handel mit Kirschwasser. Holzhandel. Harz- u. Pechfabrikation (Fackeln). Schöne Aussicht vom Pavillon, 396 m., 25 Min. vom Ort. — *Stationspunkt für viele Ausflüge.*

Der Ort ist alt; von manchen auch Noppenau geschrieben. Zu Anfang des 14. Jahrh. v. Bischof Johann I. von Strassburg zur Stadt erhoben u. befestigt. 1515 völlig abgebrannt. Ueber dem Ort die ehem. Burg Friedberg, die dem Kloster Allerheiligen gehörte, das hier Güter besass. Zuletzt kam der Ort zur Herrschaft Oberkirch.

Von Oppenau weiter durch das Renchthal aufwärts.

Die Wilde Rench entspringt zwischen Rossbühl u. Kniebis, in der Nähe der Schwedenschanze in einer Höhe von 690 m. u. stürzt in einem wildromant, mit Sägmühlen besetzten Thal über Gneis u. Granit in eine schattige Schlucht hinab, die von den Kurgästen von *Griesbach* gerne besucht wird. Sie durchfliesst Griesbach, 496 m., u. Petersthal, 420 m., nimmt den vom Melkereikopf, 1055 m., kommenden Lierbach auf, setzt ihren Weg als Rench über Oppenau, 279 m., Oberkirch, 195 m., u. Renchen, 152 m., fort, durchzieht ein grosses Bruchland, vereinigt sich noch mit dem Querchbach u. geht bei Memprechtshofen dem Rheine zu nach einem Laufe von 12 Stunden. Ihre Breite bei Oppenau u. Oberkirch ist 6—10 m. In der Rench wird noch Flösserei betrieben, doch in abnehmendem Masse.

Das Hauptthal, mit seinen von Wald, Reutboden u. Wiesenhalden bedeckten Höhen u. Abhängen, zeigt bis weit hinauf zerstreute Bauerngehöfte in angenehmer Mannigfaltigkeit gruppirt. Der Zug strengen Ernstes, den die mit Nadelholz bestandenen Bergkuppen dem Thalbild verleihen, wird gemildert durch reizende, kleine Seitenthäler, die dem Blicke behagliche Heimwesen zeigen, Schwarzwaldhäuser, die unter Obstbäumen aus kräftig grünen Wiesen herüberschauen. Zur Linken an den Bergen hinauf bemerkt man einen wahren Wald von Ginsterbüschen. — Eigenthüml. Tracht: Die Weiber tragen grosse, radförmige Strohhüte mit ebenso volumnösem rothem Fransenaufputz; die Männer tragen blaue Jacken, rothe Weste u. rothes Futter an den schwarzen Röcken, die sehr hohe Taille haben.

Auf der *Landstrasse* in südl. Richtung thalauf. Der grosse Bogen, den die Strasse macht, kann durch *Fusswege* abgeschnitten werden. Verengerung des Thales; kleine Kaskaden der Rench; rechts u. links Thaleinschnitte, sog. Dobel od. Tobel. Sägmühlen, Bauernhöfe. — *Wirthshaus zum Finken.* Nach ½ Std. Zinken Ibach. — Häuser mit Unterbau von Mauerwerk, Oberbau Holz u. verschindelt. Feuerrother Anstrich der Thür- u. Fenstergestelle. Manche Heimwesen in geradezu idyllischer Umgebung.

(5 Kil.) *Wirthshaus zum Pflug* im Zinken (Häusergruppe) **Löcherberg.** Rechts Abzweigung der *Strasse* in's Harmersbachthal nach Zell a. H. u. in's Nordrach-Thal.

a. Abstecher in's Harmersbachthal u. in's Nordrachthal.

Schon in der Nähe von Oppenau zeigt ein Wgw. den *Fussweg* nach Nordrach, der aber beschwerlich ist u. über den Bühlberg, 469 m., dann über den Mooswald, 785 m. nach dem Weiler Fabrik 435 m., führt, u. in's Nordrachthal. Doch nur mit Führer rathsam.

Vom *Wirthshaus zum Pflug* in Löcherberg bis Zell 3½ Std. Gute *Strasse,* die sich in Zickzackwindungen zu dem weithin sichtbaren Einschnitt (652 m.) hinaufzieht (1¼ Std. von Löcherberg), der aus Buntsandstein besteht u. am Heidenstein heisst. Wegw. nach Nordrach u. nach Oberharmersbach.

1. Links nach Oberharmersbach im Harmersbacher Thal (Vallis Hadamaris?), prächtige Wanderung. Erst alter Wald mit übermoostem Trümmergestein, dann Wiesenthal mit Schwarzwaldhäusern u. Sägmühlen. Die *Weiler* Langhard u. Holdersbach folgen nach einander, dann (2 Std.) Dorf Riersbach, 325 m. (*Sonne*), am Einfluss des Holdersbaches u. Riersbaches in den Harmersbach. — (2¼ Std.) Dorf **Oberharmersbach,** 313 m., 2190 Ew. (*Zu den drei Schweinsköpfen*), grosser, stattlicher Ort mit schöner byzant. Kirche (Altargemälde von Dürr, vortreffl. Orgel). Schöner, kräftiger Menschenschlag, hauptsächl. die Frauen. Granatschleifereien.

Ausflüge: zur sog. Heidenkirche, 749 m.; — nach der Falkenbrücke; — über das Kreuz in's Waldhäuser Thal, (740 m. beim *Kreuz*); — nach Oberwolfach 2 Std.; — in das Einbachthal nach Hausach, 3 Std. —

Weiter thalab heisst der belebte Thalgrund das Unter-Harmersbacher-Thal. Ehedem hiess das ganze Thal u. auch heute noch das Hammersthal u. war eine lange Zeit freies Reichsthal, unmittelbar unter dem Kaiser stehend.

Es folgen die Wirthshäuser *Adler, Rössle, Ochs.* — Endlich (3½ Std.) **Zell am Harmersbach,** 225 m., nicht ganz 1500 Ew. (*Hirsch; Rabe; Löwe*), sehr lebhafter Ort, ehemals Reichsstadt, am Ausgang der Thäler von Harmersbach und Nordrach. Im Rathhaus werthvolle Glasgemälde. Bedeutende Fayenze- u. Porzellanfabrik, Granatschleifereien, Pottaschesiederei. In der Nähe die früher viel besuchte Wallfahrtskirche *Maria zur Kette.*

Post nach Biberach zur *Eisenbahnstation* der Schwarzwaldbahn, tägl. 4 mal in 25 Min.). Privat-Omnibus. Nr. 41, S. 315.

Zell erscheint schon in Urkunden 1139, war eine Zeit lang reichsunmittelbar, dann aber unter dem Schutz Oesterreichs mit eigenthüml. Verfassung u. Gerichtsorganisation. In einer Urkunde ist der Ort als „des heil. römischen Reiches kleinste aber wüsteste Stadt" genannt, welche Bezeichnung nun nicht mehr zutreffen würde.

2. Rechts in's Nordrachthal. Vom *Wirthshaus zum Pflug* in Löcherberg bis Zell a. H. 4 Std. Sehr romant. Waldthal an den Ausläufern des 873 m. hohen Mooswaldes, das sich von dem Weiler Fabrik noch 3 Std. weit abwärts bis Zell erstreckt. Weiler, Zinken, Höfe u. Sägemühlen u. etwa 2000 Ew., die von Holzhandel, Wiesenbau u. Viehzucht leben. Im Hauptort, grösster Gebäudekomplex **Nordrach,** (*Stubenwirthshaus*) liegt die *Kirche* des Thales, 300 m. — Man passirt zunächst den *Weiler* Fabrik (einst Glasfabrik des Klosters Gengenbach, wo Abt Roscher starb.)

Von Löcherberg auf der Renchthalstrasse fort in ¾ Std. nach

(7 Kil.) Bad **Freiersbach,** 384 m. (*Bade- u. Gasthaus*, langes kasernenähnliches Gebäude in angenehmer Lage; Zimmer 0,90—1,80 Mk.; Table d'hote 2,10 Mk.) Dampf- u. Kiefernadelbäder; Gartenanlagen, Lindenalleen. Der Ort in grünem Wiesengrund gelegen, ist rings von hohen Bergen umgeben (der hohe spitze Gipfel, der in der Perspektive erscheint, ist der Ueberskopf, 850 m.). Vier Quellen, (8—9° R.) sie heissen Schwefel-, Stahl-, Gas- u. Salzquelle; enthalten an fixen Bestandtheilen namentl. kohlensauern Kalk, schwefelsaures Natron u. kohlensaures Eisenoxydul, sowie viel freies kohlensaures Gas. Geräumige Trinkhalle. Neues kleines Gebäude mit der Gas- und der Schwefelquelle. Seit etwa 100 Jahren benutzte Quellen. Jährl. 450—500 Kurgäste. Im Sommer *Postagentur.*

Ausflüge: in's Freiersbacher-(od. Bären-)thal, auf den Engelsberg, den Hinterberg, 543 m, Vorderberg, 432 m., auf die entfernteren Punkte Hermersberg, 893 m., Lottereck 624 m., Hahnenkopf, Hundskopf, 925 m. etc.

Weiter auf der *Strasse* (10 Min.) Dorf Petersthal (*Bären* mit Stahlbad; *Schlüssel*) mit über 1500 Ew. u. wieder 10 Min. nach

(8 Kil.) **Bad Petersthal,** 420 m. (*Bad u. Gasthof*), die grösste, eleganteste und meist besuchte Kuranstalt des Renchthales in sehr geschützter Lage u. durch die Eigenschaften seiner Mineralwässer ausgezeichnet, die schon im 16. Jahrh. als Petersbrunnen bekannt waren. Grosses, comfortabel eingerichtetes Schwimmbad, für gemeinsame u. einzelne Bäder. Die Mineralbäder werden (nach der Methode Schwarz) durch Dampf erwärmt.

Bade- u. Gasthaus bei *F. X. Müller Wittwe*, über 100 Zimmer, elegant; Bademusik; Konversationssaal, Bälle, Lesekabinet. Gute Weine. *Preislisten* in den Zimmern angeschlagen. — Privatwohnungen in zieml. Anzahl, auch im Dorf. Badearzt: Dr. Jägerschmied. — **Post**: nach (4 Kil.) Griesbach, 40 Min. — nach (8 Kil.) Oppenau 1 Std., — nach (24 Kil.) Freudenstadt in 4¼ Std. **Telegraph.** — **Fuhrwerk,** in sämmtlichen Renchthalbädern *theuer*.

Die Quellen von Petersthal, die allsommerlich von über 1200 Badegästen u. Passanten besucht werden, kommen, ihrer chemischen Zusammensetzung nach, etwa in die Mitte zu stehen zwischen den Eisenwässern von Schwalbach u. Spaa u. den mehr salinischen Eisenwässern von Marienbad u. Franzensbad. Sie dürften sich am nächsten zu den Heilquellen von Pyrmont stellen. Freie Kohlensäure 23 Kub.-Zoll in 16 Unzen. Feste Hauptbestandtheile: doppelkohlensaurer Kalk (11,7), schwefelsaures Natron (6) u. doppeltkohlensaure Magnesia (3,5 Gran in 16 Unzen). Durch Abwesenheit des schwefelsauren Kalks ist das Mineralwasser leicht verdaulich.

Die Petersquelle (Stahl) u. die Laxirquelle (Salz) sprudeln im *Kursaal*, die Sophienquelle unter einem offenen, tempelartigen *Pavillon*. Die Laxirquelle heisst auch Salzquelle; endlich noch die Badquelle. Saison von Mitte Mai bis Ende September. Das Wasser wird hauptsächl. getrunken, doch auch Sitzbäder u. Douchen aller Art (auch Gas-Douchen). Sturz- u. Wellenbäder in der Rench. Bedeutende Versendung von Mineralwasser. Milch- und Molkenkur. Hier u. in den übrigen Renchbädern Forellenfischerei. —

Petersthal wurde schon im 16. Jahrh. von Dr. Theodor von Bergzabern (Tabernae montanus) erwähnt. Ziemlich reiche Literatur über diesen Kurort.

Ausflüge: nach Bad Griesbach 1 Std. (s. unt.). — nach Bad Antogast Nr. 47, S. 387, über den Breitenberg 2 St.; — auf die Kniebishöhe 3 Std. — in's Bärenthal u. durch dasselbe in das Wild-Schapbachthal u. nach Schapbach. — zur Holzwälder Höhe. — zum Glaswald- od. Wildsee im obern Seebachthal. —

zum **Kloster Allerheiligen** u. seinen *Wasserfällen* in den **Büttenschrofen**. Nr. 47. S. 385.

Im enger u. malerischer werdenden Renchthal aufwärts über Böstenbach u. Döttelbach in 1 Std. nach

(12 Kil.) **Bad Griesbach,** 496 m.

Bade- u. Gasthaus bei Monsch-Jockerst Wittwe (vier unter sich durch gedeckte Gänge verbundene Kurgebäude u. drei Villen mit 250 Zimmern zur Aufnahme von 300 Kurgästen. Gasbeleuchtung), bequem, mit Trinkhalle, Sälen, Billard, Kegelbahn, Kurmusik, Gartenanlagen u. Bade-Einrichtungen aller Art, auch Kiefernadelbäder u. Inhalationen. Zimmer 1,50—4, Table d'hôte 2,50 Mk.; Mineralbad mit Dampferwärmung 1,70 Mk. —

Bade- u. Gasthaus Zum Adler (Nock) mit eigener Quelle u. 6 Badekabinetten. — *Linde,* mit guter Restauration. Mehrere Privatwohnungen (Schulhaus). Badearzt: Medizinalrath Dr. Haberer. Post u. Telegraph.

1882 Neue Stahlquelle entdeckt, (Harzfabrikant Doll gehörig) die nach der chem. Analyse von Dr. Prof. Bunsen zu den an Eisen- u. Kohlensäure reichsten Mineralquellen am Kniebis gehören soll.

Dieses grösste u. höchst gelegene der Renchthalbäder ist gegen SO. u. N. von dem dicht bewaldeten Gebirge eingeschlossen, nämlich von den Ausläufern des Kniebis, der Letterstätterhöhe, 968 m., der Holzwälderhöhe, 917 m., dem Brandkopf u. dem Kniebis selbst, 1244 m. — *Acht Stahlquellen,* von welchen *vier erdig-salinische Eisensäuerlinge* (Antoniusquelle, die eisenreichste am Kniebis, Josephs-, Karls- u. alte Badequelle), nahe verwandt mit den Stahlquellen von Pyrmont, — u. *vier reine Eisensäuerlinge* (Katharina-, Amandus-, Schrempp'sche u. neue Badequelle), mit Schwalbach u. St. Moritz am nächsten verwandt. — Vortreffliche Badehaus-Einrichtung. Badewasser sehr eisen- u. kohlensäurehaltig (2,10 Gramm auf 1 Liter). Dampfheizung nach Schwarz'scher Methode. — Eigene Meierei u. gute Kuhmilch. — Jährl. Frequenz etwa 1200 Gäste, worunter ²/₃ Damen.

Ausflüge: nach der Wilden Rench (s. unt.); — nach dem Breitenberg; — nach der Teufelskanzel; — nach dem Silbereck; — zum Glaswaldsee; zum Grossen u. Kleinen Wasserfall; — zur Zuflucht (s. unt.), höchster Punkt der Kniebisstrasse.

Bei Griesbach Anfang der eigentl. Kniebisstrasse (*Knibuzstrasse*), die in vielen Windungen, fast immer durch Wald, noch 500 m. bis zur *Passhöhe* ansteigt. Geh- oder Fahrzeit bergan 1½ Std.

Ueber die **Holzwälder Höhe** führt der nähere, sog. Promenaden-Weg in 2 Std. nach Bad Rippoldsau (s. unt.). Auf der Berghöhe, 917 m., die Sophienruhe. Aussicht aber verwachsen.

Vorwärts Griesbach hat die Laubholzwaldung ein Ende, es herrscht die Tannenwaldung vor. Starke Steigung der *Strasse* in Windungen u. entzückende Rückblicke auf das Renchthalgebiet. Diese Strassenbaute ist eine der grossartigsten im Schwarzwald zu nennen. Die Niederblicke werden immer ausgedehnter und ergreifender. Herrliche Frische der Bergluft. Links in der Tiefe die Häuser im Wilden Renchthal. Nach u. nach geht die Aussicht verloren. Vegetation hoch-montan, endlich sumpfige, öde Hochfläche. Uebergangshöhe 973 m. *Würtemberg. Grenze;* Alexanderschanze, 973 m., die 1734 von Herzog Karl Alexander von Würtemberg gegen den Einfall der Franzosen unter Marschall Herzog von Berwick erbaut wurde.

Links hinab *Fahrweg* das gute Elbachthal hinab nach Mittelthal u. Baiersbronn.

Von hier in 20 Min. zur Posthaltestelle beim *Gasthaus zum Lamm.*

Links rückwärts von der Alexanderschanze, an der alten Steigstrasse über den Kniebis, bemerkt man noch 2 solcher Erdwerke oder Aufwürfe, die sog. Schwedenschanze beim kleinen, aber guten Wirthshaus *zur Zuflucht* (aus dem 30jähr. Krieg) u. höher die Schwaben- od. Rossbühl- od. Röschenschanze, 966 m, die 1766 von dem würtemberg. Oberst *Rösch* erbaut wurde. Auf derselben ein hölzernes *Aussichtsgerüst* mit *Signal.*

Bei der *Zuflucht* Wegabzweigung in's Murgthal nach Oberthal u. über Mittelthal nach Baiersbronn.

Die Kniebisstrasse zieht sich nun auf würtemberg. Gebiet in östl. Richtung fort, fällt wieder etwas und gewährt herrliche Ausblicke nach der Schwäbischen Alp, auf die Hohenzollern'schen Landesgebiete, die Berge der Baar u. auf die östl. Alpenketten, jedoch nur bei ganz heller, klarer Luft. — $1/2$ Std. *Dörfchen* Kniebis, 942 m. (*Ochsen*). Gegenüber dem *Wirthshaus* die dürftigen Reste des Klosters Kniebis, ehem. Benediktiner-Priorat, von dessen Kirchlein noch guterhaltene Spitzbogenfenster mit gothischem Masswerk u. einige Mauertheile zu sehen sind.

Klosterruine Kniebis.

Im 13. Jahrh. eine Kapelle zur Unterkunft u. Andacht der Reisenden, später Chorherrenstift, 1277 von Franziskanern besetzt, brannte das Kloster 1513 ab u. wurde nicht wieder aufgebaut. 1799 wurde die Kirche von den Franzosen zerstört.

Jetzt steht eine neue kleine Kirche weiter südöstl.

Beim Orte Kniebis, mehr nördlich, prächtiger Niederblick auf den Ellbachsee u. das Ellbachthal bis hinunter nach Mittelthal im Thal der Murg.

Ellbachsee mit Blick auf Mittelthal.

Hier zieht sich die *Landstrasse* nach Freudenstadt in südöstl. Richtung am linken Ufer des Forbaches, der in der Nähe seinen Ursprung hat, hinab, 2½ Std. —

Die *Strasse* nach Rippoldsau hingegen biegt hier südlich ab u. senkt sich in grossen Windungen (die der Fussgänger aber kürzen kann) in 1½ Std. in's Wolfthal hinab nach Rippoldsau.

Einige vermuthen, dass schon zu den Zeiten der Römer ein Pass über die unwirthlichen Höhen des Kniebis (Knibuz) geführt haben möge.

(30 Kil.) **Bad Rippoldsau**, 566 m.

Gast- u. Badehaus von *Gebr. Göhringer*, mit guten Einrichtungen. Zimmer 2,50—5 Mk., Table d'hôte 3 Mk., Kurtaxe tägl. 50 Pfg., Bedienung tägl. 50 Pfg., ein Fichtennadelbad 2 Mk. — Lesezimmer mit Bibliothek; Billard; Kegelbahn; Bademusik; Gasbeleuchtung. *Für Touristen Unterkommen schwierig.* — *Zum Erbprinzen* beim *Klösterle* (s. unt.), gute Unterkunft. — *Zum Rosengarten*, 100 m. oberhalb des Bades. — Badearzt: Dr. Feyerlin. Telegraph. — **Post** nach (20 Kil.) Wolfach, tägl. 2 mal in 2¼ Std. — Auch Hotel-Omnibus nach Wolfach, Station der Kinzigthal-(Schwarzwald-)bahn.

Rippoldsau, grösstes und besuchtestes, aber auch theuerstes der Kniebisbäder, in dem einsamen aber schönen u. gesunden Thale des Wolfbaches oder der Wolf, von hohen mit duftigen Nadelholzwaldungen bekleideten Bergen umschlossen, mit ächter Schwarzwaldphysiognomie. Zahlreiche Spazierwege durch schattige Nadelholzwälder bis zu 900 m. Höhe. Sehr geschützte Lage, mildes Klima, mit aromatischer Wald- u. Bergluft. Im Sommer aber wegen der bergumschlossenen Lage oft drückend heiss. — Schönes *Schul-* u. *Rathhaus.*

Wahrscheinl. Vermuthung, dass die Mineralquellen von den Mönchen in dem nahen Klösterchen (gegründet von dem Kloster *St. Georgen* auf dem Schwarzwald etwa um 1140) aufgefunden wurden. Schon 1579 chem. Untersuchung derselben von Dr. Jakob Theodor von Bergzabern, genannt Tabernae montanus, sowie 1591 von Dr. Geiger von Strassburg.

Grossartiges Kurhaus, im Renaissançestyl erbaut, mit vielen Zimmern u. Salons, von denen einige mit luxuriöser Pracht ausgestattet sind. Die verschiedenen Gebäude, das Kurhaus mit der Badequelle, die Badewohnungen, das Wirthschaftsgebäude, Badehaus mit den Bädern, der Brunnenbau mit der Josephs- u. Wenzelquelle, liegen in einer Thalerweiterung, hübsch gruppirt beisammen. Von da thalabwärts bis Leopoldsquelle *Lindenallee,* 300 Schritt lang, von vierfachen Reihen herrlicher Lindenbäume, die namentl. zur Morgenpromenade besucht wird. Die Badewohnungen sind fast alle durch *bedeckte Gallerien* mit den Baderäumen etc. verbunden, so dass man, ohne sich der Luft auszusetzen, trockenen Fusses aus den Zimmern zu den Quellen, Bädern u. zu den Wirthschaftslokalitäten gelangen kann. 3 Trinkquellen und 1 Badequelle. Forellenfischerei. Jagd. Spaziergänge u. Ausflüge in reichster Auswahl.

Die drei Trinkquellen u. eine Badequelle werden zu *Heilzwecken* verwendet. Neueste Analyse von Prof. Bunsen in Heidelberg. Von den Quellen, die bei einem bedeutenden Gehalt an Kohlensäure, reich an Glaubersalz, kohlensaurer Kalkerde u. kohlensaurem Eisenoxydul sind, ist die Josephsquelle zu den stark eisenhaltigen Glaubersalzwässern, — die Wenzels- und Leopoldsquelle dagegen, welche eine bedeutende Menge kohlensauren Eisenoxyduls (1,229 u. 0,592 Gramm in 10,000 Gramm od. 0,944 u. 0,455 Gran in 1 bad. Pfd.) neben den salinischen Bestandtheilen enthalten, zu den salinischen Stahlquellen zu zählen.

In 10,000 Gramm sind enthalten:

in der	an Glaubersalz	an kohlensaurer Kalkerde	an kohlensaurem Eisenoxydul
Josephsquelle	12,130	16,847	0,514
Wenzelsquelle	10,588	14,541	1,229
Leopoldsquelle	8,814	19,470	0,592

Die **Josephsquelle** wirkt, bei deren beträchtlichem Gehalt an schwefelsaurem Natron u. bei deren im Vergleich zu den beiden andern Quellen geringeren Gehalt an Eisen, mehr öffnend u. auflösend und wird hauptsächl. bei Krankheiten der Verdauungsorgane, bei Magenkatarrhen, bei Unterleibsplethora, Hämorrhoiden, Verstopfung, mangelhafter Gallenabsonderung, Hypochondrie etc. in Anwendung gebracht. Die Josephsquelle ist namentl. in jenen Fällen von günstiger Wirkung, in welchen die stark entleerenden Mineralwässer nachtheilige Folgen zeigen.

Die **Wenzels-** u. die **Leopoldsquelle** werden als starke Stahlsäuerlinge hauptsächl. zur Kräftigung des Organismus, zur Stärkung des Nervensystems u. zur Verbesserung der Blutmischung nach langwierigen Krankheiten, Blutverlusten etc. angewandt.

Der Kreis der Heilmittel wird vermehrt durch das Vorhandensein der *Natroine* u. *Schwefelnatroine*. Die Natroine ist ein dem Marienbader Kreuzbrunnen analoges Mineralwasser u. enthält als vorherrschende Bestandtheile doppelkohlensaures u. schwefelsaures Natron.

Die geschützte Höhenlage des Kurorts, der verminderte Luftdruck, die reine Bergluft, die resinösen aromatischen Ausdünstungen der ausgebreiteten Nadelholzwaldungen sind sehr nennenswerthe Unterstützungs-Mittel der Mineralwasser-Kur u. von heilsamster Einwirkung auf Blutarme, Nervenkranke und Unterleibsleidende.

Die **jährliche Versendung** des *Mineralwassers von Rippoldsau* soll etwa 800,000 Flaschen betragen. Das Natron wird in krystallisirter Form als *Rippoldsauer Brunnensalz* in den Handel gebracht.

Ausflüge: Zum **Pavillon**, mit beschränkter, aber sehr schöner Aussicht. — zum **Wasserfall** des Burgbaches. — auf dem **Klösterlesteig** durch den **Kohlwald**, an **Ober-Zwieselberg** vorüber nach **Freudenstadt** 2½ Std. — in's **Seebachthal** (s. unt.). — auf den **Kassel**, oder **Kastelstein**. — auf den **Winterberg**, 997 m., den **Badwald**, 964 m., den **Berlaichkopf**, 972 m., auf die **Bruderhalde**, 1028 m., meist mit schönen Fernsichten.

Route von Rippoldsau nach Wolfach u. Hausach (Schwarzwaldbahn).

Vom Ausgang der **Lindenallee** thalab, *Strasse*, schattig, auf der einen Seite mit fremden Bäumen bepflanzt, bis nach dem ¼ Std. entfernten **Klösterle**, ein prächtiger Spazierweg, der hübsche Villen u. kleine Privathäuser zur Seite hat, in welchen ebenfalls Kurgäste angenehmes, aber theures Unterkommen finden. — Im *Gasthaus zum Erbprinzen* beim **Klösterle** finden Fremde, welche ruhig und zurückgezogen leben wollen, gute Wohnung u. Verpflegung.

Sehenswerth ist in Rippoldau die **Langholzflösserei** im **Wolfthal** u. dessen **Nebenthälern**. Gewöhnlich in den Monaten April, Mai u. Juni werden schmale, aber bis zu 600 m. lange, aus 500—600 Stämmen zusammengesetzte Langholzflösse abwärts auf der **Kinzig** von hier aus verflösst. Das Geschäft erfordert viel Gewandtheit und Kühnheit Seitens der Flösser. Namentlich in der Nähe des *Badehauses* auf dem **Reichenbach**, **Dollenbach** u. **Seebach** ist das Schauspiel für jeden Freund der Natur von hohem Interesse. Touristen werden daher im Besondern hierauf aufmerksam gemacht.

(31,7 Kil.) **Klösterle,** hübsch gelegenes, säkularisirtes Benediktiner-Priorat mit stattlicher doppelthürmiger Kirche (1756 aus den Steinen des ehemal. Schlosses Burgbach erbaut). Beim Pfarrer auch Kurgäste. Malerische Gestaltung des Wolfthales. Die Wolf, ehemals sehr forellenreich, ist durch das Flössen sehr an Fischen entvölkert worden.

Abt Johann v. Falkenstein in St. Georgen gründete 1141 hier eine Zelle (nachdem er die Abtswürde niedergelegt hatte), die Papst Alexander III. 1179 unter seine Obhut nahm. Das kleine Kloster wurde 1802 von Fürstenberg aufgehoben, nachdem es namentl. 1540—1633 wegen schlechter Wirthschaft u. unsittlichem Wandel der Priore in Verruf gekommen war. Das jetzige Gebäude datirt von 1756.

Von hier *Weg* (Klostersteig) durch den Kohlwald an Ober-Zwieselberg (Wirthshs.) vorüber nach Freudenstadt, 2½ Std.

In ¼ Std. zu der gewaltigen Granitmasse, auf welcher ehem. die *Burg* stand, Burbach od. Burgbach genannt. Auf diesem Felsen (rechts oben) Pavillon mit lohnendem Umblick. In der Nähe fällt der Burgbach über eine 15 m. hohe Felswand, aber der Wasserfall nur bei hohem Wasserstand besuchenswerth.

(33 Kil.) *Burbenwirthshaus* (Burbach-). (35 Kil.) *Seeben-* (Seebach-)*wirthshaus*.

Einmündung des **Seebachthales.** Rechts (nordwestl.) durch dasselbe hinauf guter Weg (Wegw.) zum (1½ Std.) Seebachhof (*Seebenbauer*) u. zum **Glaswald-** od. **Wildsee,** aus dem der Seebach abfliesst. Der kleine, runde See (Umfang ¼ Std.) liegt 98 m. unter dem Gipfel des Seebenkopfs, 943 m. (somit Meereshöhe 840 m.) u. soll bis zum 17. Jahrh. ohne sichtbaren Abfluss gewesen sein, dann aber ausgebrochen und im Seebachthale alles zerstört haben. Sein Wasser wird gespannt u. zum Flössen losgelassen.

Die Sage von der Nixe des Wildsees ist in der Trinkhalle zu Baden bildlich dargestellt. Ein Hirtenknabe liess sich von der Nixe des Sees bezaubern, als sie, von einem weissen Reh begleitet, als Harfenspielerin zu ihm kam. Die Mahnungen eines frommen Waldbruders fruchteten nichts mehr. Von Liebesgram gepeinigt folgte er der schönen Verführerin in den See. Zwei in einander geflochtene Kränze schwammen dann auf dem Wasser, ein Zeichen der Vereinigung der beiden Liebenden.

Von der *Mündung* des Seebaches in den Wolfbach an abwärts nimmt das Hauptthal eine Strecke weit den Namen **Schapbacherthal** an; Granit wechselt mit Gneis. Grosse, behäbige Bauernhäuser. In ¾ Std. nach der Häusergruppe um die alte *Kirche* u. das hübsch gelegene Pfarrhaus (*Postagentur*), genannt (39 Kil.) **Schapbach,** 419 m. freundlich, wohlhabend.

Gasthöfe: *Adler; Sonne;* Bierbrauerei von Armbruster.

Landestracht: bei den Frauen kurze, schwarze od. bunte (rothe) Röcke, blaue od. weisse Strümpfe, buntes Mieder mit rothseidenen Bändern, grüner od. schwarzer Tschoben, buntes Halstuch u. Strohhut mit mehreren rothen Wollrosen besetzt, od. aber Mütze (Haube) mit buntem Einsatz u. Spitzenbehang. — Bei den Männern schwarze Röcke od. Jacken mit Stehkragen, mit rothem Futter, kurze Hosen, weisse Strümpfe etc. Kräftiger, gesunder Menschenschlag. Das Volk ist heiter u. freundlich gegen Fremde u. steht in gutem Ruf.

Bei der *Kirche* in Schapbach *Wegabzweigung* nach dem Kloster Wittichen über Kaltbrunn 1½ Std.; von Kaltbrunn über Vormthal (1½ Std.) nach (40 Min.) Schenkenzell, 3 Std. 40 Min. Von Schenkenzell nach Alpirsbach. Führer nützlich.

Feld-Wald-Wirthschaft dieser Gegend. Im Spätsommer u. Herbst bemerkt man da u. dort an den Bergen grosse, viereckige, schwargebrannte Flächen. Die Bauern brennen nämlich das Gesträuch nieder, düngen dadurch den magern Boden u. bauen dann auf demselben Roggen oder Gerste od. Hafer 2 od. 3 Jahrgänge. Dann überlassen sie das Grundstück wieder der natürlichen Waldbesamung mehrere Jahre als Brachland. Die brennenden Halden gewähren Abends phantastisch malerischen Anblick.

(40 Kil.) Rechts, nahe beim *Schulhaus* von Schapbach Einmündung des Wild-Schapbachthales, in welchem Bergbau auf silberhaltige Erze. Durch dasselbe *Weg* nach Bad Petersthal, 3½ Std. über einen nördl. Ausläufer des Hundskopfs, 757 m. u. durch das schöne Freiersthal, S. 393.

Bei der Einmündung des Hirschbaches Erzgänge (bei der verlassenen Grube Herrensegen, 429 m.). Einsame aber romantische Partie.

Bei dem nahe gelegenen *Wirthshaus zum Ochsen* (Mineraliensammlung) Verengerung des Thales. Das Wolfthal ändert seinen landschaftl. Charakter wiederholt. Zahlreiche kleine Zuflüsse. Gneisgebiet. Nun mildere Physiognomie des Thales. Laubholz herrscht vor u. Obstbäume (namentl. Kirschbäume) nehmen überhand. Durch die Thalfläche von Oberwasser in's erweiterte Oberwolfachthal. Beim (45,5 Kil.) *Weiler* Walke mündet rechts das Vorder-Rankachthal (u. Kürzenbachthal), wo interessanter *Weg* durch das Vorder-Rankach- und Kürzenbachthal (rechts) nach Riersbach (links) nach Oberharmersbach abzweigt.

(48,5 Kil.) Dorf **Oberwolfach,** 286 m., etwa 2000 Ew. (*Linde; Drei Könige*), ¾ Std. vom Städtchen Wolfach, stattliche Ortschaft. Ueber dem linken Wolfachufer kaum erkennbare Ueberreste der ehem. Burg Wolfach, 358 m., einstiger Wohnsitz der Herren von Wolfach.

Im 13. Jahrh. kam die Herrschaft nach dem Erlöschen der Herren von Wolfach durch die Erbtochter Adelhilde an das Haus Fürstenberg.

Zwischen Schapbach und Wolfach finden sich auch die schwachen Trümmer der Burg Falkenstein od. Walkenstein, in welcher nach Einigen der unter Kaiser Konrad geächtete Herzog von Alemannien mit seinem treuen Vasallen u. Freunde Werner von Kyburg 1030 Zuflucht gesucht haben soll. Wahrscheinlicher aber war dies in der Burg Falkenstein bei Schramberg im Bernecker Thal.

(50 Kil.) **Wolfach**, 265 m., etwa 1500 Ew., Amtsstädtchen, Nr. 41, S. 317.

Von hier Zweigbahn (*Kinzigthalbahn*), tägl. 5 mal in 10 Min. nach

(56 Kil.) **Hausach**, 240 m., *Station* der bad. Schwarzwaldbahn, Nr. 41, S. 317.

Nr. 49. Pforzheim und Umgebung.

Von Karlsruhe nach Pforzheim *Eisenbahn* (über Durlach), 31 Kil., 6mal tägl. in $^3/_4$—$1^1/_4$ Std. — Von Pforzheim nach Wildbad (*würtemberg. Staatsbahn*, 23 Kil., in $^3/_4$—$1^1/_4$ Std. täglich 6mal. — Von Pforzheim nach Stuttgart über (13. Kil.) Mühlacker, nach (46,5 Kil.) Stuttgart, im Ganzen 59,5 Kil., tägl. 6 Züge. — Von Pforzheim über Calw (26,8 Kil.) nach (55 Kil.) Stuttgart, im im Ganzen 81 Kil. täglich 4 Züge. — Von Pforzheim nach Horb 69,4 Kil. tägl. 4 Züge.

Von Karlsruhe nach (5 Kil.) Durlach, Nr. 24 S. 148. Die *Bahn* zieht sich von hier, aus der Rheinebene in das Pfinzthal, durch den ehemal. wiesenreichen Pfinzgau, um die nördl. Ausläufer des Schwarzwaldes herum. Stationen: Grötzingen, Berghausen, Söllingen, Kleinsteinbach, Wilferdingen (von hier im Sommer Omnibus nach Wildbad in 3 Std.), Königsbach (Bahntracé in Felsen gesprengt), Ersingen (Tunnel), schöner Einblick in's Thal dann Ispringen nach

(31 Kil.) Stat. **Pforzheim**, 275 m., 24,037 Ew., worunter $^3/_4$ Protestanten u. über 10,000 Würtemberger, am Zusammenfluss der Enz, Nagold u. Würm u. am nördl. Abfall des Schwarzwaldes, Haupteingangspforte des nördl. Schwarzwaldgebirges.

Gasthöfe: *Hotel Autenrieth* oder *Post*; *Gasthof zur Eisenbahn*; *Schwarzer Adler*; *Goldener Adler*; *Rappen*; *Engel*; *Blume*; *Römischer Kaiser*; **Restaurationen**: *Bahnhofrestauration*, gut; Rest. *zum Schiff* am Markt etc. **Weinwirthschaften**: *Waldhorn*; *Sonne*; *Pfälzer Hof*; *Ochs etc.*

Bierhäuser: *Renz*'scher u. *Völker*'scher *Biergarten* mit schöner Aussicht auf die Stadt etc. etc.

Post nach (13 Kil.) Tiefenbronn u. (16 Kil.) Mühlhausen im Würmthal, tägl. 1 mal in $3^3/_4$ Std.

Die Stadt Pforzheim ist eine der hervorragendsten Fabrikstädte Badens, blühend u. wohlhabend, die ein Steuerkapital von 30 Mill. Mark repräsentirt. Viele Gold- und Silberwaarenfabriken (daher Scherzname: „Goldstadt"), etwa 400 Geschäfte u. etwa 200 Hülfsgeschäfte; grossartige u. rühml. bekannte Eisengiesserei u. Maschinenfabrik von Gebrüder Benckiser u. a. Ganz neue Stadttheile mit schönen öffentl. u. Privatbauten. Sitz eines Bezirksamtes, Amtsgerichtes u. der zugehörigen Beamtungen. Holzhandel und bedeutende Märkte. Vortreffliche Schul- u. Heilanstalten mit stattlichen Prachtbauten. Theater, Museum etc. Neue Wasserleitung aus dem würtemberg. Grösselthal (1876).

Die Bijouterie (Goldwaaren-) Fabrikation beschäftigt etwa 10,000 Arbeiter, welche um Mittag u. Abend die Strassen der Stadt bevölkern. Es werden hier Schmucksachen von hoher künstlerischer Vollendung verfertigt.

Als Hilfsgeschäfte sind zu notiren: Estamperie-, Emailleur-, Graveur-, Guillocheur-, Juvelier- u. Fassergeschäfte, dann Stein- und Glasmalereien, mechan. Werkstätten, Etuisfabriken, Krätzmühlen, Scheideanstalten etc. L. Rühl. *„Führer durch die Bijouterie-Fabriken."*

Auf dem Marktbrunnen Standbild des Markgrafen Ernst († 1558), Stifter der ehemal. Baden-Durlach-Ernestinischen Linie. Lindenplatz mit uralten Linden zwischen den Ufern der Enz u. Nagold.

Auf der Anhöhe über der Stadt ansehnl. **Schlosskirche**, im 12. u. 13. Jahrh. in roman. Styl begonnen u. in gothischem Styl weiter gebaut (16. Jahrh., aber nicht vollendet). Gruft der Markgrafen von Baden-Pforzheim-Durlach mit Sarkophagen, Steinbildern u. dem Denkmal des Grossherzogs Karl Friedrich († 1811) u. demjenigen der 400 Pforzheimer.

Grossherzog Leopold liess 1833 seinem Vorfahren Karl Friedrich († 1811) ein Denkmal errichten, bestehend in dessen Büste unter gothischem Aufsatz. — Auf einem *Sarkophag* zwei liegende Figuren, Markgraf Ernst († 1558) u. seine Gemahlin Ursula von Rosenfeld († 1538). — An der Chorwand das Denkmal der 400 Pforzheimer, von Grossherzog Leopold 1834 errichtet: Medaillonbild des Markgrafen Georg Friedrich, darunter die Namen der Pforzheimer Bürger, welche in der Schlacht bei Wimpfen, am 6. Mai 1622, unter ihrem Bürgermeister Däumling (Deimling) durch ihren Heldentod den Markgrafen Friedrich aus den Händen Tillys retteten. Zur Seite 12 Fahnenstangen aus jener Zeit. (Nach den historischen Untersuchungen des Archivrathes *Gmelin* sind die 400 Pforzheimer unter dem Bürgermeister Däumling geschichtlich nicht nachzuweisen und nur der Sage angehörig.)

Kirche in der Altstadt, auf röm. Grundmauern, mit mittelalterl. Bildwerken u. schlankem, neu (1874) gebautem Thurm. Katholische Kirche. Schulplatz mit hölzernem Kruzifix aus der abgebrannten, dort gestandenen Klosterkirche. Schmiedeeiserne Aubrücke u. Rossbrücke. Altstädter Brücke (wahrscheinl. Uebergang der Römerstrasse). Korrektionen der Nagold.

In Pforzheim finden sich eine grosse Zahl von Vereinen für Krankenpflege, wohlthätige, gemeinnützige u. gesellige Bestrebungen, darunter über ein halb Dutzend Musik- u. Gesang-Vereine.

Geschichtliches: Ueber den Namen (Porta Hercyniae) u. den Ursprung der Stadt ist viel gefabelt worden. Römische Niederlassung ist gewiss (Funde in der Nähe u. namentl. im Hagenschiesser Wald). Im frühen Mittelalter Ansiedelung an der Enz (Kirche mit symbol. Figuren am Portal. Blüthe der Stadt als Besitzthum der Grafen von Calw. Später kam sie in den Besitz der Markgrafen von Baden, von denen eine Linie von 1287 bis 1565 ihre Residenz hier hatte, sie dann aber nach Durlach verlegte, aber die Gruft bis in neuere Zeit hier beibehielt (bis 1830). — Die *400 Pforzheimer*, welche am 6. Mai 1622 unter ihrem Bürgermeister Däumling (Deimling) bei Wimpfen am Neckar in Vertheidigung ihres Markgrafen Georg Friedrich von Baden-Durlach fielen und denen am 6. Mai 1834 in Gegenwart des Grossherzogs Leopold das Denkmal in der Schlosskirche errichtet wurde, werden, nach neueren historischen Untersuchungen in das Reich der Legende verwiesen. — Pforzheim ist der Geburtsort des berühmten Humanisten J. Reuchlin, eines Vorläufers der Reformation, geb. 28. Dezember 1455. Derselbe erhob Pforzheim zu einer Gelehrtenschule, die auch Melanchthon aus Bretten besuchte. Seine Bibliothek befand sich früher in einem Gewölbe der Schlosskirche, hinter der Orgel, wurde aber mit der Hofbibliothek zu Karlsruhe vereinigt.

Ausflüge: Auf den Wartberg, zum Wartthurm (1 Std.), auf röm. Grundmauern, mit schönem Ausblick. — nach Niefern, Eutingen. — in den Hagenschiesser Wald (Seehaus, *Försterhaus* mit *Wirthschaft*. 6 Stunden in Umfang haltender, schöner Walddistrikt, mit röm. Ueberresten (im sog. *Kanzler, Hardheimer Schlösschen,* bei *Seehaus)*. — Ueber Seehaus zur Ruine Liebeneck im Würmthal, nach dem Kupferhammer u. über die Ruine Hoheneck nach Weissenstein u. durch das Nagoldthal zurück. — *Grössere Ausflüge* über Mühlacker nach Maulbronn. — in's Würmthal zu den Ruinen Liebenegg u. Steinegg, nach Tiefenbronn, Weil-die-Stadt etc. etc.

Nr. 50. Von Pforzheim nach Wildbad. Wildbad u. Umgebung.

Der würtembergische Schwarzwald wurde schon von verschiedenen Seiten berührt. Durch die nördl. Eingangspforte bei Pforzheim beschreitet man das Gebiet des Würtembergischen Schwarzwaldes der Länge nach, wenn man die Richtung gegen Freudenstadt u. Schramberg einschlägt. Der *würtemberg. Theil* des Schwarzwaldes erstreckt sich etwa 12—14 Meilen weit aus der Gegend von Schramberg u. Rottweil bis in die von Neuenbürg und Pforzheim. An einigen wenigen Stellen reicht er an den Westabhang des ganzen Gebirges hinüber (am Kniebis, an der Hornisgrinde, am Dobel, Hohlohberg), während er dann hinwiederum stellenweise sogar in die Thäler der Westabdachung hinab greift (Alpirsbach, Schramberg). An allen diesen letztgenannten Stellen, ist das Urgestein bis zu den höchsten Punkten das herrschende, während sonst der würtemberg. Schwarzwald dadurch ausgezeichnet ist, dass seine Hochflächen u. Kuppen aus Buntsandstein bestehen. Während der Westabfall des Schwarzwaldes steil u. schnell vor sich geht, zeigt der Ostabfall durchaus eine sanftere u. allmählig vor sich gehende Abdachung. Die Gebirgserhebung erscheint daher auf dieser Seite viel weniger markirt u. keineswegs scharf abgehoben. Hier erblickt man nur einen etwas erhöhten, mit Wald gekrönten, lang hingestreckten Rand mit einzelnen etwas höher wölbenden Kuppen. Zu den höchsten Punkten gehören der Dreifürstenstein (Dreimarkstein) an der Hornisgrinde der Ruhstein. Die höchste Ortschaft ist der am Kniebis gelegene Weiler Kniebis, demselben folgen in der Höhenlage die Orte Dobel, Urnagold, Besenfeld.

Auf diesen Waldhöhen lagert ein tiefer Ernst, da sie mit dunkelm, dichtem Nadelholz und mit Moosen u. Farrenkraut (dunkel grün im heitern Sonnenlicht, schwarz bei lichtlosem Himmel) bedeckt sind. In die gegen

26*

Osten u. Norden abflachende Abdachung schneiden tiefe, enge Thäler ein, die wieder durch Seitenthäler und Schluchten, oft mit malerischen Felsbildungen u. Gruppen, mannigfaltig verzweigt erscheinen. Sie werden nur mühsam zum Feldbau ausgenutzt. Einzelne Thalerweiterungen bewirken durch ihre lichtgrünen Wiesengründe einen angenehmen Kontrast zu dem herbdüstern Charakter der Tannenwälder. Klare, forellenreiche, fröhlich strömende Flüsse u. Bäche, in deren Rinnsal sich wild tosende Seitenbäche stürzen, ziehen durch die Thalsohlen u. verschaffen mancherlei Gewerben billige Triebkräfte, so dass die Gewerbethätigkeit nach allen möglichen Richtungen, einen hervorragenden Zug des Schwarzwaldes zu bilden vermag. Noch in den weltabgelegensten Neben- u. Hochthälern begegnet man emsig arbeitenden Sägemühlen. Mit der Entfernung der Thäler vom eigentl. Kern des Gebirges erweitern sich ihre Thalgründe, die Gewässer werden mächtiger und friedlicher und freundliche Ortschaften, Dörfer u. Städte treten an die Stelle der vereinzelten Wohnsitze. Es entfalten sich allerlei malerisch landschaftliche Reize der Gegenden u. die Physiognomie des Schwarzwaldes wird immer milder u. freundlicher, so z. B. bei Nagold, Wildberg, Teinach, Calw, Hirschau, Liebenzell, Wildbad, Neuenbürg, Oberndorf, Sulz, Horb u. s. w.

Eisenbahn von Pforzheim nach (23 Kil.) Wildbad, *würtemb. Staatsbahn* (Enzthalbahn), tägl. 6mal in $^3/_4$—$1^1/_4$ Std.

Von Pforzheim am linken Ufer der Enz thalaufwärts. Wiesenreiches Thal, bis Neuenbürg noch ziemlich breit. Eisenbahn u. Landstrasse folgen den Krümmungen des Flusses. (2,9 Kil.) Stat Brötzingen, 282 m., 3767 Ew., grösstes badisches Dorf, mit Gasbeleuchtung, stattl. Rathhaus, Kriegerdenkmal, Spuren einer Römerstrasse.

Abzweigung *links* der Nagoldbahn über Calw, Nagold u. Hochdorf nach Horb. (Würtemberg. Schwarzwaldbahn.)

Die Bahn betritt bald *würtemb. Gebiet* u. erreicht (5,8 Kil.) Stat. Birkenfeld, ansehnl. Pfarrdorf, einst röm. Station. — Gegen Neuenbürg erforderte die Bahnlinie viele Kunstbauten. Mehrere Sensenfabriken. Auf stattl. Brücke über die Enz, dann kleiner *Tunnel* durch den Schlossberg.

(10,5 Kil.) Stat. **Neuenbürg**, 422 m., 2029 Ew. (evang.), Oberamtsstädtchen (Bahnhof am Südende des Ortes) im tief eingesenkten Enzthal, malerisch gelegen, lebhafte Industrie, Langholzflösserei, Bergbau auf Eisenerz etc. Mehrere *Brücken*. Auf dem abgerundeten Schlossberg, östl. von der Stadt, auf 3 Seiten von der Enz umflossen, das 1658 von Herzog Christoph von Würtemberg erbaute Schloss (an Stelle einer ältern Burg), nun Kameral- u. Forstamt. Oestl. davon noch die *Ruinen* des alten Schlosses, der Fruchtspeicher genannt, auf römischen Grundmauern. In der Schlosskirche interess. Grabdenkmäler.

Neuenbürg hat seinen Ursprung von einer Burg, die vermuthl. von einem Grafen von Calw gebaut u. Neue Burg (novum castrum) genannt wurde. In der Mitte des 13. Jahrh. gehörte dieselbe dem Grafen Conrad von Vaihingen, ging dann durch mehrere Hände, erschien 1272 im

Besitze des Grafen Otto von Eberstein, 1289 in bad. u. 1332 in würtemb. Besitz. 1530 die Hälfte der Universität Tübingen wegen dort herrschender Seuche hierher verlegt.

Post von Neuenbürg tägl. 2 mal nach Marxzell (15 Kil.), Nr. 24, S. 150; Nr. 46, S. 365, in 2 Std. u. weiter nach (23 Kil.) Herrenalb in 3¼ Std.; Nr. 24, S. 150, Nr. 46, S. 364 u. S. 408.

Die Bahn wendet sich wieder bald auf die *rechte* Seite der Enz u. das grüne Thal aufwärts, nach (14,1 Kil.) Stat. Rothenbach, an der Einmündung der von W. kommenden Eyach u. (17,2 Kil.) Stat. **Höfen** (*Ochsen; Sonne*) mit Holzflösserei, Holzhandel und vielen Sägmühlen. Ansehnliches Dorf mit vielen städtisch gebauten Häusern, die reichen Holzhändlern u. Flössern gehören. Weiterhin (19,8 Kil.) **Calmbach**, 422 m. (*Sonne*, mit Gartenpavillon; *Weisses Ross*), ½ Std. von Höfen, ¾ Std. von Wildbad. Schön gelegener, städtisch aussehender Pfarrort mit neuer (1860) Kirche, am Vereinigungspunkt der Grossen und Kleinen Enz und des Kalmbaches (oder Calmbaches). Flösserei u. Holzhandel. Die *Landstrasse* von Hirschau u. Calw aus dem Nagoldthal (3 Std.) mündet hier ein. Der wohlhabende Ort wird viel von den Kurgästen aus Wildbad besucht. Auf dem nahen Eiberg stand ehemals ein *Bergschloss* u. eine *Burg* im Kleinen Enzthal. Schöne Spaziergänge.

An einer stattl. *Papierfabrik* vorüber nach

(22,7 Kil.) Stat. **Wildbad**, 450 m., 3572 Ew., Endstation der Enzthalbahn. In den Wartesälen des im Schwarzwaldstyl erbauten stattl. *Bahnhofes Fresken* von Rauth, Scenen aus dem Gebirgsleben u. dem Treiben im Bad darstellend. Die Stadt, im engen, tief eingeschnittenen, dicht von Nadelholzwaldungen umschlossenen Enzthal, wildromantisch hingelagert (eigentl. nur aus 2 langen Strassen bestehend), verdankt ihre Entstehung u. ihren Namen den heilkräftigen *Thermen*, deren wohlerprobte Heilkräfte einen *wachsenden Fremdenzufluss* u. die fortwährende Vergrösserung der Wohn- u. Bade-Gebäulichkeiten nach sich ziehen.

Gasthöfe: *Königliches Badehotel*, neben dem Badegebäude. — *Bär* od. *Hotel Klumpp*, gegenüber dem vorigen. — *Hotel Frey*, ebenfalls, wie die vorigen, am Kurplatz. — *Hotel Bellevue*, dem Grafen Dillen gehörig. — *Hotel zur Post*. — *Hotel de Russie*. — *Hotel Keim* (früher zum Ochsen), am Kurplatz. — Für bescheidenere Ansprüche: *Goldenes Ross*; — *Lamm*; — *Linde*; — *Goldener Löwe*; — *Krone*; — *Schwan*; — *Sonne*; — *Engel*; — *Stern*. —

Zahlreiche **Hotels garnis** u. **Privatwohnungen** in grosser Anzahl. Stube u. Schlafkabinet ohne Pension wöchentl. 10—40 Mk., bei bescheideneren Ansprüchen 6—10 Mk., in der hohen Saison (15. Juni — 15. August) viel theurer.

Restaurants mit Bier: *Zum kühlen Brunnen*, am Bahnhof, mit Garten. — *Lamm*. — *Funk*, am Kurplatz. — *Löwe*.

Post: Hauptstrasse A. 104; 7—12 Vorm. u. 2—7 Uhr Nachm offen; an *Sonn-* u. *Festtagen* 7—9, 11—12 Vorm. u. 3½—8 Uhr Nachm

Telegraphen-Bureau im Bahnhof.

Theater: (Operetten u. Lustspiele) im Juni, Juli u. August.

Buchhandlung: Gustav Haase, Leibibliothek, Lesezirkel.

Aerzte: Dr. von Renz, königl. Badearzt. — Dr. von Burkhardt. — Dr. Hausmann sen. u. jun. — Dr. Schönleber.

Die Thermen sprudeln unter dem neuen Badegebäude aus Bohrquellen in den Badebassins mit einer Temperatur von 34—36° C. aus Granitgestein u. werden von äussern Temperatur-Verhältnissen nicht berührt. Ihr Vorzug ist, dass sie der menschl. Blutwärme ganz angemessen sind u. weder erwärmt noch abgekühlt zu werden brauchen.

„Ein angeschoss'ner Eber, der sich die Wunde wusch,
Verrieth voreinst den Jägern den Quell in Kluft u. Busch."
Uhland.

Die ausgezeichneten Heilwirkungen dieses Wassers, namentl. gegen Gicht, Rheumatismen und Lähmungen, schreibt man eben hauptsächl. der unmittelbaren Anwendung desselben, ohne Vermittlung einer Leitung u. ohne künstliche Erwärmung od. Abkühlung zu.

Chemische Analyse des Wassers (mittlere Temperatur 37,4° C.) nach Dr. Fehling:	— 100,000 Gr. Wasser enthalten in Gramm
Kieselsäure	6,184
Kohlensaures Natron	10,344
Schwefelsaures Natron	3,120
Chlornatrium	24,398
Schwefelsaures Kali	1,523
Schwefelsaures Lithion	0,661
Kohlensauren Kalk	9,631
Kohlensaure Magnesia	1,101
Kohlensaures Eisenoxydul	0,037
Thonerde	0,055
Summe der nicht flüchtigen Bestandtheile	57,054
Halbgebundene und freie Kohlensäure	11,764
Stickstoff } in Gramm	2,301
Sauerstoff } in Gramm	0,043

Badeschriften: E. Otto: Wildbad u. seine Heilquellen, namentl. aber das Werk von Dr. Renz über Wildbad und seine Thermen, auch für den Touristen nützlich.

Badeeinrichtungen: 3 gemeinschaftliche Badebassins für Herren, 3 eben solche für Damen (18—20 Personen können zusammen baden, das Bad 1 Mk.); 46 Badekabinette für Einzelnbäder (Preis mit Wäsche u. Bedienung 1,80 Mk.), ausserdem 5 sog. Fürstenbäder (Preis, je nach der Ausstattung, 3—6 Mk.). In dem neu errichteten Katharinen-Stift (Armenbad) 2 Bassins für je 18 u. 12 Personen u. 2 Einzelkabinette. Badestunden: Vormittags 5, 7, 9 u. 11 Uhr: Nachmittags 3 u.

6 Uhr. Sämmtl. Badelokalitäten, am Boden mit feinem Flusssand belegt, sind elegant u. reinlich, unter königlicher Verwaltung, bei welcher auch die Badekarten zu lösen sind. — Molkenkur. — In der Trinkhalle (Kunstwerk in Eisenguss) auf dem Kurplatz Morgens u. Abends Musikaufführungen. An der Brunnenhalle Relief: Graf Eberhards Flucht aus dem Wildbade (Eberhards-Brunnen) von Bildhauer Heindel. — Jagd. Fischerei. Flosspartien. **Kurtaxe:** Von jedem 6 Tage anwesenden Gast (Erwachsene, jedes Familienglied) 8 Mk. (Kinder unter 15 Jahren u. Dienstboten 3 Mk.) — Wilhelmsbrücke von Eisen (bei Hochwasser in die Höhe zu schrauben).

Wildbad wird zuerst 1367 genannt, als Graf Eberhard der Greiner daselbst von den Schleglern überfallen wurde; wahrscheinlich war es alt-calw'scher Besitz. Die Blüthe des Bades begann im 16. Jahrh. Von Dr. W. Th. Renz: „Historische Briefe über Wildbad". — Die Zahl der Badegäste stieg bis auf 7000.

Wildbad hat eine schöne romant. Lage u. eine reiche Auswahl von Spaziergängen u. Ausflügen.

Spaziergänge: Durch die beim Hotel Bellevue anhebenden, längs der Enz aufwärts ausgedehnten Anlagen bis zu dem 20 Min. entfernten Windhof mit Restauration. In den Anlagen das Sommertheater u. links, etwas erhöht, die neue katholische Kirche sowie die Englische Kapelle. — Zum Karlsberg (Schweizerhaus) mit schöner Aussicht u. Denkmal, südl. von der Stadt; — zum Riesenstein, $^1/_2$ Std.; — zu den 7 Eichen $^1/_2$ Std.; — durch den Meisternwald zum Dorfe Meistern 2 Std.; zum Schweighof, Wirthschaft, $^1/_2$ Std.; — zur Paulinenhöhe, $^1/_2$ Std.; — zur Ziegelhütte, $^3/_4$ Std. — zur Wolfsschlucht; — Thalabwärts schöner Spaziergang Zum kühlen Brunnen, nach Calmbach $^3/_4$ Std. u. s. w.

Weitere Ausflüge: nach **Enzklösterle** *(Waldhorn)* 3 Std., mitten in Tannenwaldung gelegen. Der Weg führt durch das tiefeingesenkte Enzthal, an der Kälbermühle u. Sprollenmühle vorüber, nach dem zerstreuten Pfarrdorfe Enzklösterle, dessen Kapelle (nie ein Kloster) schon 1145 genannt wird. — Von hier Weg an der Ruine Fautschberg am Hühnerberg vorüber, über Rehmühle u. Agenbach nach Bad Teinach. — Von Enzklösterle nach ($^1/_2$ Std.) Gompelscheuer *(Lamm)* mit dem sog. Enzbrunnen, der als Quelle der Enz gilt, aber einen entfernteren *Zufluss* durch den Poppelbach aufnimmt. — Von Gompelscheuer nach Schönmünzach od. Hutzenbach im Murgthal schöner *Fussweg*, 2 Std., Führer angenehm. — Von Gompelscheuer steigt die *Strasse* nach dem freundlich gelegenen Urnagold, 809 m., mit dem *Ursprung* der Nagold in der Nähe, nur $^1/_4$ Std. vom *Ursprung* der Enz als Poppelbach entfernt. Die Nagold fliesst zuerst südlich bis Erzgrube, dann östlich bis Nagold (über Altensteig) u. dann nördlich. —

Zum *Jägerhaus* Kaltenbrunnen, 3 Std., im bad. Gebiet, mit Auerhahnjagd des Grossherzogs von Baden. Gute *Wirthschaft*. — Auf dem Wege dahin der von Sagen umwobene Wilde See, 911 m., von Wassergeistern bevölkert. Am Grunde des Sees ein Spielmann, dessen Musik Unglück bedeutet. Der Seekönig ist sterblich, sie begraben ihn um Mitternacht (Ed. Mörike's Gedicht). Der für unergründlich gehaltene See hat nur 6—7 m. Tiefe u. einen unterirdischen Abfluss, das Stollwasser; er ist halb würtemb., halb badischem Gebiete zugehörig. In der Nähe Signal, 913 m.

Ortsregister.

A.

C.

D.

E.

F.

G.

H.

N.

O.

Y.

Z.

Berichtigungen und Zusätze.

Konstanz. Seite 7. Restaurant Engstler gegenüber dem Kaufhaus mit dem Conziliumsaal, in der Nähe von Hafen und Bahnhof, siehe Inserat S. 5.

Schaffhausen. S. 24. ☐ Freier Rhein und Rheinfall.

Donaueschingen. S. 57. Die Stadt hat nach der neuesten Zählung 3522 Einw. (s. S. 328).

Siblingen (Klettgau) S. 63. Der neue Aussichtsthurm (Lueg-ins-Land) auf dem Siblinger Randen (Schlossberg), sehr solid und zweckdienlich in Eisen construirt, ist im Herbst 1882 der öffentlichen Benutzung übergeben worden. Doch mangelt noch ein dem schönen Aussichtspunkt angemessener Berg- und Ortszeiger zur Orientirung und Weisung.

Unterhallau (Klettgau). S. 64. Gasthof zum Falken (Auer) ganz neu gebaut unb comfortabel eingerichtet, im Spätherbst 1882 eröffnet.

Oberlauchringen, Station. S. 66. Der Restaurateur J. Albiez am Bahnhof ist einer der bedeutendsten Bienenzüchter des ganzen südlichen Schwarzwaldes, wiederholt prämiiert.

Basel. S. 87. Hôtel National (R. Meister-Hauser) am Centralbahnhof, s. Inserat S. 3.

Central-Hôtel (E. Gnöppf), gegenüher dem Postgebäude in der Mitte von Gross-Basel, s. Inserat S. 4.

Hôtel Bellevue am Rhein (Weidmann & Müller), s. Inserat S. 4.

S. 94. Die neue untere Brücke, prächtige Baute mit eisernen Bogen und 4 Steinpfeilern, ist im Sommer 1882 dem Verkehr übergeben worden.

Säckingen. S. 100. Im runden Rheinthurm des Schlosses Schönau sind die erwähnten Fresken nicht zur Ausführung gelangt, dagegen erblickt man an der Gartenseite des Schlosses eine Statue des „Trompeters von Säckingen.“ Schöner Schlossgarten.

Karlsruhe. S. 155. Hôtel Grosse (Ch. A. Fischer) am Marktplatz, Omnibus am Bahnhof.

Cafés, Restaurants mit Wein und Bier. *Kusterer* (Ludwigsplatz); *Bremaier* (Ritterstrasse); *Stadtgarten; Nowack* beim Stadtgarten; *Printz* (Zirkel); *Vier Jahreszeiten* beim Marktplatz.

Bierwirthschaften: *Benz* (Ludwigsplatz); *Neue Bierhalle* (Clever) an der Kaiserstrasse; *Bischoff* (Herrenstrasse); *Fels, Heinrich* (Kronenstrasse); *Fels, Wittwe* (Blumenstrasse); *Höpfner* (Kaiserstrasse); *Kammerer* (Waldhornstrasse); *Moninger* (Kaiserstrasse); *Alte Brauerei Printz* (Herrenstrasse); *Schrempp* (Waldstrasse).

Post. Hauptpostamt Ritterstrssse, Ecke des Friedrichsplatzes, dem Ständehaus gegenüber; Postamt II. im Hauptbahnhof; Postamt III. Sophienstrasse 43.

Telegraph. Telegraphenamt Herrenstrasse 23. Eckhaus der Herren- und Kirchstrasse.

Eisenbahntelegraphenstationen im Hauptbahnhof und Mühlenburgerthor-Bahnhof.

S. 156. Droschken. Tagesdienst im Sommer v. Morgens 6 bis Abends 9 Uhr. Fahrtaxe für Ein- u. Zweispänner vom Bahnhof in die Stadt und von der Stadt zum Bahnhof: 1 Pers. 50 Pfg., 2 Pers. 70 Pfg., 3 Pers. 1 Mk., 4 Pers. 1 Mk. 10 Pfg. Nachts doppelte Taxe. Jede begonnene Viertelstunde bei den Zeitfahrten für voll gerechnet, gedruckter Tarif.

Pferde-Eisenbahn: Fahrt von Gottesau bis zum Mühlburger Thor oder umgekehrt 10 Pfg., von da bis Mühlburg 10 Pfg. (Sonntags je 15 Pfg.).

Dienstmanns-Tarif: Ein Gang innerhalb der Stadt ohne Gepäck 20 Pfg., mit 5 Kilo Gepäck 30 Pfg., mit 25 Kilo 40, mit 50 Kilo 50 Pfg. -- Umherführen von Reisenden: 1/4 Std. 30 Pfg., 1/2 Std. 50 Pfg., 3/4 St. 60 Pfg., 1 Std. 70 Pfg., 2 Std. 1 Mk. 10 Pfg., jede weitere Std. 40 Pfg.

Bei beschränkter Zeit Wanderung durch die Stadt (S. 156): Vom Eingang zur Karl-Friedrichsstrasse durch die Kriegs- und Lammstrasse (nicht Lindenstrasse) zum Friedrichsplatz. S. 157 Zeile 9 von unten gilt dieselbe Berichtigung; also nicht Lindenstrasse, sondern Kriegs- und Lammstrasse zu lesen.

Die Höhenlage der Stadt wird statt auf 117,3 m. auf **117,5** m. angegeben (s. „Illustrirter Führer durch Karlsruhe". A. Bielefelds Hofbuchhandlung).

S. 246. Thal der Hauensteiner od. Obern Murg. Das Klammthal schliesst nur eine Mühle (nicht 3) ein, die sog. Lochmühle. — S. 252. Dieselbe Berichtigung, nicht 3, sondern 1 Mühle, eben die Lochmühle.

Druck von C. H. Schulze & Co. in Gräfenhainichen.

HOTEL NATIONAL

BASEL

gegenüber vom Schweizer Bahnhof, Post- und Telegr.-Bureau.

Neu und comfortabel eingerichtet. Table d'hote 12½ und 6 Uhr; Diners à part zu jeder Zeit. — Café-Restaurant im Hotel.

R. Meister-Hauser, Besitzer.

Station **Rheinfall.** Neuhausen.

Hotel Bellevue

Offen das ganze Jahr.

Einziges unmittelbar am Bahnhofe der Station Neuhausen gelegenes Hotel I. und II. Ranges. Von den Schlafzimmern, Salons, Terrassen und ausgedehnten schattigen Parkanlagen unstreitig freieste und prachtvollste Aussicht auf den Rheinfall und die ganze schweizerische Alpenkette (vom Säntis bis zur Jungfrau).

Comfortable Einrichtung, 110 Betten. **Zimmer von fr. 2 an, billige Pensionspreise.** Feine Küche. reelle Weine.

Omnibus bei Ankunft aller Eisenbahnzüge und Dampfboote in Schaffhausen. Für Station Neuhausen Omnibus nicht nothwendig, weil Hotel nur Strassenbreite davon entfernt. Bequemster schattiger Weg von der Bahnstation Neuhausen zum Rheinfall (Schlösschen Wörth) durch die Gartenanlagen des Hotels. Die Forellen- und Salmenfischerei am Rheinfall gehört allein zu Hotel Bellevue.

Der Eigenthümer **J. Dannegger.**

NB. Man bittet die tit. reisenden Fremden, durch anscheinend harmlose Empfehlungen, ausgehend von gedungenen herumreisenden, scheinbar gut situirten Werbern, sog. „Engageurs“, in ihren getroffenen Dispositionen sich nicht beirren zu lassen.

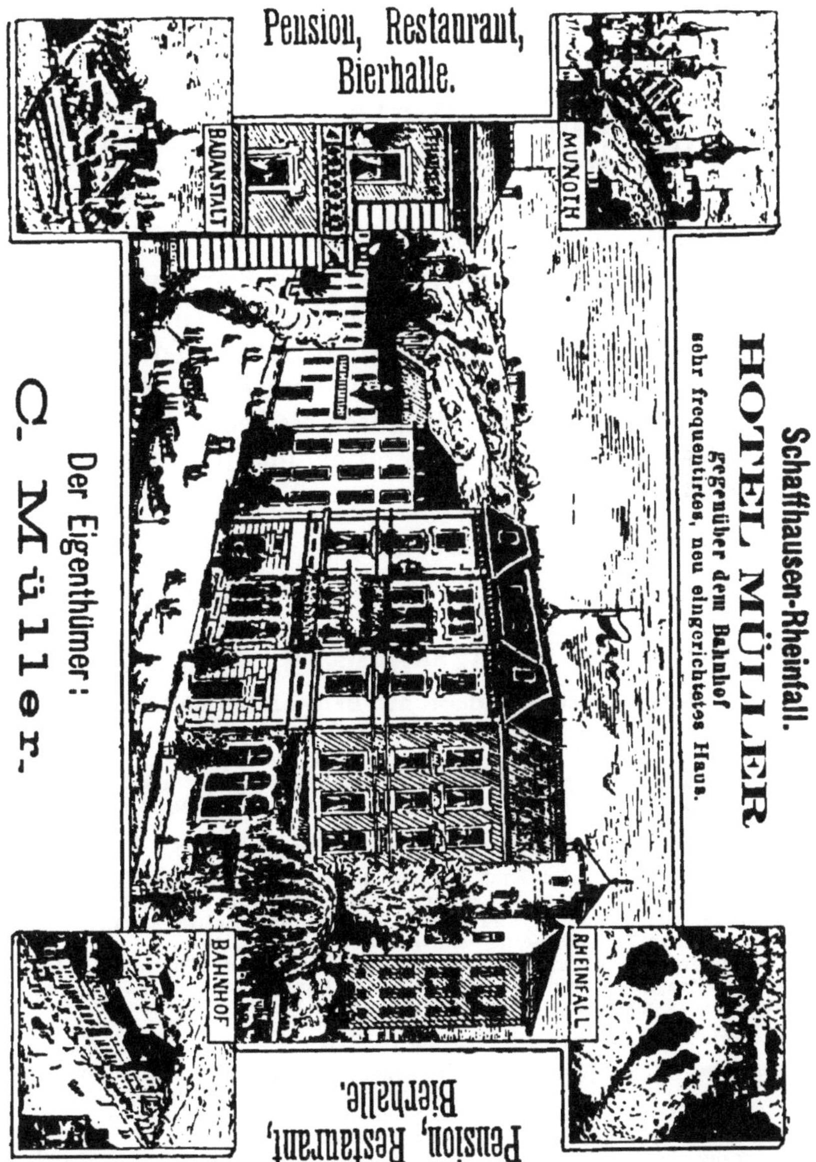

In nächster Nähe des Post- und Telegraphen-Gebäudes, 2 Minuten von den herrlichen städtischen Anlagen (Fäsenstaub), feinste Zimmer, gute Betten, feine Küche und vortreffliche Getränke. Betten à 2 Fr., alles inbegriffen. Table d'hote 12¼ Uhr à 3 Fr. mit Wein. Spazierfahrt nach dem Rheinfall, sammt Aufenthalt daselbst von 1 Stunde und zurück, für 2 Personen 4 Fr.

LAGER IN DAMEN-UND MÄDCHEN-MÄNTELN

MORGENKLEIDER UNTERRÖCKE

ABGENÄHTE BETTDECKEN

MARKTSTÄTTE No. 4

C. MÜLLER
KONSTANZ

zunächst dem Bahnhofe
und
dem Damme